英汉汉英金融保险词典

主　编：吴希曾

副主编：陈仕彬、许季鸿

编　委（以姓氏笔画为序）：

许怀楠、许季鸿、吴希曾、陈仕彬、

苗　锋、夏德富、黄家宁

中国出版集团

中国对外翻译出版公司

图书在版编目（CIP）数据

英汉汉英金融保险词典 / 吴希曾主编. —北京:中国对外翻译出版公司,2006.11

(实用翻译词典系列)

ISBN 978-7-5001-0771-2

Ⅰ.英... Ⅱ.吴... Ⅲ.①金融-对照词典-英、汉 ②保险-对照词典-英、汉 Ⅳ.①F83-61②F84-61

中国版本图书馆 CIP 数据核字(2006)第 130951 号

出版发行 / 中国对外翻译出版公司
地　　址 / 北京市西城区车公庄大街甲 4 号物华大厦六层
电　　话 / (010)68359376　68359303　68359101　68357937
邮　　编 / 100044
传　　真 / (010)68357870
电子邮箱 / book@ctpc.com.cn
网　　址 http://www.ctpc.com.cn

责任编辑 / 苗　锋
编辑助理 / 张　滨
责任校对 / 立　序
数据库设计 / 苗　锋
封面设计 / 大象设计工作室　徐超

排　版 / 北京中地图文制作有限公司
印　刷 / 河北新华印刷一厂
经　销 / 新华书店北京发行所

规　格 / 850×1168 毫米　1/32
印　张 / 18.5
版　次 / 2007 年 4 月第一版
印　次 / 2007 年 4 月第一次
印　数 / 1—3000

ISBN 978-7-5001-0771-2　定价:36.00 元

中国对外翻译出版公司

目　　录

前　言

国际形势和科技文化发展瞬息万变,全球化、信息化的发展趋势,使得新生事物层出不穷,由此又衍生出了新学科、新术语,对原有的词汇又赋予了新的意义。各行各业都急需适合客观形势需要的专业词典。有鉴于此,我们邀请有关专家学者编纂了这套《实用翻译词典系列》,系列内容涵盖了印刷出版、环境科学、金融保险、文物考古等诸多领域。

我们以各领域经常使用的专业词汇为主,并结合中译公司多年来在翻译联合国及其他国际组织文件、书刊等实践中积累下来的丰富资料,使我们收纳的词汇更具专业性、科学性和实用性,并尽可能多地纳入新词、难词,使其既适用于专业人员和翻译人员的职业需要,也适用于专业人员和翻译人员以外对各类专业知识有兴趣的读者。词典编排采用英汉汉英对照,力求合理,使用方便。书后还附有有关金融保险专业的缩略语,方便读者查阅。

本金融保险词典共收录英汉词条一万四千余条,汉英词条一万四千余条,内容涉及有关金融与保险的各个方面。

我们在编纂这套系列词典的过程中,鉴于水平有限,疏漏贻误及不妥之处,敬请读者涵纳指正。

体 例

(一) 英汉部分

A. 词目和释义

1. 词目用正黑体,译文和释义用宋体。

2. 词目均按英文字母顺序排列,由几个单词组成的词目,视为一个单词排列,空格不参加排序。如:

International Insurance Seminars, Inc.
internationalization
interational lease

词目中带有括号的部分,不参加排序。如(railway) construction bond 排在 C 字头相应位置。

3. 拼法相同但词义不同,不分列为两个以上词条。

4. 名词单复数形式词义不同,不分列为两个词条。

5. 带有阿拉伯数字的词目,按数字英文读音的拼写参加排序。

如:6-tier classification 按 six-tier classification 排入词条序列。

6. 同一词条有两种以上意义相同或相似的释义,用"; "号隔开,如意思相去较远,另用黑体阿拉伯数字标明。

如:accept 1. 接受 2. 承兑
future 1. 远期的;将来的 2.[~ s]期货;期货合同

7. 单数形式的名词词目释作某义需用复数形式时,在该释义前予以注明。

如:mean 1. 平均数(值) 2.[~ s]方式;手段 3.[~ s]财产;财力;收入

8. 新词、难词和容易产生歧义的词,除对应译文外,还附有释义。

如:matured endowment 到期养老保险 △人身保险的一种,指保险单在约定的时间终了时,向被保险提供保险单面额的给付金

B. 缩略语

1. 缩略语及其他缩略形式,以附录形式附在正文后面。

如:AAMS All American Marine Slip 全美海上保险条约(组织)

2. 词目如有缩略形式,在其后面圆括号内注明。

如:All American Marine Slip (AAMS) 全美海上保险条约(组织)

C. 标点符号

逗号(,) 用于释义中按标点规则需用逗号处。

分号(;) 用于分隔同一词条中相近的释义。

圆括号(()) 用于词目后标明缩略式,亦用于词目、释义中可有可无的字母字词等。

方括号([ ]) 用于加注某些词目的用法或习惯搭配,以及在释义中用以标明复数形式。

三角号(△) 用于加注对于释义中有关内容的补充说明。

代字号(~) 用于释义中代表词目词。

删节号(中、英文一律用…)用于词目与释义中省略及物动词、介词等后的宾语, 亦用于释义中按标点规则应用删节号处。

等号(=) 用于标注不同拼法的词条和缩略语及符号等。如:disc = disk

D. 参见条目

1. 词义略有区别的条目,注为“见 × × ×”,如“见 acceptance for honour”
2. 词义完全相同的条目,注为“同 × × ×”,如“同 accounting officer”

(二) 汉英部分

A. 词目和释义

1. 每个词条包括词目和译文两部分。词目用正黑体,译文用白体;不同译文的排列用正黑体阿拉伯数字标明。
2. 词条按词目的汉语拼音字母次序排列。
3. 同音异调的汉字,按声调顺序(四声)排列。
4. 同音同调的汉字,按笔画多少排列。
5. 同音同调和同笔画的汉字,按笔画顺序排列。
6. 首字相同的词目,则按第二个汉字的拼音、声调、笔画多少和笔画顺序排列。
7. 带有阿拉伯数字的词目,按数字的中文读音参加排序。
如:“3D 保单”按“三 D 保单”排入词条序列。
8. 带有英文字母的词目,按该字母的拼音读音排列。
9. 词目中带有括号的部分,不参加排序。
10. 排列顺序:汉语词目,外文词目。

B. 标点符号

1. 分号(;) 用于分隔同一词条中相近的释义。
2. 圆括号(()): (1) 表示可省略部分,常用于补充有关内容或意义;
   (2) 表明使用国家或地区,如:(美)即美国,(加)即加拿大,(日)即日本等。
3. 方括号([ ])用以标明复数形式。

英汉部分

A a

abandoned property 遗弃财产;无人认领财产
abandonment 委付 △ 委付条款一般出现在海上保险的保单上,较少见于其他财产保险保单
abatement 减免 △ 降低或彻底免除某种义务的行为
abbreviation (Abbr.) 缩写
ability to international liquidation 国际清偿能力 △ 一个国家维持其货币汇率、国际收支平衡和偿还外债的能力
ability to withstand risks 抗风险能力
above-mentioned (A.M.) 上述的
above normal loss 超常损失 △ 如地震、山洪等特殊灾难所造成的损失
abridged life table 简易生命表 △ 与 complete life table 相对,以每年的人口死亡数及最近的人口普查数为依据推定计算出死亡率
abscond with the money 携款畏罪潜逃
absolute 绝对 △ 完全或最终的无条件的裁决或命令
absolute advantage 绝对利益;绝对优势
absolute assignment 无条件转让;绝对转让 △保险单的全部权利向其他人或其他企业的转让
absolute beneficiary 绝对受益人
absolute bond 无条件债券
absolute cost 绝对成本
absolute endorsement 无条件背书 △ 记名支票经背书后即可转让给被背书人
absolute liability 绝对赔偿责任 △ 当某人需履行某项义务时,无论情况如何都必须承担责任。绝对赔偿责任常见于爆炸实例中
absolutc non-conditional acceptance 无条件承兑;单纯承兑
absolute ownership 绝对所有权限 △ 被保险人拥有保单上全部的未定权益及对保险单的控制权(例如选择受益人等)
absolute price 绝对价格
absolute privilege 绝对特权 △ 在立法和司法程序中,由法律确认的权利
absolute total loss 绝对全损
absolute transfer 无条件转让;绝对转让
abstain from voting 弃权
abstract 摘要卡 △ 标明各保险标的费率及附属情况以备查询的卡片
abstract statement (abs.sta.) 概括说明;摘要声明
abuse of process 滥用程序
abuse one's power for personal benefits 以权谋私
abutting coverage 连续保障;邻期保险单 △两个或更多保障单在一持续保险期内向被保险人提供相同保险保障
a catch-all intangible asset "一揽子"资产
accelerant 催化剂 △ 在保险中主要指可助长火势的物质
accelerated amortization 加速摊销;加速摊还 △提前偿还分期贷款
accelerated benefit 提前给付 △ 寿险保单附加条款之一,允许用寿险给付支付被保险人在医院的医疗费用
accelerated cost recovery system (ACRS) 快速成本回收制度;加速费用恢复系统
accelerated endowment 提前满期;缩短缴费期 △通过红利累积到一定数额,普通寿险或限制性给付提前
accelerated option 加速满期选择权 △ 保单持有人利用累积红利使保单提前到期的条款
accelerated paid-up or endowment 缩短缴费期限或加速满期
acceleration clause 加速条款 △ 抵押的通常条款,规定违约时应立即支付全部

押金

acceleration life insurance 加速寿险;寿险提前给付 △被保险人死亡之前,若患保单中列明的疾病,可取得死亡给付

accelerative endowment 加速型两全寿险 △人寿保险单的一种选择权,以自然增长的分红支付未到期两全保险的保费

accept 1.接受 2.承兑

acceptable 可接受的 △客户信用风险评级

acceptance (acc.) 1.承兑(汇票);认付(汇票) 2.接受;承诺;接受投保 △在保险合同中,保险人通常通过签发保险单表示同意承保的意愿,同时收取投保人缴纳的保险费。见 offer and acceptance

acceptance advice 承兑通知(书)

acceptance bill 承兑汇票

acceptance by intervention 参加承兑 △日内瓦汇票和本票统一规则定义

acceptance commission 承兑费

acceptance corporation 承兑汇票公司

acceptance credit 承兑信用证

acceptance draft 承兑汇票

acceptance fee 承兑费

acceptance for honour 参加承兑 △付款人拒绝付款时,第三者为维持出票人信誉并经持票人同意后而出面承兑

acceptance house 承兑商行(英)

acceptance notice 承兑通知书

acceptance rate 承兑率

acceptance register 承兑票据登记簿

acceptance supra pretest 参加承兑 △见 acceptance for honour

accepted bill 已承兑汇票 △已加上"承兑"、日期、地点、签字或印章的汇票

accepted bill advice 承兑通知书

accepted bill discount guarantee 承兑票据贴现担保

accepted check 已承兑支票

accepted reinsurance 接受再保险 △从分保公司承揽到再保险契约

accepted value 接受投保 △经保险人认定的被保财产的投保额

accepting bank 承兑银行

accepting house 承兑公司;承兑商行

accepting office 分入公司 △接受再保险业务的公司

acceptor 承诺人;承兑人

acceptor for honour 参加承兑人

accept usance draft 承兑远期汇票

accession 取得 △原来某人的财产由于追加或合并于另一人的财产而成为后者财产增加的过程

accessory after the fact 事后从犯 △明知主犯实施了犯罪,在犯罪实施后仍藏匿、隐瞒或帮助主犯的人员

accessory before the fact 事前从犯 △未在犯罪时参与,但利诱、劝说、授意、怂恿他人犯罪的人

accident (AC) 意外事故 △不可预见的、非故意的事件

accidental bodily injury 意外身体伤害 △因意外事故所致的难以预料的身体伤害

accidental cause 意外原因 △非故意的、不可预期的原因

accidental death 意外死亡 △因非故意的、不可预料的意外事故所致的死亡

accidental death and dismemberment (AD & D) 意外死亡和残肢保险 △当被保险人因意外事故而致死亡或丧失两个肢体或双目视力时,给付约定保险金的保险单

accidental death and dismemberment benefit 意外死亡和残肢给付 △因意外事故导致被保险人死亡或四肢残缺或视力丧失时给付约定保险金的保单条款

accidental death and dismemberment insurance 意外死亡和残肢保险 △承保被保险人因意外事故而导致死亡或伤残的保险

accidental death and dismemberment rider 意外死亡和残肢保险单批示 △当被保险人因意外事故而致死亡或丧失两个肢体或双目视力时,给付约定保险金

的保险单批示

accidental death benefit (ADB) 意外死亡额外受益 △ 被保险人因意外事故导致死亡时,由保险人向其受益人提供一定金额的给付

accidental death benefit rider 意外死亡给付保险单批示 △ 被保险人因意外事故死亡之时,在一寿险保单面额之外给付一定金额保险金的附加给付保险单批示

accidental death clause 意外死亡保险条款

accidental death insurance 意外死亡保险 △ 意外死亡保险常与伤残保险结合在一起

accidental dismemberment 意外残肢 △ 腕关节或裸关节及其以上部分肢体的断离,或视力的永久完全丧失

accidental means 突发原因 △ 造成伤害的非故意、难以预期的、不可预见的原因

accidental means (death by) 意外原因死亡

accidental means death benefit 意外原因死亡保险金 △ 意外原因导致被保险人死亡时,以保险单面额的倍数金额支付的保险金

accident and health insurance 意外伤害和健康保险 △ 被保险人因生病、遭遇意外事故引起身体伤害或死亡时,由保险人给付保险金的保险

accident and indemnity (A&I) 事故与赔偿

accident and sickness insurance (A&S) 意外伤害和疾病保险 △ 见 accident and health insurance

accident control or prevention 意外事故控制或防避

accident frequency 意外事故发生率

accident frequency rate 意外事故发生率 △ 同 accident frequency

accident insurance 意外保险 △ 对因意外事故(而非自然原因)导致身体伤害或死亡提供保障的保险

accident liability insurance 意外事故责任保险

accident policy 意外险保单 △ 被保险人因意外事故而导致身体伤害或死亡时,由保险人给付保险金的保险单

accident prevention 事故预防 △ 避免事故发生或事故发生时降低损失后果而采取的一切手段和方法

accident rate 意外事故率 △ 也叫"意外事故频率",是厘定保险费率的基础

accident report form 意外事故报告单 △ 有关意外事故的主要信息的记录

accident severity 意外事故强度

accident severity rate 意外事故强度率 △ 见 accident severity

accidents receivable insurance 应收款项保险 △ 承保因公司账户损坏不能收回别人应付款项的损失的保险

accident year experience 事故年记录 △ 在给定的 12 个月期间内发生的所有事故的损失

accident year statistics 年度意外事故统计资料 △ 又称年日历意外事故统计资料,一种收集损失数据的方法

accommodated bill 融通票据

accommodation 融通;资金融通 △在原规定的基础上放宽条件

accommodation bill 融通汇票;融通票据 △资信较好的个人或企业(贴现公司或承兑商),愿意把自己的名义或招牌出借给别人,介入汇票充当某个当事人(出票人、承兑人或背书人)由持票人凭此到市上去筹措资金,即流通转让该汇票

accommodation note 融通汇票;融通票据

accommodation paper 融通汇票;融通票据

accommodation party 票据融通人;通融方 △在流通票据上签名,作为出票人、背书人、承兑人、融通另一方资金的人、融通票据关系人

accommodator 融通人

accomplish goal 实现目标;达到目标

according to value (A/V) 按价值
account (a/c) 1.账户 2.财务 △在变额寿险保单中的个人现金价值投资基金
accountability 责任追究制
accountability (system) for 问责制
accountability system 责任追究制
accountable by sb. for sth. 问责制
accountable officer 会计主管 △同 accounting officer
account analyst 账目分析人
account and risk 账务和风险 △经纪人和委托人在考虑财务总值时达成的协议,一切证券交易将根据这一协议进行
accountant 会计;会计员
accountant certificate 查账证明(书)
accountant general 会计长;总会计
accountant-in-charge 主管会计
accountant professional liability insurance 会计师职业责任保险 △承保会计师在职业活动中因疏忽而承担的法律责任的保险
accountant's handbook 会计人员手册;会计手册
accountantship 会计职务
accountant's opinion 查账意见书;会计意见(书)
account balance 账户余额
account barter 记账贸易 △见 barter trade
account books 会计账簿
account certification 账户证明书
account classification 账户分类 △主要分为五类:资产、负债、所有者权益、收入和支出
account current 会计月报告 △由代理人向保险人呈报的每月财务报表
account days 清算日期 △伦敦证券交易所结算的最后几天,最后一天为结算日
accounted for the equity method 按权益法处理
accountee 被记账人;开证申请人 △同 account party
account for both time and current savings deposit 定活两便储蓄存款账户
account form (of) balance sheet 双账式资产负债表;账户式资产负债表 △英国所采用的以复账户制度为基础的资产负债表,该表分为两部分:左边为资本或财源情况,右边为营业或一般费用情况
account form profit and loss statement 账户式损益表 △同一账户把各项收益和各项费用和支出分别列在左边和右边
account heading 账户名称
account in arrears 拖欠账款
accounting 会计
accounting activity 会计活动
accounting analysis 会计分析
accounting archives 会计档案
accounting assistant 会计助理
accounting assumption 会计假设
accounting basis 会计基础
accounting books 会计账簿;会计账册
Accounting by Electronical Data Processing (AEDP) 电子数据处理会计
accounting check 会计核对
accounting classification 会计科目分类
accounting code number 会计代码;会计编号
accounting concept 会计概念;会计观念
accounting control 会计控制
accounting convention 会计惯例
accounting currency 记账货币 △用来记账的货币
accounting data 会计数据
accounting document 会计凭证;记账凭证 △凭以记账的书面证据,包括原始凭证和记账凭证、一次性和累积性凭证
accounting entity 会计个体;核算单位 △同 accounting unit
accounting entry 会计分录
accounting error 会计差错
accounting estimate 会计估计
accounting evidence 会计证据
accounting expertise 会计专长
accounting field 会计界;会计领域

accounting firm 会计事务所
accounting for lease 租赁会计
accounting identity 会计等式
accounting information 会计资料
accounting information system 会计信息系统
accounting item 会计项目;会计账项
accounting law 会计法
accounting manual 会计规程;会计制度汇编;会计手册
accounting method 核算方法
accounting officer 会计主管
accounting on accrual basis 权责发生制会计;应计制会计
accounting period 1. 会计年度 △ 同 accounting year 2. 会计期间 △有月份的、季度的、年度的或任何其他不规则的会计期间
accounting personnel 会计人员
accounting policy 会计政策
accounting practice 会计实务;会计习惯做法
accounting principle 会计原则;会计政策
accounting procedure 会计程序
accounting rate of interest 会计利率 △ 会计处理时采用的利率
accounting rate of return 会计收益率
accounting ratio 会计比率 △一种货物的会计价格与市场价格之比率
accounting record 会计记录;会计账册
accounting risk 会计风险
accounting rule 会计规则
accounting standards 会计准则
accounting statement 会计报表
accounting subject 会计主体
accounting system 会计制度
accounting terminology 会计名词;会计术语
accounting theory 会计理论
accounting transaction 会计事项 △ 折旧计提、费用分配等会计账务
accounting treatment 会计处理
accounting unit 记账单位;会计单位 △ 单独编制会计报表的法人单位
accounting voucher 记账凭证;会计传票
accounting year 会计年度 △ 见 financial year, fiscal year
account in transit 未达账款;在途款项 △已转账支付但因地区时差尚未收到的款项
account method 会计方式
account number 账号
account of (acc/o, a/o) 记某人的账
account party 被记账人 △ 出口商将已出运货物的单据交开证行从进口商账户划付给收款人,即被记账人
account payable (A.P.) 应收款项;待收款项
account payee 记入收款人账户
account payee only 仅付受款人 △ 在汇票签发时盖上的横线章,意指只能在受款人提示要求付款时转到受款人账户的贷方,比“不可转让”横线章更保险。它排除了用背书转让以抵消旧债的对价持票人,更排除了议付时把现金付给特殊持票人
account receivable (A.R., A/R) 应收款项;待收款项
account sales (acc/s, A/S) 记账销售
accounts and sources comply 账实相符
accounts comply with the sources 账实相符
account selling 账目销售 △ 为解决客户的所有保险需要而设立的销售形式
accounts not recorded 不入账款项
accounts receivable bond 应收账款担保书 △ 保证某一代理人或雇员将支付应付账款的担保书
accounts receivable insurance 应收账款保险 △ 此项保险保障因保险事故所致记录应收账款的账簿损毁而带来的企业无法收回应收账款的损失
accounts receivable policy 应收账款保险单 △ 对保单持有人因应收账款簿损毁而无法收回账款的损失提供保险保障的保单
accounts stated 对账单

account statement 对账单
account structure 账户结构 △ 账户包括户名并采用"T"构架将支出和收入分开列在左边(借方)和右方(贷方)
account title 会计科目
account transfer 转账支付;转账 △通过支票等直接从甲方账划转到乙方而不支付现金
account with 账户行;开户行
accredit 授信;认可;委托
accredited adviser in insurance (AAI) 许可保险顾问;资格保险顾问
accredited agent 委托代理人
accredited buyer 1.授信买方 △ 信用证申请人 2.开证申请人
accredited party 开证申请人;被授信人;受信人
accrual 应计费用;增加额
accrual accounting 权责发生制
accrual basis 权责发生制;应收应付制;待收待付制
accrual basis accounting 1.应计会计制 2.权责发生制会计
accrual basis of accounting 1.权责发生会计制 △ 在会计核算中,对各项收入和费用按照是否体现各个会计期间的经营成果的标准来确定其归属期 2.会计的应计基础
accrual concept 应计概念
accrual date 应计日期;应收应付日期
accrual discount 应计贴现
accrual method 应计方法
accrual method of accounting 会计的应计方法
accrual of benefits (pension plans) 累积保险金(养老金计划) △ 固定收益额养老金计划;固定缴费额养老金计划
accrual of interest 应计利息;累计利息
accruals 应计收支项目;权责发生额
accrual system 权责发生制
accrue 增值;自然增长;产生(利息等) △ 即累积
accrued 权责已发生的;应计算的
accrued assets 应计资产 △ 各种已实现但未收妥的资产
accrued basis 权责发生制;应收应付制;待收待付制
accrued benefit 应计给付额 △ 以加入退休计划的员工本人的名义,记载应付退休养老金的数额
accrued benefit cost method 发生应计给付退休金成本法 △ 决定退休金给付成本的方法
accrued bond interest 应计(未付)债券利息
accrued bond interest receivable 应计(未收)债券利息
accrued bonuses 应计(未付)红利;奖金
accrued but unpaid accounts 应计但未付讫账款
accrued but unpaid interest 应计但未付利息
accrued charge 应计费用;应付费用
accrued commission 应计佣金
accrued commission receivable 应计未收佣金
accrued cumulative dividend 应计累积股利;应计累积股息
accrued debit account 应收账款
accrued depreciation 应计折旧
accrued dividend 应计(未付)股息
accrued expenditure 应计开支
accrued expenses 预扣费用;应计开支
accrued expenses payable 应计应付费用
accrued income 应计收入;应收待收收益
accrued interest on bond, investment, loan, mortgage, note, etc. 应计债券、投资、贷款、抵押、证券等利息
accrued items 应计项目
accrued liabilities 应计债务;应计负债;应付待付负债
accrued payroll 1.应计工资名单 2.应付工资;应付未付工薪
accrued pension asset 应计养老金资产
accrued pension liability 应计养老金负债
accrued profit 1.累积利润 △ 同 retained

profit 2.留存盈余 △同 retained earnings
accrued provision 预提准备
accrued real estate tax 应计不动产税
accrued rent 应计租金
accrued revenue 应计收入
accrued salary 应计薪金
accrued service charge 应计服务费
accrued tax 应计税捐
accrued wage(s) 应计工资
accumulated 累积的
accumulated amortization 累积摊销
accumulated capital 累积资本
accumulated cash (deposit) 累积现金(存款)
accumulated deficit 累积亏损;赤字累积
accumulated depreciation 累积折旧 △同 depreciation reserve
accumulated dividend 累积股利;累积红利 △保单红利存留在寿险公司累积生息
accumulated earnings 累积收益
accumulated fund 公积金 △缴付资本之外股东非资本股的进项,如股票销售中超过面值的部分。同 capital surplus
accumulated income 累积收入;收入滚存
accumulated interest 累计利息
accumulated loss 累积损失
accumulated net income 净收益累积
accumulated net interest 累计净利息
accumulated net loss 累计净损失
accumulation 1.累积 △证券交易中按折价买进证券的成本与其面值之间的差距。见 accumulative 2.累积增额给付 △为使被保险人续保,保险人在给付原有保险金基础上附加某一百分比的给付额
accumulation account 累积账户
accumulation arrears 累积拖欠
accumulation at interest dividend option 红利累积选择权 △保单的红利若存于公司可以生息,投保人在退保时,可以领取累计的红利及其利息
accumulation benefit 累积给付 △保险公司对于健康状况良好、准时按期缴纳保费的续保者,按照保单的某百分比给予的回报
accumulation clause 累积给付条款 △寿险条款之一
accumulation of capital 资本积累
accumulation of risk 风险积累
accumulation period 累积期间 △在退休金和年金保险中为将来支出款项而积累保险金的一段时间
accumulation policy 累积给付保单 △一种对持续续保给予一定奖励的保单
accumulation test method 酸性测试法 △用流动负债同流动资产作比较的方法
accumulation test ratio 酸性测试比率 △也叫"速动比率"、"企业速动资产",如资金、应收票据以及随时可变现的证券同流动负债的比率。以此方法测试企业的偿债能力,比率越高其偿债能力就越强
accumulative 累积的 △债券发行时其票面利率低于投资人所要求的投资回报率,即发行人每期支付的利息比投资人要求的低,这时债券折价发行,发行价与面值之差可视为预付利息并在债券存续期间分期转入利息费用。对投资人而言,折价是预收利息,在债券到期前应转入利息收入。在此过程中,债券的账面价值逐年增加直到到期日,恰好等于债券面值。这种分期将债券折价转销的方法称为累积
accusation 检举
achieve goal 实现目标;达到目标
acid and chemical damage policy 化学侵蚀保险
acid test 酸性测试;速动测试
acid value 酸值
acknowledge 确认;确认收悉(信函、单据、账单等)
acknowledgement (ackgt., ackmt.) 确认;确认单;确认书
acknowledgement slip 确认回单
AC No. 账号

acquire 1.取得;获取 2.收购
acquire the outstanding shares 收购已发行股票
acquisition 收购
acquisition and merger 收购与兼并
acquisition commission 展业手续费
acquisition cost 取得成本;购置成本;展业费;新合同成本 △开展保险业务支付的管理费用及签订新契约所支出的费用
acquisition of 收购
acquisition of a claim 取得(他人的)债权
acquisition of asset 购置资产;置业
acquisition prescription (权利的)取得时效
acquisition price 购置价格 △ 资产原购进价格
acre (ac.) 英亩 △ 等于40.4686公亩或6.072市亩
across industrial lines 跨行业(的)
a crude manner of growth 粗放型增长
action of account 账目诉讼
active account 活动账户 △ 资金划转频繁的账户
active arbitrage 主动套利 △ 银行为从各种不同到期日之间年率差价中赚取利润而进行的套利行为
active bonds 活动债券 △ 利率不变并按时支付利息的债券
active business 主动业务 △ 银行主动进行的吸存、放贷、承兑、贴现票据、授信、投资等业务
active circulation 流通额 △ 市面上流通使用的钞票数量,与作为准备金而存放的钞票数额相对应
active control 主动性外汇管制 △ 外汇管制的重要手段,包括结算管制、对外贸易管制、对非贸易交易的管制
active debt 现有债务 △ 同 outstanding debt
active life reserve 生存者责任准备金 △ 保险公司为履行寿险合同而提留的准备金
actively employed 身体合格雇员 △ 身体健康且能正常上班的雇员才能列入退休保险计划
active market 活跃市场 △ 资金、债券交易多且量大的资本市场、证券市场
active money 流通通货 △ 被大量使用来进行交易的货币
active securities 活跃证券 △ 具有持续市场、挂牌出售且每日交易频繁、买卖差价小的证券
active stock 活跃股票 △ 具有持续市场、便于大额交易的证券
activities of daily living (ADL) 日常活动能力 △ 对日常起居、洗澡、穿衣等室内活动的驾驭程度,用以衡量一个人的行为能力
activities ratio 活动比率 △ 各种财务比率之一种,用以衡量企业运营其资产的有效程度
activity accounting 业务会计 △ 管理会计的一种
activity charge 账户手续费 △ 存款平均余额太小,其收益不能抵补相关费用时,银行收取的费用
activity price 实际交易价 △ 证券交易中由经纪人所买卖的成交价
act of bill 票据行为 △ 以负担票据上的债务为目的所做的必要程序和法律行为,包括出票、背书、承兑、参加承兑等
act of god 不可抗力 △ 人的主观意愿无法防止与控制的自然变异,如雷电、地震、洪水等
actual cash value 实际现金价值 △ 财产标的扣除折旧、磨损后残余的价值
actual cash value policy 实际现金价值保险 △ 以财产的现存价值,而不是以财产原有价值投保
actual dividend 实行红利 △ 在一定时间内按合同规定应得的红利
actual investment amount 实际投资金额
actual loss rate (ALR) 实际损失率
actual present value 实际现值
actual price money 实价货币;足值货币

△面值与实际价值相同的货币

actual reserve 实际准备金 △ 见 bank reserve

actual total loss 实际全损 △与"推定全损"相对。保险标的实际上完全灭失或不可避免地要完全灭失

actual weight (A/W) 实际重量

actuarial assumption 精算假设 △ 通过精算对未来的保险效益等情况所作的假设

actuarial consultant 精算顾问 △ 见 actuary

actuarial cost 成本精算现值 △ 利用精算计算出的成本现值

actuarial cost method 成本精算法 △ 对保险成本精算的方法

actuarial experience gain or loss 精算损益 △ 由精算师按照假设计算出的费用与实际费用之间的差值

actuarial liability 精算债务 △ 寿险中未来给付总额的现值高于精算出的未来正常成本的现值,即是精算债务

actuarially sound 安全精算 △ 在年金保险中所作的精算

actuarial present value 精算现值 △ 按一定利率、时间和概率精算出来的将来应该支出或应该收入的一笔金额的现值

actuarial rate 精算费率 △ 以历史损失记录为依据,通过精算所厘定的保险费率

actuarial report 精算报告

actuarial revaluation gain or loss 精算重估损益 △ 改变原精算的假设条件或采取新的精算成本法所作的新的损益评估

actuarial science 精算学 △ 保险人计算保险费及其经营效益的数学方法

actuarial valuation 精算评估 △ 精算师对寿险基金所作的评估,以保证到期保险金的给付

actuary 精算师 △ 受过数学、统计、法律、会计等训练,能够对保险业的经营提供数量基础的专业人员

actuary enrolled 注册精算师

acturial assets 精算资产

acturial liabilities 精算负债

ad damnum 索赔金额 △ 保险事故发生时被保险人提出的赔付金额

addendum 附约

addendum clause 条件条款 △ 海上保险中常作为处理保险标的损失的一种手段,指一方以明确方式表示就其财产、权利、利益所作的舍弃

additional death benefit 附加死亡给付 △ 寿险业务中用附加死亡给付取代双倍补偿

additional extended coverage (AEC) 附加扩展保险责任;追加保险 △对原有保险条件的增补

additional facility 补充授信;附加贷款 △项目贷款中,银行同意在基本贷款之外另给予一笔授信额度,以保证借款人顺利完成项目

additional insuracne 附加保险 △ 在原来已有保单上附加的保险

additional insured 附加被保险人 △ 寿险中,不是以被保险人身份,而是附加在别的被保险人名下参加保险的人

additional lending 附加贷款 △ 同 additional facility

additional optional policy 附加的可选择保单 △ 见 alternative optional policy

additional paid-in capital 附缴资本;资本公积 △公司以高于面值价发行股票时,其收入中相当于股票面值部分记入股本账户,超过部分就是附缴资本,应记入附缴资本账户。见 capital surplus

additional premium (AP) 附加保费 △保险人根据风险情况,向被保险人收取的额外费用

additional provisions 追加条款 △ 一种附加在给付条款上的条款

additional reserve for guaranteed renewable policy 续保保单的附加准备金 △ 把保费中收入超过给付支出的余额和利息收入作为准备金

additional term insurance dividend option

附加定期保险红利选择权
add-on loan 附加利率贷款 △ 见 add-on rate
add-on method 附加法 △ 把融资费用加到贷款的本金内
add-on rate 附加利率 △ 流行美国的一种利率。按此利率计算出的利息附加到贷款本金内
add-on-rate method 附加利率法 △ 租赁业务中计算租金的一种方法
addressee 收件人
adequate (资本)充足 △ 客户信用风险评级
adequate consideration 充分对价 △ 一项资产一般公认的市场价值
adhesion contract 附合式合同;标准化合同
adhesion insurance contract 合意保险合同 △ 保险双方在平等、自愿的基础上签订的保险合同
adjust 整合
adjustable peg 可调整钉住汇率 △ 一种货币的汇率跟着另一种货币汇率的变化而变化。许多货币汇率都钉住美元。见 crawling peg
adjustable-rate mortgages (ARMs) 可调利率抵押 △ 长期抵押贷款的利率随行就市,没有固定,但通常起始利率比较低
adjusted bonds 改组债券;重组债券 △ 公司重组时,为减轻利息负担并免于破产而以较低利率发行的债券
adjusted book value approach 调整账面价值法
adjusted earnings 调整后收益 △ 保险公司营运净收益加上有效附加保险的评估值或者已收保费增长部分的评估值
adjusted gross estate 调整后总遗产 △ 总遗产减去负债、丧葬费和管理费后的余额
adjusted net asset value 调整后的净资产
adjusted net gain from operations 调整后的经营净收益 △ 寿险公司经营的净收益加上年度内有效保险金额增加额的评估值和(或)保险费的增值
adjusted net worth 调整后净值 △ 保险公司的资本和盈余加上公司账册上业务的评估值
adjusted premium method 调整保费法 △ 在保费缴纳期间,以一定金额分期摊付保单第一年度内所发生的额外费用的一种程序
adjusted taxable gifts 调整后应纳税的捐赠 △ 应征税的捐赠总额,不包括总遗产中的赠予物
adjuster 仲裁人
adjusting entries 调整分录
adjustment 理算 △ 对保险损失进行调查,确定赔付金额大小和分摊比例
adjustment bureau 仲裁机构
adjustment expense 理算费用
adjustment income 调整性收入 △ 重新调整后的所得,用来维持被保险人死亡后家庭最低生活需要的收入
adjustment period 调整期间 △ 当负担家庭主要收入的人死亡后,家庭的收入将减少,从家庭收入减少到恢复正常收入的调整期间为两年
administration 1.管理 2.遗产管理
administration bond 行政担保 △ 由个人或公司作出的保证进行管理的保证书
administration expense 遗产管理费用
administrative accounting 经营管理会计
administrative budget 行政预算
administrator (admr.) 1.管理者 2.遗嘱管理人 △死者未立遗嘱时由法院指定管理遗产的人
administrator of pension plan 退休金计划管理人
admiralty 海事 △ 船舶在海上航行或停泊时所发生的事故
admiralty bond 航海保证金 △ 保险公司提留的、为应付海上意外的赔付保证金
admiralty court 海事法庭 △ 专门处理

海上纠纷和海上保险争议的法庭
admiralty liability 海事责任 △ 海上保险中,保险公司承担的保险责任
admissibility 可采纳性
admitted asset 认可资产 △ 在保险公司的现有资产中,国家主管部门认可的资产
admitted insurer 准允营业的保险人
admitted liability 公认责任;强制责任
adult day care 成年人全天监护 △ 对那些闲居在家的人监护和赡养,对他们负有全天的监护责任
ad valorem (ad val.) 从价;按照价值 △ 同 according to value
ad valorem duty 从价课税 △ 依照财产的价值课以某一百分比的税款
advance 1.垫款 △ 银行为客户垫付的款项 2.放款;预支
advance against collection 托收垫款 △ 银行在代收到货款之前垫付给出口商的款项
advance against export bill 出口押汇
advance by overdraft 透支垫款 △ 银行在客户的存款账户或信用卡账户上存款不足时,临时垫付给客户的款项
advance deposit 预缴押金;进口保证金 △进口商在开出信用证之前,存放在账户行用于支付进口货物的保证金
advanced funding 提前筹资 △ 在年金计划中,职工退休前每年拨出一定数额的基金
advance discounting for severance (退休金)提前离职扣除 △ 在退休金计划中,考虑到部分雇员在退休年龄之前就终止工作,雇主可以做出某种离职扣除,支付较低的金额
advanced life underwriter 高级寿险承保人
advanced life underwriting 高级寿险承保 △ 比较复杂的个人或集体的寿险承保
advanced redemption 提前赎回
advance freight 运费已付;运费预付 △ 同 freight prepaid
advance from consignee 承销人预付款
advance from customer 预收客户款
advance funded pension policy 提前筹资的退休年金保险 △ 寿险的一种
advance on consignment 代销商品预付款
advance payment 预付款项 △ 国际贸易中,货款在交货之前支付的付款方式
advance payment guarantee 预付货款担保;预付款保函 △包括进口定金保函和项目承包预付款保函两种
advance payment L/G 预付保证书 △ 保函
advance ratio 放款比率 △ 银行放款占存款总额的百分比
adventure account 投机买卖账户;特种委托户
adverse balance 收支逆差(赤字) △ 进口支付大于出口收汇。同 deficit balance
adverse claimant 逆向索赔人 △ 对债权人或所有权人提出异议,声明自己是债权人或所有权人的人
adverse effect on 负面影响
adverse witness 反证人 △ 提出相反事实和结论的证人
advertisement (Ad., advt.) 广告
advertisers liability insurance 广告商责任保险
advice 通知(书)
advice book 汇票通知簿 △ 开票银行给付款行的备查开票清单
advice for beneficiary 给受益人的通知
advice for collection 托收通知书;托收委托书 △一家银行委托另一家银行代收款项的通知,通常说明费用内扣后将净款划入委托行账户
advice for inward remittance 汇入汇款通知 △ 银行收到境外汇款头寸后,向收款人发出的领取通知
advice for negotiation 议付通知(书) △ 议付行要求开证行偿还议付款的通知
advice for the advising bank 给通知行的通知

advice of arrival 货到通知;抵港通知
advice of audit 审计通知 △ 有关审计年度账务或某些账户的通知
advice of bill acceptted 承兑通知;承付通知
advice of charge 收款通知;催款通知 △ 收款人要求付款人支付的通知
advice of clean bill for collection 光票托收委托书
advice of correction 更正通知
advice of drawing 开票通知;提款通知
advice of fate 结果通知;下落通知 △银行答复客户查询的通知
advice of payment 已付通知 △付款人告知收款人已支付的通知
advice of receipt 款到通知;取款通知
advise 通知
advising bank 通知(银)行 △ 把信用证通知给受益人(出口商)的银行,但不一定就是议付行
advising charge 通知费
advising commission 通知佣金
advisory agent 咨询顾问 △ 同 consultant
advisory funds 委托投资资金 △ 存放在银行由银行按存户委托用以投资的资金
advisory insurance organization 保险咨询机构
AEE 附加加速费用
aero insurance 飞行保险;航空保险
affidavit (afft.) (法庭)宣誓书
affidavit of claim 请求给付申请书
affiliate 附属机构;联营公司;联号;参与银行;参与公司
affiliated bank 银行联号;银团中的成员银行
affiliated company 联营公司;关联公司 △与持有其股份的公司(银行)发生关联关系的公司
affiliated party 关联方;关联人
affirmative warranty 保证书 △ 被保险人所写的保证书
affix signature and seal 签字盖章 △ 如 affix one's signature or seal or both on a document
affix the responsibility for 追究责任
afloat cargo 在途货物;路货
Africa Centre for Monetary Study (ACMS) 非洲货币研究中心 △ 成立于1975年,总部设在塞内加尔首都达喀尔
African Association of Agricultural Credit 非洲农业信贷协会 △ 1977年1月1日在肯尼亚首都内罗毕成立
African Development Bank 非洲开发银行 △ 1964年11月成立,总部设在科特迪瓦首都阿比让
after acquired clause 后得条款 △ 见 after acquired property clause
after-acquired property 后得抵押资产 △ 债权人所获得的抵押品或其他形式的担保品
after acquired property clause 后得财产条款 △ 贷款合同中关于抵押品设定的条款
after adjusting for price change 扣除价格变动因素
after date (A/D, a/d) 出票后 △ 规定远期汇票付款日期的用语
after-hours dealing 收盘后交易;收市后交易
after-market 发行后市场 △ 债券、股票发行后进行交易的市场,通常叫次级(二级)市场
afternoon session 午市;后市;午盘 △ 见 morning session
after sight (a/s) (汇票)见票后
after-tax earning rate on deposit 存款税后收益率
against all risks (AAR, aar., a.a.r.) 一切险;全险 △见 all risk
against documents 凭单据;凭票
age 1.账龄 2.使用年限 3.被保险人的年龄
age-adjusted mortality rate 按年龄调整的死亡率 △ 对某一年龄层的死亡范围标准化,以便对不同年龄的人口之间在不同时期内的死亡率有效的比较
age at issue 投保年龄 △ 填写保单时的

年龄

age distribution 账龄分布;可使用时间的分布情况

ageing schedule 账龄分析(表)

age last birthday 前次生日年龄法 △ 以前次生日的年龄为基准决定费率,直到下次生日之前都保持这个费率

age limits 年龄限制 △ 保险公司对于新的投保人或更新投保单位的人,在年龄上所作的最高与最低限制

agency 代理;代理店;营业处 △ 见 agency department, agency office

agency agreement 代理人协议 △ 代理人与保险公司签署的合同

agency arrangement 代理行协议

agency bank 代理行

agency bill 代理行票据 △ 代理行出具的票据

agency billing 代理公司通告

agency business 代理业务 △ 代收、代付、结算等业务

agency by ratification 经批准的代理机构 △ 与保险公司签订代理契约的保险代理机构

agency commission 代理佣金;(委托业务)手续费

agency commission clause 代理佣金条款

agency contract 代理契约 △ 保险人与代理人之间签订的契约

agency contract 代理人合同

agency debt 机构债务 △ 美国财政部和联储银行以外机构所发行的债券

agency department 代理部

agency director 代理处经理

agency experieience 代理业绩记录

agency fund 代管基金

agency inspector 代理监察

agency office 代理处

agency plant 代理系统 △ 保险人为推销其产品所组织的代理人系统

agency receipt 代理收款收据

agency relationship 代理关系 △ 代理人为委托人代办某些事务而确立的关系

agency service 代理业务 △ 代理性质业务,信托银行或信托公司以及商业银行信托部所办理的业务

agency superintendent 代理处监督官

agency system 代理制 △ 一种推销保险的方式

age nearest birthday 最近生日年龄投保

agent (agt.) 代理人

agent ad litem 诉讼代理人

agent authority 代理权限

agent bank 代理行 △ 同 correspondent bank

agent commission 代理佣金

agent fee 代理费

agent-policywriting 保单签发代理人

agent qualification law 代理人资格法

agent's authority 代理人权限 △ 委托人赋予代理的权力范围

agent's authority of power 代理权限

agent's balance 代理人平衡表 △ 保险公司或代理人签发的负债定期报表

agent's certificate 代理人报表书

agent's commission 代理佣金

agent services 代理业务

agent's letter of record 代理人记录文件

agent's license 代理人执照

agent's lien 代理人留置权

agent's note 代理人票据 △ 美国保险公司允许代理人收取票据,作为第一次或第二次以后的保费

agent's power 代理人权限 △ 同 agent's authority

age of majority 合法年龄 △ 依法具备签订合同的年龄

age 100 生命表的寿命界限 △ 寿险中以100岁为极限

age-specific death rate 特定年龄死亡率

age-specific mortality rate 特定年龄计算的死亡率 △ 见 age adjusted mortality rate

age structure 1.账龄结构 2.年龄结构

aggregate amount 累计保险金额 △ 在保险期限内,所有保险项目的保险金额总和

aggregate annual deductible 年免赔总额

△ 保险合同规定投保人每年把一定金额的损失作为自负额

aggregate balance sheet 合并资产负债表 △ 同 amalgamated balance sheet,通常用 consolidated balance sheet

aggregate cash flow 现金流入总额

aggregate excess contract 超额赔款合同 △ 在保险年度内,如果损失超过这一限额,保险公司承担超过限额部分的赔款的合同

aggregate excess of loss cover 累计超额赔款再保险 △ 见 aggregate excess of loss reinsurance

aggregate excess of loss reinsurance 累计超额赔款再保险 △ 非比例再保险方式之一

aggregate indemnity 赔偿总额 △ 在一张保单中能够得到赔偿的最高金额

aggregate limit 1.累计限额 △ 保险人对于某一时期累计赔款的最高限额 2.总计限额 △批准外汇额度

aggregate limit clause 累计限额条款 △ 本条款仅适用于不可撤销的保险合同

aggregate limit of indemnity 累计赔偿限额 △ 见 aggregate limit

aggregate method 总和法

aggregate mortality table 综合死亡表

aggregate operations liability 综合营运责任

aggregate products liability 产品责任累计限额;产品综合责任险

aggregate projected benefit cost method 预计给付成本总和法

aggregate protective liability 总保障责任 △ 发生意外事故时,保险人承担的被保险人应负的赔偿责任

aggregate reserve 总准备金 △ 保险企业从每一会计年度决算后的利润中按一定比例提取并逐年积累,用以应付巨额赔款

aggregate risk 综合风险 △ 现货、期货等风险

aggregate stop loss reinsurance 累计超额赔款再保险 △ 如果保险人对某一赔案的赔款额累计超过约定金额时,再保险人分摊超额部分的保险

agio 贴水 △ 1.两种货币之间的币值差异;2.票据兑现或货币转换的费用;3.等额硬币与纸币的价值差异;4.面值与较高价格之差异(如股票的面值与实际交易值的差额)

agree 同意 △ 企业绩效打分

agreed amount clause 1.协议价值条款 △ 在财产保险中,保险双方对保险财产的保险金额达成协议,共同约定其价值作为保险金额 2.定额条款 △规定保险双方事先确定保险标的的金额,当保险标的发生损失时,不再另行估价的条款

agreed amount endorsement 协议金额批单

agreed return 协议退费

agreed value 协定保险价格;议定价值

agreed value clause 议定价值条款 △ 保险人与被保险人在契约中就被保财产事先议定价值的条款

agreed value policy 议定价值保单

agreement 协议

agreement among underwriters 承购(包销)人之间签订的协议

agreement rate of exchange 协定汇率 △ 两国政府之间易货贸易支付协定项下的清算汇率,通常用第三国货币如瑞士法郎作为清算货币套算出来的汇率。同 clearing rate

agree somewhat 勉强同意 △ 企业绩效打分

agricultural equipment floater 农业设备保险单

agricultural equipment insurance 农业设备保险

agricultural machinery insurance policy 农业机械保险单

Aid Families with Dependent Children (AFDC) 未成年儿童家庭救济

Aid to the Aged, Blind and Disabled (AABD) 对老年人、盲人和残疾人的救济

air bill of loading 航空提单

air cargo insurance 空运货物保险
air cargo liability insurance 空运货物责任保险
air carriage FPA 航空货物保险单独海损不赔条款 △ 承保空运货物"单独海损不赔"(FPA)时保单上所列的条款
air carriage WA 航空货物保险单独海损赔付条款 △ 承保空运货物"单独海损赔偿"(WA)时保单上所列的条款
aircraft hull insurance 飞机机身保险
aircraft liability insurance 飞机责任保险
aircraft passenger liability insurance 飞机乘客责任保险
aircraft product liability insurance 飞机产品责任保险
air freight bill (A.F.B.) 空运提单
airmail 空邮
air passenger policy 旅客航空险
airport liability coverage 空港责任保险
air trip bill 航空收货单
airway bill 空运提单
a Jack of all trades 通才;万能;门门通
alarm valve 报警阀
alcoholic beverage control law 含酒精饮料控制法 △ 见 Dram Shop Act
alcoholic beverage liability insurance 酒精饮料责任保险 △ 见 dram shop liability insurance
aleatory 侥幸性 △ 事件发生的不确定性
aleatory contract 侥幸合同 △ 保险合同为侥幸性合同
alienate 转让 △ 让渡财产的所有权
alienation 转让
alienation clause 转让条款
alien company 外来公司;外国公司
alimony (离婚)赡养费
alimony remittance 赡家汇款 △ 多指侨胞汇入汇款
All-American Marine Slip (AAMS) 全美海上保险条约(组织) △ 1972 年美国许多家保险、再保险公司组成的一个辛迪加组织
all correct (OK, o.k.) 一切正常;一切无误
allegation 断言 △ 对具体个人看法所列事实的申明
alleviate the shortage of funds 缓解资金短缺
Alliance of American Insurers (AAI) 美国保险人协会 △ 1997 年该组织对非相互公司开标
allied lines 附加保险 △ 附加于财产保险单后的保险
all-inclusive trust deed 全括性信托契据
all-in-one card 一卡通 △ 一卡多用途的银行卡
all-in-one passbook 一本通 △ 集多种货币于一体的银行存折
all-in price 通盘价
all lines 综合保险 △ 同一公司把财产责任保险与寿险及健康保险一起承保
all lines agency 综合保险代理机构
all lines insurance 综合险保险 △ 一张保险合同下包括了人寿、健康及财产责任保险
all-loss insurance 保全险
allocated benefit 划定给付 △ 有的保险条款规定,某些零星医疗费用将按条款的规定给付
allocated cost 分配的成本
allocated funding instrument 个人积存方式 △ 在养老金计划中把资金用于为参加者购买保险或年金的合同性安排
allocated quota 1.分配的配额 2.国别配额
allocated transfer 过户;转户
allocated transfer risk reserve 分派转移风险准备
allocation 1.分配 △ 指养老金计划中分摊收入或费用的会计方法 2.拨款;拨款权
allocation formula 分配方式 △ 在保险中指利润分享信托计划中雇主的醵出金分配给各个员工的方式
allocation of cost principle 成本分摊原

则;成本分配原则

allocation of cost to revenue 成本按收益分摊;成本按收益分配

allocation of funds 划分资金

allocation of plan assets 计划资产的分配

allocation of plan assets on termination 终止时计划资产的分配 △ 养老金计划终止时的资产分配

allocation of risk 风险分担

allonge 票据粘单;票据附笺 △流通证券上所附供背书用的纸条

allot 分配(股份等)

allotment 分配;股票分配

allotment advice 分配通知

allotment certificate 派股证书;配股证书

allotment letter 派股通知 △ 同 letter of allotment

allotment of share 股份分配

allowance 减价;折让;备抵;[~s]准备金

allowance for amortization 摊销备抵 △ 损坏、短少等

allowance for bad debts 坏账备抵 △ 通常叫做"坏账准备(金)"

allowance for credit losses 信用损失备抵

allowance for depreciation 折旧备抵

allowance for shortfall and excessive amount 摆动额 △ 信用证

allow credit 授信;给予信贷

allowed asset 认可资产 △ 依政府法令被承认的资产

all-personnel labour productivity 全员劳动生产率

all price 通盘价;全面价 △含相关费用

all-purpose balance sheet 通用资产负债表

all-purpose financial statement 通用财务报表

all risk (AR, A.R., A/R) 一切险;全险 △一种责任范围最为广泛的保险类别

all risk insurance 一切险保险 △ 承保除保单条款列明的风险以外的所有风险所致损失的保险

all risk policy 一切险保险单

all round price 通盘价;全面价 △含相关费用

all squared 全部结清 △ 期货交易轧平

all wool (a.w.) 纯毛

alphabet broker 字母经纪人 △ 著名的大经纪人常以其名字的开头字母为代称

alphabet house 字母公司

Alpha securities 阿尔法证券 △ 西方证券市场术语,交易活跃的证券

alteration 变更 △ 保险单语言、含义的变化

alteration bond 变更保险 △ 为商业保险的一种

alteration of bill 修改汇票;变造汇票 △ 对汇票的出票日期、金额、付款时间和地点的重大修改;若未经各背书人同意,汇票就作废

alternate beneficiary 备选受益人

alternate valuation date 备选估价日 △ 大多数情况下,死者不动产的估价常规定以死者死亡日为准

alternative minimum cost method 选择最低成本法 △ 美国1974年颁布的"雇员退休收入保障法"所允许的筹资方法

alternative minimum tax (AMT) 选择性最低税 △ 同 corporate alternative minimum tax

alternative optional policy 替换选择性保险单 △ 同一保险单号下的附加保险单,但与原保险单的金额、计划或保险金不同

alternative probability 可更替概率 △ 两件或更多事件中任一事件的概率

always open 持续有效

amalgamated balance sheet 合并资产负债表 △ 经总行或总公司按本国货币汇率统一折算,把海内外分支机构使用不同货币的账表合并后编制而成的资产负债表

amalgamation 合并;合成一体;联合 △ 两个或多个商行或公司合而为一,组成新的商业机构,见 consolidation 和 merger

ambulatory 可变更的 △ 可变动的、可取消的、可以改变的。通常用于遗嘱中

amendment of register 修改注册登记 △ 同 change of registration

amenity 愉快;适意 △令人愉快、舒适的质量及状态

American Academy of Actuaries (AAA) 美国精算学会

American Accounting Association (AAA) 美国会计学会

American Agency System 美国代理人制度 △ 通过代理人销售保险的制度

American Arbitration Association (AAA) 美国仲裁委员会 △ 成立于 1922 年

American Association of Foundations for Medical Care (AAFMC) 美国医疗基金协会

American Association of Insurance Services (AAIS) 美国保险服务协会

American Association of Managing General Agents (AAMGA) 美国总代理人管理协会

American Association of Retired Persons (AARP) 美国退休人员协会

American Bankers Association (ABA) 美国银行家协会

American banking system 美国银行制度 △ 分为中央银行的联邦储备制度和商业银行的双重银行、自由银行和单一银行制度

American Bar Association (ABA) 美国律师协会

American Bureau of Shipping (ABS) 美国海运局

American Cargo War Risk Reinsurance Exchange (ACWRRE) 美国货物战争险再保险协会

American Council of Life Insurance (ACLI) 美国寿险理事会

American Deposit & Trust Receipt (ADR) 美国存托凭证

American Exchange (AMEX) 美国股票交易所

American Experience Table of Mortality 美国经验生命表 △ 纽约相互寿险公司精算师 Sheppard Homans 于 1861 年制定该表。现已被 CSO 表取代

American Exporters and Importers Association (AEIA) 美国进出口商协会

American Express 运通卡 △ 同 American Express Card

American Express Card 美国运通卡 △ 美国运通公司发行的国际性信用卡

American Hull Insurance Sydicate (AHIS) 美国船舶保险辛迪加

American Institute for Property and Liability Underwriters 美国财产和责任保险承保人学会

American Institute of Actuaries (AIA) 美国精算研究所

American Institute of Banking (AIB) 美国银行学会

American Institute of Certified Public Accountants (AICPA) 美国注册会计师协会

American Institute of Marine Underwriters (AIMU) 美国海上保险承保人协会

American Insurance Association (AIA) 美国保险协会

American Life Convention (ALC) 美国生命保险协会

American Manufacturers Foreign Credit Insurance Exchange (AMFCIE) 美国制造商出口信用保险交易所

American Men's Mortality Table 美国男性生命表 △ 1918 年发布根据 1900—1915 年主要公司的经验制定的生命表,后因法律问题而未广泛采用

American Mutual Insurance Alliance (AMIA) 美国相互保险协会

American Nuclear Insurer (ANI) 美国核

保险人
American Online (AOL) 美国在线公司
American option 美式选择权
American Risk and Insurance Association (ARIA) 美国风险和保险学会 △ 总部在佐治亚州
American Society of Chartered Life Underwriters (ASCLU) 美国特许寿险承保人协会
American Society of Industrial Security (ASIS) 美国工业安全协会
American Society of Insurance Management Inc. 美国保险管理学会
American Society of Safety Engineers (ASSE) 美国安全工程师协会
American Stock Exchange 美国证券交易所 △ 规模仅次于 New York Stock Exchange 也设在纽约市,交易的主要是小公司或外国公司新发行的债券
American style 美国期权交易方式
American-style share certificate 美国型股票证 △ 具有不记名债券的许多特点,但不能流通
American Trial Lawyers Association (ATLA) 美国审判律师学会
amortizable 可分期偿还的
amortization 1.摊销 2.分期偿还
amortization charge 摊销费
amortization factor 分期摊销系数;摊还率
amortization fee 摊销费
amortization fund 分摊资金 △ 定期积聚并用于清偿债务的一笔资金
amortization loan 分期偿还贷款 △ 同 installment loan
amortization method 分期偿还法;摊销法
amortization of bond discount, premium and expense 摊提债券贴水、升水及债券发行费
amortization of debt 分期偿还债务
amortization of goodwill 商誉摊销
amortization of patent 专利权摊销
amortization period 摊还期
amortization quota 分摊额 △ 为分期偿付债务而从收入中扣除的资金额
amortization schedule 摊销表;分期偿付表 △列示分期付款情况下规定期间内每期应付本金和利息金额,以及每期支付后的未付贷款余额的表格
amortized loan 已摊还的贷款 △ 已分期偿还完毕的贷款
amortized value 摊提价值 △ 全国保险监督官协会规定,一些溢价债券可按摊提价值而非现行市场价值保险
amount (amt.) 金额;数量
amount at risk 在险金额 △ 1.在寿险情况下,为固定寿险保险单的面值与累计现金价值的差额 2.财产和责任保险情况下,为保险单限额与最大可能损失两者中的较小值
amount at year end 按年底数
amount at year start 按年初数
amount brought forward 上期结转金额;上页结转金额;上册结转金额
amount carried forward 结转下期的金额;结转下页的金额;结转下册的金额
amount ceded 再保险金额 △ 分给再保险人承担的金额。也叫分保金额
amount contracted 合同金额 △已签合同的金额,但并未执行或完全执行
amount differ 金额差异 △ 指票据上大小写金额不一致,按法律规定可以大写为准进行支付,但实际操作中通常都被拒付退票
amount due 到期应付金额
amount due from (sb.) (某人)欠款;应收款项;存放同业(资产负债表中) △ 用 Due from 或 Due froms 和 Due to 相对
amount due to (sb.) 应付(某人)欠款;同业存放(资产负债表中)
amount for which loss settled 理赔金额 △ 同 loss settlement amount
amount in arrears 逾期款项;过期未付欠额
amount in figures 小写金额 △ 用阿拉

伯数字书写的金额
amount insured 保险金额 △ 保险期间的最高赔偿额
amount in words 大写金额 △ 用文字书写的金额
amount issued 发行金额
amount negotiated 协议金额 △ 已协议的金额,但并未执行或完全执行
amount not yet credited 未抵扣数 △ 纳税额
amount of cession 分保额 △ 也叫"再保额",分出公司向分入公司分出的保额
amount of coverage 保险金额 △ 见 amount insured
amount of insurance to value 保险金额与保险价值之比 △ 即保险金额或再保险金额占财产价值总额的比率
amount of settlement 结算金额;清算金额
amount of (income) tax payable 应纳(所得)税额
amount of the credit 信用证金额
amount outstanding 未付清金额;未结金额 △见 outstanding balance
amount overcharged 多收金额
amount overpaid 多付金额
amount payable 应付金额
amount receivable 应收金额
amount required 最低应保额 △ 按规定被保险人应投保的最低金额
amount shortcharged 少收金额
amount shortpaid 少付金额
amount subject 标的金额 △ 即在一次火灾或意外中可能损失的价值
amount taxable 应税所得额
amount to be written off 应(拟)注销金额 △ 见 write off
analysis 分析 △ 见 analysis of property and casualty policy
analysis list 分析单
analysis of account 账户分析 △ 对某个账户或所有户头进行分析
analysis of balance sheet 资产负债表分析
analysis of budget variances 预算差异分析
analysis of business profit 企业盈利分析
analysis of cost variances 成本差异分析
analysis of economic activities 经济活动分析
analysis of financial statements 财务报表分析;财务决算表分析
analysis of funds flow 资金流量分析
analysis of growth (growing) ability 增长能力分析
analysis of property and casualty policy 财产和意外保险分析
analysis sheet 分析表
analyst 分析员;分析师
analytic(al) accounting 分析会计
analytic(al) costing in inventory valuation 库存估价成本分析
analytic(al) document 分析文件
analytic(al) journal 多栏式日记账
analytic(al) model 分析模式
analytic(al) per cent 百分比分析法 △ 同 vertical analysis
analytic(al) record 分析记录(簿)
analytic schedule 分析表 △ 见 dean analytic schedule
analytic(al) statement 分析表
analytic system 分析系统 △ 见 dean analytic schedule
analytic system for the measurement of relative fire hazard 相关火灾风险衡量分析系统 △ 即财产火灾损失相关概率的衡量系统及火灾保险费率的决定系统。见 dean analytic schedule
analytic(al) technique 分析技术
analytic(al) work sheet 分析用细算表
analyzing data 分析资料;分析数据
anamnesis 既往病历 △ 某人患病与医疗的历史,为寿险公司核保的依据
anchor policy 锚标志保单 △ 印有伦敦

劳合社锚形标志的保单

ancillary 辅助的;附加的;附属的

ancillary allowance 附带津贴

ancillary benefits 辅助保险金 △ 保险单提供的次要保险金给付

ancillary credit 从属信用(证);从属信贷(业务)

ancillary document 辅助单据

ancillary investment 辅助投资

ancillary revenue 副业收入

and/or (a/or) 和/或

a net dilution gain from 净摊薄收益

angle of the V V角 △ 从火灾源地到火灾损害明显的外部边缘的递增距离

animal health insurance 动物健康保险 △ 见 livestock transit insurance

animal life insurance 动物生命保险

anniversary date 签单周年日 △ 保险单签单日每隔一年的日期

annual 每年的;年度的

annual accounting 年度决算

annual actuarial cost 年精算费用 △ 为正常费用和年度附加费用的总和,再加上精算损益的调整

annual aggregate limit 年度总限额 △ 为一张保险单对于发生在一具体日历年或财务年内的所有损失可以赔付的最高金额

annual allowance 年度津贴

annual appropriation 岁出经费;核定年度支出数额

annual audit 年度审计

annual balance (sheet) 年终决算(表)

annual closing 年度结算;年度决算

annual data 年度数据(资料)

annual exclussion 年险外责任

annual expected dollar loss 年预期损失额

annual expenditure 岁出;年度支出

annual financial statement 年度财务报表 △ 见 annual statement

annual insurance policy 一年期保险单

annualization 年度化 △ 保险期限超过一年的保险单可规定按年缴纳保险费,且保险费按周年签单日的现行费率计算

annualized 年度化 △ 见 annualization

annual mortgagor statement 抵押人年度报表

annual payment annuity 年支付年金 △ 以年保费购买的年金

annual pension cost 年养老金费用 △ 见 annual actuarial cost

annual policy 一年期保险单

annual premium (AP) 年度保险费

annual premium annuity 年缴保险费年金

annual premium deferred annuity 延期年缴保险费年金

annual renewable agreement 年续保协议

annual(ly) renewable term (ART) 每年可续保条款

annual report 年度报告;年报 △保险公司向股东(若为股份公司)或保单持有人(若为相互公司)提交的年度财务状况报告书,也指股份企业的年度报告

annual report summary 年度报告摘要

annual return 年报告 △ 设有养老金、年金或利润分红计划的雇主每年应填制的表格

annual statement 年度报表 △ 保险监管部门要求保险公司所做的年度财务报告

annual supplemental cost 年追加费用 △ 养老金计划中的追加费用和利息分摊到某一年度的份额

annual transit insurance 年度货物运输保险 △ 承保陆上运输风险的保险,保险期间通常为一年

annual weighted average conversion rate 全年加权平均汇率(折算率)

annuitant 年金领取人 △ 也叫"年金受益人"

annuity 1.年金 △ 在年度、季度或月度期初或期末,按期支付等额的货币 2.年金合同

annuity age change 变化年金年龄 △ 最后一个生日日期为准的年龄

annuity analysis 年金分析

annuity bond 年金债券

annuity certain 确定年金 △ 年金支付期事先确定,且年金支付与年金受领人的生死无关的年金保险

annuity certain 约定期限的年金

annuity consideration 年金对价 △ 用以购买年金保险而进行的一次性支付或一系列支付,与人寿保险的保险费相似

annuity due 到期年金;期首年金 △在每个支付期的期首(如月初、季初、年初)给付的年金

annuity form 年金形式 △ 年金的种类

annuity in advance 预付年金 △ 每年年初支付的年金

annuity in arrears 拖欠年金 △ 每年年末支付的年金

annuity insurance 年金保险 △ 在被保险人生存期间每年给付一定金额的保险

annuity method 年金法;年金计算法 △ 租赁业务的租金计算及折旧方法

annuity method of depreciation 年金计算法

annuity mortality table 年金生命表 △ 见 mortality table

annuity payable 应付年金

annuity period 年金期间

annuity purchase rate 年金购买率 △ 退休时年金购买的保证保险费率

annuity rate 年金期款 △ 年金条件下支付给年金受领者的金额

annuity retirement 退休年金 △ 延期年金的一种

annuity risk 年金风险 △ 保险人所承担的风险,年金受领人生存时间太久而领取年金累积额超过所缴纳保险费

annuity savings deposit 年金储蓄账户

annuity system 年金制度 △ 同 annuity method

annuity table 年金生命表;年金表 △说明一群人(1)在指定年份开始时的生存人数,和(2)该年的死亡人数。以此计算年金受领人应缴纳的保费

Annuity Table for 1949 1949 年年金表 △ 1949 年美国精算师金肯斯(W. A. Jenkins)和卢(E. A. Lew)制成的个人年金专用生命表

annuity that will amount to 1 终值为 1 元的年金

annuity trust account 年金信托账户

annuity units 年金基数 △ 用以表述积存期终止时年金受领人在变额年金账户中资金的份额

annuity with minimum period 最短期限年金 △ 见 annuity certain

annul 撤销;宣告无效

answer on cheque 票上回话;退票上注明 △拒付退回票据上面写明理由:一是技术原因;二是付款人的头寸不足。通常用语是"Refer to Drawer"

antecedent 先时的 △ 在前面的,在…之先

antecessor 先前持票人;前手

antedate 倒填日期;日期提前;提前日期 △ 票据、单据等所载日期较实际签发日期早

antedated bill of lading 倒填提单

antiboycott law 反经济抵制法 △一国政府禁止本国企业和个人遵守外国政府的经济抵制法令

anti-cancellation law 反注销法 △ 规定除非保险单中列明的具体原因,保险人不得注销保险单的法律

anticipate 预期;期望

anticipated acceptance 预先承兑;先期承兑

anticipated allotment 预期(岁入)分配数

anticipated cost 早列成本 △ 价格上涨期间,应使用后进先出法而增加的营业成本

anticipated expenditure 预期支出

anticipated freight 预估运费 △ 船主在将来一段时间内正常运输货物预期可得的收入

anticipated interest 预期利息

anticipated mortality 死亡率预测 △ 见 estimated mortality

anticipated payment 提前支付;预付票款 △付款人在远期票据到期前支付的款项

anticipated profit 预期利润;早列利润 △尚未实现先予记账的利润

anticipated redemption (of bonds) 提前赎回(债券);提前兑换(债券)

anticipated revenue 预计收入;岁入预计数

anticipate shipment 提前装运

anticipating risk 预料风险

anticipatory breach of contract 预期违约

anticipatory (letter of) creddit 预支信用证 △ 允许出口商在装运货物之前预支备货用款的信用证,也叫"红条款"、"绿条款"和"打包信用证"

anti-coercion law 反强制法 △ 在保险中指禁止以强制手段进行保险商品的不公平交易的法律

anti-compact law 反协定法 △ 反托拉斯法的一种

anti-discriminatory law 反差别法 △ 禁止公司提供风险厘定标准所不允许的优惠费率的法律

anti-dumping duty 反倾销税

anti-inflation programme 反通货膨胀计划;反通胀计划 △一国政府为抑制或减轻通货膨胀压力而在财政、信贷、利率、工资、物价等方面采取紧缩政策的计划

anti-money laundering 反洗钱

anti-rebate law 反保费回扣法 △ 禁止代理人或保险公司为使被保险人购买保险,而以返还部分保险费为条件的法律

anti-selection 逆选择 △ 投保人所作的不利于保险人的选择

anti-subsidy duty 反补贴税

anti-trust law 反托拉斯法 △ 同反垄断法

a 100 percent interest in 控股权益

"A" ordinary shares "A"类普通股 △ 也叫非投票股

apartment package policy 公寓一揽子保险单 △ 为公寓提供的综合保险

apartment policy 公寓保险单

apparent agency 表面代理 △ 代理人的行为使顾客或未来的被保险人相信该代理人有权销售保险并代表保险公司签订合同

apparent authority 表面代理权 △ 由公认逻辑推理认定的拥有代理权限的代理人

appeal bond 上诉保证书 △ 法院原判决的支付保证

appealing capacity 号召力

appellant 上诉人

appellate court 上诉法院

appendix (app.) 附录;附则

apples-to-apples comparison 苹果与苹果比较;同类比较

Appleton Rule 阿普莱顿规则 △ 20 世纪初由纽约州保险监管人阿普莱顿制定的规则

applicant 1.申请人 △ 信用证、贷款、入股等申请人 2.投保人 △也称"要保人" 3.开证人

applicant for a credit 申请开证人;信用证申请人 △贷款申请人。同 accountee

applicant for discount 贴现(申请)人

applicant for insurance 投保人 △ 见 applicant

applicant for share 入股申请人

application (app.) 1.申请;投保 2.申请

书;投保单 3.适用

application agent 投保代理人 △ 无权开立自己的保险单,但可把投保单或检验书提交给签发保险单公司的个人

application and allotment book 股份认购及分配簿

application fee 申请费

application for amendment of credit 信用证修改申请书

application for and allotment of share 股份的认购和分配

application for bankruptcy 破产请求书

application for conversion 兑换申请书

application for (letter of) credit 申请(开立)信用证

application for drawback 退款申请书;申请退款

application for (foreign) exchange 申请(购买)外汇

Application for Letter of Credit 开证申请书 △ 银行为客户开立信用证的依据,其内容完整、明确非常重要

application for loan 申请贷款;贷款申请书

application form 申请表(空白);要保书 △保险契约的构成部分,也叫"投保申请书"

application form for a bank a/c 开户申请表(空白)

application for negotiation of bill 申请议付票据;议付申请书

application for outward remittance 申请汇出(境外)汇款;汇出汇款申请书

application for purchase of bill 申请购买票据 △ 同 application for negotiation of bill

application for purchase of documents 申请购买票据 △ 同 application for negotiation of bill

application for purchase of draft 申请购买票据 △ 同 application for negotiation of bill

application for retirement of bill 申请赎单

application for retiring bill 申请赎单

application for share 认股书;认购股票申请书

application right for (shares) 认购(股)权

apply 申请

apply for 申请;向某某申请 △apply to sb. for sth.; apply to sb. for sth.

apply for collection 托收申请书;办理托收申请

apply for employment 1.申请使用;△如账户、资金申请运用 2.申请工作;申请就业

apply for loan secured 申请抵押贷款

apply for remittance 汇款申请书;申请办理汇款

appoint 1.任命;选派 2.约定;指定(地点、时间) 3.职位

appointed bank 指定银行 △ 同 authorized bank; designated bank

appointed day 指定日期

appointed store 特约商号;(信用卡)特约单位

appointment 1.任命;选派 2.约定;指定(地点、时间) 3.职位 4.委托 △ 公司授权某代理人代表自己营业的行为

appointment of trustees for terminated plan 指定终止计划受托人 △ 经美国行政区法院同意,美国养老保险金担保公司(PBGC)任命一受托人管理非自愿终止养老计划

appointment paper 委托文件 △ 与代理人的委托相联系,由代理人编制并向公司汇报的文件

apportionable annuity 比例年金 △ 自最后一期交费日到被保险人死亡的期间内,按比例给付年金的年金保险

apportioned cost 分派费用;分摊成本 △信用卡代售成本由发卡人与代理人分摊

apportionment 比例分配 △ 在同一标的由几张保险单承保时,每一保险单所承担的赔偿责任占总保险责任的比例划分方式

apportionment clause 比例分配条款 △ 保险单常附有的条款,规定几张保险单按总保险金额的比例分担保险责任

appraisal 1.估计价格;估计;估价 △ 对财产数量、质量、价值的估计 2.评价;考评

appraisal clause 估价条款 △ 规定保险人或被保险人有权为决定损失金额而要求估价的条款

appraisal increment 重估增值 △ 企业资产重新估价超出原有价值的部分

appraisal inventory 估价财产清单 △ 估价报告中所包括的由鉴定人估价的财产项目的详细清单

appraisal method of depreciation 估价折旧法 △ 同 inventory method of depreciation

appraisal of asset 资产估价

appraisal of business 企业估价 △ 估定一家企业的资产价值

appraisal of quality 质量鉴定

appraisal report 评估报告;估价报告书

appraisal surplus 估价盈余 △ 估价金额超过账面价值的部分

appraise 1.估计价格;估计;估价 2.评价;考评

appraise capital 估价资本

appraise company 资本估价公司;资本评估公司

appraised surplus 估价盈余

appraised value 估定价值

appraisements 估价 △ 同 appraisal

appraiser 估价人;评估师 △对不动产、动产价值进行评估的人

appraise risk 评估风险 △ 企业决算时在评价债权债务过程中,因适用的汇率不同而产生账面损益

appreciate 增值;升值;涨价

appreciation 增值;升值;涨价

appreciation of a currency 货币升值

appreciation of capital 资本增值

appreciation of fixed asset 固定资产增值

appreciation surplus 1.增值盈余 2.涨价盈余

approach 1.方法 2.接近方法 △商品推销过程中的一个环节

appropriate 1.拨出(款项) 2.占用(资金);挪用(资金)

appropriate a sum for payment of 拨款支付;拨出一笔款用以支付

appropriated surplus 特别公积金 △ 保险公司在年度决算时经股东大会同意而特别提存的公积金

appropriate funds 占用资金

appropriation 1.占用 2.拨款;经费 3.分配

appropriation account 1.盈余分配账 2.拨款账户 △一国财政部为每笔税款设立的简要账户。企业年度纯利分配账户

appropriation allotment 拨款分配数

appropriation analysis 岁出明细分析;支出明细表

appropriation bill 合格票据 △ 手续齐全的票据

appropriation budget 岁出预算;支出预算表

appropriation for annual expenditure 年度支出拨款;年度预算拨款

appropriation for special fund 专用基金拨款

appropriation fund 支出预算基金;拨款预算基金

appropriation limitation 支出限额

appropriation of account 核准账目;核准账项

appropriation of payment 指明用途的拨款

appropriation period 拨款有效期

appropriation process 拨款程序

appropriation refund 拨款退回;返还拨款

approval 承保 △ 当投保条件符合承保标准时,保险人审核投保单表示同意接受的行为

approval in principle 原则同意;原则批准

approve 同意;批准;核准

approved 合格的 △ 符合保险公司承保条件的风险、个人、产品或建筑

approved roof 合格屋顶 △ 合乎防火措施的屋顶

approximate calculation 概算

approximate cost 概算成本;估算成本

approximate due date 估计到期日

approximately (approx.) 大约;接近

approximate quantity 估计数量

approximate sum 估计金额

approximate value 估计价值

approximation 1.近似值 2.约算法 △会计上求出约略结果的方法

appurtenant structures 附属建筑物 △ 财产保险单中与主要被保建筑物处于相同地基上的建筑

a primary obligation 第一性责任(担保)

arbitrage 套利;套汇 △为了牟取利润或规避汇兑风险而利用不同的外汇市场、不同的货币种类和不同的交割期限在利率或汇率上的差异进行的外汇买卖活动

arbitrage account 国外套汇账;国外转汇账

arbitrage broker 1.套汇掮客 2.公断经纪人

arbitrage business 套汇业务

arbitrage dealer 套汇商 △ 专门从事外汇投机买卖的人

arbitrage exchange contract 套利外汇合同

arbitrage house 套利公司

arbitrage in bullion 套购金银块;套购金银条

arbitrage in securities 套购证券

arbitrage in space 地点套汇 △ 利用不同(地点)外汇市场的汇率差异,低价买进后又高价卖出,从汇差中获利的交易方法

arbitrage in stock 套购股票

arbitrage of exchange 套汇 △ 分地点套汇、时间套汇和套利套汇三种

arbitrage point 套利点 △ 布雷顿森林体制(Bretton Woods System)解体后,国际货币基金(IMF)组织会员国之间的波动范围超过对美元的“平价”时,则会发生套利交易,此点叫做“套利点”

arbitrage rate 套汇汇率

arbitrage transaction 套汇交易

arbitral award 仲裁裁决书

arbitral proceedings 仲裁程序

arbitrary earned reserve 任意盈余准备金

arbitrary price hike 乱涨价

arbitrary price rise 乱涨价

arbitrary provision 任意准备金

arbitrated exchange 裁定外汇

arbitrated interest rate 裁定利率

arbitrated loan 裁定借款

arbitrated rate 裁定汇率

arbitration clause 仲裁条款

arbitrator 仲裁人

architects and engineers professional liability insurance 建筑师、工程师职业责任保险

architects inspection certificate 建筑师检验证书

architectural specifications 建筑计划书

area of origin 起源地 △ 火灾起源的地区或空间

“arm-in-arm” transaction 臂挽臂交易;猫腻交易;个人特殊关系交易

armored car and messenger insurance 武装车辆及专送保险 △ 承保金融机构用保安车辆或专车运送货币、珠宝、债券时发生意外损失的保险

arm's basis 公平独立核算基准
arm's dealing (transaction) 公平交易
arm's length 正常交易关系
arm's length transaction 正常交易;正常商业交易 △ 买卖双方之间互相独立,不受对方控制或影响的正常买卖交易
arm's price 公平价格
Armstrong Committee 阿姆斯特朗委员会 △ 1905 年美国纽约州立法部任命的由该州参、众两院组成的委员会
Armstrong investigation 阿姆斯特朗调查 △ 1905 年纽约对寿险公司经营所作的研究
arranged total loss 协议全损 △ 被保财产并未全损而保险人与被保险人经过协商按全损情况处理
arrangement (arrt.) 1. 安排;解决 △债务人对于无担保的债务如何进行偿还或展期的一种安排 2. 协议
arrangement fee 贷款手续费 △ 除利息之外银行加收的手续费
arrangement for settlement with... 与某机构达成的结算协议
arrangement with creditors 与债权人(签署的免于诉讼)协议 △ 资不抵债的个人或公司(即债务人)同债权人订立的协议,以避免破产或倒闭。协议订明债务人分期偿还办法或把全部资产交给托管公司代管,但须经法院批准
arrangement with... 与…的协议
arrears 保费延滞 △ 已过交费期但宽限期尚未期满的保险费
arrears certificate 欠款证书;延迟付款证书
arrears in contribution 拖欠股金;欠缴款项;欠缴捐款
arrears of interest 欠息;迟纳利息
arrest 1. 拘留 △ 在保险中船舶因违反有关规定而被有关单位扣留 2. 控制通胀
arrest inflation 控制通货膨胀
arrival draft (bill) 到货汇票 △ 货物到达目的地时才付款的汇票
arrival notice 货到通知;款到通知
arrival of remittance 汇款到达通知 △ 银行发给收款人的通知
arrived damaged value 目的地毁损价值 △ 航行途中毁损的货物在抵达目的地时的价值
arrived sound value 目的地完好价值 △ 航行途中未损的货物在抵达目的地时的价值
arrow theory 箭状理论 △ 由约翰·A. 肯尼迪(John A. Kennedy)发展的火灾发生与追溯火灾线索的理论体系
arson 纵火
art glass policy 美术玻璃保险单
articles of association 公司章程;公司条例 △公司发起人成立有限公司时,向主管公司注册的政府机构递交的文件,里面载明公司的组织规程,包括名称、宗旨、法定资本、股票种类、董事会及其任期等。同 articles of incorporation
articles of incorporation 公司条例;公司章程
articles of partnership 合伙人公司章程
as agreed upon 按约定
as expiry 原样续保 △ 保险期满后,仍按原条款续保
Asia-Europe Meeting (ASEM) 亚欧会议
Asian Clearing Union (ACU) 亚洲清偿联盟 △ 1974 年 12 月由亚洲及远东地区国家中央银行创立的国际清算组织。总部设在伊朗首都德黑兰,成员有孟加拉、缅甸、印度、伊朗、尼泊尔、巴基斯坦和斯里兰卡的中央银行
Asian Currency Unit (ACU) 亚洲货币单位 △ 新加坡政府于 1968 年批准的专门用于处理非居民存款,即"亚洲美元"交易的银行内部记账单位
Asian Development Bank (ADB) 亚洲开

发银行 △ 亚洲和太平洋国家及地区同西方国家政府间合办的区域性金融机构。1966年成立,行址在菲律宾首都马尼拉

Asian Development Fund (ADF) 亚洲开发基金 △ 该基金是亚行开展业务活动的资金来源之一。成立于1974年6月28日,专门对亚太地区贫困成员国发放优惠贷款

Asian dollar bond 亚洲美元债券 △ 主要由新加坡银行承销及出售的债券

Asian dollar bond market 亚洲美元债券市场 △ 各国政府、银行或公司为大量筹集资金在新加坡或香港等地以美元、日圆等为面额发行的长期债券,期限一般6至15年

Asian dollar market 亚洲美元市场

Asian dollars 亚洲美元 △ 存放在亚洲各国银行的美元

Asian Monetary Unit (AMU) 亚洲货币单位

Asian Payment Union (APU) 亚洲清算同盟

Asia-Pacific Economic Cooperation (APEC) 亚洲太平洋经济合作组织

"as if" statistics "假设"统计

as interest may appear 视可保利益出现而定

as is 按现状

ask an account 请求付账

asked price 要价;报价;出价;卖价 △卖方要价

asked quotation 报价单

ask for a loan 借债;要求贷款

ask for payment 催付款;追讨还款

ask for repayment 催还款;追讨还款

ask rate 要价 △ 见 bid rate

ask the price of 询价 △ 同 inquiry

as original 同原保险 △ 某一细节与原保险相应部分相同

a sound risk-reporting mechanism 风险报告机制

as per 按照;凭;依据 △ 如 as per your advice

assailing thieves 攻击性盗贼 △ 海上保险单位中规定的除船舶上的官员或船员之外的盗贼

assented bond 同意债券 △ 也叫"盖印债券",即持有人同意只转让一次的债券

assented stock 同意股票 △ 持有人同意放弃以公司资产作为担保的资本股

assessable insurance 可估价保险 △ 每一赔款额决定于保单持有人缴纳的摊派款项的保险

assessable mutual 可估价相互公司 △ 在美国一州或几州范围内营业的估价相互公司

assessable premium mutual insurance company 估价保费相互保险公司 △ 不征收固定保费,仅以估价方式向投保人收取保费,以期让所有投保人平摊损失的相互保险公司

assessed value 估定价值 △ 为征税目的而由政府机构对动产或不动产评定的价值

assessment 1.估价;评估;评定 2.追征金 △相互保险公司或互助机构要求被保险人除缴纳保险费外,还需支付一定款项,以弥补实际损失额大于预估损失额的差额

assessment clause 保费追缴条款 △ 一些保险单中允许保险公司向保单持有人征收额外保险费的条款

assessment company 赋课型公司 △ 经营专职赔损时有权向保单持有人征收或摊派费用的保险公司

assessment insurance 赋课型保险;摊派保险 △规定赋课型保险公司征收的初期保险费不足以支付赔款时,可向保单持有人征收额外款项的保险合同

assessment insurer 赋课型保险人 △ 随时向保户收取额外保费以补贴经营所需资金的保险公司

assessment of loss 估损
assessment of property value 财产价值评定
assessment period 保费追缴期 △ 赋课型寿险公司专职赔损时有权要求保单持有人缴纳额外款项的时间
assessment plan 摊派保险
assessment rate of collateral 担保品估价值评定
assessment rolls 摊派税款清册 △ 征税财产的公共记录
assessment share 有票面责任的股票
assessment society 赋课型友爱社 △ 见 assessment company
assessment valuation 摊派税捐估价;特别税捐估价
assessor 1.评审员;资产估价人;估税员 2.(保险)公估人 △也叫"公证行"
asset 财产;[~s]资产 △企业或个人拥有并具有有价值的有形资产和无形资产的权利
asset at transition 转换资产
asset deficiency 资产亏损;资产减值 △见 impairment of capital
asset erosion 资产损蚀
asset erosion reserve 资产损蚀准备金
asset holdings 资产持有量
asset impairment 资产减损
asset impairment reserve 资产减损准备金
Asset-liability management system 资产-负债管理系统
asset-liability ratio 资产负债比率
asset management corporation (AMC) 资产管理公司
asset preservation guarantee 资产保全担保
asset quality 资产质量
asset quality/reserve adequacy 资产质量或储备充足率
asset(s) ratio 资产率;资产比率
asset(s) reserve 资产准备;资产储备
assets account 资产账户;资产账目 △记载核算各种资产并反映其增减变化和结存的账户
assets and liabilities account 资产(和)负债账户 △记载属于资产和负债的科目并反映其增减变化和结存的账户,其余额在贷方,而资产账户的余额在借方
assets and liabilities management 资产负债管理
assets and valuation 资产与评估
assets-based finance 基于资产的筹资
assets brought into a business 资产投资;资产入股
assets composition 资产构成
assets conversion loan 资产转换贷款 △以借款人资产营运收益作为还款来源的短期放款,如出口信用证项下的"打包放款"
assets cover 资产担保;资产保证
assets coverage 资产保证率
assets depreciation range (ADR) 资产折旧范围;资产折旧幅度;资产折旧年限;资产折旧时段
assets disposal 资产处置
assets formation 资产构成 △同 composition of asset
asset share method 资产份额法 △为判定利润分红方法所分配的红利的公平性,或决定利润分红方法中的三个分红率而采用的方法
asset share values 资产份额价值 △保单持有人持有寿险公司资产的股票份额
assets held as collateral 抵押资产;作为抵押品的资产 △见 distrained assets
assets impairment account 资产减损科目
assets income 资产收入;资产收益 △同 return on assets
assets-income ratio 资产收益(比)率
assets in lieu of debts 抵债资产

assets insurance 资产保险 △ 对贷款人的流动资本、应收账款进行保障的保险

assets management 资产管理 △ 现常用 asset management。如 an asset management corporation

assets off the balance sheet 资产表外资产

assets of special fund 专用基金资产

assets on the balance sheet 资产表内资产

assets out of account 账外资产;不记入账册的非会计对象资产 △同 assets off the balance sheet

assets rate 资产比率

assets reduction account 资产减项科目 △ 同 assets impairment account

assets revaluation 资产重估

assets revaluation tax 资产重估税项

assets settlement 资产决算

assets share 资产份额 △ 保险费形成的逐年资金理论累积额,即为用于提供无没收利益和红利,为保险人提供最大利润的金额

assets stock 资产股份

assets structure 资产结构

assets subject to lien 留置资产 △ 见 distrained assets

assets turnover 资产周转率 △企业销售额与可用资产总额之比,通常叫"周转率",与企业的效率成正比,周转率越高,其还贷能力就越强

assets turnover 资产周转

assets turnover ratio 资产周转率 △ 销售净额与平均资产的比率

asset sufficiency or insufficiency 资产充分或不充分 △ 通过对资产价值、退保额及准备金的计算及这三种计算的比较,以判断暂时毛保费的充分性及平衡性

assets under administration 管理资产

assets under management 管理资产

assets value 资产价值

assets written off 减低资产账面价值;核销资产

asset utilization ratio 资产利用率

asset valuation 资产评估

asset value allowance 资产价值备抵

assign 1.过户;转让 △权利或风险的转移 2.受让人 3.委派;指派

assignability 可转让性

assignable 可让与的 △ 所有权的变更需要另填具一份书面证书,证明这种转让并通知责任当事人

assignable credit 可转让信用证 △ 同 transferable credit

assignable instrument 可转让票据

assigned account 已转让账户

assigned claim 转让债权

assigned claims 转让赔款

assigned claims plan 转让赔款计划 △ 由私营保险人支持或运营的资金,对未保汽车意外事故中的受伤人员支付无过错保险金

assigned in blank 空白转让书;受让人待填写的转让书

assigned risk 分派风险;强制接受的业务 △保险人无意于承保,但政府及其他法律规定必须承保的风险

assigned risk plan 分派风险计划

assignee 受让人;被背书人;票据背书后的接受人

assigner 转让人

assign in blank 不记名转让;不写明受让人的转让

assignment (assimt.) 分割;转让 △(1)某保险单的法律权利或利益转移给另一方,常与财产销售相联系 (2)银团贷款的一种参与方式,即牵头银行将部分贷款额度转让给各个参与银行以便立即筹集所需的贷款资金

assignment charge 转让费

assignment clause 转让条款 △ 银团贷款协议条款之一,规定贷款银行有权在银团成员之间转让其在贷款中享有的权利,但需经有关当事人同意,其义务和权利同时转让,并不增加借款人的负担

assignment clause of life insurance 寿险转让条款 △ 人寿保险中允许保单持有人自由转让(赠予、售卖)保险单给其他人或机构的条款

assignment of a claim 债权转让

assignment of benefits 保险金转让 △ 健康保险中被保险人授权保险人直接支付保险金给其他人

assignment of debts 债务转让 △ 见 debt-equity swap

assignment of interests 权益转让;利益转让

assignment of proceeds 转让货款;转让偿还款 △银团贷款的牵头银行将借方的偿还款转让给参与银行,后者获得收取本息的权利

assignor 转让人 △ 转让抵押品或保险协议的人

assistant (asst.) 助理;助手

assisted (asstd.) 受助者

assisted living facilities 辅助生活设施

associate captive 协会自保 △ 由同业集团或协会建立为协会成员提供基本保险和责任保险的保险公司

Associated Aviation Underwriters (AAU) 联合航空保险人

associated company 附属公司;联营公司;联号 △ 母公司所控股的子公司,同 affiliate; affiliated company

associate degree in risk management 风险管理助理

Associated Medical Care Plan 联合医疗服务计划

associated operation 联营作业;联合经营

Associate in Automation Management (AAM) 自动化管理准会员

Associate in Claims (AIC) 理赔准会员

Associate in Insurance Accounting and Finance (AIAF) 保险会计和财务准会员

Associate in Loss Control Management (ALCM) 损失控制管理准会员

Associate in Management (AIM) 准管理会员

Associate in Premium Auditing (APA) 保险费审计准会员

Associate in Research and Planning (ARP) 调查和规划准会员

Associate in Risk Management (ARM) 风险管理准会员

Associate in Underwriting 准承保会员

Associate of Casualty Actuarial Society (ACAS) 意外精算学会准会员

Associate of Conference of Actuaries in Public Practice 美国赔偿协会会员

Associate of the Chartered Insurance Institute (ACII) 英国特许保险学会准会员

association (ass., assn.) 1.协会;社团 2.上市 3.联合

association captive 联合专属保险人 △ 指两个或两个以上属于同一集团的分公司联合设立的专属保险公司

Association for Advanced Life Underwriting (AALU) 美国高级人寿承保协会

association group 协会集团 △ 商业互助组织或同业公会的成员组成一集团,以此资格参加健康保险主险合同下的团体保险

association insurance 协会团体保险 △ 人寿保险的一种。对协会团体的个人予以承保

Association of Average Adjusters (AAA) 共同海损理算人协会

association of banks 银行公会;银行协会

Association of Life Insurance Counsel (ALIC) 美国寿险法律顾问协会

Association of Life Insurance Medical Directors (ALIMD) 美国寿险体检医师协会

Association of Life Insurance Medicine of Japan (ALIMJ) 日本保险医学会

association of stock exchange firms 证券

交易公司协会

Association of Superintendents of Insurance (ASI) 保险总监协会

Association of Superintendents of Insurance of the Province of Canada (ASIPC) 加拿大省保险总监协会

Association of Tin Producing Countries (ATPC) 锡生产国家协会

assortment (ass'mt) (货物)分类;花色品种

assumed bond 承担债券;担保债券 △ 经发行公司以外的公司同意代为还本付息的债券

assumed cost 假定成本

assumed interest rate 预定利率 △ 保险公司计算准备金所使用的利率

assumed liability 承担责任(负债)

assumed liability policy 承担责任保险 △ 对被保险人依契约约定的赔偿责任予以保障的保险

assumed loss ratio 预定损失率

assumed reinsurance 承继再保险 △ 同 assumption reinsurance

assuming company 分入公司 △ 接受其他保险公司分出的再保险业务的保险公司

assumption 承担 △ 再保险人接受原保险人或其他再保险人转让给他的全部或部分风险

assumption agreement 承担协议

assumption certificate 承担证明书

assumption endorsement 承担背书 △ 见 cut-through endorsement

assumption fee 承担费

assumption of mortgage 承担抵押

assumption of risk 风险承担

assumption reinsurance 承担再保险

assumptions 假设

assurance 保险 △ 同 insurance,常见于美国,且常限定于专指人寿保险

assured 被保险人 △ 同 insured

assurer 保险人 △ 同 insurer

a subsequent time deadline 后续性时限

a subsequent time limit 后续性时限

a system of centralized collection and payment by the state treasury 国库集中收付制

at a determinable future time 可以确定的将来时间

at a discount 折价;打折 △见 below par

at a fixed time 远期定期

at all cost 不惜代价;不惜工本

at a loss 亏本

at a premium 升水;溢价

at a profit 获利;赚钱

at arm's length 无关联

at a specific point in time 在特定的时点上

at best 按最佳;按最好(汇率、利率、价格)

at call 随时;通知(即还贷款);△见 call loan

at cost 按成本

at current cost 按现时成本(计算);按现时汇率(计算)

at current price 按现时价格(计算)

at equity 按权益基准

at fair price 按公允价格;按公平价格;价格公道

at fixed period 按约定时段

at market 按市场价格;按市价(计算)

at occupation 职业事故 △ 职业性意外事故

atomic energy commission 原子能佣金

atomic energy reinsurance 原子能保险

at one's option 由某人自定

at par 平价;按票面价值(计算)

at regular interval 定期 △ 同 at sight

at sight 即期

attach 起保 △ 保险单保障责任的开始

attached account 法院查封账户 △ 凭法院的通知依法予以冻结的账户。在未得到法院的解冻通知前不得办理收付,或只限于收款

attachment 1.附保 △ 附于基本保险单后用以进一步说明保险责任、增加或减少保险风险及承保地点的部分 2.附件;附属物 3.扣押;查封财产 △ 债权人申请法院保全自己权益而对债务人的财产,包括银行账户予以扣押冻结的法律措施 4.扣押物

attachment date 责任开始日 △ 保险责任生效日

attachment of debtor's property 扣押债务人的财产

attachment of interest 起息期

attachment order 扣押令

attained age 达到年龄 △ 被保险人已达特定日期的年龄

attained age conversion 达到年龄转换 △ 被保险人达到一定年龄时,从一种保险到另一种保险的转换,例如,从定期寿险转到终身寿险

attain goal 实现目标;达到目标

attendance bonus 出勤奖

attendance rate 出勤率

attending physician's report 护理医生报告 △ 由医生提供的有关事故或疾病治疗和诊断具体情况的说明书,有助于保险公司确定赔款金额

attending physicians statement (APS) 主治医生报告 △ 由主治医师签发的证明投保人身体状况的报告

attestation 证明;认证

attestation clause 证明条款 △ 保险公司负责人员在保险单上签名以使合同生效的条款

attested copy 认证副本;证明副本;鉴定誊本 △ 同 certified copy

attestor 证人;证明人;(审计)认证人

at the beginning of year 按年初数

at the end of year 按年底数

at the money 1.平价;平值 △期货交易用语。买入期权的敲定价格等于交易证券的现行市价 2.等现价;不亏不盈 △同 at the money。期权交易用语,买入期权的敲定价格等于交易权的现行市价

attorney (atty.) 代理人

attorney ad litem 诉讼代理律师

attorney at law 律师(美)

attorney fee 律师费

attorney in fact 委任代理人;代理律师

attorneyship 代理

attorneys professional liability insurance 律师责任保险

attract foreign investment 引进外资

auction (auct.) 拍卖;竞卖;竞价出售

auction broker 拍卖人;拍卖商

auction by tender 不公开拍卖

auction catalogue 拍卖(品)目录

auction charge 拍卖费;拍卖费用

auctioneer 拍卖人;拍卖商

auctioneer master 拍卖行老板

auctioneer's bond 拍卖人保证

auctioneer's commission 拍卖人佣金;拍卖佣金

auctioneer's fee 拍卖费;拍卖费用

auctioneer's gavel 拍卖师小槌

auctioneer vendee 拍卖买主

auction fee 拍卖费

auction house 拍卖行

auction market 拍卖市场;公开标售市场

auction price 拍卖价

auction sale 拍卖

auction sale notice 拍卖通知

audit 审计;查账 △独立会计师受企业委托对其某一日期或会计年度的财务报表等进行全面的检查并出具审计意见书

audit accoount 查账

audit bureau 审计局

audit by test 抽查

audit certificate 审计证明书;查账证明书

audit committee 审计委员会

audit conclusion 审计结果;审计结论

audit contract 审计合同
audit control 稽查控制
audit cycle 审计周期 △ 多长时间如一季度、半年或一年审计一次
audit diary 审计日记;查账日记
audited financial statement 审定财务报表
audited premium 审定保险费 △ 见 premium auditor
audit expense 审计费用
audit fee 审计费
audit guide 查账指南
auditing by test and scrutiny 抽查账目;用抽查方式查账;抽查查账
audit instruction 查账指南;审计须知
audit law 审计法
audit memorandum 查账备忘录;查账记录簿
audit of expenditure 支出审计;岁出核查
audit officer 审计师;查账员;审计员
audit of financial statement 财务报表审计
audit opinion 审计意见
auditor 审计员;查账员;审计官;审计师;核数师
auditor's certificate 审计员证书;查账员证书
auditor's comment 审计意见书
audit period 查账期间 △ 查账所包括的时段,如一年
audit postulate 审计要求;审计原理
audit principle 审计原则
audit procedure 审计程序;查账手续
audit programme 审计提纲;查账计划
audit report 审计报告
audit standard 审计标准;查账标准
audit trail 查账线索 △ 注明分录的出处及其依据
audit working papers 查账工作底稿;查账计算表 △审查工作实况的完整记录,需永久保存
audit year 查账年度
austere credit supply 紧缩信贷供应
austere policy 紧缩政策
austerity 紧缩;节制
austerity budget 紧缩预算
austerity measure 紧缩措施
austerity policy 紧缩政策 △ 指政府为控制通胀采取压缩货币供应量,提高利率等政策
austerity programme 紧缩计划 △ 一国政府因国际收支逆差持续、通胀严重或其他危机的压力,而不得已削减开支,提高税收、利率,控制通货流量,减少进口等一系列的措施,统称为紧缩计划
authenticate 鉴定;核实;证明;核对
authenticated protest 经认证的拒付证书 △ (公证人)证明的拒绝承兑汇票证书
authenticate seal 核对印鉴
authenticate signature 鉴定签字真伪
authenticate test number 核对密押;核对密码 △ 一家银行(企业)向另一家代理银行(关系企业)发送电报、电传或SWIFT时根据双方互换的密押表(TEST KEY)上约定的办法,由序数和次数两部分编成的一组数字,通常包括金额、月、日、星期的代码。只有核心机密的电(报)讯收发室(电讯处)核对无误,在电文上签字并加盖"押符"戳记之后,方可转交有关人员处理
authentication of signatures 印鉴核对
authentication of test key 密押核对
authenticator 密押
authenticity 可靠性;确实性;真实性
authority for the interpretation 解释权
authority purchase (AP, a/p) 1.购买证 2.委托购买证 △进口地银行根据进口商的请求向出口地银行开出的一种凭证,授权出口地银行在一定条件下代开证银行购买出口商开立的以进口商为付款人的汇票,让出口商提前得到货款
authority to do sth. 做某事的授权 △ 如

授权签字、出票、议付、支付等
authority to terminate plan 终止计划权 △ 在美国根据国内收入署规章仅因商业原因而终止养老金计划的权利
authorization 1.核准;认可 △保险人对一定风险表示愿意接受的保险金额 2.授权;委任
authorized agent 全权代理人;授权代理人;指定代理人
authorized amount 核准数额
authorized bank 授权银行;指定银行
authorized capital 核定资本;法定资本 △有限责任公司注册时经政府主管部门核定的资本总额
authorized capital stock 核定股本;法定股本
authorized company 授权公司
authorized insurer 授权保险人
authorized limit 核定限额
authorized person 受权人;指定人
authorized share 核定股份 △ 股份有限公司注册证内核定其通过发行股票获得资本的股份总数,简称核定股
authorized signature 授权签署;核定的签名
Automated Clearing House (ACH) 自动票据交换所
Automated Mortgage Market Information Network (AMMINET) 自动化抵押市场信息网 △ 为全美范围的电子报价系统
automatically renewable credit 可自动展期的贷款(授信额度)
automatic builders risk form 自动船舶建造险保单 △ 见 builder's risk coverage form
automatic cost-of-living increase 生活费自动增加 △ 1972 年美国《社会保障法》中所增加的一项规定,目的在于防止社会保障收入因通货膨胀而下降
automatic cover 自动承保 △ 可在一定时期及一定金额内,对新增资产、变动的利益自动增加保险
automatic coverage 自动保障 △ 许多种保险提供的保障能自动生效或调整保险金额,以对被保险财产的递增风险和变化的利益提供保障
automatic increase in insurance endorsement 保险批单的自动增加
automatic ledger reader 自动读账机
automatic non-proportional reinsurance 自动非比例再保险 △ 对保险人分出超过预定自负赔款限额的赔款自动提供保障
automatic paid-up 自动缴清
automatic premium loan (APL) 自动垫缴保费贷款
automatic premium loan provision 自动垫缴保费条款 △ 寿险保单条款
automatic proportional reinsurance 自动比例再保险 △ 保险人自动与再保险人按照约定的比例分出或接受风险的保险形式
automatic reinstatement clause 自动恢复条款 △ 支付赔款之后自动恢复保险单面额的条款
automatic reinsurance 自动再保险 △ 分出公司与再保险人之间的一项分保协议
automatic reinsurance treaty 自动再保险合同 △ 见 reinsurance treaty
automatic renewal time-deposit account 定期一本通账户
automatic renewal time-deposit service 定期一本通服务
automatic restoration 自动恢复 △ 见 automatic reinstatement clause
automatic sprinkler 自动喷淋灭火系统
automatic sprinkler clause 自动喷淋设备条款
automatic suspense accounts 系统挂账 △ 银行内部停息挂账
automatic teller machine (ATM) 自动取款机;自动柜员机

automatic termination clause 自动终止条款

Automatic Transfer Service (ATS) 自动转账服务账户

automatic transfer system (ATS) 自动转账制度 △ 美国联邦储备系统会员银行之间的一种转账制度,即按客户授权在收到存户支票付款时,随即将所需头寸从储蓄账户转到活期账户

automatic treaty 自动合同 △ 见 reinsurance treaty

automobile, boat and aircraft insurance 汽车、船舶和飞机保险

automobile collision 汽车碰撞 △ 见 collision insurance

automobile comprehensive 汽车综合险 △ 见 comprehensive insurance

automobile death and disability coverage 汽车死亡和残疾保险 △ 私人乘坐的汽车责任保险单下可获得的意外事故保险形式

automobile death indemnity coverage 汽车死亡补偿保险 △ 当保险中特别指定的被保险人直接因汽车事故死亡时所能提供的限制性寿险保障

automobile fleet 汽车队

automobile insurance 汽车保险

automobile insurance (comprehensive) 汽车(综合)保险

automobile insurance (drive other cars) (驾驶其他汽车的)汽车保险

automobile insurance plan 汽车保险计划 △ 政府对购买和使用汽车保险所拟定的方案

automobile liability 汽车责任

automobile liability excess policy 汽车责任超额保险

automobile liability insurance 汽车责任保险

automobile medical payment insurance 汽车医疗给付保险 △ 又称为"基本医疗支付"。该选择性保险支付乘客和保单持有人的医疗费用,而不管事故的责任应由谁负责

automobile physical damage insurance 汽车车身保险 △ 对保单持有人的汽车的损失或损毁提供的保险

automobile reinsurance facility 汽车再保险计划

automobile shared market 汽车共有市场

automobile theft 汽车盗窃 △ 见 comprehensive insurance

automoblie assigned risk insurance plan 汽车分派风险保险计划

auxiliary account 辅助账户 △ 与主账户有从属关系的账户,通常包括附加与抵消两种

auxiliary coin 辅币 △元以下的分币,如人民币的角,美元的美分

auxiliary fund 辅助基金 △ 退休金的醵出金中的一部分所累积的基金

auxiliary ledger 辅助分类账

avail (of contract) (合同上的)利益 △ 保险合同所产生的各种利益

availability 可用性;可获量

availability asset 可用资产

availability balance 可用余额;可动用结余

availability cash 可用现金 △ 包括银行存款和库存现金

availability period 有效期限 △ 票据、契约的有效期

availability profit 可用利润

availability surplus 可用盈余

available cash flow 可使用的现金流

available period 贷款有效期;提款期 △ 贷款协议规定开始提款之日起到截止之日止的这段时间

avenues of firespread 火灾蔓延途径

average (av.) 1. 平均;平均数 2. 海损 △ 也叫"海事"

average adjuster 海损理算人

average agent 海损代理人

average age of receivables 应收账款平均账龄

average annual growth rate 平均年增长率

average asset life 资产平均寿命

average balance 平均余额

average blanket rate 一揽子平均费率 △ 一揽子保单的费率，每一地点保险价值乘以每一地点的费率之积，再除以总金额而得出

average capital 平均资本

average capital ratio method 平均资本比率法

average clause 分摊条款 △ 保险单中规定按一定方式分配保险项目的条款，也叫"共同保险条款"、"平均分配条款"及"比例分配条款"

average collection period 平均收款期

average cost 平均成本

average cost per unit 平均单位成本

average daily available balance (in a deposit account) 账上日平均可使用余额

average daily balance 每日平均存款余额

average daily balance method 每日平均余额(计算)法 △ 计算消费信贷的信贷费用的一种方法

average deviation 平均误差

average due date 平均到期日 △ 账款的到期日不同，择定一个折衷日期作为各款应付的日期

average earnings 平均收益

average earnings clause 平均收入条款

average fixed-cost 平均固定收益

average historical rate 平均历史汇率

average income rate 平均收益率

average indexed monthly earnings (AIME) 指数化月平均收入

average interest rate 平均利息率

average inventory 平均库存(量)

average loss clause 平均损失条款

average monthly earnings (AME) 平均月收入 △ 见 average monthly wage (AMW)

average monthly wage (AMW) 月平均工资 △ 每月工资不一样，通常以一年十二个月工资的总和除以12得月平均工资

average net cost 平均纯费用

average number of days to turnover 平均周转天数

average pay plan 平均工资基准型退休金计划

average price method 平均价格(计算)法

average rate 平均费率

average rate of dividend 平均股息率

average rate of inflation 平均通货膨胀率

average risk 平均风险 △ 计算保险费时所依据的基准

average statement 海损理算书

average unit cost 平均单位成本

average unit price 平均单价

average weekly benefit 平均周给付 △ 在劳工补偿保险中也叫"周赔偿给付"

average weekly wage 平均周工资

average yield 平均收益率 △ 国债公开招标发行时的平均出价(bid)

averaging 盈亏相抵；扯平；平盘 △ 票据交易所里看涨行情(多头)的投机商在股价下跌时吃进股票，看跌时(空头)再抛出股票，以求盈亏相抵

averaging down 平均下跌 △ 投资者在股价下跌时仍买进较多的某种股票，结果是其所持有此种股票的平均价格下降。如果此种股票的市价不断下挫，投资者就会蒙受损失。反之，若其市价反弹，则可获利

averaging up 平均上涨 △ 见 averaging down

aviation accident insurance 航空意外事故保险 △ 对固定航班上的乘客提供的保险

aviation clause 航空条款
aviation exclusion 航空险除外责任
aviation hazard 航空风险 △ 在正常航班飞行以外的航空活动中遭遇人身意外风险的保险。投保此种风险需附加保费
aviation hull insurance 航空机体保险
aviation passenger accident insurance 航空乘客意外事故保险
aviation trip life insurance 航空航程人身保险
avoidance 防避 △ 风险管理技术
avoirdupois (avoir) 常衡 △ 以16盎司为一磅
award 决标;裁定;裁决;裁定书;裁决书;仲裁赔偿;中标 △ 在投标方式的交易中,投标人被选定为签订合同的对象
award contract 发标
award of contract 发标
awareness about competition 竞争意识
awareness about democracy 民主意识
awareness about efficiency 效率意识
awareness about self-reliance 自立意识
awareness about the rule of law 法制意识

B b

baby bond 小债券 △ 面向资力薄弱投资者的小面额债券,如美国 100 美元以下的债券

back a bill 在票据上背书担保支付

backbone 骨干

back-date 回溯;倒填日期 △为使保险单在申请日之前生效而填写的先于保险申请日的日期。货运单据日期早于实际签发日期,如倒填日期提单

back-door financing 私下融资 △ 在英国,指英格兰银行(中央银行)为放松银根或向贴现行提供资金,通过其经纪人在市场上按市场利率买进国库券的做法。在美国,指政府机构不依赖国会的拨款,而向财政部借款的融资行为。也喻指违规的走后门贷款

backed bond 已背书债券

backed note 已背书票据

backer 背书人 △ 同 endorser

backload 撤离费 △ 投资者抽回某项投资时所支付的赎回费

back money 拖欠款 △ 同 arrears

back office 事务部门;二线

back room 事务部门;二线

backroom consolidation 后台综合

back-to-back account (B.B.) 背靠背账户

back-to-back credit 背对背信用证;转开信用证 △ 出口商在接到外国进口商开来的信用证之后,因手头缺货,但又不愿意放弃这笔交易,就可以此信用证为保证,请其往来银行另开一张信用证给实际供货人,这后开的称背对背(转开)信用证。在转口贸易中广泛使用

back up 倒档 △ 投资人将长期证券转换为较短期债券的行为

back value 倒起息 △ 银行冲销误记或窜户的账项时要按原定起息日或原始凭证的日期起息。如记账时间太长,甚至几年,早已计算过利息,调整账户时不再倒起息,而是单独计算补息

bad account 坏账;呆账;死账 △ 无法收回的应收账款。同 dead account

bad asset 坏资产;呆滞资产

bad book 坏票 △ 股票经纪人大量购进此种股票之后,股价开始下跌,要么继续持有等待股价上扬要么赔本出售

bad cheque 空头支票 △ 没有支付头寸的支票,如账上没有存款或存款不足开出的支票

bad debt loss 坏账损失

bad debt loss provision 坏账损失准备 △ 见 provision for bad debt

bad debt provision 呆账准备金

bad debt ratio 坏账比率 △ 银行坏账与收益净值的比率

bad debt recovery 收回坏账

bad debt reserve 坏账准备;呆账准备

bad debts policy 坏账保险单 △ 见 credit policy

bad debt written off 注销坏账

bad delivery 违约交割

bad faith 恶意

bad loan 死贷;呆账贷款;呆滞贷款 △ 无法收回的贷款

bad loan risk 呆账风险

baggage insurance 行李保险 △ 财产保险的一种

bail 1.担保 △ 中央银行为拯救某家银行而向其担保或注入资金的行为 2.保释金 3.委托 △ 委托人为某种目的,如保管、租赁等将财产交给受托人持有,但不过户转移产权

bail bond 保释保证书;担保物;担保金 △ 用作担保的财物

bailee 受委托人;受托人;代保管人 △ 见 bailment; trustee

bailee clause 受托人条款 △ 运输保险

条款之一

bailee insurance 受托人保险 △ 承保受托人因意外致使受托财物遭受毁损的保险

bailee liability insurance 受托人责任保险 △ 承保受托人对其临时照看、监管和控制的委托人财产遭受损失或损坏应负法律责任的保险

bailees customer insurance 受托人顾客保险 △ 由受托人投保的使受托的顾客财产因保险事故而遭毁损后获得保障的保险

bailee's lien 受托人留置权

bailer 委托人;寄托人

bail guarantee 保释金保函 △ 因轮船撞损海港码头或发现走私等触犯他国法律被扣留时,船方向银行申请开给当地法院的保函,保证船方自己或运输公司将按照法庭的判决赔偿货主的损失

bailment 委托 △ 通过契约,委托人将商品或其他资产交给受托人代售、保管、租赁的行为

bailor 委托人;寄托人

bailor's property insurance 寄托人财产保险

bail out 保证偿还 △ 银行业务中非正式用语,借款人应缴的抵押品或落实的还款资金来源

bailsman 保证人;保释担保人

balance (bal.) 1.余额;差额;结余 2.平衡

balance at the beginning of the period 期初余额 △ 同 beginning balance; start balance; balance-beginning of year

balance-beginning of year 年初余额

balance brought over (from) 前期余额结转 △ 在每一会计期间的期初,将上一会计期间账户的期末余额转移到本期账户内。也叫"承前余额"

balance carried down 余额结转下期;余额结转次页 △在每一会计期间的期末,将账户的期末余额转移到下期账户内

balance carried forward 余额结转下期;余额结转次页

balance certificate 余额证书 △ 银行向客户或其调查机构出具的表明其账户活动情况的证书

balanced sevurity 平衡保险 △ 提供家庭经济主要收入者因死亡或丧失劳动能力而须维持家庭生活费用的基本保障

balance due from 存放同业;人欠;应收同业欠款

balance due to 同业存放;欠人;应付同业欠款

balance-end of year 年末余额

balance(d) funds 平衡基金 △ 共同基金的一种。其投资政策是使其掌握的其他金融机构的有价证券多样化,既购买普通股票,也购买优先股票和债券

balance in hand 库存余额 △ 金库中保留的现金总额

balance in our favour 我方(受益)余额 △ 两国之间以货换货不使用现汇结算而采取记账方式时,双方经办银行相互开立双边账户,在甲方的为主账户;乙方的为维持账户,双方每年或半年相互确认账户余额时,用此表述,即对方欠我方款;反之亦然

balance in your favour 你方(受益)余额 △ 见 balance in our favour

balance(d) lease 平衡租赁;减税租赁 △租赁公司从金融机构借入80% 的资金,自己仅投资其余的20%,从而使出租人以少量的投资获得设备成本的100% 的全部减税待遇,因而税金较低

balance list 余额表;余额清单

balance of account 账户余额;账户结余;账目结余

balance of international indebtedness 国际借贷差额

balance of international payments 国际收支;国际收支差额 △见 balance of payments

balance of payments 国际收支;国际收支差额;国际收支平衡表 △ 反映一国在一定时间或一定日期内国际收支状

况的总记录

balance of payments adjustment 国际收支调整

balance of payments capital account 国际收支资本账户;国际收支资本项目 △国际收支差额表中反映全部国际资本交易情况的一个账户名称,包括长期资本输出和短期资本输入两项

balance of payments crisis 国际收支危机

balance of payments current account 国际收支经常账户;国际收支经常项目 △国际收支差额表中的一个账户名称,包括商品进出口和劳务项目的收支

balance of payments deficit 国际收支逆差

balance of payments disequilibrium 国际收支不平衡

balance of payments equilibrium 国际收支平衡

balance of payments position 国际收支状况

balance of payments regarding system 国际收支申报制 △国际货币基金组织

balance of payments statistics 国际收支统计

balance of payments structure 国际收支结构

balance of payments surplus 国际收支顺差

Balance of Payments Yearbook 《国际收支年鉴》△国际货币基金组织

balance of profit 利润结余

balance of stock system 永续盘存制

balance of trade 贸易差额;国际贸易平衡;贸易收支 △国际收支平衡表中的进、出口贸易收支差额。它们是平衡表中最重要、最基本的收支项目

balance on capital account 国际收支资本账户余额

balance on current account 国际收支经常账户余额;往来账户余额;经常项目收支

balance on goods and services (国际收支中)商品与服务的平衡;商品服务差额

balance on hand 存款余额;库存余额 △金库中保留的现金总额

balance on liquidity basis 按清偿能力计算的国际收支余额;按清偿基础计算的国际收支差额 △美国计算国际收支差额的一种方法,即按美国对外收支的实际差额计算,而不管外国中央银行的美元储备是增加还是减少

balance on non-monetary transaction 非货币交易国际收支差额

balance on official settlement basis 按官方清算基础计算的国际收支差额

balance on trade amount 贸易收支差额

balance out 抵消

balance outstanding 未结清的余额 △同 outstanding balance

balance receipts and payments 收支平衡;平衡收支

balance sheet (B.S., b.s., B/S) 资产负债表;资金平衡表;余额表;借贷对照表 △是反映企业在一定时点的财务状况,即资产、负债、资本的状况的报表。通常采用账户(T)式,左方分列企业拥有的资产,右方分列负债和资本来源,两方的总计金额总是平衡的,即资产=负债+资本(净值)

balance sheet analysis 资产负债表分析 △为进一步说明企业经营成果和存在的问题,应用财务比率(如速动比率等)分析企业的资产负债表,以判断其财务状况

balance sheet audit 资产负债表审计

balance sheet date 资产负债表日期;结账日 △资产负债表上所有账项的截止日期

balance sheet-income sheet ratio 资产负债与损益比率

balance sheet in the account form 账户式资产负债表 △与报告式资产负债表相对,见 balance sheet

balance sheet in the report form 报告式资产负债表 △与账户式资产负债表相对。也叫流水式资产负债表,即将负

债和股东权益(或所有者权益)列于资产的下方

balance sheet presentation 资产负债表的列呈形式

balance sheet ratio 资产负债比率 △ 最重要的现金比率、资金周转比率、储备资产比率和存贷比率

balance sheet reserves (退休金)平衡表准备金

balance sheet reserves plan (退休金)平衡表准备金计划

balance-start of year 年初余额;期初余额

balancing charge 差额税 △ 当接受的赔款超过受损船舶的账面价值时,船东所应缴纳的税项

balancing charge insurance 差额税保险 △ 保险人补偿差额税的保险

balloon 贷款偿还计划 △ 规定最后一次还款额要大于以前各次的还款额

balloon loan 漂浮式贷款 △ 分期偿还中后面的金额大于前期金额的一种贷款,见 balloon payment; balloon repayment

balloon mortgage 漂浮式抵押 △ 长期(15-30 年)抵押贷款,每月偿还金额相同,但到末期的 3-7 年的偿还金额加大,即全部金额一次还清,利率一般较低

balloon paymcnt 漂浮式付款 △ 规定最后一次还款额要大于以前各次还款额的偿还。特大型项目贷款大都采用此种方式还款,即项目前期仅作象征性还款,以后递增,待部分投产后加速偿还,最后一期还款最大。简称 balloon

balloon repayment 漂浮式付款;漂浮式偿还 △一种后期还款金额大于前期还款金额的分期还款方式。通常起初仅作象征性偿还,而绝大部分的款项都延至最后一期才一并还清

bank (bk.) 银行 △ 专营存贷、结算、票据承兑等信用业务的金融机构

bankable bill 可贴现票据;银行承兑汇票

bankable project 银行肯贷款的项目

bank acceptance 1.银行承兑 2.银行承兑汇票 △商业汇票的一种,以银行为付款人并经银行签署承兑的远期汇票

bank accommodation 银行资金融通 △ 银行对客户的短期贷款

bank account 银行账户 △ 客户在银行所开立的账户

bank accounting 银行会计

bank advance 银行垫款;银行放款 △见 advance

bank audit 银行查账;银行审计

bank balance 银行存款余额

bank bill 银行汇票 △ 同 bank draft

bank book 银行存折 △ 同 passbook

bank bookkeeping 银行簿记

bank burglary and robbery insurance 银行失窃及抢劫保险

bank cable transfer 银行电汇 △ 同 bank telegraphic transfer

bank call 财务报表要求 △ 美国银行管理机构对银行定期公布财务报表的要求

bank card 银行卡 △ 包括银行信用借记、贷记等各种信用卡的统称

bank CD 大额可转让定期存单

bank charges 银行手续费

bank charter 银行经营执照;银行经营许可证

bank chcck 银行支票;本票

bank checking account 银行支票账户 △ 用支票提款,一般不付利息的银行账户

bank check plan 银行支票计划 △ 以由银行签发并凭以付款的支票为内容的方案称之为支票计划

bank cheque 银行支票;本票

bank clearing 银行票据交换 △ 一个城市或地区内各银行代表每天在同一地点互相交换所开出的支票和汇票,借以结清债务

bank clearing house 银行票据交易所 △ 办理银行票据交换的机构

bank commission 银行手续费

bank concern 银行康采恩 △ 西方国家大银行通过参股方式控制和兼并中小

银行的一种形式

bank consortium 银行财团;银团 △多家银行为某个特大贷款、融资项目临时联合组成的一个财团

bank credit 银行信贷 △ 商业银行给予客户的贷款或透支便利,以资金形式增加客户的存款总额

bank credit facility 银行信贷额度;授信 △客户可以使用的银行授信、透支的最高限额。授信不同于贷款,前者是一种权限,只有要用款并预先发出通知后,银行才将所需金额拨付给客户,而贷款则在签约后全额或分期划进客户的账户,由其按计划使用

bank credit guarantee 银行信用保函 △包括合约保函如投标保函、履约保函、预付款保函、质量保函、维修保函、补偿贸易保函和易货贸易保函等保函

bank credit line 银行授信额度

bank crisis 银行信用危机

bank currency 银行通货

bank debit 银行客户提款;银行客户提款总额 △存款者一定时期内从其银行账户上取出的总额

bank demand draft 银行即期汇票

bank deposit 银行存款;存款

bank discount 银行贴现 △ 银行放款的一种方式。持票人拿未到期的票据向银行贴现,换取现金,银行从票面价值中扣除自贴现日到票据到期日的利息后将余额付给持票人,叫做银行贴现。银行收取利息的利率称贴现率

bank draft (B.D.) 银行汇票

banker 账户行;开户行

banker's acceptance 银行承兑汇票

banker's acceptance (B/A) 银行承兑

banker's acceptance bill 银行承兑汇票

banker's acceptance draft 银行承兑汇票

banker's acceptance rate 银行承兑汇票贴现率 △ 银行承兑汇票提交贴现时所适用的贴现率

banker's bill 银行汇票 △ 同 banker's bill of exchange

banker's bill of exchange 银行汇票 △银行签发的兑取现金的支付凭证

bankers blanket bond 银行综合保证保险 △ 对雇员或银行之外的人员破坏信用而给银行带来的损失进行补偿的一种保险

banker's call rate 通知贷款利率 △ 见 call loan

banker's check 银行支票 △ 同 bank cheque

banker's cheque 银行支票

banker's deposit 银行存款

banker's discount 银行贴现

banker's draft 银行汇票 △ 同 banker's bill of exchange

banker's letter of credit 银行信用证 △信用证是开证银行根据申请人的要求和指示,向受益人开立的有一定金额的在一定期限内凭规定的单据在指定的地点支付(即付款、承兑或议付汇票)的书面保证

banker's lien 银行留置权 △ 银行在客户偿还其贷款前得以持有该客户财产的权利

banker's margin 银行存款保证金 △ 仅用于应付存户提款的准备资金。见 deposit reserve

banker's order 1.银行本票 △ 同 cashier's order 2.银行家命令 △客户发给银行的书面通知,授权银行在其存款账户内代为某项支付

banker's payment 银行付款

banker's promissory note 银行本票 △银行签发的保证在受款人见票后或指定日期无条件向其支付一定金额的票据

banker's reference 银行征询;银行资信调查 △同 bank reference

banker's sight bill 银行即期汇票 △ 同 bank demand draft

banker's term bill 银行远期汇票

banker's time bill of exchange 银行远期汇票 △ 与"银行即期汇票"相对。无须见票立即付款,而是规定于以后一定日期付款的汇票。同 usance bill; usance draft

Bank for International Settlement (BIS) 国际清算银行

bank('s) guarantee 银行担保(书);银行保函 △银行通过为经济交易的一方出具保证书,在申请人无力支付或履约时,由银行担负该方违约所造成的经济后果。银行保函(担保书)分付款保函和信用保函两大类

bank guarantee for loan 银行贷款保函 △银行担保人应借款人的要求向贷款人出具的书面保证书

bank holding company 银行控股公司 △控制一家或数家商业银行而自己并不直接经营的控股公司

bank holiday 银行假日;银行休息日

bank hours 银行营业时间

banking (bkg.) 1.银行业务 2.理财 3.银行学 4.银行业

Banking Act of 1933 1933年银行法 △1933年美国颁布的《银行法》,旨在确认银行的法律地位

banking arrangement 银行协议书;银行议定书

Banking Arrangement on Accounting Procedures 银行账务处理细则;银行账务往来协议;银行结算程序协议书 △两国之间进行记账(非现汇)贸易或单边实物(出口商品)形式援助时,双方政府各指定一家(很少多家)银行办理有关的国际结算。两国银行之间须订立此种协议(细则),规定出具体的操作办法,包括双边账户名称,记账程序、利息计算、利率、对账单寄送等

banking business 银行业务

banking capital 银行营运资本;银行营运资金 △同 working capital

banking consortium 银行财团;银团

banking day 银行营业日

banking department 1.银行营业部 2.银行部 △英格兰银行下设的与发行部并存的独立部门之一

banking facilities 1.银行授信 2.银行设施

banking franchise 银行业特权

banking funds 银行营业资金

banking group 银团 △见 consortium

banking industry 银行业

banking institution 金融机构

banking law 银行法

banking office 银行营业所

banking operation 银行业务;银行资金运作

banking permit for financial institution 营业许可证 △由银监部门出具

banking policy 银行经营政策

banking power 银行放贷能力;投资能力

banking practice 银行实务 △银行业务的具体操作程序

banking reform 银行(体制)改革;金融改革

banking school 银行学派 △与"通货学派"相对。指19世纪的与通货学派保持不同观点的一批经济学家,主张实行一种包括银行券和活期存款的混合通货,强调信贷来源的多样化,活期存款是货币供应的一部分

banking sector 银行部门

banking syndicate 银行辛迪加 △简称银团。见 bank consortium

banking system 银行系统;银行体制

bank interest certificate 银行证明书 △银行出具证明客户账户活动情况的证明文件

bank invoice 银行发票 △出口商应进口商的要求到银行办理押汇时出具的一种仅填写金额及货物名称的简单发票

bank law 银行法 △规范银行组织机构及其经营活动的所有法规的总称

bank line 银行信用额度 △见 line of credit; credit line

bank loan 银行贷款

bank loan insurance 银行贷款保险

bank loan plan 银行贷款计划

bank mail transfer 银行信汇

bank merger 银行兼并;银行合并 △一

个或多个银行被另一个银行吸收合并成一家银行,所有财产及债务债权,均由其负责处理

bank money 银行票据 △ 银行支票、汇票等的总称

bank money order 银行定额汇票;银行拨款单;银行汇款单;银行汇票 △见 money order

bank note (B/N, b.n.) 银行钞票;现钞

bank of issue 发行银行 △ 一国或地区法律授权发行钞票的银行

bank opinion 银行意见(书) △ 买卖双方为了解对方的资信情况,委托当地外汇银行转托其国外代理行代为调查,由外国代理行提供的资信报告,叫做银行意见

bank overdraft 银行透资 △ 银行允许客户在其账户上支取超过其存款余额的部分,即银行暂时给予的临时融资,合理透资金额因人而易,如 VIP card(贵宾卡)持卡人透资就高于普通持卡人。客户须在约定的期限内补足头寸

bank paper 1.(流通的)钞票 2.(银行承兑的)票据

bank passbook 银行存折 △ 同 bank book

bank payment guarantee 银行支付保函 △ 可分为三种:(1)纯资金交易性的包括贷款保函和透资保函 (2)纯商品交易性的进口(付款)保函、出口(供货)保函和租赁保函 (3)其他经济活动性的关税保函、保释金保函

bank prime rate 银行优惠利率;银行最低利率 △商业银行对少数资信良好的大客户放款的最低利率

bank rate 银行率;中央银行贴现率 △ 中央银行对商业银行的贴现票据予以再贴现时所使用的再贴现率

bank rate policy 银行利率政策;中央银行贴现政策

bank reconciliation statement 银行往来调节表

bank reference 银行征信;银行资信证明书 △银行受客户或代理行的委托征询有关进出口企业或其银行资信情况的报告书。同 bank report

bank register 银行往来登记簿

bank report 银行证明

bank reserve 银行准备金 △ 银行为应付存户提取存款所设置的准备金,它不能用于放款

bank run 银行挤兑;挤提 △客户因害怕银行发生财务困难,无法保证自己的存款安全而同时到银行大量提取现金的行为

bankrupt 破产

bankruptcy 破产;宣告破产

bank's agency 银行代理(行) △ 与一家银行发生业务代理关系的另一家银行,但不都有账户往来关系。同 correspondent

Bank's Articles of Agreement 世界银行协定条款

bank's buying rate 银行买入价 △ 银行买入外汇的价格,与卖出价格相对,前者低于后者,即低买高卖,二者的差价即为银行收入。办理外汇业务的银行都有公开的外汇牌价表

bank's club 银行俱乐部 △ 十国集团及国际清算银行的别名

bank's commission 手续费;佣金

bank's failure 银行破产 △ 银行资不抵债被迫停业关张

bank's selling rate 银行卖出价

bank's signatory 银行有权签字者

bank statement 1.银行对账单;银行结单 △银行定期发给存户其账户活动情况的清单,让存户核对账目 2.银行财务报表

bank syndicate 银行财团 △ 牵头银行和共同牵头行组织若干银行参加他们为某个巨额贷款项目共同贷款而临时组成的银团。银团成员少则几个多则几十家,各自承担不同的供款数额

bank('s) telegraphic transfer 银行电汇 △ 通常指代客户办理的贸易或非贸易项下大额支付。同 bank cable transfer

bank term loan 银行长期贷款

bank-to-bank transfer 银行转账 △ 银行同业转账
bank transfer (B.T.) 银行划拨;银行转账 △银行与联行(分支机构)或代理之间的划账,即通过往来账户以"请借记(往账)"或"已贷记(来账)"完成资金收付,清偿债权、债务
bank trusteed retirement plan 银行信托退休计划 △ 退休保障方式之一
bank with 账户行;开户行
bank year 银行会计年度
bar contract 不附带担保的合同;无条件契约
bargain 讨价还价后成交的商品;交易
bargain money 保证金;定金
bar gold 金条
bar on spot 当场交易;即付买卖
barratry 不法行为;故意损害行为 △主要发生于海上保险,例如船长或船员故意导致船只损失的行为
bar stock 廉价股票
barter 易货;易货贸易 △两国间不使用货币而是通过记账方式进行的商品交换,在约定时期(如一年)结束时仅用通货结算差额
barter agreement 易货协议 △ 两国之间关于易货贸易的协定书。见 barter
barter trade 易货贸易 △ 见 barter
base 基础;基期;低价
base coin 劣币;伪币 △同 bogus money
base currency 基础货币 △ 汇率报价用语。通常以美元为基础制订本国货币的汇价
base date for estimate 估价基日
base index 基本指数
base inventory method 基本盘点法
baseline date 基线数据 △ 用来作为水准点的统计量
base month 基期月份
base pay 基本工资
base period 基期 △ 用以计算指数或增长率的基准时间
base premium 基线保险费 △ 分出公司的保险费,在这个基础上根据影响保险费的一些因素来确定再保险费
base price 基价;基本价格 △商品卖方报价的基准价格;买卖合同规定价格可以调整的基础价
base rate 基本利率 △ 同 basic rate
base salary 基本工资;底薪
base standard cost 基本标准成本
base stock 基本存量
base wage 基本工资 △ 同 base salary
base year 基期年份;基年 △见 base period
base year account 基础年账户
basic accounting convention 基本会计常规
Basic Accounting Norm 会计基本规程
basic accounting unit 基本会计单位 △ 见 accounting unit
basic auto policy 基本汽车保险单 △ 承保汽车毁损责任的保险单
basic balance 国际收支基本差额;基本平衡;基本平衡表
basic benefits 基本住院福利计划 △ 健康保险单所提供的最低支付
basic deficit 国际收支赤字;国际收支基本差额表
basic depreciation (固定资产)基本折旧额
basic documents 基本单据
basic hospital plan 基木住院福利计划 △ 健康保险单所提供的最低支付
basic limit 基本限额 △ 保险公司签发责任保险保单时提供的最低额度
basic limit of liability 基本责任限额 △ 保险公司对承保的保险所要求的最低额度
basic point 基点 △ 用来表示利率和债券收益变动的计量单位,一个点等于0.01%
basic premium 基本保费 △ 在劳工保险和寿险中适用的保费
basic rate 基础费率
basic rate of exchange 基础汇率 △ 本国货币和国际普遍接受的少数主要国家货币的兑换比率,再以此汇率套算出

与其他货币的汇率。如按人民币对美元的汇率可以套算出与韩圆、泰铢等的汇率来

basic rate of income 基本收益率

basic specification 基本项目表 △ 保险单中注明受保财产的项目表

basic split-dollar plan 基本保费分摊计划 △ 保费由双方共同分摊的寿险保障计划

basic time frame 基期 △ 在统计计算机指数或发展速度等动态指标时作为对比基础的时期

basic unit 基本单位

basic unit budget 基本单位预算

basic variance 基本差异;基差

basis contract 期货标准合同

basis of accounting 1.会计基础 2.会计方法

basis of calculation 计算标准

basis of distribution 分配基础 △ 分配间接费用所用的直接人工工时或机器小时工时

basis of posting 过账依据

basis point 基点 △ 同 basic point

basis point value (BPV) 基点值

basis rate 基本费率

basis trading 基差交易

"basket" of currencies "一篮子"货币 △ 包括美元在内的 16 种货币,1974 年 7 月 1 日以后国际货币基金组织用于计算特别提款权的货币单位,后于 1981 年由美元等 8 种货币取代

batch 一次的分量;批;期 △ 分期拨付贷款之一笔

batch budgeting 分批预算

batch clause 整批条款 △ 在产品责任保险中,同一批产品所致保险事故。无论次数多少均视为一次保险事故的条款

batch costing 整批成本法;分批计算成本法;分批摊派成本法

bear 1.熊市;行情看跌市场 2.空头;卖空;空头市场;卖空者 △ 投机者估计证券、商品等有跌价趋势时出售期货,等到跌价时再买进,从中获利 3.负担;承担

bear account 空头账户;无头寸账户

bear and bull 买空卖空

bear covering 补空;补充头寸

bearer 持票人;执票人;持有人

bearer bond 无记名债券 △ 这种证券的持有人无法在发债公司的名册中登记,故称谓之。见 registered bonds

bearer check bill 来人支票 △ 无抬头人的支票,转让时无须背书,银行见票即对执票人付款

bearer cheque 来人支票 △ 无抬头人的支票,转让时无须背书,银行见票即对执票人付款

bearer debenture 无记名公司债券

bearer depositary form 无记名方式;凭票即付

bearer depositary receipt 无记名存券收据 △ 以无记名方式签发的存券收据,发行目的在于方便外国公司购买本国公司的股票

bearer paper 来人票据;无记名票据 △ 所标款项付给来人(执票人)的可转让票据,执票人为合法的受款人

bearer policy 持有人保险单 △ 注明保险赔款支付给保单持有人的保单

bearer's check 来人支票 △ 同 bearer cheque

bearer scrip 临时证券

bearer's draft 来人汇票

bearer securities 无记名债券 △ 因发行人账簿不登记所有人的名字,故持票人有权要求公司支付红利、利息或到期还本付息

bearer share 无记名股票 △ 英国用法。不记载股东姓名,附有息票的股票,转让时无须背书

bearer stock 无记名股票 △ 美国用法

bearing capacity 承受能力;承担能力;承载能力

bearing no interest 不计利息

bear interest 1.带息;要计利息 2.负担利息

bearish market 空头市场;行情看跌的市场;看跌市场
bear (a) loss 负担损失;承担损失
bear market 1.熊市 △ 行情看跌市场 2.空头市场 △主要趋势是价格下跌的市场,即卖出者远远超过买进者
bear pool 卖方联合;卖方联营
bear position 看跌行情;空头行情
bear squeeze 空头挤压;轧空头 △指空头投机商出售股票或商品后面临涨价局面,不得不在交割期末补进自己所卖出的股票或商品,但结果减少了利润
bear the market (by selling ...) 拉跌市场;(抛售…)压低市场
bear transaction 空头交易 △ 见 bear
beat a bargain 杀价;讲价;讨价还价
beat down 砍价;杀价
beat the gun 抢先成交 △ 证券未正式上市前的先期交易
beat the index 战胜指数 △ 证券投资术语。股票价格普遍看跌,投资主管人手中的某种股票价格下降的幅度低于平均数时,就称为投资主管人"战胜指数"。同样,股票价格普遍上升,手中股票价格上升幅度大于平均数时,也叫"战胜指数"
Beaufor's Scale 皮福氏风级表 △ 1805 年费朗西斯皮福氏设计的风分为 12 个等级的风级表
beauty parlor public liability insurance 美容院公共责任保险
be called to account for 追究责任
be carried forward for offset in later periods 结转下期抵扣
be charged to 计入
become due 到期(应付)
become effective 生效
become insolvent 破产;资不抵债
become invalid 失效
become operative 生效
be downgraded to ... 降级
before-tax earnings 税前所得
beginning balance 期初余额
beginning of period 期初
behaviour norm 行为准则
be included in 计入
be listed as expenses with 列支
below par 低于面值;低于票面价值 △ 证券折价或低于面值出售
bench mark 基准;水准基点 △原指某种耐用材料上刻画的一道考查线供日后参考,现被金融市场用来指发行新债券需付利息的水准
bench mark data 基准数据
benchmark definition (BMD) 基准定义
benchmark interest rate 基准利率
bench mark year 基准年;基准年度
bench sheet 台账 △ 主要用于外汇、关税管理。进出口企业获准使用一定外汇额度后设立的临时使用记录,按规定时间与外汇管理、海关部门核对外汇使用以及结汇情况
bench statistics 基本统计(数据);标志性统计数字
beneficial interest 受益人权益;可享用的利益;受益权 △ 在保险事故发生后受益人享有获得保险赔偿或给付的权利
beneficial owner 利益所有人;受益权人;所有权受益人 △ 无所有权名义但享有所有权收益的人
beneficial ownership 实际的所有权
beneficial power 受益权
beneficial right 受益权
beneficial title 受益所有权
beneficial use 享用;有权使用
beneficiary 受益人;信托受益人 △信用证的出口商(收款人);汇款、票据的收款人
beneficiary certificate 受益证明书;受益人证书
beneficiary change 变更受益人
beneficiary clause 受益人条款
beneficiary country 受惠国
beneficiary of trust 信托受益人
beneficiary statement 受益人声明 △ 受益人根据信用证出具的声明书
beneficium cedendarum actionum 代位

债权

benefit 1.保险赔偿费;得利;福利;给付;利益;效益 2.津贴;救济金;福利金;抚恤金 3.保险赔偿金

benefit age 领取养恤金的年龄

benefit-cost analysis 得利成本分析;效益成本分析 △用来权衡项目可取性的一种方法

benefit-cost ratio 得利成本比率;效益成本比率 △得利与成本之比

benefit country 受惠国;受援国

benefit flow 利益流量

benefit for child of retired worker 退休工人子女给付

benefit for disabled child of deceased, disabled or retired worker 已故、残疾或退休工人的残疾子女年金给付

benefit for disabled widow or widower-age 50 – 62 50—62岁残疾鳏寡年金给付

benefit formula 给付方式

benefit fund reserve (职工)福利基金准备;福利基金提留

benefit level 福利水平

benefit obligations 福利负债

benefit of inventory 存货利润

benefit of salvage 损余利益 △保险人按规定金额赔付被保险人的损毁保险标的后,即取得损余保险标的所有权

benefit package 福利范围 △寿险合约中提供的福利范围

benefit paid 已付养恤金

benefit payable 应付养恤金

benefit period 给付期限

benefit planning 保险给付计划

benefit policy 定额保单

benefit principle 受益原则

benefits department 理赔部;给付部

benefit system 福利制度

benefit value 受益值

benign cycle 良性循环

be performance-related 绩效挂钩

bequest 遗赠

best bid 最高出价 △最低发价

best lending rate 最优惠贷款利率 △西方银行通常用 prime rate (of interest)

best offer 最低报价;最低发价

best order 最佳委托

best price 最佳价格 △接受委托的银行或交易所可以在外汇市场以最好的价格代客户进行买卖债券,交易所里股票经纪人能为客户成交的最好价格

Beta factor 贝塔系数 △在投资理论中,β是用来计量股票市场的风险程度。β是用统计方法计量一种股票预期收益的变动与整个股市价格波动以及由之而产生的收益变化之间的密切程度所得出的数值

betterment insurance 改良保险

be turned over to the state treasury 缴入国库

be upgraded to ... 升级

be valued at quoted market prices 按挂牌价格计值

bid 递盘;竞价;出价 △买方

bid against each other 竞价

bid and asked price 标价 △bid 是买者的出价;asked 是卖者的要价

bid and asked spread 买卖差价

bid bond 1.投标保函 △同 tender guarantee 2.投标保证金;投标押金 △承建人投标所需要的最低限度的金额

bid bond L/C 投标信用证 △一种备用信用证

bidding control 招标控制 △两国之间发生借贷关系时,借款国运用招标方式采购,放款国则要求对招标过程进行的控制

bidding procedure 投标手续

bidding quotation 标盘

bidding rules 标盘规则

bid documents 招标文件

bid figure 大数 △汇价中小数点以后的第二位数或它以前的所有数

bid market 出价市场 △外汇买价高于卖价的行情。见 buyer's market

bid price 标价;还价;递价;出价 △买方出价

bid rate 存款利率 △银行接受同业存

款时所需支付的利率
bid sheet 投标人名单
big cap 大盘 △ 股票交易额大
bilateral 双边的
bilateral agreement 双边协议;双边协定 △两国政府之间签署的经贸、关税等协定,通常包括清算、补偿、支付、货币等内容
bilateral aid 援助
bilateral arbitrage 套利
bilateral assistance 援助
bilateral clearing 双边清算 △ 双边贸易协定项下的相互清算
bilateral contract 双边合同;双边契约 △一种承诺互对的契约
bilateral loan 清算贷款 △ 根据贸易协议由一国家银行向另一国银行提供的单边贷款
bilateral payment 双边支付
bilateral payment agreement 双边支付协定 △由两国政府签署的就清算双边债务债权作出有关规定并具有法律效力的书面文件。协议规定通过两国的中央银行或其指定银行相互开立的双边账户抵消两国的债权债务,不必逐笔结算,而是按期(一般为一年)用现汇或商品结算差额
bill 票据 △ 主要包括支票、汇票和本票。出票人按一定格式签发的短期债据,约定在一定日期由付款人(债务人)无条件向受款人(债权人)支付一定金额的书面凭证
bill acceptance guarantee 票据承兑担保
bill accepted (已)承兑票据
bill accompanied by documents 跟单票据 △ 同 documentary bill
bill after sight 见票后一定日期内支付的汇票 △ 如"见票(承兑)后 90 天支付的汇票"(bill after 90 days' sight)
bill and charge system 发票记账法
bill as security 质押票据 △ 以票据(有价证券)作为贷款押品。如票据所有权无纠纷,当借款人到期不能还款时,债权人可以处置票据抵偿债务
bill at sight 见票即付票据 △ 同 demand bill
bill at usance 远期汇票 △ 同 usance bill
bill book 支票簿;出纳簿;存折;票据账簿
bill bought (B/B) 买入票据;买入光票;买入汇票 △买入顾客签发的光票
bill broker 票据经纪人;证券经纪人
bill centre 押汇中心
bill clearing 票据清算
bill collector 收账员
bill credit 票据信贷 △ 出口商通过汇票向进口商提供的融资
bill department 押汇部 △ 金融机构中专门收买跟单票据的业务部门
bill discount 票据贴现 △ 未到期的票据折价向银行兑现
bill discount deposit 票据贴现押金;票据贴现保证金
bill discounted (B.D.) 贴现票据;已贴现的票据 △银行扣除了贴现息的汇票或期票。银行在此项扣除之后再把余款付给持票人,如需要资金,银行可以拿已贴现的票据到中央银行进行再贴现
bill dishonoured 拒付票据;退票
bill drawn payable at sight 见票即付汇票;即期汇票
bill drawn payable to bearer 无记名汇票 △ 见 check payable to bearer
bill drawn to order 指示汇票 △ 按受款人指示付款的汇票
bill duly protested 经作成拒绝证书的汇票 △ 见 protest
billed claims 保户医疗账单 △ 医院为投保人提供医疗服务的费用单据
bill endorsed in blank 空白背书汇票
biller 开账单人;会计
bill finance 票据信贷 △ 同 bill credit
bill for acceptance 认付汇票;承兑汇票
bill for collection (B.C.) 托收票据;托收汇票;代收票据 △ 持票人或出票人委托其本国银行向外国付款人收款的汇票

bill for negotiation 议付汇票 △ 出口商开出的以海外进口商为付款人的远期汇票,交给自己的银行要求其议付(即贴现),以提前获得所需资金

bill in domestic currency 本币票据;本国货币票据

bill in foreign currency 外币票据;外国货币票据

bill in (a) set 联单汇票;成套汇票 △出口商出具的汇票通常为一式两联或三联,正副本分别邮寄,以防丢失。如因不可抗力,正本丢失,可以凭副本支付。任何一份支付后其余失效

bill in three parts 三联 △ 因银行账务处理需要,通常一份账单多达5联以上

bill market 汇兑市场;短期票据市场

bill merchant 票据商

bill of credit 付款通知;取款凭单

bill of debt 债务证书

bill of dishonour 拒付汇票;拒付票据(支票)

bill of entry 入港呈报单

bill of estimate 估价单

bill of exchange (B/E, B. Ex) 汇票 △ 国际贸易中使用最普通的信用工具。按付款期限分为即期汇票和远期汇票两种;按不同特点则可分为商业汇票、银行汇票、商业承兑汇票、银行承兑汇票、跟单汇票和光票等

bill of exchange guarantee 汇票担保 △ 银行作为担保人,以出票人或背书人为受益人,承诺按时兑现的汇票

bill of lading (B/L, B/Ldg.) 提单 △ 通常指海运提货凭单。它是由船长或运输代理人签发的证明收到特定货物并承诺将货物运往指定目的地交与收货人的凭证。其性质和作用是:货物收据、运输合同和货物凭证

bill of lading guarantee 提单担保 △ 提单一般分两批邮寄,以防丢失。承运人凭提单把货物交付给收货人,否则要对货损、缺失承担责任。银行为收货人出具一份以承运人为受益人,金额相当于货物价值的100—200%的保函,承运人才肯交货,这样在发生索赔时,他可以获得赔偿

bill of payment 支付票据 △ 用于付款的票据,如支票

bill of purchase 买单 △ 银行审核后购买出口商的汇票和货运单据,扣除利息和手续费后向出口商付款,然后再向开证行或付款行收回货款,这也是一种"押汇"方式。见 bill purchased (BP)

bill on demand 即期汇票;见票即付票据

bill on letter of credit 信用证项下付款汇票 △ 依据信用证规定出具的付款汇票

bill payable after sight 见票后付款票据

bill payable at a fixed (determinable) future time 见票后定期付款票据 △ 如 a bill payable at 30 days' sight

bill payable at long sight 远期汇票 △ 见票后较长时间通常30天、60天、90天、180天、360天付款的汇票。如 a bill payable at 360 days' sight

bill payable at sight 即期汇票;见票即付票据 △ 同 demand bill; demand draft

bill payable by installment 分期付款票据 △ 如 by five equal installments

bill payable in installment 分期付款票据

bill payable on demand 即期汇票;见票即付票据 △ 同 bill payable at sight

bill purchased (BP, B/P, B.P.) 议付票据;购买票据;买入票据;买入光票;买入汇票;出口押汇 △国外支付的汇票,经客户请求先由国内银行现汇买入,然后再向外收汇。因此,银行参号开头常用 BP,如 BP004-12450xxx

bill receivable (B/R, B.R.) 应收票据;待收票据

bill rediscounted 票据再贴现 △ 见 bill discounted

bill retired 赎单;已结清票据 △跟单信用证项下进口商支付货款后从其银行取走货运单据,以到目的港提货。见 retire bill

bills company 票据公司 △ 在货币市场

上专门办理同业短期拆借、经纪撮合、借款、票据承兑、贴现等业务的金融机构。也叫"票券公司"

bimetallic money 复本位货币 △ 同时流通金银两种货币

bimetallic standard system 复本位制 △ "金银复本位制"的简称,与"单本位制"相对

binder 暂保单;暂时契约;承保协议 △ 暂时生效的保险、保障合同

binding authority 限制权限

binding receipt 承保收据 △ 财产保险中投保人交纳保费后保险人有义务出具关于临时合同的证明

binding slip 暂保单

binomial distribution 二项分布 △ 离散型随机变量常见的分布之一

biometric functions 生命函数

birth rate 出生率

black ink 1.贷方(美) 2.顺差

black list 黑名单 △ 征信机构掌握的信誉较差或有某种违规行为的客户名单

black market 黑市 △ 不合法的私下进行外汇买卖的市场

black market rate 黑市汇率 △ 非官方公布的外汇交易汇率

Black Monday "黑色星期一" △ 1987 年 10 月 19 日(星期一)开始于美国并很快席卷全世界的股票价格暴跌大风潮波及到伦敦、法兰克福、东京、香港、悉尼等地,这些地方的股市都先后出现过暴跌。以后凡出现类似情况,人们习惯称为"黑色星期一"

black money 黑钱 △ 来源不正当且未向政府纳税的钱,如走私、贩毒、赌场的收入

Black Thursday "黑色星期四" △ 1929 年 10 月 24 日(星期四),纽约股票交易所当天大幅下挫,触发 1930 年代的大衰退

b'lading 提单

blank 空白的

blank acceptance 空白承兑;不记名承兑

blank account book 空白账册

blank bill 空白支票 △ 出票人已签上名字,由收款人自己填写金额的支票

blank bill of lading 空白提单

blank b'lading 空白提单 △ 多用于电报电文

blank B/lading 空白提单 △ 多用于电报电文

blank check 空白支票

blank endorsement 空白背书 △ 背书人仅在票据上签署自己名字及日期,而未写明被背书人(受让人),故称空白背书。这种票据变成"来人票据",即为持票人所有,因此有权取款。也叫"普通背书"、"无记名背书",是背书方式之一

blanket accident medical expense 总括意外医疗费用

blanket bills 大型钞票(美) △ 指 1929 年以前大尺寸的"老的大号钞票",即大型钞票

blanket bond 总括保证保险;总括保证;一揽子担保;综括债券 △对其抵押品享有优先索偿权的普通债券

blanket contract 总括合同;一揽子合同

blanket coverage 总括保险;统保

blanket crime endorsement 总括犯罪保险批单

blanket crime policy 总括犯罪保单 △ 通常是作为特殊多种保险保单的一部分,并在附有总括犯罪保单(背书)的情况下提供的保险保障。保障的风险包括:公司雇员失信、公司内部及外部的金钱遗失、现金单据遗失、存款人的伪造行为及伪造纸币。这个犯罪保单提供给被保险人的是总括保障

blanket fidelity bond 总括忠诚保证保险

blanket form 总括保险 △ 同 blanket coverage

blanket honesty bond 总括诚实保险

blanket insurance 总括保险 △ 同 blanket coverage

blanket limit 总限额 △ 一个保险公司在一个特定地理区域所能接受承保的最高限额

blanket medical expense insurance 总括

医疗费用保险 △ 对指定的因疾病或身体伤害所发生的医疗、住院、护理等费用,提供最高给付总额的一种健康保险。它与以特定医疗费用作为给付条件的保险不同

blanket mortgage 一揽子抵押

blanket policy 统保单

blanket position bond 一揽子职业保险

blanket price 一揽子价格 △ 一次交易中购买多种商品总括在一起的价格

blanket rate 统保费率;总括保险费率

blanket retrocession 总括转分保 △ 承保再保险的未满期责任

blank form 空白格式 △ 包括各种空白凭证,如空白申请书、空白信用证、空白传票

blank note 空白支票 △ 同 blank check

blank receipt 空白收据;空白收条 △未经签署的收据(条)

blank transfer 空白转让(书) △ 受让人一栏空白未填写的转让书,多用于股票质押,受让人填上自己姓名并加注日期,交纳印花税后,寄回公司以股票人身份注册登记。也叫不记名转让(书)

blind entry 失实记录 △ 只记录金额而未说明业务内容的分录

blind figure 失实数字 △ 数字不准确

blind treaty 全权委任合约 △ 再保险人委托原保险人全权处理保费与赔款等一般资料的再保险合约

block 1.手 △ 股票交易用语 2.大宗(巨额)证券;大宗(巨额)股票 △ 一万股以上的交易

block allocation 整笔垫款

block check 账目分段核查 △ 对账目分时段进行核查

block discount 大宗贴现

block economy 1.封闭经济 2.集团经济

blocked account 封锁账户;冻结账户

blocked currency 封锁货币;冻结货币 △非常情况下不能兑换外汇的货币

blocked deposit 封锁存款;冻结存款

blocked exchange 封锁外汇;冻结外汇

blocked fund 封锁基金;冻结基金

blocked income 封锁收入;冻结收入

blocked money 封锁货币;冻结货币

block factor 分组因子

block limit 地段限额

block method 分段统制账法

block policy 统保单 △ 同 blanket coverage

block positioner 大宗股票买主

block trader 巨额自营商

block transaction 集团交易

blue button 蓝纽扣 △ 美国证券市场术语。有权进入股票交易所进行交易的经纪人或雇员

blue chip 蓝筹股票 △ 即热门股票。在同业中最赚钱的优良股票。也写作 blue-chip

blue chip rate 优惠利率 △ 尤指英国最优惠的信贷利率

blue chip stock 热门股票

Blue Cross 蓝十字 △ 即 Blue Cross Hospital Service Plan

Blue Cross subscriber 蓝十字计划加入者

Blue List 蓝表 △ 伦敦劳合社发行的报道各国船舶动态的周报

Blue Plan 蓝十字保险计划 △ 泛指 Blue Cross 或者 Blue Shield

Blue Shield 蓝盾 △ 即 Blue Shield Medical Care Plans。是在会员发生疾病或伤害时给付医疗费用的保险合作社

Blue Shield subscriber 蓝盾计划加入者

blue sky-law 股票发行控制法 △ 美国的一种证券法规。也叫股票买卖控制法、蓝天法、青天法(证券)、无信股票取缔法

board insurer 委员会保险人 △ 同 bureau insurer

board lot 整份股 △ 交易单位。加拿大股票交易所用语,同美国等国用的 round lot

board of administration 董事会;理事会

board of arbitration 总裁委员会

board of auditors 审计委员会

board of directors 董事会;理事会

board of governors 美国联邦储备系统理事会
board of investment 投资审查委员会
board of management 理事会
board of supervisors 监事会
board of trustees 托事会;保管委员会
board room 行情室;经纪人办公室 △供注册代表和客户办事的房间
bobtail liability insurance 短尾巴责任保险 △保险公司为承运人的运货卡车交货回程中应负责任提供的保障
bodily injury 身体伤害
bodily injury liability insurance 身体伤害责任保险
body corporate 法人团体 △同 corporate body
body corporate permit for 法人许可证 △银监部门出具
bogus 伪造的
bogus banknote 伪钞
bogus certificate 伪造的证件
bogus company 空头商行;虚设公司
bogus dividend 伪造分红 △指动用资本分红
bogus money 伪币
bogus stock company 野鸡股份公司 △不合规章的股份公司
bogus transaction 虚市交易
boiler and machinery insurance 锅炉及机器保险
boiler insurance 锅炉保险
bona fide cost 真实成本
bona fide creditor 正当债权人
bona fide holder 善意持票人 △也叫正当持票人
bona fide possession 正当占有
bona fide purchaser 正当购买人
bona fide third party 正当第三者
bond 1.担保;保证 △一种担保形式 2.保证金 3.债券 △有价证券的一种。指债务人承诺按一定利率,在一定日期支付利息,并在特定日期偿还本金的书面债务证书
bond account 债券账户 △用于记载债券账款的专用账户
bond amortization 债券溢价摊销
bond broker 债券经纪人
bond certificate 1.债券 2.债券证明书 △代表发行人对债券持有人债务的证明文件,通常位于债券正面
bond collateral loan 债券抵押贷款 △以债券作还款担保的贷款
bond conversion 债券调换
bond coupons 债券息票
bond creditor 持有抵押品的债权人
bond discount 债券折价
bond discount accumulation 债券折价累积
bond discount amortization 债券折价摊销
bond discount and expense 债券发行折价费用
bond discount and expense account 债券发行折价账户
bond dividend 债券红利;债券股息
bonded 有担保的;有抵押的;有债券作保证的
bonded area 保税区 △缴纳税款后方可提货的地区
bonded area warehouse 保税区仓库 △暂时存放外国货物不征关税的仓库,缴纳关税或得到允许后,货物可以出境
bond equivalent yield 债券等值收益 △美国用语,适用于贴水债券的收益率。为便于比较,已将其转变成以债券面额为基础的收益率
bond expense 债券发行费
bond floatation 债券发行
bond holder 债券持有人
bond house 债券商行
bond index 债券指数 △用以反映国际主要债券价格趋势的指数,其功能与股票指数相同
bonding company 保证公司
bond insurance 保证保险
bond interest expense 债券利息支出
bond interest income 债券利息收入
bond investment 债券投资

bond investment trust 1.债券投资信托 2.债券投资信托公司
bond issue cost 债券发行费
bond issue guarantee 发债担保
bond issuing expense 债券发行费
bond market 债券发行市场
bond note 债券式票据;保税单
bond of affiliated company 附属公司债券
bond outstanding 发行在外债券;未偿还债券
bond plus warrants 附有优先认购权的债券
bond point 债券点数报价制 △ 用来表示债券的价格及其变动。美国的证券交易所用债券面值的百分数表示价格的变动情况。价格变动1%,叫做变动一个点
bond power 债券授权书;债券过户授权书 △记名债券从一所有者过户到另一所有者的证书。如借款人以债券做抵押贷款时将债券授权转让给银行的证明文件
bond premium 债券溢价 △ 债券的发行或现行售价高于票面价值
bond premium amortization 债券溢价摊销
bond rate 债券票面利率
bond rating 债券评级 △ 根据发行者在债券到期时支付本息的可靠性来判断债券信用等级的行为。美国两大主要评级公司是穆迪投资服务公司和标准普尔公司
bond redemption 债券偿还;债券兑回
bond refunding 债券换新 △ 发行新债券换回旧债券
bond register 债券登记簿
bonds based on a fixed coupon 定期付息债券
bonds due for payment 到期应偿付债券
bond series 债券系列 △ 将大量发行的债券,分割成一系列较少量的债券分次出售。通常以号数、字母或发行日期加以区别
bonds in foreign currency 外币债券
bond sinking fund 偿债基金
bonds issued 已发行债券
bondsman 担保人;保证人
bonds ordinance or resolution 准许债券发行条例
bonds payable 应付债券
bond subscription 债券认购(书)
bond swap 债券掉期 △ 同时卖出某一种债券又买入另一种债券以求保值的操作方式
bonds with conversion privilege 有转换股票权的债券
bonds with equity warrants 授权认股债券 △ 同 bond with warrants
bond underwriter 债券包销人;债券担保人
bond valuation 债券估价
bond value 债券价值
bond with warrants 附有认购股权的债券 △ 债券持有人享有以约定价格向发行公司认购普通股的权利
bond yield 债券收益(率) △ 也叫债券投资收益率。债券的收益是决定其吸引力的主要原因之一
bonus 奖金;红利
bonus bond 红利债券 △ 用来支付红利的公司债券
bonus bond certificate 红利券
bonus funding 额外所得基金
bonus issue 红利股票 △ 公司股票价格太高,小投资者(股东)无力从股市上购买,公司为使发行资本和现有资本趋于一致,而增发红利股票,并无偿给予股东新股票作为奖励
bonus payable 应付红利;应付奖金
bonus share 红利股
bonus stock 红利股票 △ 作为特别酬劳给予职工的普通股票
bonus system 奖金制度
bonus wage 红利工资;资金工资;花红
book (bk.) 账本;账册;账簿
book account 账面;往来科目

book audit 账面审查;账面审计
book balance 账面余额
book by double entry 复式簿记 △ 单式簿记的对称,即采用复式记账的簿记
book by single entry 单式簿记 △ 复式簿记的对称,即采用单式记账的簿记
book cost 账面成本
book credit 账面信用;账面信贷
book date 记账日
book debts insurance 应收账款保险 △ 同 accounts receivable insurance
book entry 账面记录;账面分录
book inventory 账面库存
book inventory method 账面盘存法;账面盘存制
bookkeeper 簿记员;记账员
bookkeeping 簿记
bookkeeping by card system 卡片式簿记制;卡片账
bookkeeping by double entry 复式簿记 △ 同 book by double entry
bookkeeping by single entry 单式簿记 △ 同 book by single entry
bookkeeping equation 簿记方程式 △ 即资产 = 负债 + 资本(净值)
bookkeeping procedures 记账程序
bookkeeping system 簿记制度
bookkeeping transactions 簿记事项;簿记交易
bookkeeping unit 簿记单位
booklet of authorized signatures 印鉴册;印鉴簿 △ 指一家银行提供给代理行列明本行受权签字人员签字样本的册子,供对方在办理业务时核对使用。上面说明签字人员的等级(A、B)、编号、权限,即单独签字和两人会签的业务范围。同 Specimen Signatures; Specimen Signature Book; List of Authorized Signatures
book loss 账面损失
book of abstract 摘要账
book of business 保户总账册 △ 一家保险公司或业务代表的保险总账册
book of chronological entry 序时账簿
book of estimates 概算书
book of final entry 结账账簿
book of first record 原始账簿
book of original entry 原始分录簿;日记账 △见 journal
book of records 记录簿
book of secondary entry 转账账簿
book price 账面价格
book profit 账面利润
book rate 账面折合率;账面利率
book rate of return 账面收益率
book surplus 账面盈余
book system 账册制;账簿制
book valuation 账面估价
book value 账面价值;折余价值 △"固定资产折余价值"的简称,也叫"净值"。国家资产原始价值减去其累计折旧额后的余额,反映固定资产的现存账面价值
book value per common share 普通股每股账面价值
book value per share 每股账面价值;每股股票的账面价值
bordereau 业务报表
borderline risk 临界危险;边线危险
borrow and loan contract 借贷合同 △ 通常用 loan contract 或 loan agreement
borrow by check 支票借款 △ 以支票形式提款的借款
borrowed capital 借入资本
borrowed money 拆入资金
borrower 借款人;举债人
borrower arbitrage 借款人套利 △ 进出口商利用借款方式,同时又利用外汇
borrower country 举债国
borrower's risk 借款人风险 △ 借款人存在还本付息的风险
borrowing 举债;借款
borrowing allocation 筹资限额 △ 企业经董事会决议授权或经政策管理部门批准筹资的限额。同 borrowing limit

borrowing arrangement 借款安排;借款协议
borrowing authority of pension benefit guaranty corporation 年金支付机构的借款授权
borrowing cost 借款成本;举债费用
borrowing demand 借款要求
borrowing limit 借款限额
borrowing plan 借款计划
borrowing power 借款能力;举债能力
borrowing rate 借贷利率
borrowing requirements 借款条件
borrow money on credit 信用借款 △ 凭信用而非担保借款
borrow on overdraft 透支借款 △ 在账户上透支而非现金借款
borrow on security 保证借款;抵押举债
borrow short and lend long 短借长贷
both dates inclusive (B.D.I., b.d.i.) 含起止日期;首尾两日包括在内
both days inclusive (B.D.I., b.d.i.) 首尾两日包括在内 △ 会计统计用语
both principal and interest 连本带利
both sides clear 借贷结清;银货两讫
both-to-blame clause 双方互有责任条款
both to blame collision clause 双方过失碰撞条款
bottleneck analysis 瓶颈分析
bottleneck effect 瓶颈作用
bottleneck inflation 瓶颈式通货膨胀 △ 经济中某一特定部门的短缺所造成的通货膨胀
bottleneck line 底线
bottleneck out 走出低谷;开始回升 △ 某一经济部门长期处于停滞状态,开始好转
bottleneck price 底价;底盘;最低起价
bottom out 走出低谷 △ 证券市场价格跌至底线后开始回升
bottomry 船舶抵押贷款 △ 转移纯粹风险的一种方法
bottomry bond 船舶押款契约
bottomry contract 船舶抵押合同
bottom treatment 船底处理
bottom treatment clause 船底处理条款
bottom-up management 自下而上的管理方式
bounce 1.汇率反弹;利率反弹 2.拒付;退票 △因头寸不足而退回支票
bounce back 汇率回落;利率回落
bounced check 空头支票;退回支票 △同 dishonoured cheque
bound ledger 订本账 △ 与“活页账”相对
bouquet of treaties 一揽子再保险合约
bourse 证券交易所;股票交易所
branch 1.险种 2.分公司;分行;分店
branch account 分支机构往来账户
branch accounting 分支机构会计
branch banking (system) 银行分行制 △ 银行可设立若干分行。与单一银行制相对应
branch cash account 分行现金账
branch clearing 分行清算 △ 银行的分行之间的联行(票据)清算
branch control account 分行控制账户;分行往来账户
branch financial statement 分行财务报表
branch general manager 分行总经理;分行长
branch ledger 分类账
branch manager 分公司经理;分行经理;分行长
branch office (b.o.) 分公司;分号;分支机构
branch office of SAT 国税分局
branch office system 分公司制
branch out 扩充(业务)范围
brand (br.) 1.品牌;商标;火印 2.打造品牌;品牌建设;创品牌
brand construction 品牌建设;创品牌
brand product mix 主打产品
breach of contract 违约;不履行契约;违反合同规定的行为
breach of regulation 违反规定;违规
breach of the obligation to do sth. 不履行做某事的义务

breach of warranty 违反保证
breach of warranty clause 违反保证条款 △ 船舶保险条款之一
breach of warranty endorsement 违反保证批单
break a deposit 提前取款 △ 提前支取未到期的存款
break a loan 中途解除贷款 △ 银行应借款人要求,将贷款到期日提前,即在原定到期日前偿还贷款,银行通常为此收取一定的罚金
break an agreement 破坏协议;违反协议
break down 分类;分成细目
breakdown insurance 故障保险
break-even 收支相抵;得失相当;不赔不赚;刚好保本
break-even analysis 保本分析;够本分析
break-even interest rate 保本利率;保本率
break-even point (BEP) 保本点;收支平衡点;盈亏临界点
break-even productivity (BEP) 生产能力利用率
break faith 失信;不讲信用
break in service 服务终止
break in the market 市场突然下跌 △ 证券价格或商品价格出乎意料地突然下挫
break the law 违法
breeder's policy 畜牧保单
bridge bond 搭桥债券;桥梁债券 △ (1)为修建桥梁筹资而发行的债券;(2)公司在发行正式债券之前为紧急筹资而发行的临时债券
bridge financing 搭桥融资 △ 见 bridging loan
bridge insurance 桥梁保险
bridge insurance for bridges under construction 施工过程中的桥梁保险
bridging loan 搭桥贷款;临时贷款;青黄不接贷款;过渡(性)贷款 △银行为解决客户临时资金短缺,如旧房尚未售出,买新住宅的资金不足时所发放的临时短贷
bridging the gap 补缺条款 △ 保险人对保险标的因暴风雨引起火灾所致损失负赔偿责任的条款
brief cable (by ~) 简电;简要电文 △银行为客户开立信用证的方式之一。为让供货人尽快备货先用电报/电传将信用证的主要内容如金额、商品名称、规格、数量等通知银行,再以简单电讯方式转告信用证受益人,然后开出正式的书面信用证
brief-case business 皮包公司
bring forward 承前页;承上页;承上期
bring in business 招揽生意;招揽业务
bring in funds 吸收资金
bringing-up fee 抚育费
bring up 汇率上升;利率上升
broad form 广泛补偿保险单
broad form insurance 广泛补偿保险
broad form personal theft insurance 广泛补偿个人偷窃保险
broad form policy 广泛补偿保险单
broad form property damage endorsement 广泛补偿财产损失背书
broad form storekeepers insurance 广泛补偿店主保险
broad money 广义货币
broken lot 1.(100 股以下的)零星股份 2.零星批量 △小于正常交易单位的数量
broken money 零钱
broken period 间断期 △ 货币市场和远期外汇市场中标准期限(通常为 1、2、3 或 6 个月,最长为 12 个月)之外的期限
broker 保险经纪人;经纪人;掮客 △ 以第三者的身份促成其他两者之间达成交易并收取佣金的中间人
brokerage (brkge.) 1.(保险)破损 2.佣金;经纪人手续费 △ 经纪人受客户委托促进交易后所收取的报酬,通常以成交金额的百分比计算。同 brokerage fee 3.经纪行业;经纪业务
brokerage account 经纪账户
brokerage agency 经纪人代理机构 △

经纪人经营的私人公司,为客户代理个人或财产保险
brokerage board 经纪人兼代理人
brokerage charge(s) 经纪费用;经纪人费用;经纪人佣金
brokerage commission(s) 经纪人佣金;经纪手续费
brokerage expense 1.经纪费用 △ 保险人支付给经纪人的费用 2.掮客费;掮客佣金
brokerage fee 经纪费用;经纪人费用;经纪人佣金 △ 同 brokerage expense
brokerage firm 经纪商行;经纪行号;经纪事务所
brokerage loan 经纪人贷款 △ 银行凭证券作担保向经纪人发放的临时贷款
brokerage's agency 经纪商
brokerage slip 经纪人传票 △ 经纪人发给银行的单子,说明经纪人为其交费的细节并凭以索取佣金
brokered deposits 掮客存款;经纪人存款
brokering concern 经纪行;经纪公司
brokering firm 经纪行;经纪公司
brokering house 经纪人事务所
broker of record 保单持有人的保险经纪人 △ 由保单持有人指定为其办理保险合约的经纪人
broker's lien 经纪人留置权 △ 法律上所赋予经纪人的一种权利,允许经纪人在被保险人缴付保险费之前持有保险单而不交给被保险人,以保障经纪人的权益
broker's slip 经纪人承保条
broker's wording 经纪人条文
brought down (b.d.) (账目)转次页;结转下页
brought forward (b/f) (账目)承前页;前页结转
brought forward loss 结转损失
brought over (B/O, b/o) (财务)结转
bubble economy 泡沫经济
bucketeer 投机家;买空卖空者
bucket shop 投机交易所 △ 原指美国的赌场,现指不是证券交易所成员或与证券商无联系的进行不可靠股票交易的公司
budget 预算
budget account 预算账户;预算科目
budget accounting 预算会计
budget allocation 预算拨款
budget allotment 预算拨款
budget amendment 预算修正案
budget appropriate 预算拨款
budgetary 预算性的
budgetary account 预算账户;预算科目
budgetary accounting 预算会计
budgetary allocation 预算拨款
budgetary allotment 预算分配
budgetary allowance 预算准备
budgetary appropriation 预算拨款
budgetary centre 预算中心 △ 实行预算管理的企业的预算编制单位
budgetary control 预算控制
budgetary cycle 预算周期
budgetary deficit 预算赤字
budgetary estimate 概算 △ 同 budget estimate
budgetary expenditure 支出
budgetary forecast 预算预报(数)
budgetary income 预算收入
budgetary performance 预算执行情况
budgetary planning 预算编制
budgetary policy 预算政策
budgetary position 预算实况
budgetary price 预算价格
budgetary procedure 预算程序;预算编制程序
budgetary receipts 预算收入
budgetary reduction 预算削减
budgetary regulatory fund 预算调节基金
budgetary requirement 1.预算需要 2.预算经费
budgetary reserves 预备金
budgetary resources 预算经费(来源)
budgetary restraint 预算限制;预算制约
budgetary saving 预算节余;预算结余

budgetary scrutiny 预算审查
budgetary support 预算支持;预算保证
budgetary surplus 预算节余;预算结余
budgetary technique 预算编制方式
budgetary transfer 预算转拨
budget audit 预算审计
budget base 预算基础
budget calendar 预算日程表
budget compilation 预算汇编
budget component 预算构成部分
budget concept 预算概念 △ 主要指预算包括的范围与计算方法
budget control system 预算控制制度
budget cost 预算成本
budget cycle 预算周期
budget deficit 预算赤字 △ 国家预算的年度支出超过收入的差额,也叫"财政赤字"
budget deposit loan 预算赤字贷款
budget document 预算文件;预算书
budget drafting 编制预算
budgeted balance sheet 预算资产负债表
budgeted capacity 预算能力
budgeted cost 预算成本
budgeted financial statement 预算财务报表
budgeted income statement 预算损益表;预算损益计算书
budgeteer 预算编制者;利用预算的人
budget enforcement 预算执行
budgeter 预算编制者;利用预算的人 △ 同 budgeteer
budget estimate 概算 △ 国家财政部门提出的编制年度国家预算的估计数字
budget execution 预算执行
budget expenditure 预算支出
budget for annual expenditure 岁出预算
budget for annual revenue 岁入预算
budgeting 预算编制
budget layouts 预算编排
budget level 预算水平
budget line 预算限额
budget management 预算管理
budget manual 预算指南
budget message 预算咨文
budget outlays 预算支出
budget period 预算期间
budget procedure 预算程序
budget revenue 预算收入
budget revision 预算修正案
budget schedule 预算明细表
budget sheet 预算表
budget statement 预算书
budget summary 预算简表
budget system 预算制度
budget unit 预算单位
budget variance 预算差异
budget variance analysis 预算差异分析
budget year 预算年度
buffer 缓冲的人(或物)
buffer fund 缓冲基金;平准基金;调节基金
buffer stock financing 缓冲存货融资
buffer stock financing facility 缓冲存货融资授信
buffer stock fund 缓冲库存基金
buffer stock plan 缓冲库存计划
builder's period form 建筑期间保险
builder's risk coverage form 船舶建筑保险
builder's risk hull insurance 船舶建造船身保险
builder's risk insurance 船舶建造险
building and personal property coverage form 建筑和个人财产保险
building code 建筑条例
building, operating and transferring (BOT) 建筑、经营和转交
build-lease-transfer (BLT) (楼寓)建造-租赁-转让
build-own-operate (BOO) (楼寓)建造-拥有-经营
build-own-operate-transfer (BOOT) (楼寓)建造-拥有-经营-转交
build-transfer-operate (BTO) (楼寓)建造-转让-经营
build up business 拓展(新)业务
built-in 内在的;内置的

bulk cargo 散装货 △ 以散装方式装于船上的货物
bull 1.牛市;行情看涨市场 2.多头;多头市场;买空 △ 投机者估计证券等有涨价的趋势时,先买进期货,等涨价后抛售出去从中牟利
bull account 多头账;买主账
bull clique 多头集团
bull currency 看涨货币
bullet loan 一次还本贷款 △ 美国银行业术语。借款人在整个借款期间只支付利息,等到期时才一次还清本金的贷款
bullet maturing 到期还本
bullet maturity 到期还本
bullet payment 期末整付;期末整还
bullion 金银条 △ 已经提炼但未铸造的条状金银,作为国际交易的媒介或作为价值的储备
bullion arbitrage 金块套利
bullion broker 金银经纪人
bullion market 金银(条块)市场
bullion value 金银价值
bullish 做多头的;股市看涨的
bullish factor 上涨因素
bullish market 行情看涨市场
bullish tendency 行情看涨
bull market 1.牛市;行情看涨市场 2.多头市场 △ 市场主要趋于价格上涨,买进者远远多与卖出者
bull movements 多头活动 △ 哄抬证券、股票价格的活动
bull operations 哄抬价格活动 △ 同 bull movements
bull pool 多头联营 △ 同 bull clique
bull position 多头
bull stocks 大量吃进股票
bull the market 哄抬股价 △ 同 bull stocks
bull transaction 多头交易
buoyance 行情坚挺
buoyant 股市活跃;股价居高不下
buoyant demand 需求旺盛
buoyant market 市场活跃
burden distribution 负担分配
burden of contract 履行合同责任
burden of debt servicing 偿债责任
burden of indebtedness 债务负担
burden of ownership 所有权负担 △ 租赁合同项下的所有权负担,租赁物品所有人持有租赁物品,承担着不能实现预期残值等收益的风险,故所有权成为其负担
burden of proof 举证责任
burden rate 债务分摊率
burden share 间接费用分摊额
burden sharing 责任分担
bureau 费率局
bureau insurer 委员会保险人 △ 美国作为费率委员会成员的保险人
Bureau of Labour Statistics (BLS) 劳工统计局
burglary insurance 盗窃保险
burglary/theft insurance 盗窃保险 △ 同 burglary insurance
burial insurance 丧葬保险
burning cost 赔款成本
burning cost ratio 赔款成本率 △ 超额赔付额与保费收入的比率
burning ratio 焚烧率 △ 实际火灾损失与处于火灾风险中总财产价值的比率
burst pipe insurance 水管破裂保险
business 1.商业;生意;企业;交易;买卖 2.业务量 △ 在保险中指承保业务的总保费收入
business account 企业往来账;企业活期账户
business accountability 企业责任;独立核算制
business accountancy 商业会计
business accounting 商业会计;企业会计;经营核算
business accounting principles 企业会计原则
business accounting unit 经济核算单位
business acquisition 企业并购
business act 商业行为
business activity 业务活动

business aiding loan 助业贷款
business and personal property coverage form (BPPCF) 商业和个人财产保险
business automobile policy (BAP) 商业汽车保单
business capital 商业资本
business certificate 企业营业登记证；企业营业登记书
business continuation insurance 营业持续保险
business continuation plan 营业持续保险计划
business credit 商业信贷
business crime insurance 企业犯罪保险 △ 承保企业资产（包括待售商品、不动产、现金和证券）在发生抢劫、盗窃、偷窃、伪造、盗用及贪污事件时造成的损失
business crisis 商业危机
business cycle 商业周期
business day 营业日 △ 同 banking day
business efficiency 经营效益
Business Environment Risk Index (BERI) 环境风险指数 △ 1960 年美国人汉纳（Haner）首创的评估企业环境风险的方法
business expenditure 营业支出 △ 经常发生的业务费用和成本
business expense 营业支出 △ 经常发生的业务费用和成本
business floater 商业动产保险
business health insurance 企业健康保险
business hours 营业时间
business income 营业收入 △ 当期正常业务活动所取的各项收入
business in force 有效合同
business insurance 商业保险 △ 该险种主要为被保险人的生意及其公司主要领导人的生命提供保险保障
business interruption 营业中断
business interruption insurance 营业中断保险
business interuption value 营业中断保险价值
business-launching 创业型
business launching board 创业板
business law 商业法
business letter 商业信件；商业信函
business liability insurance 经营责任险
business license 营业执照
business life and health insurance 商业生命健康保险
business life insurance 商业人寿保险
business management 企业管理
business overhead expense insurance 商业经费保险
business owners policy (BOP) 企业所有人保险
business paper 商业票据
business premium 营业保险费 △ 纯保费与附加保费的总和
business process reengineering 企业流程再造
business profit 经营利润
business profit tax 营业利得税
business profit tax return 营业利得税申报表；营业利得税申报单
business property and liability insurance package 企业财产和责任一揽子保险
business reference 商业征信；商业备咨
business registration 企业登记注册
business relation 业务关系
business relationship 业务关系；商业关系
business report 营业报告
business risk 经营风险；企业风险
business risk exclusion 经营风险除外 △ 产品责任保险的一项除外责任
business rival 企业竞争对手
business scope 业务范围
business secret 商业秘密
business tax 营业税
business tax and surcharge 营业税及附加
business time 营业时间
business-to-business (B2B) 企业对企业

business under common control 共管企业
business voucher 商业单证;商业凭证
buy-and-sell agreement 买卖协议 △一个企业中具有所有权的经营者彼此间所缔结的协议
buyback 回购贸易 △国际补偿贸易的一种主要形式,即出口商在出口机器设备的同时承诺购买进口国用其这些机器设备生产的产品
buyback deductible 购回式自负额
buyback previously-sold contracts 补仓 △证券交易用语
buy by instalments 分期付款购买
buy cheap and sell dear 贱买贵卖
buyer credit 买方信贷 △同 buyer's credit
buyer's agent 买方代理(人)
buyer's credit 买方信贷
buyer's guarantee 买方信贷担保;买方信用保证
buyer's hedging 买进保值期货
buyer's interest 买方权益;买方利益 △购货者的保险利益
buyer's letter of credit 买方信用证
buyer's market 买方市场 △卖方多于买方,供过于求,价格趋跌,买方处于有利地位的市场。与此对应的是 seller's market
buyer's monopoly 买方垄断
buyer's offer 买方出价;买方发价;买方报价
buyer's option (b.o.) (期权)购买人选择权
buy for cash 现金购买
buy in 买进;吃进;补进(股票) △卖空者买进期货合同以抵补卖空合同,两份期货合同的价差便是交易者的利润或损失
buying agent 购买代理人
buying cost 购入成本
buying hedge 买期保值;买入对冲
buying long 买空;多头购入 △因预期价格上涨而买进或持有证券或商品以便获利的行为
buying offer 递盘;(买方)出价
buying on margin 交押金购买;边际购买
buying out an interest 购出股份;收购全部股权 △同 buy outright
buying policy 收购政策
buying power 收购能力
buying price 收购价格
buying quota 收购限额
buying rate 买入汇率;买入价 △银行买入外汇使用的汇价,比卖出汇率低,汇差即为银行收益
buying rate for time bill 期票买价;远期汇票买入价
buying rate for usance bill 期票买价;远期汇票买入价
buying rate of foreign currency 外钞买入价;外币买入价 △银行买入现钞的汇价
buying spree 抢购
buying tender 标购 △竞价购买
buy in instalments 分期付款购买 △同 buy by instalments
buy into 买进…的股份;成为…的股东
buy jawbone 赊购
buy long 买空
buy national 买本国货;购买国货 △同 buy-national
buy on credit 赊购;赊账购买
buy on scale 买零
buy on tally 赊购
buy on tick 赊购 △同 buy on credit
buy on trust 赊购
buy outright 买断 △用现金一次全部买下,并立即交割
buy retail 买零 △同 buy on scale
buy up 买断;买下;整体收购
buy up wholesale 批发购买
by applying mutatis mutandis 比照执行
by compact 按合同
by contract 按合同
by country 按国家
by equity 按权益法处理

by express mail 用速递
by industry 按行业
by land 由陆路
by lawsuit 诉讼方式
by lines of specialities 分业管理;分业经营
bypass trust 继承信托 △ 一种允许父母为了少付遗产税而将其资产转给子女的信托协议
by perpetual provision method 按永续备抵法
by region 按地区
by registered matter 挂号邮寄
by sample 凭抽样
by sea 经海上
by separate cover 另邮;另外邮寄
by separate mail 另邮;另外邮寄
by the asset-liability method 按资产负债法
by the current rate method 按现行汇率法
by the equity method 按权益法处理
by the extrapolation method 按外延法;按外推法
by the fair value-based method 按公允价值法
by the intrapolation method 按内插法
by the intrinsic value method 按内在价值法
by the purchase method 按购进法
by the replacement cost method 按重置成本法
by way of 通过…方式;通过…方法;经由;凭借
by x percent year-on-year 年度同比增长(率)
by year-end amount 按年底数
by year-start amount 按年初数

C c

cable address 电报挂号 △ 银行等单位用以代替自己的名称和地点的几个字母供收发电报使用，如 CHUNGKUO LN（中国银行伦敦分行）
cable advice 电报通知
cable charges 电报费
cable code 电码 △ 对外往来电文中使用的电码、专业电码和自编密码
cable confirmation 电文证实书 △ 发出电文后邮寄给收电人的副本，以弥补电文传递中的错漏
cable credit 电开信用证 △ 用电报开立的信用证
cable negotiation 电报议付 △ 信用证受益人（出口商）提供的货运单据不完全符合信用证条款时，出口银行用电报向开证行查询，征得其同意后才办理押汇的方式
cable rate 电报费率
cable transfer 电汇；电报汇款
Cafeteria benefit plan 凯夫特瑞福利计划 △ 美国允许雇员选择其福利结构的一个协定
calculated in constant prices 按可比价格计算
calendar-accident-year statistics 日历年度意外事故统计法
calendar year 日历年度 △ 每年 1 月 1 日至 12 月 31 日
calendar year experience 日历年度经验 △ 保险活动在日历年度（1 月 1 日-12 月 31 日）所积累的损失记录
calendar year major medical plan 日历年度高额医疗保险
calendar year statistics 日历年度统计 △ 汇总损失数据（尤其是责任保险）的方法
call 1.催付；催交股款 2.承购权 △ 在将来某个特定时间按约定价格购买一项资产，如股票的特权。见 call option 3.展业拜访 △保险业务员为招揽业务对潜在保险客户的拜访
callable 可随时收回的
callable bond 可随时收回的债券 △ 也叫 redeemable bond
callable capital 通知即付的股份资本
callable loan 通知贷款 △ 见 call loan
callable stock 可通知赎回的股票
call account 通知（存款）账户 △ 存户提款前须事先通知银行的账户
call capital 催交资本；催交股金
call deposit 通知存款 △ 没有期限的存款，但存户必须事先通知银行才能提款，约定取款通知天数在 3 天以上，按日计息，到期本息一并付清。兼有定、活两便存款特点
call for bid 招标
call for business partners 招商
call for investors 招商
call for share capital 催交股款；招股
call in advance 催交预收股款
call in arrears 催收拖欠账款
call letter 催收信；催收函
call loan 1.通知贷款 △ 没有规定期限的贷款，但贷出人可随时通知借款人要求其偿还。借款人可随时归还且不负担利息。此种贷款主要用作证券交易经纪人向交易所交纳押金 2.短期拆借 △商业银行之间的日拆 3.活期放款 △ 可以随时借贷或归还的贷款。也指不规定到期日债权人可以随时收回的放款
call loan secured 短期抵押拆借；活期抵押拆借
call market 短期同业拆借市场
call of more option 定期增购期权；定期增购选择权
call on 催付

call on shareholder 要求交付股款
call option 购买期权;购买选择权
call option on preferred stock 优先股票的购买期权;优先股票的购买选择权
call premium 1.早赎溢价;回购溢价 △债券发行人的兑回价格一般高于票面价值,其差额叫回购溢价 2.买入期权权酬 △ 买入期权的购买者必须支付给出售者的佣金数额,与之对应,出售者承诺买者享有按规定价格和日期购买某种股票或股票指数的权利
call price 早赎价格
call protection 早赎保护期 △ 一定时期的间隔期,在此期限内发行人不得赎回证券。美国法律规定,政府债券不得早赎,公司债券和市政债券通常在发行后的 10 年内不得购回
call provision 回购条款;早赎条款
call rate 通知贷款利率;通知存款利率
call receipt 催款收条
call risk 买权风险
call up capital 催缴股款
CAMEL model 骆驼模式 △ 风险测量
camera and musical instruments dealers insurance 相机和乐器商保险
camera floater 相机运输保险
camera (all risk) policy 照相机全损险保单
Canadian Institute of Actuaries (CIA) 加拿大精算师学会
Canadian method 加拿大制 △ 加拿大修正第一年定期制责任准备金提存方法之一
cancel 注销;撤销 △保单的终止、取消
cancel a contract 撤销合同
cancel a quota after verification 核销额度
cancel a signature 签字作废
cancel debt 注销债务
cancellable 可注销的 △ 根据合同条款的规定,保险合同可以由被保险人也可以由保险人提出中止,而无须得到其他方的许可
cancellable health insurance policy 可解除健康保险单
cancellation 注销;撤销;解约 △ 在合约期满之前或保险期间结束之前,由保险人或被保险人提出将合约终止
cancellation amount 注销金额
cancellation card 作废卡 △ 寿险公司索引卡的一种,承保时可做危险选择的参考资料
cancellation charges 注销费
cancellation clause 注销条款;解约条款 △在保单中注明可经通知将保单予以终止的条件及方法的条款
cancellation evidence 解约证明 △ 保险人通过被保险人合约终止的书面文件
cancellation money 解约金
cancellation notice 注销通知;解约通知
cancellation of a bill (check, contract, debt...) 注销汇票(支票、债务等)
cancellation of bond 注销债券
cancellation of future performance 撤销未到期的合同
cancellation of indebtedness 免除债务
cancellation of special drawing right 取消特别提款权
cancellation provision clause 注销规定条款 △ 该条款允许被保险人或保险公司取消在保单终止日期前任何时候的财产保险、意外保险或健康保险保单
cancelled check 注销支票;付讫支票 △银行已付款并盖戳的支票,退给存款人,作为收款人开给存款人的收据
cancelling date 撤销日期
cancelling machine 支票(打孔)注销机
cancelling returns only 终止退费 △ 保单失效,保费也不退还保险人的规定
cancelling seal 作废图章
cancelling stamp 作废图章
cancel power of attorney 撤销授权书
canvassing account 新保费账户 △ 专门登记新保单保费收入的账户
capability 能力
capability of foreign capital repayment 外资偿还能力
capability of making profit 盈利能力

capacity 1.最高承保额;承保能力 △保险公司对于某个独立的危险单位的最高承保限度 2.还款能力 △ 有无足够的收入还本付息(评价借款人须考虑的重要因素(信用5C))

capacity of parties 成员的承保能力 △相互订有保险协议的保险各方拥有的法定承保能力

capital (cap.) 资本;资金;本金;本钱

capital account (CA) 资本项目;资本账户 △一定时期内一国对外资本的流出情况

capital account balance sheet 资本账户平衡表

capital account item 资本账户科目 △在银行资产负债表中,资本账户科目指的是净值,即资产减去负债后的余额,其中包括资本、公积金、未分配利润等

capital account of balance of payments 国际收支资本账户

capital additions clause 资本添加条款

capital adequacy 资本充足 △ 有时也指资本充足率

capital adequacy ratio (CAR) 资本充足率 △ 风险测量指标之一

capital asset pricing model 股本资产定价模式;资本资产定价模式

capital-asset ratio 股本资产比率;资本资产比率

capital budget 资本预算报告

capital capitalization 1.资本总额 △ 即一个公司的业主自有资本和借入资本总额,包括股东的普通股、优先股和流通在外债券 2.资本化;资本还原

capital coefficient 资本系数

capital construction bond 基本建设债券

capital contribution 资本贡献;出资数额

capital expenditure 资本支出

capital gains 资本收益;资本利益;资本利得 △ 资产的最后出售价高于其购入价的超出部分,如果这项资产持有时间达6个月以上,则其出售所得收益即列为长期资本收益,否则即列为短期资本收益

capital gains distribution 资本收益分红 △ 投资公司将由出售证券所得的收益分与股票持有人的款项

capital gains tax 资本收益税 △ 对通过出售诸如股票、债券和不动产等资本项目而得到的个人收益部分所征得的税

capital gains tax rate 资本收益税率

capital gap 资本差额

capital gearing 资本分档;资本构成;资本搭配 △ 即业主权益与债务资本的比例,或普通股对优先股和借款的比例,或普通股对公司固定带息证券的比例

capital goods 资本货物 △ 用于生产的经济货物,包括工厂建筑物、机器、机车、车辆和牵引机等

capital growth 资产增长

capital-hungry 资金短缺的

capital income 资本收益;资本所得

capital increase 增资

capital in excess account 超额资本账户

capital infusion 资本引入

capital in general 一般资本

capital injection 资本注入

capital input 资本投入

capital intensity 资本密集程度;资本密集型

capital intensity of production 生产的资本密集程度

capital intensive 资本密集的 △ 资本资产(厂房、设备等)与劳动力或产量的比率很高

capital intensive enterprise 资本密集型企业

capital intensive goods 资本密集型货物

capital intensive industry 资本密集(型)工业 △ 以资本与劳动力或资本与产量的比率来衡量,资本所占比率较高的工业如石油、基本金属、化学和造纸工业等

capital interest 资本利息

capital interest tax 资本利息税

capital investment 资本投资;基本建设投资 △即用于工厂及设备的新建或扩

建的投资
capital issue 发行股票
capitalization 资本化
capitalization of debt 债务资产化 △ 把债务转换为债务的股本或资产,即把外国货币表示的债务转换成以债务国货币表示的债务
capitalization of profit 利润转入资本
capitalization rate 资本化率
capitalize 1.资本化 △ 指将增加生产效能或产量的设备改良支出等作为增加固定资产,而不作为费用处理;或指发放股利,从而增加股本账户 2.投资于;使变为资本 3.计算(某一时期收益等的)现值
capitalized cost 资本化成本;投资成本
capitalized expense 资本化费用
capitalized method 转化为资本的方法
capitalized profit 转化为资本的利润;利润还原资本
capitalized ratio 资本还原比率
capitalized value 资本化价值;资本还原价值 △用来确定一项可望于将来获得收益的资产现有价值的方法
capitalized-value standard 资本化价值标准
capital lease 资本租赁;财务租赁;融资租赁
capital leverage 资本的杠杆作用;资本杠杆率 △分配给普通股的净收益余额与净收益总额不按同比例变动的一种趋势
capital levy 资本捐;资本课税 △国家对私人及工商业在所得税和其他税以外所征收的财产税
capital liability 资本负债 △ 长期负债或固定负债
capital loan 资本借贷
capital loss 资本损失
capital market 资本市场 △ 筹措中期或长期资金的市场
capital movement 资本流动 △ 一般指资本在国际间的流动
capital of circulation 流动资本 △ 生产资本的对称。以货币或商品形式存在并在流通过程中发生作用的资本,有商品资本和货币资本两种形式
capital of interest 利息的资本化;滚利作本
capital on call 待收资本
capital operation 资本业务
capital outflow 资本外流;资本流出
capital outlay 资本支出;基本建设投资;耗资
capital out of budget 预算外资金
capital-output 资本-产出
capital/output coefficient of technology employed 所使用技术的资本产出系数
capital output ratio 资本产出比率 △ 同 capital coefficient
capital paid-in 已缴资本 △ 股东所投入的资本
capital participation 参股;参与投资
capital pay-off 投资回收
capital personal account 股东个人账户
capital pool 资本总库
capital premium 资本溢价
capital productivity 资本生产率
capital profit 资本盈余 △ 固定资产所得的收益
capital project 基本建设项目;资本投资项目
capital rate 资本化率
capital rationing 资本配额;资本限额 △在资本预算中对一个时期所限定的资本支出总额
capital receipt 资本收入
capital reconciliation statement 资本调节表
capital recovery 资本复原;收回资本
capital redemption reserve fund 偿还资本准备基金 △ 发行可赎回优先股的有限公司从可用作红利的利润中提出一部分作为偿还资本准备基金
capital redemption yield 偿还资本收益 △ 到期可偿股票到期日所得的收益
capital reorganization 资本重组
capital repatriation 资本调回 △ 从境外

调回本国

capital requirement 资金需要量;资本的必要条件

capital reserve 资本储备;资本准备金 △公司的留存盈余和不准备作为支付股利的其他资金来源

capital resources 资本来源;资本财力

capital restructuring 资本改组

capital return 资本回报率;资本利润率 △同 return on capital

capital revenue 资本收益

capital size 资产规模

capital spending 资本投资;资本支出

capital statement 资本变动表;资本报告书

capital stock 1.资本股份;实际资本;股本 △ 有限公司从已发行股票(包括普通股和优先股)所得的资本 2.资本货物 △包括用于从事物质生产的各种资本货物

capital stock assessment 股本的估价

capital stock authorized 额定股本;法定股本 △由公司章程规定或由股东或董事会决定的股本份数和每股的票面价值或设定价值

capital stock certificate 股票

capital stock insurer 保险股份公司

capital stock issued 已发行股本

capital stock outstanding 1.现发股本;净发股本 2.在外流通股本 △ 从额定股本中扣除未发行股本及库存股本后剩余的股本,即在股东手中的股票

capital stock paid-up 已缴股本;实收股本

capital stock preferred 优先股本

capital stock premium 股本溢价

capital stock registered 注册股本

capital stock subscription 认购股本;认缴股本 △在以认购方式销售股票的情况下,投资者已经认购,但尚未付清股款的股本

capital stock subscription receivable 应收认缴股本

capital stock unpaid 未缴股本

capital structure 资本结构 △ 企业资本构成,诸如短期债务、长期债务和业主权益(优先股、普通股)等的种类和数额

capital structure ratio 资本结构比率 △资本结构比率包括固定资产对净值比率、负债总额对净值比率、流动资本对流动负债比率、投入资本对借入资本比率、资本周转率、净值周转率等项

capital sum 一次给付金;最高给付额

capital supply 资本来源;奖金供应

capital supply schedule 资金供应时间表

capital surplus 资本公积;资本盈余 △缴付资本之外股东非资本股的进款,如股票销售中超过面值的部分

capital surplus reserve 资本盈余准备

capital surplus statement 资本盈余表

capital-to-asset ratio (C/AR) 资本与资产比率

capital transaction 资本交易 △ 属于国际收支差额表资本项目的交易

capital transaction account 资本交易账户

capital transfer 资本转移;资本转让

capital transfer tax (C.T.T.) 资本转让税

capital turnover 资本周转

capital turnover ratio 资本周转率 △ 一个企业的股本与一定时期销售净额相比较所得出的周转次数

capital uncalled 未缴股本;未收资本

capital unit 资本化单位

capital value 资本价值

capital wastage cost curve 资本损耗成本曲线

capital withdrawal 撤股

capitation fee 均摊费用 △ 某一团体中每一成员平均分摊的费用

captain's protest 海难证明书

caption of account 会计科目

Captive Insurance Companies Association (CICA) 专业自保公司协会;自保保险人协会

captive insurance company 专业自保公司

capture market 夺取市场;占领市场

carbon copy (c.c.) (复写)抄送件
cardinal number 基数
card of account 分类账目(录);会计科目表
card of ledger 卡片式分类账
card system 卡片式账簿
card system of accounting 卡片式会计
care, custody, and control exclusion 照看、保管与支配除外
career agency 专业代理机构
career agent 专业代理人
career average 工作期间平均工资法 △确定退休给付额的一种方法
career average formula 工作期间平均工资方式 △ 计算退休给付额的方式
career-oriented talent 事业型人才
career path 从业培训课程
career presentation 职业介绍
cargo accounting advice 货物账款通知单
cargo documents 货运单据
cargo dues 货物港务费
cargo in bag 袋装货 △ 使用各种袋作为外层包装之货物。最常见的三种袋为麻袋、棉布袋及纸袋
cargo in bond 存入关栈的货物
cargo in bulk 散装货 △ 也叫“散货”,同 bulk cargo
cargo in bundle 捆装货
cargo in coil 卷装货 △ 铁丝、钢缆、绳索等卷成轮形的货物
cargo in drum 桶装货
cargo information 货物资料 △ 有关货物的品名、产地、每吨容积等信息
cargo in hold 混装货物;舱内货物
cargo in large amount 大宗货
cargo in out 货物装卸情况
cargo in package 件货;包装货物
cargo in roll 卷装货 △ 指白报纸、滚筒纸、地毯、兽皮、席类等以铁丝、铁皮条或绳索捆成卷形的货物
cargo insurance 货物运输保险
cargo insurance policy 货物运输保险单
cargo insurance rate 货物运输保险费率
cargo insurer 货物保险人;货物承保人
cargo interest 货物利益;货方利益 △与货物有关的保险权益
cargo irregularity report 货物异常报告书
cargo liability insurance 货物运输责任保险
cargo lien 货物留置 △ 即为了收回运费、滞期费、抵押金等而将货物扣留
cargo liner 货运班轮;定期货轮;货运班机
cargo list 货物清单
cargo manifest 货物舱单;载货舱单
cargo marine insurance 海洋货运保险
cargo mark(ing) 货物标志
cargo on deck 舱面货;甲板货
cargo-owner 货主;托运人 △发货人和物资单位的统称
cargo-owner's wharf 物资单位码头 △又称货主码头,系由物资部门投资建设并经营管理的码头
cargo paper 货物单证
cargo passage 载货航程
cargo policy 货物保险单
cargo port 货运港
cargo premium 货物保险费
cargo receipt 交货收据;承运货物收据 △收据主要内容有发货人、收货人、货名、件数、重量、标志、车船号、起运地、目的地、起运日期、运费支付情况等,一般只有一份正本
cargo receiver 收货人
Carpenter plan 卡朋特计划
carriage and insurance paid to...(CIP) 运费及保险费付至目的地 △ 与到岸价 CIF 相似,CIF 适用于海运而 CIP 适用于现代化多种联运
carriage expense 运费
carriage forward 运费到付;运费由收货人支付;运费交货时照付
carriage free 运费免付;免费运输
carriage on deck 甲板上载运
carriage paid (carr.pd.) 运费预付;运费已付

carriage paid to...(CPT) 运费付至…价

carriage under deck 甲板下载运

carried as expenses with 列支 △ 在某会计科目内支出

carried at cost 按成本价入账

carried by the equity method 按权益法处理

carried down (c/d) 结转;转下

carried forward (C.F., c/f) 结转;上期转来;过次页

carried forward from... 自…转来

carried over 结转;过次页

carrier 1.运载工具 2.运输人 △拥有船、车等运输工具负责将货物自一地运至另一地者 3.承运人 △ 即与托运人订立运输契约的船东、租船人等

carrier manifest 承运人舱单;载货清单

carrier's agent 承运人代理

carriers at fault 有过失的承运人

carrier's immunity and responsibility 承运人权责

carrier's liability 承运人责任

carrier's liability clause 承运人责任条款

carrier's liability insurance 承运人责任保险

carrier's lien 承运人的留置权 △ 承运人如以在目的地交货时收取运费的条件承运货物,有权留置货物暂存仓内,待收货人交付运费后放行(仓租列入运费一并收取)

carrier's note 取货证;提货单

carrier's statement 商务记录 △ 在起运地发现货物短缺、损坏或腐坏时,在运输机构代表参与下编制的有关货物缺损情况的文件

carrier's with third country flag 第三国航运公司

carry 1.结转;将(账目)转下页(下栏) 2.生(利息)

carryback 1.追计 2.移前扣减 △一个既定年度的营业净损金额,可以从以前年度净利中扣减

carry back of loss 扭转亏损

carry-back period for employer contributions 业主捐出金后转期间

carry-back provision 后转条款

carryforward 1.结转;过次页 △会计记账记满1页时,转入次页继续记录 2.移后扣减 △ 同 carry over

carry-forward provision 前转条款

carry heavy debt 负重债

carrying charge 1.财产维持费;商品存储费及货款利息 2.(分期付款购货的)附加价格

carrying cost 存储成本;财产维持费

carrying cost of capital 资本的附加费用

carrying value 1.现存价值;账面结存价值;(存货的)储囤价值 2.(放款银行对)抵押品的作价

carry on business 营业

carry out a contract 执行合同

carry over 将(账目)结转次页;转入下期;移后扣减 △ 一个既定年度的营业净损金额如不能从以前年度的净利中扣减时,则可在以后年度的净利中扣减

carry-over basis 转移税基

carry over rate 转期利率

carry over stock 结转库存;滚存量

carry position 持仓

carry to 入账;过账

cartage (ctg., ctge.) 1.搬运费 2.运送

carte blanche 全权信用券;全权委托

case board stained by moisture 箱板潮湿;箱板受潮

case broken, content unknown 箱子破裂,内货不详 △ 提单批注

case crushed 箱子压坏

case deformed 箱子变形

case misshaped 箱子变形

case number 箱号

case of need 如属必要 △ 出票人或背书人在出票或背书时,指明"如属必要可求助于某机构"

case plank broken 箱板破

case plank bulged 箱板凸出

case plank cracked 箱板裂

case plank dented 箱板凹进
case plank patched 箱板修补
case plank split 箱板裂
case transfigured 箱子变形
case upside down 箱子倒置 △ 箭头朝下
cash 现款;现金 △库存现款,货币资金的组成部分
cashability 变现能力
cash account 现金账(户)
cash a check 支票兑现
cash administration 现金管理
cash advance 预付现金
cash against bill of lading 凭提单付现
cash against delivery 交货付款;货到付款
cash against document (C.A.D., c.a.d.) 交单付款;交单付现;凭单据付现 △ 出口商在装运货物后凭运货单据向进口商收款的一种条件
cash agent 现金代理人
cash and bank balance 现金及银行结存
cash and bank book 现金和银行出纳账
cash and receivable to current liability ratio 现金及应收款项对流动负债比率
cash asset 现金资产 △ 现金和能立即转换为现金而不影响日常业务的资产,包括库存现金、银行存款和承兑票据等,但不包括有价证券
cash at bank 活期存款
cash audit 现金审计 △ 检查有关现金经济业务的审计,包括现金收支是否已经记录、支出是否有签署和凭证、账面现金余额是否和实际库存相符等。是详细审计内容之一
cash balance 现金余额;现款结存
cash-balance equation 现金余额方程式 △ 系剑桥学派货币价值论中的现金余额学说所提出的方程式,又叫剑桥方程式。他们认为:货币价值取决于货币数量之供求,如果货币供给增加,或货币需求减少,而其他因素不变,则物价水准即告上升,或货币价值即告下落。而货币的需求方面系以大众手头保持的现金余额的多寡来表示
cash banlance on hand 库存现金
cash basis (of accounting) 收付实现(会计)制;现收现付(会计)制 △与"权责发生制"相对,在会计核算中以款项的实际收付为计算标准去确定本期收益和费用的一种方法
cash basis of revenue recognition 营业收入的收付实现确定法
cash before delivery (C.B.D., c.b.d.) 付现提货;交货前付款;付款后交货
cash before shipment 装运前付款;付款后交货
cash blotter 现金出纳备查簿
cash bonus 现金红利;现金奖金
cash book (C.B.) 现金账簿;现金出纳簿 △登记现金收支业务的一种序时账
cash break even point 现金收支平衡点
cash budget 现金预算
cash by return mail 回邮付现
cash by ruturn steamer 回航付现
cash call 现金赔款通知;摊付分保现金赔款
cash carrier 送款机
cash claim 现金赔款;现金索赔
cash collection schedule 现金回收预算 △ 财务预算的组成部分之一
cash commodity 现货
cash compensation 现金赔偿
cash consumption 现金消费
cash contribution 现金捐助
cash control (procedure) 现金控制(程序)
cash count 现金点查
cash credit (cr.) 现金贷方;现金支出;现金信用证;保证放款;活期贷款;暂时贷款;活期信用放款
cash credit slip 现金贷记传票;现金贷款传票
cash currency 现金通货
cash customer 以现金交易的顾客
cash cycle 现金循环 △ 由现金购买材料到制成产品出售后收取账款所构成的现金循环

cash day 付款日
cash debit 现金借方;现金收入
cash debit slip 现金借记传票
cash decision model 现金决策模型 △ 用于确定企业最佳现金余额的数学模型
cash deficit 现金亏绌
cash delivery 付款交货;现金交割
cash deposit 现金存款;保证金
cash deposit as collateral 保证金;押金
cash deposit in advance 预付现款;预存现款
cash deposit in sinking fund 偿债基金银行存款
cash deposit receipt 现金保证金收据 △ 货主缴付共同海损保证金后所得到的凭证
cash disbursement 现金支出
cash disbursement journal 现金支付日记账 △ 同 cash payment journal
cash disbursement register 现金支出登记簿
cash disbursement schedule 现金支出预算 △ 财务预算的一个组成部分
cash disbursement voucher 现金支出凭单
cash discount 付现折扣 △ 买卖交易成立后,买方如在规定日期以前付清货款,即可享受一定的价格折扣,付现折扣条件通常在发货单上予以注明
cash distribution plan 现金分配计划
cash dividend 现金股利;现金股息 △以现金支付的股利(股息)
cash down 即期付款;即付
cash drain 现金外流;现金枯竭
cash drawing 提取现金
cash earning (per share) (每股)现金收益
cash economy 现金经济
cash equivalent value 现金等值 △ 一项资产可能销售的价值,或指市场价值
cash financing programme 现金筹措计划;现金筹措方案
cash flow 现金流动;现金流量;现金流转 △ 会计中指企业在一定时期内所产生的现金及其运用,代表企业内部产生的用作扩大再生产的投资和用作流动资本的基金总额。通常利润与折旧提存两项的总额叫"毛现金流转";企业纳税后并扣除股息后的保留收益与折旧提存之和叫做"净现金流转"
cash flow analysis 资金流动分析;资金流转分析;资金流量分析
cash flow budget 现金流动预算;现金流转预算
cash flow from operation 营业现金流动
cash flow method 现金流量法
cash flow plan 现金流量计划
cash-flow report 现金流量报告 △ 企业对现金流出与流入所作的记录
cash flow statement 现金流动表;现金流转表;现金流量表
cash flow underwriting 现金流量承保
cash forecast 现金预测
cash-for-stock transaction 现金换股票交易
cash forward contract 远期交货合同;现金期货合同
cash fund 现金基金 △ 为某一目的所作的现金存储,或所拥有的现金资产
cash generated share 每股所获现金额;现金入股额
cash holding 库存现金
cashier (cash.) 1.现金出纳;收银员;出纳员;司库(美) △系银行(或信托公司)内负责财务的高级职员
cashier interest 利息兑现;现金支付利息
cashier prize 资金兑现;现金发奖
cashier's check 银行本票;本票 △由银行出纳员开出并由银行自行付款的支票,是银行的直接债务
cashier's department 账房;出纳科
cashier's fund 出纳处备用金
cashier's office 出纳处
cashier's order 银行本票
cash in 1.兑现 2.收到…的货款 3.结清账目而停业

cash in advance 预付(货款)
cash in bank 银行存款;存银行现金
cash in closed bank 倒闭银行存款
cash income 现金收入
cash inflow 现金流入(量)
cashing dividend 股利兑现;现金发放股利
cash in hand 库存现金
cash in hand of agent 库存代理人现金
cash insuance 现金保险
cash in transit 现金运送;在途现金 △企业所属非独立核算单位已经汇出而企业尚未收到的款项
cash-in-transit policy 现金运送保单 △承保现金运送过程中遇风险的保险单
cash in treasury 库存现金
cash in trust account 现金信托账户
cash in vault 库存现金 △银行为应付日常顾客需要而保有的现金
cash invoice 现购发票
cash item 现金科目;现金账项 △需作账务处理的单据、支票和备用金制度中的支付凭单
cash journal 现金日记账;现金簿 △用于记录所有经济业务的多栏式现金日记账
cash journal book 现金日记簿
cash journal method 现金分录法
cash journal system 现金日记账制
cash keeper 现金保管员
cash letter 现金信袋(美);现金函件 △邮寄的送款单、所附托收票据等,可立刻进入客户账内
cash liability 流动负债
cash liquidity 现金流动性;现金流动情况
cash management 现金管理
cash market 现金市场;付现市场;现货市场;△成交后立即付款和交货的市场,在外汇业务中即为现汇市场,在商品交易所中即为实物市场,与期货市场相对
cash nexus 现金交易关系
cash on arrival 货到付现(款)
cash on bank 银行付款;现金支票付款
cash on delivery (COD, C. O. D., c. o. d.) 现金结算;付现提货;交货付现;货到付款 △随货物附有收款通知,买方应在收到货物后支付现金
cash on delivery sales (COD sales) 货到付款销售;交货收款销售
cash on hand 留存现金;库存现金 △在一定时期内持有的现金,包括硬币、纸币、流通支票,以及在银行内可作为现金的任何票据(如活期存款)
cash on shipment 装货付款;装船收款
cash operating statement 现金收支执行情况表 △表示每个预算控制期的现金标准实际完成情况和差异的报表
cash order (c/o) 现金票据;现付票;付现指令 △即期票据之一种,通常由付款人给付现金或同日兑现之支票
cash out of vested benefits 归属利益现金;既得利益现金 △雇员从其拥有的福利金中提取的现金
cash over and short 现金溢缺;现金余绌;现金尾差
cash over and short account 现金超过和不足账户;现金溢短账户
cash paid book 现金支出簿
cash payment 现金给付;付现 △保险人以现金形式补偿被保险人损失的方式
cash payment book 现金支出簿
cash payment journal 现金支付日记账 △专门用以记录现金支出的日记账
cash position 现金头寸;现金状况 △银行每日资金收付调度情况,或一个企业的现金状况
cash price 现货价格;现金价格
cash projection 现金状况预测
cash purchase 现金购买 △以现款购买商品与劳务,简称现购
cash ratio 现金比率;现金存款比率;准备金比率 △银行所保有的钞票、硬币等现金与其存款总额的比率关系

cash realizable value 可变现价值
cash receipt and disbursement statement 现金收支表
cash receipt book 现金收入簿
cash receipt journal 现金收入日记账
cash receipt register 现金收入登记簿
cash receipts 现金收入
cash-receipt voucher 现金收入凭证;现金收入凭单
cash received 收入现金
cash record 现金记录;现金簿记
cash register 现金出纳机;现金登记簿
cash remittance (note) 汇款(单)
cash report 现金收支报告
cash requirement 现金需要量 △ 对日常业务或资本支出方面的现金需要量的估算
cash reserve 现金储备;现金准备(金);存储现金 △ 1.储备一定数额的现金,或能够迅速兑换成为现金的有价证券,以应付紧急需要 2.美国联邦储备系统要求其会员银行存储一定数额的法定储备金
cash resources 现金资源 △ 同 cash asset
cash settlement 1.现金结算 △ 转账结算的对称。用现金直接进行的货币收付 2.现汇结算 △对外贸易业务中,通过国际银行汇兑,单独结清一笔交易的支付方式
cash slip 现金传票
cash standard 现金标准
cash statement 现金报表;库存表 △反映库存现金、各银行存款的期初期末余额和本期现金收支的报表
cash status 现金状况
cash store 现金兑换店
cash summary book 现金汇总簿
cash surplus 现金盈余
cash terms 付现条件
cash transfer 现金调拨
cash value 1.解约金 △ 退保时保单持有人可得到的现金值 2.退保价值;现金值
cash value life insurance 现金价值寿险 △ 带有储蓄性质的寿险
cash value policy 解约退还金保单 △ 有解约退还金的保单
cash verification 现金核查
cash verification certificate 现金核查证书
cash vs. accrual 应收与实收的差别
cash withdrawal 现金提取 △ 从个人寿险保单中或雇主福利计划中转出现金
cash with order (CWO, C.W.O., c.w.o.) 订货付现;现款订货;认购即付 △ 国际贸易的一种付款方法,买方于发出订单时,或于买卖双方签订合同后即须将全部货款付给卖方
cast column of figures 把一栏数字加起来
casual 临时的;偶然的;随便的;非正式的
casual audit 临时审计
casual expense 临时费用
casual income 临时收入
casual profit 偶然利益;偶然得到的利润
casual revenue 临时收入
Casualty Actuarial Society (CAS) 意外损失精算协会
casualty insurance 意外保险
casualty loss 意外损失
catalogue (cat.) 货物目录
catastrophe 巨灾
catastrophe hazard 巨灾危险
catastrophe loss 巨灾损失
catastrophe number 巨灾数目
catastrophe reinsurance 巨灾再保险 △ 超额赔款再保险的一种
cause of bankruptcy 破产原因
cause of damage 致损原因
cause of depreciation 贬值原因;折旧原因
caution money 保证金
caution security 保证金
cease 停止;终止
cease and desist order 停止令;禁止商业

欺诈行为的通知
cease to be in effect 失效
cease to be in force 失效
cease to have effect 停止生效;终止生效
cease to run (of limitation period) 时效中止
cedant 分出人、分出公司 △再保险业务公司将其承保的部分或全部业务转让给其他再保险人
cede 再保;分保 △将风险从一个保险公司转移给另一个保险公司
ceding company 分出保险的公司、分保公司 △将其承担的所有或部分风险通过再保险业务转移给再保险公司的保险公司
ceiling 最高限额;最高限价
"ceiling" and "floor" "最高"和"最低"限额;上下限
ceiling composite price 综合价格的上限
ceiling limitation 最高限额
ceiling on loan 贷款限额
ceiling (exchange) rate 最高汇率;汇率上限 △国际货币基金协定规定成员国外汇汇率波动幅度应以外汇平价上下各一定百分比为限。其上限即称为最高汇率或汇率上限
celebrity 知名度
census 人口普查
census of shareowners 股东情况调查
Central American Bank for Economic Intergation (BCIE, CABEI) 中美洲经济一体化银行(中美洲经济银行)△1961年5月创办,成员国有萨尔瓦多、危地马拉、洪都拉斯、尼加拉瓜、哥斯达黎加
Central American Clearing House 中美洲清算所
Central American Payments Union 中美洲支付同盟
central bank 中央银行
central banking policy 中央银行政策
central death rate 中央死亡率 △某一岁数的人当年的死亡率
central exchange 中央交易所;交易中心
central exchange rate 中心汇率;中心汇价 △国际货币基金组织(IMF)成员国所规定的各有关国家货币对美元的汇率,据以计算对其他货币的汇率
central funding agency 中央筹资机构
central guarantee fund 中央保证金 △伦敦劳合社为弥补无支付能力成员的损失而设立的基金
centralization of capital 资本集中 △这是扩大个别资本总额的一种形式,通常是通过大资本吞并中小资本后组织股份公司而实现资本的集中
centralized management 集中管理
centralized planning 集中规划
central limit theorem 中心极限定理 △概率及统计的几条基本定理之一
central loss fund 中央损失基金 △一个集团设计的风险保留计划
centrally managed buffer stock 集中管理的缓冲储存
central market 中心市场;中央市场
central monetary institution 中央货币金融机构
central rate 中心汇率;中心汇价 △国际货币基金组织(IMF)成员国所订的各有关国家货币对美元的固定汇率
central reserve cities 中央储备城市 △美国联邦储备系统中最大的两家联邦储备银行所在城市纽约和芝加哥
central station alarm 中央系统警报器
central tax 国税;中央税
central treasury 中央金库
centre of influence 助销人员
centre-ruled ledger 中栏分类账 △即金额栏设于账户的中间的分类账
cents-less accounting 整元会计 △指元以下四舍五入
certain annuity 确定年金 △事先确定年金支付期间的年金保险
certain life annuity 确定终生年金 △无论年金受领人是否生存,均保证给付的年金
certain period 确定期间
certainty of income 收入确定性

certificate (cert., certif.) 1.证明;证书;执照 2.证券;单据 3.(公债)国库证券

certificate and list of measurement and/or weight 容积重量证明书

certificate book 股票簿 △ 以股票及存根若干张订成的簿册

Certificated Employee Benefit Specialist (CEBS) 注册企业员工福利师

certificate deposit 证券存款

certificate fee 签证费

certificate for advance surrender of export exchange 预缴出口外汇证明书

certificate for export 出口检验证书

certificate in management accounting (CMA) 管理会计考试合格证书

certificate of agent's authority 代理权证书

certificate of allocated exchange 结汇证

certificate of appointment 委托证书;委任证书

certificate of appraisal 估价证书

certificate of approval of works (CAW) 考核证书;工程核准证明书

certificate of auditing 审计证明书

certificate of authority 权限证书 △ 保险公司授予代理人代理权限的证书,或政府授予保险公司的经营许可证

certificate of authorization 核准证书;授权证书

certificate of average 海损理算书 △ 亦称共同海损计算书

certificate of balance 存款凭单

certificate of balance sheet 资产负债表证明书

certificate of bank balance 银行结存(欠)额的证明

certificate of change of name 更名证书

certificate of compliance 合格证明书

certificate of convenience 临时证件 △ 保险业务人员从业时所持的证明其资格的临时证件

certificate of damage 残损证明书 △ 码头公司对于从船上卸下处于残损状态的货物所签发的证书,是受损方对责任方提出索赔的一项文件

certificate of date of sailing 开航证明书 △ 由船运公司出具的船只开航日期的证书

certificate of declaration 预约保险通报书 △ 同 declaration under open policy

certificate of delivery 交货证明书

certificate of departure from port 离港证明书

certificate of deposit (CD) 存款证书;大额存单 △在商业银行按一定期限并按一定利率取得收益的存款单据

Certificate of Deposit Service (CDS) 可转让定期账户

certificate of dishonour 拒付证书;拒绝承兑汇票证明书

certificate of expenditure 支出证明书

certificate of import license 进口许可证

certificate of incorporation 公司登记执照

certificate of indebtedness (CIs) 负债证明书;借据;借款证 △ 公司为临时筹款开出的短期并带有利息的借据

certificate of independent public accountant 独立会计师查账报告

certificate of inspection 检验证书

certificate of insurance (C.I.) 保险凭证;保险证明书 △发给被保险人的证明货物已经投保和保险单已经签发的单据。是正式保险单的替代单证,在法庭上不能作为正式文件

certificate of interest 息票

certificate of itinerary 航程证明书

certificate of loss or damage (issued by carriers) (承运人签发的)残损证明书

certificate of manufacturer 厂方证明书;工厂证明书

certificate of merchandise 出厂证明书

certificate of office 任职证明;任职证书

certificate of origin (C.O., c.o.) 原产地证(明)书 △ 由出口国家政府专门机构或商会签发的、证明商品产于某国或某地区的证件

certificate of participation 参股证书
certificate of quality （货物）品质证书
certificate of quantity （货物）数量证明书
certificate of receipt 收货证明
certificate of registration 登记证明书；注册执照；船只注册证明
certificate of registration of mortgage 抵押登记凭证
certificate of registration on change of name 更名注册证书
certificate of reinsurance 再保险证书
certificate of seal impression 印鉴证明
certificate of sea transport 海运证书
certificate of seaworthiness （船舶）适航证书
certificate of share 股票
certificate of specifications 规格证明书
certificate of stock 股票
certificate of tare weight 皮重证明书
certificate of tax registration 税务登记证
certificate of test 检验证书
certificate of the auditor 审查报告；审计报告
certificate of value 货价证明书；价值证明书
certificate on damaged cargo 验残证书
certified (cert., certif.) 经证明；认可的；认证的
certified account 已查证账目 △ 经会计师证明的账目
certified accountant 注册会计师；执业会计师
certified balance sheet 已查证资产负债表 △ 经会计师证明的资产负债表
certified check 已承兑支票
certified cheque 保付支票 △ 由存款人开出并经银行在票面上签字加注“保付”字样的支票。这张支票经签注以后保付银行不得以任何理由拒付
certified copy 经核证的副本；正式副本
certified copy document 单据的正式副本
certified correct 证明无误
certified financial planner (CFP) 注册金融规划员
certified financial statement 经审定的财务报表；经证明的财务报表
certified invoice 签证发票
certified management accountant (CMA) 公证执业管理会计师；注册管理会计师
certified public accountant (CPA) 1.公证会计师 △ 执业会计师和注册会计师 2.执业会计师；特许会计师（美）
Certified Public Accountant Law 执业会计师法（美）
certified safety professional 注册安全专家
certified signature 经验证的签名
certified true copy 经核证无误的副本
certifying bank 保付银行；保兑银行
certifying officer 核证人；财务核证人 △有权签核付款凭单的人员
cession 分保 △ 见 cede
cession bordereau 分保明细报表
cestui que vie 投保人 △ 拉丁语，以某人的生命为保险标的而签订保险契约的人
C.F. invoice 货价及运费发票
C.F. price 成本加运费价格
CFS to CFS （集装箱运输）站到站
CFS to CY （集装箱运输）站到场
CFS to door （集装箱运输）站到门
CFTC Docket 商品期货贸易委员会判决摘要书
chaebol 财阀
Chamber of Commerce (C.C.) 商会
Chancellor of the Exchequer 财政大臣（英）
change 1.零钱；找头；辅币 2.兑换；更换；替换物
change a bill 换成零钱
change fund 零用金；变动基金；找头备用金 △ 发给出纳员或运货司机等的货币或辅币，以备给顾客找换零钱
change hand 易主；（买卖）转手
change in occupancy or use 占用或使用性质变更

change in par value 变更票面额
change in temperature clause 温度变化条款
change of beneficiary clause 更改受益人条款 △ 寿险合同条款之一
change of beneficiary provision 变更受益人条款
change of denomination 证券面额(名称、种类)的变更
change of destination 变更目的港
change of ownership 变更所有权
change of plan provision 变更计划条款
change of registration 变更登记;变更注册
change of sailing 变更船期
change of title 变更所有权;变更名称;权利人名义改变
change of voyage clause 变更航程条款
changing weights 变动权数 △ 一项指数和组成部分中加权比重的变更
channel 1.渠道;途径;系统 2.调拨(基金)
channelled into the account (CF) 拨入该账户
channel of disbursement 支付渠道
channel of distribution 分配渠道
character 品质 △ 有无拖欠记录(评价借款人须考虑的重要因素(信用5C))
charge 1.价钱;应付项目;借项 2.索价;收费 3.承担(责任,任务)
chargeable 应付费的;应课税的;可记入账的
charge account 赊购账;赊记账户 △零售业务不要求顾客当时付款而把货款记录进账,到期收款
charge against capital 1.资本支出 2.对资本的优先受偿权
charge against gross national balance 国民总支出
charge against revenue 收益支出
charge and discharge statement 受责卸责报告表;(信托财产的)经管及支出情况表
charge card 赊账卡
charge clause 费用条款 △ 租船合同条款之一,规定租船合同双方应各自负担的费用
charge collect 费用到付;收费
charged against the budget 从预算项下支付
charge for collection 代收票据费
charge for use 使用费
charge forward 费用后付;费用到付 △ 单据和账目用语,买方在收到货物时支付运费和其他费用
charge off 冲销;销账;剔除;转销 △把资产记作损失或费用处理
charge of insurance 保险费
charge paid 各费付讫
charge prepaid 费用预付
charges (chges.) 费用
charge sale 赊售;赊销
charge side 贷方
charging profit and loss method 损益收费法
charitable bequest 慈善遗赠
charitable giving through life insurance 保险金慈善捐赠
charter 1.(立法机构对成立公司等的)特许状;凭照;许可证;执照 2.(船只、飞机等的)租赁;包租 3.租船契约
chartered accountant (C.A.) 注册会计师;公证会计师 △包括执业会计师和注册会计师
chartered bank 特许银行 △ 经政府特许成立的银行
chartered freight 租船运费
(the) Chartered Insurance Institute (CII) 英国特许保险学会
chartered life underwriter (CLU) 注册寿险承保人
chartered loss adjuster 协会理算人员
Chartered Property and Casualty Underwriters (CPCU) 美国特许财产和意外保险承保人协会
charterer 租船人;承租人
charterer's agent 租船人代理;承租人的代理人

charterer's operater 租船船运业者 △ 本身并不拥有船舶,向船东租船经营海上货运业务的船运业者

chartering 租船;洽租;租赁业务

chartering agent 租船代理人 △ 在租船市场上代表租船人租赁船舶的中间人。代表船东的中间人叫做"海运经纪人"

charter of a company 公司章程

charter party (C/P) 租船契约;租船合同 △租船人与船主间订立的载明租船人和船主双方权利与义务的文件

charter party bill of lading 租船合同提单;包(租)船提单 △在包租船运货情况下,租船人根据租船合同签发的提单,通常只列货名、数量、船名、装港、目的港等必要项目,作为收据,不具备普通提单作为运输合同和货物所有权证件的功能

charter party B/L 租船提单

charter party standard 租船合同标准格式

chart for break-even analysis 保本分析图;够本分析图;盈亏分界分析图 △见 break-even analysis

chart of account 会计科目表 △ 即总分类账账户一览表。它把性质相近的账户加以归类和编号

chart of percentage comparison 百分率比较图

chattel mortgage 动产抵押 △ 为取得贷款而用动产作为担保品或抵押。最常见的是高级消费品的赊购

chattel mortgage bond 动产抵押债券

chattel mortgage financing 动产抵押融通

chauffeur service 带司机服务;开车运送服务

cheap credit 低利贷款

cheap dollar 已贬值的美元

cheap money 低息货币;低利率;银根低廉 △ 中央银行贴现率和市场利率趋低,容易获得商业银行信贷的一种情况

cheap money policy 低利率政策;低息货币政策

cheap price 低价 △ 具有比成本还低的含义

check 1.检查;检验;核对 2.寄存物的凭证;行李票 3.(餐馆的)账单 4.支票(美) △ 同 cheque

check account 支票账户

check and receive 点收

check as cash 视同现金的支票

check book 支票簿 △ 银行向存款人提供的空白支票簿

check by sampling 抽查

check clearing system 支票交换制

check collector 支票兑取人

check crossed generally 普通划线支票

check crossed specially 特别划线支票

check deposit 支票存款

check dishonoured 空头支票 △ 超过银行存款账户余额签发的支票

check documents 审单;审核单据

check drawer 支票出票人

check for collection account 催收支票账户(科目)

check for transfer 转账支票

check holder 支票执票人;持票人

checking account 支票账户 △ 可用支票提款的活期存款账户

checking certificate 检验证明书

checking deposit 以支票提取的活期存款

checking posting 核对过账

check list (核对用)清单;一览表

check mark 核对符号;注销记号

check off 查讫;作查对无误的记号

checkoff method 查对后作记号法

check only for account 只能转账的支票

checkout 1.(购货时的)结账 2.付账后离去;(旅馆规定旅客)结清账目后必须离去的时间

check over 清查;核对

check payable at sight 见票即付支票;即期支票

check payable in account 以记账支付的支票

check payable to bearer 无记名支票;来

人支票
check price 最低价格;限制价格 △为抑制货物价格的不正当上升或下降而由政府制定的限制价格。通常指出口货物的最低价格
check rate 支票利率
check register 支票登记簿
check replacement 支票挂失
check returned 退回支票
check returned unpaid 退回未付支票
check sheet 对账单;报账单
check stub 支票存根
check the market 查对市场行情
check the number 1.点数 2.核对件号
check the stock 核对存货
check to order 记名支票;抬头支票
check trading 1.支票交易 △出售银行支票,由顾客分期偿还支票面额和利息 2.经营支票贴现
check-up 检查;查对
check up account 对账
cheque (cheq.,chq.) 支票 △由银行存户签发的通知银行从其存款账户上支付面额给持票人的支票
chequebook 支票簿 △银行向存款人提供的空白支票簿
cheque to bearer 不记名支票;空白支票;来人支票
cheque to order 记名支票
chest (cht.) 1.箱;柜;盒 2.金库;钱库;公款;资金
chief 首领;主任;主要部分
chief accountant 会计主任;会计长
chief actuary 总精算师
chief analyst 主任分析师
chief auditor 审计长
chief cashier 出纳主任;现金出纳科长
chief comptroller 审计长;审计主任
chief controller 主计长;稽核长;总控制会计师
chief executive 行政首长;董事长
Chief Executive Officer (CEO) 执行长;行政长官;首席执行官
Chief Financial Officer (CFO) 财务长;总财务长
chief foreman 总领班
chief manager 经理;主管
Chief Operation Officer (COO) 运营长
chief technological officer (CTO) 科技长
China Banking Regulatory Commission (CBRC) 中国银行业监督管理委员会
China Council for the Promotion of International Trade (CCPIT) 中国国际贸易促进会(贸促会)
China Government Loans Association (CGLA) 中国政府贷款协会
China Insurance Regulatory Commission (CIRC) 中国保险监督管理委员会
China International Economic & Trade Arbitration Commission (CIETAC) 中国国际经济贸易仲裁委员会
China Securities Business Association (CSBA) 中国证券交易协会
China Securities Regulatory Commission (CSRC) 中国证券监督管理委员会
China Securities Trading System (CSTS) 中国证券交易系统
China Unicom Net 中国联通网
China Wangtong Net 中国网通网
chit 1.(小债务的)单据;账单 2.便条;短信
chit book 送信簿;送件回单簿
chit system 单据解付制 △用单据代替现金付款的制度
chitty 1.(小债务的)单据;账单 2.便条;短信
chronological book 序时账簿
chronological order 日期顺序
chronological record 序时记录
chronological stabilization plan 逐年稳定计划 △以追溯费率法为基础的个别业务费率确定方案
cipher 押码;密押 △银行电讯用语
circular 1.环形的;循环的;供流传的 2.通函;通告;通知
circular buying 循环购买
circular cheque 循环支票

circular flow 周转过程；循环流动（过程）△经济上货币与商品的持续循环运动
circular letter 通函；通知
circular letter of credit 流通信用证 △类似旅行支票，但数额较大
circular note 1.通告照会 2.旅行支票；定额流动旅行券
circulating asset 流动资产
circulating capital 流动资本；流动资金
circulating fund 流动资金；流通资金
circulating liability 流动负债
circulation 1.（货币等）流通 2.流通额；发行额 3.通货；货币
circulation of money 货币流通（额）
CitiPhone Banking 电话理财
CitiTouch 花旗一点通 △ 花旗银行产品
(the) City of London 英国伦敦的商业区 △ 商界、财政金融界。含有英国和世界金融中心之意
civil authority clause 消防损失条款 △火灾保险单下的基本条款
civil commotion 民变；动乱
claim 1.权利要求；权利主张 2.债权；诉权；要求权；所有权 3.索赔 △ 一方根据其声称的合法权利向另一方提出的赔偿要求，统称索赔 4.索赔书
claimable asset 债权
claimable asset in foreign currency 外汇债权
claim adjuster 理赔理算人
claim adjustment 理赔
claim against employers net worth 雇主净价值索赔
claim agent 理赔代理人 △ 同 claim settling agent
claim amount 赔偿金额
claim and loss control 索赔与损失控制
claimant 索赔人；债权人；权利主张人
claimant ledger 债权人分户账
claim based on non-confirmity 对货物不符（合同）的索赔
claim based on pecuniary loss 对金钱损失的索赔
claim board 索赔委员会
claim bureau 理赔局
claim commission 索赔委员会
claim compensation 要求赔偿
claim condition 索赔条件
claim cooperation clause 理赔合作条款 △ 再保险条款之一
claim department 理赔部
claim document 索赔单证 △ 在贸易或保险中，一方对另一方索赔时所必须提供的一切必要单证，如商检证明、承运人证明、发票、运输单证、损失清单以及足以证明对方对发生损失应予负责的证明等等
claimee 被索赔人 △ 索赔人的对称。指被要求赔偿的一方
claim equalisation reserve 赔款准备金
claimer 索赔人；债权人；权利主张人
claim expense 理赔费用
claim expense reserve 理赔费用准备金
claim for damage 损害赔偿要求
claim for indemnity 要求赔偿
claim for payment 要求付款
claim for refund 要求退款
claim for reimbursement 要求偿还
claim for restitution 要求偿还
claim for restitution of advance payment 要求偿还预付款项
claim for set-off 作为抵消的债权
claim giving rise to the lien 产生留置权的债权
claim in bankruptcy 破产程序中的债权
claim in contract 根据合同的债权（赔偿要求）
claiming bank 索偿行 △ 对信用证付款，承担延期付款责任或议付信用证后向偿付行提出索偿书的银行
claim letter 索赔书；索赔函
claim made 提出索赔 △ 见 claim made basis liability coverage
claim made basis liability coverage 索赔提出基础责任保险 △ 确定索赔保险是否有效的方法之一

claim made insurance 请求赔偿基础保险 △ 同 claim made basis liability coverage

claim notice 索赔通知

claim of third person 第三人的权利要求

claim on government 对政府的债权

claim outstanding 应付保险赔款

claim payable abroad 赔款在国外支付

claim protected by lien 受留置权保障的债权

claim provision 索赔手续;理赔条款

claim record 赔案记录

claim recoverable from reinsurer 应摊回再保险赔款 △ 保险人就其分出的再保险业务向再保险人摊回赔款的条款

claim recovered from reinsurer 应摊回再保险赔款 △ 同 claim recoverable from reinsurer

claim reimbursement 索汇;索偿

claim reimbursement from 报销

claim rejected 拒赔

claim report 索赔报告

claim reserve 赔款准备金

claim right 代理追偿权益

claim secured by mortgage 有抵押权担保的债权

claim set-off against each other 相互抵消的债权

claim setting agent 赔偿代理人;理赔代理人

claim settlement rate 结案率

claim sharing agreement 赔款分担协议

claims made form 索赔提出基础责任保险 △ 同 claim made basis liability coverage

claims occurrence form 索赔发生方式

claims representative 理赔代理

claims reserve 理赔准备金

claim to order 记名债权

class (cl.) 1.等级;种类;类别;船级 2.同级危险集合 △ 具有相同危险的被保险人的集合,是确定公平保险费率的重要依据

class A extinguisher A级灭火器 △ 能扑灭一般物质燃烧的灭火器

class B extinguisher B级灭火器 △ 能扑灭石油、天然气等物质燃烧的灭火器

class C extinguisher C级灭火器 △ 能扑灭各种电器火灾的灭火器

class designation 指定危险

class D extinguisher D级灭火器 △ 可扑灭可燃烧金属物质与禁水性物质燃烧的灭火器

classification 1.分类;分等;分级 2.危险分类

classification certificate 船级证书

classification clause 船级条款

classification item 明细科目

classification manual 科目分类细则;(账户)分类说明 △账户、成本、产品、材料等的分类说明

classification of account 账户分类;会计科目表

classification of annuities 年金分类

classification of cost 成本分类;费用分类

classification of loan 贷款评级

classification of risk 危险分类;危险分级

Classification Society 船级协会

classified balance sheet 分类资产负债表

classified by business turnover 按业务量划分

classified by capital size 按资本规模划分

classified by comparable price 按可比价格划分

classified by country 按国家划分

classified by economic activity 按经济活动划分

classified by industrial sector 按产业划分

classified by per capita consumption expenditure 按人均消费支出划分

classified by region 按地区划分

classified depreciation 分类折旧

classified financial statement 分类财务报

表
classified insurance 残缺体保险
classified risk 残缺体危险
classified security 分类证券
classified trial balance 分类试算表
class of business 行业;业务种类
class of risk 危险类别
class premium rate 分类费率
class rating 分类法 △将危险按风险特性分类,对每一类同质风险分别计算费率的方法
clause (cl.) 条款
claused bill 附条款票据 △载有利息条款、汇兑条款或手续费条款的票据
claused bill of lading 附条款提单;有批注提单 △任何载有附加条款或批注的提单
claused letter of credit 附条款信用证
clause of reservation 保留所有权条款
clause on the back 背面条款
clauses added to a life insurance policy 寿险保单附加条款
clean acceptance 不附保留条件的承诺
clean acceptance 无条件承兑;单纯承兑
clean bill (C/B) 洁净(无不符点)提单;光票 △不附有代表货物所有权单据的汇票
clean bill for collection 光票托收
clean bill of lading 清洁提单 △提单对承运货物写明"表面状况良好"而无任何附加批注来修改这一声明者。它是出口商向银行结汇的必要单据
clean B/L 清洁提单
clean cargo 精良货物;净货 △未受损害、包装完整的货载
clean charter 常规租船契约;清洁租船契约 △无特别附加规定的标准租船契约
clean collection 光票托收 △国际贸易结算方式之一。出口商将有关单据直接寄给进口商,只将汇票交银行委托代收款项的一种售定代收结算方式
clean (letter of) credit 光票信用证 △不需附交任何其他单据仅凭票付款的信用证
clean cut system 割清制;截断式 △再保险合约终止时,当事双方的权利和义务一并终止的规定
clean document 清洁单据
clean draft 光票 △不附单据的汇票
cleaners insurance policy 洗衣店保险单
clean float 清洁浮动 △未受官方干预的汇率浮动,也叫"自由浮动"
"clean" floating exchange rate "清洁"浮动汇率 △见 clean float
clean L/C 光票信用证 △一种备用信用证
clean mate's receipt 清洁收货单
clean negotiable 清洁可转让的
clean negotiable bill of lading 清洁可转让提单
clean off the balance outstanding 付清所欠余款
clean on board bill of lading 已装船清洁提单
clean on board freight prepaid ocean bill of lading 已装船运费预付清洁海运提单
clean opinion 无保留意见;审计报告;查账报告
clean payment credit 光票付款信用证
clean reimbursement credit 清偿信用证 △信用证开证行指定第三家银行作为偿付行,亦称为向第三家索汇信用证。因开证行与其指定的付款、承兑、延期付款和议付行之间没有账户关系或都不在信用证货币的清算地,为拉直索汇路线而要求开立此种信用证
clean remittance (of commercial paper) 不跟单汇兑
clean shipping document 清洁装船单证
clean slate principle 无不良记录的原则;证明清洁的原则;白板原则
clean surplus concept 净盈余观念 △即主张在留存盈余账户中仅记录净利和股利的观念
clean surplus theory 净盈余原理
clean-up cost 清理费用

clean-up fund 善后基金
clean up past-due bill 清理逾期票据
clean value 干净价值
clean yield 净得
clear 1.清除;结清;使(计数器)归零 2.净得 3.交换(票据);兑现(支票);出售(商品)
clear acceptance 单纯承兑
clear an account 清账
clear days 净日数 △ 头、尾两天除外的天数
clearer (票据)交换员
clearing 1.清算;结算;(银行之间的)划汇结算 2.票据交换所 △同一城市中各银行对相互间收付的票据单证进行的当日清算 3.[~ s]汇划结算的款项总额
clearing account 清结账户
clearing agent 清算代理
clearing agreement 清算协定 △ 不动用外汇而是通过记账和相互冲销账款的方式来清偿两国间贸易收支及其他方面债权和债务的政府间协定
clearing agreement trade 记账贸易
clearing arrangement 清算协定
clearing balance 结算差额
clearing bank 清算银行;交换银行
clearing book 交换(票据)登记簿
Clearing Centre for Intra-Asian 亚洲内部清算中心
clearing corporation (票据)清算公司
clearing country 缔结清算协定的国家
clearing dollar 清算美元 △ 两国在双边贸易或清算协定中使用的记账单位,只作计算用,不作支付用
clearing exchange slip 结算外汇单
clearing expense 清理费用;交换(票据)费用
clearing facility 清算便利
clearing firm 清算商行
clearing fund 清算基金
clearing house (C.H.) 票据交换所 △ 某一城市(地区)内的商业银行和其他金融业务机构共同建立的组织,每天清算彼此间相互收付的票据,计出必须结清的差额
clearing house agent 清算代理人
Clearing House Automatic Payment System (CHAPS) 英国自动支付清算系统
clearing house balance 票据交换所差额
clearing house department 票据交换部门
clearing house due bill 票据交换所借据
clearing house for the world 国际财政划账所
clearing house in-book 票据交换所控制账
clearing house inspector 票据交换所监察员
Clearing House Interbank Payment System (CHIPS) 美国银行同业支付清算系统
Clearing House Interbank Transfer System (CHITS) 新加坡银行同业清算系统
clearing house item 待清算项目 △ 各银行当日收进并按付款银行检分就绪的其他各银行各种票据
clearing house loan certificate 票据交换所贷款证
clearing house out-book 票据交换所贷款证账
clearing house settlement sheet 票据交换清算表
clearing item 交换物件;清算项目
clearing member 清算成员 △ 加入一个清算组织的成员
clearing of account 非现金结算
clearing of bill 交换票据;清算票据
clearing operation 清算业务
clearing payment system 收支结算制度
clearing price 清算价格;结算价格 △商品交易所清算机构每日确定的价格
clearing rate 清算汇率 △ 用于双边结算的汇率
clearing sheet 交换清单
clearing statement 票据交换(所)报表
clearing sterling 记账英镑
clearing system 清算制度

clearing union 清算同盟 △ 各国际银行机构(通常系各国的中央银行)结成的联盟,作为国际票据交换所而进行活动,用一国与另一国的国际收支顺差来抵消该国与第三国的国际收支逆差。其目的是方便多边贸易与支付,把必须用黄金或国际贷款进行结算的金额减少到最低限度

clear instruction 结算通知书

clearness 清楚性 △ 会计质量要求之一,其余的要求为"正确性"、"完整性"和"简洁性"等

clear off 清除;清偿(债务)

clear profit 净利 △ 同 net profit

clear-space clause 空地条款 △ 财产保险中要求特定的保险标的与其他承保的或未承保的财产保持一个特定的距离的一项条款

clear the debt 清偿债务

clear up 清理(债务);消除

clear-up cost 清理费用

clerk (cl.) 职员;办事员;书记员;店员(美)

client 1.委托人;(律师的)当事人 2.顾客;客户

client ledger 委托人分户账

Clifford trust 可转移信托 △ 一种期限至少不低于10年的信托

climb 汇率上升;利率上升

clipped money 削边货币 △ 在贵金属硬币流通时,为防止图利者削锯硬币边缘,而将硬币周围铸成齿状花纹,叫做削边货币

clock-wise service 24小时服务;全天候服务

close 1.关闭;封闭 2.终止;闭市;收盘 3.结清(账目) 4.商定(交易);促成签约 △ 同 close out

close a bargain 成交

close a business 歇业

close a deal 达成交易

close an account 结账;关闭账户

closed 关闭的;封闭(性)的;排外的

closed account 已结账户;结清账户

closed bid 秘密出价投标

closed check 付讫支票 △ 已支付或转账的支票

closed company 股份不公开公司

closed contract of insurance 不可变更的保险契约

closed corporation 封闭型公司 △ 股票由少数几人(通常为管理阶层成员)或家庭成员拥有的公司。也称非公开公司或股份不公开公司

closed-end investment company 股份固定的投资公司 △ 具有固定资本结构的投资公司

closed-end mortgage 限额型抵押(投资)

closed-end trust 股份固定的托拉斯 △ 美国的一种投资托拉斯

closed mortgage 限额抵押 △ 抵押的金额不能超过已限定的数额

closed mortgage bond 限额抵押债券;抵押额满债券 △借款已达饱和程度,不能再用以作为发行债券的抵押

close door 歇业

closed out 促成签约 △ 保险业务员说服保户,以促成保险协议的达成

close down (工厂、企业等)关闭;停歇;封闭

closed system 限额制度

close inspection 严格检验

closely held company 股东人数有限的公司

closely-held stock 独占型控股

close market 歇市

close of business 停止营业

close off 结账

close of the year 年底

close on these terms 按这些条件成交

close out 1.抛售 2.停止业务;停闭

close out one's a/c position 斩仓 △ 关闭或清除仓位,不再做某项交易

close price 价格接近 △ 在证券交易所中,"卖价"与"买价"之间的差额非常接近的情况

close the book 结账 △ 将加入和支出账户直接地或通过汇总收益账户转到留

存盈余账户或业主产权账户。结账以后,总分类账上仅资产负债表账户尚有余额
close the gap 弥合差距;弥补资金缺口
close time 截止时间
close up 结业;关张;停业
close with an offer 接受报盘
closing 1.结束;结算;结账 2.收盘 3.保险手续完毕
closing adjustment 结账整理
closing agreement 结案书 △ 美国所得税纳税人与税务当局的书面协定
closing a position 轧平头寸 △ 银行因超买或超卖外汇,为了避免汇率变动的风险而进行的卖出或买进等量外汇的这种抛补操作自然数称为轧平头寸
closing balance 期终余额;期末差额
closing bid and asked price 收盘出价和要价 △ 某项证券在最后一次交易过后和收盘以前买方所出价格和卖方所要价格
closing cost (地产)成交价 △ 指地产交易中买方所付的总金额,包括货价及额外的费用
closing date 1.结账日期;决算日期 2.最后受载期;截止收货日期 △班轮接受装运货物的最迟日期
closing entry 结账分录 △ 结账时所作的一种转账分录
closing high 收盘上涨;高价收盘
closing inventory 期末库存量;期末存货
closing low 收盘降价;低价收盘
closing of an account 结账
closing price 收盘价格 △ 商品或证券交易所和外汇市场每天闭市前最后一次成交的价格
closing procedure 结账手续;结账程序
closing quotation 收盘行市
closing rate 收盘汇率 △ 外汇市场每天闭市前最后成交的外汇汇率
closing rate method 收盘汇率法
closing session 收盘
closing slip 定案单
closing stock 期末存货
closing the book 结账
closing the ledger 结算总账
closing the revenue 结清收益
closing time 停止营业时间;截止时间;下班时间
closing trial balance 结账试算表 △ 即结账后试算表
club call 协会摊赔通知
co-acceptor 共同承兑人
co-administrator 共同管理人
coassurance 共保 △ 同 coinsurance
coassurer 共保人 △ 依保单规定共同承担保险标的的损失的保险人
coastal water 沿海水域
co-authenticating agent 连署代理人
co-borrower 共同借款人
code 法典;准则;电码;密码
code address 电报挂号
code book 电码本;国际电讯信号本 △ 不同国家电讯部门之间通讯使用
co-debtor 共同债务人
code number 代号
code number to identify account 账号;账户编号
code of account 科目代号 △ 银行会计科目代码
code of conduct 行为守则;议事规则 △ 同 rules of procedure
code of ethics 道德规约;道德守则
code of international conduct 国际行为准则
code of practice 业务守则
code of professional ethics 职业道德准则
codify 编集成典;整理
coding 译成电码;编码
co-drawer 共同出票人
coefficient 系数;折算率
coefficient conversion 按折算率换算
coefficient of average deviation 平均偏差系数
coefficient of concordance 一致性系数
coefficient of correlation 相关系数 △ 在数理统计中,为研究不同现象间的相互

依存关系时使用的、表示两个随机变量之间关联程度大小的数值。一般指两个变量间的线性相关系数
coefficient of equating 换算系数
coefficient of flexibility of price 价格伸缩性系数
coefficient of flow 流量系数
coefficient of mean deviation 平均偏差系数
coefficient of mean equal contingency 定额系数
coefficient of multiple determination 多元判定系数
coefficient of nondetermination 未判定系数
coefficient of regression 回归系数
coefficient of safety 安全系数
coefficient of stability 稳定系数
coefficient of standard deviation 标准差系数
coefficient of storage utilization 库场运用率
coefficient of total correlation 总相关系数
coefficient of variation 变差系数 △ 标准差除以平均数。可用以分析不同投资方案的风险程度
coffer 1.保险箱 2.[~ s]资产;财源;国库;金库
coffers of a bank 银行的金库
coffers of the state 国库
cofinance 共同筹资;共同资助
cofinancing fund 共筹资金
co-guarantor 共同担保人
cohere 整合
coin 硬币;铸币
coinage act 金属货币法规
coinage charge 货币铸造费
coinage prerogative 铸币特权
coin certificate 兑换券
coincidence indicator 同步指标;一致指标 △各类经济指标之一,即变动时间与一般经济情况变动时间基本一致的指标,如工业生产、失业等
coin circulation 流通硬币
coiner 造币者;伪造货币者(英)
coin exchange fee 硬币兑换手续费
coin money 铸币
coin specie 金属货币
coinsurance 共同保险;共保
coinsurance clause 共保条款
coinsurance formula 共保公式
coinsurance limit 共保限额
coinsurance penalty 共保惩罚
coinsurance percentage 共保比例
coinsurance requirement 共保要求
coinsurer 共同保险人 △ 同 coassurer
coin withdrawal 铸币回收
cold call 直冲招揽 △ 保险推销员开拓准保户的一种方法
cold calling 争揽贷款业务 △ 信贷员和借款人接触争揽业务的过程
cold canvassing 直冲招揽 △ 同 cold call
cold leads 直冲招揽 △ 同 cold call
collaborative arrangement 协作安排
collaborator 协作者
collapse (价格等)暴跌;倒塌
collapse of price 跌价
collateral 1.担保品 △ 用以担保债务人清偿债务的财产权益 2.抵押品 △担保贷款的资产(评价借款人须考虑的重要因素) 3.间接的;旁系的;附属的
collateral agreement 附属协定
collateral assignee 有担保的受让人或受托人 △ 为某项利益而接受权利转让的人
collateral assignment 担保物的转让
collateral bond 有担保的债券
collateral borrower 有担保的借款人 △ 为了取得某项收益而转让权利的
collateral creditor 有担保的受让人或受托人 △ 为某项利益而接受权利转让的人
collateral in raising loan 举债的抵押
collateral loan 证券抵押(担保)贷款
collateral measure 并行措施;附带措施
collateral mortgage obligations (CMOs) 担保品抵押债务

collateral note 附带期票
collateral on delivery 货到收款
collateral on leasehold 租约担保物;租约押金
collateral security 附属担保品;抵押担保品
collateral trust bond 担保信托债券;证券抵押债券 △公司将有价证券交信托机构作为抵押而发出的债券
collateral warranty 附带保证 △ 租约(契约)以外的保证
collect a bill 托收汇票
collect account 收账
collect freight 运费到付;待收运费
collectibility 可回收性 △ 收回逾期贷款的可能性
collectibility of account (估计)账款收回的可能性
collectible 可收账款 △ 到期或在以后能够收回现金的账款
collecting 1.收款;收账 2.募得的款项 3.收入款项 △美国政府收入的货币,按其经济性质的不同,有的作为预算收入,有的作为抵消支出的收入,有的作为还款,有的作为存入基金,统称收入款项。4.托收 △由出口方开具以进口方为抬头人的汇票,委托第三者(一般为银行)代向进口方收取货款的办法,叫做托收。这是国际贸易中常用的一种收款方式
collecting account 收款账户
collecting agent 代收人;收款代理商
collecting bank 代收银行 △ 接受国外银行之委托,将其寄来的托收票据,向本国的付款人提示并代为收取票款的银行
collecting bill 收款汇票
collecting commission 托收手续费 △ 同 collection commission
collecting note 收款本票;赔款收款单
collection 托收
collection advice 托收委托书 △ 同 collection order
collection arrangement 托收安排
collection bill 托收票据
collection bill purchased 出口托收押汇 △ 采用托收结算方式的出口商在提交单据、委托银行代向进口商收取货款的同时,要求托收行先预支部分或全部货款,待托收款收妥后,归还银行垫款,此种融资方式"出口托收押汇"
collection book 收费账簿
collection charge 托收手续费
collection clerk 收账员
collection commission 托收手续费
collection department 收账部门 △ 负责掌管支票、汇票、息票和收款的职能部门
collection fee 收款费用 △ 保险代理人推销保单无佣金收入时,按所取保费的一定百分比提取的费用
collection instructions 托收委托书
collection item 托收项目
collection letter 收账信;托收委托书
collection of additional charge 收取附加费
collection of an instrument 票据托收
collection of commercial paper 商业票据托收
collection of contribution 股金的征收;收取摊付款项
collection of data 收集资料;收集数据
collection of debt 收取债款
collection of documentary bill 跟单汇票托收
collection of domestic draft and bill 代收国内汇票
collection of foreign business information 海外商情的收集
collection of payment 收款
collection of trade charge 代收货款
collection on clean bill 光票托收 △ 同 clean collection
collection on delivery 交货收款
collection on document 跟单托收 △ 由国内出口商开具以国外进口商为付款人的汇票,连同发票、提单和保险单等有关单据,委托出口商所在地银行转托

其国外联行或代理行代向进口商收取货款
collection order 托收委托书 △ 客户向银行填送的票据托收委托书
collection post 代办收款的邮局
collection rate 收款率;账款收回率
collection ratio 收款比率;应收账项率 △系一个企业的应收账款、应收票据、应收利息的总和占销售净额的比率。从中可反映该企业向顾客收款的效率
collection receivable for customer 应收未收款;待收托收款
collection schedule 收款明细单
collection throught the bank 银行托收
collection tracer 催收函;催收单
collection trusted 代收款项
collection voucher 收入传票
collection with immediate settlement 立即清算债务的收款
collection with subsequent acceptance 俟日后承兑的收款
collective 共同的;集体的
collective consumption account 集体消费账户
collective deposit 集体存款
collective insurance 集合保险 △ 以一张保单承保多种类似品质的保险标的的保险
collector (collr.) 托收人;代收人;收款员;收税员;募捐人
collect telegramme 向收报人收费的电报
collegia 互助会 △ 古罗马时民间的一种互相组织
collision 1.碰撞 2.[~ convertible]可转换自负额保险 △采用可转换自负额的汽车保险单现已少见。见 convertible collision
collision clause 碰撞条款
collision damage waiver 碰撞损失弃权 △ 由租用车辆的个人购买的特种损失保险单
collision insurance 碰撞保险 △ 汽车保险中承保被保险车辆车身损失的险种
columnar 印成栏的;排成栏的
columnar account method 多栏式记账法
columnar analysis (sheet) 多栏式分析表
columnar book 多栏式账簿
columnar budget 多栏式预算表
columnar cash book 多栏式现金日记账
columnar cash journal 多栏式现金日记账
columnar cash payment journal 多栏式现金支出日记账
columnar cash receipt journal 多栏式现金收入日记账
columnar form budget 多栏式预算表
columnar ledger 多栏式分类账
columnar record 多栏式记录;多栏式簿册
columnar system 多栏式
columnar work sheet 多栏式工作底稿;多栏计算表
column sum 金额栏总计
column total 金额栏总计
co-management 共同管理(权)
co-manager 共同管理人;(银团贷款的)共同经理行
combat capacity 战斗力
combination 1.联合 2.合并 3.(费用)总合
combination agency 兼售代理店 △ 兼售普通寿险和简易人身险的代理店
combination agent 兼售推销员
combination automobile policy 汽车综合保单
combination budget 混合预算
combination business interruption extra 营业中断与额外费用混合保险
combination company 兼售公司
combination funding plan 混合退休金计划 △ 同 combination plan
combination journal 联合日记账
combination method 联合法
combination plan 混合退休金计划 △以寿险为主附加信托退休金的退休保障计划
combination plan reinsurance 综合式再

保险

combination policy 混合保险;组合保险

combination rate 联运费率

combination transport documents 联合运输单据

combined 联合的;合并的

combined account 联合账户;合并账户

Combined Annuity Mortality Table 综合年金死亡表 △ 1928 年美国为专门用于团体年金而首先制作的表格

combined balance sheet 合并资产负债表

combined bill of lading 联运提单

combined company policy 联合保险单

combined depreciation and upkeep method 折旧与保养合并法

combined entry 复合分录 △ 指分录中有一个以上账户列为借项的分录(即:多借一贷),或者有一个以上账户列为贷项的分录(即:多贷一借),或者有一个以上的账户列为借项的分录的同时又有一个以上的账户列为贷项的分录(即:多借多贷),叫作复合分录

combined financial statement 合并财务报表

combined form 联合单证

combined income and surplus statement 合并收益及盈余表

combined income statement 合并收益表

combined index 总指数

combined journal and ledger 日记总账;日记分类联合账

combined liability policy 综合式责任保险单

Combined Pricing System (CPS) 联合定价制度

combined probability 组合概率

combined profit and loss statement 合并损益表

combined ratio 综合费率 △ 是保险损失率与费用率的综合

combined single limit 合一限额 △ 用一项保险金额表示人的身体伤害责任与财产损失责任之和

combined statement 合并报告表;联合决算表

combined status (报表)合并状况

combined transport 联(合)运(输)

combined transport bill of lading (C.T.B/L, COMBIBILL) 联合运输提单(联运提单) △ 1971 年波罗的海海运公会(BIMCO)通过

combined trial balance 合并试算表

Combined Trust Fund 联合信托基金

Combiterms 暂定国际贸易标准用语和规定

come down (物价)下跌

come high 售价高;以高价出售

come into effect 生效

come into force 生效

come into operation 1.开始工作;开始运转 2.生效

come into the market 流入市场;出现于市场

come out of the red 转亏为盈

come to deficit 造成亏损

come to hand 收到(文件等);到手

come to smash 破产

come to terms 达成协议

come under the hammer 被拍卖

come up to the standard 达到标准

commanding heights of economy 经济制高点

commencement of coverage 保险起期

commerce 商业;贸易

commercial 1.商业的;商务的 2.商品化的

commercial acceptance 商业承兑汇票 △ 由商业企业承兑的商业汇票

commercial account 商业往来账户;厂商价款

commercial act 买卖;贸易;商业行为

commercial activity 商务活动

commercial arbitration 商务仲裁;商务公断

commercial bank 商业银行 △ 经营各类银行业务,吸收存款和为工商业提供短期贷款业务为主的金融机构,其主要

职能在于为社会调剂货币供应和流通量
commercial banking 商业银行业务
commercial banking institution 商业银行机构
commercial bill (of exchange) 商业汇票 △ 商品交易中由卖方签发以收取货款的汇票
commercial bill market 商业汇票市场
commercial blanket bond 商业综合保险
commercial blockade 商业封锁
commercial book-keeping 商业簿记
commercial borrowing 商业性借贷;商业贷款
commercial capital 商业资本
commercial centre 商业中心
commercial chains 连锁经营
commercial claim 商法中的债权;商业索赔
commercial clearing account 贸易清算账户
commercial code 商法典
commercial community 商业社会
commercial company 商业公司
commercial competition 商业竞争
commercial computer 商用电子计算机
commercial contract 商业合同
commercial credit 1.商业信用 △ 以延期付款和收货等方式提供的信用 2.商业信用证
commercial credit agency 商业征信所
commercial credit bureau 商业征信所
commercial credit company 商业信贷公司 △ 从事于向其他工商企业特别是零售商买进分期付款合同及应收账款这类业务的商号
commercial credit insurance 商业信用保险
commercial crisis 商业危机
commercial custom 商业习惯
commercial depression 商业萧条
commercial disclaimer 商业上规定的不索赔
commercial discount 商业折扣
commercial document 商务文件
commercial documentary letter of credit 商业跟单信用证
commercial draft 商业汇票
commercial efficiency 经济效率
commercial enterprise 商业企业
commercial exchange 商业往来;商业汇兑
commercial finance 商业金融;商业贷款;商业资金
commercial finance company 商业金融公司
commercial financial institution 商业金融机构
commercial financing 提供商业资金;商业筹资
commercial forgery policy 商业伪造保险单
commercial forms 商业保单 △ 承保各种经营风险的保险单
commercial goal 商业性目标
commercial house 商行;交易委托行
commercial inquiry office 商业征信所
commercial insurance 商业保险 △ 社会保险的对称,这是盈利性保险
commercial insurance company 商业保险公司 △ 盈利性的保险公司
commercial intercourse 商业交往;通商
commercial interest 商业利益
commercial investment trust company 商业投资信托公司
commercial invoice 商业发票 △ 买卖交易成立后于货物装运时,由卖方开给买方作为货物清单或账单的文件,是整套货运单据之中心,也是买方办理进口报关不可缺少的文件
commerciality 商业性
commercialization 商业化;商品化
commercialize 使商业化;使商品化
commercial law 商法 △ 有关工商企业单位及其交易(诸如有关公司、合伙、遗产及信托、房地产、商品销售、债务人和债权人以及证券等)事项的法律
commercial letter of credit 商业信用证

△ 银行用以保证本国进口商有支付能力的凭证
commercial lines 商业保险网络 △ 为企业、商业机构和组织提供保险的网络
commercial loan (rate) 商业贷款(利率)
commercial message 商情;商业文件
commercial morality 商业道德
commercial negotiable instrument 商业可转让票据
commercial note 商业本票;一般本票
commercial operation 商业行为;交易
commercial organization 商业机关
commercial package policy 商业一揽子保单 △ 以综合性保单承保多种风险的保单
commercial packing 商业包装
commercial paper 商业票据 △ 泛指除证券投资、房地产投资、公私支付以外,由工商业交易所出具的短期可转让票据。在美国,狭义地指享有信誉的企业所签发的无担保期票
commercial paper exchange 商业票据交易所
commercial paper house 商业证券经纪行
commercial paper L/C 商业票据信用证 △ 一种备用信用证
commercial paper market 商业票据市场
commercial pledge 商业上的抵押
commercial profit 商业利润
commercial property policy 商业财产保单
commercial real estate (CRE) 商用房地产
commercial registration 商业注册
commercial risk 商业风险
commercial system 1.商业方式 △ 国际贸易方式的一种。以货币为偿付手段的贸易方式,以别于易货方式 2.商业体系
commercial target 商业性目标
commercial telegramme 商业电报
commercial terms 商业用语
commercial transaction 买卖;交易
commercial treaty 通商条约;商务条约;商约
commercial usage 商业惯例;商业习惯
commercial use 商业用途
commercial value 交易价值;商业价值
commercial voucher 商业传票
commercial war 商战
commercium [pl. commercia] 商业;贸易
commerzbank 商业银行
commingling 资金公私不分 △ 业务代表非法将私人的资金和保险公司(或投保人)的资金混在一起
commission (com., comm., commn.) 1.代办;代理;委托 2.手续费;佣金 △ 中间介绍业务所收取的报酬
commission account 手续费账户;佣金科目
commission agency 代理贸易
commission agent 代办商;购销代理人 △代表出口商销售商品的代理人
commission broker 经纪人;掮客
commission business 经纪业;委托贸易
commission-charge 手续费;佣金
commissioned advance 代垫款项
commissioned payment 代垫款项
commissioned receipt 代收款项
commissioner 1.局长 2.税务司 3.专员;委员 4.保险总监 △ 同 commissioner of insurance
commissioner of audit 审计官
commissioner of banking 银行督察(官)(美)
commissioner of insurance 州保险总监 △ 美国州政府保险监管部门主管
Commissioner's 1958 Standard Ordinary Mortality Table 1958 年 CSO 表;1958 年保险总监标准死亡表 △1958 年 12 月对 1941 年 CSO 表的修订
Commissioner's 1914 Standard Ordinary Mortality Table 1914 年保险总监标准死亡表(美) △ 为美国的经验生命表,被广泛采用
commissioner's standard ordinary mortality table 保险总监标准死亡表(美)
commissioner's value 总监价值
commission for acceptance 承兑佣金

commission for collection 托收佣金;收款手续费

commission-house 委托交易行;佣金行;代办行 △ 商品交易中从事经纪人业务的企业

commission income 佣金收入

commission investigation 调查委员会

commission（long-term）mortgage loan 佣金(长期)抵押借款

commission of authority 授权书

commission of inquiry （咨询)调查委员会

commission of selling agent's form 销售代理人佣金保单 △ 收入损失保险的一种。为销售代理人因保险事故造成营业中断所致佣金收入损失提供保险的保单

commission on a sliding scale 递加佣金

commission paid on discounted account 应收账款贴现佣金支出;应收账款贴现手续费支出

commission payable 应付佣金;应付手续费

commission receivable 应收手续费;应收佣金

commission received in advance 预收手续费

commission sale 委托销售;寄售

commission system 佣金制度

commission transaction 给佣交易

commitment 1.(商业上的)约定;承担义务;许诺 2.关押;拘留 3.债务;承受债务 4.承付款项;承诺付款数 △ 合同或采购定单所承诺的付款数 5.[～s]承保确定金额

commitment authority 承诺权 △ 世界银行授予其所属部门承诺贷款金额的权限

commitment charge 1.承约费 2.贷款手续费

commitment fee 1.承约费 △ 承租者为了保证能获得经费而付出的费用。这项费用通常只适用于大笔交易及长期挪借 2.贷款手续费 △在国际金融活动中,借款人为得到贷款的承诺所需付出的贷款手续费

commitment of fund 资金承诺;资金承诺额

commitment period 贷款有效期

commitment value 约定价值

committed asset 营业资产

committed cost 约束成本

committed fixed cost 指定的固定成本

Committee for European Economic Co-operation 欧洲经济合作委员会

commodity economy 商品经济

commodity financing 商品筹资

commodity money 商品货币

common account 共同账户

common adventure 共同冒险

common check system 共同支票制度

common collateral 共同担保

common disaster clause 共难条款 △ 被保险人与第一顺位保险受益人在同一灾害中均死亡时,保险金将给付予任何受益人

common dividend 普通股利

common fund 共同基金

common guideline 共同准则

common law exceptions 普通法免责事项

common law lien 普通法留置权 △ 优先受偿权

common-law trust 商业信托;企业信托

common market 共同市场 △ 欧洲经济共同体的简称

common seal 公章

common share 普通股 △ 有限公司各种股份中最基本的一种

common-size balance sheet 统一度量式资产负债表 △ 只有百分比而无金额

common size income statement 统一度量式收益表 △ 只有百分比而无金额

common size statement 统一度量式报表;总体结构报表;共同比报表;百分率财务报表 △ 以财务报表中的总数作为100%,而将其组成的各项目分别换算为百分比的一种公有百分比而无金额的报表

common staff cost 一般人事费用
common stake 共同利害关系
common stock 普通股
common system 统一制度
common system of salary and allowance 薪金与津贴的统一制度
common trust fund 共同信托基金
common unit 统一单位
commune bonum 公益
communibus annis 每年平均
communication 1.来文;函电;通知 2.通讯;交流
communication expense 通讯费;交通费
communi consensu 根据共同意见;依公意;共同赞成
communique 公报
communis opinio 共同意见
community 共同体;团体;社会;公众;社区
community chest 共同募集的基金;公共资金
Community Development Foundation 社区发展基金会
community of interest 共同利益;共同利益集团 △两个企业组织之间政策或经营的联合,联合方式可包括股本共有和互任董事等
community of stock 联股
community property (夫妻)共有财产
community property law 夫妻共有财产法
community property state 夫妻共有财产制
commutable 可抵偿的;可交换的;可折换的
commutate 代偿;抵偿;
commutation 1.代偿;代偿金 2.交换;变换 3.通勤 △经常往来两地间 4.改变付款方式 △用趸交金额代替分批分期付款的方式
commutation clause 折换条款 △再保险合同中规定协议双方对已发生赔款的未来责任的确定、赔偿比例、责任解除的条款
commutation function 计算基数 △人寿保险费的计算,是以签约时刻作为计算现值的基准点,以收支相等的原则计算出保费
commutation of accrued annual leave 积存年度假的折算
commutation of annuity 年金折偿
commutation right 转换现金一次给付特权 △寿险中受益享有的保险金分期给付转换为一次给付的选择权
commutation table 折算表
commutative contract 等价交易契约
commuted value 折算现值 △表示在未来固定期间内,按固定次数分期支付的一笔金额的现值。其计算以固定利率为基础
compact 契约;合同;协定
company (Co., coy.) 公司 △在英国指按《公司法》组成的法人,最普通的是有限公司。在美国则是一切独资企业、合伙及有限公司的统称
company act 公司法 △有关公司的成立、经营管理和解散的法律
company articles of association 公司章程
company contract 公司合同;公司契约
company credit 公司信贷
company incorporated 注册公司
company law 公司法 △有关公司的成立、经营管理和解散的法律
company limited 有限公司
company limited by guarantee 保证有限公司 △英国的一种公司,公司在清算时,其债务的一部分可以保证由保证人负责偿还
company limited by share 股份有限公司 △公司在清偿时其负债以股份的面值为限
company of limited liability 有限责任公司
company performance 公司业绩
company policy 公司政策
company promotor 公司发起人
company property 公司财产
company's preferential debt 公司优先债务
company union 公司工会
company with limited liability 有限责任公司

company with share capital 股份公司
comparability 可比性
comparability concept 可比性概念
comparable 可比较的;类似的
comparable amount 可比金额
comparable figure 可比数字
comparable price 可比价格
comparative 比较的;比似物;比较级
comparative advantage 相对优势 △英经济学家李嘉图提出的一种概念,指一个国家提供某种产品或劳务比之提供其他产品或劳务相对来说更为便宜合算的特殊能力
comparative analysis 比较分析 △本年和上年实际完成情况与计划完成情况的比较,本年和上年本企业与其他同行的比较,评价实际经营活动与预计经营活动有效性和效果比较
comparative balance sheet 比较资产负债表 △除列出编表日的资产、负债、股东权益等各项目的金额外,还列有其他年(月)同日的各该项目的金额,以供比较
comparative budget and actual balance sheet 预算与实际资产负债比较表
comparative budget and actual income sheet 按总体结构百分比编制的比较资产负债表
comparative cost 比较成本;相对成本 △为与另一成本相比较而计算的成本,如对价格、数量加以调整,剔除不可比的因素等
comparative cost advantage 比较成本利益
comparative cost difference 比较成本的差异
comparative cost sheet 比较成本表
comparative cost study 比较成本研究
comparative difference in cost 成本比较差 △古典国际贸易理论中成本差异三种情况之一
comparative earning standard 比较利益标准;比较利得标准
comparative financial statement 比较收入表;比较损益表 △除列示本期各损益项目的金额外,还列有其他年(月)各该项目的金额,以供比较
comparative negligence 相对过失
comparative statement 比较报表 △反映一个公司不同时期财务状况的报表,通常是在年度之间进行比较
comparative statement of actual and estimate profit and loss 实际及预计损益比较表
comparative statement of monthly operative cost per unit 单位产品每月成本比较表
comparative statement of operation cost 经营成本比较表
comparative statement of order cost 分批成本比较表
comparative static (equilibrium) analysis 比较静态(均衡)分析
comparative statics 比较静态学 △对经济中不同位置的静态均衡的比较
comparative trial balance 比较试算表
comparison of bid 递价的比较;投标出价的比较
comparison of price 比价
comparison sheet 比较用表
comparison table (统计等的)比较表
comparison year 比较年
compartmentalize banking 分业经营 △金融机构分业不交叉经营
compatibility 相容性;兼容性;适合性;一致性;互换性
compensate 补偿;抵偿;赔偿
compensate debt 偿还债务
compensating balance 最低应存款;补偿余额 △银行要求其客户存入银行的信贷额度的最低百分比,通常为10-20%
compensating balances plan 补偿保费计划 △被保险人依约定将付给保险公司的保费存入其账户,保险公司从中提取税费和利润后,被保险人存入保费的余额可由被保险人提取
compensation 1.赔偿;补偿 2.补偿费;补助金 3.对交报酬 △一方在甲地交付,一方在乙地交付
compensation agreement 补偿协定 △资

本主义国家广泛实行外汇管制后通行的一种贸易安排,即相互交换商品,不以货币支付
compensation and buy-back arrangement 补偿和回购安排
compensation arrangement 补偿安排
compensation award 裁定补偿 △ 在保险中保险人依保单约定向被保险人定期或不定期支付的补偿金额
compensation claim 索赔
compensation damage 补偿性赔偿 △ 对被保险人的实际财务损失予以赔偿,不带有惩罚性
compensation error 相抵误差
compensation for damage 损坏赔偿
compensation for death 死亡赔偿;死亡补助
compensation for death, injury or illness attributable to service 因公死亡、受伤或患病的补偿
compensation for non-fulfillment of contract 不履行合同的补偿费
compensation for removal 遣散费;解职金
compensation of employee 雇员的报酬 △ 雇员作为工作报酬取得的收入,包括工资和薪金及其附加部分等
compensation payment 赔偿金;补偿金
compensation plan (职工)补偿计划
compensation plan reserve fund 补偿计划储备金
compensation trade 补偿贸易 △ 进出口相结合的一种方式。基于买方信贷进口机器、设备、技术等的买方不用现汇支付,而是以机器、设备、技术等所生产的产品的价款分期偿还贷款
compensator 1.赔偿人 2.补偿物
compensatory 赔偿的;补偿的
compensatory adjustment 补偿性调整(办法)
compensatory allowance 补助津贴
compensatory approach 补偿办法
compensatory balance 补偿平衡;最低应存款额
compensatory budget policy 补偿预算政策
compensatory concession 补偿性减让
compensatory credit 补偿性信用(贷款)
compensatory damage 补偿损失
compensatory deposit 补偿性存款
compensatory financial flow 补偿性资金流转;补偿性资金流通
compensatory financial transfer 补偿性资金调拨
compensatory financing (of export fluctuations) (出口波动)补偿贷款 △ 国际货币基金组织对出口收入发生短期下降因而面临支付困难的会员国提供的一项特别贷款安排
compensatory financing facility (C. F. F.) (国际货币基金组织的)补偿贷款办法
compensatory financing scheme 补偿筹资办法
compensatory fund facility 补偿性融通资金
compensatory official financing 补偿性官方资金融通
compensatory payment 补偿金;赔偿金
compensatory stock option plan 补偿性认股选择方案
compensatory time 报酬时间 △ 即准许员工加班的时间
compensatory trade 补偿贸易 △ 同 compensation trade
competence 1.能力;胜任 2.权限
competency 行为能力
competent 胜任 △ 管理人员评级用语
competent authority 主管当局
competent institution 主管机构
competing product 竞争产品
competing technology 竞争性技术
competition 1.竞争 2.竞争者 △常用作总称
competition among peers 同业竞争
competitive 竞争的
competitive analysis 竞争性分析
competitive bidding 竞标;公开招标
competitive currency depreciation 竞争性货币贬值
competitive depreciation 竞争性贬值 △

各国采取货币对外竞相贬值的措施，以刺激出口和限制进口，是进行贸易战的一种手段

competitive devaluation 竞争性贬值

competitive disadvantage 竞争的不利条件

competitive edge 竞争优势

competitive need criteria 竞争性需要标准

competitiveness 具有竞争能力

competitive power 竞争能力

competitive price 竞争价格

competitive rate 竞争性费率

competitive recruitment examination and text 竞争性征聘考试

competitive sealed bid 密封标单

competitive state fund 竞争的州保险基金

competitive tender 公开投标

competitor 竞争者；竞争主体

compilation of statistics 编制统计

complainant 申诉人；起诉人；原告

complaint 起诉；申诉；投诉

complaint and claim 控告与索赔

complement 1.补足物 2.编制人数；定额装备

complementarity 互补性

complementary 1.相互补充 2.追加的；补足的 3.辅助的

complementary account 补充账户；补充科目

complementary benefit 补助救济金

complementary demand 补充需求

complementary financial facility 追加贷款

complementation agreement 补充协议

complete 1.完成；使…完成 2.完全的；全部的

complete a contract 合同执行完毕

complete and exclusive sovereignty 完全和排他的主权

complete annuity 完全年金 △ 被保险人死亡时，从最后一次年金支付期开始至死亡为止的这一段时间仍然给付年金

complete audit 全部审计；详细审计 △ 对一定时期的全部经济业务进行审计

complete balance sheet 综合资产负债表

complete budgetary control 全面预算控制

complete checking 详细核对；全部审查

complete circular flow of cash 现金周转全过程

complete cost 全部成本；完全成本

completed contract method of revenue recognition 营业收入的履约确定法

completed determinants method 完备的行列方法

completed housing (mortgage) loan 现楼按揭 △ 已竣工住房抵押贷款

completed job method of accounting for long term contract 长期合同完工会计法

completed operations insurance 完工保险

completed units method 完成单位法

complete flow of cash 现金流转全过程

complete life table 完全生命表 △ 以某期间内人口的性别、年龄段死亡数为分子，以此期间内人口普查所得到的性别、年龄段人口为分母，求出各年龄段的死亡率，并得出各种生命函数，即为完全生命表

complete procedure in billing 开立单据(账单、发票)的全过程

complete system of equation 完备方程组 △ 在经济计量学中，一个模型或一组议程如果包含决定某一经济部门或体系的全部议程，便称为完备方程组。一个完备的方程组对各种可能的参数会作出无偏估计

completion 完成；结束

completion bond 完工保证保险 △ 保证保险的一种

complex 1.联合企业；综合体 2.复杂的；综合的

complex capital structure 复杂资本结构

complex chart 综合图

complex stock option plan 复杂认股选择权方案
complex trust 复合信托
compliance officer 合规检查官
compliant operation 合规经营
comply with a formality 符合手续
comply with the terms of contract 按合同条款办理;符合合同条件
component 构成;组成部分;成分
component element 构成部分
component of cost 成本的构成
component ratio 构成比率
component ratio method 构成比率法
componere lites 解决争端
composite 复合的;混合的;合成的
composite asset goodwill 综合资产商誉
composite balance sheet 综合资产负债表
composite basis 综合基础
composite currency 复合货币 △ 如原欧洲货币单位埃居(ECU)
composite depreciation (method) 综合折旧(法) △ 对不同的折旧项目采用分组计算折旧的方法
composite import price index 综合进口价格指数
composite income sheet 综合收入表;综合损益表
composite index number 综合指数 △ 以若干不同统计数列综合计算得出的指数
composite life 综合年限;平均年限
composite life method 综合开采期限法;综合平均年限法 △对于不同的折旧项目采用分组计算折旧的情况下,各项目均作为一个整体而不分别计算其使用年限
composite of resources available for commitment 可供承付资金的组成
composite percentage statement 综合百分率报表
composite price 综合价格 △ 若干价格合并计算,即一种平均价格
composite probability 概率;复合概率
composite rate 1.组织费率 △ 综合性保单所采取的以某一费率为基准的单一费率 2.综合率;混合率 △ 用于折旧的摊提或负荷的分配
composite ratio 综合比率
composite reserve unit 综合准备单位
composite turnover 综合周转额
composite weighted average auction price 综合加权平均拍卖价格
composition 1.构成;组成 2.债务和解 △ 为了使一个将破产的企业免于破产,债权人之间在偿债问题上达成协议,自愿减少对债务的索偿额
composition deed 债务和解协议 △ 债务人与债权人订立的偿还部分欠款作为了结全部债务的协议
composition depreciation 综合折旧
composition of asset 资产构成
composition of capital flow 资金流量构成
composition of (final) demand (最终)需求构成
composition of export and import 进出口商品结构
composition of fixed asset 固定资产的组成
composition of inventory 存货的构成
composition of profit 利润的组成
composition of world trade 国际贸易商品结构 △ 各类商品在国际贸易中所占地位
composition unit 综合单位
compos sui 自制;克己
compound 1.和解;妥协 2.了结付清(预约款等);互让解决(债务或争端)
compound a debt between 互让解决债务
compound amount 复利本利之和;复利终值
compound amount of 1 1元的(复利)本利和 △ 以1元本金,按一定的百分率计算出若干年以后所应得的本利和。一般可以从应用本金1元的复利终值表中查出若干年后的投资本金和利息的总额

compound amount of 1 per period 每期1元的复利本利和

compound annual increase 复合年增长

compound annual rate of growth 复合年增率

compound arbitrage 重复套汇 △ 进行不止两项交易的套汇

compound average 综合平均数

compound discount 复贴现 △ 将来的一次或分期付款超过现值数。"复利"与"复贴现"不同。前者在时间上是前进的(已知本金),后者则是倒退的(已知终值)

compound entry 复合分录 △ 借方或贷方不只一个项目或借贷双方均不只一个项目的日记账分录

compound growth rate 复合增长率

compounding period 复利(计算)期 △ 计算复利的时期,复利期通常为一年

compound interest 复利 △ 与"单利"。把上期利息并入本金一并计算的利息

compound interest annuity 复利年金

compound interest depreciation 复利折旧法

compound interest formula 复利公式

compound interest method of amortization 复利摊销法

compound interest method of depreciation 复利折旧法

compound journal entry 复杂分录;混合分录

compound option 混合选择

compound rate 复利率

compound sum 复利终值;复利本利和

compound trial balance 复合试算表

compound yield based on weighted average 加权平均复收益

comprehensive 综合的;全面的

comprehensive agreement 全面协定

comprehensive automobile liability insurance 机动车综合责任保险 △ 除特定危险外提供全面保障的保险险种

comprehensive budget 全面预算

comprehensive country programme 综合性国别方案

comprehensive crime endorsement 综合犯罪附加险 △ 特殊多重保险的附加险,承保货币伪造、存款伪造、雇员不忠,以及被保险企业现金、账册、有价证券的丢失等风险

comprehensive general liability insurance (CGLI) 综合普遍责任保险 △ 是综合保险的一种形式。该种责任保险除了若干列举的不保危险外,其余一切损失均予赔偿

comprehensive glass insurance 综合玻璃保险 △ 在一切险基础上保障玻璃的破碎损失,但战争和火灾两项风险除外

comprehensive health insurance 综合健康保险 △ 将高额医疗费用保险与基本医疗保险合二为一的健康保险

comprehensive insurance 综合保险 △ 在机动车保险中,为人身伤害(不包括碰撞)或者被保险车辆的整车失窃提供的保险保障

comprehensive liablility insurance 综合责任保险 △ 为由于疏忽而应承担的民事责任提供保障的保险

comprehensive personal liability insurance 综合个人责任保险 △ 在一切险基础上为被保险人或其房屋内的居民个人行为或疏忽而引起的责任提供保险

comprehensive policy 综合保险单 △ 对同一标的承保不同险别的保险单

comprehensive rate 复利率

comprehensive report 综合报告

comprehensive review 全面审查

comprehensive 3D policy 3D综合保单 △ 同 dishonesty, disappearance and destruction policy

compromise 1.和解;妥协 2.和解契约 3.折衷办法

compromise clause 妥协条款;仲裁条款

compromised total loss 协议全损 △ 同 arranged total loss。被保险人欲以全损索赔,但因损失程度未达到实际全损,也不符合推定全损时,经保险人同意以全损方式理赔

compromise security 折衷的证券
compromise settlement 协商解决
compromise solution 协商解决办法
comptroller 审计员;审计官
compulsory 1.强制的;强迫的 2.法定的;义务的
compulsory arbitration settlement 强制仲裁解决
compulsory audit 强制审计
compulsory automobile liability insurance 机动车辆法定责任险 △是机动车辆责任险的一种,由国家立法统一规定
compulsory health insurance 强制健康保险 △由政府颁布法令推行的健康保险
compulsory insurance 强制保险 △自愿保险的对称。是由国家法律强制实施的保险
compulsory liquidation 强制清算
compulsory loan 强制借款
compulsory minimum reserve requirement (中央银行对商业银行)强制规定的最低存款储备
compulsory reserve 强制准备
compulsory retirement 强制性退休△企业要求雇员在达到一特定年龄时或在某些情况下必须退休
compulsory retirement age 法定退休年龄 △强制的退休年龄
compulsory retirement plan 强制退休计划
compulsory saving 强制储蓄
compulsory winding-up 强制解散(清理)
computation 计算;估计;计算法;计算结果
computation of depreciation 折旧的计算法
computation of settlement price 成交价格的计算
computed 计算的;估算的
computed price 推算价 △从基价按一定公认的比价推算出他级品质的价格
computer-aided system 电子计算机辅助系统
computer-based accounting system 电子计算机会计系统
computer-based system 以电子计算机输出为基础的系统
computer capacity 计算机能力
computer code 电子计算机代码
computerized budget sheet 计算机处理的预算表
computer-meter hour 计算机表计小时
computer payroll 计算机编制的薪资单
computer print-out 计算机印出
computer-readable format 可由电子计算机认读的格式
computer service 计算机服务
concealed asset 隐匿的财产;账外财产
concealment 隐瞒 △被保险人对危险或与损害有关的主要事项作不实的申报
concentrate on 主线
concentration 集中
concentration of capital 资本积聚
concerted action 共同行动;一致行动
concerted approach 一致方针
concerted effort 共同努力;一致努力
concerted practice 协同做法
concurrence 同时发生;同时履行
concurrence between delivery and payment 交货与付款同时履行
concurrency 重复保险 △两张或两张以上的保险单就处在同一状态下的财产以相同的方式承保,而不论保险签单的日期或保险金额是否相同
concurrent 同时发生的事件;法律上的同样有效状态
concurrent insurance 重复保险 △见 concurrency
concurrent resolution on the budget 对预算的共同决议 △美国会两院所作的无须美国总统签字即可修改美国会制定的政府预算的决议
concurrent review 住院进度审查 △对投保人住院后病情康复情况的审查,如无需住院将督促投保人出院
condensed balance sheet 简明资产负债

表

condensed income statement 简明损益表

condensed profit and loss statement 简明损益表

condensed statement 简明报表

condensed supplementary financial statements 简明补充财务报表

condition 1.条件 2.情况;状态;状况 △ 受经济不利因素影响的程度及现状(评价借款人须考虑的重要因素)

conditional 有条件的;附条件的 △为了使保单有效,投保人必须承担义务

conditional acceptance 有条件承兑;附带条件的承兑汇票

conditional assignment 附有条件的让与 △ 附有担保条件的让与

conditional bill of sale 附有条件的售货单

conditional bond 附有条件的债券

conditional cartel 合同条款卡特尔

conditional contract 有条件的合同

conditional endorsement 附有条件的背书 △ 在条件未能实现的情况下,票据收入的权利属于背书人

conditional financing 有条件的资金供应

conditional liability 附带条件的责任

conditional loan 附条件的贷款

conditional most-favoured-nation treatment 有条件的最惠国待遇

conditional offer 附条件报价;附条件发价 △附加条件发生或不发生时才生效的契约或报价

conditional probability 条件概率

conditional renewable contract 附条件的可续保合同 △ 健康保险合同的一种。此合同附有续保的权利,并可在约定的某一特定情况下放弃续保

conditional renewable health insurance 有条件的可续保健康保险 △ 见 conditional renewable contract

conditional sales floater 附条件销售流动保险 △ 为用分期付款方式或按附条件销售合同签约的销售者提供的保险,一旦所出售的产品损坏或损毁,由保险公司赔偿销售者的损失

conditional security 附条件证券

conditional subscription 附有条件的发行;附有条件的认购

conditional vesting 附条件的授给权 △ 醵出型退休金计划中,取得授给权的条件之一是加入者不得提走自己醵出的款额

condition for employment 聘用条件

condition guaranteed at shipment 保证装船时状态

condition in the letter of credit 信用证的条件

condition of affair 财产状况说明书;清算资产负债表

condition of assets 资产状况

condition of auction sale 拍卖条件 △ 拍卖人和竞买者各自的权利义务和合同的具体内容

condition of average 比例分担条件

condition of business 企业环境;业务情况

condition of investment 投资条件

condition of service 服务条件;服务状况

condition of stock 存货情况

condition precedent 先决条件 △ 在保险中指被保险人请求赔偿前须以履行被保险人的义务为前提

conditions for qualification 质量条件

conduct 1.行为;举动 2.处理;经营

conduct of business 事务的处理

conduct off-balance-sheet business 账外经营

conduct off-the-record 账外经营

conduct of the operation 经营

confer (cf., cfr.) 参阅;比较

conference 1.会议 2.公会 3.联合会

confidence 信用;信任;信心

confidence debt 信用借款

confidence in the currency 货币信用

confidential broker 不公开的代理

configuration 构造;配置;结构;形状

configuration of products 产品配置

confirm 1.确认;批准 2.证实 3.保兑

confirmation 1.确认;保兑 △开证银行以外的另一银行对信用证承担付款责任 2.成交确认书 △在对外贸易中,买卖双方通过洽商达成交易后,由一方向对方发出的确认按商定条件售出或购进货物的书面通知。它是合同的简化形式,具有合同的同等效力 3.证实;批准
confirmation commission 保兑手续费
confirmation note 批准通知书;确认通知书
confirmation of cable 电报确认书
confirmation of telegram 电报确认书
confirmation of telex 电报确认书;电传确认书
confirmation request 请证;询证
confirmation sheet 确认通知书;批准单
confirmed credit 保兑信用证
confirmed (letter of) credit 保兑信用证 △ 开证行所开信用证由另一家银行确认予以保证兑付,保兑信用证是最可靠的一种不可撤销的信用证
confirmed engagement 保兑责任
confirmed irrevocable letter of credit 保兑不可撤销信用证
confirmed L/C 保兑信用证
confirming bank 保兑(银)行 △ 对开证行的信用证担保付款的银行
confirming house 保付商行 △ 为国外(以非洲英镑地区为主)进口商代办进口订货之确认及在第三国代办支付货款等业务的代理商行
confirming order 确认书;保付书
confirm the agreement reached 确认所达成的协议
confirm your offer 确认你方的报盘
confiscation 没收;充公
conflict 冲突;抵触;斗争
conflict of interest 1.利益冲突 △ 个人利益与所担负职责之间的冲突 2.违背公众利益的行为(美)
conflict-of-interest regulation 利益冲突条例
conflict of law rules 法律冲突的法规
conflict of laws 法律冲突
conflict rules (解决国际法上法律冲突的)冲突法规
conform 使一致;符合
conformity 一致;符合
conformity of document 单据一致
conformity of the goods 货物符合(合同)规定
conform with the contract 与合同相符
conform with the sample 与货样相符
confused account 账目混乱
conglomerate 集团企业;混合型大公司;多种行业联合大企业 △ 经营各类生产的工商企业通过既非横向也非纵向合并而组成的多种经营跨行业大公司
conglomerate financial statement 联合财务报表
conglomerate merger 集团企业合并
conglomerate takeover 集团企业接管
conjunctural forecast 近期预测
conjuncture 行情;商情
connotative 内涵式
consecutive 连续的;连贯的
consecutive days 连续日
consecutive hours 连续小时
consecutive numbers 连号;连续数
consensus 协商一致;协商一致意见;共同意见
consensus ad idem 共同意见;一致意见
consent 同意;赞同
consent dividend 同意股利
consent settlement 承诺调解
consequential damage 后续损害 △ 见 consequential loss
consequential loss 后续损失 △ 损失并非由损坏的财产直接引起,而是产生于财产损坏的结果
consequential loss insurance 后续损失保险 △ 以后续损失为保险标的的保险。见 consequential loss
conservation 保全(财产);保护 △保险公司的业务员为了使保险契约继续有效所提供的各种服务,一方面防止契约

失效,另一方面使停效契约得以恢复

conservative talent 保守型人才

conservator 财产管理人 △ 由法院指定管理无行为能力者或已故者财产或事业的人

consideration 1.审议;考虑 2.报酬;对价 3.约因 △ 促使订约人签订合同的主要因素 4.互相履行义务 △ 例如在保险中被保险人有交付保费义务,保险人有赔偿损失的义务

consideration money 报酬金;补偿金

consideration of equity 公平考虑

consign 1.托运;发货 2.寄售 3.寄存

consigned goods 寄售物品

consigned receipt 委托收入

consignee 1.承销人;代售人 2.收货人 △ 货物从甲地运往乙地,在乙地提货的人叫做"收货人"。在国际贸易中,以提单为主体而言,进口商或其押汇银行即为收货人 3.受托人 △即寄售交易中受托的一方

consignee order B/L 收货人指交提单

consignee-shipper 收货托运人

consigner 寄售人;发货人;委托人

consigner's note 寄售通知书

consignment(consgt.) 1.寄售 △ 在对外贸易中出口人先把货物运交进口国代理人委托代售,是一种有风险的出口方法 2.寄售品 3.发货;交运货物

consignment agent 寄售代理人

consignment bill 托运单

consignment book 寄售簿

consignment business 寄售 △ 货主将货物运往国外代理人或经纪人,托其抽佣代为销售

consignment expense 寄售费用

consignment guarantee money 委托保证金

consignment-in 承销品;承销

consignment insurance 寄售保险 △ 为被寄售的物品提供保障的保险

consignment invoice 寄售发票 △ 为委托人(即装货人)对受托人(即收货人)所开的装货清单,供进口地报关之用,除列明出口地货价之外,需加列一切费用,使受托人明了实际成本的具体数额

consignment inward 承销品;承销

consignment inward ledger 承销品分类账

consign money in a bank 在银行存款

consignor 寄售人;发货人;委托人

consignor's note 寄售人通知书

consign to the order of Messrs. 按…公司抬头交运

consistency 一致性;一贯性;连续性 △ 在会计上,对不同时期的会计方法保持一致,如计算方法、应计和递延账项的处理方法等,以使不同时期的财务报表可以比较

consistency concept 一贯性概念

consistency principle 一贯性原则

consistent policy 一贯方针

consolidated 合并的;整理的;统一的;综合的

consolidated account 合并账目

consolidated annuities 统一公债 △ 同 consolidated stock

consolidated balance sheet 合并资产负债表 △ 在股权上有密切关系的两个或两个以上的独立企业,在反映其财务状况方面,视同一个整体而合并编制的资产负债表

consolidated balance sheet work sheet 合并资产负债表工作底稿

consolidated cargo 混装货物

consolidated cash earnings 合并现金收益

consolidated corporation 合并股份有限公司

consolidated debt 合并债务

consolidated financial statement 合并财务报表

consolidated fund 统一基金

consolidated goodwill 合并商誉

consolidated income 合并收益;合并收入

consolidated income and retained earning 合并收益和留存收益

consolidated income statement 合并损益表
consolidated industrial and commercial income tax 工商统一所得税
consolidated industrial and commercial tax 工商统一税
consolidated mortgage 合并抵押 △ 以几种单项财产所从事的一项抵押
consolidated profit and loss 总损益
consolidated report 综合报告
consolidated retained earning 合并留存收益 △ 指合并企业的留存收益账户
consolidated return 合并收益
consolidated sinking fund 统一偿债基金 △ 为两种或两种以上债券所建立的偿债基金
consolidated statement 综合说明;合并报表
consolidated statement of income 合并损益表
consolidated statement of retained earning 合并留存收益表
consolidated statement of source and use of fund 合并资金来源与运用表
consolidated stock 1.合并存货 2.统一股票 3.统一公债 △ 英国政府 1751 年首次发行的一种长期债券,支付固定利息,不规定偿还日期。简称 consols
consolidated surplus 综合盈余
consolidated surplus statement 合并盈余表
consolidated working fund 合并营建基金;综合运用专款
consolidated work sheet 合并工作底表
consolidation 1.统一;整理(负债、土地、公司等) 2.(股票、商品市场大涨小回的)调整 3.合并 △ 两个或两个以上企业的合并,并将他们的资产转交给新成立的合并以后的企业,与"兼并"词义不同,后者不是成立新企业而是由一家企业吸收或收买另一家或数家企业
consolidation by lease 租赁合并
consolidation by merger 吸收合并
consolidation by purchase 购买合并
consolidation depot 拼箱站
consolidation ledger 合并分类账
consolidation of action 诉讼合并
consolidation of debt 联合债款;债务整理
consolidation of fragmented holding 合并零星土地
consolidation of outstanding reserve currency balance 未清的储备货币结存的整理
consolidation of short-term debt 整顿短期债务
consolidation of stock 存货的合并
consolidation policy 合并政策
consolidation statement of change in financial position 综合财政状况变动表
consolidation surplus 合并盈余
consols 统一公债 △ 由英国政府 1751 年开始发行的长期债券。同 consolidated stock
consortium [pl. consortia] 1.国际财团;联营企业 2.贷款团;借款团
consortium bank 国际银行财团
consortium creditor 国际财团债权国
constant 不变的;经常的;固定的
constant arithmetic change 等差变化
constant capital 不变资本
constant cost 不变成本;固定成本
constant dollar 定值美元;不变(价值)美元 △剔除物价变动影响后的美元价值
constant dollar value 不变美元价值 △按不变美元计算的价值
constant employment 固定职业
constant error 恒性误差;常差
constant expense 固定费用;经常费用
constant percentage method 固定率法;不变百分比
constant price 不变价格;固定价格 △为消除不同时期物价变动影响,在计算各时期的统计指标数值时所采用的某一特定时期(如基期)的价格
constant purchasing power 不变购买力
constant return to scale 固定的按规模

成比例收益

constant sharing plan 固定分配计划

constant-sum matrix 常数总额矩阵

constant value 不变价值

constant weight 常数(加)权

constraint 制约(因素);限制

constraint on the exercise of option 对行使选择权的制约因素

constraint on the regular budget 经常预算拮据;经常预算的紧缩

constructed value 推定价值

construction bond 建设债券 △ 为保证国家重点建设的需要,由国家指定的专业投资公司发行的可抵押、转让、到期付本息的债券

(railway) construction bond (铁路)建设债券

construction contract bond 建筑合同保证保险 △ 保证保险的一种,为建筑商履行合同提供保证的保险

construction in progress 在建工程(项目)

construction insurance 建筑保险 △ 为建筑物在建筑过程中的损坏或损毁提供保障的保险

construction policy 船舶建造保单 △ 承保船舶建筑中因意外事故导致船体及机器设备损失的保单

constructive 推定的

constructive closing 推定结账

constructive delivery 推定交货 △ 以提单交付代替货物交付

constructive dishonour 推定拒付

constructive dividend 建设股利

constructive fault 推定过失

constructive receipt 推定收入 △ 计算联邦所得税收益的一个项目,指纳税人尚未领取但可随时领取的收入。例如储蓄账户的本金所附加的利息,应认为是推定收入

constructive total loss 推定全损 △与"实际全损"相对。海上保险标的物质虽未达到全部损毁、灭失或变质,但已失去价值;或虽有一定价值,但经过修理加上附加费用的支出,已接近或超过其实际价值;或丧失所有权(但仍可以保持法律上的占有)的一种损失状态

constructive total loss clause 推定全损条款 △ 规定推定全损条件的条款。见 constructive total loss

constructive trust 推定信托 △ 法律

consular invoice (con. inv.) 领事发票;领事签证发票 △进口国驻出口国领事签发向进口国海关证实货物原产地的发票

consultancy 咨询业务;咨询服务

consultancy agreement 咨询协议

consultancy expert 咨询专家

consultancy paper 咨询文件

consultancy service 咨询部门;咨询服务

consultant 顾问 △ 寿险常用的词汇。精通退休年金和利润分配计划的业务专家

consultation 咨询;协商;征询意见

consultation committee 咨询委员会;顾问委员会;协商委员会

consultative group 协商组;咨询组

consulting firm 咨询公司

consumable [常作~s]消费商品;消耗品

consumable ledger 消费品总账

consumable supply 消耗品

consumed cost 耗用成本 △ 任何已经耗用掉的成本,如原材料的成本

consumer 消费者;用户

consumer banking 零售业务;对私业务

consumer business 零售业务;对私业务 △与"对公业务"相对

consumer, cost, convenience, communication (4C) 四 C:消费群、成本、便捷、通讯 △ 贷款项目选址条件

consumer credit 消费信贷 △ 对消费者提供的信贷,即短期债务

consumer credit control 分期付款管理

consumer credit life insurance 消费者信用人寿保险 △ 以消费者生命为保险标的,为分期付款交易提供保证的一种定期保险

consumer finance 消费融资(贷款)
consumer finance company 消费贷款公司 △ 一种专门从事小额和个人放款的金融机构
consumer loan 消费贷款
consumer price index (CPI) 消费物价指数
consumer's preference 消费者偏好 △ 企业在市场定位时需考虑的因素之一
consumption 消费(量);消耗
consumption capital 消费资本
consumption credit 消费信贷
consumption expenditure 消费支出
(Citizen) Consumption Price Index (CPI) 居民消费价格指数
consumption tax 消费税
contact damage 触碰损毁 △ 海上保险用语
contact lens insurance 隐形眼镜保险
container B/L 集装箱提单
containing (contg.) 包含;延续
contango 1.交易延期费 △ 英国伦敦股票交易所 2.期货溢价;期货升水 △ 商品交易中某一商品的期货价高出现货价的部分
contemplation of death 预期死亡 △ 某人由于身体健康状况不良而产生对于死亡的预期
contemptuous damage 不正当的损失赔偿要求 △ 经法院判决为错误或不必要的赔偿要求
contents of registration 登记内容
contents of tax registration 税务登记内容
contents rate 动产费率 △ 承保动产所适用的保险费率
contest 竞争;争夺;争议
contestable period 可争议期间 △ 保险契约自签订起一段时期内,保险人可因契约另一方违反告知义务而解除契约,这段时间为可争议期间
contest jurisdiction 对法院的管辖权提出异议
contest table clause 可争议条款 △ 保险合同中规定,保险欺诈或者实质上的谎报等因素,将使保单引起争议或者作废
contest the validity of an award 对仲裁裁决的有效性提出异议
continental house 欧洲交易所
continental system (簿记制度)大陆制
contingency 偶然性;意外事故
contingency account 意外准备金账户
contingency allocation 意外开支拨款
contingency allowance 意外事项补偿
contingency approach 随机应变法;权变法
contingency appropriation 应急经费
contingency authority 意外开支权
contingency authorization 意外开支许可;意外开支授权
contingency clause 偶发事故条款;意外条款 △ 同 contingency insurance clause, force majeure clause
contingency earmarking 意外开支指定款项
contingency freight 预期运费 △ 海运保险用语,在运费到付条件下,托运人对运费的可保利益
contingency fund 意外开支准备金
contingency insurance clause 或有保险条款
contingency interest 或有利益
contingency management 应急管理;权变管理
contingency plan 应变计划
contingency reserve 应急准备
contingent 意外的;或有的;偶然的
contingent annuitant 或有受益人;主要受益人死后的受益人 △见 beneficiary
contingent annuity 临时年金 △ 基于偶然事故所做的定期付款。例如,由于一个人的死亡而支付的年金
contingent asset 或有资产 △ 或有负债的对称。企业可望取得的财产或款项
contingent business interruption insurance 连带营业中断保险 △ 承保被保险人因与其相关的主要供应商或主要客户遭受保险事故损失导致本身营业中断

所带来损失的保险

contingent charge 或有费用 △ 一项支出的发生决定于某些业务的状况。如收益债券的利息须决定于企业的净利是否先于或是超过所商定的数额

contingent claim 未定债权

contingent commission 盈利手续费 △ 在再保险中,根据再保险双方的特别约定,取得的净利润达到某一程度时,提取其一定百分比追加分保佣金,由再保险人支付给原保险人

contingent cost 或有成本

contingent credit risk 意外信用危险

contingent damage 可能发生的损害;或有损失

contingent depreciation 或有折旧

contingent donated capital 或有捐赠资本

contingent duty 应变关税 △ 同类商品有适用于不同来源国的几种税率

contingent expense 或有费用

contingent fee 或有费用;意外费用

contingent fund 应急基金 △ 为应付偶发事件而提留的储备金

contingent import duty 应变进口关税

contingent interest 或有利息;不确定利息

contingent liability 1.连带责任 △ 当企业发生债务时,企业负责人中的每一人,不论出资多少,都负有责任,债权人有权向负责人中的一人追偿债务,这种相互关联的责任即为连带责任 2.或有负债;不确定的债务 △ 企业中可能承担的债务

contingent liability incurred by note 或有票据负债

contingent liability insurance 连带责任保险 △ 对连带责任提供保障的保险

contingent life insurance trust 附条件寿险信托 △ 附有信托条件的寿险。若保单受益人及次顺位受益人为夫妻,当他们早逝时,保单上指定的第三受益人依此信托条件解决原受益人的孤儿法律和经济方面的困难

contingent obligation 未定债务

contingent payee 次顺位保险金受益人

contingent payment 或有偿付款

contingent profit 或有利润 △ 未来不肯定发生的经济业务所实现的利润

contingent reserve 意外事项准备金;应急准备金

contingent security 或有证券

contingent transaction 或有交易;或有经济业务

contingent transit insurance 意外运输保险 △ 承保由于被保险人租用的运输工具损坏或损毁而使得被保险人无法获得其货物的损失

contingent vesting 或有受领权

continual redemption sinking fund 连续偿债基金

continuance in force 继续有效

continuation 继续;连续;持续

continuation clause 延迟条款 △ 海上保险条款之一。主要内容为保险期满时,如船舶仍未达目的港,被保险人可按比例续缴保费使保单延期

continuation day 展限日期;交割限期日

continuation rate 展期利率

continuation sheet 展期表

continuity 连续性

continuity clause 持续条款 △ 保证保险条款之一。主要内容为保险人对发生在前一保证保险期的损失,如在保险期届满前发现,仍予以保险赔偿

continuity concept 营业连续性概念

continuity principle 继续经营原则

continuous annuity 连续年金 △ 每年分期支付的年金若支付的次数趋于无限多时,这种年金称为连续年金

continuous audit 连续审计

continuous budgeting 连续编制预算

continuous compounding 连续复利 △ 复利期很短的复利

continuous cost system 连续成本制

continuous disability 持续残疾 △ 即永久残疾。大多数保险合同均规定,只有当被保险人永久残疾时,才能领取残疾

给付
continuous discount 连续贴现
continuous inventory 连续盘存
continuous method 连续法
continuous physical inventory 连续实地盘存
continuous premium 连续缴保费 △ 分期缴纳的保费,若每年的缴费次数无限增多时,则全年的保费称为连续缴保费
continuous-premium policy 持续支付保费保单 △ 特别规定在被保险人生存期间持续分期支付保险费的终身寿险保单
continuous survey 连续检验
continuous system of physical inventory 连续实地盘存制度
continuous variable 连续变量
contra account 1.对销账户;抵消账户 2.轧账方式 △ 在对外贸易中,如交易频繁,为简化手续,将运入对方货值及由对方运入货值,分别借贷对方账户,一年分两期或数期轧算(计息或不计息均可),用电汇、信汇或票汇方式结算
contra-asset account 资产抵消账户
contra credit 1.背对背信用证;反信用 2.贷方对销
contract (cont., contr.) 合同;契约
contract a loan 举债
contract authority 订合同权 △ 美国国会授予一个政府机构签订合同的权力
contract authorization 合同授权
contract bond 合约保证保险 △ 保证保险的一种。为承包商履行承包合同及按合同支付工资和工程材料款项提供保证的保险
contract certificate 立约凭证
contract clause 合同条款
contract date 契约履行期限
contract deposit paid 已付合同保证金
contracted foreign capital 协议外资;合同外资
contracted interest rate 合同规定的利率
contracted investment amount 协议投资金额
contracted managerial responsibility system 合同经营责任制
contract for future delivery 远期交货合同
contract form 合同格式
contract holder 合约持有人 △ 在保险业务活动中,合法拥有保险单的人,一般称为保单持有人
contracting party 承包人;合同当事人;缔约方;缔约国
contract in set form 附合契约 △ 由当事人中的一方拟定,他方只能同意,否则无法签订的契约
contract interest 约定利息
contract law 契约规定的法律;契约依循的法律;合同法
contract lien 按契约行使的留置权
contract life 合同有效期限
contract market 合同市场;期货市场
contract note 买卖股票通知;买卖账单
contract of adhesion 附合契约
contract of future delivery 远期交货合同
contract of indemnity 补偿性合同;补偿合同 △财产保险合同和责任保险合同。将遭受损失的保险标的恢复到受损前的状况,但被保险人不能因被保财产损失而获利
contract of insurance of persons 人身保险合约 △ 以人的寿命和身体为保险标的的保险合约
contract of life insurance 人寿保险合同 △ 以人的寿命为保险标的的保险合约
contract of property insurance 财产保险合约 △ 以财产及其有关利益为保险标的的保险合同
contract of utmost good faith 最大诚信合约 △ 诚信是指任何当事人对他方不得隐瞒欺诈,都须善意地、全面地履行自己的义务
contract operation 承包经营
contractor 1.订约人 2.承包人;承包商
contractors all risk insurance (CAR) 建筑工程一切险 △ 简称建工险(CAR),

工程保险的一种

contractors equipment floater 营造商流动设备保单 △ 承保营造商流动设备的保单。这些流动设备包括修筑建筑物、修路、建桥、筑坝、修渠、挖矿井等使用的修路机、蒸气铲、消防管、起重机等

contractors equipment insurance 营造商设备保险

contractor's liability insurance 营造商责任保险 △ 承保建筑工程营造商及其雇员在执行承建合同中给第三者造成人身伤亡或财产损失时应负的赔偿责任

contract policy 合约保单 △ 见 shipment policy。英国出口信用保证局(Export Credits Guarantee Department)出具的出口信用保单

contract price clause 合约价格条款 △ 火灾保险条款之一

contract rate of interest 约定利率

contract term 合同条款

contractual 合同的;合同规定的

contractual debt service 合约规定的债务偿付;还本付息

contractual dividend 契约规定股利

contractual fine 违约金

contractual guarantee 合同规定的担保

contractual interest rate 约定利率

contractual investment 合同性投资

contractual joint venture 合同合营企业

contractual liability 合同责任;合同规定的义务 △因签订合同而使合同一方承担的责任和义务

contractual loan 契约贷款

contractual obligation 合同规定的义务

contractual payment 合同规定的付款

contractual right 合同权利

contractual terms and conditions 合同条款 △ 合同条款包括订约双方达成协议的全部内容。买卖合同的条款通常包括"买卖条件"和"一般交易条款"两部分

contractual transfer 合同转让

contractual type investment trust 契约式投资信托

contractual value 契约上的价值

contract unit 合同单位

contractural investment amount 协议投资金额

contractus 契约;合同

contract wage 合同工资

contract works insurance 合同工程保险 △ 以一切险方式承保建筑工程财产损失与赔偿责任的保险

contra-debit 借方对销

contra-entry 对销分录 △ 用于抵消账户的另一方金额的分录

contra-liability account 负债抵消账户

contra-revenue account 收入抵消账户

contrast account 对比账户;对比科目

contra-valuation account 对销估价账户

contribute 1.捐赠;资助 2.缴款 3.摊付

contributed capital 缴入资本;实收资本 △股东向企业投入的现款或其他财产

contributed surplus 缴入盈余;实缴股本盈余

contribute-to-loss statute 自致损失法 △ 美国某些州将普通法修订后规定,保险公司可以拒赔被保险人违反保证或未履行告知义务引起的损失

contributing properties coverage 财产分摊保险

contribution 1.分摊;提供;分配 2.捐款;缴款 3.摊派(会费等)

contribution by participant 参与人交款

contribution carryover 醵出金超出结转法 △ 对退休制度中醵出金超出部分结转到下一年度的方法

contribution clause 分摊条款 △ (1)保险人与被保险人约定的对保险事故损失采取分摊方法的条款(2)对部分损失限制赔款额的条款

contribution formula 醵出公式 △ 计算雇主与雇员醵出金的时间与多少的公式

contribution in kind 实物捐献;实物参股

contribution margin 贡献毛益;创利额

△销售收入减去以变动成本计算的销售成本之后所剩可供抵偿固定成本并创造利润的数额
contribution margin in break-even analysis 够本分析中的贡献毛益
contribution margin income statement 贡献毛益收入表
contribution not carrying voting right 没有投票权的缴款
contribution per unit 单位贡献毛益 △单位售价减单位变动成本
contribution rate 贡献率
contribution ratio 贡献比率;利量比率
contributions 醵出金;捐出金 △在社会保障计划中,特别是在退休金计划中,由雇员和雇主或某两位当事人共同支付的款项,用此款项建立保障基金
contribution to investment 对投资的摊款
contribution value 分摊值
contributory 1.贡献者;捐助人 2.(企业倒闭时)负连带偿还责任的人 3.起作用的因素 4.分摊的;捐助的;起作用的
contributory negligence 互有疏忽;共有过失 △是一项确定受伤害者可能自负其伤害责任的法律原则
contributory pension plan 分担退休基金办法 △由业主和职工共同支付退休基金的办法
contributory plan 醵出计划 △社会保险中醵出金的安排计划
contributory value clause 分担价值条款 △在海上保险中(共同海损理算中),为了被保险人利益发生共同海损或救助行为时用以划分保险人与被保险人的责任和义务的条款
control 控制;管理;检查
control account 统驭账户;控制账户 △从属账户的对称,对所属账户起控制作用的账户
control documents 控制文件 △银行金融机构与代理机构之间相互持有用以开展业务的印鉴册(或活页)、密押表和费率表
control inflation 控制通货膨胀
controllability 控制能力 △根据现行法律对一个预算年度内的预算授权和预算支出的控制能力
controllable cost 可控制成本 △因管理水平等因素而影响其数额大小的成本,通常指直接成本
controllable expense 可控支出 △自由确定,不限制
controllable investment 可控投资
controlled account 被统驭账户;从属账户;受控制账户
controlled business 1.已控制业务 △保险代理人或保险经纪人凭借其个人特有的影响力(如通过家人)控制在手的业务,这一业务量与实际签单业务量不同 2.[~es]总控制下企业 △在“自营事业者退休计划”中,如果一个独立的自营事业自雇者所属的非独立企业有多家时,这些企业被视为独立自营事业自雇者总控下的企业
controlled company 受控公司 △一家公司的多数股票被另一家公司或个人所掌握
controlled currency 控制的通货
controlled exchange system 控制汇率制度
controlled float 控制的浮动 △资本主义国家采用浮动汇率时由中央银行在外汇市场上进行“干预”,使汇率浮动不超过政府所容许的限度
controller 1.主计员;审计员 2.总会计师
controller-general 主计长
controller of the currency 货币监理官(美)
controlling company 控股公司 △拥有或控制其他公司的公司。它可能是一家控股公司或母公司
controlling interest 控股权益
controlling interest 控制股权;有控制力的权益 △拥有一家公司的股份最多从而在选举、表决中占控制地位,能左右公司方针政策决定者

controlling ledger 统驭分类账
controlling shareholders 控股股东
controlling stockholders 控股股东
control measure 控制措施
control of cash payment 现金管理;现金使用控制
control of cost 成本控制;成本管理
control of distribution 分配管制
control of expenditure 支出的控制
control of expense 费用控制;费用管理
control of inventory 存货控制;存货管理
control of investment 投资的控制
control of line 支配权限 △ 在保险中,保单所有人授给代理人或经纪人在他们认为适宜的情况下处置保单的权限
control of price 价格管制
control of provision 管理条款 △ 一些寿险保单中(特别是子女保险)的条款,规定在一定期限或不定期限由被保险人之外的人管理保单
control of quality 质量控制;质量管理
control of wage fund 工资基金管理
control of foreign trade 对外贸易管制
control on non-trade transaction 对非贸易交易管制
control on settlement 结算管制
control-oriented 侧重于管理的;侧重于控制的;控制型的
control phase of budget 预算的控制阶段
control premium factor 控制价因素
control procedure 控制程序
control state 管理状态
control total 控制总额
convention 1.公约;专约 2.惯例;常规 △未经正式立法规定而为人们习惯使用的方法和程序,如在会计上以左方为借方,右方为贷方 3.报表 △ 年度财务报表 4.监查 △ 保险监管人员对保险公司的监查 5.绩优业务员会议 △ 达到一定业务标准的绩优业务员召开的会议
conventional 1.协定的;约定的 2.常规的 3.传统的;惯例的;沿用的
conventional accounting 传统会计;惯例会计 △不以电子计算机为基础的会计,依靠人工记账,并以账簿记录会计数据
conventional collateral for loan 沿用贷款抵押品
conventional cost accounting 传统成本会计
conventional costing 传统成本计算
conventional depreciation 习惯折旧
conventional form 决算表;惯例式
conventional loan 普通贷款
conventional rate 通常利率
convention blank 年度决算报告书格式 △ 保险公司每年均须向保险监督机构呈报年度决算报告书。此表须按保险监管机构所制定的统一格式缮制
convention examination 年度审计 △ 在美国,每三年要对保险公司的年度决算报告书进行审计,审计的内容包括:(1)公司的全部金融行为 (2)公司的理赔情况 (3)与普通保单持有人的关系
Convention for the Settlement of Certain Conflicts of Laws in Connection with Bills of Exchange and Promissory Note (Geneva, 1931) 关于解决有关汇票、本票若干法律冲突的公约(日内瓦,1931年)
Convention on a Uniform Law for Bills of Exchange and Promissory Notes 汇票及期票统一法公约
Convention on a Uniform Law for Cheques 支票统一法公约
Convention on Limitation of Liability for Maritime Claims 海损赔偿责任限制公约 △ 1976年11月19日联合国政府间海事协商组织制定的公约
Convention on the Stamp Laws in Connection with Bills of Exchange and Promissory Notes (Geneva, 1930) 关于汇票、本票印花税法的公约(日内瓦,1930年)
Convention on the Stamp Laws in Connec-

tion with Cheques (Geneva, 1931) 关于支票印花税法的公约(日内瓦,1931年)

Convention Providing a Uniform Law for Bills of Exchange and Promissory Notes (Geneva, 1930) 关于制定统一汇票、本票的公约(日内瓦,1930年)

convention values 评定价值 △ 权威证券机构每年均公布有价证券价格,用以评定保险公司持有的有价证券的资产价值

convergent 整合;集约化

convergent management 集约化管理

conversion 1.折合 △ 企图恶意留置或处理他人财产等对他人财产的侵权行为 2.兑换;转换 △ 在团体寿险和团体健康保险中,允许持有参加团体险证明者在特殊情况下将其团体保险转换成个人保险 3.换算

conversion account 转换账

conversion at par 平价兑换

conversion at the current price 按现价兑换

conversion at the market price 按市价换算

conversion cost 加工成本;转换成本 △ 生产产品的直接人工成本加工厂间接费用,即将原材料转化为完工产品的成本

conversion factor 兑换率;换算因素

conversion factor in compound interest calculation 复利计算中的换算因素

conversion loan 转换贷款

conversion of a loan 贷款调换;贷款折算

conversion of bond 债券的调换

conversion of debt 债务调换;债务折算

conversion of foreign currency 外币折算

conversion option 兑换选择权

conversion parity 对换平价

conversion period 复利计算期

conversion price 兑换价格 △ 在同一公司内将可兑换债券兑换成股票所使用的价格,这种兑换价格通常在发行债券时即已予规定

conversion privilege 折换特权

conversion privilege on preferred stock 优先股的折换特权

conversion rate 换算率;汇价

conversion stock 转换股份

conversion with the coefficient 按折算率换算

convertibility 可兑换性 △ 一国货币具有可以兑换成其他国家货币或黄金的性质

convertibility crisis 兑换危机

convertibility of foreign currency 外币兑换

convertibility system 兑换制度

convertible 可兑换的;可兑现的

convertible account 可兑换账户

convertible bank note 可兑换纸币

convertible bond 可兑现的债券 △ 可兑换为一定股份股本的债券,公司为吸引游资,通常规定允许债券兑换为普通股,使投资人在公司利润增加时,可以获得兑换权利的好处

convertible collision 可转换碰撞 △ 允许汽车保险保单持有人在投保时只支付正常保费的一部分。因碰撞发生索赔时,他必须支付未缴纳的其余部分。这类保险不鼓励小额索赔

convertible currency 可自由兑换货币

convertible-currency country 自由兑换货币的国家

convertible debenture 可兑换公司债券 △ 公司债券可以由持有人选择在一定日期兑换成公司的普通股(有时也可以换成优先股)

convertible debt 可换债务

convertible foreign exchange 现汇 △ 出口商通过现汇贸易从进口商收进的外汇叫做现汇。现汇可以自由转移、调拨、兑换及使用

convertible insurance 可换约保险 △ 个人定期保险单或团体定期保险契约上的条款通常订明,保户在保单所载的改换期限内,有权要求将原有的保险改换

为新的长期保险，而不需提出可保性证明

convertible loan 可兑换贷款

convertible loan stock 可兑换的债券 △同 convertible debenture

convertible note 可兑换纸币

convertible paper currency 可兑换纸币

convertible preferred stock 可兑换优先股 △股份持有人可按照发行条例规定，将优先股转换为普通股或公司债券

convertible security 可兑换证券 △其持有人可向证券发行人兑换另一种证券

convertible term insurance 可换约定期保险 △见 convertible insurance

convertible term life insurance 可转换定期寿险 △临时的人寿保险，可以由被保险人选择转换为永久的人寿保险

co-obliger 共同债务人

cook an account 篡改账目；造假账

cooper 整修工

cooperage 整修费

cooperative 合作的；合作社

cooperative agreement 合作协定

cooperative bank 合作银行

cooperative insurance 合作保险 △泛指相互协助的保险，诸如友爱合作保险，或以受雇者组成的工会为对象而设置的保险

cooperative insurance society 合作保险 △非盈利性的依协议互助保险的方式

cooperative insurer 合作保险人 △建立在非盈利性基础上只对其成员进行互助的相互保险组织

cooperator 合作者

coopering 整修 △货物在码头装船前和卸船后，对外包装破损的货物所做的应急修理

co-owner 共同所有人；合伙业主

co-ownership 共同所有权

co-partner 合伙人

co-partnership 合伙

copy 1.副本；抄件；摹本；复制器 2.一份；一本

copy in duplicate 复写两份；一式两份

copy of bill of lading 提单副本

copy of draft 汇票副本

core customer 核心客户

core deposit 核心存款 △大的支柱性客户存款

core deposit account 核心存款户

core deposit base 核心存款基础

corner 股票囤积 △对证券市场上销售的某种公司股票的实际垄断

corporate 1.社团的；法人的 2.共同的；全体的 3.(大)公司

corporate accounting principle 企业会计原则

corporate action 公司股东决策 △公司股东或董事会所制定的政策决策，通常包括改组公司、任命人员、改变生产线或出售大宗设备等

corporate alternative minimum tax 选择性最低公司税；选择性最低法人税

corporate asset 公司资产

corporate body 法人团体

corporate bond 公司债券；企业债券 △公司为了投资的长期目标而发行的债券。债券持有人只能定期从股份公司得到预先规定的利息，并可按期收回本金，但无权参与公司经营业务

corporate business 1.法人企业 2.对公业务

corporate bylaws 公司组织细则；公司章程

corporate capital 公司资本

corporate debenture 公司债券

corporate deposit 企业存款

corporate entity 法人实体

corporate environment performance 企业环境绩效

corporate financial performance 企业财务绩效

corporate health plan 企业健康保险计划

corporate juridical person 法人

corporate profit 公司利润

corporate reorganization 公司改组

corporate seal 公司印章 △用于法律文件，如租约等的公司注册标记

corporate stock 公司股票
corporate surplus 公司盈余
corporation (corp., corpn., Cpr.) 公司;法人 △由政府当局批准、根据章程从事经营的合法组织
corporation attorney 公司法律顾问
corporation attorney lawyer 公司法律顾问
corporation bond 公司债券
corporation bylaws 公司组织细则;公司章程
corporation charter 公司章程
corporation "insider" 公司知情者
corporation note 公司期票
corporation paper 公司票据;公司债券
corporation profit 公司利润
corporation property 有形财产
corporation tax 法人税 △ 法人从事营业项目依法应纳的税赋
corporatization 股份制
corporeal capital 有形资本;物质资本
corporeal movable 有形动产
corpus 基金的本金 △ 区别于利息
corpus separatum 单独实体
correction 修改;校正
correction of age clause 年龄更正条款 △ 寿险合同条款之一。如被保险人年龄有误,保险人应根据正确年龄,并依所缴保费调整其给付金额
correction voucher 更正记账凭证;更正凭单
correspondence of account 账户的对应关系
correspondent 1.外地客户 2.外地代理商行;代理银行
correspondent arrangement 代理行协议
correspondent bank 代理行
correspondent relation 代理银行之间的业务关系
correspondent's bank 代理银行;同业银行;往来银行
correspondent tracer 代理银行查询书
corresponding account 对应账户(科目)
corresponding bank 业务联系银行
corresponding percentage 相应的百分比
corridor 保额与现金值的法定差额 △在万能寿险中,保额与保单现金值之间必须维持一定的差额作为纯保险,以符合人寿保险在所得税上获得优惠的条件。这个纯保险的部分,称为保额与保单现金值的法定差额
corridor deductible 1.基本健康险给付免赔额 △ 超过基本健康保险给付的上限,由高额医疗费用保险负担的部分 2.层式自负额 △在非寿险中指在超额保险中当保险损失超过优先保险的赔偿限额时,被保险人承担超过部分的损失额
cosignatory 共同签字人
cost 1.成本;费用 △取得商品或劳务的支出,也用以指取得商品或劳务的价值,当商品或劳务耗用以后,成本就成为费用 2.[~s]诉讼费
cost account 成本账户 △ 用于记录和分配成本的账户
cost accountant 成本会计员
cost accounting 成本会计;成本核算
cost accounting by element 要素成本会计;类别成本会计
cost accounting cycle 成本会计循环
cost accumulation method 成本累积法
cost addition 成本加项
cost adjustment 成本调整
cost allocation 成本分配 △ 从初级账户中将产品成本向二级账户分配,其目的是为了计算出产品成本
cost analysis 成本分析
cost and benefit 成本与利得
cost-and-benefit sharing 成本利得分摊
cost-and-efficiency-driven 以成本效益为导向
cost and freight (CAF., c.a.f., C.&.F., c.&f., C.F., c.f.) 成本加运费价格
cost and insurance (C.&I., c.&i., C.I., c.i.) 成本加保险费价格
cost applied account 实支费用账

cost apportionment 成本分摊
cost approach 成本(计算)法
cost audit 成本审计
cost based budgeting 以费用为基础的预算方法 △ 即在费用发生时记入预算，而不问何时承担的这种开支责任
cost based pricing 成本基础定价法
cost basis of accounting 成本基准制；按成本进账制 △记录和报告支出所使用的计价方法。其所依据的假定是认为成本和折余成本是经济计量活动的有效和切实可行的计量方法
cost behaviour 成本变动形态
cost behaviour analysis 成本活动分析
cost-benefit 本利的；本利分析的
cost benefit analysis (CBA) 成本利得分析 △ 对一项投资项目的几种可选择方案进行评价的一种技术，以比较其预期成本和利得，并选择最佳方案
cost-benefit-driven 以成本效益为导向
cost benefit evaluation 成本利得评价
cost benefit ratio 成本利得比率
cost-book 成本账
cost budget in diagram 成本预算图表 △ 图表式成本预算
cost calculation 成本计算
cost card 成本卡片
cost centre 成本项目
cost centre rate method 成本项目率法
cost chart 成本图表
cost classification 成本分类
cost coefficient 成本系数
cost component 成本组成部分
cost consciousness 成本意识 △ 注意维持成本，使不超出限额，或努力使成本减到最低限度
cost contract 成本合约 △ 医院护理部门与财务部门就以合理的成本为投保人提供医疗服务而达成的协议
cost control 成本控制 △ 在经营活动中使用各项管理手段，借以用最低的成本，达到数量、质量和时间的预算目标
cost data 成本数据
cost differential 成本差额
cost distribution 成本摊分；成本分配
cost down 降低成本
cost effective 具有成本效率；节省成本的
cost effectiveness 成本效率 △ 以工作、计划等的成本及预期收益的对比计算出的效率
cost effectiveness ratio 成本效果比
cost efficiency 成本效率 △ 根据成本和预期利润比率定出业务或制度的效率
cost element 费用因素；成本要素
cost escalation insurance 成本变动保险 △ 出口保险的一种。承保出口商因通货膨胀导致成本增加而遭受的损失
cost estimate 费用概算；成本估算
cost factor 费用因素；成本因素
cost finding 1.成本计算；成本摊配 △ 归集直接成本并按比例分摊间接成本，以计算出产品成本 2.摊配成本计算法
cost flow 成本流转 △ 成本在企业单位内经过各种不同阶段。如原材料成本的流动，从采购、库存、生产、销售直到收回货款
cost flow assumption 成本流转假设
cost flow diagram 成本流径图
cost fluctuation 成本变动
cost formula 成本公式
cost formula pricing 成本基础定价法
cost free 免费
cost, freight and commission (c.f.& c.) 成本、运费加佣金价格
cost, freight and insurance (c.f.& i.) 成本、运费加保险费价格
cost incurred 实付费用
cost index number 成本指数
cost-ineffective 费用高收效低
costing 成本会计；成本核算 △决定生产成本和销售成本的过程
costing basis 成本计算基础

costing point 成本计算点
cost, insurance and freight (**C.I.& F., c.i.& f., CIF, C.I.F., c.i.f.**) 成本、保险费加运费价格
cost, insurance, freight & commission (**C.I.F.& C., c.i.f.& c.**) 成本、保险费、运费加佣金价格
cost, insurance, freight & exchange (**C.I.F & E., c.i.f.& e.**) 成本、保险费、运费加汇差价格
cost, insurance, freight, commission and interest (**C.I.F.C.& I.**) 成本、运费、保险费、佣金、利息价格
cost, insurance paid (**CIP**) 运保费已付价格
cost keeping 成本核算
cost ledger 成本总账;成本分类账
cost method 成本估价法
cost minimization 成本降至最低限度
cost of borrowing 借款费用
cost of capital 资本费用
cost of common service 一般事务费
cost of credit 信贷费用
cost of delay 延误费用
cost of equipment installation 设备安装费
cost of foreign borrowing 外国借款费用
cost of fund 基金费用
cost of intangible 无形资产的成本
cost of investment 投资费用
cost of labour 人工成本
cost of loading and unloading 装卸费
cost of loss 损失成本 △ 保险人根据过去已知的损失率预测未来一定时期内保险标的的损失价值
cost of maintenance 维修费;维护费;保养费
cost of management 管理费
cost of money 利息
cost of operation 经营成本;业务费
cost of possession 占用成本 △ 占用厂房、设备、存货的成本
cost of price 成本价格
cost of protection 保障成本
cost of remitting specie 运送硬币费用
cost of replacement 重置成本;更新成本 △资产更新所需成本
cost of replacement capital 资本重置费用;资本更新费用
cost of risk 风险成本 △ 与风险管理相关联的全部成本
cost of sales 销售成本
cost of service 劳务费
cost of transfer 转让费用
cost of utilization 耗用成本;耗用折旧
cost or historical cost principle 成本或历史成本原则
cost-oriented pricing 根据成本定价
cost-or-less principle 成本或较低原则
cost or market 成本或市价
cost or market whichever is lower 成本与市价孰低 △ 一种存货计价方法,即对结存的每种商品、产品、材料等,在其成本低于市价时,按成本计算,高于市价时,按市价计算
cost outlay item 成本支出项目
cost overrun 超额费用
cost period 成本计算期
cost per unit 单位成本
cost-plus 成本加费用;成本加利润 △ 商品交易中规定售价的一种方法,即在实际成本之外另加一定的金额
cost plus price 成本加费用价格
cost-plus pricing 成本加费用计价法
cost price 成本价
cost price differential 成本与价格差额
cost principle 成本原则
cost-profit diagram 成本—利润图
cost-profit ratio 成本利润率
cost rate 成本率 △ 间接费用率
cost rate per unit 单位成本率
cost ratio 成本比率
cost recovery method 成本补偿法
cost-revenue analysis 成本收入分析
cost-saving approach 成本节约法
cost saving from intangible assets 无形资产成本节约法
cost sharing 费用分摊

cost statement 成本计算表
cost statement analysis 成本计算表分析
cost structure 成本结构
cost system 成本制度;成本账户系统
cost transfer 成本转账;成本转移
cost unit 成本单位
cost unit price 成本单价
cost value 成本价值
cost variance 成本差异
cost variation 成本差异
cost-volume-profit analysis 成本—数量—利润分析;本量利分析
cost-volume-profit relationship 成本—数量—利润的关系;本量利关系
co-surety 共同保证人 △ 共同承保某项保证保险的保险人
cotton floater 棉花流动保险 △ 承保棉花商在收购棉花后至售出棉花前棉花遭受意外损失的保险
cotton insurance 棉花保险 △ 该险承保棉花从存储至轧棉厂到交至买主期间遭受的损失。该险可在特别风险基础上或在一切险基础上承保
count 1.计算;计数 2.共计
count-down 倒数;递减计数
counter 1.计算者;计算器 2.柜台 3.筹码 4.反对;相反 5.抵消
counter bond 反担保
counter check 银行取款单
counter-counter offer 反还盘
counter credit 抵押信用证;对开信用证
counter execution 互相履行债务
counter guarantee 反担保 △ 即向保证人提供的担保,保证其在因提供担保而可能遭受损失时,对其进行赔偿
counter inflation 反通货膨胀
counter letter of credit 对开信用证;抵押信用证
counter letter of undertaking 反担保
counterman 营业员 △ 在保险营业厅为保险经纪人和投保人提供服务的保险职员
counter manager designation system 柜台经理派驻制 △ 柜台经理不在本部门产生而由上级委派
countermand 1.取消;撤回(命令、订单等) 2.逆命令
countermand of a cheque 撤回支票
countermand of payment 撤销支付命令
countermeasure 反措施;对策
counter-offer 还盘;还价 △买方
counterpart 1.副本;复本 2.对应部分 3.对方
counterpart entries 对应账目
counterpart expenditure 对应支出
counterpart fund 对应基金 △ 接受美援国家以本国货币设立与美援等值的基金,经美国官方同意才能动用
counterpart funding 配套资金
counter purchase 互购贸易
counter selection 逆选择
counter share 非上市股票;私下交易股票;店头交易股票
countersign 副签、会签 △同 countersignature
countersignature 副署;连署;签名;会签 △被授权的代理人在保单上的签名
countersignature law 连署法 △ 是美国的一项州法律,规定保险公司出具的保单必须有该公司授权的代理人签名
countersign bill of lading 副署提单
counter trade 对销贸易
countervailing credit 背对背信用证
count in 计入
counting-house 会计室;存账室
counting-room 会计室;存账室
count over 重计
country damage 产地损失 △ 包装或袋装的货物在装船前已发生的损失
country of currency issue 货币发行国
country of departure 启运国
country of destination 目的地国;投资对象国
country of dispatch 发货国
country of incorporation 注册地
country of origin (货物)原产国;原籍国;起源国
country of origin identification regulation

原产国证明条例

country of origin mark 原产国标志

country of payment 付款国

country of registration （船舶）注册国；船籍国

country of shipment 启运国

country paper 国别报告

country risk 国家风险；国别风险

count up 总计

coupon 1.（公债、债券等的）息票 △ 附印于公债券、公司债票等上面的利息票券，凭以支取利息 2.联券票 3.配给票

coupon bond 附息票债券 △ 即不记名债券，还本付息时以债券及其息票为凭

coupon insurance 票券保险 △ 一种承保方式，即以票券代替保单

coupon of bond 债券息票

coupon payable 应付（债券）息票

coupon policy 票券保单 △ 保单附有分红券，如同债券上附有息票一样，故又称分红保单

coupon rate 息票利率 △ 一张债券的年度息票金额除以票面价值

coupon register 息票登记簿

coupon sheet 息票单

court bond 司法保证 △ 保险保证的一种，经营法律程序的保证。这种保证可分为诉讼保证和受托保证

court decision 法院裁决书

courtesy interest 优遇利益 △ 丈夫在妻子死亡后对其财产享有权利。丈夫对其妻子的财产有可保利益，可以投保财产和意外保险

covariance 协方差 △ 两个变量平均值的一阶积矩

covariance analysis 协方差分析

co-variation 共同变化 △ 统计用词

cover 1.头寸；弥补（损失）；保险；保障 △ 是提供保险保障的一种行为；或在一保险合同中所提供的保障内容 2.补进；补空；补仓；冲销 △ 在商品或证券交易所，以买进期货或证券冲抵原先卖出的期货或证券称补进，卖出原先买进的期货或证券叫“冲销”，也叫“多头清理” 3.抛补 △ 经营国际汇兑的银行将已预售的外汇向同业补进，将已预购的外汇向他行抛出

coverage of hazard 灾害保险

coverage part 保单特有部分 △ 是保险单上用来表明该保险所提供的特别保障。它和保险的通用规定共同构成一张完整的保险单

covered person property insurance 个人财产保险 △ 承保被保险人全家常用的财物在任何地点遭受的一切损失的保险

covering letter 1.详函；面函 △ 出口商的银行在议付货运单据后寄往开证行时，附在前面说明附寄单据情况的便函 2.伴书 △ 出票人开出汇票后，另以伴书通知付款人，说明根据信用证号码开出汇票金额、装船日期、保险情况等

covering note 认保单；暂保单；承保条 △ 经纪人出给投保人办妥保险的凭证。保险人对经纪人的承保条款在法律上不负责任。但如因经纪人的疏忽而使被保险人受到损失，被保险人可以作为向经纪人索赔的依据

covering price 全部价格

covering remittance 补进汇款

covering warrant 收款书；缴款书

cover insurance 投保；保险

cover note 暂保单；承保通知书 △ 指保险人签发的临时保险凭证，是由保险人在正式保险单签发前发给被保险人的一种证明保险的契约，具有与保险单同等效力

cover short 补进卖空的股数

cover the deficit 弥补亏空；弥补赤字

cover the expense 支付费用

cover the position 补进；轧平头寸

crash coverage 飞机坠毁保险 △ 承保飞机坠落所致的机体损失的保险

crassa negligentia 疏忽；重大过失

crawling peg 蠕动钉住；小幅度调整的钉住汇率 △ 对钉住的汇率，根据需要按时作微小的调整。这种蠕动的钉住汇率也叫“滑动平价”

crawling peg exchange rate 蠕动钉住汇率
creation of bank deposit 银行存款创造 △ 使发生银行存款的行为
creation of resources 资源的创造
creativity 创造力
credential 1.凭证;凭据 2.[~s]全权证书;国书 3.身份证明
credibility 信用;可靠性;可信度 △ 在保险中指被保险人风险损失的可信程度。支持可信度的依据是对过去损失统计的掌握程度
credit (Cr., cred.) 1.贷记;贷项;贷方 △ 在复式簿记中,右边叫贷方,左边叫借方(debit) 2.信贷;贷款 3.信用;信用证 4.免抵退扣 △ 税款免抵退扣
creditability 资信
creditability report 资信报告 △ 同 credit standing report
credit account (客户)赊购账
credit advice (C.A., c.a.) (会计)贷记报单;入账通知
credit against pledge of chattel 动产抵押信用
credit agency 征信所;商业信用调查机构 △(美国)从事搜集并分析个人、商店及公司的信用情况并编列资料以供参考的机构
credit agent 信用代理人 △ 在保险中指被保险人风险损失的可信程度。支持可信度的依据是对过去损失统计的掌握程度
credit agreement 信贷协定
credit amount 赊账金额;信用保证金额;信用证金额
credit analysis 信用分析
credit and loan 信贷
credit and money crisis 货币信用危机
credit application 信用证申请书
credit-application form 信用贷款申请单
credit approval 信贷审批
credit arbitrage 信用套利
credit a sum to someone's account 贷记某人账
credit austerity 信贷紧缩 △ 同 credit squeeze
credit available by negotiation of draft 以议付汇票方式使用的信用证
credit available with XX Bank 指定银行;信用证办理银行
credit balance 贷方余额;贷差
credit balance on client's account 客户存款
credit bank 信贷银行
credit based on personal property 动产信用
credit based on real property 不动产信用
credit beneficiary 信用证受益人
credit bill 信用汇票
credit bureau 征信所 △ 同 credit agency
credit business 信贷业务;赊售;信用买卖
credit buying 赊购
credit capital 信贷资本
credit card 信用卡 △ 近年来流行的一种消费信贷形式。持卡人可在当地或外地凭卡在承认信用卡的商店、旅馆、饭店购买商品或劳务。信用卡通常每月结算一次
credit card forgery insurance 信用卡伪造保险 △ 承保由于信用卡被伪造而致损失的险种
credit card insurance 信用卡保险 △ 户主保险单下的一项险种,承保信用卡因欺诈行为(包括盗窃和非法使用)给持卡人带来的风险
credit ceiling 信贷最高限额
credit column 贷方栏
credit commitment 信贷承诺
credit contraction 信用紧缩
credit control 信贷控制;信用管制 △为逃避通货膨胀的压力或为促进经济的活动而对新投入经济中的信贷流量所作的调节
credit corporation 信贷公司
credit creation 信用创造
credit crisis 信用危机 △ 即信用恐慌

credit crunch 信用崩溃;信用恐慌
credit currency 信用通货
credit default swap (CDS) 信用违约掉期
credit department 征信部门;信贷业务部门
credit document 信用证券;信用单;信用证
credit due for repayment 到期应偿付的信贷
credit economy 信用经济
credit entry 贷方账户;贷方分录
credit evaluation 资信评估
credit expansion 1.信贷膨胀;信贷扩张 2.信用证展期;信用证期限延长
credit facility 信贷便利;授信;信用融通
credit flow 信贷流量
credit for dividend 股息信贷
credit for export on a consignment basis 寄售出口信贷
credit form 信用证格式
credit granted by supplier 卖方信贷;供应人信贷
credit guarantee 信贷保证
credit health insurance 信用健康保险 △ 债权人以债务人的生命作为保险标的投保,当债务人丧失劳动能力时,保险人支付其债权人债务的余额
credit in business 信用来往;商业信誉;商业信贷
credit inflation 信用膨胀 △ 信贷活动大大超过生产发展的需要,或者银行放款大大超过存款总额
credit in foreign exchange 外汇信贷
credit information 资信调查
credit information bureau 征信所
credit information service 征信所
credit in kind 实物信贷
credit inquiry 商业信用调查
credit institution 信贷机构
credit instrument 信用票据;信贷工具
credit insurance 信用保险 △ 当债权因债务人不能偿付或拒绝偿付债务而遭受损失时由保险人赔偿的一种保险。通常有出口信用保险、抵押信用保险等
credit interest 存息 △ 存款利息,与"透支利息"相对
credit investigation 资信调查
credit item 贷方项目 △ 在一个账户的贷方所记录的有关业务
credit limit 扣除限额;信贷限额;信用额度
credit line 信用额度;信贷限额 △分为两种:(1)工商业者向银行申请贷款,银行根据其具体情况给予一定的授信限额,以便贷款人可在一定限额之内向银行借款或开立进口信用证 (2)银行向国外同业银行取得的授信额度。在此限度内,银行可以随时向国外同业取得活期透支,请求确认信用证或承兑远期信用证项下汇票
credit-linked note (CLN) 信用关联票据
credit loan 信用贷款;信用借款 △凭信用的借款
credit loss 信用损失 △ 在应收账款的账户中已经或预期成为呆账的金额
credit man 信用调查员;信贷员
credit management 信贷管理
credit market 信贷市场
credit memo (C/M) 贷记(项)凭单 △ 根据国际贸易惯例,一切欠人的账项,应开列清单寄交对方,通知该项欠款已贷入其账户。同 credit note
credit memorandum 贷项通知单
credit migration 信贷转手
credit money 信用货币;通货
credit note (C.N., C/N) 1.贷记报单;贷记通知 2.信用票据
credit number 信用证号码
credit on security 证券担保贷款
credit operation 信贷业务
creditor 债权人
creditor bank 债权银行
creditor beneficiary 债权受益人
creditor life insurance 信用人寿保险
creditor of bankruptcy 破产债权人
creditor rights in life insurance 债权人寿险 △ 人寿保险的给付通常不能用

于偿还被保险人或受益人所欠的债权人的债务

creditor's equity 1.行使扣押权的债权人;债主权益 2.债权人产权 △ 公司外人员的产权,不包括股东的产权

creditors group life insurance 债务人团体人寿保险 △ 以债权人为要保人,债务人为被保险人,负债余额为保险金额的特殊的团体定期保险

credit package 一揽子贷款

credit paper 信用证券;信用票据

credit period 贷款期间

credit policy 1.信用保险单 △ 承保被保险人售出货物后买方无法付款的风险的保单 2.信用政策

credit position 资信情况

credit price 赊账价格

credit purchasing 赊购

credit rate 信用证汇兑率;信贷利率

credit rating on ... 资信评级;信用评级 △分为 AAA(three-A)、BBB(three-B)、AA-(double-A-minus)、AA+(double-A-plus)、A+(single-A-plus)、A-(single-A-minus)、A-2、Baa-2...

credit rationing 信贷配给

credit receiver 信贷接受人

credit record 资信记录

credit reference 信用备询人

credit relation 信贷关系

credit repayment 偿还贷款

credit report 1.信用调查报告书 △ 是一份关于申请投保者的信用水平、习惯及其他一些可能影响保险人决定是否为其提供保险的情况的调查报告 2.资信报告△银行代客户调查其拟进行业务往来的外国公司资信后出具的报告,通常用面函方式邮寄,报告上面不留任何有关报告人的痕迹

credit reserve 信用储备

credit restriction 信贷限制

credit risk 信用崩溃;资信风险;信用风险;信贷风险 △信贷不可能收回的可能性

credit risk rating of customers 客户信用风险评级

credit risk relief 信贷风险的保险;信贷风险的解除

credit sale 赊销 △ 在交付商品或提供劳务时不支付现款而允许在以后付款

credit sale invoice 赊销发票

credit side 贷方 △ 账户的贷方、支付项

credit slip 贷方传票

credit spread option (CSO) 信用差价期权

credit squeeze 信贷紧缩;银根紧缩 △ 同 credit austerity

credit standing 信誉;资信;信贷价值;借贷信用

credit standing and respectability 商业信誉;资信

credit standing report 资信报告 △ 同 creditability report

credit status 资信状况

credit system 信用制度;赊购或赊销制度

credit term 赊账条件;信用证条件;信贷条件

credit transaction 信贷交易;信用交易

credit transfer 信用转账;信用转让

credit volume 信贷额

credit voucher 贷方凭单;贷记传票

credit watch with negative implications 负面隐含信用观察

credit with T/T reimbursement clause 附有电报索汇条款的信用证

credit worthiness 信誉;资信;信贷价值;借贷信用

crime insurance 犯罪保险 △ 承保盗窃、抢劫等风险的保险

criminal liability 犯罪责任 △ 因犯罪而产生的责任。财产和意外保险对于被保险人的犯罪行为不予承保

crisis of confidence 信任危机

criteria for evaluation 评定标准

criticism 修正书 △ 保险费率监管部门向所管辖的某一保险公司发出的要求其按规定调整费率的通知函

Cromie Rule 克罗米法则 △ 美国火灾

保险分摊的法则
crony capitalism 裙带资本主义
crop hail insurance 农作物冰雹保险 △ 承保农作物因冰雹、雷击、风灾、火灾及其他保单约定的自然灾害所致的损失的保险
Crop Hail Insurance Actuarial Association (CHIAA) 农作物冰雹保险精算协会
crop insurance 农作物保险 △ 承保农作物遭遇自然灾害而致的损失的险种
cross check 相互核对
cross classification 交叉分类
cross debt 相互抵消的债务
cross drawing 交互开立(抵用票据)
crossed check 划线支票 △ 这种支票只能存入银行账户,由银行转账,不能直接支取现金
crossed cheque 划线支票 △ 只能由银行转账,不可兑取现金
crossed off 注销;划掉
crossed out 注销;划掉
cross entry 对销记录
cross exchange 交叉汇兑;套汇 △通过第三国的货币汇兑
cross-industry operation 跨行业经营
crossing (支票上)划线
cross liability 交叉责任;相互债务 △在同一张责任保险单下的两个被保险人,其中一人对另一人造成损害引起的责任称为交叉责任
cross liability insurance 交叉负债保险 △ 保证保险的一种。承保财团内一个或多个股东倒闭导致财团因违约而致索赔的风险
cross rate of exchange 套算汇率;交叉汇率 △通过两国货币各自对第三国货币的汇率,计算出这两国货币之间的汇率
culpable negligence 重大过失
cultural fit 文化素质
cum bonus 附有红利
cum call 催缴款项通知单
cum commission 连同佣金;附有佣金
cum coupon 附有息票;附息股票
cum dividend 附有股利 △ 所销售的股票价格中包括下期的股利,即已宣告但尚未支付的股利
cumulating liquidity 累计清偿力
cumulative 累积的;累计的;可积累使用
cumulative annual rate of growth 年累积增长率
cumulative bonus 累积红利
cumulative credit 递加信用证;累积(循环)信用证
cumulative debt 累积债务
cumulative liability 累积责任 △ (1)在再保险中指分入人对于一种单一危险承担的全部责任限额 (2)在责任保险中指保险人对于一种单一危险承担的全部责任限额
cumulative method 累计法;累积法
cumulative preference share 累积优先股
cumulative preference stock 累积优先股
cumulative redeemable first preferred share 累计可赎回优先股
cumulative revolving credit 积累循环信用证
cumulative sinking fund 累积偿债基金
cumulative stock 累积股本
cumulative translation adjustment 累积货币换算调整
cumulative trauma 累积创伤 △ 身体、心理伤害之后的持续的精神创伤
cumulative trend method 累积趋势法 △ 用以计算保险损失的发展趋势的统计方法
cumulative voting 累积投票权 △ 少数股权股东选举董事会成员的一种投票制度,可使少数股权股东在管理中有较大发言权
curb inflation 控制通货膨胀
curious insurance policy 古玩保险 △ 承保古玩商因意外事故所致古玩损失的保险
currency (C.Y., c.y.) 1.通货;货币 △ 一国货币供应量中有形的正在流通的

那一部分,由银行钞票、政府纸币以及铸币构成。通货一词有时仅指纸币而言 2.通用;流通;传播

currency appreciation 货币升值

currency arbitrage 套汇

currency deflation 通货紧缩

currency denomination 货币单位 △ 名称、面额

currency deposit 活期存款

currency depreciation 货币贬值

currency devaluation 货币贬值;通货贬值 △一国政府正式宣布减少本国货币单位的含金量,或降低对其他国家货币的官定比价

currency exchange 汇兑;货币兑换

currency exchange loss or gain 货币兑换损益(账户)

currency hedge 货币套期保值

currency of payment 支付货币

currency of settlement 结算货币

currency school 通货学派 △ 与"银行学派"相对

currency swap 货币掉期

currency system 币制

currency unit 货币单位

currency weakness 货币疲软

current (cur., curr., curt.) 1.通用的;现行的 2.趋势;倾向 3.活期的

current account (curr. acct.) 1.经常项目;经常账户 △国际收支差额表中一个主要分类的名称,包括商品、进出口和劳务项目的收支 2.活期存款账户 3.往来账 4.订货付款

current appropriation 本期拨款

current asset 流动资产 △ 现金或其他通常在一年内将转化成现金的以及将用于公司经营而消耗的资产,包括库存、在银行的现金、应收账款、原料用品、库存商品、有价证券和预付费用

current business year 本营业年度

current cost 流动成本;经常费用;当期成本

current debt ratio 流动负债比率

current deposit 活期存款

current entry 日常分录 △ 记载收益、费用和日常会计事项的分录

current expenditure 经常开支;经常费用;本期支出

current expense 经常费用;本期费用

current fund 流动基金

current income 经常收入;本期收益

current interest 现行利息

current investment 本期投资;当前投资

current liability 流动负债;短期负债 △企业通常要在一年内偿还的债务总额,如应付账款、应付工资、应付税款以及应付利息和股利

currently insured status 临时被保险资格 △ 寿险保险计划中被保险人资格的一种,指加入计划不足 10 年者的资格

current net income 本期纯收益

current operating income statement 经常营业损益表;本期营业损益表

current operating performance 本期经营业绩

current operation 经常业务;本期营业

current outlay cost 1.本期支出成本 2.现付成本 △需用现金支付的成本

current payment 经常性支付

current period 本期

current profit and loss 经常损益;本期损益

current rate 时价;当日汇率;现行汇率

current ratio 流动比率 △ 企业的流动资产与流动负债的比率,是测定企业清偿能力的一个指标

current replacement cost 现行重置成本 △ 对于一项资产来说,指获得一个相同资产所需要的现时公平市价

current return 当年收益率

current revenue 本期收入

current risk 当期保额 △ 一定期间内保险公司所承担的有效保险金额

current selling price 现行售价

current service cost 当期劳务成本

current surplus 本期盈余
current value 现行价值;现值
current value accounting 现值会计法
current year 本年度
current yield 本期收益
curtail 削减;缩短
curtailed annuity 简短年金 △ 见 complete annuity
curtail expenditure 缩减开支
curtailment of bank facility 紧缩银根
curve of number dying 死亡数曲线 △ 依生命表绘制的死亡数曲线图
custodian 保管人
custodian account 保管人账户
custodian agreement 保管人协定
custodian fee 保管费
custodian service 保管业务
custody box 保管箱 △ 银行出租给客户保管有价证券、贵重物品的安全保险箱
customary deduction 习惯扣除 △ 在船舶保险中,对于保险事故船舶以旧换新时依惯例应作的赔偿抵减
customer 顾客;客户
customer-centred 以客户为中心
customer profitability analysis 客户盈利性分析
customer relationship 客户关系 △ 与银行的账户往来/相互关系(评价借款人须考虑的重要因素)
customer relationship management (CRM) 客户关系管理
customer's account 客户账
customer's credit balance 客账贷余;客户保证金
customer's deposit 客户存款;客户保证金
customer's service demand anywhere, anytime and anyway 客户服务 3a 原则(任何地点、任何时间、任何方式)
customhouse bond 海关保证保险 △ 承保已缴关税或已开提单的保证保险
customs declaration 报关单
customs detention 海关扣留
customs drawback 海关退税 △ 已缴纳进口税的货物,在复出口时退还全部或一部分进口税的办法
customs duty 关税
customs invoice 海关发票 △ 一些国家的海关规定的一种固定的发票格式,随附商业发票,凭以报关
cut 1.削减;相切 2.摊分
cut back on 压缩成本;降低支出
cut expenditure 削减开支;压缩开支;压缩成本;降低支出
cut-off 结清 △ 再保险公司合同责任的解除
cut-off date 截止日期 △ 在实地盘存和审查账目时所选定的收发货物、现金和进行交易等的临时截止日期
cut-off period 截止期限
cut-off point 截止点;舍弃点;取决点
cut-off statement 银行截结单;截止报表
cut price 杀价;砍价
cut rate 折扣费率 △ 在表定费率的基准上打折扣的费率
cut-through clause 清偿条款 △ 再保险条款之一。当原保险人无力清偿时,由再保险人清偿
cycle inventory 循环盘点
cycle of fund movement 资金流动周期
cypher 押码;密押 △银行电信用语

D d

daily accounting report 会计日报

daily balance 日计表

daily balance method 每日余额计算法

daily board and room (DBR) 每日食宿 △ 同 daily hospital benefit

daily cash balance book 现金余额日记账

daily cash report 现金日报

daily collection record book 收款日记账

daily expense 每日费用

daily form 每日简报 △ 同 daily report。每日提供的有关保险单信息的简短报表

daily hospital benefit 住院日常费用给付 △ 在医疗保险中,对住院期间所支付的食宿、护理及其他服务费用所给予的补偿,一般按日计算

daily interest 每日利息

daily money 日拆 △ 借款按日计息所付的利息,俗称日拆。按日付息的借款也称日拆

daily operating cost 每日营运成本

daily report 日报告

daily SDR rate 特别提款的逐日汇率

daily sheet 日报表

daily statement of account 每日对账单

daily statement of condition 每日情况报表

damage 1.损失;损害 △对人身、财产或某人的名誉造成伤害而引起的损失或损害 2.损坏(物品)

damage by other cargo 他货所致损毁 △ 在货物运输中保险货物因遭受其他货物污染、碰撞等而致的损毁

damage claim 损毁索赔 △ 海上保险术语。指保险标的遭受部分损失而产生的索赔

damage done 已发生损毁 △ 被保险船舶对第三者造的损毁(如撞毁其他船只或码头)

damage from strikers insurance policy 罢工损失保险 △ 对罢工工人的故意毁坏所造成的损失给予经济补偿的一种保险

damages 损害赔偿金 △ 为一法律术语。当一方造成另一方损失或损害时,依法应向另一方支付一定数额的补偿金

damage value 损后价值 △ 海上保险术语。指受损船舶或货物到达目的地时的实际价值

dangerous drugs clause 危险药品条款 △ 海上保险条款之一。主要内容为对非法的危险药品除外不保

data [datum 的复数] 资料;数据

data base system 基础信息系统 △ 用于分析决策的信息库

data interview 数据审查 △ 在投保过程中,保险委托人和保险代理人为明确保险需求而举行的收集各种数据的会谈

data processing coverage 信息处理保险 △ 承保计算机信息处理系统数据遭破坏所致直接损失的保险

data processing equipment insurance 信息处理设备保险 △ 对由于保险事故所造成的设备、软件损失及由于上述设备不能正常运行而带来的额外费用及所致损失进行赔偿的保险

date availability 有效期限

date closing 结算日

date commenced 开始日期

date completed 完成日期

date(d) draft 定期汇票 △ 定到期付款日的汇票

dated securities 定期证券 △ 具体规定偿还票面价值日期的债券、汇票或其他证券

date due 到期日

date for delivery 交割日;结算日
date for performance 履行日期
date forward 后填日期
date issued 签发日期
date mark 日戳
date of acceptance 承兑日期
date of acquisition 购买日期
date of arrival 抵港日期;抵达日期
date of balance sheet 资产负债表日期
date of bill of lading 提单日期
date of certification 证明日期 △ 查账证明书上注明的日期
date of completion of discharge 卸讫日期
date of contract 签约日期
date of declaration 申报日期;宣布日期
date of delivery 交付日期
date of departure 启运日期;开航日期
date of discharge 卸载日期
date of dispatch 发运日期
date of draft 出票日期 △ 签发汇票的日期
date of entry into force 生效日期
date of evidencing shipment 装运日期
date of expiration 到期日;满期日 △同 date of expiry
date of expiry 到期日;满期日 △保险期届满的日期
date of inception of the policy 保单生效日期 △ 承保人责任开始的实际日期和时间
date of issue 签单日期 △ 保险公司签发保单的日期,这一日期不同于保单生效日期
date of issue 1.出票日期 2.开证日;发行日
date of landing 卸岸日期
date of last payment 保险费最迟支付日期 △ 在家庭服务类保险中,一般均有最迟支付保险费日期的规定,即保险费应在规定的最后日期之前缴纳
date of loading 装载日期
date of maturity 到期日 △ 按规定需履行义务的日期或应支付票款的日期
date of opening 开证日期 △ 银行为进口商开立信用证的日期
date of payment 付款日
date of plan termination 年金计划终止日期 △ 养老年金担保公司对养老年金计划应承担法律责任终止的确切日期
date of policy 保单生效日期
date of receipt 收到日期
date of record 记录日期;截止过户日期
date of repayment 偿还日期
date of service 服务开始日期 △ 开始提供医疗服务的日期
date of shipment 装运日期
date of subscription to the policy 保单起讫日期 △ 承保人责任开始和终止的实际时间
date of validity 有效日期
date of value 起息日期
date paid 支付日期
date received 收到日期
date stamp 日期戳
date terms 日期条件
dating ahead 预填日期
dating back 倒填日期
dating backward 倒填日期
dating forward 预填日期
day book (DB) 日记账 △ 同 journal
day book cash journal 现金出纳日记账
day call 日拆 △ 一天借款
day count basis 天数计算基准
day(s) in transit 在途天数
daylight-saving time (DST) 经济时;夏令时
day loan 日贷 △ 见 day call
day of maturity 到期日
day of turnover (of current capital) (流动资金的)周转天数
day rate 日工资
days (Ds., d's) 天数
days after acceptance (D/A) 承兑后…天(付款)
days after date (D/D) 出票后…日(付款)

days after sight (D/S, d.s., dys.st.) 见票后…天(付款)
days of grace 宽限期 △ 保险合同缴费条款之一。保险人对投保人未按时缴费给予的一种时间上的宽限日期;在此期间内缴纳保险费,保单将继续有效
days past due 逾期天数
day-to-day accommodation 日常资金融通
day-to-day loan 日拆;逐日放款
day-to-day money 按日借款;日用资金 △英国银行界惯用的名词。也叫"通知放款"。银行将日常剩余资金贷予票据经纪人,期限以天计算,并可随时收回供日常需要
D-Day 预定交付证券日期 △ 发行人提供证券的日期
DDD policy 3D保单 △ 同 dishonesty, disappearance and destruction policy
dead 呆滞的;停顿的
dead account 死账;呆账;坏账
dead asset 报废资产;死资产
dead capital 不生产的资本
dead freight (D.F.) 空仓费;空仓运费
deadline 截限时间;(付款的)最后时间
dead loan 呆滞贷款
dead loss 纯损;全部亏损 △无法获得补偿的损失
dead money 死钱
dead security 固定抵押品 △ 如制造厂、机器等
dead weight (DWT) 载重吨位;净吨
deal 1.经营;交易 2.(商业的)协议 △美国俗语
dealer 经销商;证券商 △从事买卖商品或证券以谋求利润的企业或个人。证券商与经纪人不同。后者所经营的是交易所的交易,靠收取佣金。而前者所经营的是场外交易,靠独自经营获取利润
dealer's blotter 交易簿 △ 正式记录前
dealer's floater 商人流动保险 △ 承保商人的在途货物或暂时存放展销场所的货物遭受意外损失的保险
dealers insurance 商人保险 △ 为商人在正常商业活动中使用的私人财产提供一切险保障的保险
dealing 交易;买卖;[~s]交往
dealing in foreign currency 外汇交易
dealing in funds 资金交易
dealing in futures 期货交易
dealing in option 有选择的交易
dealing in securities 证券交易
deal on credit 信用交易;赊账买卖
dean analytic schedule 费率表 △ 确定商业火灾保险费率的一种方法。根据预先制定好的费率表确定商业火险费率
dear money 高息资金;银根紧
dear money policy 高利率政策 △ 有意实行的一种高利率政策
death annuity 抚恤年金
death benefit 死亡金;死亡抚恤金 △保单上注明的当被保险人死亡时由保险人支付的金额
death benefit for parents 父母受领的死亡赔偿 △ 根据美国《社会保险法》的规定,如果一个人参加了定额保险,并且(1)其父母或继父母的生活来源至少有一半是依靠该被保险人(2)在该被保险人死亡后,其父母也没有再婚;或(3)依法不能得到社会保险,则该被保险人的父母或继父母从62岁起,便可按月领到规定的保险金
death benefit only 遗嘱给付 △ 人寿保险的一种
death claim 死亡索赔 △ 向保险公司提出有关受领死亡给付金申请的行为
death duty 遗产税 △ 由政府征收的遗产继承人的继承部分或遗产受惠人的受惠部分的税
death fund 死亡基金 △ 在寿险产生之前的一种共同基金,通常由若干个成员组成一个基金会
death gratuity 死亡金;死亡抚恤金
death planning 死亡计划 △ 一种死亡给付计划,用来估计当某家庭主要经济支持人死亡后,继续维持生活所需的资

产额

death rate 死亡率 △ 在一定期限内(通常为一年)死亡人数所占的比例,一般以千分比来表示

death test 死亡测试 △ 在寿险中决定保险计划可行性时所用的一个概念

debenture (deb.) 1.债券;公司债券 △ 由有限公司发行的一种固定利率的长期债券。在英国分为有担保品债券和无担保品债券两种。在美国 debenture 通常指无抵押品债券 2.退税凭单

debenture bond 信用债券 △ 凭发行债券机构的信用发出的没有抵押品的债券。公司债券除有抵押者外也都是信用债券

debenture capital 债券本金;借入资本

debenture certificate 债券

debenture convertible at current price 按时价兑换的债券

debenture coupon 债券利息票

debenture holder 债券持有人

debenture share 债券

debentures payable 应付公司债券

debenture stock 1.公司债券 △ 英国指付利息而不定期还本的债券 2.借款股份

debit (dbt.) 借记;借项

debit advice (D.A.) 借记报单;出账通知

debit agent 收招合一制代理人 △ 收取保费兼销售保险的代理人

debit and credit 借贷

debit and credit advices 收支账目说明;借方与贷方账目说明

debit balance 借方余额;借方差额

debit book 收费名册

debit-credit accrual basis accounting 借贷实现制

debit customer 欠款客户;债务者

debit entry 借方分录

debit insurance 收招合一保险 △ 以个人为保险销售对象,通常不必体检,从刚出生到70岁的人均可投保,保单面额一般在1000美元左右。保费由代理人按周或按月上门收取

debit interest 欠息;支付利息

debit item 借项;支付利息

debit man 收招业务员 △ 在指定的区域内,从事第二次以后的寿险保费的收集及招揽新合同业务,并对该地区的保户提供各种保险服务的业务员

debit note (D/N) 借记通知;借项通知单 △在国际贸易中将对方所欠款项开具清单,列出其数额及有关说明的通知

debit side 借方

debit slip 付出传票

debit to one's account 把账款记入某人的借方

debitum 债务

debris removal clause 清除残损物条款 △ 经常附加在保单或包括在保单中的一个条款,该条款规定保险公司对保险事故后的残损物的清除费用负责补偿

debris system 收招合一制 △ 代理人在一定地区内招揽、收费及保全服务的一种制度

debt at call 即期债务

debt bank 借方银行

debt burden 债务负担

debt cancellation 取消债务

debt capital 债务资本;借入资本 △公司靠发行债券和筹措短期借款所获得的资本

debt ceiling 债务限额

debt collector 收债人

debt conversion 债务转换 △ 发行新债券或公债,调换到相应的债券或公债

debt coverage ratio 负债清偿比率 △ 平均净收入与年均负债本息支付的有效比率

debt crisis 债务危机

debtee 债权人 △ 通常用 creditor

debt-equity ratio 债务对自有资本比率 △ 也叫债务对资产净值比率,系表明企业稳固程度的一个重要标志

debt-equity swap 债转股 △ 一家公司的应收债务以股份形式转入另一公司,入股形式之一

debt evasion 逃债
debt financing 债务融资;举债筹资 △ 通过发行债券或进行短期借贷筹集资金
debt-in-lieu-of-equity 债权代替股权
debt interest 欠息
debt management 债务管理 △ 政府对国债的管理,包括支付利息的准备、到期债券偿还基金的筹措或以新证券更换到期的债券等
debt maturity 到期债务的偿还
debt moratorium [pl. moratoria] 债务延期偿付权;欠款缓付的有效期
debt obligations 债务欠款
debt of honour 信用借款
debtor (debt.) 债务人
debt outstanding 未偿债务
debt overdue 过期债款
debt payable 应付债务
debt payable account 应付债务账目
debt paying ability 偿债能力
debt ratio 债务比率 △ 见 debt-equity ratio
debt receivable 应收账款
debt redemption 偿还债务
debt refinancing 重新筹款偿债
debt relief 减免债务;偿还债务
debt re-organization 重新安排债务
debt repayable 应偿债务
debt rescheduling 重订还债期限;重新安排偿债日期
debt secured by mortgage 抵押担保债务
debt security 债务证券 △ 企业为借款而发行的有价证券
debt service 债务还本付息;应付本息总额 △定期支付的贷款本金和利息
debt service fund 债务偿还基金 △ 政府会计中为支付长期债务的本金和利息而建立的基金
debt service obligation 债务偿付义务
debt service payment 偿还债务的支出
debt service ratio 债务清偿率;债务偿还比率 △一个国家在一个年度中的外债还本付息额占该国当年或上一年的商品和劳务出口收入总额的比率
debt servicing capacity 债务偿付能力;还本付息能力
debt to asset ratio 负债与资产比率
debt-to-equity swap 债转股 △ 转卖债务入股,同 debt-equity swap
debt-to-net-worth ratio 负债对净值比率 △ 企业总负债额占其资本净值的比率,可用以检验企业周转资本的情况
decentralization 权力分散;权力下放;分散经营 △ 一个企业将职权分配给下属机构
decentralization of administration 分级管理
decentralization of authority 分权
decentralization of responsibility 分层负责
decentralized branch accounting 分散分店会计制
decentralized control 分权管理
decentralized management 分权管理
decentralized operation 分散经营
deceptive practice 欺骗行为
decheance 追索权的丧失;丧失权利;失效
decision-making power 决策权
decision-making process 决策程序
decision parameter 决策参数
decision point 决策点
decision problem 决策问题
decision rule 决策准则;决策法则
deck log 航海日记 △ 海上航行的记录。为海上保险理赔的重要依据
declaration 1.申报 △ 呈报企业的货物项目或收益 2.启运通知 3.宣告;公告 △董事会宣布支付股利 4.声明 △ 被保险人在申请投保时对保险标的的危险情况所作的说明
declaration for export 出口申报
declaration for exportation 出口报单
declaration for import 进口申报
declaration for importation 进口报单
declaration form 申报单;申报表
declaration insurance 申报保险 △ 被保

险人必须定期(如每月)向保险公司通报有关情况的保险,如发货量

declaration of origin 原产地声明 △ 由出口商自己签发、注明出口商品由某地某制造商生产的声明

declaration of ownership 所有权声明

declaration policy 申报式保单 △ 火灾保单的特种形式

declarations section 声明部分 △ 在财产和意外伤害保险合同中,如姓名、对保险标的的描述、保险财产的地点、被保险人的姓名和住址、保单有效期、已付保费及保险金额等内容

declaration under open policy 预约保险通报书 △ 同 certificate of declaration

declaratory judgement 确认权利的判决 △ 以诉讼的方式确认当事人一方对另一方的请求权的判决

declare 宣告;声明;(纳税品等的)申报

declare a dividend 宣布发放红利 △ 宣布向股东发放红利

declare at the customs 报关

declare bankruptcy 宣告破产

declared capital 法定资本;已申报资本额

declared dividend 已公告股利 △ 董事会正式宣布于指定日期支付的股利

declared value 申报价值;设定价值 △ 股票在没有票面价值的情况下,由董事会所颁布的每股价值

declare interest rate 宣布利率 △ 在普通寿险保单中,现金只能得到最低的利率。但是它们会随着收益率的提高而增值。保险公司负责宣布这一利率,该利率会定期变化

declare the contract null and void 宣告合同无效

declare to the customs 报关

decline 汇率下跌;利率下跌

decline card 拒保卡

declining-balance method of depreciation 余额递减折旧法

decontrol the prices of 价格开放;价格市场化

decrease 1.汇率下跌;利率下跌 2.减少;减少额(量);减小

decrease expenditure 削减开支;压缩开支

decrease in bank loan and overdraft 银行借款及透支减少

decrease in value 减值

decrease of budget 预算递减

decreasing net value 递减净值

decreasing return 递减收益

decreasing term insurance 死亡给付递减的定期保险 △ 从保单生效至保单期满的整个过程中死亡给付金逐步减少的定期保险

decrement 减缩;减值 △从一个时期至另一个时期价值的降低

decremental cost 减支成本

deductibility of employer contributions 雇主福利缴款的税收免除 △ 对于雇主为雇员提供的各种福利(如养老金、健康保险等雇员福利计划),缴款可作为税前业务费用列支

deductible amount 减扣额

deductible clause 免赔额条款 △ 规定一定金额为免赔额,保险公司只负责超过免赔额的损失

deductible collision and deductible comprehensive coverages 碰撞和全险免赔额 △ 在各种碰撞和综合汽车保险责任中规定保险公司对于特定责任保单项下的损失所付的赔偿金,通常已作了一个特定金额的扣除

deductible coverage clause 免赔额保险条款 △ 被保险人为降低费率,同意在一定金额之下的损失由自己承担

deductible franchise 扣减免赔额;绝对免赔额 △每一保险事故所致损失若在约定金额以下时免赔,若超过约定金额时,则全部由保险人予以赔偿

deductible liability insurance 责任保险免赔额 △ 被保险人同意对每次索赔或每一事故的损失自付一定金额,或自付对索赔人的经济赔偿

deductible loss 可减损失

deductible period 免赔期间 △ 伤害保险中规定,如果发生伤残而无法就业的情况结束后的一个特定时间内,伤残复发而无法就业,即可视作同一次伤残,而不能再次申请给付
deduction 扣除;免赔款;扣除额 △ 通常指从收入中扣减成本或费用。也可指工薪扣款,即扣去个人所得税和社会保险税,或指课税扣减
deduction and exemption 扣除与豁免;减免
deduction clause 扣除(额)条款 △ 在船舶租约中关于从租金中扣除船东应付款的条款
deduction for delayed recruitment 延迟征聘扣减数
deduction for dependent 赡养家属的扣除额 △ 缴纳个人所得税计算应税收入时,可以按纳税人抚养的家庭成员的人数从其收入中予以扣除的部分
deduction from employee's earning 职工工资扣款
deduction from income tax 所得税减免(额)
de-earmark 改变用途;挪用
deed 契约;证书
deed discount bond 大幅度折价债券 △ 债券的销售价大幅度地低于票面价值
deed of arrangement 和解协定 △ 债务人不能清偿其债务,为顾全债权人利益,可出具和解协定,以便债务人将财产交与受托人处理,以抵偿债务,债权人也可按其剩下财产按比例参加分配
deed of assignment 移交凭证;转让凭证
deed of transfer 转让(的)契约;让据书
deed of trust (indenture) 信托契据 △ 公司因发行信用或抵押债券与受托人所签订的契约
deep-seated 深层次
de facto 事实上;实际上
de facto convertibility 实际可兑换性
defamation of character 人格诋毁 △ 主要指对一个人的诽谤和造谣中伤
default 1.拖欠 2.违约 △保险当事人违反保险合同条款的行为 3.(在诉讼中)缺席
default and repossession 拒付到期款与收回货物
default clause 违约条款
defaulted interest 滞纳利息
defaulter 拖欠者;违约者;缺席者
default fine 违约金
default free securities 安全债券 △ 无违约风险的金融债券,如国家债券等
defaulting debtor 违约债务人
defaulting party 违约方;缺席的诉讼当事人
default interest 罚息;拖欠利息
default interest rate 罚息利率
default in the payment 拖欠付款
default of acceptance 不履行承兑义务
default of obligation 不履行债务;不履行义务
default of payment 不履行付款义务
default on payment 不偿还债务
default rate 违约利率 △ 当借款人违约,计付罚息时适用的利率
defeasance 合同失效 △ 保单条款之一。指定当某些特定的行为发生时保险合同就宣告失效
defective 异常;有缺陷的
defective packaging 有缺点的包装
defective packing 有缺点的包装
defective performance 没有完全符合合同规定履行义务
defense of suit against insured 被保险人诉讼条款 △ 责任保险中常用的条款之一。保险公司同意为被保险人诉讼提供保障,保险公司主要负责有关诉讼费用的补偿,该项补偿在原保单的保额之外
Defense Research Institute (DRI) 辩护调查协会
deferment clause 延迟条款
deferred (DE, def.) 延期;推迟
deferred account 递延账户
deferred annuity 延期年金 △ 在一定时期后开始支付的年金,或附带条件的年

金
deferred asset 递延资产;滚存资金
deferred benefit 递延养恤金
deferred bond 利息递增的公债券或公司债券;延期付息的债券
deferred charge 递延费用;递延借项 △ 支出不是在一项费用发生时确认,而是在以后摊销时才确认,如预付租金或保险费等
deferred compensation plan 延期补偿计划 △ 对雇员目前收入在规定的期限内预先扣除一部分,将来以退休金的方式再补发给他们的一种计划
deferred contribution plan 延期福利计划 △ 利润分配方案中未使用的余额。根据税收免除条款规定,这部分余额可增加到雇主未来福利计划中
deferred cost 递延费用
deferred credit 递延贷项
deferred debit 递延借项
deferred depreciation 递延折旧
deferred development expense 递延开发费用
deferred dividend 递延股利
deferred-dividend plan 延付红利计划 △ 人寿保单红利不按年份发,而是延迟到一定时期(如若干年后或契约届满时)才予分发的红利给付计划
deferred dividened policy 延期股息保单 △ 股息不按年支付而是延迟几年支付的保单。此种保单现在已不多见
deferred expense 递延费用 △ 会计名词,指现在付出的费用,但实际生效时间则在以后。例如某公司今年度付出保险费用600元,保险期3年。该项费用即为递延费用
deferred export bill 延付出口票据
deferred gross profit 递延毛利
deferred group annuity 延期团体年金 △ 经过一定期间或达一定年龄后才开始支付退休雇员年金的团体年金方式
deferred income 递延收益;递延所得 △ 为较高的未来收益(如退休金等)而减少目前收益的部分
deferred income tax 递延所得税
deferred income tax credit/debit 递延所得税贷项/借项 △ 资产负债表中资产/负债项目
deferred interest income account 递延到息收入账户
deferred-interest mortgage 延期利息抵押 △ 允许借方支付比固定利率低的利息,支付比固定抵押付款低的费用的一种抵押票据
deferred item 递延项目
deferred liabilities 递延负债 △ 本期尚未供给足额的劳务而预收的收益,须递延至下期继续供给的,就是递延负债
deferred life annuity 递延人寿年金
deferred loss on investment 递延投资损失
deferred maintenance 1.延期保养 △ 待实施的修理和恢复 2.递延维持费
deferred ordinary share (D.O.) 后取普通股 △ 为红利后取股中的一种股份
deferred overhead charge 递延间接费用;递延管理费
deferred payment 延期付款 △ 买方于收到卖方寄交的货运单据以后,将货款汇付卖方的付款方式
deferred payment bill 延期付款汇票
deferred payment credit 延期付款信用证
deferred payment letter of credit 延期支付信用证 △ 开证银行约定于收到符合信用证的货运单据后,经过一定时间后付款的信用证,俗称假远期信用证。实质上,这是不用汇票的远期信用证
deferred payment of interest on note receivable 应收票据上的延期利息收入
deferred pension 推迟领取养恤金
deferred pension liability account 延期养恤金负债账户
deferred premium file 延期保费档案 △ 保险公司通过磁盘来记录和反映按时间顺序应收取的滞缴保费情况的备案文件
deferred premium payment plan 延期支

付保费计划 △ 对分期支付保费所作的安排。第一期保费应在保险责任开始时缴纳。以后各期保费可按月、季或年支付

deferred premiums 延期保费 △ 在寿险中还未到交付日期的保费。即将支付的保费不是以年为时间基础,而是按一定的时间间隔为时间基础

deferred profit-sharing 延期利润分配 △ 在经营业绩好的业务年度中,雇主将公司部分利润分配到雇员的信托基金中。分配的比例通常是雇员工资的5%

deferred profit-sharing plan 延期利润分享方案

deferred receipts 延期收款

deferred rental income 递延租金收入

deferred retirement 延期退休 △ 在正常的退休年龄之后退休

deferred retirement benefit 递延退休金

deferred retirement credit 延期退休信用 △ 美国《1986年综合预算调整法(Omnibus Budget Reconciliation Act of 1986)》出台后,废除了这种安排

deferred revenue 递延收入 △ 业已收到而由后期实现为收益的款项,以及由后期交付货物或提供劳务,予以抵偿的预收款项,在资产负债表上列为流动负债的一个项目

deferred revenue obligation 递延收入的欠账

deferred share 后派股;延期付息股票 △其股利的分派同创始人股份、管理股份一样,在其他类别的股份(如普通股、优先股)之后,故称为后派股

deferred sight credit 迟付即期信用证

deferred stock 后派股;延期付息股票 △同 deferred share

deferred tax credit 递延税金贷项 △ 会计报表

deferred tax debit 递延税项借项 △ 会计报表

deferred unapplied expense 递延未分配费用

deferred vesting 延期给付 △ 在养老金或利润分配计划里,当参加者满足了特定要求(通常是达到一定年龄、达到一定的服务年限,或是该计划的成员)后,即可要求给付年金

deferred wage concept 延期工资概念 △ 养老金仅是一种将来的收入,并非是现时工资的数额增加

defer shipment 延期装船;推迟装船

deficiency 亏绌;不足;货物缺陷

deficiency account (statement) 清理亏绌表;亏绌账户

deficiency appropriation 补拨款

deficiency judgement 差额评定 △ 确定要求偿还的债务与售卖价格或在取消抵押品赎回权时出售财产的市场价值之间的差额

deficiency payment 1.差价补贴 △ 原指英国政府根据1947年通过的农业法案对某些农产品实行对农民支付差价补贴 2.弥补短绌的缴款 △联合国合办工作人员养恤基金的缴款

deficiency reserve 备用准备金 △ 美国大多数州的保险法都要求设立备用的准备金,当寿险公司某一类的特定保单毛保费收入低于净保费时,就用该准备金予以补充

deficit 1.亏损;亏空 △一家企业的支出超过收入,或是负债超过资产,留存盈余账户为借方余额 2.赤字;逆差 △各级政府预算支出大于收入的差额

deficit account 亏损账户

deficit balance 收支赤字;收支逆差

deficit budget 赤字预算

deficit carried forward 亏损结转下期

deficit carried forward till extinction 亏损转清为止 △ 一般是分保合同用语

deficit country (国际收支)有逆差的国家

deficit in the balance of payment 国际收支的逆差

deficit reconciliation statement 亏损调节表

deficit spending 赤字开支;超支

deficit statement 亏损表

defined benefit 定额给付金 △ 在雇员退休计划中,年金给付额相当于付款的一定分数乘以服务年限或参加计划的年限

defined benefit pension 固定福利养老金

defined benefit pension plan 确定养老保险金计划 △ 养老金计划的一种,在该计划里保险金是由特定的公式决定的

defined benefit plan 定额年金给付计划 △ 提供固定给付金的年金,同时也承担一定的必要成本的计划(与限定交费计划相对应)

defined contribution plan 定额交费计划 △ 又叫"货币购买计划"。根据该计划的安排,每位参加者都有一个个人账户

definite closing 签约保额 △ 某期间实际签订保单的保险金额

definite order 确定书 △ 要保人递交给保险经纪人的书面通知,其内容为委托保险经纪人按书面确定的保险金额安排保险

definite policy 船舶确定保单

definitive text 确定文本

deflation 通货紧缩 △ "通货膨胀"的反义词。与货币、信贷供应紧缩同时发生的一般物价水平的下降,这种下降同经济周期的下降阶段联系在一起

deflation policy 紧缩政策

degree of blame 过失程度 △ 意外事故责任一方对造成此次事故的责任比例

degree of care 照管程度 △ 一方对另一方的财产安全所负的最低限度的照管责任

degree of risk 危险程度 △ 危险发生可能性的大小及危险发生后可能造成损失的概率

delay allowance 容许的迟延

delay clause 延迟条款 △ 寿险保单条款之一。其内容为有保单现金价值的保单贷款除用以支付保费贷款外,其余贷款可延期办理,但延期不得超过6个月

delayed income credit 过期账收入

delayed income debit 过期账支出

delayed payment clause 延迟给付条款 △ 寿险保单条款之一。规定在被保险人死亡后,并不立即向受益人支付保险金,而是要推迟一段时间

delayed posting 延迟过账

delay in commencement of a voyage 起程延迟 △ 船舶未能在约定期限内起程的延迟状况,此延迟将影响保单生效

delay in payment 迟付;付款迟延

delay in settlement 结算逾期;结算迟延

delay interest 迟延利息

delay shipment 迟延装船

delay the delivery 延期交货;延期交船

delegated monitoring 受托监管

delegated regulation 受托监管

delegation of authority 授权

delegation of authority and responsibility 授予权责

delink from 脱钩

delinquency 拖欠率;违约率

delinquency rate 借款拖欠费

delinquent 失职的;违法的;违约的;拖欠(税款,债务)的

delinquent account 逾期未收账款;逾期账户

delinquent installment 逾期未收分期货款;拖欠的分期款项

delinquent loan 逾期贷款;拖欠贷款

delinquent party 违约当事人

delinquent receivable 拖欠的应收款项

delist a company 公司摘牌 △ 上市公司因违规被取消上市挂牌的资格

deliver 交割

delivered business 移交业务 △ 保单已签发并交到投保人手中,但第一期保费还未支付

delivered ex quay (DEQ) 目的港码头交货价 △ 关税已付

deliver on a longer term 特定交割

deliver regularly 定期交割 △ 一般4日内交割

delivery (dely., D/Y) 交货;交付;交割

delivery at frontier (DAF) 边境交货

delivery duty paid (DDP) 完税后交货价
delivery duty unpaid (DDU) 未完税交货
delivery ex ship 目的港船上交货价
delivery of goods 货物交付 △ 在货物售卖合同中,交付必须是实际的。货物一旦交付,所有权就由卖方转移到买方,无论货物是否仍由卖方照管
delivery of policy 保单交付 △ 将保单交付被保险人的行为。实际上,保单交付是由保险双方的意愿决定的,并不一定要有实际的保单交付行为
delivery on the contracted day 合约交割
delivery order (DO, D/O) 交货单;交割单;出货单
delivery receipt 保单收据 △ 由投保人签字说明他已收到保单的文件
delivery terms 交货条件
delivery time 交割期
delivery trip (新船)交付航程 △ 新造船舶由船坞至交付港的航程。此航程可由船舶建造险予以保障
demand 1.需求 △ 在一定时期按一定价格购买一定数量商品或劳务的能力 2.即期 △债务人使债务到期的行为,如即期应付票据
demand analysis 需求分析
demand bill 即期汇票 △ 见票即付的票据
demand certificate 活期存单
demand deposit 即期存款;活期存款 △ 存款人无须事先通知银行便可提取的银行存款
demand deposit account (DDA) 活期存款账户
demand draft (D.D.) 即期汇票;见票即付汇票
demand draft account (DDA) 支票账户
demand for capital 资本需求量
demand for credit 申请信贷
demand for payment 要求付款
demand for performance 要求履约
demand loan 活期放款 △ 可以随时借贷或归还的贷款。也指不规定到期日债权人可以随时收回的放款
demand note 1.即期票据 △ 本票 2.支付申请书
demand notice 付款通知书 △ 发送给付款人的支付款项通知单
demand obligation 即期债务
Deming Cycle 载明周期 △ 统计用语
demise 1.不动产的转让 △ 将不动产转让他人或将占有权转交给不动产占有人或放弃财产所有权 2.遗赠 3.光船租赁
demography 人口统计学 △ 一门研究动态人口统计的学科
demolition clause 拆除条款 △ 火险条款之一。内容为:火灾或其他保险事故发生后,依法应对建筑物拆除时,拆除费用为除外责任
demolition insurance 拆除保险 △ 火险附加条款之一。承保火灾或其他保险事故发生后,依法对建筑物拆除的费用
demonetization 非货币化;货币回笼
demonstrative legacy 指定遗赠 △ 在遗嘱中指定某种财产的赠予
demonstrative order 指示性抬头;记名抬头
demurrage (dem.) 延迟费;(装运)滞仓费;滞期费 △ 对超过规定的贮存期的货物征收的罚款,或者对超过规定装货、卸货日期的船舶的罚款
denominated in foreign currency 用外币标价
denominated in national currency 用本国货币标识
denomination 票面金额
denomination value 票面价值
dental expense insurance 医牙费用保险 △ 是医疗费用保险的一种形式,主要对牙病的治疗费用或对牙齿造成的伤害提供保险
denting 凹陷 △ 金属制品在外力撞击下呈现出的凹凸状况。此损失可特别约定投保
dentists liability insurance 牙医责任保险 △ 专门为牙医设计的一种商业保险。对牙医因疏忽或过失对病人造成

的伤害依法应承担的民事赔偿责任提供保障

departmental 部门的;分部的

departmental account 分部账户

departmental accounting 分部会计

departmental budget 部门预算

departmental capital 部门资本

departmental charge 部门费用

departmental cost 部门成本

departmental estimate 部门概算

departmental expense 部门费用

departmental expense allocation sheet 部门费用分配表

departmental expense analysis sheet 部门费用分析表

departmental expense variance account 部门费用差异账

departmental income statement 部门收益表;部门损益表

departmentalization 部门责任制;车间责任制;分部门核算 △ 分部门的会计数据处理,即向各部门分配经营成本

departmental margin 部门毛利

departmental profit 部门利润

department store insurance floater 百货商店货运保险 △ 把要移交给顾客的货物作为保险对象的保险。运输方式可以是空运、铁路运输、公路运输、邮包运输及其他

dependency period income 抚养期间所得保险 △ 这是人寿保险的基本作用之一。保险公司支付的保险金,一般要到最小的孩子成年(满18岁)为止

dependent 受抚养者 △ 经济上依靠他人的人。在保险中包括:(1)被保险人的配偶 (2)靠被保险人生活的未满规定年龄(不同的合同有不同的规定)的未婚子女 (3)依靠被保险人生活的已满规定年龄的未婚子女和在教育机构学习的专职学生

dependent care assistance plan (DCAP) 关心援助受抚养者计划 △ 按1981年通过的《经济复原税法》规定,由雇主向雇员提供的养老金,不向雇员征保险给付金税,雇员参加年金计划的支出可视为必要的业务开支而免除税收

dependent coverage 受抚养者保险 △ 在生命和健康保险中,为被保险人的受抚养者提供的一种保险保障。这些受抚养者包括配偶和不满特定年龄的未婚子女

dependent life insurance 受抚养者寿险 △ 团体寿险的一种福利寿险,为投保员工的合格受抚养者提供寿险

depleted cost 已折耗成本;耗余成本

depleted value 耗余价值 △ 递耗资产的实际成本减除其已提折耗的累计数,称"耗余价值"

deposit (dep.) 1.存款 △ 存入银行的货币、支票或息票 2.定金;押金;保证金 △在签订较大的买卖契约时,买方需预付给卖方的一部分货款作为保证,叫做定金或保证金 3.存放 4.捐出额;醵出额 △ 在退休计划中由雇主及员工捐出基金的额度

deposit account 定期存款

deposit administration group annuity 醵出金管理式团体年金 △ 年金加入者在退休前,通过团体年金合同的形式,积累一笔基金,主要用于购买退休年金

depositary 保管人;存储处 △受托保管财产安全的个人或机构

depositary bank 保管银行;开户行

depositary receipt 存单;预托证券

deposit at bank 银行存款

deposit at call 即期存款 △ 随时可以通知提取的存款

deposit at notice 即期存款

deposit at sight 即期存款

deposit bank 存款银行

deposit book 存款簿;存折

deposit certificate 银行存款单

deposit for a fixed term 定期存款

deposit for letter of credit 信用证存款 △ 用于信用证项下支付的存款

deposit for safe custody 保管押金

deposit for security 保证金;押金

deposit in a fictitious name 化名存款 △

开户人用假名的存款账户

deposit in a real name 实名存款 △ 开户人用真名的存款账户

deposit in foreign currency 外币存款

deposit in security 保证金;押金

deposit insurance 储蓄保险 △ 由美国联邦储蓄保险公司(Federal Deposit Insurance Corporation)对各银行提供的保险,旨在保证储蓄安全

deposit in transit 在途存款 △ 企业已邮寄给银行的支票,通常是在存款人入账一两天后,银行才能收到支票并入账,因而在银行对账单上并未反映,故叫在途存款

deposit in trust 信托存款

deposit liabilities 存款项下负债

deposit-loan ratio 存款放款比率 △ 存贷比例,贷款占存款的百分比

deposit money 1.存款货币 △ 以支票提取的活期存款,这类活期存款与银行货币一起构成净货币供给量,直接用作支付手段,故称存款货币 2.押金

deposit money in bank 在银行的存款

depositor 存款人;储户

depositor forgery bond 存款票据伪造保证保险 △ 担保保证保险的一种。承保存款人银行票据被人伪造所致损失的保证保险

depositor forgery insurance 存款票据伪造保险 △ 对于由于票据、支票、汇票、本票等金融工具的伪造或修改而对存款人造成的损失予以承保的一种保险

deposit-oriented market 存款市场 △ 存款多于贷款的市场

depository 保管人;存储处 △受托保管财产安全的个人或机构

depository agency bank 账户代理行

depository bank 账户行;开户行

deposit premium 预付保费 △ 投保人依合同规定在保险期开始前预缴的保险费

deposit rate 存款利率

deposit receipt 1.银行存款单;存款收据 2.保证金收据 △ 货物所有人或其保险人缴付共同海损保证金的凭证

deposit received 已收存款

deposit received for guarantee 已收保证金

deposit reserve 存款储备金

deposit security scheme 保证金计划

deposit subject to cheque 以支票提取的存款

deposit-taking company (DTC) 存款吸收公司(香港)

deposit term life insurance 储蓄型定期寿险 △ 定期寿险的一种,通常为十年期保险

deposit ticket 存款单 △ 向银行存款时所填交的列明存入的项目与金额的单子

deposit turnover 存款周转(率) △ 银行存款的提取额对存款额的比率

deposit war 储蓄大战

depreciable (fixed) asset 应计折旧(固定)资产

depreciable cost 应折旧成本 △ 固定资产的原始成本减去残余价值后,在其全部使用年限内加以均分计算出来的折旧进行转销的数额

depreciable life 应折旧年限 △ 应折旧成本所分摊的整个时期。对纳税而言,应折旧年限可以短于使用年限

depreciated cost 已折旧成本;折余成本

depreciated orginal cost 折余原成本 △ 原成本减除应计折旧后的余额

depreciated value 折余价值 △“固定资产折余价值”的简称,也叫“净值”。国家资产原始价值减去其累计折旧额后的余额,反映固定资产的现存账面价值

depreciation 1.减价;贬值 2.折旧 △ 由于磨损、自然力的影响(即朽烂与腐蚀)以及逐渐陈旧过时而导致固定资产价值的减少,叫做“折旧”

depreciation accounting 折旧会计 △ 以有系统及合理的方法将固定资产的成本分摊于固定资产的收益期

depreciation adequacy 足够折旧;适当折旧

depreciation-age life method 寿限折旧法
depreciation allowance 折旧备抵;折旧提存;可免税的折旧
depreciation at choice 随意选择的折旧
depreciation base 折旧基价 △ 通过折旧收回的一宗或一组固定资产的已登记成本,或其他基价。它与该资产的重新出售或出售残值所得之数无关
depreciation by fixed installment 分期定额折旧
depreciation by job 分批折旧
depreciation by kind 分类折旧
depreciation fund 折旧基金 △ 根据固定资产折旧额按月提存,用于固定资产再生产的一种基金
depreciation insurance 贬值保险 △ 为保险财产受损后的现金价值与重置或重建同质或同类型的财产所形成的差价损失提供保险补偿的保险
depreciation method 折旧法 △ 确定固定资产折旧所采用的数学方法
depreciation of fixed asset 固定资产折旧 △ 简称"折旧"。企业的固定资产在使用过程中由于耗损并逐渐转移到产品成本或商品流通费中的那部分价值
depreciation on filed asset 固定资产折旧
depreciation on franchise 专利折旧
depreciation on market price 按市价折旧
depreciation on property 财产折旧
depreciation on replacement 重置折旧
depreciation on replacement value 重置价值折旧
depreciation rate 折旧率 △ 计算折旧费所使用的百分率
depreciation reserve 折旧准备 △ 用于记录折旧提取费的一种估价准备账户
depreciation-reserve ratio 折旧准备率 △ 某特定类别固定资产的折旧准备总额与仍在使用中的全部固定资产原始价值的比率
depreciation-revenue 营业收入折旧
depreciation-sinking fund 偿债基金折旧
depreciation-straight line 直线折旧法 △ 也称"平均折旧法"。固定资产原始成本减去残余价值后的数额,按其全部使用年限加以均分来计算每年折旧费的一种方法
depreciation unit 折旧单位 △ 作为折旧对象的一项或一组资产如一台机器、一幢建筑物或者若干个相类似的固定资产,以其成本总额作为一个折旧单位
deputy (dep.) 代理人
derived demand deposit 派生性活期存款 △ 由银行放款而产生的存款叫派生性存款。将现金存入银行账户的则为原生性存款
descent 继承 △ 合法拥有已故财产所有人的财产
description 货名
designated bank 指定银行
destination port 目的港
destination station 目的站
detail 细目;详情;细节
detailed invoice 详细发票
detailed ledger 明细分类账
detailed perpetual inventory record 永续盘存明细记录 △ 逐日或逐笔登记各种材料、产品、商品等的收发数,以便随时反映其结存数的明细记录
detail ledger 明细分类账 △ 简称"明细账"。由各个明细分类账户所组成的一种分类账,是总群基础类账户的明细记录
detail statement of account 来往明细账目
details to follow 详情随后邮寄 △ 开证银行以电报通知信用证已开出时,在电报末端所加注的字样
detainee 被扣押人
detainer 扣押人
detain of (person) 扣押
detain person or article by force 扣留(人或物)
detention of (person) 扣押
determination letter 国内收入署核准书

(美) △ 在雇员退休计划中,由国内收入署签发的有关雇主在养老金或利润分配计划中的支出额的免税情况符合要求的批准文件

determine 核定

development bank 开发银行

development capital 开发资金

development credit 开发信贷

development credit agreement (DCA) 开发信贷协议

development financing 开发融资

development goal 发展目标

development lending 发展放贷

development loan 开发贷款

deviated rate 差别费率 △ 财产和意外伤害保险公司对不同的保险标的所制订的不同标准的保险费率

deviating insurer 差别费率保险人 △ 提供差别费率的保险人

deviation 1.偏航 △ 不是因法定的原因,被保险船舶偏离保单载明的航程并有意回到原定航道的行为 2.偏差;离差 △ 统计用语。指一组数值与平均数之间的差异

deviation clause 偏航条款 △ 海上保险条款之一。规定在不可控制且运输合同许可的条件下,对偏航所致损失予以保险的条款

deviation from average 平均偏差

deviation from par 平价差幅

devise 遗赠 △ 根据遗嘱对不动产所作的赠予

diagnosis related group 相关团体调查 △ 为确定医疗保险给付金额,对预期的投保团体进行相关的调查和分析

diagnostic coverage 诊断费用保险 △ 对进行 X 光透视或其他检查的费用达到规定的数额时予以补偿的保险

diagram 图表 △ 为了科学和精确地解释某种现象发生的规律而绘制的图表

diary system 日记制度 △ 对保险标的进行连续记录的制度

dies insurance 死亡保险 △ 死亡为保险金给付基础的一种人身保险业务

difference between cost and book value 成本与账面价值的差额

difference in charge 费用差额

difference in conditions 补足保险 △ 通过加保批单的方式,对已保风险的不足部分(除外责任)予以保障的保险

difference in price 差价

difference in rate of exchange 汇率差

differential earning 差量收益

differential income 差异(量)收益 △ 未来经济活动的不同选择方案所带来收益之间的差额

differential profit ratio 差额利润比率

differential rate method 差别比率法

differential revenue 差异收入 △ 不同方案总收入的差异

different rate 差别汇率 △ 外汇管制下买入卖出同一外国货币,因其目的不同而采用不同的汇率

digital signal processors (DSPS) 数字信号处理器

dilute 摊薄股息;稀释股息;冲淡股息

diluted gain 摊薄收益

dilution 折股减损;股权收益稀释;权益摊薄

dilution of dividends 摊薄股息;稀释股息;冲淡股息

dimension of investment 投资规模

diminishing balance method of depreciation 递减余额折旧法

diminishing cost 递减成本

diminishing marginal utility 边际效用递减

diminishing method of depreciation 递减折旧法

diminishing-provision expense 递减折旧费

diminishing-provision method of depreciation 递减折旧法

dip 汇率下跌;利率下跌

dip-down clause 总括补偿条款 △ 在总括保险中,一旦第一责任保险单补偿限额用完,总括保险即发生效力,补偿在

总括保险期内发生的第一责任保险单尚未补偿的损失

direct action 直接诉讼 △ 个人对非直接损害人所具有的控诉权。在保险诉讼案中,任何被保险第三者都有权直接向保险公司提出诉讼

direct approach 直接招揽;直接法 △见 cold call

direct arbitrage 直接套利

direct bill 直接汇票 △ 承兑人(或付款人)所在地与付款地点相同的汇票

direct billing 直接账单 △ 如果保险单是直接开出的,保险公司就把账单直接送交投保人,同时投保人也直接向保险公司交保费

direct bill of lading 直达提单 △ 由直接驶往目的港船舶载运的提单

direct cause 直接原因 △ 引发一系列事件的积极、有效的原因

direct charge-off method 直接冲销法

direct claim 直接债权

direct cost method 直接成本法

direct cover 自动比例或大量比例再保险合同 △ 比例或非比例再保险合同中规定,只要是合同的有效期内的索赔都给予赔偿而不论损失实际发生的时间

direct damage 直接损失 △ 直接由危险或灾害造成的损失,与间接损失相对应

direct damage earthquake insurance 地震直接损失保险 △ 对地震保险单中规定的免除责任的一部分或全部进行保险的保险

direct draft 直接汇票

direct evidence 直接证据 △ 对某一观点的直接、肯定的证明。直接证据就是事实

direct exchange 直接汇兑 △ 一种货币与另一种货币直接兑换或折算

direct expense 直接费用

direct financing 直接供应资金;直接资金融通

direct foreign investment 对外直接投资 △ 即生产资本输出

direct holding 直接持股

direct income 直接收入

direct insurer 直接保险人 △ 直接与要保人签订保单,而不是通过代理人、经纪人或分保人得到业务的保险人

direct investment 直接投资 △ 企业或个人对国外直接投资。即生产资本输出

direct investment flow 直接投资流量

direct investment income 直接投资收入

direct investment interest 直接投资利息

direction of credit 信贷投向

direct liability 直接责任 △ 由于个人或企业的疏忽行为而对第三方的财产损失或人身伤害依法应负的法律责任

direct loan 直接贷款 △ 进口商直接向出口国的金融机构申请贷款,由出口方金融机构将贷款直接支付给出口商,再由进口商偿还的一种融资方式

direct loss 直接损失 △ 由保险事故所引起的财产损失

directly caused by 直接原因所致 △ 致使保险事故发生的直接原因,是保险理赔的重要依据

direct mail 直接邮递法 △ 由代理店或保险公司发出大量标准格式信函,帮助外勤人员找到合适的准保户的保户开拓法

direct method of depreciation 直接折旧法

director board 董事会

directors and officers liablility insurance 董事和管理人员责任保险 △ 责任保险的一种。由于公司的董事或高级管理人员的疏忽、过失、谎报或误报,致使公司卷入诉讼案中,由此产生的诉讼责任,保险公司都负责

director's remuneration 董事酬劳

director's report 董事会报告

direct placement 1.直接销售 △ 发行债券的一种方式,即债券发行者直接将其债券全部售与法人投资者,如人寿保险公司或养老年金等,实际就是借款人与

放款人之间的直接交易 2. 直接进行分保

direct posting 直接记账法;直接过账

direct premium 直接保费收入 △ 保险人直接承揽保单的保费收入

direct premium written 直接承保保费 △ 保险公司从保单上得到的保费总和

direct quotation 直接标价 △ 标明外汇汇率的一种方法

direct quotation of exchange rate 汇率直接标价 △ 以1单位或100单位的外国货币为标准折合多少本国货币来表示汇价的标价方法

direct rate 直接汇率 △ 以外国货币为基准,以表示1单位的外币可兑换若干单位的本国货币的汇率

direct recognition 直接因素 △ 计算保费时所考虑的有直接影响的因素,如利率、经验死亡率和费用等因素

direct reduction mortgage 直接递减抵押 △ 定期偿还固定本金的抵押

direct-reporting system 直报制 △ 保险经营方式的一种。代理人直接向总公司报送业务,不通过总代理人或分公司

direct response marketing 直销制度 △ 保险人只通过其雇员同被保险人签订合同,而不通过代理人或经纪人的保险单推销制度

direct voting interest in 直接有表决权股份

direct write-off method 直接冲销法

direct write-off method for uncollectible 呆账直接销账法

direct write-off of bad debts 坏账直接冲销

direct writer 直接承保人 △ 通过直接销售保单方式经营的财产保险人,直接与分出公司进行分保交易的再保险人,不再要任何再保险经纪人作中介

direct written premium 直接承保保费 △ 由保险公司直接收取的总保费

direct yield 直接收益

dirty bill of lading 不清洁提单 △ 有批注的提单,运货人在货物交运时,发现货物有瑕疵或包装不妥或货物破损或件数不符等情况,均在提单上注明,这种提单叫做不清洁提单

disability 1. 残疾;残障 △ 由于生理上或心理上的残缺而使被保险人丧失正常工作的能力 2. ~(partial)部分残疾 △ 在意外事故和健康保险中指自事故发生之日起或自全部残疾起的一段时间后,被保险人方能从事其原工作的某一部分

disability benefit 残疾保险金 △ 被保险人残疾时取得的保险金给付。通常按被保险人残疾前工资的一定百分比给付,但给付金额与给付期限均有一个限度

disability benefit insurance 残疾给付保险 △ 对于劳工补偿法不予保障的由于疾病或意外事故所造成的残疾提供经济补偿的保险

disability benefit law 残疾给付法 △ 对雇员在雇佣期间因疾病或意外事故而失去劳动能力,雇主负有给付残疾抚恤金义务规定的法律

disability buy-out insurance 买卖协定残疾保险 △ 是残疾保险的一种。它与买卖协议相联系

disability clause 残疾条款 △ 寿险保单常见条款之一

disability freeze 残疾冻结 △ 根据社会保障法规定,当被保险人残疾后,其受保资格与给付标准应予适当保留

disability income 残疾所得 △ 常作为定期存检保单的一个追加条款

disability income benefit for worker 劳动者残疾所得给付 △ 根据社会保障法的规定,只要残疾者符合规定的领取给付金条件,就可按月领取相当于其基本保险金额的保险金

disability income benefit for worker's dependents 劳动者眷属残疾所得给付 △ 在社会保障体系下,按月付给领取残疾给付者的受抚养者的保险金

disability income check-up 残疾时所得

检查 △ 对即将领取残疾给付金的人进行收入调查分析,确定残疾期间可能减少的收入,确定残疾给付计划应给付的金额,以及确定是否有必要提高现有的保障程度

disability income insurance 残疾所得保险 △ 健康保险的一种形式。当被保险人由于疾病或意外伤害而不能工作时,由保险人提供定期给付金的保险

disability income rider 残疾所得附加条款 △ 附加在寿险保单上的一个条款。寿险保单规定,当被保险人残疾经过六个月等待期后,保费可以免交

disability insurance 残疾保险 △ 雇员由于意外事故或疾病造成残疾但又不属于劳工补偿法的范围,该保险按周为其提供非职业保险金

disability insurance sales course 伤残保险销售课程 △ 由国际事故和伤残承保协会组织的关于事故和疾病保险的高级培训课程

Disability Insurance Training Council (DITC) 残疾保险训练协会

disability pension 残疾抚恤金 △ 付给残疾者的抚恤金

disability premium waiver insurance 残疾保费免缴保险 △ 在寿险合同中,或以附加条款形式规定,当被保险人发生规定的伤残事故时,残疾期间的保费免交

disability provision 残疾条款 △ 在许多保单内,规定被保险人残疾时的给付条件和界定何为残疾的一种条款

disability retirement benefit 残疾退休给付金 △ 因残疾而退休的被保险人领取的退休给付金

disability threshold 残疾界限 △ 在汽车保险中,就意外伤害的界限作出如下规定:受害人只能在事故发生后的一定时间之后,才能提出残疾伤害补偿的诉讼请求

disabling injury 伤残;致残性伤害 △导致不包括伤害事件发生日期在内的劳动时间损失的伤害

disaggregated analysis 分门别类的分析

disagree 不同意 △ 企业绩效打分

disagree somewhat 倾向于不同意 △ 企业绩效打分之一项

disallowance 剔除

disaster reinsurance 灾难再保险 △ 在人身保险中,灾难再保险用于防止公司因一次事故造成多人遇难而导致的巨大损失,它作为基本再保险计划的补充

disburse 支付;拨款

disbursement 支付;提款 △以现金或支票的支付

disbursement on loan 贷款拨付

disbursements 船舶费用 △ 船舶费用保险需要配备供应品和船员的其他必需品。就是在船舶未到达目的地之前,对船东承担的支出的全部损失给予补偿

disbursement under loan 贷款支付

disbursement warranty 船舶费用特约条款 △ 海上保险条款之一。主要内容是限制被保险人企图降低船价,投保一切险

discharge 清偿 △ 债务的清偿

discharged from liability 责任解除 △ 保单载明的在若干情况下保险人责任的免除

discharge of a debt 清偿债务

discharge of cargo at port of refuge 避难港卸货 △ 船舶因意外事故或共同海损需要修理而驶入避难港卸货

discharge of contract 履行合同

discharge one's obligation 履行义务

disclaim 放弃;否认;不认领

disclaimer 放弃 △ 专指放弃遗产或权力的继承

disclaim liability 否认责任

disclaim responsibility 拒绝承担责任

disclosure 1.告知 △ 投保人在订立保险合同时,将与保险标的有关的重要事实告诉保险人的行为 2.透露;表述 △ 在财务报表或审计师报告中反映事实

discontinuance of contributions 交费中断 △ 雇主停止支付为雇员投保的养老金计划的保费

discontinuance of plan 计划中断 △ 员工保障计划的终止

discount (disc., disct., diss.) 1.贴现 △以未到期的票据向银行兑换现款,银行从票据金额中扣除买进日(或叫兑现日)至到期日的利息,并收取若干手续费,把余额以现金付给持票人,叫做贴现 2.贴息 △贴现利息 3.贴水 △ 从一笔应得的金额中扣除一小部分补贴对方的款项,叫做贴水

discount bank 贴现行

discount bank debenture 贴现银行债券

discount bond 还本时付息债券 △ 以低于票面价值的价格出售,在期满时按票面价值还本,其与售价之差额即为债券的全部利息,不另付息

discount broker 票据贴现经纪人

discount charge 贴现费用 △ 银行所收的贴现利息也就是票据持有人所交的贴现费用

discount claimed 索取折让

discount company 贴现公司

discounted bill 贴现票据

discounted future income method 未来收益贴现法

discount for death 死亡折扣 △ 在团体养老计划中,总有一些参加者会在退休前死亡,一般可对预期给付费用作一扣除,即死亡折扣

discount for turnover 脱退率贴现 △ 在退休金计划中,预计成本因为一定比例的雇员在退休前离职而减少

discount house 贴现行

discounting 贴现计算 △ 贴现计算有两种方式,按贴现率扣除和按利率扣除

discounting for mortality 死亡率贴现

discounting of invoice 保理贴现;发票贴现

discount interest 贴现利息

discount loan 贴息贷款 △ 把利息从贷出金额中预先扣除的贷款,如贷款 100 万元扣除利息 5 万元,实际只获得 95 万元

discount loss 折扣损失;贴现损失

discount market 贴现市场 △ 贴现汇票及经营国库券、汇票和短期债券的市场

discount of accepted bill 承兑票据贴现

discount on bonds 债券折扣

discount on note 票据贴现

discount on stock 股票折扣 △ 股票的销售价格低于票面价值

discount premium 贴现保费 △ 一次缴清保费在保费缴付上所享有的折扣

discount rate 折扣率;贴现率 △在进行贴现交易时,银行或贴现公司据以计算从贴现票据的面额上扣除利息的年率,叫做贴现率

discovery period 发现期 △ 被保险人在按契约、保单的规定终止合同后,保险公司允许给被保险人一段时间去查清保险期内所发生的损失情况,如果损失发生在合同有效期内,则可获赔偿

discrepancy 1.不一致;不符合 △受益人提示的汇票及货运单据与信用证规定不相符 2.[~ies]不符点

discrepancy between cargo and document 单货不符 △ 货运单据所载的货物品名、数量与货物的实际情况不符的一种货差事故

discretionary authority 自主权 △ 美国国内收入署对于并非优待团体的雇员分类,通过国内收入署的批准才能成为合法计划并享有税收优惠

discretionary expenses 可控支出 △ 自由确定,不限制

discretionary rule 任意分类规则 △ 在年金计划中,国税局对并非优待主管、股东、管理人员或高薪诚聘职员的雇员分类情况,有法定的认可权

discrimination 差别待遇 △ 国家法律在许多方面都禁止不恰当的差别待遇。实际上承保的依据,主要是对危险大小的辨别

discriminatory 歧视的;差别的;不公平的

discriminatory cross-rate 差别汇率 △ 一种货币对各外国货币的法定比率与外国货币间的实际交叉汇率不相符者,

叫做差别汇率

discriminatory exchange rate 差别汇率;歧视性汇率

disequilibrium 不平衡

disequilibrium model 不平衡模式

disequilibrium of balance of payment 国际收支不平衡

dishonesty, disappearance and destruction policy (3D policy) 不忠诚、失踪或损坏保单;3D 保单 △是忠诚保险和犯罪保险的综合保单

dishonour 拒绝承兑;拒付;拒收(票据);退票

dishonour a bill of exchange 拒绝承兑汇票

dishonour by non-acceptance 拒绝承付;退票

dishonoured bill 拒绝承兑的汇票;拒付的票据;退票

dishonoured cheque 拒付支票

dishonour note 拒付票据

disintermediary management 扁平化管理 △与 hierarch management 相对

disintermediation 资金的游离 △ 资金从存储机构流向利率较高的短期投资

dismantle one's investment 撤股;撤资

dismemberment 肢体断离 △ 失去肢体的某部分或肢体的某部分失去功能

dismemberment benefit 肢体断离给付 △ 在健康保险中,对因意外事故造成的身体某部分残疾而给付的保险金

dismemberment insurance 肢体断离保险 △ 对因意外事故身体受到伤害,致使一肢或二肢以上丧失或者一眼或二眼失明时提供给付的一种健康保险

disorderly flow of 无序流动

disorganized flow of 无序流动

disposal 处理 △ 转让或出售处理

disposal cost 清理成本

disposal of depreciable asset 折旧资产的变售

disposal of fixed asset 出售固定资产

disposal of property 财产的处理

disputing party 争议当事人

disqualification 无资格;不合格;取消资格

dissenting shareholders 持异议的股东

dissolution 撤销;解除;解散 △ 中国《保险法》规定,保险公司有下列情况出现时,予以解散:(1)保险公司因出现分立、合并或者公司章程规定的解散事由,经金融监督管理部门批准后解散(2)保险公司违反法律、行政法规,被保险监管部门吊销经营保险业务许可证的,依法撤销 (3)保险公司不能支付到期债务,经金融监管部门同意,由人民法院宣告破产

dissolution of a legal entity 解散法人

dissolution partnership 拆股

dissolve 撤销;解散

dissolve partnership 散伙

distinguished 杰出 △ 管理人员评级

distrain 扣押 △ 以财产抵债

distrained assets 抵债资产

distressed assets 抵债资产

distributable income 可分配收益

distribute a bonus 分发红利

distribute a dividend 分发股利

distributed profit 已分派利润

distribution 配售(股票);分配 △对股东或业主的支付,或收入或支出向各账户的分摊

distribution basis 分配基础

distribution by sector 按部门分配

distribution cost 发行成本;经销费用

distribution cost allocation 发行成本的分摊

distribution matrix 分配矩阵

distribution of asset (bankruptcy) (破产程序中的)资产分配

distribution of capital 资金的支配

distribution of expense 费用的分配

distribution of fund 资金的分配

distribution of risk 危险分布;分散危险

distribution on gross profit 按毛利分配

distribution plan 保险金给付方式 △ 见 settlement
distribution system 分配体系 △ 将产品从制造商(如保险公司)传向消费者的一种方式
distributive profit 可分派利润
distributive share 可分配损益 △ 合伙事业的净利(或净损)中可分配给每一合伙人的部分,且必须包括在他的应纳税所得内
dive 汇率下跌;利率下跌
diversification (经营)多样化;多种经营 △一个企业扩大经营范围,或一个投资者在多种行业中进行投资
diversification of risk 风险分散 △ 银行为保证安全,尽量分散贷款、贴现与投资等的风险
diversion of funds 资金占用;套住
divert funds 占用资金
divert funds to unapproved purposes 挪用
divert investment 撤资
divertment of investment 撤资
divestment from 从…撤资
divided burglary coverage 盗窃分开保险 △ 在保单中把财产按类别分组,每一类都规定一个最高的赔偿限额
divided column journal 多栏式日记账
divided coverage 1.分开承保 △ 通常指一张保单由二个或二个以上保险人共同承保的一种保险方式 2.划分承保范围
dividend (div., dv.) 股息;债券利息;红利 △ 从公司净利中分配给股东作为其对企业投资的利润
dividend capitalization model 股利资本化模式
dividend cheque 股利支票 △ 用于支付股利的支票
dividend class 红利种类 △ 参与保单寿险公司支付红利的方法
dividend coupon 息票;股利券
dividend coverage 股利保证金
dividend deposit 红利储金 △ 按规定将保单产生的现金红利和利息存于保险公司内的储金称为红利储金
dividend extra 额外股利
dividend from capital 资本股利
dividend fund 股利基金
dividend in arrear 积欠股利 △ 累积的每年未分派或少分派的优先股股利
dividend income 股利收益
dividend in kind 实物股利
dividend reinvestment 红利再投资 △ 保单持有人的红利被用来购买附加险。对于一些公司的股东来讲,证券红利可用来购买公司新发行的证券
divisibility 可分性 △ 对于承保两项或两项以上保险标的的保单可视为各项标的单独承保的保单
divisible contract clause 可分割合同条款 △ 该条款规定在某一被保险地点的某项保险合同的条件被违反,并不影响保单在其他保险地点的效力
divisible surplus 分红准备金 △ 由保险业务盈余形成的分红储备
division of loss 损失分摊 △ 在海上保险中指两船碰撞互有责任的情况下对总损失按责任比例的分摊
division wall 隔离墙 △ 把某一项建筑有效地分为两个独立火区的墙
divulge secret to 泄密
dock (D.K., d.k.) 船坞;码头
docket 判决摘要书 △ 关于法律程序的正式记录
doctor an account 篡改账目;造假账
doctrine of absolute advantage 绝对优势学说
document (Doc.) 1.文件;证券;单据 2.[~s]单证;票据
document against payment (D/P, D.P., d.p.) 付款交单 △ 用远期汇票收款时,出票人交付货运单据的一种条件,即汇票付款人必须先交清票款,始可取得货运单据
documentary (Doc.) 跟单的
documentary bill 跟单汇票
documentary collection 跟单托收

documentary draft 跟单汇票

documentary evidence 文件证明 △ 书面证明或铅印文件的证明

documentary stamp 文件印花 △ 因缴纳契约、支票或遗嘱等文件的税收而签发的印花税票

document forwarding method 寄单方法

documents against acceptance (D/A) 承兑交单、认付交单 △用远期汇票收款时，出票人交付货运单据的一种条件，即凭汇票付款人的承兑交付货运单据。付款人只须在银行提示汇票时在票面签署承诺到期付款，即可取得货物

dog 蹩脚步危险(俚语) △ 没有任何保险公司愿意接受的危险

dollarization 美元化 △ 以美元为主要硬通货进行国际和国内交易的现象

dollar threshold 美元界限 △ 在无过失汽车保险中所规定的赔偿界限

domestic carrier 国内承运人 △ 是就保险人所在国而言的，即保险人所在国的承运人

domestic company 国内公司 △ 按某国法律组建并在该国注册的公司

domestic express mail 国内快递

domestic insurer 国内保险人 △ 按照风险所属和保单签发国的法律成立的保险公司，且公司地址在该国境内

domestic preference 国内公司特惠权 △ 国家给予本国保险商优于外国保险商的优惠权利

domestic registered/certified mail 国内挂号/保价邮件

domestic society 州内友爱会(美) △ 美国在州内领有经营执照的保险友爱会

domicile 户籍 △ (1)某人的原籍 (2)固定居住地(据以履行纳税义务)

domicile company 国内公司 △ 同 domestic company

domiciliary state 居住国 △ 保险人注册成立的国家

Domino theory (of accident causation) 多米诺事故发生理论 △ 1931 年由 H.W. Heinrich 发明的理论，说明意外事故仅是一系列关联因素的其中之一被打破而形成的

donee beneficiary 受益人

donor 捐赠者 △ 捐出钱财的人

do not renew (DNR) 拒绝续保 △ 保险期满后拒绝续保的行为

door to door 门对门

door-to-door service 上门服务

dormant account 休眠账户；不活动账户 △长期无收付账款，余额不变

dossier 一宗档案材料 △ 关于某一专题资料的集成

double (dble.) 加倍的；双倍的；翻一番

double dismemberment 双重肢离或失明 △ 双肢断离、双目失明、一肢断离且一目失明中的任意一种情况

double entry method 复式记账法 △ 与“单式记账法”相对。对每项经济业务按相等金额在两个或两个以上有关账户中同时进行登记的一种记账方法

double insurance 重复保险 △ 被保险人就同一保险标的同时向两个以上的保险人投保相同的险别，且在相同保险期限和范围内该保险标的的保额总和超过其可保价值

double protection policy 1.双倍保障保单 △ 将均衡定期保险附加到基础终身寿险保单上而形成的一种联合保单 2.加倍保障终身保险 △终身保险与同额度的定期保险搭配而成的保险，于定期保险期间内提供加倍保障

double recovery 双重恢复 △ 通过双重途径获得超过保险损失价值的赔偿。根据保险原则，双重恢复是被禁止的

double signatures 双签；双人签字

doubling up 倍增保额弥补法 △ 在企业保险中的一种变通做法，旨在以增加具有可保性股东的保额来弥补不具可保性股东的不足保额的方法

doubtful (DF) 呆滞类；呆滞户 △六级分类之一级

doubtful loan 呆滞贷款

dower interest 寡妇利益 △ 丈夫死后妻子对丈夫财产所具有的利益

Dow-Jones index 道·琼斯股票指数

downgrade 降级

down payment 定金

D/P at ... days after sight 远期付款交单 △ 见单后…天付款

D/P at sight 即期付款交单

draft (drt.) 汇票 △ 保险公司支付赔款时所使用的一种可流通的票据。付款方通常是保险公司本身,而不是银行

draft authority 票据代理权 △ 被授予票据代理权的人有权处理一些小的赔案并制作汇票(与保险公司的支票账户上的书面支票相似),以此在汇票代理权限内赔偿一定类型的索赔案件

draft drawn on a bank payable on demand 要求银行即付的汇票

drag down 汇率下跌;利率下跌

Dram Shop Act 酒店法案 △ 一些国家、州和省颁发的关于小旅馆、小酒店的第三者责任的法律。第三者责任指小酒店出售的酒对他人造成损害应承担的责任

Dram Shop Law 酒店法 △ 见 Dram Shop Act

dram shop liability insurance 酒店责任保险 △ 承保含酒精饮料的售卖者因其顾客对第三者造成人身伤害或财产损失而应负的民事赔偿责任

draw 开立(票据等);提取(钱款);贷款支付;起草

draw a bill 出票 △ 国际贸易价款的一种偿付方式,由出口商开立汇票向进口商收款叫做"出票",与"汇付"相对

drawback 退款;退税 △上税进口货再出口时,海关退回税款

drawdown 提款 △ 从商定的贷款中提取一部分或全部金额,同 disbursement

drawee 受票人;付款人

drawee bank 付款行

drawer 出票人;开票人

drawing 贷款支付 △ 提款、支取

drawing clause 出票条款

drawn by 由谁出票

drawn on 向谁收款

dread disease insurance 特定疾病综合给付保险 △ 对特定疾病(如癌症等)的治疗费用提供不分项目综合给付的健康险,其给付额有最高限制

drencher 洒水器 △ 灭火器具的一种。一般安装在建筑物外,需人工操作,以防止火势蔓延

drive in claims service 机动车理赔服务处 △ 机动车保险人指定或设立的专门处理机动车损坏理算和支付赔款的服务人员

drive other cars (broad form) 驾驶其他车辆广泛补偿保险 △ 赔偿被保险人因驾驶未投保汽车从事商业活动时导致他人伤亡或财产损失的保险

drive other cars (limited form) 驾驶其他车辆特定事故保险 △ 被保险人因驾驶未投保车辆从事非商业性活动时导致他人伤亡或财产损失应负赔偿责任所投的保险

drive-other-cars clause (D.O.C. clause) 驾驶其他车辆特定事故保险 △ 被保险人因驾驶未投保车辆导致他人伤亡或财产损失依法应负赔偿责任的条款

drive-other-cars coverage 驾驶其他车辆保险 △ (1)广义型:该保险承保在特定的条件下,驾驶借入车辆用于商业目的时造成第三者人身伤害或财产损害应承担的法律责任 (2)有限型:该保险仅承保在特定的条件下,指定的司机或其配偶驾驶借入车辆用于非商业目的时造成第三者人身伤害或财产损害应承担的法律责任

drive other cars endorsement (D.O.C endorsement) 驾驶其他车辆批单 △ 赔偿被保险人因驾驶未投保汽车导致他人伤亡或财产损失的批单

driver training credit 司机培训优待 △ 保险公司对于已参加过司机培训班的被保险人给予保费上的扣减

driving while intoxicated (DWI) 酒后开车 △ 被保险人酒后不能安全驾车。在个人汽车保单中保险公司可暂行终止保险责任

drop 汇率下跌;利率下跌
drop a lawsuit 撤诉
drop at (date) (自某日起)拒保 △ 规定续保直到一定日期为止的通知
drop down 递延责任条款 △ 在保险合同里,如果保险合同中的承保人未能完全履行其义务,由此造成的损失再保险人也要分摊
druggists liability insurance 药剂师责任保险 △ 对药剂师在工作中因疏忽或过失而导致人身伤害或财产损失并依法应负的赔偿责任提供保障的保险
dry-docking expense 船坞费用 △ 船舶因进出船坞所需要缴纳的费用
dry marine insurance 陆上运输保险 △ 承保被保险人的陆上运输工具或货物在陆上运输途中遭受意外事故所导致的损失
dry trust 被动信托 △ 仅授予受托人法律托管权,但不要求受托履行任何实质性的信托职责
dual budget for 复式预算
dual capacity doctrine 双重权利说 △ 民事程度规则中规定:有权享受工伤补偿给付金的雇员,在雇主行为不当造成人身伤害时,有权向法院申请,要求雇主提供超过劳工补偿给付金部分的补偿
dual-income family 双职工家庭 △ 夫妇双方均有收入的家庭
dual interest policy 双重利益保单 △ 对两个或两个以上的个人或公司提供保障的保单
dual life stock company 双重寿险股份公司 △ 同时可签发分红寿险保单和不分红寿险保单的股份公司
dual valuation 双重评估 △ 为调和保险人及被保险人因船舶价格波动对保险金额出现分歧时所采用的双重保险金额标准的办法
dual valuation clause 双重评估条款 △ 见 dual valuation
dud cheque 空头支票
due 1.应支付的 2.(票据等)到期的 3.[~s]捐税
due date 到期日 △ 银行票据或其他债务凭据到期支付的日子
due diligence 尽职
due diligence review 尽职审查
due from 存放同业 △ 应收同业欠款
due from banks 存放同业;存在同业的款项 △用在资产负债表中资产方
due from foreign account 应收外汇账款
due from other banks 存放同业 △ 应收同业欠款。同 due from banks
due from reinsurers and ceding companies 分入公司(再保险人)及分出公司往来收入款
due to 同业存放 △ 应付同业存款
due to bank account 你行账户;同业账户
due to banks 同业存放;同业存放的款项 △用在资产负债表中负债方
due to other banks 同业存放 △ 应付同业存款
duff fire 地下火 △ 地下火通常是由地面上的火导致的
dun for 催收(债务) △ 同 press for
duplex 供两家居住的房屋 △ 一个整体结构中设计有两套单独的住房
duplicate (dup., dupl., dupte.) 副本;第一副本;一式两份 △ 国际贸易上一切对外文件或单据,在正本之外,必须具备副本,普通有第一副本即可
duplicate coverage 多重保障 △ 在健康保险中,被保险人常常会购买两张以上保单,保障类型相同,形成多重给付保障
duplicate receipt 副收条
duplication 复制品 △ 对原设备的复制。当原件损坏时才使用复制品
duplication of benefits 多重保险金 △ 被保险人在两个或更多的重合或相同的健康保单下,通常可以得到不同保险公司、服务机构或预先付款计划的多重保障
duration of income 收入持续性
duration of insurance 保险期间 △ 自保

险人负担危险责任起至责任终了时的期间

duration of risk 危险保障期间 △ 保险人约定在一个时间段内如发生保险事故就给付损害赔偿或人寿保险金。这个时间段称为危险保障期间

duration of risk clause 保险期间条款 △ 规定保险人负担危险起讫日期的条款

duty 捐税

duty clause 关税条款 △ 承保出口货物在途损毁造成退税方面损失的条款

duty insurance 关税保险 △ 承保出口货物在途损毁造成退税方面损失的条款

duty of assured clause 被保险人义务条款 △ 海上保险的各种条款中规定被保险人及其雇员、代理人在向保险人提出赔偿申请时应履行义务的条款

dwelling 寓所 △ 人们居住的房子,以区别于仓库、工厂或其他建筑

dwelling building and contents broad form 住宅建筑物及室内财产广泛险保险单 △ 承保建筑物或室内财产的保额超过一定金额的广泛补偿保险单。两者可同时承保亦可单独承保

dwelling building and contents form 住宅建筑物及室内财产保险单 △ 承保建筑物或室内财产的保额低于一定金额的保险单,同基本住宅保险单

dwelling, building and contents insurance (DB & C) 房屋、建筑和屋内财产保险 △ 对不符合房屋所有人保单最低要求的居室、财产提供保险的保险

dwelling insurance policy programme 住宅保险 △ 对住宅的结构、房屋的附属结构、住宅内的私人物品和家庭财产提供保障的保险

dwelling package policy 住所综合保单 △ 承保所有自有住宅的综合保单,包括各种不动产、私人财产和综合个人责任

dwelling unit 居住单元 △ 起居生活用的住房,或打算作为起居生活用的住房

dying statement 死亡声明 △ 由认为即将死亡的人所作的死前声明。声明必须是实事求是的,必须表明,即将死亡者已意识到他即将死去

E e

early alert mechanism 预警机制 △ 同 forewarning mechanism

early retirement 提前退休 △ 年金保险条款之一,规定被保险人如在规定日期前退休,年金给付将按比例减少

early retirement age 提前退休年龄 △ 允许早退的年龄,可以选择即期或延期给付收入。如选择即期给付,则给付金额会有一个扣减

earmarked loan 特定贷款;戴帽贷款;限定用途贷款

earned income 已赚收入 △ 从日常工作中所得到的工资、佣金和小费的总和

earned premium 1.已赚收入 △ 从日常工作中所得到的工资、佣金和小费的总和 2.已赚保费 △保险起期已经预先缴付的保险费,在保险期满时未出现赔款而成为已赚的保费

earned surplus 营业公积金;盈余公积 △从已赚盈余中所提存的合法公积金

earning assets 收益资产 △ 产生收益的资产

earnings 收入 △ 通过提供个人劳务而获得的收入,即薪水、工资和佣金

earnings insurance 收入保险 △ 为因保险事故导致营业中断造成收入受损提供保障的保险

earnings per share (EPS) 每股收益 △ 有限公司利润按已发行股票数平均计算,不等于股东的实得股利

Earnings/Profitability 赚钱能力 △ 风险测量

earth movement exclusion 地壳运动除外 △ 因地壳的沉降、土地的松动或地壳的其他不稳定现象而造成的损失,保险公司不予负责

earthquake fire damage 地震火灾损害 △ 属地震保险承保范围。因地震引起火灾所造成财产损毁

earthquake insurance 地震保险 △ 承保财产因地震而造成的物质损失的保险

earthquake shock damage 地震振动损害 △ 属地震保险承保范围。因地震振动导致财产损毁

ease to 汇率跌至;利率跌至

East Asia Insurance Congress (EAIC) 东亚保险会议 △ 东亚各国的保险人组成的大型国际保险界的会议

Easy Pay System (EPS) "易办事" △ 汇丰银行的理财服务项目

e-banking 电子银行

e-commerce 电子商务

economic benefit 1.实质给付 △ 在确定应税额时,被保险人须申报所得给付的金额 2.[~s]经济效益

economic life 经济使用年限;经济年限;经济寿命 △ 一项固定资产所能提供服务的时间

economic life value 生命的经济价值 △ 由于被保险人的死亡而对家庭、企业所造成的直接和间接的经济损失的数额

economic loss 经济损失

economic net present value (ENPV) 经济净现值

economic obsolescence 经济性陈旧

economic or use value 经济或使用价值 △ 财产通常以其潜在收益能力作为衡量价值的标准

economic rate of return (ERR) 经济收益率

Economic Recovery Tax Act of 1981 (ERTA) 1981 年经济复原税法 △ 1981 年颁布放宽雇员保险金计划税收政策的一部美国联邦法

economic risk 经济风险 △ 由经济或货币因素造成的风险,如汇率风险等

economic value added (EVA) 经济附加价值

economy (ecom.) 经济
economy of independence 独立经济
economy of interdependence 互补经济
economy of interdependent activities 互补经济
economy of scale 规模经济
economy of specification 特色经济
economy of synergy 协作经济
educational endowment 教育资金保险 △保险人向投保人的子女提供教育经费,直到高等教育年龄为满期的一种养老保险
educational fund 教育基金 △用途之一,如果主要收入者不幸早逝,则这笔基金就用于支付子女的教育费用
educational trust 教育资金信托 △为改善教学环境而捐赠财产所设立的信托
education insurance 教育保险 △为确保被保险人的子女接受高等教育所需的必要经费而设计的一种人寿保险
Edward Lloyd 爱德华·劳埃德 △伦敦劳合社创始人。见 Lloyd's
effect 1.实行 2.效果;作用;影响 3.[~s]财物;动产
effective 有效的;实际的
effective date 有效日期;生效日期 △保单开始对承保的损失负法律责任的日期
effective period 有效期
effective rate of discount 实质贴现率 △见 nominal rate of discount
effective way of 有效途径
effective yield 实际收益率 △投资者先买进再出售一种证券所取得的收益率
effect of synergy 协同效应
effect payment 付款 △同 make payment
efficiency benefit cost rate (EBCR) 效益费用率
efficiency internal returns rate (EIRR) 内部收益率
efficiency-linked wages 效益工资 △和效益挂钩的工资
ejectment 收回不动产诉讼 △原告要求收回被告对不动产的占用权,并要求赔偿非法滞留的损失
elapsed years 经过年数 △在美国社会保障给付下,在计算某一劳工的平均月薪或平均指数月收入时,通常以劳工死亡、残疾或满62岁那一年,减去劳工满22岁那年所得到的年数为经过年数
elective benefits 选择性补偿 △在理赔中被保险人可以在给定的几种赔偿方式中进行选择
elective indemnities 选择性补偿 △同 elective benefits
electrial exemption clause 电气设备损坏免责条款 △财产保险通常对电气设备因电流的作用而损坏不负赔偿责任,但电气设备损坏后引起火灾并由火灾造成财产损失除外
electrical clause 电器条款 △所承保的电机或电器设备等因长期使用而老化或使用不当等原因导致保险标的损毁灭失,保险公司不负赔偿责任的条款
electric motive force (E.M.F.) 电力;电动力
electric motors and equipment insurance policy 电动机及电力设备保险单
electronic data processing (coverage) (EDP) 电子数据处理(保险) △承保因计算机的硬件、软件或数据被损坏而造成的直接和间接损失的保险
electronic data processing system (EDPS) 电子数据处理系统 △利用电子原理,高速处理资料的装置及其应用技术
electronic funds transfer (EFT) 电子资金汇兑 △通过电子计算机系统支付保费的一种方式
elevator collision insurance 电梯碰撞保险 △承保因电梯与他物碰撞而造成的结构、电梯或私人财产损失的保险
elevator liability insurance 电梯责任保险 △承保电梯运行中对乘客造成的损害的赔偿责任的保险
eligibility 投保资格 △投保人、被保险人应具备的资格
eligibility period 合格期间 △某人符合参加某一险种条件的期间

embezzlement 监守自盗 △ 财产的受托人盗窃所看管的他人财产

embezzlement insurance policy 盗用公款保险单 △ 承保某人因其雇员或职员盗窃而遭致的损失的保险

emergency 突然事件;紧急情况

emergency accident benefit 紧急处理给付 △ 为意外伤害患者的急诊费用所作的给付

emergency exposure limit 紧急风险限额 △ 个人在一段很短的时间内所面临的风险的最大限额

emergency reserve 应急准备(金)

eminent domain 支配权;征用权 △主权国家对民间私人财产的征用权

emotional intelligence (EI) 情商

empathy 换位思考;移情思考

empirical consideration 经验费用 △ 再保险人计算赔付比率时所考虑的费用、利润,以及为赔偿大额索赔案件而提取准备金的数额

empirical probability 经验概率 △ 从实验中得到的数学关系

empirical rate calculation 经验费率计算 △ 根据过去赔付记录而计算出的费率

employee benefit programme 职工福利计划 △ 由雇主支付给员工的工资以外的医疗费、残疾给付、退休金和死亡抚恤金

employee contribution 雇员醵出金 △ 作为福利计划的成本而从雇员薪金中留出的一部分款项

employee dishonesty coverage 雇员不忠诚保险 △ 承保被保险人因雇员盗窃财产等不忠诚行为而致的损失

employee legal obligation to fund 雇主投资的法律责任 △ 是养老金计划的一种安排形式

employee liability insurance 雇主责任保险 △ 根据劳工法、雇主责任法或雇佣合同,该保险承保雇主对雇员在受雇期间的人身伤害应承担的经济补偿责任

employee nonownership liability insurance 雇主非所有权责任保险 △ 承保雇主因雇员利用非雇主所有的车为雇主从事业务活动而涉及的有关民事赔偿责任的保险

employee organization 雇员组织 △ 为协调雇佣关系而由雇主成立的一种工会性质的组织

employee pension benefit plan 雇员退休金计划 △ 由雇员或雇员组织建立的计划基金,向退休雇员支付退休金或当停止工作后向雇员支付延期收入

Employee Retirement Income Security Act (ERISA) 雇员退休所得保障法 △ 1974年经美国国会通过的联邦法案,对设立退休金计划及利润分享退休计划作了各种规定

employee split dollar 批单分摊保费 △ 一种雇主拥有并控制的分摊保费计划,雇员的某些保单权益受雇主批单的保险

employee stock ownership trust 雇员持有股票信托 △ 以公司本身名义借示而设立的信托,日后再以公司对员工持股计划的每年提留偿还借款

employees' trust 雇员信托 △ 为合理运作退休金计划的金融媒介

employer's liability insurance 雇主责任保险

employment 招聘职工;雇用;就业;运用

employment benefit plan 雇佣给付计划 △ 由雇主提供给员工的寿险给付计划

employment by industry 行业就业情况

employment injury insurance 职业伤害保险 △ 承保雇员在工作中因伤害、疾病、残疾、死亡所致损失的保险

employment of capital 资本运用

enabling 赋予能力

encash 兑现 △ 兑现票据

encashment 兑现

enclosure (Enc., encl., enclo.) 附件

encroach on interest 侵害利益;侵犯利益

encroach on rights 侵害权利;侵犯权利

encroach upon interest 侵害利益;侵犯利益

encroach upon rights 侵害权利；侵犯权利

encumbrance 限制物权 △ 限制所有权的物权。通常分为有益物权及担保物权两类

end balance 期末余额

end date 结束日

ending 结局

ending balance 期末余额

ending inventory 期末存货

endless chain prospecting 连锁展业 △ 由保户将亲朋好友推荐给代理人作为保户来源的方法

end of period 期末

endorse 背书

endorsee 被背书人

endorsement 背书 △ 票据持有人于票据或单证转让时在票据或单证的背面签署(或盖章)，叫做背书，经过背书的票据或单证即可转让给别人

endorsement clause 背书条款

endorsement in blank 空白背书；不记名背书 △未记明受让人姓名(或名称)的背书

endorsement to bearer 来人背书；持票人背书

endorsement to order 指定式背书；凭指定背书

endorser 背书人

endow 满期 △ 保单现金价值等于保单面额时

endow at age 100 百岁满期 △ 投保人在100岁时保单现金价值等于保单面额

endowment 养老保险 △ 在约定时间内被保险人死亡或被保险人达到一定年龄时给付保单面额的保险

endowment amount 满期保额

endowment annuity insurance 两全养老金保险 △ 将延期退休年金保险与超过现金价值余额的期限递减保险相结合的险种

endowment at age 65 65岁满期 △ 投保人65岁保单满期的养老保险

endowment insurance 两全保险 △ 是寿险的一种，无论被保险人在期内死亡或期满生存，都将给付保险金的一种保险

endowment policy 两全保险单 △ 期满时现金价值与面值相等的寿险保单；被保险人期满生存或在期内死亡均可得到与保单面额相等的保险金

endowment with term insurance 多倍保障养老保险 △ 定期保险与养老保险相结合的险种

energizing 激发活力

energy-release theory (of accident causation) 能量释放理论 △ 由威廉·汉登博士于1970年提出的将意外事故引起的损失进行分类并予以制止的方法

engagement clause 开证行责任条款

Engel co-efficient 恩格尔系数 △ 家庭收支与用于食物的开支比例

engineering approach 工程方法 △ 在损失控制中，把工作地点作为事故的潜在原因并将其物理特征作为重点来研究的方法

engineering department 工程部门 △ 保险公司负责查勘定损的部门

engineering service 工程服务 △ 保险公司或其他专门机构为排除或减少可能造成损失的各种危险状况而提供的工程安全查勘服务

English Law and Practice Clause 英国法律及实务条款 △ 海上保险条款之一。内容为货物保险依英国法律及惯例执行

enrolled actuary 注册精算师 △ 为某一计划提供精算服务，并已登记注册的精算师

enrollment card 登记卡 △ 由成员签名以表明他们愿意参加团体养老保险计划的文件

enrollment period 参加团体保险的期限 △ 员工参加分摊保费医疗计划的期限

cntail 限定继承人的地产 △ 限定继承人的地产，不是所有的继承人都可以继承

enter 1.记入；登入 2.过账 △ 将日记

账分录过入总分类账。同 post 3.签订；缔结 4.报关 5.开始从事

enter an account in a book 把一笔账目记入账内

entered (Entd.) 记讫；已入账

entered at cost 按成本价入账

Enterpreneur of the Year 年度企业家

enterprise bonds 企业债券

enterprise contract responsibility system 企业承包责任制

entirety of the policy 保单的整体性 △ 承保许多独立项目或物件的保单，实行一次性交费，被保财产的任何一部分发生了违反合约的情况，都将使整个保单无效

entitlement (psychology of) （心理上）期望的权利 △ 表明人们对其合法愿望和需要的期望，社会应给予满足的概念和社会现象

entity agreement 合伙事业收购协议 △ 在合伙事业中，合伙人互保的协议，由合伙事业来收购死去或残疾的合伙人的股份

entity plan 共同经营法人保险 △ 在连续买卖合同中，商业实体同意购买已死业主的股权，因而在一定程度上增加了存活业主的利益

entries 分录

entry age normal 正常加入年龄 △ 在退休计划里指可以加入该计划的年龄，并从加入时起，计划对加入者开始生效

entry age normal funding 正常加入年龄式退休金 △ 退休金制度的普通年龄的加入者，也按普通加入年龄为基准计算成本的一种个人平准成本法

entry documents 记账凭证

entry mechanism 准入机制

entry price 进入价格 △ 进口到欧共体的农产品价格

entry slip 记账凭条

entry vouchers 记账凭证

Environmental Impact Statement (EIS) 环境影响声明 △ 根据美国联邦、州、地方《环境和土地使用法》的规定所作的一种声明

Environmental Protection Agency (EPA) 美国环境保护局

envisioning 提出远景

e-offer 电子报价

e-payment 网上支付

equal (eq.) 等于；相当于；等值

equipment dealers insurance 设备商保险 △ 对包扎机、收割机、犁、拖拉机、充气工具、压缩机、铲路机等设备提供一切险保障的保险

equipment floater insurance 设备运输保险 △ 承保财产在运输过程中因火灾、雷电、爆炸、暴风、地震、桥梁塌陷、洪水等造成的损失，是内陆海上保险的一种形式。保障形式视设备类型而定

equipment lien 衡平法留置权 △ 衡平法中规定的一种权利，将一项基金或财产的一部分或全部扣留作为债务的抵押

equitable loan 楼花按揭 △ 未竣工住宅抵押贷款

equitable subrogation 衡平法代位求偿权 △ 是普通法律中规定的一种权利，如果损失责任主要是由第三方造成的，那么保险公司在赔付被保险人后，有权从第三方责任者取得再赔偿

equity 1.纯资产 △ 扣除所有债务后的资产 2.调整后净值 3.股本；自有资本；股东的权益 △ 股东对公司资产净值实际享有部分 4.衡平法；衡平法上的权利

equity allocation 资本拨款

equity among policyowner 投保人间的公平

equity annuity 资产年金；权益年金 △ 年金投资于普通股，不保证收益，主要目的是避免通货膨胀损失

equity approach 股权法

equity-asset ratio 股权与资产比率 △ 同 equity-to-asset ratio

equity capital 权益资本；权益股本；自有资本 △ 企业主所投入的资金。与“借入资本”相对

equity contract 股权合同
equity-debt ratio 资产负债比率
equity dilution 产权稀释;产权平均值的减低 △由于发行优先股作为普通股的股票利息,从而使优先股、普通股产权平均价值减低
equity financing 增资扩股;股本筹措;发行股票筹资 △ 一家公司通过发行股票获得股金的筹资办法
equity fund 股本基金
equity interest 股本权益
equity in unearned premium reserve 平衡未满期保费准备金
equity participation 参股
equity rate 合理费率 △ 用于有较大风险的保险,通常有极好或极坏的索赔记录,因此一般费率不能代表其风险
equity share system 股份制
equity-to-asset ratio (E/AR) 股权与资产比率
equity value holding 权益变动性投资 △收益率随时间而变动且具有某种程度风险的投资,如股票、债券及互助基金等
equivalent (eq.) 等于;相当于;等值
equivalent level annual dividend 等量年均股息 △ 将保单的年平均股息在规定的时间内分配给保单持有者,其中最关键的因素是具体利率的估计
error in name 名字错误 △ 保单中被保险人的姓名或签单地点有误
errors and omissions excepted (E. & OE., e. & o. e.) 保留更改差错权
errors and omissions liability insurance 错误与疏忽责任保险 △ 该种保险通常适用于由于从业人员的疏忽或过失而造成额外负担户的人身伤害或财产损失的各种职业
escalate 汇率节节攀升;利率节节攀升
escalator clause 弹性条款 △ 在付租金契约中规定一个上下浮动的区间,以弥补一些偶然事件所带来的费用
escheat 收回;缴回;财产收缴 △ 政府所拨给的土地、资金或财产由于失去合法占有的根据或成为无主财产而收归国家
escort 押解;递解
escrow 待完成的担保证书;有条件转让契约;附条件交付契据;附条件交付证书 △委托代理人代管资金或财产,直至另一方完成必要条件后,交付资金或财产的契约
escrow account 保管账户 △ 因特殊用途又不便用实名而用第三者名义开立的账户
escrow agent 有条件转让契约代理人 △ 接受买卖双方的委托,监督买卖契约执行情况的人或组织
escrow analysis 第三者代管账户分析 △ 对第三者代管账户所作的定期检查,确认当月存款是否可以支付税收、保费和其他到期票据
escrow contract 代理合同 △ 由买方、卖方和受托代理人签订的三方协议,明确规定各自的权利、义务
escrow cost 第三者代管费用 △ 与不动产售卖或融资相关的所有费用
escrow credit 伊士克罗信用证;寄托信用证 △因待条件成熟而寄托于第三者的信用证
escrow fee 代管费 △ 代管人收取的服务费
escrow payment 代管支付 △ 是抵押人月付款的一部分,由债权人来支付税收、风险保费、抵押保费、租借费和其他应付费用
establish a letter of credit 开证;开立信用证
establish credit 开证;开立信用证
established fund 确定的基金 △ 由某一公司的雇员或公司交费而建立起来的福利和疾病基金
estate 产权 △ 财产权利
estate builder policy 自动增额子女保险 △ 以子女为保险对象的寿险契约,当被保险子女达到一特定年龄,通常为21岁,保单面额自动增加为原保额的5倍,不需再交费或进行体检

estate by entirety 夫妇共同占有财产 △ 丈夫和妻子在生存时对财产的共同所有权

estate in reversion 可望继承的遗产 △ 让与人同意让与的某些财产期限届满后,继承人方可实际占有的遗产

estate planning 产权计划 △ 积累、保存、分配个人财富的计划

estate protection 财产保全计划 △ 代理人为准保户设计一套财产计划,以尽量保持准保户财产的完整性,其重点为人寿保险的保额

estate settlement 遗产清算 △ 分配死者财产的一种程序

estate shrinkage 遗产减损 △ 遗产在转让给继承人的过程中可能减损的数额

estate tax 遗产税 △ 对遗产继承人因继承财产而征收的税

estate transfer 财产转移 △ 分配或分散财产的过程,在财产所有人生存或死亡后均可能发生

estimate (est.) 估计;概算 △对受损坏的财产(如车辆)的修理费所作的估计,这有助于保险公司对赔款的估计

estimated balance sheet 资产负债估算表

estimated maximum loss (EML) 估计最大损失 △ 在一般情况下,因发生意外事故时某一特定危险单位可能遭受的损失额

estimated mortality 死亡率预测 △ 根据某一时间某一团体的实际经验,对死亡率作出预测

estimated premium 估计保险费 △ 在保险中根据经验损失而收取的现时保费,最终将会对估计保费进行调整以反映实际损失

estimated total equity 调整后净值

estoppel 禁止翻供;不可悔改;不得抗辩 △ 在国际借贷中,当贷款人发现借款人所作的说明与保证失实时,贷款人采取的法律上的救济方法之一

estoppel certificate 不可悔改证件 △ 表明抵押财产的未付余额及利率和利息额的文件

et alibi (et.al.) 以及其他地方 △ = and elsewhere

et cetera 等等;以及其他等等

e-trade 电子商务

Euro-card 欧罗卡 △ 欧洲信用卡

evade debts 逃债

evade tax by deception or concealment 骗税

evade tax payment 偷税;逃税

evasion of debts 逃废债务

event insured against 保险事故 △ 承保责任内的事件发生后所致的损害、伤害或后果。保险人对保险事故负有赔偿或给付责任

evergreen clause 永久有效条款 △ 规定信用证永久有效,经保险人确认无效的除外

evidence clause 证据条款 △ 要求被保险人协助保险公司查找理赔案件所需的一切证据

evidence of insurability 可保证明 △ 可保申请人向保险公司提供的健康证明,通常采取体验的方式取得

exact date of exhaust 耗竭日 △ 在寿险中,指负债(贷款和利息)总额等于或超过保单现金价值的未来日期

exact interest 确切利息 △ 按一年 365 天计算的利息

exaggerated claim 夸大索赔 △ 在违约时,当事人一方要求超过实际损失的赔偿

examinant 检查人;审查人

examination 1.体检 △ 申请投保寿险或健康保险时所要进行的体验 2.监查;检验;审查 △制订规章的部门对保险公司的账簿所进行的定期检查

examination of account 审查账目

examination of title 产权检验 △ 对产权摘要或公开记录所记载的产权细目所进行的核查

examination under oath 无检验给付条款 △ 保险人可仅凭被保险人的陈述予以理赔的条款

examine and approve 核准

examined (exd.) 已查对;已验证

examined business 已体检业务 △ 已由投保人签字而且投保人已经体检但还未付保费的投保申请

examine documents 审单;审核单据 △ 银行在议付寄单之前对照信用证条款要求对货运单据进行的审查

examiner 检查人员 △ 审核投保申请及危险情况,以决定是否承保的承保人,以及核查保险公司经营记录是否合法的国空保险监督管理部门的官员

excapitalization (x.c.) 无红利股配给权的股票 △ 出售的股票无权分到公司按股权比例无偿分配给股东新发行的股票

excellent 优秀 △ 客户信用风险评级之一级

excepted city 除外城市 △ 不适用通用佣金率的特别列明的城市

excepted perils 除外危险 △ 保单上列明的不予承保的危险

excepted period 除外期间 △ 从保单生效日起不给付疾病保险金的一段时间

except for 查账附注 △ 审计师报告中的附加条款

exception 除外责任 △ 保单列明的不负赔偿责任的范围

exceptional 杰出 △ 客户信用风险评级之 级

exception clause 除外责任条款

exception of proceeds provision 保险金支付禁止规定

exception and reduction provision 除外和免赔条款 △ 保险单位规定,对一定损失(如自杀)除外不保或对其他损失(如精神病)减少保险金金额,以限制保险人的责任

excess 扣除免赔额;自负额 △在一次保险事故中,若干超出保单规定的金额或其一定的百分比,保险人不负赔偿责任;若超出,也只赔偿超出部分

excess arrears 逾期滞缴 △ 超过宽限期间仍未缴纳保费,因此引起保单失效

excess compensation 超额补偿 △ 给付之外给予的一种补偿

excess contribution 超额醵出金 △ 在合格退休计划里,对个人退休账户的醵出金超出税法规定的可扣除的限额,或为了向不符合个人退休账户资格的成员提供退休给付而醵出的部分,均属超额醵出金

excess credit 超额准备金 △ 银行因存款额减少或其他原因使其在央行的存款准备金超出法定数额的部分

excess current liabilities (XCL) 短期债务逾额

excess earnings approach 超额收益法

excess earnings method 超额收益法

excess fidelity bond 超额保证保险 △ 保证保险的一种,在保证保险基础上增加保额,对雇员的忠诚予以保障

excess franchise 扣除免赔额

excess initial expense 初年度超额费用 △ 寿险中指初年度费用超出附加保费部分

excess insurance 超额保障 △ 保险单承保某种危险"超过指定数额"损失的保险

excess interest 超过利息 △ 银行利率高于寿险保证利率的差额

excess interest whole life insurance 超额利息终身寿险 △ 假定实际所得利息会超过事先约定利息的 种保险

excess liabilities clauses 超额责任条款 △ 协会船舶保险时间条款之一

excess limit 超过限定额 △ 在责任保险中,由保险公司核保人就某种特定状况所能承保的或法定的最大金额而设定的限额

excess line broker 超额保险经纪人 △ 有权为在该州没有得到营业许可的保险公司处理该公司在该州所无法承保的业务的保险经纪人

excess of line reinsurance 超额分保 △ 将保险公司自留额以外的业务分保

excess of loss ratio reinsurance 超赔付率再保险 △ 当原保险人所承保的某项业务的损失率超出某一约定比例时,其

超出部分由再保险人赔偿

excess of loss reinsurance 超赔分保 △以赔款为基础来确定保险人的自负责任,超过这一自留责任但在规定限额之内的,由分入保险人承担赔偿责任的一种合同分保方式

excess 10% or 20% P.A. 单独海损按超过10%或20%赔偿 △船舶保险的一种

excess per risk reinsurance 超单位风险再保险 △原保险人所承保的某一风险单位的损失超过约定金额时,其超出部分由再保险人承担责任的再保险

excess plan 额外退休计划 △以超过社会保障制度中计算老年给付的最高薪金给付为基准而设计的退休给付计划

excess point 超额点 △非比例分保中再保险人开始承担损失的约定额

excess policy 超额保障保单 △承保其他保险所不能补偿的损失余额的保单

excess (nonproportional) reinsurance 超额赔款(非比例)再保险 △(1)只负责超出分出公司自留额的损失并有一定限额 (2)保险分出公司因单一事故造成的损失的一部分,但损失必须超出预先规定的数额

excess reinsurance 超赔分保

excess treaty 溢额合约再保险 △再保险一种。将超过自留额的部分(溢额)依合约予以分保

exchange 1.交易 △以财产或劳务交换现金、财产或劳务 2.兑换 △票证或货币之间的兑换 3.国外汇兑 △外汇 4.交易所 △买卖证券的市场

exchange clause 兑付条款

exchange exposure 汇兑风险

exchange gain 汇兑收益;汇兑利得

exchange loss 汇兑损失;汇兑支出

exchange memorandum 兑换结汇单;兑换水单

exchange of letters 换函

exchange of notes 换文

exchange profit and loss 汇兑损益

exchange quotation 外汇牌价;行市

exchange reserve 外汇储备

exchange risk 外汇风险;汇兑风险 △包括外汇汇率变动的风险以及实施外汇封锁的风险

exchange settlement 结汇;外汇清算

exchange surrender 结汇 △外汇管制国家中的进出口商按外汇牌价向外汇银行购买和出售外汇的结算活动

exchange terms 兑付条款

exchange-traded fund (ETF) 指数股票型基金

excluded articles 除外物品 △保单除外不保的物品,保单另有规定除外

excluded period 除外期间

exclusion 除外责任 △保单中规定除外不保的风险或限定保障的范围

exclusion allowance 除外津贴 △在延迟课税年金计划中,个人捐出至退休账户中而可免课所得税的醵出金

exclusion clause 除外责任条款 △在保单中规定除外不保风险的条款,如军用飞机、战争或事先存在的情况

exclusion from medical benefits exemption 医疗保险除外责任 △许多健康保险中医疗保险给付荐下的除外责任包括:由选择性的、非治疗的自愿流产而导致的并发症;由于非职业疾病、意外事故或伤害而引起的整容修复手术等

exclusion ratio 免减率 △年金契约的总支出金额中可享受免交所得税的比率

exclusion rider 除外责任附加条款 △附加在健康保险单上的一个条款,当损失是由该条款中列明的情况引起时不给付保险金

exclusions (business liability insurance) 责任保险除外责任 △为避免与其他保单的重复而作的规定

exclusions (homeowners insurance) 房主保险除外责任 △房主保险保单上列明的除外责任

exclusions (medical benefits) 医疗给付除外责任 △在团体健康计划中规定的除外责任

exclusions (property and casualty insurance) 财产和灾害保险的除外责任 △ 对各种灾害(如战争、洪水)、风险、财产(如宠物)和地点所作的除外不保的规定

exclusive agency system 专用代理人制度 △ 代理人只能为一家保险公司或某一保险集团代理业务

exclusive agent 专用代理人 △ 在给定市场或地区唯一有权为某保险公司售卖保险的代理人

exclusive listing 专属经纪人 △ 只为其唯一客户办理经纪业务的经纪人

exclusive method 排除法 △ 声明若干情况除外,以确定责任范围的方法

ex coupon (XC, x.c., x.cp.) 无利息票;不附息票;除息票 △ 售出的债券价格已减去了下期应付利息

exculpatory provision 开脱罪责条款 △ 是合法合同中的条款,对于当事人因其非故意的疏忽或遗漏而应负的责任可以免除

ex dividend (ex d., ex div., XD, x.d.) 无股息;除去股息;不计股息;无红利

execute 支付;执行;让渡(财产)签署盖章生效 △ 合同、协议的签署盖章生效

executed contract 已履行契约 △ 当事人中的一方已经开始履行并使之产生法律效力的契约

executed trust 已设定信托 △ 财产及权益均完全由信托设定书限制及界定的信托

execution 执行;执行令状 △授权法院官员将对财产或债务人的判决付诸实施的命令

execution of a contract 合同的签署盖章生效

executive board 执行局;执行董事会

executor 执行者;执行人 △法院任命去执行遗嘱的人

executory contract 未经履行的契约 △ 可于将来履行的契约

executory trust 将来有效的信托 △ 尚未完全生效,需再签订其他设定书的信托

executrix 女执行者 △ 被任命为担任执行者任务的女性

exemplary damage 惩罚赔偿金 △ 数额高于实际损失的带有惩罚过错性质的赔偿金

exemption 豁免;免除 △对于一定的人或在一定的情况下,对某些条款、法律所给予允许的例外情况

exemption of proceeds provision 保险金债务豁免条款

exempt pension trust 免税退休金信托 △ 由雇主出资为员工设立的一种退休金信托方式

exempt tax 免税

exercise an option to purchase of shares 行使优先认股权

exercise price 行权价 △ 期货交易

Ex Factory 工厂交货

exgratia payment 通融赔款 △ 对于某些索赔案,从法律上说保险公司不承担必须支付的义务,但为了避免法庭上的辩护费用的继续增加或为利于以后业务发展而支付赔款

exhaust loan 超额贷款 △ 保单贷款超过保单现金价值时,投保人应在被告知后偿还款项,否则保单作废

exhaust one's a/c position 斩仓

exhibit 明细表 △ 各种详细的报表

exhibition insurance 展览保险 △ 对展销商的产品在展销期间因保险事故而造成的损失提供一切险的保险

ex interest (x.i., x.in.) 无利息

exit mechanism 退出机制

Ex Mill 工厂交货

Ex Mine 矿山交货

ex new(x.n.) 无新股权 △ 无优惠购新股权的股票。出售的股票、无权比照老股东以优惠条件购买今后赠发的股票

expansion buyer 业务拓展性买方

ex parte 缺度优惠赔款 △ 由一方当事人在其当事人缺度的情况下提出的诉讼申请、请求

expectancy policy 平均寿命险 △ 以平均寿命为保险年数的定期险

expected loss 平均损失 △ 在一年(或其他期间)中可能发生的损失额概率分布的算术平均值或预期值

expected loss ratio 预平均损失率 △ 已发生损失与损失理算费之和同已满期保费之比为承保损失率

expected mortality 死亡率预测

expecting rating plan 预估费率计算法 △ 用于再保险,以前一期间的全部或部分损失经验为基础,作为决定再保险公司在约定期间的再保险保费公式

expediting charge 紧急支出 △ 支出一笔维修或更换费用以减少更大的损失赔偿

expediting expense 权宜费用 △ 为减少损失额而支出的修理、更换费用

expense (EXP) 费用;[~s](exs.)开支 营业费用 △ 除给付和赔偿外,保险公司业务运作发生的费用

expense charge 支出费用 △ 在可变和万能寿险保单中,所有费用在保单中均逐项扣除入账。这些费用数额固定或是按已付毛保费和现金价值的一定百分比计算

expense control system 费用控制制度

expense deferral 递延费用

expense factor 费用要素

expense incurred 已发生费用 △ 包括已发生并已支出及已发生还未支出的费用

expense limitation 费用限额 △ 规定的费用补偿的最高极限

expense loading 附加费用 △ 在费率制订中,在纯保费基础上附加的保险公司经营的费用

expense of management 经营费用

expense paid 已付费用 △ 已被保险公司支付的营业费用

expense participation 自负费用 △ 保险公司要求被保险人支付一部分合理的医疗费用而采取的一种方式

expense ratio 费用比率 △ 费用占保费的百分比

expense reimbursement allowance 费用补偿津贴 △ 在寿险中,由保险人付给代理机构的超过约定佣金的报酬,用以弥补代理机构的超额营业费用

expense reserve 费用准备金 △ 为支付未来费用而建立的基金

expense trends 费用倾向

experience 经验;经历 △被保险人的损失记录或某一险别的索赔记录

experience and service table 雇员在职残存经验表 △ 计算退休金费率的经验表

experienced mortality 经验死亡率 △ 实际发生(经历)的死亡率,通常指在团体保险中的实际死亡率,与预测死亡率不同

experience loss 经验损失 △ 保险用语

experience modification 经验修正 △ 由于经验费率的应用而对保费的调整,通常以百分比表示

experience rating 经验费率 △ 对个别风险确定保险费率时,全部或部分地以该风险的损失经历作为计算基础

experience refund 经验退款 △ 保险

experimentation 试验 △ 以观察到的现象或其他经验为根据对假设所作的试验

expiration 满期;截止;到期 △ 保单终止的日期

expiration file 满期档案 △ 由保险代理人保存的关于其代办业务的截止日期记录

expiration notice 满期通知书;到期通知书 △发给被保险人的、说明保险合同截止日期的书面通知

expiry date 失效日;有效期限;到期日

Ex Plantation 农场交货

explosion, collapse and underground (ECU) 爆炸、倒塌及地下危险 △ 通常为除外责任

explosion insurance 爆炸保险 △ 承保财产因爆炸而产生损失的保险,但蒸汽锅炉、管道或一些压力容器的爆炸除外

explosion-proof 防爆的 △ 附属于密封

的电动容器的、可使里面的可燃气的爆炸不会点燃外部的可燃气的装置

export (EXP) 出口;输出;输出品

Export Credit Guarantee Department (ECGD) 出口信用保证局(英)

export credit insurance 出口信贷保险 △ 又称 export insurance。对出口商因信贷风险、政治风险所致货款损失提供保险的保险制度

export documentary bill 出口押汇

export drawback 出口退税

export finance 出口押汇;出口融资

export-import bank 进出口银行 △ 是美国政府机构与对外信贷保险协会之间的合作组织,承保出口商在国外出售商品因收不到货款而遭致的损失

export letter of credit packing loan guarantee 出口信用证打包贷款担保

export loan insurance 出口贷款保险 △ 以出口贷款为保险标的的保险

export proceeds 出口收入 △ 扣除费用的出口收汇

ex-post review 事后检查

exposure 风险;危险 △损失的概率

exposure rating 风险评定 △ 制定险位超赔再保险费率的一种方法

exposure unit 风险单位 △ 保险费率厘定中所使用的标准单位

express (EXP) 快捷

express convenants 明示契约 △ 合同的一些组成部分,特意表明当事人的意图

express delivery 快递 △ 英国用语

expressed authority 明示权力 △ 在代理协议中授予代理人的特定权利

express mail 快递

express trust 明示信托 △ 以口头或书面的方式,明白阐明信托条款而设定的信托

express warranty 明示保证 △ 以文字的形式明确表示的保证

expropriation insurance 征用保险 △ 海外私人投资公司对在发展中国家投资的美国公司因所在国政府征用财产而导致的损失提供保障的保险

Ex Quay 码头交货

ex right(x.r.) 无权认购新股

Ex Ship 船上交货

extend 展期;[~ed]延期的;扩展的

extended expiry date 展延满期日

extended health care insurance 延伸健康保险 △ 是健康保险的一种形式,主要承保政府计划中不负责的住院和医疗器械、救护车、个人专职护理等费用的补偿

extended insurance 展期保险 △ 寿险为长期保险,在长时期的缴纳保费期间,因特殊原因不能继续缴费且又不愿中断保险时,可订立展期保险条款,使保险继续有效

extended term insurance option 限期人寿保险 △ 在不丧失保险金的情况下,用保单净现金价值购买的原保单保额的定期保险

extended wait 展期等待 △ 是健康保险的一种特殊形式

extension 展期 △ 将原满期间向后推延,是约定的继续

external 1.外部的;外界的;对外的 2.[~s]外部情况

external audit 外部审计 △ 由非企业职员所从事的审计

external coinsurance 对外共保 △ 共保群体中的每一个体与被保险人有直接利益关系的形态

external director 独立董事;外部董事 △同 outside director, independent director

external environment assessment 外部环境评估

external financing 向外筹措资金;外来资金供应

external sources 外来资金

external trade cover 第三国出口保险 △ 出口保险的一种,承保被保险人向国外客户出口第三国的商品时,买方不付货款所致损失的保险

extinguishment 熄灭;灭火 △阻止火灾继续造成损失的行为

extortion insurance 勒索保险 △ 承保被

保险人因被胁迫而造成的财产损失

extra (ext.) 超等;额外的;附加的

extra-budgetary (XB) 预算外

extrabudgetary funds 计划外资金

extra charge 额外费用 △ 专指在海上保险索赔时提供证明需要的费用

extra contractual obligations (ECO) 额外契约责任 △ 是再保险合同中的一个条款,由分出公司签发的保单而引起的责任,再保险人给予保险

extra dividend 额外股息 △ 除了定期股息外而支付的股息

extra expense 额外费用 △ 企业在遭受损失后为了使营业不中断而必需的额外项基金。对于居民来讲,又称额外生活费用

extraneous risks 特殊风险;附加风险 △ 不属于保单基本承保范围的风险

extra-ordinary shareholders' meeting 特别股东大会

extra premium removal 免缴额外保险费 △ 附加保险责任解除后,对额外保费的免收

extra protection benefit 额外保障给付 △ 寿险条款之一。对附加保险责任提供超额给付

extra risk 特别风险 △ 发生概率超过正常值的危险或事故发生时造成巨大损失的风险

extra time 超时 △ 超时工作会增加风险,如要投保的话,必须在保单措词中特别指明:是否要交额外费用要由公司决定

extremely flammable 极易燃烧物品 △ 燃点在华氏 30 度(摄氏-1.11 度)以下的任何物质

Ex Warehouse 仓库交货

ex warrants (XW) 无股息单

Ex Work XX (EXW) 启运地交货价

F f

face amount (FA) 面额
face amount certificate 面额证券 △ 一种投资证券。发行人到期给付约定的金额
face of policy 保单票面 △ 保单的第一页
face value (FV) 面值;面额 △同 face amount
face value of the policy 保单面值 △ 即保险金额
facility 1.[~ies]设备;设施;工具;便利条件 2.资金通融;贷款
facility of payment 融通给付 △ 寿险保单无指定受益人或受益人未成年或无行为能力时,保险人对保单上的任何被保险人的亲属所作的给付
Fackler's formula 法克勒公式 △ 美国精算师 Fackler 演算出的普通寿险准备金公式
facsimile 传真 △ 通常用 fax
facsimile signature 复制签字 △ 签字机或印章代替亲手签字
facsimile telegraph 传真
fact-finding interview 核实 △ 保险业务员与客户进行的关于了解保险标的情况的谈话
factor 保理商 △ 保理商(银行)从客户即供应商那里买进,通常以发票表示的对债务人的应收账款,并负责信用销售控制,销售分户账管理和债款回收,这种综合性的售后服务叫做"保付代理业务",简称"保理业务"(factoring)
factoring 保理;代理融通 △某一企业将其应收账款交由代理融通公司负责收取并承担一切债权损失,而由后者将账款付给前者(扣除一定数额的佣金及费用)的一种迅速获得资金的方式
factoring commission 保理佣金
factoring company 保理公司
factoring of invoices 保理贴现;发票贴现
factory mutuals 工厂互惠 △ 一组相互保险公司,主要签发关于工厂和有关生产设备的保单
factual expectation 事实预期 △ 如果某人对某事件有可靠的预见性并具有货币利益,那么由此可产生保险利益
facultative certificate of reinsurance 临时再保险证明书 △ 由再保险人出具的载明原保险人的有关保险细节的文件,以证明再保险人接受该项临时分保业务
facultative obligatory treaty 临时固定分保合同 △ 是介于临时分保和合同分保之间的一种分保方式。分保人可以选择是否分保,但再保险人必须接受分保
facultative reinsurance 临时再保险 △ 在需要分保时临时达成协议的再保险行为
failure to perform exclusion 未履约免责条款 △ 普通商业保险规定,由于被保险人未按合同要求履行其职责而导致不动产或动产的使用价值的损失,保险公司不予负责
fair 尚好 △ 管理人员评级之一级
Fair Access to Insurance Requirements Plan (FAIR) 公平保险需求计划 △ 为了让更多的企业或家庭能够购买财产保险,美国联邦政府以超赔再保险方式为基础创立了公平计划
fair average quality (FAQ, f.a.q.) 中等平均品质;良好平均品质
Fair Credit Reporting Act 公平信赖报告法案 △ 美国联邦法律规定,投保人有权与资信调查组织取得联系,并获悉记载于投保人档案的信息,了解被拒绝参加保险的理由

fair market value 公平市价;公允市价 △由公平市场机制形成的价格

fair plan 公平计划 △ 对保险需求提供公平待遇的计划

fall 汇率下跌;利率下跌

fall due 到期;到履行期

fallen building clause 坍塌建筑条款 △ 一些财产保险合同中规定,建筑物由火灾或爆炸以外原因而导致坍塌后,保险合同对损失不负责

falling aircraft and vehicle impact form 航空物坠落和机动车撞击保险 △ 承保保险标的因航空物坠落和机动车撞击造成的经济损失的保险

false 假的;谬误的

false entry 记假账 △ 为非法占有金钱或资产而假造的账目记录

false export 假出口 △ 以骗取出口退税为目的制造假出口单据报关,实际上货物并未出境的诈骗行为

false representation 虚报;谎报

family automobile policy 家庭汽车保险单 △ 汽车保险的一种,包括责任保险、医疗费用保险、车身保险及无保险驾驶人保险四部分

family considerations 家庭考虑因素 △ 影响购买寿险的因素,如配偶的求职能力、孩子的年龄、储蓄、投资及未来工作年限期望值

family dependency period 家庭抚养期间 △ 承担家庭主要经济收入的被保险人死亡,其配偶须抚养子女至 18 岁止的期间

family expense policy 家庭意外费用保险单 △ 承保保单持有人及其直接受抚养者(通常指配偶和孩子)的医疗费用的健康险保单

family history 家庭史 △ 家庭血亲健康状况的历史资料

family income 家庭收入 △ 由家庭成员所挣并用于家庭消费的总收入

family income policy 家庭收入保单 △ 将终身寿险和期限递减寿险结合起来的一种保单

family income rider 家庭收入附加条款 △ 与家庭收入保单基本相似,只是期限递减保险是作为附加条款加到终身寿险保单上的,而不是两个保单的联合

family insurance policy 家庭保险保单 △ 在一份合同下保障家庭所有成员的寿险保单

family life insurance 家庭寿险 △ 为全家人提供寿险保障的险种

family maintenance policy 家庭保障保险 △ 终身保险与定期保险相结合的一个险种。其中定期部分的期限可由被保险人选定

family plan 家庭保险

family protection policy 家庭保障保险 △ 同 family maintenance plicy

family rider 家庭特约保险 △ 以选择的方式附加在以户主为主契约的特约保单,其目的是使家庭其他成员获得补充保障

family situation 家庭情况 △ 在生命和健康保险中,每一家庭都应至少有两个人,至少应有一个人的收入能为家庭生活提供资金来源

family split-dollar life insurance plan 家庭保费分摊寿险计划 △ 保费由父母和子女分摊,子女为被保险人的寿险保障计划

family term insurance 家庭定期保险 △ 为一家之主逐渐减少的维持家庭生活的责任提供的期限递减的保险

fancy paper 热门股票 △ 效益较好的企业发行的股票股息较高,成为公众抢手的股票

farmers and ranchowner insurance 农场主和牧场主保险 △ 是为住所及其中的财物、谷仓、马厩和其他土地上的建筑物及责任提供保障的综合险

farmers comprehensive personal liability insurance 农民综合个人责任保险 △ 除提供与综合责任保险保单相同的保障外,还保障农场面临的特殊风险

farm mutual 农场相互保险公司 △ 经营农场财产保险的相互保险公司

far months 远月份 △ 远期合同中离生效日较远到期的月份

farmowners policy 农场主保险单 △ 承保农场主的财产损失的保险单

farmowners policy programme 农场主保险计划 △ 为农场主设计的承保多项保险事故的方案，包括被保险人的法定责任

farmowners-ranchowners policy 农牧场主保险单 △ 见 farmowners policy

fashion shares 流行股 △ 在短期内因某种原因被抢购后又被人量抛售的股票

fate of classification 产品等级率

faulty installation 有缺陷的安装 △ 承保因设备安装的错误而导致的财产损失

favourable 赞成的；有利的；优惠的

favourable balance 顺差

favourable terms and conditions 优惠的条件

fax 传真 △ 同 facsimile

fax charge 传真费

fear of peril 海难惧怕 △ 船长因害怕发生危险而采取错误行为导致财产受损时，保险人不负赔偿责任

federal crime insurance 联邦犯罪保险 △ 由美国政府机构联邦保险局提供的保险，是非强制性的

federal crop insurance 美国联邦农作物保险 △ 由美国政府机构对生长中的农作物提供的保险，是非强制性的

Federal Deposit Insurance Corporation (FDIC) 联邦储蓄保险公司(美)

Federal Employees Group Life Insurance (FEGLI) 联邦雇员团体寿险 △ 由一主要私人寿险公司经营管理并通过私人寿险公司分保的计划。主要向被保险人提供死亡保险金

Federal Employers Liability Act (FELA) 联邦雇主责任法 △ 规定铁路负责人对铁路工人遭受与职业相关的伤害或死亡所负责任的联邦法

federal estate tax 联邦遗产税 △ 对死亡者财产或财产利益转移所课征的一种联邦税

federal flood insurance 联邦洪水保险 △ 如果某一社团符合国家洪水保险法中规定的条件，该社团的成员就可按优惠或非优惠费率投保洪水保险

federal funds 联邦资金 △ 美国联邦系统中，成员银行在联邦储备银行的存款账户的余额中可立刻使用的金额

federal funds rate 联邦资金利率 △ 美国联邦储备系统的美国商业银行之间资金拆借的隔夜利率

federal gift tax 联邦赠予税 △ 对公民生产财产的赠予超过免税额所课征的联邦税

Federal Home Loan Mortgage Corp (FHLMC) 联邦住宅贷款抵押公司(美)

Federal Housing Administration (FHA) 联邦住宅管理局(美)

Federal Insurance Administration (FIA) 联邦保险管理局

Federal National Mortgage Association (FNMA) 联邦国民抵押协会(美)

federal officials bond 联邦官员保证 △ 承保美国联邦政府因其雇员的不忠行为而导致的损失的保险

Federal Reserve System (FRS) 联邦储备系统(美)；联邦准备制度 △是美国起中央银行作用的融资组织的总称。成立于 1913 年，由联邦储备委员会、联邦咨询理事会、12 家联邦储备银行及其 25 个支行等组成

Federal Savings and Loan Insurance Corporation (FSLIC) 联邦储蓄贷款保险公司

Federal Security Agency (FSA) 联邦证券局

federal unemployment insurance tax 联邦失业保险税 △ 美国政府向企业雇主征收的一种税，用于为失业者提供救济金

Fed funds 联邦资金 △ 同 Federal funds

fee-for-service reimbursement 费用报销

fee income 费用收入

fees and expenses on a full indemnity basis 实报实销费用与开支

fence-off risks 风险规避

fend off financial risks 化解金融风险

fictitious 1.虚假的;空头的 2.虚伪资产

fictitious bill 假票据;空头支票

fictitious capital 虚拟资本

fictitious group 虚设团体 △ 为获得团体保险而联合起来的一组人

fidelity and surety catastrophe insurance 诚实与保证巨灾保险 △ 是诚实保证保险公司通过再保险分散其责任的机制

fidelity bond 诚实保证 △ 承保雇员因各种不诚实行为而使雇主遭受的损失

fiduciary 1.信托的;受信的;(纸币)信用发行的 2.信托业务 3.受信托人;财产受托人 △ 任何负责保管或处理其他人财产的人员,如代理商、遗嘱执行人、破产接管人等

fiduciary aspect of insurance 保险受托人 △ 保险公司为被保险人掌管基金,以保险协议的方式承诺在公司收到保费后将给付所有保险金的人

fiduciary bond 受托保证 △ 主要保证经由法庭命令为他人利益管理财产的人得以忠实尽责

fiduciary duty 受信责任

fiduciary liability insurance 受托责任保险 △ 承保受托人因失误或过失而对其所管理的抚恤和福利基金、利润分享和其他职工保险金计划造成的损失

fiduciary loan 信用贷款;信用放款 △ 不需要提供担保的贷款,同 credit loan

field 种类;部门;销售地区 △ 保险中指保险的种类和部门,或指业务员、代理人或保险人销售的地区

field force 外勤人员 △ 一般指保险公司的外勤业务员及其管理人员

fieldman 外勤员 △ 外勤员主要指在分公司或代理店的服务及营销人员

field organization 外勤机构 △ 由外勤人员及其管理人员组成的部门

field representative 业务员 △ 保险公司的展业人员

field work 现场工作 △ 保险代理人在办公室外展业或提供服务性工作

fifth dividend option 第五红利选择权 △ 用当年红利或累积红利购买赠额保险的选择权利。通过此选择可提高被保险人的保障水平

figure (fig.) 数字;in [~ s]小写金额

filter money 洗钱 △ 同 launder; money laundering

final 最终的;决定性的

Final Accounting Statement 会计决算报表

final average formula 最终服务期间平均薪金给付方式 △ 以退休人员退休前 5 - 10 年的平均工资为依据确定退休金给付额的方法

final earnings basis 最终薪水给付法 △ 以退休人员退休前(通常为最后一年全年)工资为标准确定退休金给付的方法

final expenses 善终费用;善终费用基金 △补偿丧葬费、遗嘱检验费、医疗费和其他与死亡相关的费用的寿险给付基金

final insurance 最终保险 △ 从寿险保单的现金价值中支付保费的保险

final pay plan 最终薪金基准给付退休计划 △ 见 final average formula

final proof 最终证明书 △ 被保险人在寿险中收到最后给付时向保险人发出的款项已收讫的证明文件

final settlement of account 决算;最后结算

final statement 决算表 △ 年终正式编制的财务报表

final-test yield/rate 最终验收率

financed insurance 保费融资保险 △ 将保单现金价值中的资金转作保费的保险

financed premium 融资保费 △ 通过保单以外的贷款支付的保费

finance lease guarantee 租赁担保

finance plan 初期补助计划 △ 对新招入的保险业务员在约定期间(通常为几

个月)提供佣金补助的协约。对新业务员需在初期给予帮助

finance position 财务状况

financial 财政的;金融的

financial accounting 财务会计;理财会计 △财务会计是现代企业会计的两大分支之一

Financial Accounting Standards Board 87 (FASB) 财务会计标准委员会第 87 号 △ 由美国财务会计标准委员会制订的一项养老金会计制度

financial adjustment 财务调整

financial assets 金融资产

financial benefit cost rate (FBCR) 财务效益费用比;财务效益费用率

financial bond 金融债券

financial considerations 财务因素 △ 保险人在决定购买寿险保额时所考虑的投资和储蓄情况

financial derivatives 派生金融产品;派生金融工具

financial document 金融单据

financial fraud 金融诈骗

financial income 财务收益

Financial Institutions Reform, Recovery and Enforcement Act of 1989 (FIRREA) 1989 年金融机构改革、恢复和实施法案 △ 1989 年美国联邦储蓄和贷款保险公司破产后颁布的一项关于为加强第三产业而实行必要的结构改革的法令

financial intermediary 金融居间人;金融中介 △一种吸收储蓄者资金并将其贷给借款人的金融机构,诸如互助储蓄银行、储蓄与放款协会、保险公司、金融公司、养老金信托公司以及投资信托公司等等

financial internal revenue rate (FIRR) 财务内部收益表

financial lease guarantee 租赁担保

financial leverage 财务杠杆(作用) △一个公司利用长期债务筹措资金,以增加公司的净利

financial loan 财务贷款 △ 寿险保单办理的保单贷款之外的其他贷款

financial net present value (FNPV, NPV) 财务净现值

financial policy 财务政策;金融政策

financial position 财务状况 △ 一个企业的资产现值、负债总额、营业收支和损益情况以及资本结构等

financial profile 金融轮廓;财务轮廓

financial rate 金融汇率

financial reinsurance 融资再保险 △ 在该再保险合同中,再保险人的总责任有一限额,未来的投资收入也是承保过程的一个组成部分

financial report 1.财务报告;财务报表 △一个公司在年终向股东提交的关于经营成果和财务状况的报告,包括损益表、资产负债表、有关公司未来计划和本年度企业状况的说明 2.年度决算报告;年度财务决算报告

financial reproting 财务报告 △ 财务状况的记录和呈报,如保险公司的年度报表

Financial Responsibiliby Law 财务责任法 △ 该法要求汽车驾驶员必须具有偿付与汽车相关的各项支出的财务能力

financial responsibility clause 财务责任条款 △ 是汽车保险(如私人汽车保单)中的一项规定

financial risk 金融风险;财务风险

financial situation 财务状况 △ 同 financial position

financial standing (fin. stndg.) 财务状况;资产状况

financial statement (fin. stat.) 财务报表;财务报告 △ 企业组织依照会计记录于期终所编制的反映该企业组织前期整个财务情况的汇总报表。其中包括资产负债表(即平衡表)、损益计算书(或收益表)、盈余计算书、盈余分拨计算书、费用内容表、预决算书及财产明细表等

financial swindling 金融诈骗

financial year (fin.yr.) 财政年;会计年

financing 初期津贴 △ 对机关报就业的保险业务员因初期业务较少而给予的薪金补贴,此津贴随日后业务发展而扣还

financing method 资金管理方法 △ 合理运用寿险基金的方式

finder's fee 中间人报酬 △ 付给促成交易的中间人的酬金

fine 罚款

fine art dealers insurance 艺术品保险 △ 对艺术作品、古董和具有相似价值的物品提供的一切险

fine arts and antiques insurance 美术品与古玩保险 △ 承保由个人或团体所拥有的画、蚀刻画、花毯、艺术玻璃窗、古式家具、收集的硬币和邮票的保险

fine arts floater 艺术品流动保险 △ 承保艺术品因意外事故而遭受的各种损失的保险

fine cargo 精良货物 △ 洁净、干爽、无污染、不损害其他货物的货物

firebug 纵火者

fire catastrophe reinsurance 火灾再保险 △ 火灾保险的直接承保人为防止火灾风险的累积或避免巨额风险责任而采取的分散风险的方式

fire clause 火险条款 △ 在租赁合同中规定,如果因火灾而使财产遭受一定程度的损失,那么合同中达成的修复协议自动生效

fire damage 火灾损失 △ 由火灾或其后果导致的任何损失,也包括修复或重置房屋、结构物或其中物品的费用

fire department service clause 防火部门服务费用条款 △ 在财产保险中规定,防火部门为减少被保险财产的损失而采取措施所发生的费用,保险人给予赔偿

fire division 火灾分界 △ 由防火墙将一建筑物分成不同的区域,以降低火势蔓延的可能性

fire door 防火门 △ 用耐火材料制作,安装在防火墙上的门

fire insurance 火灾保险 △ 以存放或坐落在固定地点范围内的各种物质财富及其有关利益为保险标的的保险

fire insurance policy 火灾保险单 △ 承保坐落在保单中所描述地点的财产的保单

Fire Insurance-Standard Fire Policy 火灾保险—标准火险保单 △ 是大多数国家采用的一种标准形式,也称为165行保险单

fire legal liability insurance 火灾法律责任保险 △ 承保被保险人因其疏忽或过失而使火势蔓延,造成他人的财产损失,由此而需承担的赔偿责任

fire limit 火险限额 △ 某地区火灾保障的限度

fire load 火灾负荷 △ 可充当恶意之火的可燃性材料的数量

fire map 火险地图 △ 表明在一给定地区所签署的火险合同的标的坐落地点及分布情况的地图

fire mark 火险标记 △ 由特定的保险公司在被保险财产上所作的证明已保险的标记

fire mark society 火险标记社团 △ 由国家专业保险代理人协会成立的财产和事故保险代理人销售荣誉集团

fire marshal 防火部门主管人 △ 负责灭火及调查火灾原因的官员

fire policy (F/P) 火险保险单

fireproof 防火建筑 △ 同 fire resistive construction

fire protection 防火 △ 控制火灾和灭火的方法

fire resistive construction 防火建筑 △ 用权威部门认可的砖石或防火材料建筑外部的墙壁、地板和屋顶以减少潜在火灾的严重性并可降低费率的建筑

fire retardant 火灾抑制剂 △ 比耐火材料的耐火程度低的防火物质

fire severity 火灾严重性 △ 由火灾引起的相对损失额

fire spread travel 火灾蔓延路径 △ 在火灾调查中对燃烧方向的解释

fire suppression system 火灾控制系统

△控制、限制火势或灭火的系统

fire travel 火势蔓延路径 △同 fire spread travel

fire triangle 火灾三角形 △三种基本元素——燃料、氧气和温度的结合

fire, wind & theft 火灾、风和盗窃 △对特定灾害所造成的物质损失提供保障的一种汽车保险。可以单独承保也可联合承保

firm offer 实盘 △交易一方发盘人向另一方受盘人提出备项交易条件,并愿意按这些条件达成交易。如果受盘人接受即可成交

first class (A1) 头等;一级;最好

first degree burns 表皮烫伤 △皮肤表层被烧伤的情况

first demand guarantee 首次索偿即付履约保函

first-dollar coverage 金额给付保险 △医疗保险用语。指医疗费用从发生第一元钱起即由保险公司给付,无需被保险人自己承担任何费用

First-In, First-Out (FIFO) 先进先出 △存货计算法

first-in, still-here (FISH) 先进还存法 △同后进先出法(LIFO),一种与期末库存相联系的计算存货价值的会计方法

first loss insurance 第一损失保险 △被保险人同时向多家保险公司购买保险以承保同一风险,发生保险事故后处在第一位承担赔偿责任的保险合同

first mortgage 第一抵押权 △比所有其他抵押物享有优先权的优先权抵押

first of exchange 正本汇票

first party insurance 第一方保险 △承保被保险人自己的人身伤害和财产损失的保险

first party release 第一方责任免除 △是被保险人与保险公司之间达成的协议,当出现保单中规定的情况时,被保险人的责任可以免除

first policy year 保单第一年度 △保单生效的第一年

first-timer 首次消费者

first-year premium 第一年保费 △在保单第一年内到期的保费,而不论是按年、半年、季、月或按周缴纳。在第一年以后到期的保费称为续保保费

first-year-premium problem 第一年保费问题 △保险人对于第一年度保单会遇到收不抵支的问题

fiscal and taxation system 财政税收制度

fiscal transfer payment 转移支付(财政) △地方本应上缴中央财政的部分税收不入国库,而是按中央财政要求就地拨付解决当地或异地资金困难项目

fiscal year (fin.yr.) 财政年;会计年;会计年度 △财务报表、资产负债表、损益表和其他财务总结所反映的任何以十二个月为一期的年度

5-category classification of borrowers 借款人五级分类

Five C's of credit 评价借款人须考虑的重要因素;信用5C

five or ten years certain annuity 五年或十年确定年金 △固定给付金额的年金

five percent rule 5%规则 △雇主每年提存的退休金不得超过享受退休金的雇员总工资收入的5%

five point policy 五项责任保单 △汽车保单术语,在该保单下只有一个公司提供综合汽车险

5-tier classification of borrowers 借款人五级分类

fixed 固定的;定期的

fixed-amount installments 定额分期福利金 △一种付清保险金的选择方法。定额分期福利金一直支付到本金和利息用完为止

fixed amount settlement option 固定给付额选择权 △保险受益人受领固定金额给付的选择权,受领的次数视保险给付金额的多少而定

fixed and fittings 设备与家具 △附着在财产上并成为其一个永久性组成部分的物件,但有时也指非永久性附着物件

fixed annuity 固定年金 △ 在保险期内给付固定数额的年金
fixed assests appraisal surplus 固定资产增值公积金 △ 资本公积金的一种
fixed asset investment 固定资产投资
fixed assets 固定资产 △ 可供长期使用,并在其使用过程中保持原有物质形态的劳动资料和生产资料。固定资产分为生产性固定资产和非生产性固定资产两种
fixed benefit retirement plan 固定退休给付金计划 △ 按固定金额或固定比例提供退休金的一种养老计划
fixed capital 固定资本 △ 流动资本的对称。它是生产资本的一部分,以机器、设备、厂房等形式存在的资本
fixed charge coverage ratio 固定费用保付率
fixed-coupon bonds 定期付息债券
fixed daily benefit 每日定额给付 △ 健康医疗保险术语
fixed deposit 定期存款
fixed dollar annuity 固定收入 △ 不受变动因素(如利率、通货膨胀等)影响而获得的定额给付
fixed number 定数 △ 电讯密押组成部分
fixed-period installments 定期分额福利金 △ 一种付清保险金的选择方法,保证在指定期限内平均分期付清偿付金额
fixed period option 固定期间选择权 △ 同 fixed period settlement option
fixed period settlement option 固定期间给付选择权 △ 固定保险金给付次数的寿险给付选择权,每次给付金额视保险金的多少而定
fixed premium 固定保费 △ 在整个保险期间都支付相同的保费
fixed-rate mortgages (FRMs) 固定利率抵押 △ 长期(15-30 年)抵押贷款的利率始终不变,每期的还本付息数额都一样
fixed term policy 确定日期给付保险 △ 人寿保险的一种,即不管被保险人何时死亡,到合约约定的期满日才给付保险金的保险
fixed trust 确定信托 △ 受托人严格按信托协议从事信托业务的信托方式
fixed-value holdings 固定回报投资 △ 确定回报率的投资
flat 1.无息的;纯的;平准的 △ 在保险中指免收服务费或无息的方式 2.统一的;(价格等)无涨落的
flat benefit 统扯保险金 △ 按固定金额而不是按收入的一定百分比给付保险金
flat cancellation 免费取消契约 △ 投保人取消新契约可不负担费用的做法
flat commission 统一手续费 △ 不考虑风险和保单的类型而付给代理人统一的手续费
flat deductible 统一免赔额 △ 由被保险人自负的费用支出
flat dollar benefit 统一年金给付 △ 退休保障计划中,不论工作年限及工资级别,退休员工领取统一的年金
flat extra premium 统一额外保费 △ 在规定保费之外支付的一定数额的额外保费
flat interest 平均利率 △ 不依时间长短而制定的简单的平均利率。如 5% 利率,不管时间长短,一律以此计息
flat management 扁平化管理
flat maternity benefit 固定产妇给付 △ 在产妇住院保险中,不论实际费用开支多少而支付的定额给付
flat percentage benefit 退休给付
flat rate 统扯费率;统一费率 △对每一个使用单位均按统一的收费率而不是根据实际的使用量收费
flat rate system 均等费率制 △ 多见于各国社会保险制度中,即不论被保险人的收入多少,一律缴纳均等保险费,同时领受均等给付
flat schedule 统一费率表 △ 同 flat rate
flat sum benefit 均等给付 △ 同 flat dollar benefit
flatten one's position 平仓;平盘 △外

汇、证券等交易用语,指买卖平衡不留敞口以避风险

flat yield 统一利润 △ 来源于投资所得的利息或股息的年利润除以价格,然后乘以100

fleet of companies 集团企业 △ 共同所有、共同经营的几家保险公司的联合,并在同一个所有权人管理之下

fleet policy 船队保险单 △ 以一张保单承保多艘情况并不相同的船舶

Flesch Test 福来曲测验 △ 测试阅读材料难易程度的方法。此法可检验保单的文字是否易懂

flexible funding 变动基金 △ 被保险人向保险公司按月支付金额相对较小的保费,保险公司从被保险金所拥有的基金中支付赔偿金。如果索赔超过了规定的极限,保险公司负责超额部分的损失

flexible premium 可变保费 △ 交费数额外负担和频率发生变动的保费

flexible premium adjustable life insurance policy 可变万能寿险保单 △ 一种用来说明万能寿险保单的名词

flexible premium variable life 变动保费的可变寿险 △ 保费、死亡金和现金价值可以改变的保险,通知在以下三种情况下作出变动:(1)经保单持有人申请(2)作为投资行为的结果(3)保单持有人控制了投资工具。变动保费的可变寿险通常是变动保费寿险和万能寿险的综合

flexible spending accounts 灵活支出账户 △ 由雇员或雇主留存一部分金额,以便给雇员提供一个选择纳税或免税保险金的机会

flight 外逃;抽逃(资金)

flight of capital 资本外逃 △ 为增加收益或避免损失,将资本变换为流通资金,转向其他国家投资

float 1.流动准备金 △ 是保险公司为支付未决赔款而建立的基金 2.不能抵用存款 3.(通过发行债券等方式)筹资设立公司 4.发行(公债等) 5.(票据的)流通

float bonds 发股;发债;发行债券

floater 流动保险 △ 承保可移动财产因保险事故所致损失的保险

floater policy 流动保单 △ 适用于流动财产的保险,而不论这些财产在哪儿,如对旅客行李的保险

floating 浮动的;流动的

floating capital 流动资本 △ 企业中非投于固定资产或其他资本支出性资产,而投于流动资产或其他运转资产方面的资本。同 working capital

floating insurance 流动保险 △ 同 floater。指在海上保险中以一个总保险金额承保若干次货物运输的保险,保费一次预缴

floating lending rate 浮动贷款利率 △ 利率定期依某种标准调整

floating liability 流动负债 △ 同 current liability

floating rate bonds 浮动利率债券

Floating Rate Note (FRN) 浮息票据

floating spread 浮动利差 △ 随市场变化不固定的贷款利差

floating stock 流动货物 △ 存量经常发生变化的货物

float shares 发股;发债

float stocks 发股;发债

flood insurance 洪水保险 △ 承保因江河泛滥而造成的财产损失的保险

floor loan 最低贷款 △ 抵押贷款的一部分,比约定的总额要少

floor plan insurance 抵押物保险 △ 承保贷款人所接受的抵押物的保险。如果这些商品被损坏,保险公司负责赔偿

flotsam 船只残骸或其货物 △ 海上保险中常用的一个术语,指遇难船只的漂浮于海上的残骸或其货物,在商船法案中可得到足额赔偿

flour all risks clause 面粉全险条款 △ 面粉保险条款。承保面粉在运输过程中因一切危险因素所致的损失

flow-through cost 流转完毕成本 △ 由保险代理人或经纪人(或其他中间人)

提供的业务的净成本,其中中间人并未提高其费用或利润

flywheel insurance 飞轮保险 △ 承保因飞轮破损、炸裂或爆炸而造成的直接损失、财产损失和对个人的人身伤害

following form 相同表格 △ 恰好与承保某一特定财产的保单有相同措词的书面表格

following the fortunes 共命运条款 △ 是再保险合同中的一个条款,再保险人与分出公司共命运

for account of whom it may concern 考虑可能涉及人的条款 △ 保单中条款指明的个人或公司,但他们对保险标的又具有保险利益或可执行利益,依该条款可对上述个人或公司提供保障

for bearance 债务偿还期的延展 △ 尽管抵押品已被拖欠,但还不采取法律行为的做法

FORBES 500 福布斯 500 种股票 △ 由福布斯杂志每年公布的 500 种股票排名。这些股票均属公开上市的股票,按销售量、资产额、利润和股票市场价值排列。见 Fortune 500

forced liquidation value 被迫变现价值

forced loan 强制贷款 △ 非贷款人自愿的贷款

forced sale 强制销售 △ 指定时间和地点强制出售财产

forced sale value 强制拍卖价格 △ 强制出售财产的价值,常低于公平市价

force majeure 不可抗力;人力不可抗拒 △人力所不能预防或难以避免的天灾、人祸或意外事件。一般合同都规定发生不可抗力的情况时合同当事人可以免除责任

force majeure clause 不可抗力条款

force majeure exception 不可抗力免责

force of mortality 死亡势 △ 是测量某一瞬间(年龄)的死亡势度

forcible entry and detainer 强制进入并扣押 △ 在一定条件下迅速恢复对不动产的占有权的行为

foreclosed real estate 丧失赎回权的不动产

foredate 倒填(契约等)的日期

foreign 外国的;外来的

foreign bill 国外汇票

foreign bond 外国债券

foreign borrowing 对外借贷 △ 向国外借款

Foreign Credit Insurance Association (FCIA) 对外信贷保险协会(美)

foreign currency bill 外国货币汇票

foreign currency conversion 外币折算

foreign currency draft 外国货币汇票

foreign currency translation 外币折算

foreign direct investment (FDI) 外商直接投资

foreign draft 国外汇票

foreign exchange (Forex, forex, F.X.) 1.外汇 △ 以外币表示的用于国际结算的银行汇票、外国货币、信用证的总称 2.国外汇兑 △代替运用黄金的国际贸易支付方法

foreign exchange futures 远期外汇 △ 所买卖的外汇在规定的未来日期交割的称远期外汇

foreign exchange gain or loss 外汇损益 △ 在一个时期内持有外汇由于汇率的变化而发生的损益

foreign exchange market 外汇市场 △ 外汇市场并无固定场所,一国的中央银行以及经营各种现汇、期汇交易的商业银行、外汇商人、外汇经纪人等一切外汇业务综合体现为一国的外汇市场

foreign exchange risk 外汇风险

foreign exchange risk insurance 汇率保险 △ 承保出口商因汇率变动所致的损失

foreign general average 外国共同海损 △ 共同海损理算以航程终点国家的法律为依据的规定

foreign insurer 外国保险人 △ 公司设立的地点与注册地点分别在不同国家的保险人

foreign money bill 外国货币汇票

foreign money draft 外国货币汇票

foreign society 外地友爱社 △ 非本地领取执照的(保险)公司的互助组织

foreign to occupation 职外伤害 △ 残疾保险中的用语,指非从事本职工作所造成的意外伤害

forewarning 预警

forewarning mechanism 预警机制

forewarning system 预警系统

for example (f.e.) 例如

forex dealing 外汇交易

forex-earning capability 换汇能力 △ 出口商以出口商品赚取外汇的能力

forex transaction 外汇交易

forfaiter 包买商 △ 商业银行或其附属机构从出口商那里无追索权地购买已经承兑的,并通常由进口商所在地银行担保的远期汇票或本票,这种业务叫做包买票据。也叫"福费廷"

forfaiting 福费廷 △ 出口商把远期汇票无追索地卖给本地银行提前取得贷款的一种融资方式,是出口信贷的一个典型类型

forfeiture 1.没收 △ 对某项权益的强制收回。在退休保障计划中,员工离职或退出计划,参与退休计划的权利即可被收回 2.[~s]没收金 △在雇员退休计划中对离职雇员留下的无受领权的捐出金的收回

forfeiture of vested benefits 给付保险金的没收 △ 如果雇员撤回他以前交的费用,则保险金的领用权也随之丧失。而那些没有撤回他们所交费用的雇员,到正常退休年龄可领到足额的保险金,或在提前退休的情况下领取不足额保险金。领取保险金时不考虑雇员是否依然为设立退休金计划的雇主服务

for file 备案 △ 同 for record

forged bank note 伪钞

forgery insurance 防伪造保险 △ 是以下两类保单中的一种:商业防伪造保单主要用于公司;存款者防伪造保单主要用于保障被保险人及其银行

for instance (f.i.) 例如

form 格式;△ 在保险中指保单、批单、附加条款或投保申请等文件表格

formal 正式的;形式的

formal invoice 形式发票 △ 对外贸易中,卖方开给买方的供进口商据以申请外汇或进口许可证用的形式发票,这种发票对双方都没有约束力

form 5500 表格 5500 △ 向美国国内收入署汇报退休计划的活动情况的表格

form of credit 信用证格式

form of payment 支付方式

form of retrospective payment 费用报销

forms of international settlement 国际结算形式

forms of signature 签字形式 △ 按 UCC 500 规定,签字可以用手签、按签样印制、穿孔、盖章、用符号表示或其他自动及电子方法

formula 1.计算基础;计算式 △计算给付金的基本方法或公式 2.方案;方法

formula invoice 形式发票 △ 同 formal invoice

for record 备案 △ 同 for file

fortuitous cause 意外原因 △ 指偶发事件

fortuitous circumstance 意外原因

fortuitous event 意外事件 △ 无法预料和偶然发生的事件

fortuitous loss 意外损失 △ 由意外事件引起的损失,而非任何人的意图所致

fortuitousness of risk 危险偶然性 △保险契约所承担的危险事故必须是偶然的、不可预料的,其中包括明知会发生危险却无法确定危险发生的时间及轻重程度

Fortune 500 幸福 500 家大公司;财富 500 强;幸福 500 强 △ 每年由幸福杂志(FORTUNE)按销售额排列的美国 500 家最大的工业(制造业)公司。该公司也按下述标准排列公司名次:资产规模、净收入、股东股权资产、雇员人数、净收入占销售额或股东股票百分比、每股盈利和投资者总收益

Forty-five Year Rule 45 年规则 △ 1974 年颁发的雇员退休收入保障法规定的

三种养老金给付方法之一

forward (fwd.) 1.期货 2.运送;转递;前进 3.期货的;无期的

forward exchange 远期外汇 △ 在外汇市场上预约买进或售出的外汇,即先按商定的汇价订立买进或售出合约,到约定日期才进行实际收付

forwarding bank 转递银行 △ 转递信用证及其修改的银行

forward-looking 前瞻性

forward sales 售出期货

for your information (FYI) 仅供参考

foul 不清洁的

foul bill of lading 不洁提单;有批注的提单 △轮船公司签发的,因货物或其包装有破损而加批注的提单。轮船公司对这种损失概不负责,银行一般在议付时不接受这种提单

foundation exclusion clause 地基除外条款 △ 保险单的一个组成部分,对地基的价值除外不保

fractional 部分的;有零数的;小数的

fractional premium 分期缴保费 △ 交纳保费方式的一种

fractional share 零星股份 △ 不足买卖单位的股份

fractional vesting 部分受领权 △ 同 partial vesting

fractional warrant 零股证书

framework 贷款分类架构

franchise 1.相对免赔额;相对免赔率 △保险标的的损失只有达到保单规定的金额(或百分比),保险人才不作任何扣除而予以全部赔付,保单中规定的这个金额(或百分比)就叫相对免赔额(率) 2.特权;转营权

franchise bond 免赔额保证书 △ 市政当局要求规定免赔额时所出立的保证

franchise clause 免赔额条款 △ 保险条款之一。在约定限额内免予赔偿,超过免赔额部分予以赔偿

franchise deductible 相对免赔额 △ 规定只有当损失超过一定金额或保额的一定百分比时,保险公司才给予赔偿,并赔偿索赔损失的全部

franchise disability income 集团残疾收入保险 △ 集体缴费可更新型集体残疾收入保险。每一被保险人有单独保单,并有类似个人保险的选择权

franchise insurance 准团体保险 △ 承保不符合真正团体保险条件的小团体

fraternal 友爱的 △ 在保险中通常指互助形式的保险

fraternal insurance 友爱会保险 △ 为会员提供互助形式保险的组织

fraternal insurance counsellor 友爱保险顾问

fraternal life insurance 互助人寿保险 △ 为互助协会成员提供的保障

fraud bond 欺诈保险 △ 承保因欺诈而致损失的一种保险

fraud fire setter 欺诈纵火者 △ 为骗取保险公司的赔偿金而放火的人

fraudulent claim 骗赔 △ 毫无根据的索赔要求,如被保险人对于自己造成的损失或并未发生的损失向保险公司索赔

fraudulent misrepresentation 欺骗性误述 △ 明知是假情况仍然向他人传述以使他人按假情况行事,或者在并未搞清楚情况是否属实的情况下而做的表述

fraudulent statement 虚假陈述 △ 为欺骗或加害于某人而提供的假情报

free 免费的;免税的;免除的;自由的

free alongside ship (FAS, F.A.S., f.a.s.) 船边交货价格;船边交货条件;目的港船边交货价

free capital 自由资本 △ 现金形式资本

free carrier (FCA) 货交承运人价

free depreciation 随意选择的折旧

free examination period 免费审查期 △ 被保险人在收到保单后10天之内,有权审查保单各项内容,如不满意的话,可将保单退回保险公司,并要求保险公司将已交保费如数退还

free from all average (FAA, f.a.a.) 全

损险 △ 同 total loss only

free from general average (FGA, f.g.a.) 共同海损不赔

free from particular average (FPA., F.P.A., f.p.a.) 1.单独海损不赔 △ 海上货物运输保险基本险种之一 2.平安险

free from strikes, riots and civil commotion clause 罢工、暴动、民众骚乱除外条款 △ 将罢工、暴动、民众骚乱列为除外责任的保险条款

freelancer 自由职业者

free look period 免费审查期

free of all average (FAA, f.a.a.) 一切海损均不赔偿

free of capture and seizure clause 被捕或被劫除外不保责任条款 △ 海上保险的一种条件

free of charge (F.O.C., f.o.c.) 免收费用

free of claim for accident reported 已报告事故免责 △ 订立契约时,当事人双方同意作出保险人不为某些已报告事故负责的规定

free of income tax (f.i.t.) 免征所得税

free of interest (F.O.I., f.o.i.) 免收利息

free of particular average (FPA, F.P.A., f.p.a.) 平安险 △ 海洋运输货物保险的主要险别之一

free of particular average American conditions (FPAAC) 美国式平安险

free of particular average English conditions (FPAEC) 英国式平安险 △ 与美国式平安险不同的地方在于,无需证明损失发生的因果关系便可获得赔款

free of strikes, riots and civil commotion clause 罢工、暴动、民众骚乱除外条款

free on airplane (FOA) 飞机上交货价

free on airport (FOA) 机场交货价

free on board (FOB, F.O.B., f.o.b.) 船上交货价(格);离岸价(格)

free on rail (FOR) 铁路上交货

free on trail (F.O.T., f.o.t.) 火车上交货价(格)

free on truck (F.O.T., f.o.t.) 卡车上交货价(格)

free to be collected 运费待收

freeze 冻结

freezing insurance policy 冻结保险单 △ 承保因温度降低使保险标的冻结而造成损失的保险

freezing of supplemental liability 补充责任的冻结 △ 雇主对雇员在退休时领取的养老金所交的补充费用不需摊提的做法

freezing past service liability 冻结过去服务年资债务 △ 在长久持续的退休计划中,为防止负债的增加,而将过去服务年资所产生的应计负债加以冻结

freight (fgt., frit.) 运费;运输;货物

freight abandonment clause 放弃运费条款 △ 当船舶发生全损或推定全损时,保险人放弃对运费的求偿权的条款

freight and demurrage (F.& D.) 运费加滞仓费

freight bill (F.B.) 运送单;运费单;运货单

freight insurance 运费保险 △ 以承运人为货主运送货物所收取的运费为保险标的的一种保险

freight policy 运费保险单 △ 海上保险单的一种。承保运费收入的损失

freight prepaid (frt.ppd.) 运费预付;运费已付

freight waiver clause 放弃运费条款 △ 同 freight abandonment clause

frequency 频数 △ 损失发生的次数

frequency and distribution of losses 损失频率与分布 △ 损失发生的次数及其程度。通过这些数字可计算预期损失,根据预期损失可计算基础保费或净成本

frequency rate 频率 △ 某一给定事件在一基础衡量单位中发生的次数

fresh-water clause 淡水险条款 △ 海上货物运输保险附加淡水险时采用的条款

fringe benefits 附加福利 △ 通常指由雇主给予雇员的正式或非正式的津贴,不

包括薪水或工资

front-end expenses 前期费 △ 工程项目正式破土之前的相关费用,如拆迁、道路、通水、通电等费用

front-end fee 启用费;前期费

front-end money 开办费 △ 在开创发展项目时,一般由开发者或经济实体所有人为项目投资的基金

fronting (company) 出面公司;代出单公司 △以自己的名义为再保险人接受直接保险业务或分保业务并负责处理赔款和有关事宜,然后将全部责任转嫁给再保险人的公司

frontline employees 一线雇员 △ 经办具体业务的非管理人员

frontloaded policy 含佣金保单 △ 在万能寿险保单中,大多数保单费用采取从保费中扣除的方式

front loading 期前费用 △ 在保费交付期始附加的费用

full 全部;完全

full amount 全额

full audit 全部审计;详细审计

full conditions 完全条件 △ 以完整条件承保船舶一般危险的条款

full container load (FCL) 整装

full costing 全部成本计算法

full liability 全部责任 △ 不与别人分担的责任

full payment 全部付款 △ 全额悉数支付

full-range service bank 全功能银行

full-service bank 全功能银行 △ 提供所有金融服务的银行

full set of bills of lading 全套提单 △ 经船舶公司签发并可用来提货的一式数份的正式提单

full set of shipping documents 全套装货单据

full-time service 24 小时服务;全天候服务

functional obsolescence 功能性陈旧

fund 1.资金;基金 △用于某一项特殊用途而单独保管的一笔现金或有价证券 2.[~s]存款;现款;公债;运用资本净额 △ 流动资产减流动负债 3.特别基金;基金会

fund account 基金账户 △ 用于反映某项基金的经济业务的账户

fund custody 基金托管

fund deficit 基金亏损

funded debt 1.融资债务 △ 以偿债基金(sinking fund)作为偿还保证而发行的债券 2.资本负债 △长期负债或固定负债

fund gap 资金缺口 △ 所需资金的不足部分

fund guarantee 基金担保

fund-raising 筹资

fund raising activities 资金筹集活动

funds to branches 拨付所属(联行)资金

funds to branches and subsidiaries 拨付所属资金

funds transfer 资金转移人

fund supply 资金供应

fund surplus 基金盈余

fund transaction 资金交易

future 1.远期的;将来的 2.[~s]期货;期货合同 △购货时已确定商品的价格,但在一个时期以后才交货和付款的交货合同

future-applicable 前瞻性

future income approach 未来收益法

future income tax asset 未来所得税资产

future sale position 期货出售仓位

futures business 期货业务;期货交易所

futures exchange 远期外汇

futures industry 期货行业

futures market 期货市场

G g

gage 抵押品;担保品 △信用借款者向贷款者提供的担保资产,包括实物财产和股票、证券等有价票据

gain 收益;盈余 △一项经济业务的收入超过支出

gain and loss 损益

gain and loss exhibit 损益表 △在年度决算表格中用以表明当年盈余或亏损情况的表格

gain on disposal of fixed assets 出售固定资产收益

gain on exchange 外汇收益

gain on one's position 盈仓 △外汇、证券交易术语

gain on realization of asset 变产收益;资产变价收益

gains from conversion 汇兑收益;汇兑利得

gains from exchange 汇兑收益

gap 缺口 △(1)外汇买卖中每一种外币买入到期日与卖出到期日两者相差的期间,称为汇兑缺口 (2)可用资金与所需资金的差额,叫做资金缺口

garage keepers legal liability insurance 车库管理人法定责任保险 △承保车库管理者在正常工作的情况下,因意外事故导致所管理汽车损失的保险

garage liability insurance 车库责任保险 △承保车库所有人或汽车经销商因疏忽或过失导致汽车遭受损失的保险

garment contractors floater 成衣加工业者加工品保险

gasoline (gas.) 汽油

gauge of investment safety 投资安全标准 △投资前要对项目进行评估,全面考查拟投资项目的各项指标

general 一般的;普通的;全体的;概括的

general acceptance 一般承兑;普通承兑;普通承诺

general account 1.普通账户 △其传统意义指人寿保险公司投资的全部有价证券;近期指单独的投资基金,以及在单独的基金基础上申报万能保险的利润率 2.总账;总决算

General Adjustment Bureau Inc. 共同海损理算局

general agency 总代理机构 △保险公司在指定地区的全权代理人管理的机构

general agency system 总代理制度 △保险公司通过契约授权总代理人在一定地区范围内代表保险公司全权处理保险经营活动的制度

general agent 总代理人 △保险公司在指定地区的全权代理人

general agent casualty 意外保险总代理人 △被保险公司委任与社会公众做合法业务的个人,而无论代理人有无独自的地域业务范围

general agent fire 火灾保险总代理人△某地区内的总代理人,它负责监督该地区代理人的业务,不直接向公众出售保险

General Agents and Managers Conference (GAMC) 全美总代理人与外勤经理协会

General Agreement on Trade in Services (GATS) (世贸组织)服务贸易总协定

general and insurance expense 总务及保险费用 △保险公司除佣金及纳税外的其他营业支出

general and ledger accounts comply 账账相符 △会计分类账与总账相符

general annual report 年度总决算;年度总报告

general average (G.A.) 1.共同海损 △船舶和货物在海上运输中遭受海难等

意外事故时,采取合理措施而做出的特殊物质牺牲和支付的特殊费用 2.总平均值

general average act 共同海损行为 △ 船长为维护遇险船舶的安全采取的必要处理措施

general average adjust (G.A.adj.) 共同海损理算人 △ 共同海损发生后,接受保险双方当事人的委托或由船舶公司指定,调查、确定赔偿金额的专业人员

general average agreement 共同海损协议 △ 收货人在共同海损发生后为保证支付海损费用所签署的文件

General Average and New Jason clause 共同海损及纽哲逊条款 △ 共同海损若因船员的故意、错误、过失或疏忽造成损失时,应依美国纽哲逊案例,对损失不予赔偿

general average clause 共同海损条款 △ 海上运输货物保险规定承保依据运送契约及有关法律与惯例理算或认可的共同海损与施救费用的条款

general average contribution 共同海损分摊 △ 共同海损发生时,各利益方对牺牲或救助费用支出造成的损失各自分摊费用的做法

general average deposit 共同海损保证金 △ 共同海损发生后,货主为了先行提货,依初步估算的分摊额提供保证金,待分摊额确定后,再多退少补

general average essentials 共同海损要件 △ 构成共同海损所必须具备的条件

general average expenditure 共同海损费用 △ 船货遭遇共同危险时,船长及船员为避免危险采取措施所支付的异常费用

general average fund 共同海损基金 △ 船主及海损理算人用所收的共同海损保证金成立的基金

general average guarantee 共同海损担保函 △ 保险人在共同海损情况下为承诺替被保险人支付应承担分摊额所签发的文件

general average loss 共同海损损失 △ 共同海损所致的损失。共同海损牺牲和共同海损施救费用

general average sacrifice 共同海损牺牲 △ 因共同海损所致的保险利益的灭失或减少

general balance sheet 资产负债总表;一般资产负债表

general banking 一般银行业务 △ 这是与中央银行业务相对称的名词

general bonded-debt fund 普通债券债务基金

general budget 总预算

general capital 总股本

general characteristics 一般性特征 △ 特定的雇员给付计划的特征

general collateral agreement 总质押协议书 △ 借款人与贷款银行签署的协议书

general conditions for delivery of goods 共同交货条件 △ 双方约定的交货办法

general considerations 一般性特征 △ 同 general characteristics

general cover contract 一般保障合同 △ 为数量及价格波动的存货提供充分保障的一种保险

general credit 一般信用证 △ 也叫"自由信用证",即受益人(出口商)可自由选择任何银行要求押汇的信用证

general credit facility guarantee 综合融资担保

general crossed check 普通划线支票

general crossing 无记名划线;普通划线

general damages 总损害

general deposit 普通存款

general domestic production (GDP) 国内生产总值

general endorsement 一般背书;无记名背书

general equilibrium analysis 全面均衡分析

general estimate 总概算

general exclusions clause 一般不保事项条款 △ 海上运输货物保险的各类条

款中规定一般性的不保损失或费用的条款

general expense 1.综合费用 2.[~s]总费用 △见 general operating expenses

general fixed asset 普通固定资产账户 △ 政府机构用于反映长期资产的账户

general indorsement 一般背书;无记名背书

general insurance provisions 普通保险条款 △ 为了方便大量保险合同的签订而制定的带有普遍性标准化的、统一的条款

generalized system of preferences (GSP) 普遍优惠关税制

general journal 普通日记账(簿) △ 记录专用日记账以外的经济业务的日记账

general journal entry 分录

general ledger 总账;总分类账 △包括财务报表上全部账户的正式分类账

general ledger account 总分类账户

general legacy 普通遗赠 △ 遗嘱中指明的普通遗产(非特定遗产)的赠予

general letter of hypothecation 总质押证书;一般押汇保函 △出口商一般都固定在一两家银行办理押汇,办首笔押汇时所填写的押汇担保函,故称一般押汇担保函

general liability insurance 一般性责任保险 △ 对于在营业场所由于疏忽行为或疏漏引起的人体伤害或财产损失,商家分发或销售的产品在使用中引起的人体伤害,或正常营业行为引起的人体伤害承担赔偿责任

Generally Accepted Accounting Principles (GAAP) 公认会计准则

general management 综合管理;总管理部门

general market 普通市场 △ 保险中指由普通、广泛的保险需求形成的保险市场,如家庭财产险、企业财产险市场

general meeting 年度股东大会

general meeting of shareholders 股东大会 △ 同 shareholders' meeting

general operating expenses 总营业费用 △ 税前的全部保险经营费用(佣金除外)

general partner 无限责任合伙人 △ 以投资方式参与,且需负无限责任的合伙人

general power of appointment 普通任命权 △ 依法授予某人的权力

general power of attorney 全权委托书;全权代理委任

general promissory note 一般本票

general property form 一般财产表 △ 财产商业保险单的附件。一般财产表以如下三种方式提供保障:(1)特定保险:为特定的财产提供保险 (2)明细保险:为保单上列出的几件特定的财产提供保险 (3)总托保险:对几种不同的财产或几个不同地点的不同财产提供保险

general provisions 普通附加条款 △ 见 additional provisions

general replenishment 一般性补充资金

general taxpayer 一般纳税人

geographical limitation 地域限制 △ 保险条款中对保单效力区域的限制

get into debt 负债

get listed 上市

get one's account squared 结清账目

get out of debt 还清债务

get out of red 不再亏空 △ 摆脱赤字

gift 赠予 △ 无代价地将财产送给别人

gift causa mortis 死亡赠予 △ 因死亡而作的赠予

gift in contemplation of death 预期死亡赠予

gift inter vivos 生前赠予 △ 由生存的某人自动地将自己所拥有的财产无代价地送给别人

gift of future interest 未来赠予 △ 在未来某一确定日期到来后才交给受赠人的赠予

gift tax 赠予税 △ 按规定对赠予财产征收的税赋

gift tax credit 赠予税免缴额 △ 赠予财

产有一部分可以免税,其免税部分由法律规定

gift tax marital deduction 赠予税配偶免缴额 △ 夫妇间相互赠予财产的免税部分的额度

G.I. insurance 军人保险 △ 美国政府在第一次世界大战到第二世界大战前这段时期为军人设立的保险。常被用于指称美国政府提供的任何一种寿险

G.I. loan 国家补偿贷款 △ 由退伍军人管理部门担保的抵押贷款的非正式名称

gilt 1.镀金;金边 2.[～s]英国金边证券

gilt-edged bill 优良票据;上等票据 △出票人、承兑人及背书人等均信用良好

gilt-edged bond 金边债券

gilt-edged or blue chip security 信用良好的头等证券

gilt-edged security 金边证券;头等债券 △债券发行人信用良好,绝对可靠,能按期还本付息的债券

gilt-edged share 金边股票 △ 有政府担保的可靠股票

giro 直接转账;汇划局(银行) △许多西欧国家的邮局办理的向用户提供电脑转账的一项全国性服务,类似支票用户

giro service 划汇业务

give 给予 △ 对财产或权益的让渡与授予

given 一定的;既定的;约定的

given period 计算期;特定时期

given quotation 约定汇价

given year 计算年;特定年限

give one's vote for 投赞成票 △ 投某事项的赞成票

give one's vote to 投赞成票 △ 投某人的赞成票

give witness in a law court 见证

glamour stock 热门股票 △ 一些采用新技术或生产新产品的、发展迅速、利润极高的公司所发行的股票。也称有迷惑力的股票

Glass-Steagall Act (Banking Act of 1933) 格拉斯-斯蒂格法案(1933 年银行法) △ 美国国会 1933 年通过的银行法规之一

gliding parity 滑动平价

global 全球的;总;全

global accounting 环球会计 △ 即多国公司会计

global ceiling 总的最高限额

globalization 国际化;全球化

global marketing (内外贸)总括市场;全球销售

go bankrupt 破产

go down (价格)下降;下跌

go-go fund 赌博性投资 △ 企业在短时间内获大利的投资基金,大多从事于冒险、投机的股市活动,简称 go-go

going 1.现存的;流行的 2.营业中的;营业发达的

going and growing concern 业务兴隆发达的公司

going business 获利业务

going concern value 继续经营价值;继续经营企业价值 △企业会计工作中,对资产、负债以及业主权益根据继续经营假定所计算的价值

going public 公众投资;上市 △一个企业的股份不是为少数股东所持有的,而是对公众发行

go into effect from... 自…时开始生效

go into liquidation (公司等)破产;清理

gold pool 黄金联营

golfer's insurance 高尔夫球员保险

golf liability insurance 高尔夫球责任保险 △ 承保被保险人参加高尔夫球运动时因意外事故造成第三者伤亡或财产损失的保险

go long 做多头

go long futures 做多期货

go long hedge 做多对冲

go north 上升 △ 外汇交易术语

good 良好 △ 客户信用风险评级之一级

good debt 有把握收回的债款

good economic returns 经济效益好
good faith 诚信 △ 企业在商界的名声与信誉
good faith and fair 诚信与公平
good paper 可靠支票
good performance (contract) 忠诚履行(合同)
goods (gds.) 货物;商品
goods credit 货物抵押贷款
good the day 限当日
good this month (G.T.M.) 本月内有效;限当月
good this week (G.T.W.) 本周内有效;限当周
good-till-cancelled (GTC) 取消前有效
goodwill (商店、企业等的)信誉;商誉 △ (1)会计学术语。指购买一家企业所支付的超过其账面价值的价值。商誉一般不入账,但在购入企业时如对商誉付出了价值,可以立账,并在以后年度逐年摊销 (2)指企业在商品产销、财务经营以及职工工作效率和服务态度等方面在同业中处于较优越地位。商誉是超越投资正常利润率之上的超额利润的资本化价值
goodwill amortization 商誉摊销
goodwill method 商誉法 △ 对新合伙人入伙时所采用的方法,即贷记的资本金额大于其投入的有形资产的价值
goodwill value 商誉价值
go public 上市;转股上市;借壳上市
go short 做空头;短缺;卖空
go short futures 做空期货
go short hedge 做空对冲
go south 下降 △ 外汇交易术语
go to the stock market 上市
go up 盘高;汇率上升;利率上升
governing classification 管理性分类 △ 在决定赔偿性保险的费率时,适用于被保险人的原则
governmental insurer 政府保险人 △ 由政府投资经营的保险机构
government benefit plan 政府福利计划 △ 由政府实施的保障计划。如养老保险、医疗保险、失业保险等
government bonds monetization 国债货币化 △ 国家用增加公债的办法来增加货币流通量
government insurance 政府保险 △ 由政府推行的强制性或自愿性保险
government-insured loans 政府保险贷款 △ 美国联邦住房管理局和退伍军人管理局的担保保证贷款
go with 列支 △ 计入某个会计科目
grace 宽限日期 △ 债权人在债务到期后所宽限的偿还时间
grace period 优惠期;宽限期 △保险人对投保人在缴纳保险费的时间上给予的宽限,在宽限期内保单继续有效
grade 等级;品位
graded commissions 等级佣金 △ 根据不同时间或不同业务量而定的不同等级的佣金标准
graded policy 等级保险 △ 根据保单面值的大小收取保费的保险
graded premium whole life insurance 等级保费终身寿险 △ 按照固定等级缴纳保费的寿险险种
graded vesting 等级受领权 △ 按年龄、地位等条件分等级享受的退休金给付权利
grade separation 等级分类
grading of cities and towns 城市及乡镇分级 △ 美国于1916年颁布的城市与乡镇公共防火的10种等级或制度
grading of managerial personnel 管理人员评级
grading schedule for municipal fire protection 市政火灾保障分级表 △ 由保险服务事务所列的表格,对特定城市或其他地区的公众火灾保障划分10个等级,作为火灾保险承保的基础
grading schedule of cities and towns 城市与乡镇分级表 △ 用于揭示特定城市和其他地区内危险程度的表格
graduated lease 分级租赁 △ 在第一阶段租金确定后,其后阶段内租金递增或递减的租赁方式

graduated life table 匀修生命表 △ 依经验数据计算的修匀调整后的生命表
graduated payment mortgages (GPMs) 渐进付款抵押 △ 购房人能够随着自己收入的增加而逐月扩大还款额的抵押贷款,其利率固定
graduated premium life insurance 等级缴费保险 △ 见 graded premium whole life insurance
grandfarther 不追索;不追溯
grandfather clause 不追溯条款 △ 美国的一种会计准则,对 1970 年以前的商誉免除逐步注销的要求
grant 让与;给予;授予物 △ 补助金、拨款、土地、财产、专利权等
grant a respite for payment 允许缓期付款
grant a respite of payment 允许缓期付款
grant component 赠予成分
grantee 1.被授予者;受让人 △接受让与财产及利益的人 2.信用状申请人
grant financing 补助金资助
grant for on-the-job training 在职训练赠款
grant of limited property interest 限定财产利益给予
granting of credit 给予信贷 △ 提供信贷
grantor 授予人;让与人 △执行契据让与财产的人
Grantor-Retained Income Trust (GRIT) 让与人保留收入信托 △ 让与人在特定的期间内保留让与财产的收入或使用权的不可撤销信托
gratuitous assignment 无偿让与
green 1.绿色 2.无经验的 3.尚无能用的;未经处理的
greenback 绿背纸币;绿背美钞 △美钞的俗称,最初系指美国政府于 1862 年发行的钞票,其背面为绿色,故名
green clause 绿色条款 △ 信用证预支条款的一种,其条件与红色条款相似但较严格,只在澳大利亚的羊毛出口交易中使用
green clause credit 绿色条款信用证
green clause letter of credit 绿色条款信用证
green shoe 绿鞋条款 △ 认购协议中的条款。条款规定当市场出现特殊的公众需求时,发行人将批准增加辛迪加集团分销的证券份额
grey market 半黑市;灰市 △不道德但并非非法的交易
gripsack general agent 普通流动性代理人 △ 为一家或数家保险公司代理保险业务的代理人,在特定区域流动,自付差旅费
Gross (gr.) 总计;总额 △未作任何扣减的数额
gross aggregate 累计毛额;累计总额
gross amortization charge 总摊销费
gross amount 总计;总额;毛计
gross appreciation 涨价毛额;涨价总额
gross average 平均毛额
gross benefit 利益毛额;毛益
gross bonded debt 债券债务总额 △(市政会计)未减除自给负债及偿债基金部分之前所欠债务的数额
gross book value 账面毛额;资产账面总额 △账册所列的一项资产数,未扣除折旧或其他计价账户数
gross budgeting 预算毛额
gross cash flow 1.现金总流量;现金进出总额 2.总周转及扩充用现金(美) △ 企业的全部净利润与折旧费之和、用作周转资本与扩大生产的现金
gross cost 总成本 △ 在保险中指保险企业在一定时期内经济保险业务所发生的总支出
gross credit insurance 团体信用保险 △ 对提供信用的债权人承保以死亡为风险的保险,目的在于使债权人得到未偿还的贷款
gross earning 总收益;毛收入 △也叫“总营业收入”,包括税金与费用在内的总收入,未减去任何费用前的企业收益

gross earning form 总收益表 △ 总收益表是时间因素保险的一种流行表格，尤其在对小商人提供的保险中经常使用

gross earning form business interruption insurance 毛利型营业中断保险 △ 承保被承保人因保险事故发生造成营业毛利损失的保险，为一种特殊形态的营业中断保险

gross estate 总遗产 △ 死亡人的财富总额，包括房地产、现金、有价证券、存款、保单、利润、债权以及任何个人财产

gross fixed asset formation 固定资产结构

gross fixed capital formation (G.F.C.F.) 固定资本积累总额 △ 包括折旧、维修费用在内的固定资本积累额

gross fixed investment 固定投资总额

gross for net 以毛作净 △ 在贸易中，有时以货物的毛重当作净重。如果商品按重量计，其价值与包装价值大致相同，则成交与交割数量往往就以毛作净

gross freight 毛运费 △ 未扣除航行费用、船员工资给养、捐税、燃料费等的全部运费收入

gross income 总收入；总收益；毛收入 △ 未减去一切费用(包括制造成本和销售成本费用)的收入额

gross interest 毛利总收入；总利息

gross investment 总投资，投资总额

gross liabilities 总负债 △ 英国用词。破产时未减除有担保的负债和由第三者清偿的负债的负债总数

gross line 总危险额 △ 保险公司自留未分出的保险额

gross loss 毛损 △ 销售成本超过销售额，是“毛利”的负数

gross margin 1.(销货)毛利 △ 同 gross profit 2.边际收益 △同 contribution margin。销售收入超过销售产品的变动成本

gross national demand (GND) 国民总需求

gross national expenditure (GNE) 国民总支出

gross national income (GNI) 国民总收入

gross national investment (GNI) 国民总投资

gross national product (GNP) 国民生产总值 △ 国家一年所生产的物品及劳务按市价计算的价值总和

gross negligence 重大过失 △ 由于主观上的侥幸心理而未对已知风险加以防范造成巨大损失的行为

gross net premium 总净保费 △ 总保费扣除退还保费后的余额，不扣除再保费

gross net written premium income (GNWPI) 净保险费收入

gross operating profit 总营业收入；总收益

gross operating spread 营业毛益 △(零售会计)商品毛利减去商品采购费用后的收益。即制造成本和卖价的差额

gross premium 毛保费

gross premium valuation 毛保费评价法 △ 用未来营业保费的现值减去未来保单给付与费用之和的现值所得数据来评价保险业务的方法

gross price method 总价(入账)法 △ 根据发货票价格记录采购(或销售)业务，不扣除折旧金额，而将折扣金额记录于采购的对销账户。与净价法相对

gross profit 毛利，总利润 △批发与零售业务中的用语。销售净额减去商品直接成本和间接制造费用后的余额

gross profit method 销货毛利法 △ 计算期末库存金额的一种方法。类似零售价盘存法的一种估计存货价值所用的方法

gross rate 毛费率 △ 保险公司营业中使用的费率，由纯费率和附加费率构成

gross receipt 收入总额；营业总收入 △ 营业的全部收入

gross revenue 毛收入；总收入 △未扣除各种费用的总收入

gross sale 总销售额 △ 扣除利润、税金等费用前的销售总额

gross shipping weight (g.s.w.) (船)起

运毛重

gross ton (G.T.) 总吨

gross-up rule 总遗产规则 △ 1976 年后美国计算逝者总遗产时所依照的法规

gross weight (grs. wt.) 毛重 △ 货物本身的重量加上包装材料的重量

gross working capital 流动资金总额;周转资金总额;总营运资金

ground coverage 地面保险 △ 对未起飞的飞机提供保障的保险

group accident and health insurance 团体意外伤害及健康保险

group account 集团账户 △ 集团公司为纳税得利把附属公司的欠款或对持股公司的贷款纳入自己的账户

group annuity 团体年金 △ 保险公司为一个团体(通常为同一雇主的雇员)设计的退休计划

group annuity contract 团体年金合同 △ 由人寿保险公司开出的合同,可以在年金计划的给付中作为基本文件使用

group annuity plan 团体年金计划 △ 对一张主保单下的团体年金的核保与管理

group application 团体要保书 △ 投保人填写的申请团体保险的文件,内容包括保险给付明细、给付条件、给付方法等,是团体保险合同的组成部分

group banking 集体银行业;集团银行业 △由控股公司将两个或两个以上单独注册登记的银行置于其控制之下的一种安排

group certificate 团体保险证书 △ 团体保险中第一成员持有的载明其享有的保险保障的证件。见 certificate of insurance

group contract 团体合同 △ 团体保险合同,该团体中的成员都可得到该合同的保险保障

group credit life insurance 团体信用寿险 △ 以信用债务人的生命为标的的团体保险

group deposit administration annuity 团体准备金管理型年金

group depreciation 分组折旧;分类折旧 △将类似的固定资产合并计算折旧的一种方法

group endowment insurance 团体养老保险

group financial statement 综合财务报表;分组合并报表 △属于同一所有人的若干公司,按组织和业务相类似者分组编制合并报表

group hospital expense insurance 团体住院费用保险 △ 由团体投保的、对被保险人住院费用提供给付的保险

group immediate participation guaranteed annuity 团体即期期望保证年金

group life insurance 团体寿险 △ 为团体成员提供寿险保障的保险。团体寿险免体检

group life insurance (claim reserves) 团体寿险赔款准备金 △ 为应付已发生但尚未索赔的保险事故的给付而提留的准备金

group life insurance (contingency reserves) 团体寿险准备金 △ 为团体寿险提留的总准备金

group life insurance (policy reserves) 团体寿险责任准备金 △ 保险人为保证团体寿险到期给付而按比例计算提留的一种准备金

group medical expense insurance 团体医疗费用保险 △ 由团体投保的、对被保险人因病或伤害就医时的医疗费用提供给付的保险

group merchandising 团体商品销售 △ 以一张团体合同向一个特定的团体或协会销售保险

group ordinary life insurance 团体普通终身寿险 △ 以团体方式承保的普通终身寿险

group paid-up life insurance 团体缴清寿险 △ 综合型寿险险种之一。雇主以定期方式缴费购买团体寿险,团体雇员以趸缴保费方式购买缴清保险

group permanent life insurance 团体永

久人寿保险 △ 与团体定期人寿险相似,明显的区别在于其购买的是永久保险

group renewable term insurance 团体可续保定期保险

group retirement income insurance 团体退休收入保险 △ 以团体方式投保的退休收入保险,采取均衡方式缴纳保费

group surgical expense insurance 团体手术费用保险 △ 由团体投保的、对被保险人因非职业性的伤害或疾病所致的手术费提供给付的保险

group surgical operation insurance 团体手术费用保险

group term life insurance 团体定期寿险 △ 可在年底续保的一年期保险

group underwriting 团体承保 △ 保险人在约定额度内自动为团体的全体成员提供保险

group valuation 集团计算法 △ 团体寿险责任准备金的计算方法

grow 汇率上升;利率上升

growth rate 增长率

guarantee 1.担保;保证 △所担保的人或保证中所承担的责任 2.担保函;担保证书

guarantee agreement 担保协定

guarantee and security 保证和担保物

guarantee bond 保证债券

guarantee contract 担保契约

guaranteed bill 担保票据

guaranteed bond 有担保的债券;保证债券 △由第三者担保还本的债券,如母公司对附属公司发行的债券担保还本等

guaranteed cash value 保证解约退还金 △ 长期寿险中,被保险人或投保人解约时可保证得到的退还金

guaranteed continuable 保证更新

guaranteed cost 保证保费 △ 按预定基准计算的保费,不再以经验费率为基准加以调整

guaranteed cost insurance 保证费用保险 △ 由一些保险公司销售的,于发行时担保了所有费用因素的人寿保险

guaranteed deferred annuity 保证延付年金 △ 除在开始年金给付年龄至死亡时止的期间给付年金外,还特别约定一个保证期间,在此期间被保险人死亡可由其他继承人继承领取年金

guaranteed dividend policy 保证红利保单 △ 为不分红保单,但保证每年给付定额红利

guaranteed/excess interest rates 保证/超额利率 △ 人寿保险中的一种情况,即在规定了最低利率的情况下,保单持有人可根据保险公司投资收益的情况得到超额利润

guaranteed immediate annuity 保证限付年金 △ 除在年契约生效之日至被保险人死亡止这段期间给付年金外,还保证在一定的保证期内被保险人死亡时其继承人可继续领取年金

guaranteed insurability 保证可保性 △ 被保险人不必经过体验或出示其他有关可保险的证明就可以购买增加的人寿保险

guaranteed insurability option 保证增额选择权 △ 被保险人在投保后的一定期限前或一定次数内,不经体检就可购买增额保险的权力

guaranteed interest rate 保证利率 △ 寿险中,当计算准备金、红利增加额、给付金利息等因素时所依据的特定最低利率

guaranteed investment contract (GIC) 保证投资合同

guaranteed investment policy 保证投资保单

guaranteed issue 保证增额选择权

guaranteed loan 保证贷款 △ 有担保的贷款。同 secured loan

guaranteed mortality 最高死亡率 △ 在保单上预估的最高死亡率

guaranteed mortgage 担保抵押 △ 附有保证偿还本金或利息的抵押

guaranteed purchase option 保证购买选择权

guaranteed renewable 保证续保 △ 保证续保且不可撤销的保单
guaranteed renewable contract 保证续保契约
guaranteed renewable hospital-surgical insurance 保证续保医疗手术保险 △ 被保险人只要续缴保费,保单就不可撤销的医疗手术保险
guaranteed title policy 担保抬头保险
guarantee for advance payment 预付保证书 △ 保函
guarantee for infrastructure loan 基础建设贷款担保
guarantee for partial payment 分期付款保证书 △ 保函
guarantee for payment 支付保证书 △ 保函
guarantee for performance 履约保证书 △ 保函
guarantee for refund of payment 退款保证书 △ 保函
guarantee for repayment 还款保证书 △ 保函
guarantee for supply of goods 供货保证书 △ 保函
guarantee for the transfer and transition of large-amount assets 资产转让过桥担保(大额)
guarantee fund 担保基金
guarantee L/C 担保信用证 △ 一种备用信用证
guarantee liabilities 保证负债
guarantee of a bill 票据的保证
guarantee of acceptance 承兑保证
guarantee of export credit 出口信贷担保;出口信用国家担保
guarantee of insurance 保险担保 △ 出口商在办理押汇时向押汇银行出具的担保书
guarantee of performance 履约保证 △ 保函
guarantee of quality 质量保证 △ 保函
guarantee period 保证期
guarantee stock 保证股
guarantor 担保人;保证人 △ 同 surety。公司或个人经由背书同意,当原始发票人违约不付款时,履行付款义务者
guaranty fund 保证金 △ 由保险人按照监管机构的规定提存的一项专项基金,以备在保险人一旦破产后对保单持有人和索赔者的补偿或给付
guaranty fund 保证基金;保证金准备
guardian or guardian ad litem 监护人或诉讼监护人 △ 为法律认可为无行为能力的人管理事务的人
Guertin Laws 古梯法 △ 由古梯委员会建议,由美国精算师古梯(Alfred Guertin)组织起草的法律。其主要内容涉及对保险公司的评估与管理
guest/host statute 宾主法规 △ 生效时可减少司机对其车上乘客的责任标准的法律
guided account 指导账户 △ 期货交易的账户依管理形式分类的一种
guideline premiums 指导保费 △ 在万能寿险中,两全保险的平均年金和个体的费率是援用了美国《国税法》中的第 101 条规定的定期成本与负债保证利息计算出的
guns insurance 枪械保险 △ 承保民用枪械因意外事故所致损失的保险

H h

Hague Rules 海牙规则 △ 全称为“统一提单若干法律规定的国际公约”。规定承运人最低的责任与义务、承运人应享有的免责范围和对货物灭失或损害的赔偿限额

hail insurance 冰雹保险；雹灾保险 △ 对冰雹造成农作物的损失提供保障的一种保险

hailstorm insurance 雹灾保险

haircut finance 按金 △ 修剪融资，证券抵押贷款限额之其余部分

half-yearly premium 半年缴保费 △ 每半年缴纳一次保费

Halley's Table 哈雷生命表 △ 17 世纪英国数学家、天文学家哈雷编制的生命表。哈雷生命表是世界上第一份最科学、最完整的生命表

handling charges 手续费

handling fee earned 手续费收入 △ 为他人完成某种业务所获得的报酬

handling fee paid 手续费支出 △ 为办理某项业务所支出的费用

hand-on credit 受益人抬头信用证

hangar keeper's legal liability insurance (飞)机库管理员法律责任保险 △ 商业保险的一种。承保机库管理员作为受托人存放飞机时由于疏忽而造成的经济损失

hank (hk.) (一)绞；(一)束 △棉/毛线长度单位

hard 1.(钱币)金属制的 2.可兑换成金子的 3.(市价)稳定的

hard loan 硬通货贷款 △ 一国政府贷给一国政府的贷款，规定必须以贷放国家的通货或其他硬通货偿还的，叫做硬通货贷款

Harter Act 哈特法案 △ 英国议会于 1893 年通过的一项法规，规定船主为确保船舶适航而采取适当措施导致损失时，船主不负责任

hazard 危险；风险 △在保险中，导致损失发生或增加损失可能性的特殊情况

hazard increase resulting in suspension or exclusion of coverage 危险增加所致保险的失效或暂时失效 △ 火灾保险合同中的一项常见条款

hazardous substance 危险品 △ 由于易燃、易爆、有毒易挥发等性质而易引起危险事故的物质

hazardous waste 危险废弃物 △ 已知的或被看作有毒的产品或剩余物，在处置及丢弃时须采取特殊措施

header 眉头词；标题 △电传、SWIFT 用语

head office (H.O.) 总行；总部；总公司

head of household 抚养人 △ 在所得税上，指抚养有血缘关系或姻亲关系的儿童或其他亲属的未婚者

head start fund 提前积累基金 △ 一种强调年轻人购买人寿保险的优势的论点

Health and Accident Underwriting Conference 健康和意外保险承保协会(美)

Health and Human Services (HHS) 健康与人道服务部

health and life organization (HALO) 健康与人寿组织

Health Care Finance Administration (HCFA) 保健资金管理部

health care plan 医疗保险

health certificate 健康声明书 △ 人寿保险中被保险人对自己身体状况所作的签名声明文件，是停效保单申请复效时必备的文件之一

Health, Education and Welfare (HEW) 健康、教育和福利部(美)

Health Evaluation and Longevity Planning (HELP) 健康估价与长寿计划

Health Insurance Association of America (HIAA) 美国健康保险协会

health insurance benefit 健康保险给付 △对保障范围内的疾病或意外事故导致的残疾所给付的保险金

health insurance classification 健康保险种类 △(1)可解约健康保险 (2)有续保选择权健康保险 (3)小额损害免责健康保险 (4)简易健康保险 (5)团体健康保险 (6)限额健康保险 (7)保证续保健康保险 (8)不可解约保证续保健康保险

health insurance contract 健康保险合同

Health Insurance Council (HIC) 健康保险委员会

Health Insurance Institute 健康保险研究所

Health Insurance Quality Award (HIQA) 健康保险续保优良奖 △由国际健康保险协会与美国人寿保险协会赞助的一种奖项,每年颁给续保率达到或超过一定标准的保险外勤人员

health insurance renewability 健康保险续保

Health Maintenance Organization (HMO) 保健组织 △提供保健基金和保健服务的流动性组织机构

health policy 健康险保单 △保险单的一种。为人身伤害或疾病引起的收入损失或费用支出提供保障

health promotion 增进健康活动 △通过支持行为和环境的改变减少风险,增进健康的计划活动

health system agencies 健康仪器咨询会 △美联邦政府建立的机构,向州政府和卫生机构主管人员提供增设医院和购买医疗器械方面的咨询与建议

Health System Agency (HSA) 健康系统代理人

Health System Plan (HSP) 健康系统计划

health uniform provisions 健康医疗保险统一条款 △由美国全国保险监督官协会推荐的,一组为监管个人健康(医疗)保单的营运情况而制定的标准法律

heavy duty (HD) 重关税

hectometre (h.m.) 百米

hedge 1.避险;对冲;套头交易;套期保值;套购保值;平衡交易买现卖期 2.套购或套售交易 △为避免损失而买进现货,卖出期货,或卖出现货买进期货,使一笔现货买卖不致因以后的价格波动而遭受损失

hedged position 套期状况;套期头寸

hedge(d) fund 对冲基金;平衡交易基金;套利基金;套头基金

hedging 套期保值

height (ht.) 高度

heir 继承人 △有权享有死者财产的人

held cover 暂予承保;继续承保 △附加在海上运输货物保单上规定当有任何变动而与保单上原约定不符时,保险人愿继续承保,但保留收取附加保费的权利

held covered clause 变更航程条款

held in trust 代管 △财产保险中的一项条款。对被保险人作为受托人所持有的他人的财产提供保障

held-up capital 占用资金

held-up funds 资金占用;套住

herd effect 群体效应;羊群效应

herding behaviour 群体效应;羊群效应

herd insurance 家畜保险 △养殖保险的一种。是以中小家畜为标的死亡损失保险

hereditament 继承财产 △依遗嘱而被转移所有权的任何东西

hesitation period 犹豫期间 △宽限期满后二个月期间。在犹豫期间补缴保费,保单继续有效

hierarch management 科层制管理

hierarchic responsibility 分层负责 △支行、分行、总行之间分级向上负责

high credit 高额授信 △银行对客户的一次最高授信额度

high-end 1.[~ customer]高端(客户) △

规模大、资信好、效益好的客户 2.[~product]高端产品 △高附加值、高科技含量、畅销的产品

high finance 高额贷款 △在授信额度内可能的最大借款

high flying glamour stocks 高价位魅力股 △热门股、成长股等本益比偏高的股票

high-income share 高收益股票

high interest rate 高利率 △通常指高于10%的利率

highly leveraged transaction (HLT) 高负债收购

highly protected risk (HPR) 高度受保险的风险;高度预防风险

high-pressure selling 强行展业 △不顾客户的缴费能力、保险需求而强行推销保险,或采用不正当手段诱保

high risk 高风险 △见 substandard risk

hire 1.租用;雇用 2.为(做好的工作)付钱 3.租金

hire purchase (H.P.) 租购;分期付款购买 △买方购买货物时先付一部分押金,取得货物,余款定期分批付清。在最后一笔货款付完以前,货物所有权仍为卖方所有,如果买方不能按期付款,卖方有权收回货物

historical cost 过去成本;历史成本 △也叫"实际成本"。与"预计成本"相对。根据实际支出所计算的成本,即购置成本,原始成本

historical development cost approach 历史成本法

historical retention approach 历史保留法

historical retention rate 历史留存率

history card 索引卡 △以备检索的记录被保险人保险经历的卡片

hit and run 肇事后逃逸 △驾驶员在驾车发生碰撞后不顾受害人的生死而逃跑

hi-tech 高精技术

hobbies or avocations 嗜好与业余爱好 △在对被保险人的生命提供保险时,为了决定费率标准需要考虑的被保险人的兴趣、嗜好

hogshead (hhd.) 大桶;液量单位

hold a x percent interest in 控股权益

holder 持有者;(支票、汇票等)持票人

holder for value 对价持票人

holder in due course 善意持票人;正当持票人 △善意的和已付出代价正常商业行为取得票据且享有票据一切权利的人

hold-harmless agreement 保持无损失合同 △此合同规定,合同一方的责任及义务由第二方承担。通常第二方是保险公司

hold position 持仓 △买进实物在远期期货市场卖出

hold up funds 占用资金

hollowing 空心化

home currency bill 本国货币汇票

home currency draft 本国货币汇票

home health care 家庭健康护理 △在家中接受的健康护理

home health services 家庭健康服务 △由合法的保健机构为家庭提供的上门服务

home insurance 住宅保险 △认为人寿保险的传统保障可以适用于各种生活形式的一种概念,包括抵押贷款清偿保险和续缴房租保险,也用于单纯的抵押贷款保险

home money bill 本国货币汇票

home money draft 本国货币汇票

Home Office Life Underwriters Association (HOLUA) 人寿总公司承保人协会

home office underwriter 总公司承保人

Homeowner's A Policy (HOA) 家主A种保险

Homeowner's B Policy (HOB) 家主B种保险

Homeowner's C Policy (HOC) 家主C种保险

homeowners insurance policy 房主保险单 △一种总托保单,包括火险及附加险、偷盗险和个人责任综合险

homeowner's policy（HO policy） 住家综合保险单 △ 承保包括住家财产及与住家有关个人责任的保险单
homepage 主页 △ 电脑网页
home protector rider 住宅保障附约
home service insurance 收招合一保险 △ 以个人为保险销售对象，通常不必体验，从刚出生到70岁的人均可投保，保单面额一般在1000美元左右。保费由代理人按周或按月上门收取
homestead right 居住权利 △ 住宅以及住宅周围的土地与建筑不受债权人索还的权利。在保险中，居住权利属可保利益
homogeneity 同类；同质 △可保风险特征之一，即有大量同类风险的存在
homogeneous competition 同质化竞争 △ 同业竞争的目标、项目等，如银行间都竞争存款
homogeneous exposures 同类风险 △ 团体中相同的特性、相同的损失期望
honesty clause 诚实条款 △ 保险条款之一，意为充分告知
Hongkong Association of Bank（HKAB） 香港银行工会
Hongkong Futures Exchange Ltd.（HKFE） 香港期货交易有限公司
Hongkong Interbank Offered Rate（HIBOR） 香港银行同业拆息率
honour 承兑
honour a bill 兑付；承兑
honourable（hon.） 荣誉的；光荣的；尊敬的
honourable undertaking 互信契约 △ 一些再保险合同中的条款
honour a claim 受理索赔
honour a draft 兑付；承兑
Honour Contract（HC） 信誉保险合同 △ 凭当事人双方的信誉而签订的海上保险合同
honouring 兑现；按时履行义务 △到期履行义务的行为
honour of draft 逆汇 △ 债权人主动向外国债务人开出汇票，通过银行收取款项，即支付工具和现金朝两个相反方向流动。与债务人主动汇款相对(顺汇)，见 remittance
honour policy 名誉保单；信誉保险单 △ 见 Honour Contract
horizontal 地平线的；水平的
horizontal audit 横向审计；横式查账 △ 从请购、定购、交货、验收、入库、出售，直至收款等过程来追查一项定购业务
horizontal competition 同业竞争
hospice 临终医院 △ 为临终者(预期在六个月内死亡的人)设立的护理治疗机构
hospital affiliation 特约医院 △ 依合同约定为某人提供医疗服务的医院
hospital benefit 医院给付 △ 被保险人在符合保险规定的情况下住院或在医院进行治疗所发生的费用，由保险公司支付保险给付
hospital confinement policy 医院限制保单；住院补偿保险 △健康保险单据的一种，每天为住院的被保险人提供预先约定的单一给付
Hospital Cost Report Information System（HCRIS） 医院费用报告情报
hospital indemnity 住院补偿 △ 健康保险中的附加。当被保险人住院时，根据保单条件进行的附加给付
hospital indemnity insurance 住院补偿保险
hospitalization policy 住院保单 △ 只在住院费用发生的条件下进行给付
hospital liability insurance 医院责任保险 △ 对医院医护人员渎职或医疗事故引起患者身体伤害、震动、心理痛苦或死亡而应负的赔偿责任提供保障
hospital medical insurance 住院医药费保险
hospital miscellaneous benefit 住院杂项费用给付 △ 在健康保险中，对一定期限内的住院费用提供有固定限额的费用补偿
hospital professional liability insurance 医院职业责任保险

hospital room benefit 病房费用给付 △ 在健康保险中,对被保险人住院期间提供的病房及其他费用的给付

hospital/surgical expense insurance 住院及外科手术保险 △ 将基本住院保险和基本的外科手术保险结合起来的保险形式

host country 东道国

hostile fire 恶意之火 △ 出乎人们意料的、对人或财产带来损失的、不在通常燃火的地方燃起的火

host liability 主人责任 △ 当主人向已有醉态的客人(免费)提供酒,醉酒的客人造成他人的人身伤害或财产损失时,主人应付的赔偿责任

host liquor liability 主人的醉酒责任

hot money 热钱;游资 △为获取高利或保障币值而由一国转移至另一国的流动资金

hot potato 热马铃薯 △ 通货恶性膨胀时期,货币贬值快,丧失其价值贮藏功能,人们拿到货币后有热马铃薯烫手一样的感觉,于是迅速抛卖出去。人们称此种经济环境下的货币为"热马铃薯"

hour of service 服务小时数 △ 在退休计划中,员工为雇主服务的小时数

house bills 内部汇票 △ 银行等金融机构对分行、代理行开出的汇票

house check 号子支票;内部支票 △同一家银行或分支机构开出的付款支票,可不经票据交换所付款

house confinement clause 在家疗养条款 △ 此条款规定被保险人在家疗养或遵医嘱前往医院理疗所支出的费用也可获得给付

household furniture (HHF) 家具

household goods (HHG) 家庭用品 △ 住房中的常用物品,如家具等

housekeeping 财物管理 △ 对财物的日常维护及清理

housing and urban development (HUD) 住宅与城市发展

housing mutual-aid fund 住房互助基金

HR 10 自营事业者退休保税法案

HR 10 Act Plan 自营者退休法案;退休计划

HR-10 plan HR-10 退休计划

hull 船壳;船身 △区别于货物的船舶本身

hull coverage 船舶保险 △ 承保船舶及其机器与设备的损失

hull insurance 船舶保险 △ 对船壳、船具、设备、储备、救生艇及乘客行李等提供保障的保险

hull policy 船体保障单;机体保险单

hull syndicate 船舶保障辛迪加 △ 由海上保险人组成的团体

human approach 人为控制 △ 保险中一种控制风险、减少损失的技巧

human depreciation concept 人力折旧论 △ 认为人与机器同样存在折旧的概念

human life value approach 人生价值逼近法 △ 决定人寿保险金额的定量分析方法

human resources development (HRD) 人力资源开发

Hunter Disability Table 亨特残疾表 △ 表中包括残疾率、全残概率及残疾人的死亡率

hurricane insurance 飓风保险 △ 风暴保险中的一部分

hybrid policy 混合保险单 △ 承保内容包括两种不同类型保险的保险单

hypervolatile industry 高危性行业 △ 风险极高的行业

hypervolatile sector 高危性行业

hypervolatile trade 高危性行业

hypervolatility industry 高危性行业

hypervolatility sector 高危性行业

hypervolatility trade 高危性行业

hypothecation 1.抵押;质押 △财产的抵押(pledge)。在未转移财产所有权的情况下获得贷款 2.对抵押财产的索赔权 3.担保契约;押船契约

I i

Ibidem (Ib., ibid.) 来源同上
I.C.C. endorsement 美国州际商务委员会汽车运输货物保险批单 △ 全称为 Interstate Commerce Endorsement to Motor Truck Cargo Policies
ice deviation clause 冰险偏航条款 △ 海上保险中规定,船舶如因冰险无法到达目的地时,可选择离目的港最近的港口卸货
ice exclusion clause 冰险除外条款 △ 在船舶保险中附加规定不承保船舶因与冰山等相撞所致损失的条款
Idem (Id.) 同著者(的)
Identification Card 保险卡 △ 证明已经投保的卡片
identifying comparables 识别可比物
identifying evidence 鉴定证据 △ 通过对人或物的实际检查所得到的证据
identify the sources of assets 确定资产来源
identify the sources of earnings 确定收入来源
identify the sources of liabilities 确定负债来源
identity paper 身份证明
Identity Paper of Legal Representative 法定代表人身份证书
id est (i.e.) 即△ = that is 那就是
"if" clause "如果"条款 △ 财产保险中规定如果某些条件不存在时则契约终止或无效的条款
illegal holding of premiums 非法保费留用 △ 在保险中,业务员擅自使用所收的保费
illegal inter-bank lending 违章拆借
illegal inter-bank loan 违章拆借
illegal inter-bank placement 违章拆借
illegal occupation provisions 非法职业条款 △ 一项选择性的健康保险条款
illicit inter-bank lending 违章拆借
illicit inter-bank loan 违章拆借
illicit inter-bank placement 违章拆借
Illinois method 伊利诺伊制 △ 修正初年定期制责任准备金提存方式之一
Illinois standard 伊利诺伊标准
illness frequency rate 患病频率 △ 在一定工时中员工患病的次数
illness severity rate 疾病强度率 △ 因疾病或死亡造成每1000工时所损失的天数。每一死亡折合6000天
illustration 保险宣传册 △ 保险业务员及代理人向客户介绍保险产品的小册子
immateriality 非物质性
immediate annuity 1.即付年金 △ 届满第一个给付区间即可获得给付的年金。给付区间可分月付、季付、半年付和年付 2.期末年金
immediate estate 立即遗产 △ 在人寿保险中,当被保险人死亡时,其遗属可立即获得作为遗产的死亡保险金
immediate life annuity 即付生存年金
immediate participation guarantee plan (IPG) 直接参加保证给付计划 △ 团体年金方式之一
immediate vesting 立即受领权 △ 员工一经加入退休计划即可得到给付受领权
impact damage 撞击损害 △ 专指移动物体如飞机、汽车等与固定物体相撞所致损害
impaired assets 减损资产 △ 资产价值减少,资产损耗
impaired capital 减损的资本 △ 负债与赔款耗尽了公司资产金额。这种情况下通常会中止保险公司的营业权
impaired loan 减损贷款 △ 贷款的利息或部分本金难以收回

impairment charge 减损支出

impairment expense 减损支出

impairment of capital 资本亏绌；资本减损 △由于损失而造成的资本损失或负债超过资产

impairment rider 附文减免 △ 健康保险合同后附文，声明在特定事件发生的情况下，保险公司对被保险人不负有赔偿责任

imperfect trust 不完全信托

implication 暗示

implied authority 暗示权力 △ 在代理合同中没有明确规定的条件下，代理人可以按照惯例拥有的权力

implied consent 暗示同意

implied contract 暗示合同 △保险合同不是暗示合同，因为保单中明确规定了保险合同双方的权利和义务

implied covenant 暗示合同

implied trust 暗示信托 △ 由法律和环境暗示或推定的信托

implied warranty 暗示担保；默示保证 △在保险中指由已存在的状况和惯例形成的担保

import (IMP. imp.) 输入；进口

import and export on one's own 自营进出口

important clause 重要条款 △保单中红字印刷以引起被保险人特别注意的条款

import credit 进口信用证；进口信贷

import deposit 进口保证金；进口存款

import exchange 进口外汇 △ 即进口商购入，而由政府或银行收受本国币出售的外汇

import letter of credit 进口信用证 △ 进口国的银行接受国内进口商的申请，开立以外国出口商为受益人的信用证

import letter of credit guarantee 进口开证担保

imprest account 预付账户 △ 为支付特定损失，通常是指不严重的财产损失而建立的基金

improper improvement 不当的改善 △ 不符合最佳效用的改善

improvement and betterments (I & B) 改进工程

improvement and betterments insurance 房屋修缮与改良保险

impunity 免责

in account with 与…有业务往来；与…有账务往来

inadmitted asset 未认可资产 △ 保险公司向保险管理当局申报财产时未包括在内的部分

in a gain position 处于盈利状况

in a long position 多头

in-and-out rate 内外比率 △ 火灾保险中，财产在建筑物内与在建筑物外的比例

in-area emergency services 地区内紧急救护 △ 美国保健组织的一项保险条款

in arrears 拖欠 △ 贷款到期时债务人未能如数偿还或仅偿还一部分，叫做拖欠

in articulo mortis 在死亡时刻

incendiarism 纵火 △ 出于恶意念头而故意引烧财物的不法行为

incendiary devices 纵火设备

incendiary fire 纵火犯点燃的火

incendiary origin 纵火者恶意燃起之火

incentive shares 奖励股 △ 公司按股票选择权方案或利润分配计划分派给职员的股票

inception 开始

inception date 起保日 △ 保险契约开始生效的日子

in-charge accountant 主管会计师 △ 会计主管人或主管会计人员

Inchmaree Clause 疏忽条款；潜在缺陷条款；英琪玛丽条款 △ 海上保险中的一项条款，又称劣质条款

inchoate 未完成的 △ 契约未被当事人执行

inch up 盘高 △ 汇率、价值上涨，逐渐攀升

incidence rate 事故发生率

incidental contract 附属合同 △ 缔结合同的第二位原因。在团体保险中,被保险人必须由获得保险之外的原因集合成团体

incidental life insurance protection 附带寿险保障 △ 美国税法第 403 条 b 项规定,年金保险所提供的死亡给付,不能超过每月给付或现金积累额的 100 倍

incidental malpractice 附属不法行为 △ 非医疗系统的人员或机构负有法律责任的医疗事故

incidents of ownership (保单)所有权附带权 △ 保险单中附带的权利,包括更换受益人、领取解约金、保单贷款、保单转让等

includable compensation 包括薪资 △ 决定退休计划免税额时,包括员工最近一年的薪资在内免税

incombustible 不能燃烧的

income 年度收入

income approach 收益法

income approach to value 收入近似价值 △ 通过将净收益资本用来估计房产价值的一种估价技巧

Income Averaging Annuity Contract (IAAC) 精算收入平均合同

income bond 退休年金

income continuation insurance 收入持续保险

income debenture 收益债券 △ 规定利息只能从公司利润中支付的公司债券

income-earning ability 收入能力 △ 个人获得收入的能力

income fund 收入基金 △ 专门用于投资的基金,目的在于通过分红或利息提高收入

income growth rate 年增长率

income holding cost 年保有成本

income insurance 年金保险 △ 在一定期限内分期给付保险金的一种生命保险

income interest rate 年利率

income net profit 年净利润

income pay 年薪

income pension 年金

income-producing assets 创收型资产

income property 收益性财产 △ 可以获得收益的财产,获得收益的形式包括商业租金和房地产的商业收入

income protection 收入保障保险

income protection insurance policy 收入保障保险单 △ 一种残疾收入保单,当被保险人残疾并因此遭受收入损失时可以获得收入保障

income provider plan 家庭抚养年金保险

income reimbursement insurance 收入补偿保险

income replacement 收入重置 △ 残疾收入保险中的一项给付

income report 年报;年度报告书;年度决算表 △ 股份公司一年一度向全体股东公布的正式财务报告,列名公司在业务年度内的资产、负债、收益、利润分配情况等

income return 1.年利润 2.年度报告

income revenue 岁入;年度收入

income review 年度审查

income sale volume 年营业额;年销售量

income settlement option 年金式保险金给付选择权

income-shifting strategies 收入变更策略 △ 为儿童或由儿童所作的免税或延期交税的投资,在儿童达到 14 岁时到期

income statement 损益表;年度决算表 △企业三种财务报表之一。是将公司在特定一段时间的收入和支出列入以反映公司财务情况的一种报表

income stream 收益流

income tax 所得税

income taxable 应税收入

income tax bond 所得税保证保险 △ 保险人承保被保险人依法纳税风险的保证保险

Income Tax Return 所得税申报表

income yield 所得收益率

incoming collection of clean checks/drafts 外来光票托收 △ 外国客户委托银行

向国内付款人收款的光票托收

incoming wire transfer 汇入电汇

incompetent 无行为能力人 △ 因某种原因而由法定代理人替其处理事务的人

incomplete 资料不全 △ 在保险中指要保书上供核保和确定风险等级的资料不足

incomplete housing (mortgage) loan 楼花按揭 △ 未竣工住房抵押贷款

incontestability provision 不可争辩条款

incontestable period 不可争辩期间 △ 保险合同经过二年后,保险公司不得以违反告知义务为理由解除合同

inconvertible stocks 不可转换股票 △ 到期不能转换成其他证券的股票

incorporated (Inc.) 按股份公司组织的

incorporation into funding agreement 供款协议的结合部分 △ 为养老金计划提供款项的有关文件中考虑的各种因素

incorporeal interests 无形利益 △ 对财产的可保利益所拥有的权利

incorrigible 不能纠正的

in course of collection 代收期间

increase 1.增加额 △ 保险会计术语。用以指新业务和失效后复效保险的增加额 2.汇率上升;利率上升

increase asset value 资产增值

increase capital by stock issue 增资扩股 △ 同 equity financing

increased cost endorsement 成本增加保险批单 △ 财产保险中的一部分

increased cost of construction clause 建筑增加成本保险

increased hazard 增加的风险

increased value clause 增值条款

increased value insurance 增值保险 △ 承保保险标的因涨价在复损后增值部分的损失

increase in hazard 危险增加 △ 与签单时相比,保险标的危险程度有了增加

increasing life insurance 递增人寿保险 △ 在保险期限内保险金额递增的定期人寿保险或终身人寿保险

increasing loan value 递增保单贷款额

increasing term insurance 递增定期保险 △ 定期寿险的一种。自签发保单日至失效日期间每年(一定期限内)保险金额递增

increasing term life insurance policy 递增定期人寿保险单 △ 提供死亡给付的一种定期保险单

increasing whole life 终身增加 △ 保费不变,现金价值与面值按固定的复利增长

increment 增价;增额;增值 △ 通常指土地价值随人口的增长及社会财富的增加而增值

incriminate 控告;牵连

incubation period 补偿开始前等待期间

inculpate 连累受控;责难

incur 发生 △ 在保险中指保险责任的发生

in Curia 在公开法庭

incurred but not reported losses (IBNR) 已发生但未报告的损失 △ 保险责任范围内已发生但未向保险公司报告的损失

incurred claim 已发生的赔款 △ 投保人就已发生的保险事故向保险人提出赔偿的赔款金额

incurred expense 已发生的费用 △ 已支出或需要支出的费用

incurred losses 已发生的损失 △ 不管是否已核实或支付,但确已在一定期间内发生的损失

incurred loss ratio 已发生的损失率 △ 保险财产在保险期限内发生的实际损失与已赚保费之比

incurred (but) unreported claim (IUC) 已发生但尚未报告的损失

indefinite policy 未确定保险单 △ 投保海上运输货物保险时,在货物数量、金额、船期尚未确定的情况下保险人签发的保单

in delicto 犯错误;有过错
indemnifier 保赔人 △ 向贷款人保证,一旦发生损失不论产生的原因,均负责赔偿的人
indemnify 损害赔偿
indemnitee 被赔偿人 △ 接受赔偿的一方当事人
indemnitor 赔偿者 △ 向合同对方赔偿损失的一方当事人
indemnity 赔偿;损害赔偿 △对被保险人的损失给予补偿
indemnity agreement 赔偿协议 △ 为使被保险人在遭受损失后能够保持其原有经济状况而设计的一项保险条款
indemnity bond 赔偿保证书 △ 当被保险人未能履行他与债主之间的协定时,保险公司依赔偿保证书这一保险形式对债主的经济损失提供赔偿金
indemnity company 赔偿公司 △ 意外保险公司,与火灾保险公司和海上保险公司相对应
indemnity period 赔偿期间 △ 损失被全部或部分保障的期限
indemnity reinsurance 赔偿再保险 △ 原保险人将其在原保险合同中所承担的赔偿责任的全部或部分转移给再保险人
indemnity subrogation receipt 代位求偿权收据 △ 被保险人出具的证明已获得保险人赔偿的文件
indent invoice 订单发票;受托代办发票
independent adjuster 独立理算人 △ 代表保险公司对损失进行理算的人
independent agency system 独立代理人制度 △ 代理人同时代表多家保险公司进行保险营销活动的代理方式
independent agent 独立代理人 △ 为几家不同的保险公司(通常寿险和健康险)独立开展业务的代理人
independent appraisal plan 独立估价计划 △ 用于防止修缮财产中串通作弊报高价的措施。估价人不受雇于维修商,而是独立的专门人员
independent branch accounting system 独立分店会计制
independent contractor 独立经营承包商 △ 同意为雇主做某种工作且只对结果负责的承包商
independent contractors insurance 独立经营承包商保险
independent director 独立董事;外部董事 △同 outside director; external director
Independent Insurance Agents Association (IIAA) 独立保险代理人协会
Independent Insurance Agents of America (IIAA) 美国独立保险代理人组织
Independent Insurance Conference (IIC) 独立保险会议
independent insurer 独立保险公司
independent intellectual property rights 自主知识产权
indeterminate premium 不确定保费;未决定保费 △实缴费率可以低于保单规定费率的定期保险
indeterminate premium life insurance 不确定保费人寿保险
indeterminate premium life insurance policy 不确定保费寿险单 △ 不分红终生寿险的一种。同时规定最高保费率与较低费率
indeterminate whole life 不定期终生寿险 △ 均衡费率,最高保费可能不规则地低于固定期限的保费
index 指数;指标;索引
index clause 指数条款 △ 超赔再保险合同中的一项条款。再保险合同生效时与赔款时货币的价值不同,要以指数来重新核算和调整两者的数值,使赔款受通货膨胀影响而增加的部分,由原保险人与再保险人共同分担
Index Dow Jones 道琼斯指数 △ 根据选择出的股票的中间价格所编制的纽约证券所的指数。这种指数是对工业、铁路、公用事业股票分别计算出来,用于说明市场的趋势
indexed life insurance 指数人寿保险 △ 保险金额随预定的价格指数而上下浮动的保险

indexed life policy 指数人寿保险

indexed loan 按指数偿付的贷款 △ 见 index-linked loan

index fund 保值基金

index government bonds 物价指数公债；保值公债

indexing 指数化 △ 货币性的支付随物价的变动而调整的方式

index-linked bond 与指数挂钩的公债；保值债券

index-linked deposit 保值存款 △ 无论货币贬值或降低利率均保证存户不受损失

index-linked loan 保值贷款 △ 贷款利率或还款金额按某一指数调整，以确保贷款人得到的偿还金不因通货膨胀而贬值

index-linked public bonds 保值公债

indicative price 试水价 △ 预示成交价，正式发行前的暂定价

indictment 起诉书；指控 △一种正式的起诉

indirect 间接的；非直接的

indirect approach 间接法

indirect bill 间接汇票

indirect damage 间接损害；间接损失

indirect draft 间接汇票

indirect evidence 间接证据 △ 又叫作环境证据，指任何有说服力的物质通过合理的推理可以判定真实的情况

indirect loss 间接损失

indirect quotation 间接报价；间接开价法 △用 1 单位或 100 单位的本国货币为标准，折合多少外国货币来表示汇价的开价方法

indirect rate 间接汇率 △ 以本国货币为基准，用 1 单位本国货币可兑换成若干单位外国货币的方式所表示的汇率

indirect voting intreest 次级有表决权股份

individual account plan 个人退休账户计划 △ 为成员提供个人账户的一种定额年金分配计划或利益分享计划

individual annuity 个人年金 △ 保险人同意向个人提供约定年金的年金安排

individual benefit statement 个人给付额表 △ 在雇员退休计划中全部自然产生的以及有权得到的给付

individual contract health insurance 个人契约健康保险

individual contract pension plan 个人合同年金计划

individual contract pension trust 个人合同退休金信托 △ 一种退休金计划

individual coverage 个人保险范围

individual insurance 个人保险 △ 以个人为单位投保的寿险或健康险，区别于团体险和总括险

individual level cost method 个人均衡成本法 △ 在养老金计划中，制订计划以保证每位雇员在退休后获得给付金的方法

individual level cost method without supplemental liability 无附加责任个人均衡成本法 △ 个人均衡成本法的一种。养老金给付的现值与成本现值相等

individual level cost method with supplemental liability 附加责任个人均衡成本法 △ 个人均衡成本法的一种

individual life insurance 个人寿险 △ 团体寿险的对称。以个人为一个保单的承保对象

individual policy pension trust 个别保单年金信托

individual policy pension trust plan 个别契约退休金信托计划 △ 用于 50 人以下团体的一种退休计划

Individual Practice Association（IPA） 个人业务协会

individual projected benefit cost method 个人预定给付成本法 △ 退休金计划中一种通过精算每位雇员的个人预定给付成本来确定给付成本的方法

individual rating 个人费率 △ 在被保险人的情况都不相近似时的费率厘定体系

individual retirement account (IRA) 个人退休金账户 △ 一种个人的退休金账户。个人每年向账户支付一定金额以期获得退休金

individual retirement account plus (IRA PLUS) 个人退休金账户增加 △ 由美国总统签署的一项提议。可以有更多的人得益于建立退休金账户时的税收政策

individual risk premium modification rating plan (IRPM) 个人风险费率调整计划 △ 考虑到容易影响将来的损失及费用的因素,为高费率的总括风险确定公平合理的费率或保费的程序

individual risk rating 个人风险费率厘定 △ 对每个被保险人确定特定费率的费率厘定系统

indorsement 背书 △ 在票据或其他单证背面签署

indorsement in blank 空白背书 △ 背书人只签名而不指定受让人。也称普通背书(general endorsement)

indorsement in full 详细背书 △ 作成背书的人。票据凭背书转让时,背书人即为票据的让与人

inducement by misrepresentation 误报的诱导

industrial accident 工伤事故;职业意外事故

industrial accident insurance 工业灾害保险 △ 同 industrial injuries insurance

industrial accounting 工业会计

industrial dust 工业尘埃 △ 极微小的固体颗粒。当人吸入时会对人体产生危害,或可成为火灾的一个危险因素

industrial group 企业团体 △ 在保险中指由一个从业人员团体形成的合乎团体保险资格的可保团体

industrial health insurance 简易健康保险 △ 小额给付的健康保险,保费以月缴或周缴的方式交给上门服务的代理人

industrial increase 简易保险费增加额

industrial injuries insurance 工业灾害保险

industrial insurance 简易保险 △ 为个人的生命提供的小额保单,通常不要求体检

industrial insurance 收招合一保险 △ 以个人为保险销售对象,通常不必体检,从刚出生到70岁的人均可投保,保单面额一般在1000美元左右。保费由代理人按周或按月上门收取

industrialization 实业化;工业化

industrial life insurance 简易人寿保险

industrial property 1. 工业财产 2. 工业财产保单 △ 一种总括保单,其保障范围为制造商的各种个人财产及一处以上建筑物的经济损失

industrial property policy programme (IPPP) 简易财产保险

Industrial Risk Insurers 简易风险保险人协会

inefficient inspection 检查低效率

ineligible bill 不合格票据 △ 不符合规定的无效票据

inevitable accident 不可避免的事故 △ 不可预见也不可阻止的意外事件

in extrajudicial form 非诉讼方式

infant 未成年人

in favour of (F/O, f/o) 以某人受益;受益人

infidelity exclusion 不诚实除外条款

inflationary pricing 膨胀式定价

inflation factor 通货膨账因素附加费 △ 在保险中考虑未来通货膨胀因素对给付或赔偿的影响而增加的保费

inflation guard endorsement 通货膨胀保护背书 △ 在房主保险中,在增收保费的条件下,可将保障范围按比例增加,以抵消通货膨胀的影响

inflow (资本)流入 △ 见 capital movement

in force 有效

in force business 有效契约 △ 保险公司正在承保中的保单

in force policy 生效保单
inform against 检举
information 起诉;告发
information asymmetry 信息不对称 △ 信息与实际情况不对应
information economy 信息经济
information production 信息生产
information technology (IT) 信息技术
informer 举报人
info-tech 信息技术
infringe on/upon (rights, interest) 侵害(权利、利益);侵犯(权利、利益)
in full 全额 △ 悉数
in good time 适时;及时
inherent explosion clause 内因爆炸条款 △ 财产保险合同中对由于内在因素引致的爆炸进行保障的条款
inherent hazard insurance policy 内在灾害保险 △ 商业保险的一种,对内在灾害提供保障
inherent hazards 内在灾害
inherent vice 内在缺陷 △ 财产本身原有的并可能导致损害的潜在缺陷
inheritance 遗产 △ 可以依法移转给继承人的财产
inheritance estate of 遗产中的不动产 △ 可以由继承人继承的房地产
inheritance tax 遗产税 △ 对遗产继承人征收的税金
initial 1.草签 △ 指条约等在正式签订之前,由缔约方代表在审定的草案上的临时签署 2.缩写签署 3.首字母;[~s]姓名(或组织名称的)开头字母 4.最初的;开始的
initial allocation 启动拨款;初步拨款;首次拨款
initial an agreement 草签协议
initial authorized equity capital 原始法定股本
initial authorized share 原始法定股本
initial balance 期初余额
initial capital 创办资本;基金 △保险合作组织设立时筹集的基金
initial deposit 铺底资金 △ 银行开户的首笔存款
initialed agreement 草签协议
initialed text 草签协议
initial issue 首次发行(债券等)
initial past service liability 初期已付服务责任 △ 从保险计划成立日期或最近扩大承保日期时开始支付服务给付的精算价值
initial premium 初效保费 △ 第一次随递交保单时缴纳的保费
initial public offering (IPO) 首次公开发行;首次公开上市股票;首次公募
initial reserve 期初责任准备金 △ 保险年度初提存的责任准备金,等于上年度期末责任准备金加上本年度纯保费
initial signature 初签 △ 购买旅行支票时在上面的签名,兑付时再复签
initial term insurance 暂定定期保险
injunction bond 禁令保证 △ 即原告对错误的法律禁令造成的财产损失负法律赔偿责任
injunction order 止付令 △ 法院用语
injuries and diseases covered 伤害与疾病保障 △ 健康保险单中所承保的伤害与疾病
injury 伤害 △ 由意外事故引起的身体伤害
injury benefit 伤害给付 △ 被保险人因伤害接受治疗无法工作时由保险人所支付的保险给付
injury independent of all other means 意外事故伤害 △ 由意外事故而不是由疾病引起的伤害
in kind 实物补偿 △ 用实物如机器设备投资、入股
inland bill 国内汇票
inland draft 国内汇票
inland marine (IM) 内陆运输
inland marine exposure 内陆运输风险
inland marine insurance 内陆运输保险 △ 对被从一处运输到另一处或被放置在某处的财产所面临的各种风险提供保障,不局限于水上运输

Inland Marine Insurance Bureau (IMIB) 内陆运输保险局
Inland Marine Underwriters Association (IMUA) 内陆运输保险承保人协会
inland transit insurance policy 内陆运输保险
innkeepers legal liability 旅店主人法律责任 △ 旅店或汽车旅馆的经营者对于旅客财物的安全负有法律责任
innkeepers legal liability policy 旅馆主人法律责任保险
innkeepers liability 旅店主人责任
innkeepers liability insurance 旅店主人责任保险
innovation risk 创新风险 △ 由于开发、研制并生产新产品所带来的风险
innovative capacity 创新能力
in-office transfer 转账支付 △ 内部转账
inpatient 住院病人 △ 需住院治疗的病人
in-place staff 留用职工 △ 被收购机构留下的职工
input item 进项 △ 会计报表中用
input tax payable for the period 当期进项税
inquiry 询价
inquiry blank 询问表 △ 由代理人提交保险公司,由保险公司决定是否要求被保险人体检的表格
insect exclusion 昆虫除外条款 △ 财产保险中的一项除外条款,对由昆虫所引起的财产损失或损毁不负赔偿责任
inseparability 不可分割性;不可分离性
in shortage of funds 资金短缺的
inside and outside hold-up insurance 内部与外部抢劫保险
inside limits 内部限额 △ 为所保障的医疗费用给付而制定的适当的合理的最高给付限额
insider 内线;内行人士;内部人员 △ 在证券市场或期货市场上能很快获悉内幕消息或精确判断行情,训练有素的交易者
insider trading 内线交易 △ 公司上层利用工作方便买卖股票证券的不正当交易
insolvency 资不抵债;无偿付能力;无偿债能力 △ 债务人无足够资金偿付到期债务,陷入周转不灵的处境,也指公司的负债超过资产
insolvency clause 无力清偿条款 △ 原保险人被破产时,再保险人仍须依照再保险契约,对再保险范围内的损失承担赔偿责任的条款
insolvency fund 破产基金
insolvent debtor 破产债务人 △ 破产债务人在财产过户前,只要其利益未消失,就仍对其财产有保险利益
inspection (insp.) (商品)检验
inspection slip 检验条 △ 检验人对被保险财物的性质所作的报告
inspector 检验员;检查员 △检验风险并对其可保性进行汇报的人
installation insurance 安装保险
installation risk 安装风险(保险)
installation risk insurance 安装风险保险 △ 对设备的安装所提供的保障
installment 分期付款;分期收款 △对一项债务或应付账款按照规定的金额分期支付
installment amount option 分期给付迟延年金 △ 年金计划的成员在一定期限内向年金基金缴纳保费后,隔一段时间后按期领取年金给付额直至死亡
installment loan 分期偿还借款 △ 也称个人贷款,指贷给个人的小额贷款,其金额通常小于1,000美元
installment option 分期给付选择 △ 在寿险中,依受益人选定的期间,按保证利率每年提供定额给付
installment pay-outs 分期买回 △ 对已故股东的股份分期买回的财务方式
installment premiums 分期缴保费 △ 保险费不是趸缴,而是分期缴纳的缴费形式
installment refund 分期偿还
installment refund annuity 分期偿还年金 △ 保证在年金受领的生命期间或

更长时间内持续给付年金，使年金受领人及其受益人领取的给付总额等于所买年金额

installment time option 固定期间保险金分期给付法

instant (inst.) （商业信件中）本月的 △ 做后置定语，如 your bank statement instant

Institute Cargo Clause 协会货物条款 △ 伦敦承保人协会制定的海上运输货物保险基本条款

Institute Clauses 协会条款 △ 伦敦承保人协会制定的海上保险的特别条款

Institute of Home Office Underwriters (IHOU) 总公司承保人学会

Institute of Insurance Brokers (IIB) 保险经纪人协会

Institute of Life Insurance (ILI) 寿险业协会(美)

Institute of London Underwriters (ILU) 伦敦承保人协会

Institute of Medicine (IOM) 医疗学会

institutionalization 制度化

institutional lender 机构贷款人 △ 投资于抵押贷款和证券的经济机构

institutional obstacles 体制性障碍

instructing party 指示方；委托人

insurability 可保性 △ 保险标的合乎承保条件

insurable interest 可保利益 △ 投保人对保险标的具有法律上承认的利益

insurable risk 可保风险 △ 可以接受承保的风险

insurable value 可保价值 △ 投保时可保利益的实际价值

insurance (insur.) 保险

insurance abstract 保险概要 △ 提交给总公司或地区公司（特别条件下）的列明具体会议、统计或参考资料的简短记录

insurance account 保险账册

Insurance Accountants Association (IAA) 保险会计师协会

Insurance Accounting and Statistical Association (IASA) 保险会计和统计协会

Insurance Accounting and Statistical Society (IASS) 保险会计和统计学会

insurance age 保险年龄

insurance agent 保险代理人

insurance agents and brokers error and omission insurance 保险代理人及经纪人错误及疏漏保险 △ 对经纪人或代理人在工作中的疏忽行为、错误或遗漏引起的经济责任提供保障的一种保险形式

insurance agents and brokers liability insurance 保险代理人及经纪人责任保险

(The) Insurance Association of China (IAC) 中国保险行业协会

Insurance Auditor (I/A) 保险审计员

insurance broker 保险经纪人

Insurance Bureau of Canada (IBC) 加拿大保险局

insurance buy-sell agreement 保险型买卖契约 △ 通过购买寿险保单的方式，当合伙人过世时以寿险给付金购买过世合伙人的股份的协议

insurance card 保险证 △ 保险人取得保险资格的一种证明凭证

insurance carrier 保险公司

insurance certificate 保险证书；保险凭证

insurance charge 保险费用 △ 因提供保险服务及承担保险赔付责任而收取的费用

insurance clause 保险条款 △ 规定保险责任范围和保险人与被保险人的权利、义务及其他有关保险条件的条文

insurance company 保险公司 △ 依法成立的专门承担别人转嫁出来的风险的一种企业

insurance contract (general) 总保险合同；非寿险保险合同

insurance contract (property and casualty) 财产及意外保险合同

insurance cost 保险成本 △ 一般指承担保险责任所支付的所有费用。包含实

际支付的和隐含付出的费用

insurance coverage 1.保险保障 △ 保险保障的范围及保障金额 2.投保总额

Insurance Crime Prevention Institute (ICPI) 保险犯罪防止协会

insurance density 保险密度 △ 某国家或地区的保险普及程度,以平均每人每年购买保险的保险费支出为标准

insurance department 保险局 △ 美国各州政府监管保险的部门

insurance documents 保险单据

Insurance Economic Society of America 美国保险经济学会

insurance examiner 保险检查官 △ 美国保险机构的代理。负责审计及检查保险公司的财务运营

insurance exchanges 保险交易所 △ 美国纽约、伊利诺伊和佛罗里达等州依法成立的交易所,仿照伦敦劳合社的形式为固定的地域提供服务

Insurance Federation 保险联合会(美)

insurance field 保险领域;保险界

insurance form 保险表格 △ 财产保险及意外保险保单的附件,可以使保险便于执行

(The) Insurance Hall of Fame 保险荣誉厅

insurance history 投保记录 △ 个人投保的仍然生效的保险及投保人以前在保险公司投保的保险记录

Insurance Information Institute (III) 保险信息学会

Insurance Institute for Highway Safety (IIHS) 高速公路安全保险学会

Insurance Institute of America, Inc. (IIA) 美国保险学会

Insurance Institute of Canada (IIC) 加拿大保险协会

Insurance Institute of China (IIC) 中国保险学会

insurance market 保险市场

Insurance Marketing Communications Association (IMCA) 保险营销交流协会

insurance note 保险凭证

insurance operation rules 保险经营规则

insurance payable at death 死亡保险 △ 以被保险人的死亡为保险标的保险

insurance payable at the end of the year 死亡保险金年底给付 △ 不论被保险人死亡时间为何时,均在年底给付保险金

insurance payable at the moment of death 死亡保险及时给付 △ 被保险人死亡时即给付保险金

insurance plans covered 保险计划承保内容

insurance plans for key employees 重要雇员保险计划

insurance policy (I/P) 保险单;保单

insurance pool 共保集团

insurance premium 保险费 △ 被保险人依规定所缴纳给保险人以保持保单效力的一定数额的款项

insurance production system 保险产品系统 △ 保险公司营销的方式

insurance programme 保险计划 △ 为满足投保人的各种需求而设计的综合保险计划

insurance rate 保险费率 △ 保费与保险金额的比值

insurance rate regulation 保险费率管理 △ 保险管理者对保险人所采用的费率及风险分类与对费率厘定系统的控制

Insurance Rating Board (IRB) 保险费率委员会

insurance register 保险登记 △ 登记保户重要资料的记录

insurance regulation 保险法规

insurance reserve 保险准备金

insurance risk 保险风险 △ 承保的保险事故发生的可能性

insurance salesperson 保险推销员

insurance science 保险学 △ 研究保险发展的一般规律及其经济关系的科学

Insurance Service Association of America 美国保险业务员资料交流会

Insurance Services Office (ISO) 保险服务事务所(美)

insurance solicitor 保险律师

insurance superintendent 保险总监

insurance to value 足额保险 △ 规定财产的投保金额应与财产的实际价值相接近的保险

insurance transfer 保险转嫁 △ 将风险通过合同转嫁给保险公司的方式

insurance with other insurers provision 重复保险规定

insurant 被保险人;受保人

insure 承保;投保 △保险人承接某一保险或要保人购买某一保险

insured 被保险人 △ 被保险人是指其财产或者人身受保险合同保障,享有保险金请求权的人

insured additional 附带被保险人 △ 契约上指定的主要被保险人之外的其他被保险人

insured amount 保险金额 △ 被保险人因保险事故所能得到的最高赔偿

insured event 保险事故 △ 保险合同约定的保险责任范围内的事故

insured loan 保险贷款 △ 已提供保险的贷款

insured mail 被保邮件 △ 美国各邮政部门所办理承保的邮件。中国邮局对贵重物品办理的保价邮件

insured named 被保险人

insured pension plan 寿险型退休金计划 △ 由保险公司提供退休金的计划

insured percentage 共保比例

insured peril 被保风险;受保风险 △保险范围内的风险

insured plan 寿险型退休金计划

insured premises 被保险场所 △ 由个人或团体、组织所保管或管理的由一张保险单承保的房产

insured status 被保险资格 △ 加入寿险保障计划的人员的被保险资格,是决定给付的重要依据

insured wage 投保工资 △ 被保险人向保险人如实申报其工薪所得,以便计算保险费及保险给付

insurer 保险人 △ 与投保人订立保险合同,并承担赔偿或给付保险金责任的保险公司

insurer finances: life and health, property and casualty 人寿及健康财产及意外保险人财务 △ 对保费收入及给付支出的管理

Insurers Public Relations Council (IPRC) 保险人公共关系委员会

insuring agreement 保险条款

insuring agreement (automobile policies) 机动车辆保险条款

insuring agreement (fire) 火灾保险条款

insuring agreement (liability) 责任保险条款

insuring agreement (property and casualty policy) 财产及意外保险条款

insuring agreement (workers compensation and employers liability) 劳工和雇主责任保险条款

insuring clause 保险条款 △ 在保单中界定保障范围及赔偿限额的条款

insuror 保险人 △ 由一些代理人采用的名称,用以提高其作为保险人代表的公众形象

insurrection insurance policy 叛乱保险 △ 对由起义或暴动所引起的经济损失提供保障的特定险种

intangible 无形的;无形的东西

intangible fixed asset 无形固定资产

intangible property 无形财产 △ 企业的无形财产,包括商业信誉、商标权等

intangible tax 无形税收 △ 对无形财产如抵押贷款、债券和股票所征收的税

integrate 整合

integrated 结合;集约化

integrated deductible 添加给付扣除额 △ 高额医疗保险中,扣除基本给付额后的部分余额构成添加给付部分

integrated learning programme 教育一体计划 △ 保险销售人员训练计划

integrated management 集约化管理

integrated plan 整合型退休计划 △ 按照政府意图,与社会保险给付标准相结合的退休给付计划

integration 整合;融合 △将残疾收入保险给付与其他残疾收入福利(如社会保险)相联合,通过特定的公式合理重置残疾收入。见 integration with social security; integrated deductible

integration percentage 融合比例 △ 见 integration with social security

integration with social security 与社会保障结合 △ 减少雇员养老金的一种方式

intelligence economy 知识经济

intelligence quotient (IQ) 智商

intensive 密集型的;集约化

Intensive Care Unit (ICU) 集中护理单位

intensive management 集约化管理

intention 意向;意旨

intention agreement 意向协定

intentional injury 蓄意伤害 △ 由故意行为引起的伤害。不包括自虐性的伤害

interbank deposit 银行同业存款 △ 某一银行存入其他银行的款项

interbank lending 银行同业拆借;同业拆借

interbank lending line 同业拆借限额

interbank overnight lending 银行同业隔夜拆借

interbank overnight placement 银行同业隔夜拆借

interbank placement 银行同业拆借;同业拆借

interbank transfer 银行转账

Interbureau Insurance Advisory Group (IIAG) 局间保险咨询集团

intercompany data 公司间数据 △ 由医疗信息局收集并提供给各公司成员的有关人寿及健康保险要保人的医疗信息

interest 1.(int.)利息 2.权益;利害关系;股权 3.行业;保险主体

interest accrued 应收利息;应计利息 △虽已产生并且应当收取但还未收取的利息

interest-adjusted cost method 利息调整保险成本比较法 △ 将寿险中类似险种的成本加以比较的方法

interest-adjusted method 利息调整保险成本比较法

interest and dividends due 到期利息及分红 △ 应到期但尚未收到的债券、政府债券、抵押贷款等的利息及股票分红

interest arbitrage 套利 △ 利用不同外汇市场的牌价谋取盈利的外汇操作方式

interest-bearing bank deposit 银行计息存款

interest-bearing loan 计息贷款

interest clause 利息条款

interest discount loan 贴息贷款 △ 银行发放贷款时已从本金中预扣利息,之后不再计息

interested party 利害关系人

interest factor 利息因素 △ 在保险中指确定保费时所考虑的利息的影响

interest-free loan 免息贷款;(政府间)无息贷款

interest income 利息收入;利息收益 △由对别人的债权而实现的利息收入

interest on capital 资本利息

interest on deposit 存款利息

interest only option 利息给付选择权 △寿险条款之一

interest option 利息选择权

interest rate 利率

interest rate contract 利率合同

interest rate pressure 利率压力

interest rate risk 利率风险 △ 利率将来变动带来的风险

interest rate spread 利率差额

interest rate swap (IRS) 利率掉期 △ 套期保值交易的一种方式

interest risk 利率风险 △ 同 interest rate risk

interest sensitive policy 利息敏感型保单

interest surplus 利益差 △ 资产运用的

实际利益率大于责任准备金计算所采用的预定利率时产生的利益

interest terms 利息条款

interim 期中;间歇;临时

interim audit 期中审计 △ 对会计年度中的某一时期的业务进行审计

interim balance 期中余额

interim binder 有约束力的临时收据

interim dividend 期中红利 △ 正常分红前所发红利

interim rates 临时费率 △ 当保险人没有合法的有效费率或其费率未被保险管理机关允许时,所采用的由地方保险管理机关规定的临时保险价格

interim shareholders' meeting 临时股东大会

inter-insurance 相互保险

Inter-insurance Claim Service Organization 相互保险索赔服务组织

inter-insurance company claims 重复保险索赔 △ 当两家或两家以上财产保险或意外保险公司对同种损失进行承保时产生的索赔案件

inter-insurance exchange 相互保险

intermediary 中间人;中介人 △在被保险人与保险人之间安排保险的个人或团体

intermediate 中度残疾 △ 寿险中低于全残的残疾程度

intermediate care 中级护理 △ 医疗护理的级别之一

intermediate care facility (ICF) 中级残疾护理服务

intermediate notice 中间通知 △ 寿险中被保险人就其持续残疾的状况向保险人作的报告

internal 内部的;内在的;国内的

internal accounting control 会计内部控制 △ 企业为增强会计资料的准确性与可靠性而进行的内部控制,叫做会计内部控制

internal auditing 内部审计 △ 由其内部专职人员对企业的生产经营活动、会计记录和会计报表进行检查和评价的一种内部控制

internal characteristics assessment 内在特性评估

internalization 内在化

internalization advantage 内在化优势

internal rate of return (IRR) 内部收益率 △ 评价投资项目的一种方法,是根据项目未来收益的现金流量贴现分析求出投资项目的收益率

internal-ratings-based approach 内部风险定级办法

Internal Revenue Code (IRC) 国税法(美)

Internal Revenue Service (IRS) 美国国内收入署

International Association for Financial Planning (IAFP) 国际财务计划协会

International Association of Health Underwriters (IAHU) 国际健康保险承保人协会

International Auditing Guidelines (IAG) 国际审计指南

international bank 国际性银行

International Bank for Reconstruction and Development (IBRD) 国际复兴开发发展银行

international banking 国际银行业

International Bar Association (IBA) 国际律师协会

International Business Machines Corp. (IBM) 美国国际商用机器公司

international carrier 国际保险人 △ 在注册地以外的国家或地区也经营保险业务的保险公司

International Chamber of Commerce (ICC) 国际商会

International Claim Association (ICA) 国际理赔协会

International Court of Arbitration 国际商会仲裁院

International Federation of Risk and Insurance Management Association (IFRIMA) 国际风险与保险管理协会联盟

international finance co. (IFC) 国际财务

公司
international financial statistics (IFS) 国际金融统计
international financing 国际融资
International Foundation of Employee Benefit Plan (IFEBP) 国际雇员福利计划基金
International Insurance Seminars, Inc. (IIS) 国际保险研习会
internationalization 国际化
international lease 国际租赁 △ 国际上利用外资的一种主要方式
International Longshoremen's and Warehousemen's Union-Pacific Maritime Association (ILWU-PMA) 国际码头装卸工人与仓库工人联合会—太平洋海上协会
International Monetary Fund (IMF) 国际货币基金组织
International Money Market (IMM) 国际货币市场
international payment 国际支付
International Petroleum Exchange (IPE) 伦敦国际石油交易所
international practices 国际惯例
International Quality Award (IQA) 国际续保率奖 △ 由美国(LIMRA)授予美加两国以外的会员公司属下的继续率优秀的寿险业务员
international registered mail 国际挂号邮件
international settlement 国际结算
International Society of Certified Employee Benefit (ISCEB) 国际雇员福利保付专家会社
International Socio-Economic Index (ISEI) 国际社会经济地位指数
International Standard Organization (ISO) 国际标准组织
International Standby Practice - ISP 98 《国际备用信用证惯例》
international trade 国际贸易
international trade finance 国际贸易融资
International Trade Organization (I. T. O.) 国际贸易组织
international trade practice 国际贸易惯例;国际贸易习惯
international transportation 国际运输
International Union of Commerce 国际商会
International Union of Credit and Investment Insurance 国际信用及投资保险联盟 △ 也叫"伯尔尼联盟"
inter-office transfer 临时存欠 △ 银行内部划付
interpolated terminal reserve 期末弥补准备 △ 寿险公司为承担特殊保单债务而提留的准备金
interpolation 插值法 △ 用已知数进行中间插值来估计未知数。这是利用债券目录表近似估计债券价格或收益的一种方法
Inter-regional Insurance Conference (IRIC) 地区间保险会议
interstate carrier 州际承运人 △ 跨州进行货物运输的机构
in the event of a tie 赞成与反对票数相同
in the form of full payment 完全付清方式
in the form of lump payment 一次付讫方式
in the money 溢价;具实价 △期货交易用语。买入期权的敲定价格低于交易证券的现行市价
intimation 提示;通知 △合约、协议中签约方相互通知的条款
in time 适时;及时
intoxicating liquor bond 酒类保证保险 △ 保险人担保酒类经营者遵守政府法令的保证保险
inventory (invt.) 存货;存货清单;库存目录;财产目录 △公司办理年度决算时应提交股东大会承认并呈报财政部门审查核定的财务报表中列有的财产目录
inventory-check 清点盘存

inventory checker 存货盘点人

inventory loss 存货损失;盘亏 △盘点结果低于账面价值

inventory method of depreciation 盘存折旧法 △ 以某项固定资产的期初盘存价值与其期末盘存价值之差,作为本期应提折旧额的一种计算折旧的方法

inventory profit 盘盈;存货利润 △由于商品、材料等存货价格上升而形成的利润

investment 1.投资;投资额 2.资产 △由投资而获得的资产,或指一个企业所拥有的有价证券

investment allocations 投资拨款

investment capital fund profit rate 投资资本利润率;投资股本利润率

investment income 投资收入 △ 保险人从投资中获得的收入,包括利息、红利和股票增值等

investment manager 投资经理

investment of life insurance assets 寿险资产的投资 △ 寿险公司的资产大部分来自责任准备金,具有长期性及固定性的特点,将其投资于经济领域,必须符合安全性、收益性及流动性的原则

investment portfolio 1.投资票券目录 △投资者所拥有的债券、股票及其他有价证券的清单 2.证券投资组合 △多种工具搭配投资

investment recovery period 投资回收期

investment returns 投资收益;投资利得

investments from all sectors of society 社会投资

investments from treasury bonds 国债投资

investment tax credit (ITC) 投资的减税额;投资税收减免 △为鼓励投资,企业在购买新设备或进行其他投资时,可得到减税等优惠待遇

investment value 投资价值

investment value approach 投资价值法

investment year interest rate 投资年别收益率 △ 见 investment year method of dividend calculation

investment year method (IYM) 投资年度方法

investment year method of dividend calculation 投资年别分红计算法 △ 在保险中分年度以当年投资收益为红利计算基准的方法

investor credit risk 投资者信用风险 △投资者因资金困难拒绝交割或无法提供贷款的风险

invisible trade settlement 无形贸易结算

invitation for offer 请求发盘

invitation for tender 招标 △ 公开招请愿意销售(或购买)某种货物的卖方(或买方)于一定日期以前参加投标,在比较各投标人所投价格的高低后才决定交易对象的办法,叫做招标

invitation to tender 招标

invite business partners 招商

invite investors 招商

invite to offer 请求发盘

invoice (inv.) 发票

involuntary bankruptcy 非自愿破产 △债权人请求解决债务人的债权债务关系而引起的破产

involuntary lien 强制留置 △未得到所有者的许可而对财产所作的留置,包括税收、特殊资产留置等

inward 1.向内的;进口的 2.[~s]进口商品;进口税

inward bill 进口汇票

inward bill receivables 进口押汇 △ 开证行收到交来的单据后,如单证相符,或虽有不符点,但客户及开证行双方都同意接受,开证行应立即偿付议付行或交单银行,垫付的款项由申请人随后归还

inward collection (I/C) 进口托收;内向托收

inward/outward bills 进出口押汇

inward remittance (I/R) 汇入汇款 △境外汇来汇款,个人或单位收到的汇款

IN WITNESS whereof 以昭信守;以资证明 △法律文件如合同、协议、授权书末尾用语

IOU (I.O.U.) 欠条;债务标志 △为英语“我欠你”(I owe you)读音简写

IPC deposits 个人、合伙和公司的存款 △ 即 deposits of individuals, partnerships and corporations

ipso facto 以事实为依据;就根据这一事实

ipso jure 以法律为准绳

IRA account 个人退休账户 △ 吸收个人退休计划醵出金的账户

IRA annuity 个人退休账户年金 △ 年金的一种。年金的基金积累来自加入者所交保费和基金投资收益

IRA bond 个人退休账户债券 △ 债券形式的个人退休账户基金投资方式

IRA certificate 个人退休账户证 △ 个人退休账户加入者存款卡

IRA investment vehicle 个人退休账户投资工具 △ 为个人退休账户基金设计的投资方式

IRA rollover account 个人退休账户转账 △ 个人退休账户的基金设计的投资方式

IRA time deposit 个人退休账户定期存款 △ 由个人退休账户开设的定期存款

irregular premium 非按期付保费 △ 对原定保费缴费日的更改,缴费日向后延期

irrelevant 不相关的

irresistible force 不可抗力 △ force majeure

irrespective of percentage (IOP) 不计免赔率 △ 海上保险保单中保险人同意对无论多么轻微的海损均予以赔偿

irrevocable 不可撤销的;不可改变的

irrevocable credit 不可撤销信用证

Irrevocable Documentary Credit Application Forms 不可撤销跟单信用证格式 △ UCP 500 (1994 年)516 格式

irrevocable documentary letter of credit 不可撤销跟单信用证 △信用证一经开出并通知受益人后,在有效期内,非经所有当事人(包括受益人、申请人开证人及开证银行)的同意,不能撤销或修改,只要卖方提供的单证符合信用证的要求,开证行就须负责付款

issue (iss.) 发行;出台;出票

issue age 投保年龄 △ 同 age at issue

issue bonds 发股;发债

issue credit 开证;开立信用证

issue date 签单日

issued at × % of par 按面值 × %发行

issued business 在途保单 △ 已经核保,保费收讫,但尚未到达投保人手中或尚未被投保人接受的保单

issue department 签单部门 △ 负责签发保险单并保存保单副本的部门

issue letter of credit 开证;开立信用证

issue limit 承保限额 △ 保险公司承诺对保险标的的最高赔偿或给付额

issue policy 签发保单 △ 同意投保申请后在保险单上签字使之生效

issue price 发行价格 △ 证券公开发行时第一次售出的价格。如果是通过承销人发行时,则指从承销人所得的价格,而不是购买证券人实付的价格

issue shares 发股;发债

issue stocks 发股;发债

issue stocks for capital increase 增资扩股 △ 同 equity financing

issuing bank 开证行

issuing clause 出票条款

Issuing Houses Association (IHA) 承销公司协会;发行公司协会

italic printing clause 斜体印刷条款 △ 保单上用斜体字印刷的条款。效力优先于正体字,仅次于附加条款和手写体或加印章条款

item (it.) 项;承保项目 △记载保险标的品名、价格及其他资料的目录

J j

jacket 保单封面套纸 △ 保险单据的封套,通常列有几种保单的共有条款

(The) Japanese Society of Insurance Science 日本保险学会

jettison 抛弃 △ 为了船货的共同安全而抛弃船上的一部分货物或物料

jettison/washing overboard (J. W. O. B.) 抛弃或波浪中落 △ 海上运输货物保险附加险的一种。承保货物被波浪冲落海中或被抛弃所致的损失

jetty clause 码头检验条款 △ 附加在海上运输货物保险单上,要求货物在卸货时立即实施检验公证的条款

jeweler's block insurance policy 珠宝保险单 △ 内陆运输保险的一种。以手表、金、银、珍珠、宝石及白金等贵重物品为保险标的,在一切险的基础上承保

jewelry floater 珠宝保险 △ 以特定的珠宝为保险标的的保险,存放珠宝的地理位置不限

job related death 因工死亡

job related injuries 因工受伤 △ 在从事工作过程中发生的伤亡

Joint (jt.) 共同的;联合的;合办的;连带的

joint account (J.A., j/a) 共同账户;联合账户 △以两人或两人以上名义在银行开立的存款户

joint and full survivor annuity 联合完全生存年金 △ 年金支付给两个联合受领人,当联合被保险人中有一人死亡时,仍以约定年金金额的全部支付给生存者,直至最后生存者死亡

joint and last-survivor annuity 联合生存年金 △ 年金支付给两个联合受领人,当联合被保险人中有一人死亡时,以金额的半数支付生存者,直至最后生存者死亡

joint and life annuity 联合生存者年金 △ 以一张保险单承保两个或两个以上被保险人的年金保险。只要尚有一名保险人生存,就要给付年金,直至几个被保险人全部死亡,年金才停止给付

joint and one-half survivor annuity 联合半额给付生存者年金 △ 两人联合式年金保险中,在联合受领人中一人死亡时,生存者可领取原一年金的一半的联合生存年金保险

joint and several liability 共同责任;连带责任 △数人负同一债务责任,共同责任的债权人可对债务人中的一人或全体请求偿还部分或全部债务

joint and survivorship annuity 联合生存年金 △ 同 joint and last-survivor annuity

joint and survivorship option 联合生存年金选择权 △ 人寿保险中的一项选择条款,规定保单可以采用联合生存年金的形式进行给付

joint and two-thirds survivor annuity 联合生存三分之二给付生存者年金 △ 两个联合被保险人中一人死亡时,生存者继续领取原年金的三分之二直至死亡

joint annuity 联合年金 △ 对两位指定的联合受领人给付年金,当其中一人死亡时,给付即自行终止

joint beneficiary 共同受益人 △ 共同享有同一保险金领取权的受益人

Joint Committee of Interpretation and Complaint 解释与投拆联合委员会

joint control 共同支配保单权利 △人寿保险的一项规定。被保险人之外的一人或多人或组织,通常是受益人,有权与被保险人共同支配保单的给付、权益和选择权

joint control bond 共同支配保证 △ 在遗产转交委托人保管之前所要求的保证

joint field work 共同展业 △ 由两名外勤业务员或一名外勤业务员与其主管共同拜访保户招揽保险业务

joint insurance 联合保险 △ 被保险人为两人或两人以上的人寿保险合同

joint insured 联合被保险人 △ 联合保险中的被保险人

joint interest 共有利益 △ 由契约规定的由两人或两人以上共享的权益

joint liability 连带责任;共有负债 △由契约规定的由两人或两人以上共同承担的债务

joint life and survivor insurance 联合人寿和生存者保险 △ 对两个或更多的人提供保险的人寿保险,当最后生存者死亡时给付保险金

joint life and survivorship annuity 联合生存年金 △ 同 joint and last-survivor annuity

joint lives 联合 △ 保险标的为两人或两人以上

jointly owned property 共同所有财产 △ 由两方或多数人共同拥有的财产,其全部价值通常可包含在第一个死亡的所有者的遗产中。如果共同所有人为夫妻,当其中一方死亡时,只有共同价值的一半可包含在死者的遗产中

joint mortgage redemption policy 联合抵押补偿保险 △ 一种递减的定期人寿保险,与抵押补偿保险提供同样的给付,其区别在于联合保单承保两个被保险人,且在每一个被保险人死亡时提供死亡给付

joint ownership 共同所有权;共有权 △ 由两个或两个以上的个人共同拥有的所有权

joint probability 共同发生概率 △ 若干个事件同时发生的概率

joint protection 联合保障

joint return 合并所得 △ 申报所得税的一种方法

joint schedule policies 共同表格保单 △ 有许多雇员的保险人所采用的机动车辆责任保险形式。保障雇员和雇主的法律责任

joint signature 合签;会签;连署 △ 两个人以上共同签署

joint stock partnership 股份合作

joint survivor option 联合及健在者年金选择 △ 年金选择方式之一。年金受益人中有人过世后,其余受益人可继续领取

joint tenancy 1.联合共有财产 △ 联合共有财产是两人以上于生存期间共同持有、利益相同的财产 2.合伙租赁者

joint tortfeasor 共同过失责任人;共同侵权行为者 △与他人一起犯过失或作错误行为的人

Joint Underwriter Association (JUA) 联合保险人协会

joint venture 合营者 △ 两个或两个以上的保险公司共同提供产品或服务的机构

joint whole life insurance policy 联合终身人寿保险单 △ 为两人的生命提供保障的终身寿险保单。通常在第一个被保险人死亡时提供死亡给付

Jones Act (Merchant Marine Act) 琼斯法令(海运法案) △ 1920 年通过的联邦法案,同意船员在工作过程中受到身体伤害时向雇主请求赔偿

journal 日记簿 △ 会计簿册的一种。一切会计事项在未记入分类账之前,通常须先在暂记簿中作初步的记载。这种暂记手续的簿册,叫做"日记簿"

judg(e)ment 判决;判定 △法庭的决定。也指对给付金额的理算

judg(e)ment creditor 判定债权人 △ 判决的受益方

judg(e)ment debtor 判定债务人 △ 依法庭命令支付他人一定金额的一方

judg(e)ment rates 判断费率 △ 由保险人依照或不依照正式规则,根据其经验或仲裁结果来厘定的费率

judg(e)ment rating 判断定费法 △ 在保险人的经验基础上,通过特定风险的分类,对费率所作的最佳判断

judicial bond 司法保证 △ 保证保险的

一种,可分为受托保证和诉讼保证

jumbo line 特大风险 △ 承保人承保的远远高于一般程度的风险,通常对这种风险进行再保险,以分散风险

jumbo risk 巨大危险 △ 可能造成巨大损失的风险

jump 汇率上升;利率上升

jumping juvenile insurance 自动增额子女保险 △ 有时同 estate builder policy。其给付金额自动增长,当被保险人到达成年后,给付金额通常增长到原有金额的五倍

jumping juvenile policy (juvenile estate builder) 自动增额青少年保单(子女财产建造者)

junior accumulator 青少年积累人 △ 自动增额青少年保单的一种商业命名

junior mortgage 次顺位抵押 △ 位次在第一顺位抵押后的抵押

junk bond 垃圾债券;破烂债券 △财务混乱,经营不善而不能履约的公司发行的低价债券,收益高但风险大

jurisdiction 管辖;管辖范围

juvenlie insurance policy 未成年人保险单 △ 以儿童的生命为保险标的,由成年人(通常以被保险人的父母或祖父母)为保单持有人和投保人的保险单

K k

kart owners policy 微型汽车车主保险 △ 承保的标的物是风险较大、经常用于赛车的微型汽车

keep account with 与…保持交易;与…开有账户

keep inflation in check 控制通胀

keep off (K.O.) 不予承保

Kenney Ratio 肯尼比例 △ 根据罗格·肯尼提出的经验法则,保险人的承保金额不应超过公司的资本金与公积金之和的两倍

Keogh Act 自营事业者退休课税法案 △ 美国国会通过的一项法案,其目的是通过税法优惠使自营事业者能与一般企业一样得以建立个人退休计划

Keogh Act Plan 自营者退休法案;退休计划 △美国自营事业者退休课税法案下的退休计划,准许自营事业者个人设立正式的退休制度,并且享有与一般企业退休制度相同的课税优惠

Kerr-Mills Act 联邦医疗补助制度法案

key clause 钥匙条款 △ 规定被保险人在营业时间以外不得将保险箱或钱柜的钥匙留在营业场所内的条款

key currency 关键货币;关键通货 △在国际金融中起重要作用的、可以和黄金一样作为国际结算手段、可以为维持一定汇率而用以干预外汇市场的储备货币,如美元、英镑等

key employees insurance plan 公司主管人员保险计划 △ 为公司主管人员设计的人寿保险

key executive insurance 企业高级主管人员险

keyman health insurance 企业主管人员健康保险 △ 为企业主管人员健康提供保障的保险

keyman insurance 企业主管人员保险 △ 过去的一种用语。现在通常叫做 key executive insurance

key person insurance 企业主管人员保险

key person life and health insurance 企业主管人员人寿及健康保险

key shareholders 1.主要股东;多数股东 2.少数股东

kidnap(p)ing coverage 绑架保险 △ 商业保险的一种

kidnap, ransom extortion insurance 绑架、勒索、强夺保险 △ 商业保险的一种

kind of policy 保障单种类

kit 配具保险 △ 以规章、表格、申请表以及多种其他促销方式如广告、表格、遗产计划和其他相关材料配套销售保单

kite 1.汇率上升;利率上升 2.空头支票

kiting 用空头支票骗钱

kitty 共同资金;△筹集款

knock-for-knock agreement 互撞免赔协议 △ 为了节省实施代位追偿权的法律权力中产生的管理及法律费用承保汽车车辆的保险公司之间的一种协议。规定签约公司承保的汽车发生碰撞时,各家保险公司赔偿各自承保车辆的损失,而不引用代位追偿权和索赔权向对方的保险公司追偿损失,即使对方应对损失负法律赔偿责任也不追偿

Kuwait Interbank Offered Rate (KIBOR) 科威特银行同业拆放利率

L l

label clause 标签条款 △ 海上运输货物保险特约条款之一

laboratory expense 检验费 △ 医院进行检验所收取的费用

labour and material bond 劳动力与原料保证 △ 对所有者的保障，当工作已完成而制成品作为留置物由工人掌握时，保险公司提供赔偿

labour insurance 劳工保险 △ 在社会保险里，通常将被雇者保险称为劳工保险

labour union group 劳动者协会集团 △ 由特定协会成员组成的团体，协会作为保单持有人对所持有的团体基金负责

labour union pension plan 工会会员退休金制度 △ 工会对所属会员提供年金给付的退休金制度

lack of guarantee 无保证

lag 1.间隔时间 △ 索赔发生与得到赔款之间的那段时间 2.落后；延迟；滞后

land encumbrance certificate 土地债权证明

landlord's liability insurance policy 业主责任保险 △ 责任保险的一种。对业主赔偿责任提供保障的保险

landlord's protective liability 业主保护责任保险 △ 对业主所有的租借给他人的财产因意外事故造成的损失给予赔偿的保险

land trust certificate 土地信托证书 △ 向受托人开出的文书，保证其对房地产所有权利益的分享

lapsation profit 失效解约收益

lapsed legacy 捐赠失效的遗产 △ 遗产继承人先于遗产的主人死亡，遗产捐赠失效

lapsed policy 失效保单 △ 因未继续缴纳保险费而失效的保单

larceny insurance policy 盗窃保险单 △ 承保因抢劫或盗窃所致财产损失的保险

large-amount certificate of deposit 大额存款证 △ 通常缩写为 CD

large policy 高额保险单 △ 明显高于平均保额的保险单

last-in first-out (LIFO, lifo) 后进先出法 △ 会计上计算存货的一种方法。它假定在某一会计期内最后购入的货物最先用掉。这种计算方法是为了用重量成本来计算所用完的货物的成本

last survivor annuity 最后生存者年金 △ 被保险人有两人以上时，只要有一人生存就给付年金的合同

last survivor insurance 最后生存者保险 △ 联合被保险人中，最后生存者死亡时才给付的保险契约

last survivor policy 最后生存者保险单 △ 被保险人中的最后生存者死亡时才予给付的保险契约

late charge 延期罚款；逾期罚款 △借款方在分期付款程序中由于付款迟延而需要缴纳的附加费用

latent defect 潜在缺陷 △ 不能马上辨别的瑕疵，例如财产保险标的本身制造上的缺陷，不属于保险承保的项目

late payment surcharge 滞纳金

late retirement 延后退休 △ 晚于规定年龄退休

latest date of shipment 装运期限 △ 信用证条款之一

launder 洗钱；瞒汇漏汇 △通过第三者渠道，使非法获得的外汇(或金钱)合法化

laundry and dry cleaner floater 洗染店保险 △ 承保洗染店内洗烫、染整或修补的衣物因保险事故发生所致损失的保险

laundry insurance policy 洗衣店保险单

law-breakers 违法人员

law of comparative advantage 比较利益法则

law of descent and distribution 继承分配法 △ 当死者在无有效遗嘱的条件下死亡时,其遗产继承分配所应采用的法律

law of large numbers 大数法则 △ 概率论的主要原则之一,即观察的数量越大,预期损失率结果越稳定,是保险精算中确定费率的主要原则

law of mortality 死亡法则 △ 用数理方式表现的死亡率与年龄间的关系

lawyers liability insurance 律师责任保险 △ 承保律师因违反其应尽的责任与义务,使他人遭受损害时,依法应由其承担赔偿的责任

lay days 1.允许装货期间 △ 一艘租船可以停泊在港口以装卸货物而不必缴纳任何罚金的固定期限 2.靠岸日数

layering 层式保险 △ 由数个保单联合保障的方式,每个保单都附有一层保险或有其他保单保障范围之外的保障内容

lay underwriter 助理核保人 △ 保险总公司的职员,在概率和统计的基础上估测人的风险因素

lay-up refund 停航退费;停泊退费 △由于船舶停航,不面临海上风险而退还的部分保险费

lay-up warranty 停航保证 △ 保单持有人对被保险的船舶将在某段时期内停航所作的担保

L/C amount 信用证金额

L/C number 信用证号码

L/C opened by brief cable 简电开证 △ 包括主要内容

L/C opened by full cable 全电开证 △ 包括全部内容

L/C opened by SWIFT 通过 SWIFT 开证

L/C opened by telex 电传开证

leackage insurance 渗漏保险 △ 承保货物在运输过程中因容器损坏而引起的渗漏损失,或液体装存的物质因渗漏而腐烂、变质的损失

lead bank 牵头银行 △ 银团的组织者,由有实力、有威望的大银行担任。其主要职能是为借款人组织安排巨额贷款事宜

leading company 首席公司 △ 在共保或再保业务中负责商洽各项承保条件,习惯上也是承保份额最高的保险人

leading in an industry 行业领先

leading in a trade 行业领先

Leading Producers Round Table Award 绩优者圆桌会员奖 △ 美国国际健康保险业务员协会每年颁给绩优业务员的一种奖项

lead insurer 首席保险人 △ 在几家保险公司共同承保财产保险或责任保险时提供第一层保障的保险公司

lead manager 主理银行;牵头银行 △银团贷款。见 lead bank

lead managing bank 主理银行 △ 银团贷款

leads 超前

leads and lags 提前或延后付款 △ 提前或推迟偿还外债

lean production 精益生产 △ 原材料、能耗低而附加值高的生产

lean staff 精简人员

leap 汇率上升;利率上升

lease 1.租赁;租约 △规定一方将其资产的使用权在一定时间内交给另一方而收取预定的租费的合同 2.租借期限;租借物;租借权

lease financing 租赁筹资 △ 一种代替举债集资的办法。企业与投资公司约定,由投资公司购建厂房设备后,每年按固定的租金出租给该企业;或者该企业将其现有的或新置的厂房设备出售给投资公司,然后每年按固定的租金向投资公司租用,以代替举债筹资

leasehold 租赁物 △ 租赁状态下的财产

leasehold insurance 租赁保险 △ 对租赁期间内租赁财产所遭受的保险风险提供保障的保险

leasehold interest 租赁利益 △ 当租金高于或低于可保财产当时租金额度时

所产生的利益

leasehold mortgage 租赁物抵押贷款 △ 以财产的租赁利益为抵押向租户提供的贷款

lease line 租赁额度 △ 类似银行授信额度

least developed countries (LDC) 最不发达国家

ledger 分类账

ledger account 分类账

ledger assets 账面资产 △ 在账面上显示的任何资产

legacy 遗产;遗赠 △按照遗嘱对死亡人的财产或金钱进行的处理

legal 1.法定权利 2.法定的;法律(上)的

legal assets 法定资产 △ 普通法中,遗产执行人所管理的用于清偿所有债务的资产

legal earned surplus reserve 法定盈余准备金

legal expense insurance 诉讼费保险 △ 以团体为单位购买的预付法律费用保险,为团体成员提供一系列离婚、遗产及其他法律服务的给付

legal holder 合法持票人

legal investment 法定投资 △ 法律限定的储蓄存款、信托基金和保险准备金在审慎与安全的限度内的投资对象

legality 合法性

legalized 法律化;合法化

legal liability insurance 法律责任保险 △ 保障被保险人对他人造成人身伤害或财产损失所应负的法律赔偿责任

legal list 合法上市股票 △ 人寿保险公司、共同储蓄银行及其他规范投资者依法投资的一种方式

legal representative 法定代表人 △ 企业法人的全权代表

legal reserve 法定责任准备金 △ 保险公司为应付预期的赔款及给付,依保险法的有关规定提存的一定数额的资金

legal reserve life insurance 法定责任准备金型寿险 △ 人寿保险的一种方式。这种保险必须按照美国州法所规定的数额提存最低限度的法定责任准备金

legal reserve life insurance company 法定责任准备金型寿险公司 △ 根据法律规定提存准备金的人寿保险公司,即人们通常所称的人寿保险公司

legal surplus 法定公积金 △ 在每个年度分配盈余时,依法提存的公积金

legal welfare expense 法定福利费

legitimacy 合法性

lenders holer-in-due course insurance 贷款人拒还贷款期间的保险 △ 当顾客拒绝就有缺点的商品归还贷款,而安排贷款的零售商拒绝更正错误时,对第三方贷款人提出保障的保险

length of loan 贷款期限

lenient punishment 从轻处罚

less capital-intensive 资本占用低

lessee 承租人

lessor 出租人

letter of abandonment 委付书 △ 在海上保险发生推定全损时,由被保险人声明将保险货物委付给保险人,并同时要求保险人按全部金额赔付的文件

letter of administration 遗产管理委托书 △ 法院对于无遗嘱死亡者的遗产或遗嘱执行人在遗嘱管理尚未终止前死亡的情况下,指定管理人管理遗产的委任书

letter of allotment 核定认股书 △ 公司或企业发给股东或认股人的核定股票数额及交款日期的通知。或称应缴股款通知书

letter of application 申请书

letter of authority (L/A) 授权书

letter of cancellation 解约通知书

letter of claim 索赔书

letter of credit (L/C, LC) 信用证;信用状

Letter of Credit Agreement 开证协议 △ 同 Secured Agreement for Letter of Credit

letter of guarantee (LG, L/G) 担保函;保函;保证书

letter of hypothecation (L/H) 押汇质权

书;质押证书 △出口商将托收项下或信用证项下的跟单汇票转让给银行以取得票款时,对银行出具的承担票款责任的书面文件

letter of indemnity 赔偿保证书;赔偿担保书;损失补偿约定书 △ 当事人一方在他方因发生约定事故受到损失时,给予补偿的具有法律约束力的契约性文件

letter of indication 1.印鉴证明书 △ 银行委托外国银行承兑其本票的具结书 2.旅行信用证保证书

letter of intent (LOI) 意向书

letter of introduction 介绍信

letter of license 债务宽缓处理协议书 △ 由债权人签署的协议书,同意无法清偿债务的债务人可以在宽限期限内清偿债务,以避免破产

letter of tracer 催收函;催收单 △同 reminder; tracer

letter of transfer 权利转让证书;信用证转让书

letter of understanding (L/U) 谅解书;承诺书

letter telegram (LT) 书信电报;明码电报

letter transfer 信汇 △ 同 mail transfer (MT)

level accident insurance 标准伤害保险 △ 严格依保险金额与给付金额之间的标准比率给付的保险合同

level annual premium funding method 均衡保费基金累积法 △ 在退休年金中,采取均衡保费的方式累积退休基金的方法

level annuity 定额年金 △ 每次给付数额均相同的年金

level benefit 标准给付 △ 按契约额与给付额标准比率所进行的给付

level commission 均衡佣金 △ 保险代理人销售保险所用的费用每年是相等的

level cost 均衡成本法 △ 以精算公式计算出每年固定应计的正常成本的一种退休金精算成本法

level death benefit option 固定死亡赔偿选择 △ 万能寿险中固定死亡赔偿选择方式

level payment mortgage 等额偿付抵押权 △ 定期定额偿付方式的抵押权

level percentage benefit method (LPBM) 均衡百分比给付法

level percentage of compensation 固定赔偿比例

level premium 均衡保险费 △ 为克服保费随被保险人年龄增长而增加带来的不便设计出的均衡保费

level premium group permanent plan 均衡保费团体长期保险 △ 在承保等方面采取团体方式,保险结构等方面采取个人长期方式的保险

level premium plan 均衡保费保险 △ 寿险中的一个险种。按照均衡保费计收保费

level premium renewable term health insurance 均衡保费可续保定期健康保险

level premium reserve 均衡保费准备金

level term insurance 定额定期保险 △ 保障面额始终不变的定期保险

leverage 融资 △ 为了增加现金投资的回报率而进行的借款

leveraged buyout (LBO) 举债并购;杠杆收购 △公司分支经理收购该分支,也指公开发股公司收回全部股票,成为非公开公司

leveraged lease 杠杆租赁;减税优惠租赁 △按照这种租赁,投资的股东只提供资金的一部分(通常是20%或30%),其余由与该项租赁无关的贷款者提供。投资者作为租赁权的拥有者享有100%的减税额,并只对其投资的股本冒风险,因为贷款是以租金及动产抵押作担保,而不能向他请求偿还

leviable rate 征收率

liabilities (life insurance companies) 人寿保险公司债务 △ 寿险公司承担的给付、赔付责任及其他债务

liabilities off the balance sheet 资产表外负债

liabilities on the balance sheet 资产表内

负债

liability 1.责任;义务 △轮船或保险公司所承担的赔偿损失的责任 2.[~ ies]债务;负债 △以借贷方式向他人取得财产,但对于贷出财产的人负有偿还义务,此种义务叫做负债 3.[~ ies]负债责任 △寿险公司的负债包括寿险责任准备金、未满期责任准备金、寿险特别准备金

liability at transition 转换负债

liability for breach of contract 违约责任

liability insurance 责任保险 △ 保险的一种形式

liability insurance (bodily injury) 人身伤害责任保险 △ 对雇员之外的人身伤害(包括死亡)引起的法律赔偿责任提供保障的保险

liability insurance (comprehensive general) 综合非寿险责任保险 △ 对被保险人的营业建筑物或营业行为所引起的赔偿责任提供赔偿的责任保险

liability insurance (elevator) 电梯责任保险 △ 对由电梯或其他升降设备的使用、维修及所有权所引起的经济损失应负的赔偿责任提供保障的保险

liability insurance (landlords and tenants) 所有人、业主及房客责任保险 △ 对房产所有人、业主及房客因为特定房产的所有权、维修或使用产生的法律赔偿责任提供保障的保险

liability limit 责任限额 △ 责任保险中保险公司应予赔偿的最高保险金额

liability other than automobile 机动车场外责任保险 △ 承保被保险人由于对财产的所有权、制造、履行合同、销售等引起的损失赔偿责任

liability risk 责任风险 △ 个人或团体的行为因违背法律、合同或道义导致他人身体伤害或财产损失,依法应承担赔偿责任的风险

libel insurance 文字诽谤保险 △ 为出版者和新闻出版者提供的保险,保障其可能承担的宣传不实、诋毁和损害名誉的赔偿责任

liberation clause 自动承保条款 △ 法令规定保险单承保范围扩大时,如无需增收保费,则所有未到期的保险单的承保范围均随之扩大的条款

license 执照 △ 由保险监督部门发予保险人、保险代理人或保险经纪人的营业执照

license and permit bonds 执照及许可保证 △ 政府和社会管理机构所要求的保证,以保障许可营业情况下企业由于违反法规和条例造成的损失

licensing of agents and brokers 代理人与经纪人许可 △ 允许个人在特定条件下开展保险业务的法律认可

lien 扣押权;留置权 △债权人在债务未清偿前有权占有债务人的财产

lien letter 留置证书 △ 银行存户愿将其存款作为另一存户向银行借款的保证时,须签署留置证书。如借款到期不能偿还,银行有权将担保账户存款划抵

lien plan (弱体)保险金削减给付法 △ 保费仍依照标准保费缴纳,但在特定期间内被保险人正常死亡时,其死亡给付金是按标准体保险契约条件正常死亡给付金的某个百分比计算的

Life Agent Management Programme (LAMP) 美国寿险外勤经理人员会议 △ 美国总代理公司、分公司经理人协会每年召开一次年会的通称

life an asset 确定一项的使用年限

life and health (business exposures) 公司面临的生命与健康危险 △ 公司因死亡、残疾、疾病、退休、辞职或监禁而丧失一位公司主管人员的风险

Life and Health Compliance Association (LHCA) 人寿及健康保险适用协会

life and health insurance (personal and family exposures) 个人及家庭人寿与健康保险 △ 由死亡、残疾、疾病、年老、意外事故与失业引起的个人与家庭损失的危险

Life and Health Insurance Partnership 人寿与健康保险合伙公司

life annuity (certain and continuous) 确定持续终身年金

life annuity due 应付终生年金

life annuity with ten year certain 十年期保证人寿年金 △ 年金条款规定,在年金领取者的生存期间保证给付,给付期不得少于十年

Life Communicators Association (LCA) 人寿联系人协会

life conservation 契约保全 △ 通过良好的服务使契约继续有效

life contingencies 1.生死的偶然性 △ 一般指个人可能遭遇的生或死的概率 2.寿险精算

life cycle 生活周期表 △ 将家庭成员的入学、婚嫁、退休等项目列明的表格,以便准备未来需要的费用

life cycle policy 生活周期保险 △ 为投保人生活中需要有增减及收入的增减而调整给付及保费的保险

life expectancy 平均寿命 △ 又称为生命期望值、平均寿命,指寿命的平均值

life income option 终身年金收入选择权 △ 可申请改为由受益人终身领取的年金

life income policy 终身年金保险 △ 被保险人死亡时,开始向其指定的受益人给付年金,到受益人死亡时为止

life income with period certain 确定期限终生年金保险 △ 年金受领人可获得终身年金给付

life income with period certain option 确定期限终生年金选择权 △ 保险金给付方法选择权中,不论受益人生存或死亡,保证在固定期间内按月给付固定金额的一种选择权

life information service (LIS) 寿险信息服务

life insurance 人寿保险 △ 人身保险的一种。人寿保险以人的生死为保险标的,保险人依照保险合同对于被保险人的生存或死亡给付保险金

life insurance (primary purpose) 基本保障寿险 △ 当被保险人死亡时,为保单持有人所赡养或抚养的人提供即时给付或收入,或对企业提供资金以结清或重置死者的股份的保险

Life Insurance Advertisers Association (LIAA) 人寿保险广告者协会

Life Insurance Association of America (LIAA) 美国人寿保险协会

life insurance benefits 人寿保险福利

life insurance business 人寿保险业务 △ 向被保险人收取保费并以其生存或死亡为条件给付保险金的业务

life insurance company 人寿保险公司 △ 经营人寿保险业务的公司

Life Insurance Company Office Management Association (LICOMA) 人寿保险公司营业所管理协会

life insurance contract 人寿保险合同

life insurance cost 人寿保险成本 △ 投保人缴纳保费的金额

life insurance cost indexes 人寿保险成本指数 △ 用于确定人寿保险保障成本的度量方式

life insurance for charitable giving 以寿险方式作慈善损赔 △ 一种人寿保险运用形态

life insurance in force 有效寿险 △ 人寿保险公司签发的已缴清保险费的人寿保险单面额总量

(The) Life Insurance Institute of Canada 加拿大人寿保险研究所

life insurance limit 人寿保险限额

Life Insurance Marketing and Research Association (LIMRA) 寿险行销调研协会(美)

Life Insurance Marketing Institute (LIMI) 人身保险营销机构

Life Insurance Medical Research Fund (LIMRF) 寿险医疗研究基金(金)

Life Insurance Operation Development Committee 人寿保险业务发展委员会 △ 于1971年(在台湾)成立,宗旨为积极推行寿险公司的捐助;目的是资助医务研究,培养医务人才

life insurance policy providing family protection 提供家庭保险的人寿保险单 △ 当一个成员死亡时,为其生存的家庭成员提供的给付

life insurance policy reserve 人寿保险准

备金 △ 人寿保险公司为了保证将来的给付能力而提存的准备金

life insurance programming 人寿保险程序设计 △ 将人寿保险计划中的各个过程与投资及其他财产的资金相融合，以达到特定的经济目标

life insurance replacement 寿险单替换 △ 在人寿保险中，替换指以新保单替换一张有效保单

life insurance settlement option 人寿保险理赔选择权 △ 受益人或被保险人领取保险金的不同方式

life insurance trust 人寿保险信托 △ 寿险公司将保险金付给信托公司，信托公司按信托协议处理，因而在分配上有较大机动性的信托

life insured 受保生命；被保险人 △其财产或者人身受保险合同保障，享有保险金请示权的人

Life Insurers Conference (LIC) 人寿保险业者协会(美)

Life Management Institute (LMI) 人寿管理协会

Life Office Management Association (LOMA) 寿险内勤经营协会(美)

Life-O-Graph 生活规划图 △ 代理人为准保户设计的生活阶段图，以吸引客户参加保险

life reinsurance 人寿再保险 △ 人寿保险公司(原保险人)通过将其承保的一部分责任分给另一个保险公司(再保险人)，从而将本身承保的责任限制在一定的金额或幅度之内

life risk factors 人寿风险因素 △ 主要指投保人的年龄、身高、体重、体质、个人与家庭成员健康记录、职业和个人爱好

life table 生命表 △ 表明规定人口的生存率与死亡率的表格

lifetime disability benefit 终身残疾给付 △ 被保险人全残即可取得保险金，以补偿因残疾无法就业而带来的经济损失

lifetime exemption 终身免税标准 △ 获赠遗产在一定数额内的免税政策

lifetime maximum benefit 终身最高给付额 △ 高额医疗费用保险中，被保险人在一生所遭受的疾病或伤害中，合计可取得的最高医疗给付额

lifetime option 终身年金选择 △ 以保险给付金额购买受益人的终身年金。给付到死亡为止，但每年的给付额视保险给付金额与超额利益而定

lifetime transfer 生存期转让 △ 赠予人在生存期间将财产赠予或转移给受赠人的行为

Life Underwriters Association (LUA) 寿险业务员协会

Life Underwriters Association of Canada (LUAC) 加拿大寿险业务员协会

Life Underwriters Political Action Committee (LUPAC) 寿险业务员政治活动委员会(美)

Life Underwriter Training Council (LUTC) 寿险业务员教育培训委员会(美)

Life Underwriter Training Council Fellow (LUTCF) 寿险业务员教育培训委员会会员(美)

life with period certain 限期终身年金 △ 年金选择方式之一。年金受益人可获得终生年金及特定期限内的保证收入

lightning clause 闪电条款 △ 对由闪电引起的损失负赔偿责任

limit 1.投保限额 △ 对最高保额、最低保额和被保险人(寿险)年龄等的限定 2.年龄限制

limitation 1.限制；限度；限额；2.责任范围 3.时限 4.(债权或诉权的)时效 5.除外责任 △ 保险人在合同中预先声明对某些事故造成的损失不予赔偿，称为除外责任

limitation in stock investment 股票投资限制 △ 为保证投资的安全，各国保险监督管理部门均制订了一些相关的限制措施，如购买股票的公司的年金利率及每种股票的总额不能超过一定的比例等

limitation of claim 诉权时效

limitation of legal proceedings 诉讼时效

limitations on insurers liability 保险人限额责任 △ 对保险人责任的限定

Limited (Ld., Ltd.) 有限的

limited annuity 有限年金 △ 年金给付的方法之一,指年金给付的期间有限

limited health insurance policy 特定事故健康保险 △ 仅保障特定的意外疾病事故的健康保险

limited income option 定期或定额保险金分期给付选择权 △ 一种保险金给付方法的选择权,按定期或定额分期给付的方法

limited liability 有限赔偿责任;有限责任 △业主在其企业遭受损失时只以他投入企业的资本额为限。股份有限公司的股东只对自己的投资金额负有法律责任,并不涉及本人其他财产

limited life policy 特定事故人寿保险 △ 只对特定事故导致的死亡提供给付的人寿保险

limited policy 特定事故保险 △ 仅限于对合同约定事故给付的伤害险或健康险

limited pollution liability coverage form 限额污染责任保险 △ 为污染责任索赔案件中的被保险企业提供限额保障的责任保险

limited portfolio method of dividend calculation 限定投资组合红利分配法

limiting age 最终年龄 △ 在生命表上,生存期随着年龄的增长而逐渐减少,最后成为零。这时的年龄称为最终年龄

limit of indemnity 赔偿限额 △ 在责任保险契约中保险人所承担的最高责任限额

limit of liability 责任限额 △ 保险公司承诺保险损失赔偿或给付的最高额度

limit of liability rule 限制责任制 △ 保险人之间分担损失的一种方式

limit of recovery 赔偿限额

limit of risk 责任限额 △ 对某一特定风险,保险公司所愿承担的最高保险金额

line 险种;承保;保险额度

line card 客户的保险记录

line guide 险种指南

line limit 承保限额 △ 保险公司对特定险种的最高承保额的规定

line of business 行业;营业范围;业务范围 △ 在保险界中指一般的分类,如火灾保险、海上保险等

line of credit 融通额度;信贷额度 △银行根据借款者的信誉、财务状况及周转需要,同意提供贷款的最高限额

line sheet 限额表;险种指南 △由保险公司编制的介绍其业务、险种、费率等情况的说明性文件

line stamp 业务接受章 △ 伦敦劳合社内各承保组合的承保会员接受业务时在承保条上加盖的印章

line underwriters 一线保险人 △ 保险公司有决策权力的核保人

liquid asset 流动资产 △ 同 current asset。指流动性很大、能迅速变成现款而无很大损失的资产,如银行活期存款、储蓄存款和有价证券等。银行的流动资产指库存现金、同业存款、中央银行存款、政府债券、贴现票据及短期放款等

liquidate one's position 斩仓 △ 清理、耗尽头寸,最后关闭账户的行为

liquidating dividend 清理股份分配 △ 企业清理时,将剩余资产按比例分配给股东

liquidation 1.(债务的)了结;清偿;偿还 2.(企业的)清理;清算 △ 企业或公司由于无力清偿债务而停止营业进行清理。清理分自动清理和强制清理两种。前者一般由股东决定,后者须经法院判定 3.(资产的)变现 4.出清;清理;补进 △ 交易所用语。买空者为了图利或避免受损而将手头的期货或证券卖出,叫做出清,或叫清理。卖空者如为了冲销原卖出的期货或证券,买进同月的期货或证券时,通常叫做"补进",有时也叫"清理"

liquidation and rehabilitation 清理与整

顿 △ 保险公司有潜在财务困难时,保险监督管理机关接管保险公司财产的行为

liquidation by compromise 和解清理

liquidation charge 清算费用 △ 从应付给年金所有者的年金中或应付给共有基金所有者的共有基金中提取的一定量的费用

liquidation gain or loss 清理损益

liquidation period 清理期间 △ 年金受领人从保险公司收取年金给付的时间结构,通常以月为基础

liquidation procedure 清算程序

liquidation value (停业)清理价值

liquidation value approach 清理(价值)法

liquidator 财产清理人;清算人

liquidity 流动性;资本流动性 △风险测量要素之一

liquidity risk 流动性风险;清算风险 △ 不能如期应付金融债务的可能性

liquidity screeze effect 流动性挤压效应

liquid liability 流动负债

liquor bond 酒类保证保险 △ 承保酒精饮料业者遵守政府有关法令的保证保险

liquor liability law 酒类责任法律 △ 对酒类销售者所致顾客人身伤害应负责任的法律规范

listed 上场的;列名的;登记的

listed company 上市公司;列名公司;登记合格公司;股票上市的公司

listed open-ended funds (LOFs) 上市开放基金

listed security 挂牌(有价)证券;上市(有价)证券 △已经在某一证券交易所登记注册,因而有资格在该交易所挂牌进行交易的股票或债券

listed stock 上市股票;挂牌股票;交易所登记股票

listing 上市

List of Authorized Signatures 印鉴册;印鉴单

list of quotations 行情表 △ 汇率表

list of specimen signatures 印鉴;签字样本

list on a stock market 上市

list one's shares 上市

litigation bond 诉讼保证保险 △ 在诉讼案中由保险人担任保险证人的保证保险

live animal insurance 活动物保险 △ 对动物生命的保险

livery insurance 车辆出租行保险 △ 对出租车司机或所有人的汽车提供保障的保险

livestock cattle insurance 家牛保险 △ 承保家牛意外死亡的保险

livestock floater 牲畜保险 △ 承保牲畜的死亡或伤残的保险

livestock insurance policy 牲畜保险 △ 承保牲畜死亡或伤残的保险单

livestock transit insurance 牲畜运输保险 △ 对用火车、卡车、船舶运输牲畜过程中因意外事故死亡或伤残提供保障的保险

living benefit of life insurance 人寿保险生存给付 △ 对在保险合同规定的限期内生存的被保险人的给付

living benefits rider 生前预付条款 △ 寿险附加条款之一,对寿险受益人预先提供长期医护给付的条款

living need benefit 生前所需给付 △ 预先从未到期寿险保单上支付长期医护费用,其给付额从保单面额中扣除

living test 生存保障检定 △ 用于检验人寿保险计划是否适当运用的概念

living trust 生存信托 △ 在所有权转让人生存期间发生效力的信托

living will 生存嘱托 △ 由本人嘱托的明确维护其生命的方式

Lloyd's 劳合社 △ The Corporation of Lloyd's 的简称。17 世纪末由爱德华·劳埃德创办的一家咖啡馆发展成为世界上最重要的保险组织

Lloyd's Acts 劳合社法 △ 由英国政府于 1871 年制定并于 1911 年修订,以规定劳合社保险组织经营行为的法律

Lloyd's agency system 劳合社代理制度 △ 由劳合社在世界各地的代理人所组成的代理网络

Lloyd's agent 劳合社代理人 △ 由英国劳合社任命,分布于世界主要港口的代理人

Lloyd's associate 劳合社准会员 △ 不直接办理保险业务,但为保险提供相关服务而获准进入劳合社营业厅的律师、会计师、海损理算师

Lloyd's Association 劳合社协会

Lloyd's average bond 劳合社海损保证书 △ 由劳合社制定的契约书

Lloyd's broker 劳合社经纪人 △ 劳合社的一个重要组成部分,其身份有个人、合伙或公司等

Lloyd's (Insurance) Broker's Association 劳合社保险经纪人协会

Lloyd's custom 劳合社惯例 △ 数百年来劳合社所采用的业务或习惯做法

Lloyd's Form 劳合社标准求助协议书

Lloyd's List 《劳合日报》△ 由劳合社出版的报纸,创刊于 1726 年。主要刊登航运、海上保险和海上贸易方面的信息

Lloyd's of London 伦敦劳合社

Lloyd's Policy Signing Office (LPSO) 劳合社保险签单处 △ 也叫 The Bureau。为劳合社承保人签订劳合社保单的处所

Lloyd's Register of American Yachts 美国游艇劳合社年鉴 △ 伦敦劳合社所保存的关于美国游艇及其情况的记录

Lloyd's Register of British and Foreign Shipping 劳合社船舶年鉴 △ 简称 Lloyd's Register Book 或 the Book

Lloyd's Register of Shipping 劳合社船级协会

Lloyd's Registry 劳合社登录处 △ 劳合社办理船舶鉴定与分级登录的处所

Lloyd's S.G. Policy 劳合社海上船舶货物保险单 △ 简称 S.G. insurance policy。1982 年起,该保单逐渐被水险货物保险单取代

Lloyd's Shipping Index 劳合社航运索引 △ 由劳合社编辑发行载明各国海外航行船舶动态的周报。同 Blue List

Lloyd's syndicate 劳合社辛迪加

Lloyd's Underwriter 劳合社承保人 △ 代表伦敦劳合社成员在劳合社承保风险

Lloyd's Underwriters' Association 劳合社保险人协会

Lloyd's Underwriting Agent 劳合社承保代理人 △ 代理劳合社承保组合处理一般事务的人

loading surplus 费差益 △ 年附加保费减去年度内实际支出的营业费的余额的年度终值

loan 贷款;放款;债

loan agreement 借贷合同

loan application 贷款申请书 △ 手写、打印或电脑制作好申请格式并经申请人和放贷雇员签署的借贷凭据

loan classification 贷款评级;信贷评级

loan classification system 贷款评级制度

loan contract 借贷合同

loan-deposit ratio 存贷比率 △ 贷款占存款的比例

loan for paying premium 缴纳保险费借款 △ 期间为一年,期满可续借,最高额为一年的保险费,并以当时的发还金额为限

loan in arrears 逾期贷款;拖欠贷款

loan loss exposure 贷款损失准备(金);贷款损失风险

loan loss provision 贷款损失准备金

loan loss reserve 贷款损失准备(金);贷款损失备抵

loan on mortgage 抵押贷款

loan-oriented market 贷款定向市场;贷款型市场 △贷款多于存款的市场环境

loan receipt 贷款收据 △ 财产保险中,当被保险贷款应由第三方负法律赔偿责任时,保险人向被保险人开出的文件

loan recovery 贷款回收

loan servicing contract 贷款还本付息合同 △ 银行出售贷款,但保留还本付息业务,如收款等

loan tied to an index 保值贷款;按指数偿付的贷款

loan-to-deposit ratio (L/DR) 存贷比率

loan-to-value ratio 贷款比例 △ 抵押贷款金额与担保品价值的比率

local acceptance 地方性承兑

local agent 本地代理人 △ 拥有本地区的营业执照,代表保险人推销保险的代理人

local area network (LAN) 局域网

local clearings 同城票据交换

localization advantage 区位化优势

location card 定位卡 △ 对保险标的位置所作的记录

location clause 地点条款 △ 海上运输货物预约保单条款之一

location limit 地点限额 △ 海上运输货物预约保单条款之一

locked-investing 限制受领权

locked up capital 套住资金 △ 资金投入证券、股票无法变现

lock up 资金呆滞 △ 银行贷出的资金数额大、期限长,在未到期前无法收回的现象,叫做资金呆滞

lodge a claim 索赔

London Insurance and Reinsurance Market Association 伦敦保险和再保险市场协会

London Interbank Offered Rate (LIBOR) 伦敦银行同业拆放利率 △ 伦敦商业银行之间相互拆放的利息率

long-distance telephone (L.D.Tel.) 长途电话

longevity 寿命;生命 △精算保险费时的主要因素

long-tail claims 拖延赔案 △ 保险人获知意外事故较晚或理赔时间较长的赔案

long-tail liability 长尾巴责任 △ 通过长时期才能明确的责任

long term 长期保险 △ 与"短期保险"相对。保险期限较长的保险

long term disability income policy 长期残疾收入保险 △ 健康保险的一种,对长期残疾引起的收入损失进行给付

long term insurance 长期保险 △ 保险期长于一年的保险。在美国指三年期的保险

long-term liability 长期负债 △ 到期日在一年或一个营业周期以上的债务

long ton (L.t.) 长吨

loose leaf ledger 活页账

loro account 来账 △ 同 vostro account

loss (LS) 1.亏损;亏损户 2.[~es]损耗 △财产价值因物理祸害或损毁而降低

loss adjuster 损失理算人 △ 保险事故发生后对保险标的进行损失鉴定的人员

loss adjustment expenses 损失理算费用 △ 在理算损失时发生的费用

loss and damage 毁损状况 △ 保险标的的毁损程度

loss carried over 结转下期损失

loss carry-forward 计入后期亏损;转入损失;前期结转损失

loss clause 损失条款 △ 财产与意外险条款之一

loss constant 小额损失加成 △ 在实务中为了应付事前没有估计在内的小额损失而附加的危险保费

loss contingency 或有损失 △ 因诉讼败诉而可能发生的赔偿费用和债务

loss control department 损失控制部 △ 保险公司内专门负责损失控制的部门

loss control report 损失控制报告 △ 由损失控制人员编制的报告

loss control representative 损失控制代表人 △ 保险公司雇用的损失控制人员,又称安全工程师,实施风险控制检查,并根据检查结果编制损失控制报告

loss control survey 风险控制检测 △ 也叫"风险控制检查",由风险控制人员进行

loss conversion factor 损失处理费用 △ 在实际损失额上附加的费用,用于支付处理赔款所发生的费用

loss cost 损失成本 △ 保险事故发生后保险人支付的赔偿金

loss development factor 损失发展因素 △ 在责任保险和劳工保险中，用于估测已发生但尚未报告的损失及已报告尚未赔付的损失的将来赔付金额的所有因素

loss draft 损失提款 △ 保险公司对抵押贷款的损失理赔时的赔付

loss during exchange 汇兑损失 △ 同 exchange loss

losses incurred 已发生损失 △ 一公司在一张或数张保单下遭受的已赔付或未赔付的全部损失

"losses occurring" basis 损失发生基础 △ 再保险人责任中以再保险合约有效期内发生的损失为基础的赔付

losses paid 已付赔款 △ 理赔时所付的金额

loss expectancy 损失预期 △ 保险人对承保危险引起的损害的预期估测

loss for exchange 汇兑损失；汇兑支出

loss frequency method 损失频率法 △ 计算在某一给定时间内发生损失频率的方法

loss incurred 已发生损失 △ 保险公司的总损失额，包括未赔付损失额

loss lag 损失调整额 △ 预估损失金额与实际损失金额产生差距时，进行增加或减少的金额

loss loading 损失负荷 △ 适用于纯损失成本以推导出再保险费率的因素

loss of benefit 所得丧失补偿给付 △ 残疾补偿保险中，对保险客户丧失就业能力而给予补偿的给付

loss of income concept 所得丧失概念 △ 对合乎残疾条件者的给付，以补偿其因残疾无法就业而造成的经济损失

loss of income coverage 收入损失保险 △ 承保被保险人因意外事故造成工业营业中断所致收入损失的保险单

loss-of-income insurance 收入损失保险 △ 补偿因疾病或意外事故造成被保险人收入损失的保险

loss of license insurance 丧失驾照保险 △ 承保因停止或吊销驾照而致收入损失的保险

loss of occupation concept 丧失就业能力概念 △ 由于被保险人的残疾丧失了正常就业能力

loss of profits insurance 利润损失保险 △ 承保被保险人因意外事故造成其营业场所营业中断所致预期利润损失的保险

loss of sight or limbs benefit 丧失视力或四肢的给付

loss of use insurance 使用损失保险 △ 承保被保险人的财产因意外事故而不能使用所致损失的保险

loss on one's position 亏仓 △ 资金、股票、证券交易用语

loss on realization of asset 资产变现损失

loss on retirement 报废损失

loss payable clause 损失给付条款 △ 规定保险人须对被保险人的损失向被保险人之外的特定人给付的条款

loss payable to 对…可赔偿损失 △ 通常保单中插入"可赔偿损失"(loss payable)条款

loss prevention service 防灾防损服务 △ 由保险公司提供的为减少或消除保险事故发生的服务

loss rate 损失率 △ 保险人所付赔款总额与收入保险费总额的比率

loss ratio reserve method 损失率准备金法 △ 由财产和意外保险公司采取的用于比较保费收入、赔款支出和理赔费用的公式

loss ratio written-paid 已发生损失率 △ 特定期间内，已付保险赔款与保险费收入的比率

loss reduction 降低损失 △ 用于减少意外损失的任何风险管理技巧、方式或方法

loss report 损失报告 △ 由业务员详细汇报索赔事故情况的报告

loss report 挂失

loss reserve 给付准备金 △ 保险公司提存的一笔准备金，用于赔付既定日期内

应付而未付的赔款

loss run 发生的损失 △ 由某组织作出的关于发生的意外损失及赔偿的阶段性报告

loss settlement amount 理赔金额

loss settlement method 理赔数额法 △ 确定理赔数额的方法,其推算公式是:投保金额/保险价值 × 损失额 = 被保险人应得赔偿金额

loss severity 损失程度 △ 保险标的可能遭受的损失的严重程度

loss transfer 损失转移 △ 为减轻损失发生对财务状况造成的不利影响,而将回复成本转移出去的一种风险管理方法

loss trend 损失趋势 △ 根据对历史损失记录的分析所得出的将来损失的预测

loss unit 同一损失单位 △ 各类保险标的可能因某一事件发生而遭受损失的总称

lost check 遗失支票

lost instrument bond 损失文件保证 △ 对证券持有人提供的保证,当有价证券丢失、被盗、损毁或神秘消失时,保证重开证券的复印件

lost or not lost clause 不论是否损失条款 △ 海上保险条款的一部分,可以为投保前发生的损失提供保障,但以投保人对该项损失不知情为条件

lost policy affidavit 保单遗失声明书 △ 投保人向保险人声明保单遗失,申请代替合同的文件

lost policy receipt 丢失保单收据 △ 保单持有人签署的确认已丢失保单的收据

lot 交易单位;手 △可构成交易的任意一组商品、股票、证券、劳务数量。见 odd lot

low-end customer 低端客户 △ 资金规模小的客户

low-end product 低端产品

lower 汇率下跌;利率下跌

Lowest 最差 △ 客户信用风险评级

low-price issues 冷门股票

low resources consumption 资源消耗低

lump-sum payment 一次性支付 △ 同 single payment

M m

machinery breakdown insurance 机器损坏保险 △ 也叫“机器保险”。对承保的机器发生故障或损坏造成的损失给予赔偿

machinery clause 机器保险条款 △ 机器保险合同中的一个条款

macro-economic liquidity ratio (MELR) 宏观经济变现率;宏观经济清偿率

mail order (M.O.) 邮政汇票

mail order insurance 邮购保险 △ 这种保险通过报纸、杂志、电视和电台进行展业,并通过邮局收受投保单和寄送保险单

mail transfer (M/T) 信汇;邮政汇款

main account 主账户 △ 同 master account

main body 主体

main body part 主体

main entity 主体

main entity part 主体

main part 主体

maintain asset value 资产保值

maintenance cost (账户)维持成本

major hospitalization insurance 大宗住院保险 △ 医疗费用保险的一种。保险人对被保险人因住院所支付的大部分费用提供给付金,但有较高的限额和免赔额

major hospitalization policy 大宗住院保单 △ 其与大宗医疗保险不同之处在于该保单只适用于住院的开销

major lines of insurance 主要保险种类

major medical expense insurance 大宗医疗费用保险 △ 健康保险的一种。保险人对被保险人因患恶性疾病或久病不愈或受伤害而支付的巨额医疗费提供保险保障

make a bid 递价;投标

make a claim 索赔

make advance 垫款;预付

make an offer 发盘;发价;要价 △ 卖方发出

make delivery 交割 △ 交汇、证券交易中的支付

make ... function as an enterprise 企业化

Makeham's Law 麦克翰死亡法则 △ 英国精算师麦克翰于 1860 年创立 Gompertz-Makeham 死亡法则。现在使用的主要生命表,大多运用这个法则来修正死亡率

make payment 支付

mala fide 恶意 △ 商业活动中不道德的行为,如欺诈、伪造等

mala prohibita 违法犯罪 △ 与自然犯罪相对应。触犯法律所禁止的行为称违法犯罪

malicious damage clause 恶意损害条款 △ 保险人对他人的(被保险人除外)恶意行为所致货物损失予以赔偿的条款

malicious debt arrears 恶意拖欠

malicious mischief 蓄意损害 △ 对个人或企业财产进行故意的破坏或损害。财产所有人可以向保险人购买承保此类风险的保险

malingering 装病 △ 被保险人为了能继续领取病残给付金假装患病或伤残未愈

malpractice liability insurance 职业过失责任保险 △ 责任保险的一种。主要承保专业技术人员因职业上的过失或疏忽使他人身体受到伤害或财产受到损失依法应负的经济赔偿责任

management 1.管理;经营;安排 2.(工商企业)管理部门;厂方

management and operation 经营管理

management concept 管理理念

management depth 管理深度

management information system (MIS) 管理信息系统

management mission 管理理念

management notion 管理理念

Management/Ownership 管理权或拥有权 △ 风险测量

management without intermediary 扁平化(管理) △ 减少中间环节、层次的管理

manager (MGR) 经理

manager responsibility system 经理责任制

managing general agent 经营总代理 △ 授权某人或某组织代表保险或再保险人行使某些职能

mandated benefits 法定福利 △ 由法律规定的福利

mandatory rates 强制费率 △ 国家保险监督管理部门或国家批准成立的费率厘定部门所制定的保险费率

mandatory rules 强制性规定

mandatory valuation reserve 强制证券储备金 △ 由法律规定的保险公司应付证券跌价损失的备用金

manual 保险手册 △ 保险公司、代理人或费率制定部门发行的一种用户指南小册子,内容包括保险费率、保险种类等

manual rates 手册费率 △ 依办理一笔保险业务所需成本而制定的标准风险所需的标准费用率

manufactured (mfd.) 制造;加工

manufacturer (mfr.) 制造商;厂商

manufacturers and contractors liability insurance 制造商和营造商责任保险 △ 责任保险的一种。承保制造商和营造商对其制造的产品或承包的工程发生意外事故依法应负的赔偿责任

manufacturer's invoice 厂商发票

manufacturers output insurance 制造商产品保险

map clerk 查图人员 △ 将保险公司的财产和责任风险绘制成图并进行查索的人员

margin 1.押金 △ 进口商申请开发信用证时,银行要其缴存一定数额的现金作为保证,叫做信用证押金 2.保证金 △为履行某项诺言或约定,需缴付一定数额的现金作为担保 3.幅度 △ 因逆选择引起的索赔波动

margin account insurance 账面亏损保险 △ 信用保险的一种

marginal 1.边际的;限界的;限度的 2.栏外的;页边的 3.收益仅敷支出的 4.勉强合格 △ 管理人员评级

marginal borrower 边际借款人 △ 贷款利率上升就停止借款的个人或公司

marginal buyer 边际购买者 △ 一旦价格上涨就放弃购买的购买者

marginal cost 边际成本 △ 生产者多生产一单位产量所支付的追加成本。因此产量的小额变动会导致总成本的相应变动

marginal profit (M.P.) 边际利润 △ 每额外增加一个单位销售量所增加的利润

marginal risk 边际风险;差价风险 △远期外汇交易可能产生的风险

margin deposit 押金存款

margin for price adjustment 价格区间 △ 价格可以调整的高低范围

margin of price rise 涨价幅度

marine cargo insurance 海上货物保险 △ 是海上保险的主要险种之一。承保货物在海上运输过程中由于保险事故造成的损毁或灭失等风险

marine hull insurance 船舶保险 △ 以各种船舶和水上浮动体(如趸船、浮码头、浮船坞、钻井平台等)为保险标的的一种保险

marine insurance 海上保险 △ 简称水险,是财产保险的一个主要分支。保险人负责赔偿由于发生海上灾害、事故造成的损失(包括运费、预期利润等),或者所引起的经济责任

marine insurance (MI) 海损保险;海洋运输保险;水险

Marine Insurance Act 1906 (MIA) 1906

年海上保险法 △ 1906 年 12 月 21 日由英国颁布,为世界上影响最大的一部海上保险法

marine insurance broker 海上保险经纪人 △ 被保险人向保险人购买海上保险的代理经纪人

marine insurance company 海上保险公司 △ 专门经营海上保险业务的保险公司

marine insurance policy (MIP) 海上保险单;水险单 △海上保险契约的正式文件

marine insurer 海上保险人 △ 海上保险公司或劳合社保险人

marine syndicate 水险承保组合 △ 又称承保组合。主要指伦敦劳合社的保险辛迪加

marital deduction 嫁资演绎 △ 美国联邦关于财产顺利处置税法中的规定

maritime claim 海事求偿权 △ 因船舶碰撞、海难救助、船舶使用或租用契约、船舶运送货物契约、共同海损等事由所产生的求偿权

maritime law 海商法 △ 调整航海贸易中同船舶有关的各种关系的法规总称

mark (mk.) 马克;唛头;标识

market (mkt.) 市场;营销

market-clearing rate 市场清算利率

market comparison approach 市场比较法

market-driven 市场推动型 △ 按市场发展需求发展的(企业)

market economy 市场经济

market factor 市场因素 △ 影响整个股票市场所有股价的因素。主要有:经济周期变动、石油价格升降、利率变动、货币供应量变化、商品价格变动、政治、心理等因素

marketing 销售学 △ 如何有计划地组织企业的整体活动,将用以满足消费者需求的商品和劳务,从生产者手中提供给消费者的科学

marketing cost 推销成本;市场价格

marketization 市场化

market mechanism 市场机制;市场规律;市场结构;市场调节职能;市场法则

market-oriented 以市场为导向的;市场化 △同 market-driven

market-oriented economy 市场经济

market position 市场定位 △ 企业在市场上的发展目标、方向

market risk 行情风险

market skimming 市场撇脂 △ 排除市场不利因素,获取最有利的东西

market value clause 市场价值条款 △ 保险条款之一。在发生损失时,保险人赔付的是被保险标的损毁时的市场认可价

Marx Plan 马克斯方案 △ 汽车意外险的一种赔偿制度

mass asset rule 整体资产法则;大宗资产法则

mass assets 整体资产;大宗资产

mass merchandising 团体销售 △ 一张保单项下的团体保险

master account 主账户 △ 同 main account。下设若干分账户

master contract 总保单 △ 一种团体人身险保单

master control account 总控制账;总统驭账 △起到控制明细分类账的总分类账户,其余额是各明细分类账余额的总和

Master of Business Administration (MBA) 工商管理硕士

match 轧平 △ 买进远期外汇,同时卖出一笔相同日期、金额的远期外汇进行对冲或进行相反交易轧平头寸。同 matching; square

matching 相配 △ 按货币或时间平衡资产和负债的过程

matching cost with revenue 成本与营业收入配合;成本与收入相对应

matching measures 配套措施

material 1. 物资;材料 2. 重要的;实质性的;有形的;物质的

material alteration 重要变更;实质性变更

material damage insurance 物质损失保险 △ 承保汽车或船只本身受到的损害的保险。这种保险包括汽车综合保险、碰撞、火险和盗窃险

material misrepresentation 重大虚报 △ 在投保时,要保人对重大事实作的不实陈述

maternity benefit 怀孕分娩给付 △ 医疗费用保险的一种,提供孕妇从怀孕至分娩的医疗费用的全部或部分给付

matrix 矩阵 △ 将经济数据写成行列,其中行表示一个经济变量(例如产出)的分布。列向量就是由一个列组成的矩阵,行向量就是一个行组成的矩阵

matrix management 矩阵管理 △ 现代管理方式的一种

matter economy 物质经济

matured check 到期支票

matured endowment 到期养老保险 △ 人身保险的一种,指保险单在约定的时间终了时,向被保险人提供保险单面额的给付金

maturity 到期日;偿还日 △贷款、债券、票据等到期,借款人必须偿还全部债务的日期。大多数证券都有到期日(如90天、1年、10年),但普通股(无固定利息的股票)无到期日

maturity date 到期日 △ 同 maturity

maturity dividend 满期分红 △ 如被保险人参加的是分红人寿保险,当保单满期时,而不是被保险人死亡时,可得的分红

maximum average indexed monthly earnings 指数基准最高平均月薪 △ 社会保障给付金的计算方法

maximum benefit period 最长给付金期限 △ 受伤残的被保险人可获得伤残给付金的最长时间

maximum disability policy 最高赔偿给付保险 △ 这是一种不可解除的伤残给付保险

maximum probable loss (MPL) 最大可能损失额 △ 在正常情况下,对某一被保险财产受损所预测的最大损失额

maximum retrospective premium 最高追溯保费 △ 根据溯往费率计算法确定的劳工保险的最高保险费

maxi tail 特长尾巴 △ 责任保险中无限期的索赔时间

McCarran-Ferguson Act 麦卡伦法案(公法15号) △ 1945年美国国会法案规定,保险业仍由各州管理,不受联邦反垄断法案的限制

mean 1.平均数(值) 2.[~s]方式;手段 3.[~s]财产;财力;收入

mean error 平均误差 △ 会计统计用语

mean life 平均使用期限

mean reserve 期中责任准备金 △ 保险期间的期初责任准备金和期末责任准备金的平均数,计算为期间中央责任准备金;期初和期末的责任准备金总额各占一半

means of payment 支付方式;支付手段 △国际贸易支付中所使用的票据或货币

means of shipment 运输方式

means of transport 运输方式

mechanism 1.机构;结构 2.方法;措施;手段;机制

mechanism of human capital pooling 人才汇集机制

Meclintock Tables 梅克林托克表 △ 由梅克林托克在1896年制作的美国第一张广泛使用的死亡表

mediation 调停;调解

mediator 调解人;居间人

medicaid 联邦医疗补助制度 △ 美国各州与联邦合作办理的社会福利制度。由州政府经营,联邦政府给予经费补助

medical care plan 医疗计划 △ 团体保险的一种

medical department 医务部 △ 在寿险公司中,负责医务检查以确定核保业务的部门

medical director 医务主管 △ 寿险公司中医务部门的最高主管

medical examination 体验 △ 经营寿险或健康险的保险公司都聘请合格的医

师或体检人员,对申请投保的被保险人的身体状况进行检查

medical expense insurance 医疗费用保险 △ 健康保险的一种。保单保障被保险人因意外事故或疾病所支付的医疗费用

Medical Information Bureau (MIB) 病历资料服务所

medical payment insurance 医疗费保险 △ 承保被保险人因保险事故发生所支付的医疗费用

medical report 体验报告 △ 记载体检医生检查被保险人身体状况的报告书以及被保险人对于书面询问的告知书

medical selection 医务选择 △ 对被保险人所施行的危险选择当中属于医学范围的选择

medical underwriting 医务审查 △ 根据身体危险的测定结果而做的审查

medicare 联邦健康保险制度 △ 1965 年美国联邦政府颁布的健康保险制度,属社会保障的一部分。这项制度分两部分:(1)住院保险;(2)补充医疗保险

medicare supplement insurance 联邦医疗保险的补充保险 △ 私营保险业对联邦医疗不予保障部分提供保险保障

medium 1.中等;中号 2.工具;手段;媒介

medium and long-term credit 中长期信用

medium-term note 中期债券

meet 1.遭遇;遇到 2.支付;偿付 3.满足;符合;迎合

meet one's expense 使收支相抵

meet one's liability 偿还债务

meet the obligation 履行债务;履行义务

memorandum (MEMO., memo.) 1.备忘录 2.通知单;通知 3.便条;便笺 4.水单 △ 银行为客户兑换外钞后向其出具的清单,以便出境时兑回原外币时用

memorandum bill 备忘账单;水单

memorandum clause 附注条款 △ 远洋货物运输保险单中使用的限责条款

mercantile open-stock burglary insurance 商品盗窃保险 △ 承保商品在非营业时间内,由于第三人使用暴力强行进入建筑物内的盗窃行为造成的损失

mercantile robbery insurance 商品盗窃保险 △ 对实际或企图对货币、证券或其他财产盗窃造成的损失予以承保

mercantile safe burglary insurance 商品保险箱盗窃保险 △ 保险住所内或住所外商用保险箱被暴力打开,箱里的财产被盗劫造成的损失

merchandise installment floater 商品分期付款保险 △ 保障卖主因分期付款的销售商品受损而遭受的损失,卖主对销售的商品必须具有利益

merchandise risk 商品风险

merchant marine (M.M.) 商船 △ 对一国商船的总称

merge 合并;兼并;并购

merger 兼并;并购

merger with 合并;兼并

merit rating 费率增减法 △ 一种费率计算制度

merit rating plan 费率增减计划 △ 对被保险人实行减少(或增加)保险费的计划

messenger and interior robbery insurance 信使和内部盗劫保险 △ 保障货币、证券和其他财产所有人在住所内被盗劫造成的损失及在住所外其商业信使手中的货币、证券和其他贵重财产被盗劫造成的损失

messenger robbery insurance 信使盗劫保险 △ 保障该类被保险人因被授权运送财产,如货币、证券或其他贵重财产,离开营业场所遭抢劫造成的损失

metamorphosis 转型

method of despatching documents 寄单方法

method of discount 折现法 △ 确定普通股价值的一种方法

method of payment 支付方式 △ 同 means of payment

method of policy dividend allocation 保

单分红方法 △ 可分为利源分红方式、责任准备金比例方式、累积分红方式、经验保费方式等
method of reimbursement 索偿方式;偿付方法
meticulous records 详细记录
metric ton (m.t.) 公吨
mid-cap stock 中型股 △ 发行数量居中
middle-end (customer, product) 中端(客户、产品)
middle-market 中间市场
middle rate of exchange 中间汇率;平均汇率;买卖价的平均值
migration of risk 风险规避 △ 转移风险
military service exclusion 兵役除外条款 △ 战时签发的一些寿险和健康保险单的条款,对个人服兵役期间发生的死亡、伤残、疾病、意外事故等危险,不提供给付金
million 1.百万;百万个;百万元 2.[~s]无数
minimum (min.) 最小值;最低限度
minimum amount policy 最低金额保险单 △ 只售最低面额的人身保险合同
minimum benefit 最低给付金额 △ 人身保险单中的一个规定,对固定的给付金方案给付较少时,才提供年金最低给付金额
minimum compensation level 最低赔偿水平 △ 雇员在有权参加雇员给付金计划以前,必须获得的赔偿金额
minimum deposit rescue 最低限额可贷款补救法 △ 人身险中的一个技术设计,允许一张旧的寿险保单在免税的基础上换成另一张寿险保单
minimum group 最低人数团体保险 △ 保险公司同意签发的最低人数的团体保险单
minimum indemnities 最低补偿 △ 在意外险或健康险中,对特定损失支付的最低的一次性给付金
minimum pension 最低限额退休金 △ 在退休计划中所给付的最低退休给付金
minimum premium 最低保费 △ 保险公司对保单所收取的最低保险费
minimum premium plan 最低保费计划 △ 保险公司签发一张保险单可以接受的最低保险费
minimum premium scale 最低保费规则 △ 美国有些州为排除团体定期保险费率的不正当竞争而设置的最低保费规则
minimum standards 最低标准 △ 可保的危险必须符合最低可接受的标准
minor 未成年人 △ 小于法定年龄的人。一个未成年人没有签订合同的能力,除非国家法律另有规定,他的投保申请须由其父母或监护人签订
minority 1.少数;少数派;少数票 2.少数民族
minority shareholders 占少数股权的股东;少数股东 △ 拥有股票数额不到公司全部股票的50%、在公司中处于少数地位的股东
minority shareholders' interests 少数股东权益
minority stockholders 少数股东 △ 占少数股权
minority stockholders' interests 少数股东权益 △ 简称"少数权益"。指被控制的公司
minus 1.减(去) 2.失去;没有
minute 1.细微的;详细的;精密的 2.[~s]会议记录;议事录
minutes of shareholders' meeting 股东会议记录;股东会议纪要
misappropriate 1.滥用;滥支 2.私吞;挪用;盗用
misappropriate funds to unapproved purposes 挪用资金
miscellaneous (misc.) 杂项;其他
miscellaneous asset 杂项资产;其他资产 △一些不重要的资产项目
miscellaneous revenue 杂项收入;其他收入 △一些不重要的收入项目,包括银行存款利息、设备租金等收入
misleading sales talk 不正当招揽 △ 招

揽人员在与准保户谈话时,以不符合保险公司合同内容的解释打动准保户,或中伤其他同业公司

mismatch 未轧平;不相配 △交易买进卖出数额不相等,出现多头或空头

mixed agency 混合型代理机构 △ 介于总代理制与分公司制之间的代理机构

mixed insurance 混合险 △ 同一保险人将两种以上的保险组合起来的险种,其典型是将生存保险与死亡保险合而为一的生死合险

mixed loan 混合贷款 △ 外国政府提供低息优惠贷款或赠款和出口信贷结合使用的一种贷款,其利率比商业银行信贷利率低得多

mode 方式

mode of financing 资金融通方式

mode of payment 支付方式;偿付方式

modern corporate system 现代企业制度

modern enterprise system 现代企业制度

modern financial corporate system 现代金融企业制度

modified cash refund annuity 变更现金退还年金 △ 与现金退还年金类似的年金。退还金额依照总保费计算,即将企业主的保险费也考虑在内

modified preliminary term reserve 变更初年定期制责任准备金

modified premium 调整后的保费 △ 从同类寿险保单的一般保费改变而来的保费

M1 货币1;货币供应量1;狭义货币供应量 △ 商业银行以外的市面上流通的通货

monetary 货币的;金融的;钱的

monetary authorities 金融当局;货币主管当局

monetary facility 金融机构;资金融通

monetary indemnity 货币赔偿 △ 一笔指定金额的给付金

monetary items 货币性项目

monetary policy 货币政策 △由中央银行通过变更商业银行准备金、增减利率等办法对货币数量和信贷规模进行调节管理,以缓和经济周期的剧烈波动,并促使经济增长。货币政策的最终目标,是使货币数量和信贷规模既能刺激生产,增加就业,又不至于引起通货膨胀

monetary stringency 银根紧缩 △ 减少货币供应量

monetization of credit 信用货币化 △由银行贷款导致的存款,借款人可随时提取现金或签发支票支用,从而使货币数量增多,叫做信用货币化

money 1.金钱;财富 2.[~s]金额;款项 3.货币 △ 在经济社会中人们所普遍接受的、任何充作支付手段或交易媒介,或任何充作价值单位、因而其他一切赖以表示价格的东西,叫做货币,即银行发行的证券、钱币(纸币和硬币)和存款等

money and securities broad form policy 货币证券保险 △ 一种对货币和证券的损失或毁坏承保"一切险"的保险业务

money arbitrage 套利 △ 同 interest arbitrage

money capital 货币资本

money cutter buyer 成本削减型买方

money filtering 洗钱 △ 同 money laundering

money laundering 洗钱 △ 通过第三者渠道,使非法获得的外汇(或金钱)合法化

money manager 短期资本经营者

money market 金融市场;货币市场;短期资金市场 △ 办理短期信用票据的买卖和转让的各种金融机构

money order (M.O.) 汇款单

money purchase plan 保费基准制 △ 是决定退休年金额的一种方式,与之相对的是年金额基准制

money-raising 筹资 △ 同 fund-raising

money worship 拜金主义

mono-line policy 专营政策 △ 同一保险人不得同时兼营财产保险业务和人身保险业务

monopolistic state fund 专营型州保险基金 △ 一种州政府保险基金，法律禁止他人与之竞争

Monte Carlo simulations 蒙特卡洛模拟法 △ 计算风险值的方法

monthly bank check 每月银行转账缴纳保费 △ 见 bank check plan

monthly debit ordinary state card 月缴收招合一寿险合同状况卡 △ 专门显示月缴收招合一寿险有效合同的现状及失效情况的电脑卡片

monthly deductions 每月扣除额 △ 在万能寿险合同中，按月从累积值扣除的费用，主要包括死亡费用、开销和附加条款及附加福利的保费

monthly premium 月缴保费 △ 保险费每年分 12 次缴纳，即每月缴纳一次

monthly settlement report 月度结算报告

monthly statement of account 月度对账单

monthly trial balance 月度试算表

months after date (M/D) 出票后…月(付款)

moral hazard 1.心理危险 △ 被保险人有了保险保障，对危险的发生采取漠不关心的态度，致使损失发生的可能性增加 2.道德风险 △要保人、被保险人、受益人为获得保险金而故意造成的危险

moral risks 道德风险 △ 见 moral hazard

moral turpitude 悖德 △ 某人在对他人及社会履行义务时，采取了恶劣、卑鄙或堕落的行为

moratorium 延期偿付期间 △ 准许债务人有权不履行义务的一段时间

morning credit 日贷 △ 同 day loan; morning loan

morning loan 午前贷款 △ 是银行发放给证券经纪人的一种无担保贷款

morning session 早盘；早市 △证交所上午开盘时间

mortality 死亡率 △ 同 mortality rate

mortality adjustment 死亡率调整 △ 由于药品、老人医学及卫生条件的改善，对死亡表作加减的修改，以真实反映死亡率的变化

mortality cancellation insurance 抵押贷款清偿保险 △ 同 mortgage insurance

mortality factor 死亡率因素 △ 计算基本费率所需的基本要素之一

mortality gain 死差益 △ 同 mortality savings

mortality loss 死差损 △ 见 mortality savings

mortality rate 死亡率 △ 在一特定时间内，团体险中死亡人数占团体险全体成员的比例

mortality rate (cause specific) 按照死因计算的死亡率 △ 在特定时期内，某一团体内因特定原因而死亡者的比率

mortality rate (rude) 粗死亡率 △ 在某一期间中，全部死亡人数占全部人口的比率，而未按照年龄、性别或其他因素加以调整

mortality rate (age specific) 按特定年龄计算的死亡率 △ 见 age-adjusted mortality rate

mortality rate curve 死亡率曲线 △ 此曲线的形态是婴儿期很高，学童期逐渐下降，12—13 岁时最低，然后逐渐上升，过 50 岁以后上升幅度增大

mortality risk 死亡风险 △ 因被保险人死亡产生的风险，也是人寿保险公司承担的风险。这种风险有时称纯保险风险

mortality savings 死差益 △ 同 mortality gain。是寿险公司在分析利源时的名称。指实际死亡损失与根据所使用死亡表预计的死亡损失之间所产生的利益，称为死差益。如两者之间的差异为负值，则称死差损

mortality table 死亡表 △ 寿险公司使用的图表，上面清楚地统计不同年龄、性别的每千人中每年的死亡率。死亡表是寿险公司计算危险因素并决定毛费率的基础

mortgage (mtg.) 1.抵押 △ 债务人将其财产所有权转让给债权人，作为债务的

担保 2.抵押契据;抵押权

mortgage-backed bond (MBB) 抵押赎回债券

mortgage-backed security 抵押保证金 △ 把若干抵押贷款汇集起来形成一种债务工具或以贷款池作保证的一种保证,它为投资者提供在相同期限和利率的贷款池中一种非拆分的所有者权益

mortgage bond 抵押贷款清偿基金 △ 寿险公司建立的一种基金,在住宅所有人死亡时,寿险公司动用此基金清偿住宅抵押贷款未偿还的余额

mortgage bond 抵押债券 △ 由企业或公司发行的、不仅承诺到期偿付一定金额,而且以公司财产作抵押的公司债券,叫做抵押债券

mortgage brokers 抵押经纪人 △ 让借贷双方走到一起达成新的贷款或放款人与投资人一起销售现存贷款的人或机构

mortgage disability insurance 抵押清偿残疾保险 △ 残疾保险中一种特殊的保险形式。在被保险人全残期间支付给付金(经常直接支付给抵押单持有人),直到抵押贷款偿清时止

mortgagee clause 受押人条款 △ 财产保险单上的附加条款,保障受押人在被抵押财产上的利益

mortgage insurance 抵押贷款清偿保险 △ 人寿保险的基本用途之一。很多家庭收入来源者为了在其死后家中能够偿清抵押欠款而购买这种保险

mortgage loan 1.抵押贷款 △ 以不动产抵押的贷款 2.楼花按揭 △ 未竣工住房抵押贷款

mortgage note 抵押凭据 △ 这是一种创设借款人偿还抵押贷款法律责任的本票

mortgage portfolio 抵押业务量 △ 由投资者进行抵押贷款的总计,或由抵押银行提供的服务

mortgage protection term insurance 抵押贷款保障清偿定期保险 △ 递减型定期保险的一种形式,保险金额与抵押贷款的条款和期限直接对应

mortgage redemption insurance 抵押贷款清偿保险 △ 同 mortgage insurance

morticians professional liability insurance 殡葬职业责任保险 △ 对殡葬工作者的职业行为及(或)不作为引起责任的行为诉讼提供保险保障

mortuary dividend 死亡分红

most favoured nation (MFN) 最惠国

mothers-fathers benefit 鳏寡人子女给付 △ 这是一种社会保障给付制度,对合乎规定的寡妇或鳏夫(不论其年龄如何)在抚养有权领取幼童给付金的幼童时,提供此项给付金

motion 附带请求 △ 当事人向法庭就某项影响案件的规则或命令所作的一种附带的申请或要求

motivating stories 诱发投保 △ 寿险业务员在向客户推销保险商品时,常以身说法,说明和强调购买充分保险保障的重要性,或参加某项保险计划的重要性,促成客户投保

motor-hotel programme 汽车旅馆;饭店保险方案 △对汽车旅馆、饭店及类似的场所的经营提供综合保障的一揽子保险

motor truck cargo (carrier form) 卡车货运险(承运人保单) △ 这是一种内陆运输保险

motor truck cargo insurance 卡车货运险 △ 对卡车和货物的所有人,为其财产在运输途中遭受的损失提供保险保障

motor truck cargo radioactive contamination insurance 卡车货物放射性污染保险 △ 保险承运人或联运承运人(被保险人)保管的财产因受到同位素辐射的放射性污染而遭损害或毁坏的损失

motor truck contents insurance 卡车货物保险 △ 对卡车上装运的货物因特定的风险而遭受的损害给予赔偿的一种保险

Motor Vehicle Accident Indemnification Corporation (New York) 机动车意外事故赔偿协会

motor vehicle report 机动车报告 △ 也

称作机动车记录,列举驾驶员在前几年曾有过的严重交通事故和其他的违章行为

motor-vessel (m.v., m/v) 机动船

move up 汇率上升;利率上升

moving insurance (for a moving company) (为搬运公司设计的)搬运保险 △ 一种内陆运输保险,承保搬运人因承运客户的财产受损而应承担的责任

M/T Advice 信汇委托书

M3 货币 3;货币供应量 3 △定义范围更广的一些货币,即 M2 加上大于 10 美元的定期存单及回购协议之和

M2 货币 2;货币供应量 2;广义货币供应量 △ 定义范围较广的一些货币,即 M1 加上储蓄存款,10 万美元以下的定期存款等之和

multi-coverage account plan (MAP) 多种保障账目计划 △ 这是一种为承保的大宗风险提供优惠费率的计划。此项计划运用于将财产险和责任险合二为一的保险单。保单由一个保险人向一个被保险人提供,保单上通常有终止日期或满周年的日期。此计划还根据危险和费用的变化提供较低的费率,同时也规定有免赔额

multilateral lending 多边借贷 △ IMF 和世行贷款

multinational corporations (MNCs) 跨国公司

multiple debts among 连环债;三角债

multiple-employer groups 多雇主团体 △ 两个或两个以上的雇主所属的雇员组成的参加团体保险的人员

multiple-line carrier 多险种经营人 △ 一个保险人经营多种保险,通常指一个经营大量险种的保险人

multiple-line underwriting 多险种承保 △ 根据多险种承保法,一家保险公司获准经营多种种类的保险

multiple-line underwriting law 多险种承保法 △ 对一家公司授予同时经营火险和意外险承保权的有关法律

multiple peril insurance 多种选择计划 △ 寿险中被保险人在医疗方面的选择

multiple plan pension trust 多样化退休金计划 △ 为不同雇员设计的不同的退休金计划合为一体的一种信托计划

multiple retirement ages 多种退休年龄

multi-polarized 多极化

mumber of years lived 剩余寿命 △ 生存者从现在时刻开始至其死亡时刻为止的年数

municipal bond insurance 市府债券保险 △ 保障债券持有人因市政府当局不履行债务而蒙受的损失。这一做法流行于美国

municipal insurance 市府保险 △ 为美国当局提供的财产保险和(或)责任保险。市政当局对无数的公用事业负有责任

musical instrument floater 乐器运输保险 △ 一种内陆运输保险,承保运输途中的乐器遭受的各种不同损失或损害

musical instrument insurance 乐器保险 △ 为乐师或其他音乐服务提供者工作的一种保险保障

must calls 必须拜访的客户 △ 业务员根据保户卡的记载必须于某周或某个月内前往拜访的保户(或准保户)

mutatis mutandis 必要的变更 △ 总的形式不变,但对细节做了必要的修改

mutual 1. 相互的;彼此的;共同的 2. [~s]互助保险公司

mutual bank 相互银行 △ 日本专门办理中小企业信贷业务的银行

mutual benefit association 相互共济协会 △ 以社会互助共济为目的而成立的非营利性互助组织

mutual fund 1. 互助基金;联合投资 2. 共同基金公司 △ 一种资本结构很灵活、几乎经常变动而且连续不断出售共同基金股票的股份不定的投资公司,或称公开投资公司,与“控股公司”相对 3. 投资基金会 △一种投资公司,通过向公众发售份额,吸收资金,并将收入投资于其他股票或证券。公司份额价格随公司投资资产的市价而波动。投

资公司有两种形式:一种是公开投资公司,另一种为不公开投资公司

mutual holding 互持股权;相互控股

mutual insurance 相互保险 △ 两人以上彼此相互保险的做法。被保险人同时为保险人

mutual investment trust 相互投资信托 △ 见 mutual fund

mutuality of insurance institution 保险制度的互惠性

mutual mortgage insurance fund 相互抵押保险基金 △ 美国联邦住房管理局经营的三个基金之一,对房屋抵押、地产贷款及雨灾后房屋修缮贷款提供保险保障

my account (m/a.) 我的账户;出我账;记我账;我付账

mysterious disappearance 神秘失踪 △ 被保险财产在无法解释的现场消失了

mysterious disappearance exclusion 神秘失踪除外 △ 保单条款之一,规定对损失原因无法认定的财产损失不予赔偿

M0 货币 0;现金货币供应量 △最狭义的货币,即最基本的货币供应量

N n

name of account 账户名称;会计科目
name position bond 记名职位忠诚保险 △一种忠诚保证保险,对在保单上列明职位的雇员的不忠诚行为,如偷钱等,予以保险
name schedule bond 在册雇员忠诚保险 △一种忠诚保证保险,对附在保单上的表中指定的或列举的两个或两个以上的雇员的不忠诚行为造成的损失,对雇主作出赔偿
name share 记名股
narrow market 清淡市场 △交易量小,价格变动较大的证券/商品市场
National Association of Casualty and Surety Agents (NACSA) 美国意外险及保证险代理人协会
National Association of Independent Insurance Adjusters (NAIIA) 美国独立保险理算人协会
National Association of Independent Insurers (NAII) 美国独立保险人协会
National Association of Insurance Agents (NAIA) 美国保险代理人协会
National Association of Insurance Commissioners (NAIC) 美国保险总监协会
National Association of Insurance Connissioners Model Code 全国保险督察协会示范法典 △是该协会于1975年提出的一套法规,为在广告宣传和促销寿险产品时完全真实地告知公众所有资料和有关情报制定了最低标准和指南
National Association of Insurance Women (NAIW) 美国保险妇女协会
National Association of Mutual Insurance Companies (NAMIC) 美国相互保险公司协会
National Association of Securities Dealers (NASD) 美国证券交易者协会
National Association of Securities Dealers Automated Quotations (NASDAQ) 全国有价证券行情自动报价协会(美);纳斯达克;全国证券交易商自动报价协会
National Board of Fire Underwriters (NBFU) 美国火灾承保人委员会
National Commission of State Worker Compensation Laws 美国州劳工赔偿法律委员会
National Council on Compensation Insurance 美国劳工保险委员会
National Electronic Trading System (NETS) 中国全国电子交易系统
National Fire Protection Association (NFPA) 美国防火协会
National Flood Insurance Programme 全国洪水保险计划 △根据1968年美国洪水法,对个人和商业财产提供洪水保险
National Flood Insurers Association (NFIA) 美国洪水保险人协会
National Fraternal Congress 美国友爱会
National Institute for Occupational Safety and Health 美国职业安全和健康委员会
National Institute on Drug Abuse (NIDA) 美国药品管理局
National Insurance Development Corporation (NIDC) 美国保险开发公司
National Insurance Producers Conference (NIPC) 美国全国保险经营商会议
National Quality Award (NQA) 美加续保率奖 △由美国寿险营销调研协会颁发,对美加两国的会员公司下属续保率优秀的寿险业务员予以奖励
National Safety Council (NSC) 美国安全委员会
national service life insurance 军人保险 △1940年经美国国会法案通过的,为在军队服役的人特设的人身保险
nationwide marine definition 全国性海

上运输保险定义 △ 是美国全国海上运输保险人承保权限的定义和解析的简称

natural cause 自然原因 △ 没有人为的因素

natural death 自然死亡 △ 意外死亡、被杀和自杀以外的死亡

natural expiring system 自然满期制 △ 再保险人于再保险合同终止时,对原属该合同的再保险业务仍应负责,直至原保险单期间届满为止

natural group 自然团体 △ 一个不是为了特意参加团体保险才设立的团体

natural loss 自然损失 △ 因自然灾害造成的财产损失

natural obligation 自然义务 △ 表示根据自然法或根据自然正义和自然平衡而产生的义务

natural person 自然人 △ 那些有生命的法律上的人格者,有别于作为法人的法律上的人格者(例如公司)

natural premium 自然保费 △ 是以人的每一年龄及一年期间的死亡率为基础所制定的各年龄的保险费

nature of business 商业性质;营业性质 △机构的所有制

navigation (Nav., navig.) 航行;航海

navigation clause 航海条款 △ 船舶保险单中的一个条款

navigation risk insurance 航行风险保险 △ 船舶航行途中的风险保险

near months 近月份

necessaries 生活必需品 △ 法律上认为维持生活所必需的东西

negative cash flow 负现金流动 △ 生产产品的现金支出超过现金收入

negative film syndicate 底片保险集团 △ 一个为专业电影底片提供保险的保险组织

negative reserve 负值责任准备金 △ 就年缴费的寿险保单而言,保险年度初的责任准备金若不足自然保费时,年末就产生负值的提存金额

negligence 过失;疏忽 △未能依法律要求对其他人给予应有的注意,使他人受到伤害

negligence concurrent 共同过失 △ 两人或两人以上其独立的行为引起的同一事故对第三者造成伤害的过失

negligence liability insurance policy 过失责任险保单 △ 一种责任保险保障

negligent 过失的 △ 未能像一个正常的人那样作为或不作为

negligent manufacture 过失制造 △ 在产品责任保险诉讼案中,对厂商的一种控告。制造商对他们的产品负有责任

negotiability 流通性;可转让性;流通能力

negotiable 1.(票据、证券等)可转让的;可流通的 2.可谈判的;可协商的

negotiable bill 流通票据;可转让票据

negotiable certificate of deposit (NCD) 可转让存款证;流通存单 △商业银行根据美国联邦储备条例签发的单据,上面列明到期(一般为一年)时规定的利润(贴现)或利率

negotiable instrument 可转让票据;流通证券 △要求付款的书面通知或承担付款的书面承诺,如支票、汇票、股票单等,通过背书或其他方式转让给他人,由受让人得到收取票据载明的金额的权利。这种票据叫做可转让票据或流通证券

negotiable letter of credit 可转让信用证

Negotiable Order of Withdrawal (NOW a/c) 可转让支付命令账户

negotiate 1.谈判;协商;磋商 2.转让;兑现(票据等);流通;议付

negotiated amount 议付金额 △ 银行所买出口商单据的金额

negotiated deposit 协议存款 △ 当余额超过一特定数额时可提高利率的存款账户

negotiating bank 议付行

negotiation of documentary bills 议付跟单票据 △ 出口商的银行买入其出口单据并立即支付货款然后再向外收汇

negotiation under documentary credit 出

口信用证押汇 △ 卖方凭买方银行开来的信用证将货物发运后，按信用证要求制作单据并提交其往来银行要求议付，即以出口单据为抵押，要求银行提供在途资金融资，此种融资方式称押汇

neither agree nor disagree 不置可否 △ 企业绩效打分

nemo tenetur ad impossibie 不能要求任何人做不可能做的事

neon and electric signs floater 霓虹灯和电动招牌保险 △ 一种在商业财产保险单上加批，以一切险为基础的保险保障

net asset 资产净额 △ 企业或个人的全部资产减去其全部负债后的余额，即为资产(财产)净值或净值

net assets multiplication rate (NAMR) 净资产倍增率

net asset value 资产净值

net capital (N.C.) 净资本

net cash flow 现金净流量；净周转及扩充用现金 △公司纳税及分配股利后剩余的利润(即留存盈利)与折旧费之和，作为周转资本和扩大生产之用的现金总额

net cash value 退还金 △ 因保单的贷款和分红作了调整后，保单持有人可得到的解约退还金的净退还金

net cost 纯成本；净成本 △通常指相互保险从所收取的保险费中扣除向保单持有人支付的保单分红后的实际成本

net earnings 净盈余；净利润 △减去经营费用、维持费用、应收未收收入及税收后的营运收入，但未扣除财务费用、折旧和退休准备金部分

net errors and omissions 差错和遗漏净值 △ 是国际收支平衡表中的平衡项目之一

net exposure 净暴露；净敞口 △银行在某一特定时间，对某一通货买卖的净风险，即指超买(多头)头寸，或超卖(空头)头寸

net gain (N.G.) 净收益

net gain from operation 营业净利 △ 扣除发给保单所有人的分红后，保险公司财务报表上所显示的一笔金额，其中不包括资本收益和损失。这一金额通常是在扣除责任准备金中超过法定要求提存的部分后的所得。这一扣除部分可以视为盈余费用，而不是营业费用

net gain on exchange 汇总纯益

net income 净利 △ 从总收入中减去所有的营业费用、维持费用、税款及赔款后的余额

net income ratio 净收益率

net increase 净增加 △ 在人身保险中，指新的业务合同加上恢复效力的旧合同，减去失效的合同和解约合同

net interest earned 净投资利息所得 △ 保险公司在扣除投资费用(但不包括政府要求缴纳的所得税)后，其投资的平均利息所得

net investment income 投资净收益

net investment returns 投资净收益

netizen 网民

net line 净自留额 △ 扣除所有分保业务后，保险公司对个别风险自留的责任

net line limit 净自留额度 △ 保险公司对某一特殊风险承担的最大责任额

net loss (N.L.) 净损失；纯损；净损 △ 原保险公司在扣除摊回的再保险赔款、救助费及代位追偿所得款项后，自己实际必须承担的损失额

net lump-sum distribution 一次净给付额 △ 在一项合格的退休计划中，调整课税后的总给付金减去调整课税后的最低扣除额

net operating income 净营业收入

net payment cost index 净付成本指数 △ 计算寿险保单成本的一种方法，如果保单到被保险人死亡时才终止，计算时应包括先前的利息

net policy proceeds 保单净收益 △ 扣除过期未付的保费和未还的保单贷款及利息后的收入

net position 净头寸 △ 超卖(空头)和超买(多头)冲销后，得出的净值

net position risk 净头寸风险 △ 银行买入或卖出外汇时,未能轧平其头寸所产生的风险

net premium earned 净赚保费 △ 净赚保费是"分期所得"或分散在整个保单有效期间所得保费

net premium rate 净保费费率 △ 依一定时期内发生的损失概率计算出的赔款额与保险金额的比率,未加费用率

net premium written 净收保费 △ 一公司自留的保险费,其中包括已收的直接保费,加上接受的再保险费,减去分出的保费

net present value (NPV) 净现值

net proceeds (net.p.) (扣除费用后)净收货款;净收入

net profit 纯利;纯益;净盈利;净利润 △企业在一定时期内所盈利,扣除一切开支、税捐及损失等的余额,即为净盈利

net rate 净费率 △ 在分红保险中,从支付的全部保费中扣除红利后,保单持有人支付保费的实际费率

net realizable amount 可实现净额

net rentable area 净可出租部分 △ 建筑物实际所出租的面积,走廊、前厅、楼梯、电梯升降机井、维修室等不包括在内

net single premium 纯趸缴保费 △ 保险保障的纯成本,或保障保单项下将来索赔(不包括各种费用)的目前价值的保费,由投保人在投保时一次缴清

net spendable 纯收入 △ 从收入中扣除营业费用、本金和利息及所得税后留存的现金

net surplus 净盈余 △ 扣除所有营业费用、税款、利息及红利后留在企业的收入

netting 净额交易 △ 某企业对某一通货有双向流动而只以其净额交易。如某公司在一定期间内将流入 500 万美元,流出 200 万美元,该公司只可卖出 300 万美元

netting agreement 净额交易协议

netting transaction 净额交易

net underwriting profit 净承保利润 △ 承保收益减去保单持有人的红利

net weight (n.wt.) 净重 △ 货物本身的实际重量

net working capital 净营运资金 △ 净营运资金等于流动资产减去流动负债

net worth 净值 △ 总资产减去负债后的数额

net yield 净收益 △ 总收益中扣除所有费用(包括业务费用及各项赔款准备金)后的余额

neutral 中立 △ 既不参与也不偏袒任何一方

neutural documents 中性单据 △ 进口商为便于转让单据出售货物,又不让人知道原始供货人,要求在单据上不注明出口商名称,这种单据称中性单据

new agent 实习业务员 △ 新录用的业务员

new business commission 新合同佣金 △ 寿险业务员因招揽新合同而获得的报酬

new business commission register 新合同佣金手册 △ 一些保险公司向代理人印发的手册,上面记载着与代理人佣金有关的交易事项

new for old 新换旧 △ 水险用语。指船舶修理时,用新的零件或装备代替灭失或损毁的旧品

new highs 最高价格;新高;新升价股票 △ 有价证券在其上市以后所达到的最高价格

(The) New Icc Standard Documentary Credit Forms 最新国际商会标准跟单信用证格式 △ UCP 500 (1994 年)目前世界各国银行基本都采用本格式(416 格式)

new insurance ratio 新合同率 △ 新合同保额/年初有效合同保额 = 新合同率

New Jason Clause 纽杰逊条款 △ 船舶发生共同海损,不论原因如何,托运人或受货人等利益关系人,均须负担船舶共同海损的责任

New Jersey method 新泽西制 △ 美国人寿保险修正责任准备金提存方式之一

new lows 新降价格股票;新低 △ 价格降到新低水平的股票

newly industrialized country (NIC) 新兴工业化国家

new money interest rate 新投资资金收益率 △ 见 investment year method of dividend calculation

new money policy 更新费率保单 △ 一种寿险保单。这种保单的保险费定期修改,以反映修改当时和预计的利率

new policy option 新购保单选择权 △ 一种在特定保障结束时,不论被保险人健康状况如何或从事什么职业,都可购买额外保险的选择权

newspaper policy 新闻保单 △ 只限于对意外事故的保障,通常是在订阅报纸的同时投保这种保险

New York Board of Fire Underwriters 纽约火险承保人委员会

New York Insurance Code 纽约保险法 △ 是纽约保险监管的法律,也是美国其他地方保险监管的范例

New York Insurance Exchange 纽约保险交易所

New York Interbank Offered Rate (NIBOR) 纽约银行同业拆放利率

New York interest 纽约式利息计算法 △ 一种以每月实际天数计算利息的方法

New York Standard Fire Policy 纽约标准火险保单 △ 1918 年签订的第一个火险合同,为今天的个人和商业财产保险奠定了合同基础

New York Stock Exchange (NYSE) 纽约股票交易所

next of kin 近系亲属 △ 与某人有最亲近关系的人。在法律认定时,指那些有血缘关系的人

NFC Mortality Table 美国友爱会保险死亡表 △ 全名为"National Fraternal Congress Table of Mortality"。在 1898 年为了使友爱保险有更好的死亡经验和失效经验而制作的死亡表

niche 壁龛 △ 某公司已具有很大市场份额的特别产品。通常,这种产品的市场相当小,不会引起太激烈的竞争

Nicholas Barbon 尼古拉斯·巴蓬 △ 英国 17 世纪末的一名牙医。1666 年伦敦大火后第二年,巴蓬在伦敦开办了房屋火灾保险

NIKKEI index of the stock 日经指数;日道

Nikko 日兴证券

nil 零;无 △ = nothing

nisi 除非 △ 规定有除非条件的判决、规则或命令不即刻生效,除非当事人未能在规定的时间内到庭或提出说明该项判决、规则或命令不应生效的理由

no acceptance (NA) 拒绝承兑

no advice (NA) 不正式通知

no amount policy 无保额保险单 △ 也称实际现金价值保险单。保险合同上无确定的保险金额,保险事故发生时支付受损标的的实际现金价值

no charges (N.C.) 免收费用

no date (N.D., n.d.) 无日期;未注明(支付)日期

no-fault automobile insurance 无过失汽车保险 △ 对汽车意外事故受害者提供赔偿,而无需证明任何一方过失的一种保险

no-fault liability 无过错责任 △ 无过错责任是加拿大某些省及美国某些州车辆保险业所奉行的原则

nolle prosequi 撤诉 △ 在民事诉讼中,原告人停止全部或部分诉讼,或者仅撤回对特定被告人进行诉讼的行为

nomenclature right 命名权

nominal 1. 名义上的;有名无实的 2. (金额)微不足道的

nominal account 名义账户;虚账户 △"实账户"的对称。据以计算损益并编制损益表的各类账户

nominal damages 象征性损害赔偿金 △ 法院判给原告的损害赔偿金,金额很少,仅为象征性的

nominal rate of discount 名义贴现率 △

根据现时贴现额换算出的年贴现率

nominated bank 指定银行 △ 每个信用证规定指定银行,便于受益人对货物、单据的抵押和会计作出处理,即明确受益人与银行的关系。指定银行通常是保兑行、付款行、承兑行或议付行

nominator 提名者;推荐者 △在保险中,指提供准保户名单或增员对象名单的人

nominator's clause 保费免缴条款 △ 见 payor insurance

non-acceptance 拒绝承兑

non-accrual loan 非应计贷款;停息贷款;非应计项目

non-active account 不活动账户;休眠账户

nonadmitted assets 非认可资产 △ 在保险中,根据有关保险法律或法规不予认可的保险公司的那部分资产

nonadmitted carrier 未登记营业人 △ 未登记获准营业的保险人在一定的管辖区内办理保险

nonadmitted company 未登记营业公司

nonadmitted reinsurance 非认可再保险 △ 再保险人没有在分出公司的管辖区内登记营业因此在公司的年报上没有登载的再保险业务

non-age 不到法定年龄 △ 人在未达到法定年龄或在成年以下那段时期

nonamortizable assets 不可摊销资产

non-assessable insurance 不追征保费保险 △ 被保险人除了支付保险费外,无需支付其他额外费的保险

non-assessable mutual 不追征保费公司 △ 一种保险公司,其公司经营许可证和公司章程都规定不对保单持有人追征保费

non-assessable policy 不追征保费保险单 △ 保单持有人的责任只限于支付保险费,不再承担额外征税的保险单

non-assignable policy 不可转让保险单 △ 保单所有人不能将保单转让给第三人,尤其是财产和责任保险,其保单更是不可转让的

non-business 1.营业外(收入);非营业性(收入) 2.营业外(支出);非营业性(支出)

non-business day 非营业日

non-business expenditure 非业务性支出

non-business hour 非营业时间

non-business time 非营业时间

non-cancelable disability insurance 不可解除残疾保险 △ 在残疾保险中,被保险人可以选择继续该保险至一特定年龄

non-cancellable 不可解除(保险) △ 某些保单中的一项规定,即不管是保单持有人还是保险人在保险期内都不能解除保险合同

non-cancellable contract 不可解除合同 △ 只要按照规定缴纳保险费,被保险人有权要求该保险继续有效达一段相当的时间

non-cancellable guaranteed renewable policy 不可解除保证续保保险 △ 一种个人健康保险

non-cancellable health insurance policy 不可解除健康保险单 △ 被保险人不能改变或提高保险费,保险人必须给予续保直到被保险人达到一特定年龄的保险单,但须按期缴纳保费

non-cancellable policy 不可解除保单 △ 不能终止的保险单

non-capital tax loss carry forwards 非资本税亏损转结

non-commercial insurance 非营利保险 △ 保险经营的根本动机不是追求利润,而以投保人或保险团体的利益为首要任务的自治性保险

non-commission income 非佣金收入

noncompliance 违约行为;不履行;不合规;不遵守

noncompliance letter of credit 不保兑信用证

non-compliant 违规人员

non-compliant operation 违规经营;违法经营

non compos mentis 身心不健全 △ 心智或精神不健全或不正常

non-concurrency 不一致保险 △ 同 non-concurrent insurance

non-concurrent apportionment rules 不同时分摊规则 △ 发生财产责任重复保险保障时,使用的一种决定赔款的标准

non-concurrent insurance 不一致保险 △ 同一保险标的,有不同条件内容的两张以上的保险单

non-conditional endorsement 无条件背书 △ 记名支票经背书后即可转让给被背书人

non-confining sickness 非卧床疾病 △ 被保险人虽未住院治疗,但因病失去工作能力

non-contentious form 非诉讼方式

non-continuing expense 非持续费用 △ 企业一旦停产或停业无需支付的费用项目,如直接人工成本

non-contribution mortagage clause 不分摊抵押条款 △ 标准火险保单的批单,保障抵押贷款人的利息不用作分摊费用的条款

non-contributory insurance 非醵出型保险 △ 一种团体险或年金保险计划,与醵出型保险不同,所有保费均由雇主一人承担

non-contributory plan 非分摊制 △ 在团体人寿保险中,由雇主负担全部保险费的制度

non-contributory retirement plan 非醵出型退休计划 △ 由雇主负担全部保险费或基金的员工退休给付计划

non-controlling interest 非控股权益

non-convertible bond 不能兑换的公债

non-convertible term insurance 不可转换定期保险 △ 不可转换成长期保险的定期保险

non-core customer 非核心客户

non-core deposit 非核心存款

non culpability 无过错;无过失

non-cumulative first preferred shares 非累计第一优先股

non-cumulative revolving credit 非积累循环信用证

non-current accounts 非经常项目

non-deductible 1.不可扣除 △ 税赋的计算上不可扣除的项目或金额 2.无免赔额

non-disabling injury 非残疾性伤害 △ 被保险人所受的伤害,其程度尚不够领取合同中规定的全部或部分残疾给付金

non-disturbance agreement 不干扰协议 △ 允许承租人根据租约继续占用,不受任何取消(抵押人)的抵押品赎回权的影响

non-duplication of payments 不重复支付 △ 一些健康保险单中的一项规定,即由其他保险公司支付过的给付金额或依法不负责给付的金额不重复支付

non-earned income 非劳动所得 △ 不是从工作岗位上劳动所得的收入,比如投资回报

non-earning assets 非收益资产 △ 不产生收益或利息的资产

non-fault insurance 无过失保险责任

nonfeasance 不履行义务 △ 某人忽略或未做他应该做的事情,特别是指某人未履行其义务,致使某个人受到特殊或特定的损害

non-forfeit ability 不丧失权 △ 现金价值保险单中的一项规定,即被保险人仍将得到某些形式的纯资产,即使其保险已经取消

non-forfeiture benefit (option) 不丧失给付(选择) △ 在寿险保单中规定,不得剥夺被保险人的纯资产

non-forfeiture cash surrender benefit 不丧失解约退还金保险 △ 保单持有人在保单解约时应得到的寿险解约退还金保险中的给付金额,但应减去未还贷款及其利息

non-forfeiture extended term benefit 不丧失展期定期保险 △ 在带有解约返还金的寿险中,保单持有人有权要求在不再进一步缴纳保费的情况下,继续其有期限的足额保障,保单对这种期限列有一表

non-forfeiture provision 不丧失条款 △ 被保险人有权选择寿险保单中的不丧失价值

non-forfeiture reduced paid-up benefit 不作废减额缴清保险 △ 在带有解约金的寿险中，保单持有人有权选择较小额的足额缴清保险单

non-forfeiture value 不作废价值 △ 在寿险中，即使保单持有人停止缴费，也不会作废的人寿保险单上的价值或给付金

nonincome forecast method 非收入预测法

nonincome-producing asset 非创收型资产

non-insurable risk 不可保风险 △ 实际无法计算的风险，或损失机会相当大的风险

non-insurance risk 不可保风险 △ 同 non-insurable risk

non-insurance transfer 非保险转嫁 △ 风险承担者通过各种非保险的方式，将各种风险可能导致的损失转嫁给非保险业者承担

non-insured driver 未保险司机 △ 未参加责任保险的司机

non-insured plan 非保险型退休计划 △ 不是通过保险或其他年金合同给予保证的退休计划

non-interest income 非利息收入

non-ledger asset 未入账资产 △ 保险人当年度到期得到的资产，但尚未收到而未入账

non-life insurance 损害损险 △ 保险给付额按被保险人所受的损失而定的保险

non-liquid asset 非流动资产 △ 不能马上换成现金的资产

non-medical 无体检 △ 寿险中的医务部分术语

non-medical insurance 无体检保险 △ 仅凭要保人的声明和经手人的观察而省略体检的保险

non-medical life insurance 无体检人寿保险 △ 不要求投保人提交体检证明，以常规的方式办理的寿险

non-medical limit 无体检限制 △ 对不作体检的投保人在购买寿险保单时的限制

non-medical report 无体检报告书 △ 在不需要体检时，保险公司在签发保险单时要求投保人填写的有关被保险人健康状况的表格

non-monetary items 非货币性项目

nonnegotiable instrument 非流通单据；非流通证券

non-occupational disability 非职业残疾 △ 与工作无关的伤残或疾病引起的残疾

non-occupational policy 职业外疾病伤害保险

non-operating earnings 营业外收入；非营业收入

non-operating expense 营业外支出；非营业性支出

non-operating income 营业外收入；非营业收入 △一切与本身业务无关的收入。如贷款利息、出售不动产、对其他业务投资所得等等都属于非营业收入

non-operative account 不活动账户；休眠账户 △同 non-active account

non-owner automobile liability insurance 非车主汽车责任保险 △ 对保单持有人在驾驶他人的汽车或租来的汽车时而招致的责任提供保险保障

non-ownership aircraft liability insurance 非所有人飞机责任保险 △ 以单独的保单或作为商业综合责任保险单的批单对被保险人因非他们所属的飞机而承担的责任提供保险保障

non-ownership liability insurance 非所有人责任保险 △ 对雇主因其雇员为企业事务驾驶个人所有的汽车造成他人财产损失或人身伤害应承担的责任提供保障

non-participating common shares 非参与分配普通股

non-participating fund 无分红保险基金 △ 在兼卖分红保险的股份有限公司的公司资产中，无分红保险负债加无分红保险部分的盈余的和

non-participating fund ratio 无分红保险基金比率 △ 兼卖分红保险的股份寿险公司中,无分红保险基金对总基金的比例

non-participating life insurance 无分红人寿保险 △ 没有保单分红且不能参加公司盈余分配的一种人寿保险

non-participating policy 无分红寿险保单 △ 见 non-participating life insurance

non-participating preferred stock 不参加分红的优先股 △ 只限于分得本年的定额股利、不再参与剩余利润分配的一种优先股

non-participating stock company 无分红保险股份公司 △ 目前只出售无分红人寿保险的股份公司

non-payment 无力支付;拒付;停止支付

non-performing (NP) 非正常(类、户);不良的 △贷款分类

non-performing asset ratio (NPA ratio) 不良资产率 △ 不良资产与总资产的比率

non-performing assets (NPAs) 不良资产

non-performing loan ratio (NPL ratio) 不良贷款率 △ 不良贷款与总贷款的比率

non-performing loans (NPLs) 不良贷款 △ 借款人无力履行还本付息义务的贷款

non-policy underwriter 不签单代理人 △ 不代理保险人签发保险单的火险代理人,而只负责代转投保人的投保单,把业务转交给保险公司

non-proating policy 无削减给付保险 △ 无论被保险人是否改变其职业,保单中规定的给付金无削减地付给被保险人的一种保险

non-probate property 非查验遗产 △ 不能因死亡者遗嘱的指定或当地遗嘱法的规定而使所有权发生转换的财产,如共同租用的财产和人寿保险收益

non-profit corporation 非营利性公司 △ 为慈善、教育、人道等目的而组成的公司,不以营利为目的

non-profit insurance company 非营利性保险公司 △ 不是以营利为目的而组织成并营业的保险公司,主要提供健康保险

non-profit insurer 非营利性保险公司 △ 同 non-profit insurance company

non-proportional automatic reinsurance 非比例自动分保 △ 强制性分保合同

non-proportional facultative reinsurance 非比例临时分保 △ 保险人没有义务一定要分出,再保险人也没有义务一定要接受,以非比例方式办理的再保险

non-proportional reinsurance 非比例分保 △ 一种分保方式,包括巨灾超赔分保、赔付率超赔分保等

non-proprietary insurance 非营利保险 △ 其经营者通常为相互保险、相互保险社及保险合作社等

non-public sectors of the economy 非公有制经济

non-qualified deferred compensation plan 非合格递延补偿计划 △ 无意或原本就不符合 1954 年美国国内税收法规第 401 条 a 款规定的年金计划

non-qualified pension plan 非合格年金计划 △ 不符合美国国内税收法规第 401 条至 405 条规定的退休年金计划

non-recording chattel mortgage policy 未记录动产抵押保险 △ 一种保障贷款人因对作为贷款担保的抵押未作记录而蒙受损失的保险

non-recourse loan 无追索权贷款

non-recourse note 无追查权票据 △ 一种不给贷方(出借人)向借方追偿权的债务证券。贷方只能依靠财产作为偿还

non-recurring expense 非经常性费用 △ 一种不太可能重复发生的费用或损失

non-recurring items 非经常项目

non-refund annuity 非偿还性年金 △ 对年金购买人生存时提供固定的给付,但保单规定如果购买人死亡时,则不再提供任何给付

non-renewable contract 不可续保保险 △ 按特定的目的和期限达成的协议或保单，规定投保人无权选择续保的一种保险

non-renewal 不续保 △ 保险人对某一保单到期时，决定不再继续更新该保单称不续保，而不作取消称呼

non-renewal clause 不续保条款 △ 保单中一项条款，说明在特定情况下，保险人可以选择不再续保原保单

nonresident 非当地居民 △ 未取得当地长期居住证件的人

nonresident agent 非当地代理人 △ 在其居住地以外的地区登记开业的代理人

nonsmoker 非吸烟者 △ 保险人在办理健康保险或人寿保险时，对投保人需考虑的健康特征

non-state enterprises（NSEs） 民营企业 △ 非国有企业

non-stock corporation 非股份制公司 △ 非营利性公司的一种，其成员不持有股票，也不发行股票

non-subordinated indebtedness 非附属债务

non-taxable business 非应税业务

non-taxable income 非应税收入

non-taxable investment income 非应税投资收益

non-trade settlement 非贸易结算

non-traditional reinsurance 非传统再保险 △ 与传统的再保险不同，其风险转移额有较大的限制，限制形式根据有效的再保险保障采取合计金额或赔付率限制

non-transferable 不可转让 △ 保险合同中规定，保险给付不得作为履行某项义务或其他目的的保障，也不得作为贷款的抵押品而出售、转让、贴现或质押予保险人以外的任何其他人

non-transferable credit 不可转让信用证

non-underwriting member 非承保会员 △ 伦敦劳合社组织成员的一种，与承保会员具有相同权限，但不能签单承保业务

non-valued policy 不定值保险单 △ 依据保险合同，保险公司同意在保单限额范围内，对受损财产按受损时实际市场价值赔付

non-voting shares 非投票股 △ 也叫"A"类普通股

non-waiver agreement 审查权保留条款 △ 在保险合同中双方约定，保险公司对索赔进行调查和理算的过程并不意味保险公司同意承担责任

non-working spouse 无工作的配偶 △ 没有工作收入的丈夫或妻子

noon clause 正午条款 △ 保险合同的一部分，说明保险承保责任的开始时间

no payment（N/P） 拒付；无报酬

no right of withdrawal 无提取权 △ 放在退休计划中的钱，如果未到约定的时间(通常为退休时)不得提取

normal annuity form 正常年金保险 △ 一种以退休者到达正常退休年龄，在他生日那天办理退休和开始领取年金为条件的年金成本计算形式

normal business hour 正常业务时间

normal cost 当年度保费 △ 以均衡保费为基础的当年度保费

normal cost pension 正常退休金成本 △ 退休年金计划任何一个年度的营运和维护的正常成本

normal date retirement 正常退休

normal loss expectancy 正常损失预期值 △ 某一危险在正常情况下预计可能遭受的最大损失

normal retirement age 正常退休年龄 △ 雇员到达一定的年龄并为雇主服务达一定的年限后，可领取全额年金给付的最低年龄

normal retirement benefit 正常退休给付 △ 雇员提前退休能领取的较高的给付，或在正常退休年龄时退休可领取的给付金

normal value 正常价格

norm of conduct 行为准则 △ 处理事务的规则。同 code of conduct; rules of procedure

(The) North American Free Trade Agreement (NAFTA) 北美自由贸易协定

nostro account 往户;我方账户 △经营外汇业务的银行在国外联行或代理行中拥有的所在国货币的存款,叫做我方账户

nostro account depository agency 往账代理行

nostro account depository correspondent 往账代理行

nostro deposit 我方存款 △ 即经营外汇业务的银行在国外联行或代理行中拥有的所在国货币的存款

nota bene (N.B., n.b.) 注意 △ = take notice

not applicable (NA, n.a.) 不适用

notarial deed 公证书

notarial record 公证记录 △ 通常指公证人在履行公证时,对有关事宜所作的记录

notary 公证人 △ 经授权对民事权利义务关系作出证明的人

notary public 公证人 △ 简称 notary。受权作证的人员,如证明契约的订立,或录证某人的证言,或见证其他法律事项等

not available (NA, n.a.) 无法获得;暂缺;无现货;无供应;得不到

note 票据 △ 本票和支票的简称

note after sight 见票后付款的期票

note issuance facility (NIF) 票据发行便利

not elsewhere specified (NES) 不另详述

note on demand 即付票据;见票即付的本票

note payable 应付票据

notes to financial statements 财务报表附注

not-for-profit corporation 非营利公司 △ 同 non-profit corporation

notice of a call 催款通知;催交股款通知书 △同 reminder, tracer

notice of cancellation clause 注销通知条款 △ 保单中的一项规定,允许被保险人注销保险单并可收回多缴的超过习惯上使用的短期费率部分的保险费

notice of claim provision 索赔通知条款 △ 健康保险中一约束性条款,规定保单持有人必须在损失发生后 12 天内,或尽可能在合理的时间内,向保险公司提交书面索赔通知

notice of dishonour 拒付通知;拒绝承兑通知 △公证人在出具拒付证书的同时,对支票、汇票或期票的背书人所发出的通知

notice of expiration 满期通知;过期通知 △同 expiration notice

notice of loss 损失通知 △ 标准的财产/意外险保单条款的一部分,要求索赔人在保险事故发生后立即以书面形式通知保险公司

notice to company 事故发生通知 △ 见 notice of loss

notice to quit 退房通知 △ 房东向房客发出的通知,要求他按通知书上规定的时间退出所租借房屋

notifying bank 通知银行 △ 同 advising bank

not included elsewhere (NIE, n.i.e.) 别处未包括

not meaningful (NM, nm) 无意义;可忽略不计

not sufficient fund (NSF, N.S.F.) 银行存款不足 △ 银行退票的理由之一

not to insure clause 不得受益条款 △ 海上货物保险各类条款中规定保险货物承运人或其他受托人不得享有该保险的权益的条款

no value 无价值 △ 不能请求给付且没有剩余货币价值的保单

novation 合同变更 △ 在所有当事人的同意下,用一个新合同取代一个现有合同的行为

NPL-backed bonds 不良贷款抵押债券

NPL disposal 不良贷款处置

NPL market 不良贷款交易市场 △ 买卖不良贷款的市场

NPL transaction 不良贷款交易 △ 银行处置不良贷款

nuclear energy liability insurance 核能责任保险 △ 对被保险人在其营业场所或运输途中的核材料引起的人身伤害或财产损害应承担的责任提供保障的一种保险

nuclear reaction exclusion 核反应堆除外条款 △ 在绝大部分财产险保单中都有此条款,对核反应或放射性污染造成的损失予以除外,但对上述风险引起的火灾予以保障

Nuclear Regulatory Commission 核管理委员会(美)

nude cargo 裸装货 △ 不加包装的货物

nuisance 妨害行为 △ 这是一个并无十分确切含义的法律术语。妨害行为主要有排放污水或有害的烟气、制造噪音、震动、污染,对他人健康和舒适进行不合理的伤害等

null and void 无效 △ 没有法律上的或约束性的效力

nullity 无法律意义;无法律效力

number (No.) 数字;号码

number of days overdue 逾期天数

number of living 生存数 △ 同年度出生人数在以后每年度生存的生命函数

number surviving 生存数 △ 同 number of living

numerical rating method 分数审查法 △ 19世纪末由纽约人寿保险公司亨特和罗杰两人创设的对身体健康状况的审查评价方法

numerical rating system 数值附加保费制度 △ 一种根据某些人口统计因素和这些因素的轻重,对寿险投保人分类时使用的核保方法

nurse fees 护理费 △ 见 nursing expense provision

nurse home provision 疗养院条款 △ 健康保险单中的一个条款。规定如果被保险人需在疗养院疗养时,保险公司将提供一定额度的给付金

nursing expense provision 疗养院保险 △ 主要对老年公民提供的一种医疗费用健康保险,保障他们在住所或康复疗养院里的护理照顾

nursing home professional liability policy 疗养院职业责任保险 △ 一种保障疗养院因其员工的疏忽引起的伤害索赔所承担的责任保险

O o

obesity 肥胖体 △ 肥胖体者死亡率高,寿险公司把人的体格视为基本的危险因素,在计算死亡指数时,把体格的死亡指数作为基数,然后加减其他因素

obiter dictum 附带意见 △ 法官对某些尚未作出直接判决的法律问题所作的陈述意见

object classification 按性质分类 △ 会计科目按不同性质或用途分类。一般分为资产、负债、资本三大类,每类又按不同性质划分账户

objection 拒绝

objection in the interview 拒绝投保

objection to the interview 拒绝来访

objective-attaining responsible system 目标责任制

objective-management responsibility system 目标管理责任制

objective risk 宏观危险 △ 从可能发生的损失相应变化成实际存在的损失

obligation 1.债务;契约;证书 2.义务;职责;责任

obligation (asset) at transition 转换负债(资产)

obligation of compensation for loss 赔偿损失的义务

obligation to pay claim 义务理赔 △ 责任保险单上的一个条款。它规定保险公司依法有义务在保单限额内,代表被保险人支付其依法应承担的理赔和诉讼费用

obligatory reinsurance 义务再保险 △ 负有再保之义务的再保险。最常见的是由双方订立合约,订明方法、范围、层次、比率等的合约再保险

obligatory treaty 固定分保合同 △ 见 reinsurance treaty

obligee 债权人;权利人 △受保证保险保障的公司或人,类似保险单项下的被保险人

obligor 债务人;义务人 △对他人负有法律义务的人

obsolescence 过时;贬值 △因技术进步及社会习俗的变化引起的财产价值的下降

occupancy 占用性质 △ 占用性质对财产的实际占有和使用的形式和特性

occupancy and fire rate 占用性质和火险费率 △ 建筑物的使用和它着火的可能性之间的直接联系

occupancy expense 占用费用

occupational accident 职业意外事故 △ 在某人受雇期间,因从事雇佣的工作或与之有关的危险引起的意外事故

occupational classification 职业分类 △ 各种职业的危险性不同,职业分类的作用是把危险特性、程度相近的职业归为一类,并按危险等级进行再分类,作为核保和选择费率的标准

occupational disease 职业病 △ 某人在受雇期间,长期在不良的或有危险的工作环境下工作而生的疾病

occupational hazard 职业危险 △ 工作环境存在着使工人死亡、患病、伤残的可能性大增的危险因素

occupational injury 职业伤害 △ 因受雇或在受雇期间的职业关系而导致的伤害

occupational manual 职业分类手册 △ 载有各种职业类别并按其危险程度分类的手册

occupational policy 职业保险 △ 一种保险计划,保险被保险人因失业或职业意外事故或职业病所导致的损失

Occupational Safety and Health Act 1970 (OSHA) 1970 年劳动安全卫生法 △ 美国联邦法规。对工作场所的安全和卫生规定了统一的标准,并对不合格者

予以惩罚

occupational sickness 职业病 △ 同 occupational disease

occupation of funds 占用资金

occupied rate of current capital 流动资金占用率

occurrence 事件 △ 造成体伤或财损的意外事件。这是责任保险单中常有的一个条款

occurrence basis 以发生为基础 △ 责任保险的一个条款。规定致害事故只要发生在保单有效期间,不管受害者何时正式提出索赔,保单均予以赔偿

occurrence form 事故发生式保单

occurrence/injury theory 事故发生伤害理论 △ 这种观点认为,意外事故或人身伤害发生在责任保单有效期间,保险人就应对索赔做出赔偿

occurrence limit 事故赔偿限额 △ 保险公司在责任保险单项下必须向该保单保障的所有事故受害求偿者支付的最高赔偿限额

ocean marine cargo insurance (war risks) 远洋运输保险附加战争风险 △ 承保远洋运输货物因标准的海上运输保险单不予保障的战争引起的责任风险

ocean marine exposure 远洋运输危险 △ 与海上运输有关的可能造成损失的危险,包括船舶损失或毁坏、货物损失或毁坏,对其他人的人身伤害及财产损失或毁坏应承担的责任

ocean marine insurance 远洋运输保险 △ 承保因发生保险事故造成航行于海上的船舶、货物损失或毁坏或运费损失的一种保险

ocean marine protection and indemnity insurance 海上运输保赔保险 △ 承保标准的海上运输保险单除外的人身伤害和财产损害责任

odd lot 零份 △ 少于正常交易单位的证券交易。股票交易中,购买或出售少于100股的股票交易视作零份交易,而交易不活跃的股票通常以10股为一整份

odds 几率 △ 根据统计原理计算的一事故发生的可能次数。

off balance sheet 表外账款;不列入资产负债表的账款 △不需要表现在资产负债表上的一种借款,如租赁固定资产

off-balance-sheet activities (OBSA) 表外业务

off-balance-sheet assets 资产表外资产

off-balance-sheet financing 资产负债表外的资金融通 △ 使公司有机会得到必须设备的使用权,而不改变其债务情况的资金融通

off-balance-sheet liabilities 资产表外负债 △ 不在资产负债表上反映负债(借款)。比如租赁一项固定资产,不涉及资本投资,不能算作借款

offence 违法行为 △ 该词无确定的或技术上的意义,仅表明一种违背行为

offender 违规人员

offer 1.要约 △ 一方当事人向另一方表示要订立合同的意思。在保险合同中,则指一方当事人提出要保申请 2.发盘;发价;要价

offer and acceptance 要约与承诺 △ 在人身保险合同中,投保人通过在投保单上签名并提交体检证明和预交第一期保费,视为作出"要约"。保险公司则通过签发保险单作出"承诺"

offer bonds 发股;发债

offeree 受约者 △ 接受合同的一方

offerer 要约人

offer price 卖价

offer shares 发股;发债

offer stocks 发股;发债

office burglary and robbery policy 办公室盗窃抢劫保险 △ 这是一种保障内容比较宽的保险

office contents special form 办公财产特别保险 △ 承保办公器具、办公家具、办公用品和办公设备的一切风险

office personal property form 办公室个人财产保险 △ 很多承保办公设备的商业财产保险单上都有办公室个人财产保险的批单,保障内容包括一切设备

(不管是否属被保险人所有),被保险人对办公室所做的装修(如果已出租)及贵重文件(如手稿等)

office policy 办公室保险单 △ 是特种风险保单的一部分,对办公楼所有人或经营人提供多种保险保障

office premium 营业保费 △ 要保人所付的保险费由纯保费和附加保费构成,因营业费用支出而向客户收取的保费称为营业保费

officers and directors liability insurance 高级职员和董事责任保险 △ 责任保险的一种

officers protective marine insurance 乘客水手保险 △ 一种对船上的船员和乘客的个人财产提供一切险保障的保险

office visit 门诊 △ 由诊所提供的服务

official agreement 正式协议

official assignees 指定受托人 △ 根据英国1869年以前的破产制度,由大法官从商人或会计师中指定的作为破产人财产的受托人并与破产人的债权人所选出来的受托人共同工作的人

official bonds 公务员保证保险

official documents 官方单据;官方文件;正式文件

official exchange rate 法定汇率

official invoice 正式发票

official rate of exchange 法定汇率;官方汇率 △由一国政府以法定的黄金平价为依据,并根据本国外汇贸易政策,参照国际行情而确定的外汇牌价

official reply 批复 △ 上级机关对下级机关、企业报告、申请的正式书面答复

off premises clause 搬移条款 △一种保险财产在保单所载地址以外的地方受损提供保险保障的附加条款

offset 抵补贸易

offset approach 相抵方式 △ 一种将雇员的社会保险或其他退休给付金与其应得的年金合在一起计算的相抵方式

offset one's position 抵仓 △ 资金、股票、证券交易用语

offset pension formula 相抵年金公式 △ 一种年金计算公式

offset reserve 冲账准备 △ 用于冲销错账、坏账的提留

offset transaction 抵偿贸易 △ 属对销贸易(counter trade)的一种。当一方将货物出售给对方时,必须同时承诺协助或安排销售对方商品的贸易方式

offshore banking 离岸银行业务 △ 以非居民为主要业务对象,不受所在国内银行法规约束的国际银行业务,亦称欧洲货币市场业务

off-the-book items 账外项目 △ 同 off-balance-sheet activities

Ohio method 俄亥俄制 △ 美国的修正初年定期制责任准备金提存方式之一,为俄亥俄州采用的特定方式

old age and survivors insurance 老年及遗属保险 △ 美国社会保障制度下的退休给付和遗属给付金

old age benefit for spouse of worker 劳工配偶老年给付 △ 美国社会保障制度下,领有老年给付金的配偶(夫或妻)可领取的一种月生活给付金

old age security 老年保障制度 △ 加拿大的一种老年保障制度,相当于美国的社会保险

old age, survivors, and disability insurance 老年、遗属及残疾保险 △ 根据美国1935年的社会保障法制定的一种美国联邦社会保险

old cost 原始成本

older age policy 老年医疗保险 △ 一种以65岁以上的老人为对象的医疗保险,是对政府医疗保险制度的补充

old line 传统的人寿保险 △ 泛指以法定责任准备金为基础的非友爱社性质的保险公司

old line company 传统的人寿保险公司 △ 以均衡保费为基础,以法律规定留存责任准备金而推销保险商品的人寿保险公司

old line legal reserve 传统的人寿保险法定责任准备金 △ 以法定责任准备金制度为基础的商业人寿保险公司

old line life 传统的人寿保险

omissions clause 不作为条款 △ 固定分保合同中的一项规定

omnibus clause 其他驾驶人条款 △ 个人汽车保险单上的一个条款，即将汽车责任保险的被保险人扩及经被保险人允许而驾车的人

omnibus risk 综合性危险 △ 多用途的建筑物危险

omni-directional 全方位的

omni-oriented 全方位的

on account (On a/c) 赊账；记账

on a day to day basis 按日计算

on a fully service basis 完全付清方式

on an as-needed basis 按需要；根据需要 △ = when it is needed; when necessary

on an average 按平均计算

on an estimate basis 在预估基础上 △ 根据预估结果

on a per share basis 按每股基准衡量

on a proforma basis 在预估基础上

on-balance-sheet assets 资产表内资产 △ 在资产负债表内反映的资产

on-balance-shhet liabilities 资产表内负债

on demand 即期

onerous service 有偿服务

one side agency arrangement 单方委托代理

1/24th system 二十四分之一法；1/24 法 △计算未满期保费的方法之一

one-year dividend option 一年期分红选择权 △ 见 fifth dividend option

10P evaluation factors 10P 评估因素 △ (1)Profit 利润 (2)People 人员 (3) Personality 品格 (4) Physical distribution 物质分配 (5) Portfolio 资产组合 (6) Products 产品 (7)Process 处理程序 (8) Property 资产

on-lending 贷出；转借；转贷 △ 从放款人获得贷款后再转贷给借款人。特别是一国中央银行获得世行、亚行等国际组织的贷款后，再分配商业银行转贷给企业

on one-payment basis 一次付讫方式

on the equity basis 按权益基准

on the year-on-year basis 上年同比

on time 准时；按时

on trade account 贸易(收支)差额账户

onus of proof 举证责任 △ 是证据法中的一个极为重要的问题

onward lending 转借；转贷

open access 开放选择 △ 人身保险用语。投保人可自由选择其他特约医疗服务机构的权利

open account trade 赊账贸易；记账贸易

open cargo form 货物预约保险

open certificate 预约保险凭证 △ 一种保险单。此种保险单项下的费率和规定可以变化

open competition law 公开竞争法 △ 美国州保险费率立法。根据此法，每个财产(意外)险保险人可选择使用费率局制定的费率或自已制定的费率

open contract 预约保险合同 △ 一种保险合同，主要是友爱会保险人使用

open cover 预约保险；预约保单 △主要适用于货物运输保险和再保险

open credit 开证；开立信用证

open credit by airmail 书信开证

open credit by cable 电报开证

open debit 直接缴费 △ 保费的缴纳无须通过代理人或业务员，而采用直接缴费的方法

open-end 1.开放的 △ 发行不限量、随时可兑换现金的股票等 2.(借款)不受限制的 3.不受时间限制的

open-end fund 开放基金

open-end issue bond 不定额公司债 △ 公司提供抵押品，发行抵押公司债，发行公司规定不得再发行第一抵押公司债的，叫做定额公司债；可以继续发行的，叫做不定额公司债

open-end policy 永续保险单 △ 未载明到期日，而其效力持续到当事人一方主张解除时为止的保险单

open-end question 引人畅谈的问题 △ 在保险商品销售的面谈中，业务员的谈

话技巧

open enrollment period 公开登记期 △ 投保人选择不同保险计划的期间

opening balance 期初结余 △ 每个会计期间如一年、一月初的上结余额

opening bank 开证行 △ 进口方银行为进口商开立的信用证

opening of tender 开标

opening retained earnings 期初留存收益

opening session 开盘 △ 股票、证券交易所营业日开始交易

open insurance 预约保险 △ 见 floating insurance

open letter of credit 开证;开立信用证

open outcry 公开竞价

open panel 开放式健康保险 △ 同 open access

open policy (O.P.) 预定保险单;开口保险单;预约保险单 △ 是海上和内河运输保险合同中常使用的一种保险单,承保货物在运输途中的损失风险

open position 敞口头寸;未结清期货合同 △在商品、证券交易所已买进或卖出,期货合同尚未抛出或补进予以冲销,叫做"未结清期货合同"

open stock 摆列商品险 △ 在橱窗陈列、展出或货架上的商品被盗风险的保险

open tender 公开招标

operate in violation of laws and regulations 违规经营;违法经营

operating budget 营业预算 △ 对一个特定的时间里所有的营业收入和支出所做的详细预测

operating costs as x% of turnover 经营成本占营业额的比例

operating cycle 现金循环 △ 由现金购买材料到制成产品出售后收取账款所构成的现金循环

operating ratio 经营差异率 △ 预算或实际经营开支加上赋税和实际总收入之间的比例关系

operating results 经营成果

operation 经营 △ 在保险领域,保险公司或代理人在本身的经营范围内所从事的正常活动

operational achievements 经营成果

operational risk 经营风险

operation and management 经营管理

operation of capital 资金的运用

opinion 1.意见 △ 对某事很自信地作出结论或判决 2.法官意见书 △也指法官对案件作出裁决的理由所作的陈述。指意见书时要用单数,如 attorney'sopinion

opinion evidence 鉴定证据 △ 某些问题经专家鉴定而提出的证据

opportunity cost of an earning asset liquidated 清算收益资产的机会成本

opportunity cost theory 机会成本理论

optimize 优化

option 1.买卖选择权 △ 在交易所中在规定期限内按规定价格购买或出售一种证券或期货的权利,或在交易所外按一定条件买卖商品或财产的权利 2.有特权买卖 △在某一约定时间内,按某一价格买卖某一商品的权利。它只有在特定时间内才具有约束力 3. 选择;选择权 △对货物装运时间或装卸港口、装运数量或装运品种等,有选择的权利

optional indemnity 选择补偿

optionally renewable 续保选择 △ 保险人有权在保单期满后不继续承保,但保险人无权中途解约

optional paid-up insurance 选择缴清保险 △ 人寿保险单项下,保证不没收价值选择权的一种

optional peril endorsement 选择风险条款 △ 很多财产保险单上都加批选择风险条款,即允许被保险人对承保的风险进行选择

optional renewable contract 续保选择保险 △ 在健康保险中,依照保险公司的选择决定合同的续保

optional settlement clause 可选择给付方法的条款 △ 此条款允许被保险人在一定的情况下可以选择给付金支付方法

option exercisable 可行使优先认股权
option of payment 支付选择权 △ 保户对保险给付的选择。可选择有:一次给付、分期给付、定额分期给付、终身年金等
option outstanding 已发行优先认股权
option to purchase shares 优先认股权
option written 签订的优先认股权
oral evidence 口头证据 △ 来自意外事故现场目击者的陈述
oral statement 口头陈述 △ 证人或被怀疑对象所作的口头表述
order 抬头人
order check 记名支票;抬头人支票
orderly liquidation value 有秩序变现价值
order of circulation 流通秩序
ordinance 条例 △ 由自治市、市、镇或村立法机构颁布的法律
ordinary agency 普通寿险代理行 △ 以办理普通寿险为主要营业项目的营业单位
ordinary agent 1.普通寿险代理行 △ 以办理普通寿险为主要营业项目的营业单位 2.普通寿险代理人 △是区分其他寿险代理人的用词
ordinary annuity 普通年金 △ 见 annuity
ordinary construction 普通建筑 △ 四周外墙为砖造并有木造地板的建筑物
ordinary insurance 普通人寿保险 △ 是人身保险三大类(普通人保寿险、团体人寿保险和简易人寿保险)之一
ordinary insurance account 普通寿险合同账 △ 兼营普通寿险和简易寿险的人寿保险公司记载每位业务员招揽的普通寿险有效合同的账户
ordinary insurance company 普通寿险保险公司 △ 以推销普通寿险为主,不兼营简易人寿险的人寿保险公司
ordinary life 终身保险
ordinary life insurance 普通终身保险 △ 一种被保险人一生只要持续缴纳保险费,保单就一直有效的保险
ordinary life insurance (group) 团体普通终身保险 △ 向团体签发的收取均衡保险费的普通终身保险
ordinary life pension trust 普通寿险退休金信托 △ 一种信托累积基金型退休计划
ordinary life policy 普通寿险保单 △ 投保人须终生缴纳保费的保单
ordinary payroll coverage endorsement 普通薪金保险条款 △ 保单对被保险人因保险风险引起营业中断,但仍需承担对其雇员支付薪金的责任
ordinary payroll exclusion endorsement 普通薪金除外条款 △ 只承保被保险人因保险事故引起营业中断的收入损失及对主要人员的薪金支付,而对普通雇员的薪金赔偿责任除外
ordinary register 普通寿险合同登记簿 △ 兼营普通险和简易险的寿险代理公司记载其业务员招揽普通寿险合同所用的账册
ordinary share 普通股
ordinary shareholders' meeting 普通股东大会
ordinary stock 普通股
Organization for Economic Cooperation and Development (OECD) 经济合作与发展组织
Organization of Petroleum Exporting Countries (OPEC) 石油输出国组织;欧佩克
orginal insurance 原保险 △ 见 primary insurance
Oriental Life Insurance Cultural Development Centre 东南亚人寿保险振兴中心
Oriental Life Insurance Seminar (OLIS) 东南亚地区人寿保险研读者研讨会
orientation 定位;方向
orientation of credit 信贷投向
original 1.原始的;最初的;正本的 2.正本汇票
original age 原合同年龄 △ 在签发定期人寿保险单时被保险人的年龄
original age conversion 原合同年龄转换

△ 原合同年龄条款或溯往转换选择权条款允许被保险人将定期保单换成有解约退还金的保险,日期仍从原保单签发时起算

original authorized capital 原始法定资本

original cost 原始费用 △ 获得某一财产时的实际支出。在保险中,原始费用经常与重置费用或实际现金价相区别

original cost less depreciation 原始费用减去折旧 △ 获得某财产时的实际支出,减去折旧费,用此方法来计算实际现金价值

original documents 原始(记账)凭证

original insurer 原保险人 △ 将本身承保的业务的一部分以再保险方式分出的保险公司,也叫"分出公司"或"原签单公司"

original receipt 正收条 △ 正本收条

original voucher 原始凭单; ~ (for entry) 原始(记账)凭证

original writer 原签单公司 △ 同 original insurer

originating summons 法律诉讼的起诉传票

orphan 孤儿合同 △ 保险术语,保单或保单持有人得不到保险业务员主动积极提供的售后服务

other documents 其他单据

other insurance 其他保险 △ 某保险单所承保的保险标的在损失发生时同时另有其他生效的保险存在

other insurance clause 他保条款 △ 同一保险标的有其他保险合同存在时,规定保险人赔偿责任如何分摊的条款

other insurers 其他被保险人 △ 财产和责任保险单项下,除记名被保险人以外的受保障的个人或组织

other states coverage 其他州保险 △ 承保雇员因公出差时在其他州所遭受的人身伤害

ounce (oz.) 盎司

our account 我行账户;我们的账户

ouster 非法剥夺 △ 剥夺某人对某财产的拥有权或占有权、处置权等

outage insurance 停用保险 △ 属火灾保险附加的间接损失保险的一种。承保由于保险事故导致的厂房设备受损、机器无法操作而停用引起的收入损失

outboard motor boat and outdoor motor policy 机帆船和户外汽车保险 △ 保单对船只、摩托和设备的指定危险予以保障

outboard motor boat insurance 机帆船保险 △ 承保被保船只的财产损害或被保船只对第三者船只造成的损害(财产损害责任)

outcomes measurement 诊治记录方法 △ 记录病人诊治结果的方法

outgoing bill 外去汇票 △ 本国出口商开出并由其银行代为寄往国外收款的汇票

outgoing collection of clean bill 外去光票托收

outgoing collection of clean check 外去光票托收 △ 国内客户委托银行向国外付款人收款的光票托收

outlaw 被剥夺法律保护的人 △ 不受法律保护的人

outlet 银行分支网点 △ 银行总分支行、分理处、储蓄所

out-of-court settlement 庭外解决 △ 当事人在无法院干涉处理案件的情况下,自己经过协商达成协议

out of pocket expense 实际支出;实际现金支出;付现费用 △ 与"非现金支付费用"相对

out of the money 损价;失值 △期货交易用语。买入期权的敲定价格高于交易证券的现行市价

output item 销项 △ 会计报表用语

output tax payable for the period 当期销项税

outright purchase 买断;买断交易 △一次全部买下,现金支付交割,同 buy up

outservant insurance 外勤人员保险 △ 属劳工保险范围,对主要从事户外工作的人,如园丁、司机等人员提供保险保

障

outside director 独立董事;外部董事;外聘董事 △ 非股东担任的董事。有些公司为了扩大影响,便于开展业务,特地聘请社会知名人士担任董事。政府主管部门有时也要求公司聘请一定数量的董事,以便对公司起监督作用。这种董事就称外聘董事

outside employee 厂外雇员 △ 不以工厂或公司为主要工作地点的雇员,如推销员或检查员、检验员等

outside holdup insurance 户外抢劫保险 △ 保单保障被保险人在其营业场所外因财产、证券或钱币被抢劫所遭受的损失

outsource 1.外包 △ 包给外部单位、人员去办理某项事务 2.外部采购

outstanding 1.未付的;未偿还的;未付款的 2.发行在外的(股票、公债等) 3.尚未解决的(合同、订单、账目等)

outstanding balance 未清余额;未结余额;未用余额

outstanding balance at the close of month 月末余额

outstanding balance at the close of year 年末余额

outstanding balance at the end of year 年终余额

outstanding balance at year end 年终余额

outstanding business 未成立合同 △ 在人寿保险和健康保险中,保单已经签发,但尚未收取第一次保费而未成立的合同

outstanding claims accounts 未决赔款账项

outstanding debt 未清债务

outstanding loss 未决赔款 △ 被保险人已发出出损通知或提出索赔,但因种种原因尚未结案的赔款

outstanding loss reserve 未决赔款准备金 △ 财产保险责任准备金的一种。保险人对在保险有效期内发生的未决赔款人当期保费收入中提存的资金准备

outstanding premium 未收保费 △ 缴费日期已至,但尚未收到的保险费

outstanding receipts 费用收据 △ 存放在保险公司收费部门的已经印制好的收据,在向投保人收取保费时交给对方

outstanding reinsurance claim 再保险未决赔款 △ 再保险人应摊还但尚未结清的再保险赔款

outstanding shares 发行在外股票

outward collection (O/C, o/c) 出口托收

outward documentary bill 出口押汇汇票 △ 出口商银行买过出口单据并支付出口商后,再寄单到国外收款

outward remittance (O/R) 汇出汇款 △ 国内往国外的汇款

overage insurance premium 船舶逾龄保险费

overdraft (OD, o/d) 透支 △ 储户经银行同意,存款不足时可以支取超过其存款的一定额度的数额,叫做透支

overdraft facility 透支贷款;透支便利 △银行允许储户透支的限额

overdraft interest 透支利息 △ 透支金额按透支利率计收的利息

overdue 过期的;过期未付的;延误的

overdue bill 逾期票据 △ 超过支付日期的票据

overdue loan 逾期贷款;拖欠贷款 △到期未偿还的贷款

overexpansion of credit funds 信贷膨胀

overhead 通常费用 △ 不会随业务量变化而变化、性质明显固定的费用,如水费、电费、取暖费、租金、某些税金等

overhead writing 管辖外承保 △ 保险公司接受来自非管辖区的经纪人或代理人介绍的业务

over-insurance 超额保险 △ 发生损失时,保险金额超过保险标的实际价值的保险

overinsured 超额投保 △ 承保金额超过保险价值

overlapped operation 交叉经营 △ 跨行业经营,如银行办保险业务。与分业经

营相对

overlapping banking 交叉经营

overlapping insurance 重复保险 △ 被保险人就同一风险或危险向两个以上的保险公司投保或由两张以上的保险单承保,因此承保范围至少部分地发生重叠

over line 超量保险 △ 保险人或再保险人所承保的责任超过其正常的承保能力

overloading 超额投保 △ 被保险人投保的金额超过标的的保险价值或超过其缴费能力

overnight (O/N) 隔夜

overnight lending 隔夜拆借;日拆 △多指国际银行利用时间差进行的拆借。如纽约和伦敦银行之间当天拆借次日返还,不影响头寸。换言之,银行资金不在银行无收益地停留

overnight placement 隔夜拆借

overnight repo 隔夜再购回协议 △ 见 repurchase agreement

overriding commission 特别佣金;代理佣金 △ 有时同 overwriting commission。经纪人、总代理人或代理人收取的在其专属区域内为其他代理人办理的特定业务的报酬

overseas money order (O.M.O.) 国际汇票

over-the-counter (OTC, O.T.C.) 1.非挂牌证券;场外交易 △不在正规交易所进行的交易 2.场外市场 △ 证交所之外的非正规交易市场

over-the-counter drug 无需处方的药物 △ 在美国无需处方即可购买的药物

over-the-counter selling 直接销售;柜台销售 △保险人直接去保险公司办理保险事宜,而未经代理人之手

overtraded 过量交易 △ 承保人接受的保险风险超过法定的限额

overwriting commission 特别佣金 △ 见 overriding commission

owner 所有人 △ 在人寿保险和健康保险中,拥有保单规定的权利的所有的人

owner equity 业主产权;所有者权益 △ 又叫"净值"。企业的资产总额超过其负债总额之数。股份公司的业主权益,也叫"股东权益",通常由股本、溢缴股本、捐赠股本、留存收益等组成。多习惯用 owner's equity

owners and contractors protective liability insurance 业主及营造商保障责任保险 △ 承保业主及营造商在工程进行期间,因他们雇用的转承包人的过失行为,有时也包括他们本人在监督工作中的过失,造成第三者人身伤害或财产损害依法应负的赔偿责任

owner's equity 所有者权益;业主产权

ownership advantage 所有权优势

ownership insurance 所有权保险 △ 保单的所有权益归属于一个公司或他人而不属于被保险人的一种保险。企事业保险就是常见的他人所有保险

ownership of expiration 满期保户归属权 △ 保险公司与业务人员之间达成的一种协议,常用于人寿保险和健康保险

ownership provision 保单所有权条款 △ 此条款规定保险单可以归他人所有,而不是归被保险人。在企事业保险或幼年子女人寿保险中经常使用此条款

owners landlords and tenants libility coverage (OL & T) 业主、地主及租户责任保险 △ 承保业主、地主及租户因所有、使用及维护被保险建筑物而引起的第三者人身伤害和财产损害依法应承担的赔偿责任

owner's risk (OR) 货主自负风险 △ 流行于英国的火车运输条款。除了雇员的故意过失外,其他原因所造成的货物损失均须由货主自行负担

owner's risk clause 船主自负风险条款 △ 海上保险条款之一,规定如船主必须为船舶碰撞所造成的损失负责时,则保险人必须按船舶的注册吨位支付约定的每吨赔偿金

owner waiver of premium benefits 保单所有人免缴保费优惠 △ 在人寿保险中,如果保单所有人死亡,或被保险人未到规定的年龄(一般为 21 岁)之前,保单所有人发生全残期间,可享受免缴未来保费的优惠

P p

Pacific Insurance Conference (PIC) 太平洋保险会议

package (pkg.) 包裹;包;一件(物品);包装

package insurance 一揽子保险 △ 一种将多种保险保障合在一张保险单,缴纳一种保险费的保险

package policy 一揽子保险单 △ 一张保险单提供多种不同的保险保障

packed cargo 包装货 △ 为了避碎、避漏、防渗水或防漏气,或为了便于存放和运载而外加包装的货物

packing credit 1.打包信用证 △ 信用证列有预支条款(red clause),允许受益人在装运货物前预支一定金额 2.打包放款 △为解决出口企业在接到国外开来的信用证后,能按期、按需、按量完成生产、交货任务的资金需要而发放的贷款,其额度占来证金额的一定百分比

packing loan 打包放款 △ 采用信用证结算方式的出口商凭收到的信用证正本作为还款凭据和抵押品向银行申请的一种装运前融资,主要用于对生产或收购商品开支及其他从属费用的资金融通

page (p.) 页;专页;[~s](pp.)页 △ 复数,从哪页到哪页

Page rule 佩基法则 △ 美国火灾保险不一致保险承保的财产遭损毁灭失时采用的损失分摊方法

paid (PD., p'd) (费用、款项)付讫

paid expense 已支出费用 △ 同 expense paid

paid for 已缴费保单 △ 已经缴纳了保险费的保单

paid for credit 新合同换算额 △ 在保险代理人的会计处理中,决定每一张保险单的举债和佣金的换算额的方法

paid-for life insurance 已缴费人寿保险 △ 不管保险公司是否接受投保单或保单是否签发,但已经缴纳了第一次保险费的人寿保险

paid loss 已付赔款 △ 在某一个特定期间内保险公司实际已支付的全部赔款

paid-loss retro-plan 已付赔款追溯计划 △ 溯往费率计划。主要用于劳工险或其他责任险

paid service 有偿服务

paid up 缴清保险 △ 保费已缴清的保险单,但根据合同规定,保险公司仍承担该保险单项下的给付责任

paid up capital 已交资本;实收资本

paid-up policy 缴清保险单

paid-up value 缴清价值 △ 在人寿保险中,长期保单的一项不没收价值

pair (pr.) 一对

paper value 票面价值 △ 股票或债券印明的价值。优先股及债券都须印明面值,因其股利及利息都按票面价值计算。债券还本时也按票面价值归还

par 分红保险 △ 见 participating insurance

paramedic examination 体检 △ 对参加人寿保险或健康保险的被保险人进行的身体检查,主持体检者通常为护理人员或医助人员

parcel (pcl.) 小包;包裹;一宗货物

parcel post receipt 邮包收据

parcel post insurance 邮包保险 △ 承保交邮局寄送的货物所遭受的损害或灭失风险

pardon 赦免 △ 免除罪行或免除刑罚,它可以是彻底的和无条件的,也可以是有限制的和有条件的

parent benefit 双亲给付 △ 社会保险体系下,当一个具有完全被保障资格的劳工死亡时,其双亲从 62 岁起,每月可领取的一种给付金。条件是该劳工死亡

时,其双亲至少50%的生活费依靠该劳工

parent company 母公司 △ 拥有并经营企业财产的控制性公司。它与控股公司不同,后者不参加业务活动

parent liability 父母责任 △ 因未成年子女的侵权行为而需由父母承担的责任

parent-subsidiary group 母子集团 △ 两个或两个以上的公司组成的集团。母公司拥有子公司的至少80%的股份或全部所有权

parol evidence rule 口头证据规则 △ 法院禁止使用的同最后的书面协议相矛盾的任何口头的或书面的协议

partial acceptance 部分承兑 △ 付款人仅承诺支付远期汇票金额的一部分

partial disability 部分伤残 △ 劳动和办事的能力下降,但并非完全丧失工作能力

partial disability benefit 半残给付

partial hospitalization services 额外门诊住院混合服务 △ 对精神病人或吸毒病人提供的额外服务,可选择门诊或出院后继续治疗

partial insurance 部分保险 △ 见 underinsurance

partial limitation clause 部分责任限制条款 △ 条款规定,损失超过规定金额则按全损赔付

partial loss 部分损失 △ 保险标的遭受损害,其程度未达到全部损毁、灭失或完全丧失价值的损失情况

partial payment L/G 分期付款保证书 △ 保函

partial performance bond 部分履约保函

partial performance guarantee 部分履约保函

partial shipment 分批装运;部分装运 △ 对外贸易中于销售合同中订明的分批装运货物

partial transfer 部分金额转让 △ 允许多批装运的信用证金额可转让给一个或数个第二受益人

partial vesting 部分受领权 △ 在雇员退休计划中,无论是即时给付或延迟给付,参加者只能领取指定部分的应计给付

participant 合格受保者 △ 符合领取寿险给付金的受保人或其受益人

participating common shares 参与分配普通股

participating dividend 参与股息;参与分红股利 △对优先股股东除支付最低的优先股股利外,则须按一定比例对优先股支付分红股利

participating insurance 分红保险 △ 同 participating policy dividend

participating policy 分红保险单 △ 保险分类方法之一。根据有无分红分为有分红保险和无分红保险两大类

participating policy dividend 分红保险 △ 向保单所有人支付红利的人寿保险合同

participating policy dividend option 分红保险选择

participating profit 分红保险净利 △ 红利分给分红保单所有人之前,分红保险所得净利在销售分红保单的寿险公司全部营运净利中所占的份额

participating shares 参与分配股票

participating spread 分红费率差距 △ 分红保单费率与相同基础的不分红保单费率之间的差距

participating surplus 分红盈余 △ 股份保险公司用于分红的盈余部分

participation 1.投保人数百分比 △ 某一特定人群中投保人占该人群总数的百分比 2.参股

participation agreement 参股协议 △ 参加股份的协议

participation clause 参与条款 △ 保单的一项规定,要求被保险人支付保单项下健康护理费用中的一定比例

particular average (P.A., P/AV.) 单独海损 △ 共同海损的对称。在海上运输途中,因遭受保单规定的海难及其他意外事故而发生的部分损失

particular lien 特定留置权 △ 扣留那些欠交应收费的货物的权利,直到该货物的应收费已经支付时才交出货物

particulars 摘要 △ 单据特别是记账报单中的一栏,简要列示信用证号、业务内容

partnership 合伙团体 △ 企业的一种组织形式。在这种组织形式中两个或两个以上的人对他们的资本或其他资源及其他可能得到的利润的分配方法达成一致的协议

partnership entity plan 合伙人买卖保险 △ 此保险实质是一种买卖协议,规定某合伙人死亡后,由合伙团体购买该人的股份和资产,保费由合伙团体从营业收入或保险的现金价值中支付

part-time agent 兼职代理人 △ 利用业余时间兼职为寿险公司招揽业务的代理人员

part-time employee 兼职雇员 △ 一年内为雇主工作不足1000小时的雇员。这些雇员可不包括在合格退休计划中

party wall 界墙 △ 用于间隔两栋相连的建筑物的墙壁

par value 票面价值 △ 印在普通股、优先股和债券票面上的价值

pass 合格 △ 借款人五级分类之一类

passbook (pass book) 1.存折;银行存折 △ 银行给予顾客载明存款动态的凭证 2.顾客赊欠账簿;提货折 3.发电报记账本

passbook savings 存折存款;存款簿储蓄

passenger bodily injury liability insurance 乘客人身伤害责任保险 △ 保险汽车或飞机营运人因其过失造成乘客人身伤亡依法需承担的赔偿责任

passive retention 消极自留 △ 未精确地留有用于支付预期损失的基金

passive trust 消极信托 △ 受托人只负责托管、不负责经营的信托

past due accounts 误期账款 △ 未及时收到的应收账款。商业信贷保险保障被保险人因债务人破产、应收账款跌价所遭受的损失

past due loan 逾期贷款 △ 超过偿还期未还本付息的贷款

past-due note 过期票据 △ 同 overdue bill

past history 既往病历 △ 同 anamnesis

past service 过去服务年资 △ 就雇员退休金计划而言,指该计划实施前雇员的服务年资及因此可获得退休给付的权利

past service cost 过去服务年资给付成本 △ 在雇员退休金计划中,为应付未来给付的需要而在某特定时间应筹足的资金

past service funding 过去服务年资基金提存法 △ 通常将成本分摊于各年度中,但雇主不得为了少纳税,使任何一个年度的扣除额高于过去服务年资负债的十分之一

past service liability 过去服务年资负债 △ 在雇员退休金计划中,为该计划实施前的服务年资提供退休给付金的成本

patent (pat.) 专利权

patent insurance 专利保险 △ 保障被保险人因其专利被别人侵权而引起的损失,保障被保险人因对其他专利的侵权依法应承担的责任

patient supervision clause 病人监理条款 △ 规定病人必须在医生和护士不间断的护理和照料之下

pay 支付

payable on delivery (P.O.D.) 交货即付

payable on demand (P.O.D.) 随到随付;见票即付;即索即付

payable on receipt (P.O.R.) 收妥即付 △ 收到货物立即付款

payables to other banks 同业存放 △ 应付同业存款

payable to bearer 持票人抬头;无记名抬头;支付持票人

pay ... after date …天后付款 △ 自签发日起算…日支付

pay as you as go 1.账单到期即付;付现款;量入为出 2.预扣所得税

pay-as-you-go plan 现收现付制 △一个在雇员退休金计划中使用的非正式名词。指雇主从当时到期的收入中提供雇员的退休给付金,事先无累积基金

pay-back period (资金)偿还期;(资金)回收期 △一个投资项目的现金流入等于其现金流出所需的时间。同 payoff period

pay by cheque 支票支付

pay by draft 汇票支付

pay by L/C 信用证支付

pay day 交割日;结算日;付款日

payee 收款人;受款人 △在保险行业中,向缴款人收取保费的保险公司,或从保险公司领取赔款或给付金的被保险人或受益人

payer 付款人 △在人寿保险和健康保险中,指缴纳保险费的人。也指子女保险中的投保人

payer clause 保费免缴条款 △子女保单上的一项规定,即保费缴纳人全残或死亡后,其子女未达到规定年龄,该保单项下可免缴保险费

pay for honour 参加付款

pay in cash 现金支付

paying bank 付款行;解付行

pay-in slip 存款单;交款单

paymaster robbery insurance 发薪员遭抢保险 △承保发放薪金人员因薪金遭抢劫所致损失的保险

payment 支付

payment after maturity 拖欠付款

payment against documents 凭单付款

payment at maturity 到期付款

payment at sight 见票即付

payment bond 付款保证保险 △保险人保证营造商向参与合同项下工程的劳务人员或材料供应商支付薪金和工程必需的材料费,因违反保证造成的损失,由保险公司赔偿

payment by bill 汇票付款

payment by cheque 支票支付

payment by draft 汇票支付

payment by L/C 信用证支付

payment by transfer 划拨支付

payment for honour 参加付款

payment guarantee 付款担保

payment in advance 预付货款

payment in cash 现金支付

payment intermediary 支付中介

payment intermediation 支付中介

payment L/G 支付保证书

payment on arrival of goods 货到付款

payment on demand 即期付款

payment order (P/O) 付款委托书;支付命令

Payments Express Terminal (PET) "缴费通" △银行服务产品,可用来缴纳多种费用的存折或信用卡

payments in arrears 拖欠付款

payment terms 支付条款

pay money 支付

payoff period 回收期(投资)

payout phase 偿付期 △年金积累的资产返还给年金受让人的时间

payroll 1.工资单 2.发放的工资额 3.工薪 △一定时期应计或应付工资或薪金

payroll audit 薪资查账 △保险公司对被保险企业的薪资记录进行检查,以确定该企业劳工保险最终应缴的保险费

payroll deduction insurance 薪金扣缴保险 △一项寿险计划。雇主从雇员每月薪金中扣收适当的保险费,缴给保险公司用于参加寿险计划

payroll tax 薪金税 △对厂商所付薪金征收的税。此税根据厂商所付薪金总额课征,由雇主支付

pay to bearer 付持票人 △支票、汇票及期票等未列明抬头人(受款人),也不需背签,凭票即可取款的,叫做付持票人

pay to order 凭指示付款 △支票、汇票及期票等可转让票据列明抬头人,需凭其指示支付本人或他人

pay to self 向发票人本人支付;付签票人

peak cover 自动承保增值 △保险人自

动承保货物发生损失时因市价上涨以致原保险金额不足而造成的损失金额部分，无需另加保费

peak over clause 增值条款 △ 同 increased value clause。货物发生损失时，保险人对于因货物增值所致损失金额与原保险金额相差的部分也予保险的条款

peak season insurance 高峰季节保险 △ 一种财产保险，对被保险人因季节性业务在一年不同月份间的差额提供保险保障

pecuniary legacy 现金遗产 △ 一笔现金遗产或年金遗产，其来源可以说明，也可不予说明

peer customers 同业客户

peer group 同业集团

peg 钉住(市价、货币价值)；固定；限制 △ 选择一种货币如美元，将本国货币按一个固定比率同所选外币相联系的经济行为。钉住后本国货币汇价就随被钉住货币升贬而变化

peg balance of funds 铺底资金 △ 账户最低头寸

penal action 刑事的民事诉讼 △ 一种以强制罚款作为法律处罚的诉讼

penalty 罚款；保证金额 △保险人对保证保险合同承担的最高赔偿限额

penalty bond 保证金额

penalty for breach of contract 违约金

penalty for non-performance of 违约金

pension 退休年金 △ 一种由雇主或政府(社会保险部门)向年高退休工人或伤残工人提供的收入

pensionable age 年金给付年龄 △ 依据保险合同被保险人领取年金的年龄

pension for the disabled or for the survivors 抚恤金

pension for the disabled or the family of a deceased 抚恤金

pension for the disabled or the family of a decedent 抚恤金

pension for the family of the deceased 抚恤金

pension for the family of the decedent 抚恤金

pension plan 退休金计划 △ 由雇主建立和维持的保障计划，通常按保险方式实施，为雇员提供退休给付

pension plan 养老保险

pension plan trustee 退休金计划受托人 △ 一种退休金计划自管形式，雇主的醵出金不能收回，必须交给一个独立的机构(通常称受托人)来管理此计划

pension pool 联合退休金计划 △ 几个雇主共同设计的退休金计划，以保证雇员在调动工作、变换雇主后，年金受领不受影响

pension trust 退休金信托 △ 信托基金是最古老并仍是最常见的一种退休金基金累积的方法

pension trust fund 退休金信托基金 △ 一种由雇主也参与缴纳醵出金组成的基金，醵出金交受托人代为投资、收息并根据信托协议提供给付

people-centred 以人为本

people first 以人为本

people-oriented 以人为本

per accident limit 每一事故限额 △ 保险公司对责任保险单项下因一次事故引起的索赔而支付的最高赔偿限额

per annum (p.a.) 每年；按年计

per capita 每人；按人口平均；人均

percause deductible 事故免赔额 △ 高额医疗费用保险项下，在支付给付金前，每一单独的疾病或事故都要求有各自的免赔额

per cent (%) 每百中；百分之一

percentage-of-loss deductible 损失比例免赔额 △ 表示每一损失的特定免赔额。损失增加，免赔额也相应增加

percentage-of-value deductible 价值比例免赔额 △ 发生损失时，表示被保险财产价值(非保险金额)的特定比例的免赔额

percentage participating deductible 比例共保免赔额 △ 超过一定金额，健康保险才对比例共保计划下的费用 100%

地予以支付。该金额即为免赔额

percentage particiption 比例共保 △一种由被保险人支付一部分医疗费的保险

percentage point 百分点;百分率的点 △如上升一个百分点,即上升1%

percentage vesting 比例受领权 △见 partial vesting

per centum (p.c., p.cent, PCT) 每一百;△ = for each hundred 百分之一

per diem 每天;每日;按日计算 △与 per day 同义

per diem business interruption 定额营业中断险 △营业中断险的一种形式。承保被保险人因保险事故造成营业中断所导致的损失,但保险公司对营业中断期间的赔偿,每日有一固定的金额

per disability major medical plan 每次残疾高额医疗保险 △对每次疾病提供带有免赔额的医疗给付的高额医疗保险

performa invoice 形式发票 △商业发票的一种。用于推销货物、估计价格及一切费用供进口商参考的发票,亦称报价发票。因非基于实际售货仅徒具形式,不作付款凭证,故又称估价发票

performance 1.执行;完成;履行 2.成绩;工作成果;绩效 △一个企业一定时期的经济活动成果

performance appraisal 绩效评估;绩效考核

performance assessment 绩效评估

performance bond 1.履约保证保险 △保险人保证营造商根据提交的投标详细计划按期完成所承包工程的保险 2.履约保证 △为使某项合同所规定的条款能按时履行,常规定承包商或卖方提出保证。此项保证可用现金也可由银行担保

Performance Bond (Guarantee) 履约保函

performance guarantee 履约保函

performance L/C 履约信用证 △一种备用信用证

performance ratio 业绩比率

performing (PF) 正常类;正常户 △六级分类之一类

peril 危险;风险 △造成损失的原因

perils clause 危险条款 △海上运输货物保险条款之一

perils insured against 承保危险 △保单承保的危险

perils of the sea 海上危险;海难 △在海上偶然发生的意外事件或灾害,主要包括:沉船、搁浅、触礁、碰撞、失踪、船破、风暴、货物的海水损害等

periodic level premium annuity 定期均衡保费年金 △一种递延年金。购买人可定期(如每月或每年)支付相同的保险费,一直到开始支付给付金时止

periodic payment 定期支付 △一种在保险展期内分期付款的做法

periodic review 定期检查 △一些寿险代理公司为了掌握其客户的最新变化所使用的方法

period of limitation 时效期

period of loan 贷款期限 △从签约之日前到全部还清贷款之日止的整个期限

period of prescription 时效期

period of reinsurance 再保险期间 △再保险人保险责任的起讫期

permanent and total disability 永残和全残 △在健康险中,被保险人永久地、完全地丧失了工作能力,包括生理上和心理上从事工作的能力

permanent disability 永久残疾 △一种长期性的残疾,其残疾状况将永远持续或持续时间无法确定

permanent insurance 长期保险 △保险期限较长的保险

permanent life insurance 长期寿险 △一种只要被保险人缴纳保险费,保险就永远有效的人寿保险;也指有现金价值的人寿保险

permanent partial disability 永久半残 △由于受到损伤或患病,被保险人工作能力下降,但仍能从事一些力所能及的工作。这种状况将永远维持下去

permanent partial disability benefit 永久半残给付 △ 因永久半残而获得的保险给付

permanent total disability 永久性全部残疾 △ 在劳工补偿保险中，实际或推定伤残者已近似完全丧失劳动能力的情况

permanent total disability benefit 永久全残给付 △ 因永远全残而获得的保险给付

permissible loss ratio 可允许赔付率 △ 为获得承保利润，保险人在经营时可允许的最高赔付率

permissive user 获准使用者 △ 得到被保险人明示或暗示的准许，使用被保险汽车或其他被保险财产的人

permit bond 许可证保证保险 △ 担保获得营业许可证的被保险人按照许可证授予的权限经营业务

per person limit 个人限额 △ 保险公司在责任保险单项下，对一次事故导致任何一人的人身伤害可给予的最高赔偿限额

perpetual insurance 永久保险 △ 一种没有终止期的保险，主要用于火险

perpetual mutual insurance company 永久互保公司 △ 一种互保公司的形式。要求参加者初期缴纳一大笔保费，以后所缴保费用初期保费投资所得支付

perpetuity 永久年金 △ 年金的给付期限为无限

per risk excess reinsurance 每一险位超赔再保险 △ 原保险人将承保的某一危险单位的赔款金额超过其自留额部分分给再保险人，由再保险人负赔偿责任至某一额度

persistency bonus 保单持续红利 △ 保单持有人在一定时期内使保单持续生效而获得的奖励

persistency business 优质业务 △ 招揽的保险业务无道德风险，符合保险宗旨与规则，且被保险人有良好的保险意识

persistency rate 持续率 △ 保单签订生效后，经过一段时间(半年或一年)仍然继续有效的比率

personal accident insurance 人身意外伤害保险 △ 一种承保因意外事故导致被保险人人身伤亡的保险

personal account (P.A.) 往来账户；个人账户

personal articles floater 个人特定财产保险 △ 承保被保险人在其室内或室外的个人财产的一切险

personal auto policy 自用汽车保险单 △ 替代了早期的家用汽车保险单

personal catastrophe insurance 个人巨灾保险 △ 一种超额保险。对超过第一层医疗费用的巨额费用提供保障

personal effects insurance 个人行李保险 △ 承保个人在旅途中携带或所有的行李灭失的风险

personal excess liaility 个人溢额责任保险 △ 见 umbrella liability insurance

personal exposures liability 个人危险责任 △ 由于个人行为引起的对第三者的人身伤害或财产损失而应承担的责任

personal finance company 个人贷款公司

personal floater 个人保险 △ 见 personal articles floater

personal hazard 人为的危险 △ 见 moral hazard

personal injury 人身伤害 △ 人的身体所遭受的伤害与对人的名誉损害，和人的财产损害不同

personal injury coverage 人身伤害保险 △ 美国有些州的一种汽车无过失保险计划，保障被保险人在其无过失的车祸中所蒙受的损失

personal insurance 个人保险 △ 为个人或家庭购买的非商业风险的保险保障

personalization 个性化

personalized (service) 个性化(服务)

personalizing price 个性化定价 △ 因人而异的销售定价

personal jewelry insurance 个人珠宝保险 △ 对个人的珠宝及宝石提供一切险保障的保险，自然损耗、战争和核灾

除外

personal life insurance trust 个人寿险信托 △ 以被保险人寿险保单的保险金作为信托,受托人为保单受益人

personal line 个人险种 △ 个人或家庭适用的险种,如汽车保险、房屋保险、家财保险等

personal loss 个人损失

personal observation prospecting 揣测技术 △ 寿险代理人养成的一种职业习惯。他们通过业务活动及对人的观察,可以知道哪些人有潜在的保险要求,并注意新的招揽业务对象

personal producing general agent (PPGA) 个人业务总代理 △ 在人寿保险中,代理人或总代理人的收入来自自己招揽的业务或其从属代理人的业务

personal property 个人动产 △ 与不动产或房地产相对的个人财产,其中包括有形财产(如家具、首饰、货物等等)和无形财产(如股票、债券及货币等)

personal property floater 个人财产保险 △ 以总括方式承保被保险人及其同居家属所有在住所内或住所外的财产的一切险

personal representative 死者代理人 △ 法律术语,死者遗产的执行人或管理人

personal security 人身担保 △ 通过第三方的人身保证建立的使一方向另一方履行债务的担保

personal surety 个人担保 △ 以个人为保证人提供的担保,有别于保险公司或其他组织作为保证人提供的担保

personal theft insurance 个人财产盗窃保险 △ 承保被保险人置于住所内或住所外的家用必需品或其他财产因被盗所蒙受的损失

personal umbrella insurance 个人一揽子保险 △ 一种个人责任保险,承保基本责任险保单不包括的风险

personation 冒充他人 △ 一人假冒他人的行为,无论他人是真实的还是虚构的,是活着的还是死去的

(the) person for whose honour acceptance has been given 参加承兑人

(the) person for whose honour payment has been made 参加付款人

(the) person guaranteed 被保证人;被担保人

personnel loss 人才损失 △ 失去关键人物的损失

person subject to enforcement 被执行人

petition for bankruptcy 破产请求书

petit larceny 轻偷窃罪 △ 任何不属于重偷窃罪的盗窃罪

petty cash expenditures 零星支出

pharmacist professional liability insurance 药剂师职业责任保险 △ 保障药剂师及其专业雇员在供职时,因渎职或出差错造成他人人身伤害依法应负的赔偿责任

Phone Banking 电话理财 △ 银行服务产品,通过电话为客户理财获利

physical damage 物质损失 △ 表示财产实际损失的用语

physical damage appraiser 物质损失估价人 △ 专长于汽车赔案的理算人

physical damage insurance 物质损失保险 △ 同 material damage insurance

physical distribution 物流配送

physical evidence 物质证据 △ 任何有形的、与决定意外事故的事实有关的物品

physical examination 体检 △ 在人寿保险和健康保险中,医生为了便于核保对被保险人所做的身体检查

physical examination and autopsy provision 体检和验尸条款 △ 一种保单条款,规定保险公司有权要求被保险人做体检或对已故被保险人做尸检

physical hazard 实质危险 △ 威胁(标的物)本身存在的能左右损失发生或损失程度的实质条件。实质危险与人的意愿或管理没有关系

physical impairment 身体缺陷 △ 在人寿保险和健康保险中,如果投保人身体有缺陷,将被视为弱体

physical logistics 物流配送 △ 同 physical

distribution

physically impairment risk 弱体危险 △ 在人寿保险和健康保险中,如果投保人身体有缺陷或有某种疾病,即称为弱体,可能有遭拒保的危险

physical obsolescence 有形陈旧 △ 设备外观显示出的陈旧

physical sale 实物销售

physical trading 实物销售

physician expense policy 内科治疗费保险单 △ 医疗费健康计划项下对保单持有人内科治疗(不含外科)费用提供补偿。通常指基本医疗保险单

physicians and surgeons equipment insurance 医师工具保险 △ 承保内外科医生使用的工具从一处拿到另一处的一切险,工具包括在医疗实践中使用的设备和科研书籍

physicians and surgeons professional liability insurance 医师职业责任保险 △ 保障被保险人在行医时因疏忽或过失对病人造成伤害依法应承担赔偿责任的保险

pick up 汇率上升;利率上升 △下跌后回升

piece (pc.) 块;件

piecework wage system 记件工资制度

piers, wharves, docks and slips insurance 码头、船坞及船道保险 △ 保障被保码头、船坞及船道因船只碰撞或海浪冲击造成的损毁

pilferage 小偷小摸 △ 偷少量的东西或偷某项财产的一部分(如汽车的轮胎等)

pillage and looting insurance 抢劫保险 △ 保障被保险人在发生暴动或民变时因财产被盗被抢所造成的损失

pipeline insurance 管道保险 △ 属内陆运输保险范围。管道是固定不动的,但习惯上把它们视作运输系统的一部分

piracy 海盗 △ 在海上保险方面,海盗一词除了指公海上的劫掠者以外,还兼指岸上攻击船只的暴徒和船上哗变的旅客

place a loan 发放贷款

place a reserve 提存准备金;确定准备金

placed business 已办妥的合同 △ 投保人的申请已经核准,保单已经签发并已经缴纳第一次保险费的保险合同

placement 1.存放资金 △ 如 interbank placement,即同业拆借 2.募集(资金) △分为“公募”和“私募”

place of business 营业地点;营业场所

place of issue 出票地点;签发地点;(股票)发行地点

place of payment 付款地点

place order 下单 △ 决定订货后向供货商发出订单

placer 保险安排人 △ 与保险公司进行直接洽谈安排保险业务的人

plaintiff 原告 △ 控告他人并提起诉讼的一方当事人

plaintiff's replevin bond 归还产权保证 △ 法律用语

plan 方案;计划;策划

plan (formal) 正式员工退休计划 △ 一种预先写定的雇员给付计划。参加该计划的员工,不管在合同上还是在法律上都享有正式受领给付的权利

plan (funded) 基金累积退休计划 △ 存入一笔基金作为退休给付的雇员退休计划

plan (informal) 非正式员工退休计划 △ 一种雇主没有法定义务,雇员没有法定权利的退休制度

plan (qualified) 合格退休计划 △ 一种雇员退休计划

plan administrator 退休计划管理人 △ 管理退休计划所属基金的人

plan description 退休计划说明书 △ 在要开办或修改一项退休计划时,管理人必须向有关部门提交的一份文件,用以说明退休计划提供的范围和运作情况

plan document 退休计划文件 △ 一种正式的书面法律文件,上面详细列明雇员给付金计划的种种规定

planning budget 编制预算

plan sponsor 退休计划赞助人 △ 向合格雇员提供给付金(如退休年金或分红年金)的雇主、协会、工会或其他组织
plan termination insurance 年金计划中断保险
plate glass insurance policy 平板玻璃保险单 △ 对被保险人因玻璃破碎造成的损失予以赔偿
please (PLS.) 请 △ 电讯传文中用语
please turn over (P.T.O.) 请翻到下页;请翻到背面
pleasure boat coverage 游船保险 △ 对私人游船提供的一种保险
pledged asset 抵押资产
pledgee 接受抵押的人;抵押权人
pledge(d) loan 质押贷款
pledger 抵押者;抵押人
pledgor 抵押者;抵押人
plummet (汇率)猛跌;(利率)猛跌
plunge 下挫;急降;跳水 △ 股价骤跌
plus against a loan 抵借;抵押借款
plus-minus 上下;增减;溢短
plus-minus 10% 上下10% △ 平均价格上下的幅度,也指散装货物装船时重量的上下幅度
pluvious insurance 雨灾延迟保险 △ 保险被保险人由于下雨而取消户外比赛所致损失
point of origin 火源 △ 火灾发生的确切地点
point-of-sale 销售时机 △ 保险术语。指代理人向客户介绍的时机
point of service plan 自选医疗服务机构计划 △ 允许被保险人选择特约医疗服务机构或非特约医疗服务机构的计划
policy 保单
policy assignment 保单转让 △ 见 assignment
policy change 保单变更 △ 在保险期间对有效保单所作的修改
policy conditions 保单条件 △ 保险单上规定的保险责任范围、保险合同双方当事人的权利和义务及其他有关保险条件的规定
policy date 保单生效日 △ 保单上所载保障开始生效的日期
policy fee 发单费用 △ 除保费以外业务员收取的费用
policy holder 保单持有人 △ 对保险单有合法所有权的人或实体,他们可能是也可能不是被保险人
policyholder surplus 保单持有人盈余 △ 保险公司的资产超过其法定的应向保单持有人支付的给付(责任)的债务部分
policy limit 保单限额 △ 见 limitation
policy loan provision 保单贷款规定 △ 大部分长期寿险保单中都有这一条款,允许保单持有人使用其保单解约退还金作为担保,按规定的利率向保险公司贷款
policy period 保险期间 △ 保险合同提供的有效保障期间。同 policy term
policy plans 保障计划 △ 由一家保险公司提供的各种不同的保险计划
policy proof of interest (P.P.I.) 保单保险权益 △ 海上保险预约合同中的一个条款,对预期运费风险提供保障
policy provisions 保险条款
policy register 保单登记簿 △ 保险公司对其签发的所有保险单及变动等情况逐一记载的簿册
policy renewal 保单续保 △ 保单满期后,投保人如想续约,一般应重新办理手续
policy structure 保单结构 △ 保险人与被保险人就保险合同所达成的文字协议
policy summary 保单简介 △ 由业务员向投保人或准保户提供的一份关于保单条款和财务计划的简介
policy term 保险期间 △ 通常指保费支付后保单提供的保障期间。同 policy period
policy territory 保单区域 △ 保险单提供保障的地区限制,在保单上对此有明确规定

policy valuation 保险评价额
policy value 保单现金价值 △ 见 reserve
policy writing agent 签单代理人 △ 经授权可签发保险单的代理人
policy year 保单年度 △ 保单生效日起或保单周年日起至下一个周年日间的一年期间
policy year experience 保单年度经验 △ 在某一特定年度所签保单项下的实际损失，而不管赔偿是何时支付的
political risk insurance 政治风险保险 △ 保障被保险人由于政治原因或人们所不能控制的原因，如战争、革命、没收、国家外汇管理办法更改，而延迟付款、暂停付款等所遭受的损失
pollution exclusion 污染除外责任 △ 责任保险对突然和意外的污染予以除外
pooled investment 联合投资 △ 受托公司将数个退休计划组成一个单位进行管理和投资，以减少管理成本，并通过多样化投资增加投资收益
pool funds 筹资 △ 汇集资金
pooling of capital 集中资本；统筹资金
pooling of interests 债权集合；共同经营；共负盈亏 △ 购买控股后，公司进行合并或兼并中所用会计方式，即被合并公司的资产负债表仅仅简单地项目合并
poor 低劣 △ 客户信用风险评级的一级
poor internal control 内控不得力
poor risk 高风险 △ 质量很差的业务。在寿险和健康险中，指身体状况很差的被保险人。见 substandard risk
population decrement 人员减少 △ 在退休计划中，因死亡、伤残或其他原因造成的人员减少
population increments 人口数学 △ 利用数量解析的方法来研究有关人口的长成衰亡等现象的学科
population mortality table 人口死亡表 △ 反映人口各年龄组的死亡率及其他生命函数的统计报表
port 港口 △ 船舶装货卸货的地方
portability 可移转性 △ 某人在改变工种或调离原工作单位时，有权转移其退休年金的给付权益而不丧失原来服务年资所取得的权益
portfolio 1.有价证券；有价证券投资组合 △个人或任何组织所拥有的各种有价证券的总称 2.资负表报 △ 银行的资产负债表。其重点(放)在各项盈利资产
portfolio investment 1.证券投资 △ 买进国外企业的股票或债券，并按期收取股息或利息，叫做"证券投资"，也叫"间接投资" 2.证券投资组合 △为规避风险同时投资不同证券
portfolio premium 未满期业务保险费 △ 原保险人为转移未满期责任所应付的再保险费
portfolio reinsurance 未满期责任再保险 △ 保险公司将其某个险种的未满期责任分给再保险人，由再保险人承担全部或部分责任的再保险
portfolio return 未满期责任收回 △ 分出公司收回原已分给再保险人的未满期责任
portfolio transfer 未满期责任转移 △ 再保险合同中止或期满一定时间后，将原来再保险人的未满期责任转移给其他再保险人承担
port of call (P.O.C.) 沿途停泊港；暂停港
port of destination 目的港 △ 最终抵达港口，目的地
port of discharge 卸货港
port of loading 装货港；启运港
port of shipment 装货港；启运港
port risk insurance 港内停泊风险保险 △ 对港内进行修理或长时间停泊的船只提供以一切险为基础的保险保障
port to port 港至港 △ 运输条款的一种
position 1.位置；职位 2.财务状况；头寸 △准备支付的资金。如某日到期须支付 100 万美元，提前调拨到账准备划付的 100 万美元资金。俗称准备好了头寸 3.期货合同的买进或卖出；成交量

4.(空头或多头)户;交易地位 5.仓位 △ 买卖的状况

position bond 职位保证保险 △ 以某一特定职位的员工为被保证人的员工诚实保证保险

position check 头寸核销 △ 检查头寸用否,因故没有用,就加以核销,即调作他用

position checker 头寸核销员

positioning 定位 △ 金融等企业确定自己业务发展的方向和重点

position schedule bond 职位员工诚实保证保险 △ 以在公司某一特定职位的从业员工为被保证人的诚实保证保险

position statement 财务状况表;头寸报单 △ 也叫"资产负债表",同 balance sheet

possible maximum loss (PML) 最大可能损失 △ 发生事故时,保险人承保的一个危险单位可能遭受的最大损失。同 maximum probable loss

postal money order (PMO, P.M.O.) 邮政汇票

postal order (P.O.) 邮政汇票

post audit 事后审计 △ 在经济业务已经发生后由外部审计师进行的审计

post-contract-selection 雇用后的选择 △ 见 post-selection of insured

posthumous child 遗腹子 △ 其父亲死后出生的孩子

posting reference (post. ref.) 过账依据;过账证明

postmortem 尸检 △ 对死者尸体进行的检查,以便确定死亡原因

post-obit bond 死后偿还借据 △ 某人为借取款项向出借人提交的借据,保证以第三人死后为清偿期限,并向出借人支付利息的借款凭据

post office (P.O.) 邮政

post-office box (P.O.B.) 邮政信箱

postponement 推迟考虑 △ 保险公司当时婉拒了投保人的投保申请,但同意日后予以考虑承保

post script (P.S.) 附言 △ 书信写好后,在(左)下脚的加注

post-selection of insured 承保后选择 △ 一种承保方法。主要是对有效的保险合同做定期的检查

post-shipment 装运后

power interruption insurance policy 电力中断保险单 △ 承保供应电力的公共事业单位,由于其机械意外故障而中断供电造成的损失

power of appointment 遗赠指定权 △ 由合同或遗嘱授予某人的权力,指示他将某项财产的权益移交给某人或某些人

power of attorney (P.A.) 1.授权书;代理证书;委托书 △ 授权他人代表委托书签发人处理委托者指定事务的书面文件 2.授理权 △根据授权书,一人作为另一人的代理人或代办人代为处理约定的事项,其权限范围在授权书中均有明确规定

power plant insurance 发电厂保险 △ 保障发电厂或发电站因为发电、蓄电及电力分配设施等遭受意外损害所引起的损失。见 boiler and machinery insurance

pre-admission certification 入院许可证 △ 住院前检查病人是否有住院需要而发放的证件

preappraisal 事先预估

pre-approach 事先拜访 △ 保险术语。寿险业务员通过信件或其他媒介同准保户或潜在的准保户进行接触,以便能在最有利的情况下拜访他们

preapproval 事先批准 △ 提前批准

preaudit 事前审计 △ 与事后审计相对。系指由内部审计师对于尚未支付的支出或尚未发货的销售所进行的审计

precedent 先例 △ 迄今已发生的并被证明是正确有效的事情

pre-contract selection 雇佣前选择 △ 在吸收新的业务员时,对业务员的学历、经历、学识、人格及其潜在的业务能力进行评估、选择的一种程序

predate 倒填…的日期;把…日期填早;

填早日期

preemptive audit 突击查账 △ 不事先通知会计人员突然进行查账

preference beneficiary clause 选择受益人条款 △ 规定如果保险单上没有明确载明具体的受益人,保险公司将根据保险单上所列举的名单顺序支付保险金

preference rate (货币兑换的)优先率

preference share 优先股 △ 同 preferred stock。对公司红利及公司清理时剩余财产的分配均享有优先权,但没有公司经营控制权的股票

preference stock 优先股

preference to shares 优先认股权

preferential reinsurance 优先再保险 △ 保险公司在决定自留额以前,预先将保单金额中超过自留额的部分进行再保险

preferred dividend 优先股息

preferred risk 优良风险 △ 危险状况比标准危险要低的保险标的

preferred stock 优先股 △ 普通股的对称。股份有限公司发行的、比普通股享有优先取得股利、或优先取得公司的资本清偿权利的股份

pre-induction training 岗前培训 △ 寿险、健康险准业务员在成为正式业务员前接受的培训

preliminary balance sheet 初(步)编资产负债表

preliminary notice 初次通知 △ 见 intermediate notice

preliminary proofs of loss 损失初步证明 △ 在发生保单项下的火灾或损失时,保单持有人必须依保单规定对损失的情况做出报告

preliminary term insurance 暂时定期保险 △ 在机关签发的长期人寿保险单上附加的定期保险,保障期限为 1 个月至 11 个月,至到长期人寿保险单生效时止

preliminary term reserve system 初年定期式准备金提存制 △ 初年全年的保费均用于该年的费用支出,第一年后动用部分续年度的附加保费来弥补已被动用的净保费这种提存责任准备金的方法

prematurity repayment 未到期偿还;到期前偿还;提前偿还

premises 场所 △ 保单上载明的特定地点或该地点的一部分

premises and operations liability insurance 营业场所及业务经营责任保险 △ 保障被保险人因其营业场所或因他在其营业场所经营业务引起他人的人身伤害或财产损害依法应承担的赔偿责任

premises medical payment insurance 营业场所医疗费保险 △ 是很多商业和个人责任保险的补充保险或附加保险

premium adjustment endorsement 保费调整条款 △ 财产或责任险条款

premium adjustment form 保费调整型保单 △ 见 premium adjustment endorsement

premium annuity 年金保费 △ 以年金受领人的平均余命和保险公司的费用等为基础计算的年金费用

premium auditor 保费审计人 △ 在保单期满时检查保单持有人的记录并审核保费的人

premium base 保费基础 △ 再保险人为确定再保险费所依据的原保险人所收的保险费

premium card 保费卡 △ 记载有关资料和缴纳保费记录的保单史卡

premium clause 保险费条款 △ 在保险单上,此条款明确规定了保单的持有人在每个时期应缴纳的保费金额

premium collected in advance 预收保费 △ 保险公司对已签单的业务预先收取的保险费,是保险公司的流动负债项目

premium deposit 累积保险费 △ 被保险人在保单满期日前所缴纳的保费的累积,其中包括应计的利息

premium disconut plan 保费折扣计划 △ 一种根据保费额的大小,对保费给予不同百分比折扣的优惠计划

premium due date 保费到期日 △ 被保险人应缴保费的日期

premium extension agreement 保费缴期展延协定 △ 被保险人先缴一部分款项而将保费缴纳日期向后展延,如果在展延期满前尚未缴纳其余的保费,则先期缴纳的款项将被没收的一种协定

premium income 保费收入 △ 保险公司直接业务的保险费和分入再保险业务的保险费收入,为保险公司承保收益的一种

premium in force 有效保费 △ 保险公司的年度财务报告标准格式中的数字,表示所有未满期或未注销的,即仍然有效的保险单的初期保险费

premium loading 附加保费 △ 除了应付被保风险的纯保费以外的、经营保险业所必需的费用,简言之,从总保费中扣除应付赔款支出的纯保费后,剩余的即为附加保费

premium loan 1.保费贷款 △ 从人寿保险单的现金价值中借出来的用于缴纳保险费的款项 2.贴息贷款 △同 discount loan。拨付贷款时从中预先扣除利息的贷款,借款人免去后来利率上调的担忧

premium mode 保费模式 △ 保单持有人选择的缴纳保险费的方式,有月缴、季缴或年缴等

premium payment period 缴费期间 △ 在限期缴费的人寿保险合同项上缴纳保险费的年数

premium protection rider 缴费保障条款 △ 寿险保单条款,经常在教育保险或养老保险单上使用。目的是保证在缴费人死亡时收缴所有保费

premium receipt 缴费收据 △ 保险公司或其代理人在收到保险费后,向保单所有人提供的书面收费凭证

premium receipt book 缴费收据簿 △ 对购买上门服务保险或简易保险的保户开立的收缴保费的正式收据

premium reserve 保费准备金 △ 保险公司对尚未发生的损失需承担赔偿责任而计算的准备金,但仅限于保费已缴纳部分

premium return 返还保费 △ 对保单持有人退还的保险费

premium savings deposit 有奖储蓄

premiums in course of collection 代收期间的保费

premium tax 保费税 △ 美国一些州政府对保险公司的保费收入所课征的税款,以居住在该州的保户缴付的保费为基础计算税款

prepaid application 缴费投保书 △ 投保人在缴付第一期保险费的同时递交的保险投保书

prepaid expense 预付费用 △ 在归属于会计期间之前已经支付的费用

prepaid freight 预付运费 △ 托运人或货主预先付给承运人的运费

prepaid premium 预付保费 △ 在保费缴付日之前预缴的保险费

prepayment 提前偿还

prepayment privilege 提前付款特权 △ 给抵押贷款人的一种权利,他可以在抵押期满前偿还部分或全部的贷款

presentation 展示;提示 △持票人将汇票提交付款人要求承兑或付款的行为,叫做提示

presentation for acceptance 承兑提示

presentation for payment 付款提示

presenting bank 提示银行;兑换银行 △ 银行向汇票付款人提示让其承兑

presentment for acceptance 承兑(票据的)提示 △ 执票人在汇票到期以前向付款人提示,请其承兑

present value (PV) 现值 △ 以后到期款项的当前价值。例如:一年以后到期的款项为106元,年息6分,现值即为106元

present value analysis 现值分析法 △ 评价投资方案、进行抉择时采用的一种方法

present worth 现值 △ 同 present value

preservation of property 财产保管;财产保全 △保单要求被保险人在发生保险

事故时或受灾期间或灾后,有义务对保险财产进行合理的抢救或进行保护;涉及诉讼案件时债权人申请法院对债务人财产采取冻结、查封等措施,防止被变卖或转移等

pre-shipment 装运前

president (Pres.) 总统;总裁;行长

press for 催收(债务)

press for the payment of 催缴

prestige service 尊贵服务 △ 面向贵宾的良好服务

presumed negligence 推定过失 △ 见 res ipsa loquitur

presumption 推定 △ 从其他已经推定的事实,必然或可以推断出的事实推论或结论

presumptive disability 推定伤残 △ 当被保险人失去视力、听力以及失语或失去肢体时,对他假定为全残的情况

pretax return on investment 税前投资利润率

prevention of loss 防损 △ 防止物质损失

prevent risk 风险规避

Pri-Anderson Act 1957 1957年价格-安德森法 △ 美国联邦关于限制核设施经营人责任的法律

price (pr.) 价格

price bidding 竞价

price control 物价管制 △ 政府为了防止生活费用的不断上涨而对商品和劳务的价格实行的管制

price cutting 杀价;砍价

price decontrol 价格开放;价格市场化 △同 price libralization

price discrimination 价格差别待遇 △ 对同一货物的不同买主采用不同的价格

price/earning ratio (P/E, p/e ratio) 价格-收益比率 △ 用股票价格衡量企业成就的指示尺度,即以一定时期的普通股每股的市价除以上一年的每股收益

price factors 物价因素

price index [pl. indices] 物价指数 △ 根据一些经过选择的商品项目的价格(平均数)与另一时期的价格的比率,叫做物价指数

price liberalization 价格开放;价格市场化

price lining 价格底线

price range 价格区间;价格变动幅度

price risk 价格风险

price skimming 价格泡沫

price terms 价格条款

price-to-book ratio (PBR) 价格与面值比率

price-to-earnings ratio (P/ER) 价格-收益比率 △ 市利率

price undercutting 杀价;砍价

pricing to market (PTM) 市场定价

prima facie 初步的;表面的 △法律用语。诉讼一方当事人通常必须提出有初步证据的案件,以要求答辩

primary cover 基本保障 △ 在健康保险中,当发生第一元的损失时就开始提供给付的保障,有时可能在扣除赔额后才提供给付

primary insurance 1.优先保险 △ 又称原保险或基础保险。保险事故发生时,首先承担保险责任的保险 2.基本保险 △只对指定的风险或指定的金额提供保险保障,而对其他有关的有效保单的规定不予考虑的一种保险

primary insurer 基本保险人

primary liability 主要负债;主要债务 △与从属债务相对而言,指个人或单位在支付流通票据上所承担的绝对责任,如期票的签发人

primary loss 初步损失 △ 信用保险单上规定的免赔金额,目的是为了反映被保险人正常的信贷损失

primary market 初级市场;原始市场 △ 新证券发行市场。市场内流通的工具为新证券(股票、债券),通过经纪商在发行者与投资者之间完成交易。见 secondary market

prime rate (of interest) 优惠利率 △ 大商业银行对一些资信良好的大企业业短

期贷款的利率,这是商业银行贷款的最低利率

principal 1.资本;本金 △银行贷款及私人贷款所贷出的金额叫做本金 2.本人;当事方 3.被保证人 △保证保险中,经保证人(surety)保证履行某项义务或约定事项的个人或公司 4.委托人 △委托人是指定和授权他人为其代理的人

principal amount of loan 贷款本金

principal and interest 本利;本金和利息

principal part 主体

principal payments on a debt 本金支付

principal payments on a loan 本金支付

principal shareholder 主要股东

principal sum 总给付额 △在发生某些损失时,保单规定的一次性给付金额

principle of alternatives 别有选择原则

principle of future benefits 未来收益原则

principle of good faith 诚信原则

principle of indemnity 损失补偿原则 △保险的基本原则之一。即被保险人不能因为购买保险而获利

principle of insurable interest 可保利益原则 △保险的基本原则之一,损失发生时被保险人对受损的保险标的必须拥有经济利益,保险公司才对其作出赔偿

principle of joint and several responsibility 连带责任原则

principle of replacement 重置原则

principle of substitution 替换原则

principle of utmost good faith 最大诚信原则 △保险的基本原则之一

prior approval law 预先批准法 △美国有些州关于保险的法律。规定保险公司的费率如发生变化,须事先经州保险部门的批准才能使用

prior death benefit 退休前死亡给付 △根据退休计划,雇员在退休前死亡,其遗属或受益人可获得的一种给付金

prior endorser 前手背书人

prior insurance 先核保的保险 △事先进行核保的保险

priority 优先权 △在时间上先于其他人,或享有比他人更高权利的情况

prior period 前期;上期

prior reinsurance 优先再保险 △分保分出公司将预见期盈利高及稳定性强的再保险业务分给与自己有特殊关系的公司

privacy 隐私权 △一种关于个人的私生活不受侵犯或不得将个人的私生活非法公开的权利要求

private annuity 自营年金 △见由非专营年金销售的个人或组织所签发的年金保单

private businesses 私有经济 △私人所办企业

private carrier 私营承运人 △自备运输工具以运送自有物品为主,也代运他人的物品并收取费用的人

private economy 个体经济;私有经济

private insurance 私营保险 △由私营保险公司办理的保险业务

private insurer 私营保险人 △由私法上的团体经营的保险公司,其经营主体为私人或私法上的团体,有别于公营保险公司

private mortgage insurance 抵押权保险 △私营保险公司办理的一种保险,对抵押贷款人因借款人拖欠债务造成的损失提供保障

private non-commercial health insurance 私营非商业性健康保险

private placement 私下交易;私募;私人配售

privileged communication 有特权的通信 △法庭不得要求收信人披露作为证据的通信,其中包括当事人写给其法律顾问的信件、夫妻间的通信等

privilege of estate transfer 遗产转移权 △财产所有人将其财产在其死亡时转移给其他人(或法人)的权利

privity 当事者关系 △合同当事人的一方或因合同而受益的第三人彼此之间的法律关系

proactive 前瞻性

proactive fiscal and monetary policies 积极的财经政策

probability 概率 △ 也叫"或然率"或"几率",是衡量随机事件出现的可能性大小的一种尺度

probable life curve 可能生命曲线 △ 根据以往的死亡经验所绘制的统计曲线,主要在分析可能的死亡趋势中使用

probable lifetime 可能寿命 △ 以精算统计为基础计算出的某人在某一特定年龄层平均预计寿命

probable maximum loss 可能最大损失 △ 一个特定的危险单位在通常情况下所能预料的最大损失

probate 遗嘱检验证书 △ 法院签发的一种证书,证明死者的遗嘱已经法院认证和登记,并将管理死者财产的权利授予遗嘱的执行人

probation period 试用期

problem account 有问题的账户 △ 不能保持正常头寸应对支付的账户

problematic asset 有问题的资产;不良资产 △同 non-performing assets

problematic loan 有问题的贷款;不良贷款 △同 non-performing loans

problem customer 有问题的客户 △ 不能按时履行支付义务的客户

problem loan 有问题贷款;不良贷款 △ 同 non-performing loans

procedure for recording 记账程序

procedure in bankruptcy 破产程序 △ 债权人对于无支付能力的债务人声明债权以及满足这些债权的程序

procedure of arbitration 仲裁程序

proceeds from the issue 发行收益 △ 扣除股票、债券发行费用后的净收入

proceeds of a loan 贷款收入 △ 扣除相关费用所得的贷款净额

process 程序;传唤 △在保险中,提出要保申请交付审查的发单过程

process agent 传票代理人

processing cost 加工成本

procurement authorization (P/A) 采购授权

producer 举绩者 △ 常指为保险公司推销保险产品并从中获取佣金者,如寿险代理人、保险经纪人等

product 商品 △ 在保险用语中指保险商品,即保险公司推销的保单

product-completed operations liability coverage 产品及完工责任保险 △ 承保产品在销售交付后或营造商在工程完成或放弃后所致第三者的损害而依法应承担的赔偿责任

production 举绩额 △ 保险公司、保险代理公司或代理人的销售额

production factor endowments 生产要素禀赋

product liability 产品责任 △ 由于产品存在的缺陷,致使在消费或使用过程中发生意外事故造成人身伤害或财产损害依法应承担的赔偿责任

product risk 产品风险 △ 某种特殊产品没有市场需求

professional accountant 专业会计师 △ 正式注册合格、从事公共会计业务的会计师,即注册公共会计师(CPA)

professional auditor 职业审计师;专业查账员

professional ethical standard 职业道德标准

professional liability 专业责任 △ 从事专门职业的人员因工作上的疏忽或过失致使他人受到人身伤害或财产受到损失依法应负的赔偿责任

professional liability insurance 职业责任保险 △ 有时也叫"专业赔偿保险",主要承保各种专业人员,因工作上的疏忽或过失或处理不当造成他人的人身受到伤害或财产受到损害依法应承担的经济赔偿责任

professional quality 业务素质 △ 从事某种职业的专业人员的能力

professional reinsurer 专业再保险人 △ 专门经营再保险业务及有关服务的机构

professional service employer 专业人员

机构 △ 由专业人员所拥有或控制的公司或合作组织

profit 收益;利润 △收益指从一种或数种交易中所获得的收入。利润指企业在付清一切账款后所剩下的金额

profitability analysis 获利性分析

profit after tax 纳税后利润

profit and commission insurance 利润及佣金保险 △ 承保制造商或代销商的预期利润或预期佣金损失

profit and loss (P. & L.) 损益;盈亏

profit and loss statement 损益表;损益计算书 △反映一个企业在会计期内收益的货币价值和来源、费用的种类和金额以及造成的净收入(利润)或净亏损的简要报表

profit commission 盈余佣金 △ 合同项下所分入的再保险业务或保险业务获有盈余时,再保险人对原保险人或保险人对经纪人及代理人给予一定比例(一般按事先预定的百分比)的额外报酬。有时又称或有佣金

profit insurance 利润保险 △ 对被保险人的利润损失作出赔偿的保险

profit on operation 营业利润

profit or loss on exchange (买卖)外汇损益;汇兑损益

profit rate on cost 成本利润率

profit realized 实现利润

profit-sharing plan 利润分享计划 △ 由美国的一些雇主制定和维持的利润分配方案

profit statement 利润表

pro forma (P. F.) 估计的;形式上的

pro forma invoice 形式发票

programme 方案

programme manager 项目经理 △ 同 project manager

programming 设计保障计划 △ 寿险代理人为准保户或其家属设计的,能满足他们需要的人寿保障保险计划

progressive income tax 累进收入税 △ 对高收入课税的比率高于低收入课税的比率的税收征缴办法

progressive vesting 赋予渐进的受领权 △ 见 graded vesting

prohibited article 违禁品 △ 现在所有的保单中都有这一条款,禁止在被保险人的场所保存某些有特别危险的物品

prohibited list 拒保危险表 △ 保险公司决定不予承保的危险记录表

prohibited provisions 禁止条款 △ 人寿保险单中的一些不允许条款,如取消被保险人向保险公司起诉的权利等

prohibited risk 拒保风险 △ 保险公司在任何情况下都不可承保的危险

project budget 展业预算 △ 是保险公司的一种单独预算。主要是为发展新产品、任命新的代理人及开发新市场所做的预算

project completion guarantee 项目竣工担保

project finance 项目融资;发展计划资助

projection 预估值 △ 依现存的各种关系的状况,估计其将来的变化。在保险上,指对死亡率、患病率、脱落率及销售量等未来情况的估计

project manager 项目经理 △ 银行专门负责某个或一切项目贷款工作的经理

project under construction 在建工程(项目) △ 同 works under way

proliferation 多样化 △ 同 diversification

promise to pay 保证给付 △ 在保险中,如果发生保单上列明的事故时,保险公司将按规定的金额付给指定的受益人的一种昭示保证

promissory 约定支付的

promissory note (PN, P. N., P/N) 本票;期票 △由出票人签发的保证在见票后或在一定日期无条件付给受款人一定金额的票据

promissory warranty 承诺保证 △ 今天保证的事项,以后也必须这样做,不能改变

prompt cash payment 即期付现;(带有两、三天宽限的)立即付款

prompt day 交割日;结算日

prompt payment 立即付款
proof machine 验钞机
proof of loss 损失证明 △ 记载保险事故的发生及其损失情况等有关资料的正式书面报告
property 财产权;财产 △用以指所有权的客体,即所有物、财产
property and casualty insurance settlement option 财产险和意外险赔付选择 △ 财产保险的损失赔付方式有三种:(1)现金支付 (2)以重置方式更换损坏的财产 (3)修理被损害的财产,使之恢复到损失前状态
property damage 财产损毁 △ 在保险领域中,财产损毁通常指对其他人的有形财产造成的直接损失
property damage insurance 财产损毁保险 △ 见 property damage liability insurance
property damage liability insurance 财产损毁责任保险 △ 承保被保险人对他人财产的损毁灭失依法应负赔偿责任的保险
property dividend 实物股利
property encumbrance certificate 财产债权证明
property insurance 财产保险 △ 一种以各种物质财产及与其有关的利益为保险标的的保险
property preservation 财产保全 △ 涉及经济纠纷的财产(动产、不动产)被司法机关按债权人要求实施冻结扣押措施,以保障他的权益
proportional reinsurance 比例再保险 △ 一种以保额为基础的分保方式
proposal 投保书 △ 投保人填写的向保险人提出投保意向的书面文件
proposed budget 概算
proposer 投保人 △ 向保险人投保的人。投保人可能是被保险人本人或被保险人的代理人或受益人
proprietary insurance 营利保险 △ 商业性保险公司提供的保险
proprietary insurer 营利保险人 △ 为营利的保险公司,如互保公司或股份公司或伦敦的劳合社
proprietary loan 自营贷款 △ 金融机构用自己的资金放贷。与委托贷款相对
proprietorship 1.独资企业 △ 由一个人拥有并管理的企业 2.资本主权;所有权
pro rata 按比例
pro rata cancellation 按比例注销;比例式终止 △保险合同终止时,保险公司依据合同生效期限按比例收取保险费
pro rata clause 比例分摊条款 △ 保险合同中的一个条款,规定损失发生时,将根据合同承担的保障该损失的全部保险金额,按比例赔付损失
pro rata liability clause 比例责任条款 △ 规定各有效保险单承保的标的发生损失时,按各保险人所保金额与总保险金额的比例分摊赔款
pro rata rate 比例保费率 △ 短期保险费率,不是长期保险费率的百分比
pro rata unearned premium reserve 比例式未到期保费准备金 △ 在健康保险中,指对保单所有人应负的责任中尚未履行的那部分责任所需提存的准备金,即为未来保险期间提供保障的准备金
prorating 比例式给付削减 △ 依比例削减合同规定的可给付金额的一种给付
proration 给付修订 △ 因被保险人职业变动,或同一意外事故或残疾同时有其他保险承保,保险人将给付予以修订的情况
prospect file 准保户档案 △ 存入电话按字母顺序及接洽日期排列的准保户或存疑保户的名单
prospective earnings 预期收益
prospective future service benefit 预估未来服务年资给付 △ 在退休金计划中,加入者的退休给付与在某一特定日期之后所可能被认可的服务年资有关,因此而给予的给付部分
prospectus 说明书;筹资启事;招股说明书;募股说明书 △发行证券的公司向

证券购买人介绍公司财务状况和证券的发行数量、价格的印刷品
prospectus on an issue of security 发行证券的招股说明书
protection and indemnity (P. & I.) 保障与赔偿
protest 1. 拒付;拒付证书 △ 由付款地的公证人所作的证明汇票或支票提交承兑或付款时,付款人拒不承兑或拒付的证书 2. 抗议(书) △ 持票人遇汇票拒绝承兑或付款时,请法院或公证人出具的拒绝证书,称为抗议(书)
protest fee 拒付证书费
protest for dishonour 拒付汇票证书
protest for non-acceptance 拒绝承兑证书
protest for non-payment 拒绝付款证书
protest waived 免除拒绝证书
Protocol of Settlement and Payment Procedures 结算与支付手续议定书 △ 记账贸易结算与支付方式的一种
provide custody for funds 托管基金
provision 准备金;拨备
provisional policy 暂时保险 △ 保险事项尚未明确,以大概情况签订的保险单
provisional premium 暂收保险费;预收保险费 △ 同 deposit premium
provision for bad debt 呆账准备金;备抵坏账
provision for loan loss 贷款损失准备金;贷款损失备抵
provision for loss on realization of inventory 存货变现损失准备
proviso 但书;附文;(附带)条件
proxy 1. 代理;代理权 2. 代理人 3. (对代理人的)委托书;授权书
proxy statement 代理委托书;△ 委托书;授权书 △ 见 power of attorney
proxy system 代理制 △ 没有进出口权的企业委托有直接进出口权限的外贸公司代为进出口的制度
proxy system in foreign trade 外贸代理制
prudent fiscal and monetary policies 稳健的财经政策
public accountant 公共会计师;开业会计师 △ 与在企事业内的会计人员相对
public adjuster 被保险人的代理人 △ 从被保险人处得到佣金,代表被保险人的利益为被保险人出面解决被保险人与保险人之间保险纠纷的人
public audit 公开审计
public bidding 公开投标
public defender 公设律师 △ 在美国特指由政府聘请为被指控犯罪的人辩护的律师
public juris 公有权利 △ 任何人皆可享有的公共权益,如光线、空气、公海等
public notary 公证人 △ 同 notary public
public offering 公开销售;公开募集 △ 通过投资银行出售证券,即为公开销售证券
public official bond 公务员保证保险
public property 公共财产 △ 非个人或私营企业所拥有的财产,即该财产的所有权归属于社会
public tender 公开投标;公开招标
public trust 公益信托 △ 为社会公共利益而设立的信托,或者是慈善性的信托等
publish 出台 △ 公布某项措施或政策
punitive damage 惩罚性赔偿 △ 除对当事者处以实际的损害赔偿外,法院又另外处以一笔赔偿金,作为对致害人严惩疏忽的惩罚
pup company 附属公司 △ 属大公司所有的小规模的保险公司
purchase agreement 购买契约
purchase money mortgage 购买财产抵押 △ 买方所作的抵押以代替购买不动产的全部现金支付
purchase of documentary bills 议付 △ 见 negotiation of documentary bills
purchase option 购买权 △ 准许承租者在租约期满时购买设备的权利
purchase price 购买价格 △ 年金保险的费用。年金的保险费通常一次缴清,

而不是每年或定期缴费

purchases VAT for the current period 当期进项增值税

purchase VAT 进项增值税 △ 会计报表用

purchasing group 购买团体 △ 两个以上的个人或组织一起向一个或多个保险公司购买基本相同的保险保障，团体的每个成员都有一张保险单，与团体保险不同

purchasing power 购买力 △ 一个货币单位所能购买的商品和劳务的数量

purchasing power parity（PPP） 购买力平价

pure captive 纯自保 △ 损失风险全部由自己承担（自保）

pure endowment 纯生存保险 △ 是以被保险人在一定时期内继续生存为给付条件的保险，其给付方式是在被保险人达到一定年龄后分期或一次给付

pure insurance risk 纯保险风险 △ 见 mortality risk

pure loss cost ratio 纯赔款成本率 △ 在一定期间内再保险公司的某一再保险合同的赔款与净保费收入总额的比率

pure premium 纯保险费 △ 用于支付保险赔款的保险费部分，其数额依损失几率计算

pure premium rating method 纯保费费率计算法 △ 一种以纯保费为基础计算费率的方法

pure risk 纯风险 △ 保险中的天灾和非故意人为的事故，与投机性风险不同，纯风险没有获利机会

purpose-limited loan 特定贷款；戴帽贷款；限定用途贷款 △ 同 earmarked loan

pursue for the payment of 催缴

push up 汇率上升；利率上升

push upward 汇率上升；利率上升

put 股票出售权 △ 契约规定的股票持有人拥有指定时期内按约定价格卖出一定数量股票的权利。与“股票购买权”相对

put one's veto on a proposal 投票否决

put option 出售选择权；卖出期权

Q q

Q Schedule (New York code) 明细表 Q △ 美国纽约保险法的一项规定,要求所有寿险公司向保险监督官提交有关销售新的寿险保单的使用情况的明细表,并对获取新业务的营业费用作了限制

quadruple indemnity 四倍型意外伤害保险 △ 多倍型保险的一种。如果被保险人因发生了保单约定的保险事故而受到伤害时,保险公司将按保单面额的四倍给付保险金

quadruplicate 一式四份中的一份;第四(份)的;作成一式四份

qualification 1.资格;合格证明 2.附带声明;保留意见 △专指审计师报告中的附带声明,声明其审计报告有保留,对某一项目尚有疑问,或对某一项目不能同意 3.限制条件

qualification certificate 资格证书

qualification law 保险从业人员资格法 △ 对保险从业人员,如经纪人、代理人等制定的有关法规

qualified acceptance 限制承兑

qualified annuity 合格年金 △ 筹集或分配合格退休计划基金的年金计划

qualified impairment insurance 轻度伤害保险 △ 一种特殊的保险,对被保险人的轻度伤害予以有限制的给付

qualified notary 合格公证人

qualified profit-sharing plan 合格利润分享计划 △ 由雇主所设立并维持的一项计划,参加的雇员可分享公司利润

qualified prospect 合格准保户 △ 在人寿保险的营销中,有保险要求、买得起保险并有资格成为被保险人、能与保险业务员接触的人

qualified trust 合格的退休金信托 △ 符合有关规定的各种退休金信托,雇主及雇员均能享受税收优惠

qualifying prospects 准保户调查 △ 寿险业务员对有关准保户的保险需求、缴费能力等情况的调查过程

quality (qlty.) 质量

quality business 优质业务 △ 在人寿保险中,优质业务指保户有良好的续保率、正常的死亡率、低廉的费用等。在财产保险中,优质业务指有良好防损措施及设备、出险率低等

quantity (q.) 数量

quantity discount 高额保险折扣优惠 △ 在人寿保险中,当保单面额超过保险公司所特定的保额时,给予折扣优惠

quarantine certificate 检疫证书

quarantine indemnity 传染病隔离补偿 △ 保单中有时含有的一种给付,即对被保险人因患传染病被迫隔离后,在时间上的损失给予补偿

quart (qt.) 夸脱 △ 液量、容量单位

quarter (qr.) 季度;四分之一

quarter day 四季结账日 △ 在一年中,结算租金及其他债务等的四个特定日

quasi contract 准契约 △ 非合同当事人双方经过协议而达成的契约,但应承担的义务与合同当事人签订的契约所规定的义务在性质上相似

quasi-insurance institution 准保险机构 △ 美国那些办理强制社会保险的政府所属部门

quasi-judicial bodies 准司法部门 △ 美国那些与保险有关的部门,这些部门具有与司法部门类似的权力,能够强制有关机构或人员执行其法规和条例

quasi-public corporation 准公益事业公司 △ 一种非营利性的公司,由私人经营,其目的是为了保障公众的共同利益

quay to quay 码头至码头 △ 海洋运输货物保险中的一种责任起讫期限

question 质询 △ 在法庭上对证人的询

问,要求证人如实讲出他所知道的某些事实的真相

Questionable 有问题 △ 客户信用风险评级的一类

quick asset 速动资产 △ 不需通过变现或变现过程极短、可立即用以偿还债务的流动资产,如资金、应收票据及随时可出售的证券等

quick asset ratio 速动比率 △ 又称酸性测验比率,企业流动资产与流动负债的比率

quick capital 流动资本

Quick Documentary Credit 快速跟单信用证 △ 北欧一些银行创新的一种快速处理、传递、买卖双方及时办理提货付款的信用证

quick liability 速动负债;短期债务

quick ratio 速动比率 △ 又称酸性测验比率。企业速动资产对流动负债的比率。通常速动比率越大,偿债能力也越强

quid pro quo 对价 △ 意指价格相同的以物换物。在保险中,指合同双方当事人所交换的价值,同 consideration

quiet enjoyment clause 安宁享用条款 △ 租赁合同中的一个条款保护购得地产的人或承租人不受他人干扰,安宁地享受其占有权

qui facit per alium, facit per se 委托代理之事与本人所为者无异 △ 一个古老的、表达了对代理的责任规则的格言

quintuplicate 一式五份中的第五份;第五(份)的;作成一式五份

quorum 法定人数 △ 一个机构或组织必须出席会议的最低人数,以有效地讨论事情

quota 配额 △ 当需要一定限制时,对某一部门、小组或个人规定的适当份额

quota share and surplus reinsurance 成数和溢额再保险 △ 成数分保和溢额分保结合使用的一种分保方式

quota share reinsurance 成数再保险 △ 一种以保额为基础的分保方式

quota share retention 比例自留 △ 比例再保险中,分出公司依合同约定的比例自留的业务

quota share treaty 成数再保险合同 △ 再保险合同的一种方式

quotation (quotn.) 1.报价;报价单 2.挂牌 △ 汇率 3.行情;汇价表 △ 汇率

quotation of exchange rate 外汇牌价

R r

radioactive contamination insurance 放射性污染保险 △ 为一种特殊保险，承保放射性物质或核反应造成的损失

radium insurance 镭保险 △ 承保由于医疗机构或个人使用镭而造成的损害

Railroad Insurance Rating Bureau 铁路保险费率局(美)

railroad policy 铁路保险单 △ 在火车站由售票处或自动售货机发售的意外保险单

railroad retirement system 铁路退休制度 △ 根据美国联邦铁路退休法建立的保险制度，负责铁路职工的死亡、退休、伤残与失业方面的保障

railroad subrogation waiver clause 铁路代位求偿权放弃条款 △ 在火灾保险中，根据该条款规定，保险公司可放弃对指明的铁路公司的代位追偿权利

railway underwriter 铁路核保人 △ 负责检查铁路设备及使用情况以评定承保风险的人员

rain and / or fresh water damage (RFWD) 雨水/淡水损害 △ 货物在运输途中遭雨水或淡水浸泡所致损害

rain insurance 降雨保险 △ 降雨保险为营业中断险的一种，被保险人因恶劣天气造成的收入损失及费用开支可得到补偿

raise a loan 举债

raise capital 筹集资本

raise funds 筹资

raked trust 被动信托 △ 同 dry trust

range of fluctuations 摆动幅度

range of prices 价格范围；价格区间

ratable charge method 比例费用法 △ 在人寿保险中，对于解约金、保单贷款和保费的一种会计方面的处理方法

rate 1.费；费率；价格 2.行市；行情 3.率；比率 4.地方财产税(英) 5.运价；运价率 6.[~s]价目表 7.定价；定级

rate basis 费率基础 △ 在保险中，计算保险费率时所考虑的因素或使用的公式

rate-blanket average 总括平均费率 △ 以一张保险单承保多个或者分离的保险标的时所使用的一个平均费率

rate bureau 费率委员会 △ 许多国家由保险联合会或者同业公会建立的管理某一险种或某些险种费率的制定和调整的机构

rate card 费率卡 △ 印有各类保险业务费率以供参考的小册子或卡片

rate discrimination 费率差别歧视 △ 对风险等级与风险特征相同的被保险人或标的使用不同的费率

rated policy 加费保单 △ 在人寿保险中，申请人被要求缴纳高于一般标准的保费，以便由保险人承保其身体缺陷、职业或嗜好等特殊的风险

rated up 提高费率 △ 提高对高风险保险标的的费率的做法

rate filings 费率文件 △ 向保险监督部门提交的文件，内容包括准备使用的费率，必要时还要包括计算费率所使用的统计数据

rate making 制订费率 △ 决定费率的过程或程序

rate manual 费率手册 △ 保险公司将各类保险业务的费率汇编印制成的手册

rate of capital preserving and increasing value 资产保值增值率

rate of classification of... 等级品率

rate of death 死亡率

rate of depreciation 折旧率；贬值率

rate of interest 利率 △ 借款时支付利息的比率。利率的高低一般取决于银根松紧、信贷供求情况以及借款期限等

情况

rate of natural decrease 自然减少率 △ 在某一国家或地理区域,出生率减去死亡率的余数

rate of natural increase 自然增加率 △ 在某一国家或地理区域,出生率减去死亡率的余数

rate of return 收益率;利润率 △以净利除以资产平均总额

rate of return on risk free investment 无风险投资收益率

rate of turnover 周转率 △ 测定资本、资产或负债在一定时期内(通常为一年)的周转次数

rate per annum 年率 △ 按年计算的利率。长期贷款多半使用年率

rate per diem 日率 △ 按日计算的利率。活期贷款和票据贴现均按日计息

rate per mensem 月率 △ 按月计算的利率。短期贷款和银行透支通常都按月计息

rater 费率厘定人 △ 负责费率厘定的工作人员

rate risk 1.汇率风险 △ 汇兑风险的一种 2.利率风险 △投资中利率上升证券价格会下降或利率下降证券价格会上升的风险

rating 费率厘定 △ 对风险进行评估,并计算保险费率

rating bureau 费率局 △ 为保险人之间的合作组织,其职能是收集损失数据,进行风险分类,计算费率并设计新保单格式

rating in age 加龄定费法 △ 在人寿保险中,当某申请人为次标准体时,保险人对该申请人以高于其实际年龄的费率承保

rating organization 给债券、机构定级的机构 △ 如美国的穆迪、标准普尔公司

ratio analysis 比率分析 △ 以反映业务状况的某些主要比率来分析和评价企业的经济效果,叫做比率分析

ratio of capital sufficiency 资本充足率 △ 通常用 capital adequacy ratio

ratio of capital to assets 资本与资产比率 △ 同 capital-asset ratio

ratio of equity to assets 股权与资产比率 △ 同 equity-asset ratio

ratio of loan to deposit 存贷比率 △ 同 loan-deposit ratio

ratio of output value to fixed assets 固定资产/产出比率

ratio of profit to cost 成本利润率

real estate 不动产;房地产 △包括建筑物及其附属设施在内的土地

realistic value 现实价值;实在价值

realization and liquidation 变产清理

realization gain and loss 变产损益

real property 不动产 △ 同 real estate

real right 物权

real securities 不动产保证 △ 以不动产为抵押所作的保证

real time 实时

ream (rem.) 令 △ 纸张计数单位

reasonable and customary charge 合理且惯常的费用 △ 医生、医院提供医疗服务时依惯例收取的费用

reasonable and orderly flow of 有序流动

reasonable dispatch clause 合理交运条款 △ 协会货运条款之一

reassured 再保险分出人 △ 再保险业务中的分出公司

reassurer 再保险人 △ 英国用法,同 reinsurer

rebate 1.折扣 △ 以低于原定价出售商品或提供服务的定价、让价方法。保费折扣在美国大多数州为非法 2.出口退税 △同 drawback

rebound 反弹;汇率反弹;利率反弹 △ 汇率、股价、指数下跌后又上升

recallability 可回收性 △ 收回逾期贷款的可能性

recall loan 收回贷款 △ 同 recover loan

recapture 再保解约 △ 分出公司收回以前分给再保险人的业务的行为

receipt (recpt., rect.) 1.收条;收据 △ 受领人出具的收到款项或财物的证明 2.收到

receipt invoice 收妥发票
receipt of tax payment 纳税收据
receipt-payment bookkeeping system 收付记账制 △ 会计制度的一种
receivable 应收项目;应收账款;应收的
receivable account 应收款账户 △ 应收账款
receivable premium 应收保费 △ 已收到的全部直接签单业务的保险费,但在保险会计上,应收保费指应收但未实际收到的保险费
receiver 破产管理人
recess 汇率下跌;利率下跌
reciprocal agency arrangement 双方委托代理
reciprocal credit 对开信用证;互惠信用 △信用证的一种。交易双方互以对方为受益人对等开立的信用证,是我国易货贸易中的一种结算方式
reciprocal exchange 互惠合作社 △ 为其成员承保保险业务的非法人组织,成员既是保险人又是被保险人
reciprocal insurance 相互保险 △ 在互惠合作社内成员之间相互提供的保险
reciprocal law 互惠法 △ 如果在B州营业的A州保险人获有某些优惠权利,则A州有关当局对在A州营业的B州保险人赋予同样的权利的互惠做法
reciprocity 交换制 △ 相互交换再保险业务的一种制度
recognition of revenue 收入的确定
recognizee 受具结人
recognizor 具结人
recommendation on accounting principles 会计原则建议书 △ 审计师提出的建议
reconcilement blank 对账回单
reconciliation sheet 调节表;对账表
reconciliation statement 调节表;对账表
recorded at cost 按成本价入账
recorded under the equity method 按权益法处理
recording agent 签单代理人 △ 见 policy writing agent
recoup loan 收回贷款 △ 追回拖欠或破产债务人所欠贷款
recourse 追索权 △ 票据拒付时,出票人向付款人追偿的权利
recoverability 可回收性 △ 收回逾期贷款的可能性
recover damages 追偿损失
recover debt 追偿债务
recover loan 收回贷款
recovery 追偿金 △ 保险公司通过代求偿、摊回再保险赔付等方式得到的资金
recovery agent 追偿代理人 △ 代理保险人办理代位求偿权的代理人
recruiting 招募 △ 选择保险代理人的过程
recruitment ratio 招募率 △ 为招收一名新代理人所必须面试和评估的人数
recurring clause 复发条款 △ 健康保险单中的一项条款
recurring disability clause 复发残疾免赔条款 △ 见 deductible period
recurring itemes 经常项目 △ 反复发生的项目
red clause 红色条款
red clause credit 红色条款信用证
redeemable bond 可偿债券 △ 在指定日期可以按债券面值偿还的政府公债或企业债券等
redemption of mortgage 赎回抵押品 △ 抵押贷款偿清时收回抵押品
rediscount 再贴现;转贴现 △银行将贴现所得的票据,特别是商业银行向中央银行的贴现,转向其他银行
redlining 红线标示 △ 保险人在某区域所作的标记,表示该区域因有高危险风险而不予承保
reduced paid-up insurance 减额缴清保险 △ 在人寿保险中,根据长期保险的不没收选择权,被保险人在不断继续缴费时,可以用保单的解约金以趸缴方式购买保险
reduce expenditure 削减开支;压缩开支
reduce financial risks 化解金融风险
reduction 减额 △ 保险单中规定,保险

人在特定条件下将减少给付金额

reduction of benefit 减额给付 △ 在残疾收入保险中，有时条款中规定，在特定条件下自动减少给付金额

redundant people 富余人员

redundant staff 富余人员

referee 公断人；仲裁人

reference (Ref.) 参考；咨询人

reference bank 参考银行 △ 伦敦金融市场上经营欧洲货币业务的主要银行，依据他们所报平均利率计算出 LIBOR 作为欧洲信贷的利率基础，如 LIBOR ± 0.1%

refer to drawer (RD, R.D., R/D) 请与出票人接洽；洽询出票人 △ 银行划付支票时，如发现存款不足等情况，一般都在支票上注明"洽询出票人"字样后将支票退回

refinance credit 再筹划资金贷款 △ 再贷款信贷，类似转贷款

refinancing 1.再筹集资金 2.发行新债券以代替旧债券

refund 免抵退扣

refundable bond 调换债券；偿债债券 △ 收回已发旧债券，并以新发行的债券偿付

refundable issue 发行新债券偿还旧债券

refund L/G 退款保证书 △ 保函

refund premium 偿还保费 △ 一项特殊的保单条款，规定如果被保险人在某个特定期间内死亡，保险人除向受益人给付保险金外，还应偿还至被保险人死亡时所缴纳的全部保险费

regards (RGDS.) 问候；致意 △ 多用于电文最末

regional agent 地区代理人 △ 地区代理人指受总代理人领导，在特定地区从事业务的代理人

regional office 地区公司 △ 类似于分公司，为保险公司的总公司在某地区从事保险业务的分支机构

registered (reg., rgd.) 注册；登记

registered (treasury) bonds 记名式债券；△ 国债；记名公债

registered capital 注册资本

registered check 记名支票 △ cashier's check 的另一种形式

registered mail insurance 挂号邮件保险 △ 承保以挂号邮件方式寄送的金钱与有价证券等在邮寄途中的损失

registered retirement savings plan (RRSP) 注册退休储蓄计划

registered share 记名股票 △ 企业公司发行的需将股东姓名记入股票及股东名簿的股票。在公司分配红利时，由公司书面通知

registered stock 记名股票

registered tonnage 登记吨位 △ 注册商品用船只的单位体积载货能力

registration of securities 证券上市登记

regression analysis 回归分析 △ 统计学、经济计量学和预测学中常用的一种分析方法，通常与相关分析结合运用

regular (次日)交割 △ 资金交易用语

regular annuity 确定年金 △ 见 fixed annuity

regular delivery 定期交割 △ 一般 4 日内交割

regularity of income 收入均衡性

regular medical benefit 普通医疗给付 △ 在健康保险计划中，对医生的服务提供规定的给付

regular medical expense insurance 普通医疗费用保险 △ 承保除外科以外的医疗费用的保险

regular medical insurance 普通医疗保险 △ 承保除外科以外的医疗服务的健康保险

regulation 规则；条例 △ 如有关的规则、法令、命令、条例等。也指对事务的管理、调节、节制等

Regulation A A 项条件 △ 美国联邦储备委员会对会员银行及联邦中间信用银行的放款与贴现的规定

Regulation AA AA 项条例 △ 美国联邦储备委员会对消费者对会员银行申述程序的规定

regulation along separate lines 分业管理 △ 按不同行业进行管理。如银监会、保监会和证监会分别监管银行业、保险业和证券业

Regulation B B 项条例 △ 美国联邦储备委员会禁止在信贷业务中实行种族、宗教、性别和年龄等的歧视的规定

Regulation C C 项条例 △ 美国联邦储备委员会有关统计放款机构一年的住宅抵押放款金额的规定

Regulation D D 项条例 △ 美国联邦储备委员会有关会员银行提缴法定存款准备金以及准备金不足额时进行处罚的规定

Regulation E E 项条例 △ 美国联邦储备委员会有关电子资金转账的规定

Regulation F F 项条例 △ 美国联邦储备委员会有关股票在交易所上市的公司和资产在 100 万美元以上,股东在 500 人以上,股票在店头市场交易的公司应公开其年度财务状况及其他资料的规定

Regulation G G 项条例 △ 美国联邦储备委员会根据证券交易法的授权,以保证金项下的股票作为抵押,由证券商或银行以外的人提供的用于购买证券的信用贷款的规定

Regulation H H 项条例 △ 美国联邦储备委员会有关州银行等金融机构加入联邦准备制度,成为会员银行的规定

Regulation I I 项条例 △ 美国联邦储备委员会有关参加联邦储备系统的会员银行应认购所在区的联邦储备银行股票相当于该会员银行股本 6%的规定

Regulation J J 项条例 △ 美国联邦储备委员会有关联邦准备银行票据交换及收取服务费用的规定

Regulation K K 项条例 △ 美国联邦储备委员会有关会员银行进行国际业务以及在美国的外国银行经营州际银行业务和非银行业务的规定

Regulation L L 项条例 △ 美国联邦储备委员会根据存款机构管理连锁法案对连锁董事的规定

Regulation M M 项条例 △ 美国联邦储备委员会制定的关于缴存法定准备金的一项规定。规定美国银行对国外银行的负债(包括其国外支行在总行账面上的存款),必须缴存法定准备金

Regulation N N 项条例 △ 美国联邦储备委员会有关有权监督联邦储备银行与外国银行、银行家、政府间的交易和关系的规定

Regulation O O 项条例 △ 美国联邦储备委员会有关禁止各银行以不同于一般的贷款条件,向相互间的管理人员、董事和主要股东进行贷款并由此设立的往来账户的规定

Regulation P P 项条例 △ 美国联邦储备委员会为防止抢劫、偷盗以及辨认犯罪者,规定各银行应保持的最低安全设施

Regulation Q Q 项条例 △ 美国联邦储备委员会有关确定会员银行定期存款和储蓄存款最高利率的规定。它最初是在 1933 年的《银行法》中制定的,1935 年进行了修正。由于付给定期存款的利率在 60 年代对吸收定期存款有较大敏感性,因而 Q 项条例在美国联邦储备系统的货币政策方面起着重要的作用,被当作联邦储备银行政策的一项工具

Regulation R R 项条例 △ 美国联邦储备委员会有关禁止会员银行与证券交易商发生连锁董事关系的规定

Regulation S S 项条例 △ 美国联邦储备委员会对金融机构为客户准备提交给政府的金融记录所发生的直接费用规定的补偿率和补偿条件

Regulation T T 项条例 △ 美国联邦储备委员会根据证券交易法的授权,所制定的关于证券经纪人和交易商对顾客信用买卖证券所提供的贷款不得超过供抵押证券的最大贷款价值的条例

Regulation U U 项条例 △ 美国联邦储备委员会根据证券交易法的授权,限制银行贷款给客户用来以保证金方式购买证券并以证券作为抵押,其数额不得

超过证券的最大贷款价值的规定

Regulation V V项条例 △ 美国联邦储备委员会有关联邦储备银行,在履行作为那些授权保证国际贷款的政府部门的财务代理职责时应遵守的程序和标准的说明

Regulation W W项条例 △ 美国联邦储备委员会有关会员银行从事消费信用的最低定金,最长满期期限及其他条件的规定

Regulation X X项条例 △ 美国联邦储备委员会根据证券交易法的授权,有关将条件G、T和U扩展到这些条例没有包括到的借款人和信贷形式的规定

Regulation Y Y项条例 △ 美国联邦储备委员会对银行控股公司的定义、控制其扩大以及要求它放弃非银行股权的规定

Regulation Z Z项条例 △ 美国联邦储备委员会有关公开消费信贷和租赁条件使消费者了解的规定

regulatory capital 管制资本 △ 受外汇管理不能随意调往境外的资本

regulatory risk 监管风险 △ 一国金融监管当局提高银行存款准备金比率或财政当局征税可能造成贷款方面等资本增大的一种风险

rehabilitation clause 重新就业条款 △ 健康保险(尤其是残疾收入保险)规定的某些帮助残疾被保险人恢复工作的给付条款

reimburse 偿付 △ 对垫付款项的银行进行偿还性质的支付。进口商银行向国外出口商押汇银行的支付

reimbursement 补偿;赔偿;偿付 △ 对被保险人发生的费用或损失进行赔付

reimbursement benefits 赔偿金 △ 在健康保险中,对被保险人发生的实际费用全数支付

reimbursement claim 1.索汇;索偿 2.索偿书 △ 由索偿银行向偿付行要求付款的文件

reimbursement clause 索偿条款 △ 信用证的条款之一

reimbursement of remittance cover 拨(付)头寸 △ 银行向代理行发出汇款的同时拨去头寸,通过记账或电讯调拨

Reimbursement Undertaking 偿付保证书 △ 偿付行依据开证行指示开立的独立且不可撤销的有条件的付款保证书

reimbursing bank 偿付银行 △ 代理信用证开证银行付款的银行。偿付银行通常是开证银行的存款银行

reinstatement 恢复原(保险)额 △ 财产保险中发生事故得到赔偿后,保险金额要扣除赔付数额,但只要加付一定的保险费,原保额仍可继续有效

reinsurance (R.I.) 分保险;再保险

reinsurance pool 再保险集团 △ 由若干保险公司组成的联合组织,各成员的再保险业务,由集团统一办理,以扩大承保能力

reinsurance premium (inward) 分入再保险费 △ 再保险人因接受再保险业务而收取再保险费

reinsurance premium (outward) 分出再保险 △ 分出人因购买再保险而向再保险人支付的再保险费

reinsurance reserve 再保险准备金 △ 类似于直接保险业务,再保险人就所承保的业务提取未满期保费准备金

reinsurance ticket 分保条 △ 一种附在日报表上的记载分出业务情况的记录

reinsurance treaty 再保险合同 △ 分出人与再保险人订立的合同,内容就分保形式、分保条件作出安排

reinsured 再保险分出人 △ 再保险分出人指一个保险人,其风险被再保险人予以再保险,又称为分出公司

reinsurer 再保险人 △ 接受再保险业务的公司,又称分入公司

rejection 拒赔;拒保 △保险公司因特定原因拒绝承保某一风险的行为

rejection clause 废弃或没收条款 △ 海上货物保险附加条款之一

related company 联营公司;关联公司 △同 affiliated company

relation of earnings to insurance 收入与保险相关条款 △ 在残疾保险中,规定被保险人的全部残疾给付收入不超过残疾前的总收入(或某一百分比)
relationship clause 亲属关系条款 △ 责任保险中的亲属关系条款规定,对于与被保险人有关联的人员遭受的人身或财物损害,保险人不负赔偿责任
(customer) relationship manager 客户(关系)经理 △ 银行专职处理与客户关系的经理
relative loans 关系贷款 △ 借款人凭与银行官员私人关系不按正常手续、条件获得的贷款
release 1.放弃;弃权 2.放行 △ 银行在进口商满足付款、承兑等有关条件后把单据交给进口商,以便提货
relevance 恰当;关联性;相关性
relevance analysis 关联分析
reliability 可靠性
relieve the shortage of funds 缓解资金短缺
remainder 再保额 △ 分出公司的第一危险单位在减去自留额后由再保险人承担的保险金额
remaining life 残余使用年限
remark [常~s]批注;备注;摘要
remarriage clause 再婚条款 △ 在人寿保险中一般规定当受益人再婚时,以后的给付将转与其他受益人
remind 催收(债务)
reminder 催收函;催收单
reminder slip 催收函;催收单
remit money 汇款
remittance (Rm.) 1.汇款;汇款额;2.顺汇 △ 顺汇债务人或付款人主动通过国内银行把款支付给国外债权人或收款人。即支付工具和资金朝同一方向流动的汇款方式。与"逆汇"相对
remittance by banker's demand draft 票汇
remittance by overseas Chinese 侨汇 △ 海外侨民汇回祖国的款项
remittance cover 汇款头寸
remittance order (R.O.) 汇款单;汇款委托书
remitted tax 免税
remittee 汇款领取人
remitter 汇款人
remitter's bank 汇款行
remitting bank 汇款行;汇出行;托收行 △ 代客户办理托收并向外寄送托收票单(如汇票)的银行
remitting party 汇款人
removal 搬移;移动 △移动为某些财产保险单承保的危险
removal bond 搬运保证
removal of debris clause 残余物清理条款 △ 保险单规定,当保险事故导致保险标的发生损毁时,其残余物的清理费用应予赔偿
renew 续保;更新
renewable 可续保的定期保险 △ 在人寿保险中,定期保险的保单持有人有到期续保的选择权与在保险期内转为长期险的选择权
renewal agreement 续保协议、契约 △ 某些保单中规定续保条件的协议
renewal certificate 续保证明书 △ 续保时代替原保单的一份简要文件
renewal expense 维持费用
renewal notice 续保通知 △ 续保通知指保险期间届满时保险人通知被保险人办理续保的文书
renewal premium 续保保费 △ 续保保费指被保险人续保时缴纳的保险费
renewals 续保保费;续保佣金
renounce 放弃
rent insurance 租金保险 △ 承保财产所有人因保险事故导致财产无法出租而造成的租金收入损失
reorganization 改组;重组 △企业或公司因财务困难被债权人要求或法院裁定,实行改组,将原来的资本结构及其人事管理全部更换。原有债权债务全部由改组后的新公司予以接收,从事经营,渡过财务难关
repair risk insurance 修理保险 △ 船舶

保险的一种。对在修理过程中船舶所遇的损失予以承保

repayment guarantee 还款保函;还款担保 △保证债务人切实履行到期还款的一种法律保证形式

repayment L/G 还款保证书 △ 保函

repayment of principal 偿还本金

replace clause 重置条款 △ 伦敦保险人协会海上货物保险条款之一

replacement 重置价值

replacement cost insurance 重置价保险 △ 承保更换受损财产所需的成本,不扣除折旧;而一般财产保险的补偿均以实际损失为准,须扣除折旧

replacement ratio 替换率 △ 用于表示代理人失去多少寿险业务的指标,可用保单数、面额或保费的百分比显示

replacement value 重置价值 △ 为在某一时期重新购置财产的全部支出,为财产保险中确定保险价值的一种方法

replacement value approach 重置价值法

replying to your telegram (RUT, RYT, R. Y. T.) 回复你电报 △ 电文开头用语

report 检举

reporting contract 申报合同

reporting form 申报式保单 △ 申报式保单为在保险期间价值容易波动的被保险财产而设计

representative 代理人 △ 代表保险公司向客户推销保险或递交保单、收取保险费的人员

Representative Office (Rep.) 代表处 △ 公司、银行在异地、异国设立的联络性质机构,无权办理具体业务,升格分支后才可经营

repurchase agreement (REPO, repo) 再购回协议 △ 资产的出售方同意在今后某一特定日期,以特定价格再购回其所出售资产的协议。实际上是卖方担保买方的放款,如卖方违约,其担保品仍被买方持有

required provisions 必要条款 △ 根据(美国)州保险法规定,必须在保险单中表达的条款

requirements for eligibility 合格的必要条件 △ 雇员给付计划中,决定雇员是否能加入该计划的判定标准

requirements of insurable risk 可保风险的必要条件 △ 判定标准:(1)有大量同质风险 (2)损失必须能够在时间和数量上确定 (3)损失发生是偶然的,被保险人不能导致损失发生 (4)不能是巨灾损失,必要时应分保 (5)潜在损失不能过于微小

rescheduling 重新安排(偿还期)

rescheduling loan 重新安排贷款 △ 借款人难以按原来的约定条件偿还的贷款,经双方协商重新安排偿还条件,包括期限、期数甚至利率

rescheduling of debts 债务重整 △ 重新谈判债务的期限。实际上是债权人同意的再融资,否则就会发生"拖欠债款"

rescission 取消合同 △ 保险公司收回保险合同并使之无效

reserve 准备金;储备金;拨备 △ 保险人为应付其承担的保险责任或备付未来的赔款,从其所收的保费或其资产中提留的基金

reserve-deposit ratio 存款准备金率 △ 准备金占存款总额的比例

reserve for depreciation 折旧准备 △ 用于扣减固定资产账户余额和备抵账户。现改称为 allowance for depreciation

reserve for future claims 未到期责任准备金 △ 在会计年度决算时,将保险责任尚未满期的、应属于下一年度的部分保险费提存出来形成的准备金

reserve for incurred but not reported 未决赔款准备金;IBNR赔款准备金 △IBNR 赔款准备金指保险人对已发生但尚未得到赔款报告的保险损失作出估计而提留的准备金

reserve for unexpired premium 未满期保费准备金 △ 见 unearned premium

reserve held by underwriting agent 承保代理人留存的准备金 △ 英国劳合社中承保代理人为支付将来的赔款而向各成员收取的一项预留,称为承保准备

金

reserve rate 储备率 △储备资产与存款之比率,反映存款人提款的可靠机会。储备率高,可靠性大,反之则小

reserve ratio on deposits 存款准备金率 △同 reserve-deposit ratio

reshuffle staff 精简人员

resident agent 地区代理人 △同 local agent

residential lending 住房贷款

residential mortgage 住房按揭;住宅抵押借款

residential mortgage loan 个人住房按揭

residual disability 有后效的残疾 △在健康保险中有后效的残疾,指即使被保险人能全日制工作,但收入能力受到影响的残疾。用有后效的残疾给付取代半残给付,能给被保险人提供更充分的保障,原因在于它的给付期更长,更注重收入损失的给付

residual value 残余价值;残值 △固定资产已到使用年限应该报废,但仍经变卖收回的价值

residual value approach 残值法

residuary 余产遗产

resile 反弹

resilience 反弹

res ipsa loquitur 推定证明 △事实本身即是证明;根据情况推定

resource gap 资金差额;资金缺口

responsibility 1.责任;职责 2.(财务方面的)可靠性;偿付能力

responsibility of breach 违约责任

restoration premium 补足保费;复原保费 △一张保单赔付损失后,保险公司往往要求加收保费以使保单恢复到原来的保险金额,加收的保费叫做"复原保费"

restriction 制衡;制约;[～s]限制 △保单中的限制或除外等规定

restrictive endorsement 限定性背书

restrictive order 限定性抬头

restructure 重组

restructure before listing 包装上市 △公司上市前先进行重组

restructure to go public 包装上市

resulting trust 归负信托;事实构成的信托 △没有明确表示要创造信托,但从赠予人的某种行为推测,他有意创设信托,因而事实上出现的信托

resumption of operations clause 恢复营业条款 △营业中断险保单的条款规定,如果恢复营业能减少损失,则被保险人有恢复营业的义务,否则被保险人应承担部分损失

retail banking 零售业务

retail store policy 零售商店保险单 △专为小型零售商店设计的保单,承保多种风险

retain customer 留存客户

retained earnings 自留盈余;留存盈余 △自留盈余为企业保留在企业内部不予分配的盈余,即纯利润减去盈余分配

retained income 留存收益

retained profit 留存利润;净利润;未分配利润 △同 retained earnings

retaliatory laws 报复性法律 △美国各州法规定,如果本州的保险公司在外州营业时被征收某种税率,则外州的保险公司在本州营业将被征以同样的税率

retention bond 自留额保证保险

retention limit 自留额限额 △保险公司根据不同类业务承保能力的最大限度制定的最高自留金额

retention money guarantee 预留金保函 △保函的一种

retention policy 自负式保单 △被保险人承担特定金额以下部分全部损失的保险合同,但保费十分低廉

retire bill 赎票;赎单 △进口押汇的汇票经进口商承兑后由押汇银行保存,进口商于汇票到期日付清票款后取回汇票,叫做赎票

retirement allowance 退休津贴 △付给退休职工的退休金或年金

retirement income insurance 退休收入保险 △该保险的做法是被保险人在特定年龄前死亡,则给付死亡保险金;如

果到特定年龄时仍生存,则给付确定生存年金

retirement method (固定资产的)报废法 △ 处理折旧的一种变通办法,即将成本减除残值后的余额列入资产报废年度的账目

retirement pay 退休费;退休金

retirement plan 退休计划

retroactive adjustment 追溯调整

retroactive conversion 追溯转换 △ 将定期保险转为长期险时,以原保单签单时的年龄作为起保年龄

retroactive liability insurance (RLI) 追溯责任保险

retroactive period 追溯期 △ 在健康保险中,追溯期指一段时间,如果伤害与疾病发生在这段时间,则不予任何给付

retrocedent 转分保接受人 △ 接受转分保业务的再保险人

retroceding company 转分保分出公司 △ 原再保险人接受再保险业务后分给其他再保险人,该再保险人即为转分保分出公司

retrocession 转分保 △ 再保险人将自己所承保的再保险责任的部分转移给别的再保险人

retrocessionaire 转分保接受人 △ 也叫"转再保险人"。同 retrocedent

retrospective adjustment 追溯调整(账务)

retrospective rating 追溯费率 △ 根据过去风险的损失经历,在原费率基础上加以调整而计算出的费率

retrospective reserve 追溯法责任准备金 △ 以追溯法计算的人寿保险责任准备金,即已收到净保费及利息的积累值减去已付赔款及利息的积累值

return commission 退还佣金 △ 保单在满期前解约,代理人应退还该保单的部分佣金,保险人也退还被保险人部分未满期保费

return for no claim 无赔款退费 △ 某些保单规定,如果保险期间内无赔款发生,保险公司必须退还一部分保费

return of assets (ROA) 资产盈利率

return of capital 1.资本利润率;资本返还率 △收回投入资本的比率 2.资本退回 △ 对业主的一项支付款项,在会计上暂记业主产权账户

return of cash value 返还现金价值 △ 人寿保险单条款规定,如果被保险人在给定年数内(如 20 年)死亡,则向受益人支付死亡保险金加上保单现金价值

return of equity (ROE) 资本盈利率

return on assets (ROA) 资产收益率;资产回报率

return on capital (ROC) 资本收益;资本报酬;资本回报率

return on common equity 普通股投资回报率

return on equity 股东资产净值的盈利 △ 企业的净利与企业主资产净值的比例,这是衡量企业经营绩效的主要标志

return on plan assets 计划资产投资回报

return on planned assets 计划资产的投资回报率

return premium 退还保费 △ 因保单解约、保额减少或费率降低而退还给被保险人部分保费

revenue and expenditure 收支

revenue recognition 收入的确定

reversal entry 相反分录;冲账分录

reverse an entry 冲账;冲销 △冲销一笔错记或串户账目,即针对一笔借记再记一笔贷方使账平衡,反之亦然

reverse remittance 逆汇 △ 债权人(出口商)开出自己为收款人的汇票,通过银行寄往国外进口商向其索汇。支付工具和资金朝相反方向流动的汇款方式

reverse repos 配对卖出

reversionary annuity 继承年金 △ 见 survivorship annuity

reversionary interest 应继承的权益 △ 受益人对继承年金的保险金将来应有的权益

review with negative implications 负面隐

含审查

revival 复效 △ 见 reinstatement

revive downward 汇率回落;利率回落

revive upward 汇率回升;利率回升

revocable credit 可撤销信用证

revolving credit 循环信用证 △ 金额使用完后自动恢复不必另开立的信用证,多用于为保险公司开立的信用证

right of assignment 转让权利 △ 在人寿保险中,保单持有人有权将保单的全部或部分给付权益转与其他人

right of claim 请求权;索赔权

right of lien 留置权

right of minority shareholders 少数股东的权利

right of offset 抵消权 △ 贷款协议发生违约时,银行有权将保证人在银行账户中的存款用于抵偿保证人担保的未清偿债款

right of recourse 追索权 △ 汇票到期时如遭到拒绝支付,持票人对于前手(背书人、出票人)有要求其偿还汇票金额及费用的权利

right to indemnification 受偿权

right to indemnity 受偿权

riot and civil commotion insurance 暴动与内乱保险 △ 暴动与内乱保险承保由暴动、罢工、内乱引起的财产损失,即承保由三人或多人暴力骚乱造成的财产损失

riot exclusion 暴动除外条款 △ 标准火灾保单与许多其他财产保单都将暴动与内乱造成的损失列为除外责任

rise 汇率上升;利率上升

rise clause 上涨条款 △ 在保险费在内价格、成本加运费价格或到岸价格条件下,规定对运费及保险费率上涨的风险由买方承担的条款

rise of x percent year-on-year 年度同比增长(率)

risk 危险;风险 △事件的损失发生的不确定性。在保险中,risk 一词又指(1)被保险的人或物 (2)危险

risk adjusted return on capital (RAROC) 风险调整资本回报率

Risk and Insurance Management Society (RIMS) 风险与保险管理学会

risk appraisal 风险评估 △ 在保险中指核保过程

risk assessment 风险评估 △ 贷款、发债等对发生各种风险的可能性做出的估计

risk assets 风险资产

risk-based capital 风险基础资本

risk control 风险控制 △ 为风险管理的技术之一,即通过各种方法减少或减轻损失发生的频率与程度

risk forecast 风险预测

risk-free rate of return 无风险投资收益率

risk identification 风险识别 △ 企业对所面临的各种风险加以判别的过程,是风险管理的第一步

risk intermediation 风险中介

risk management 风险管理 △ 通过风险识别、风险评估和风险控制,把风险的不利影响减至最低程度

risk manager 风险管理人 △ 企业内部专门从事风险管理的工作人员

risk measurement 风险度量 △ 评估可能损失的频率与程度,是风险管理的重要步骤

risk note 承保通知书

risk of capture clause 战争危险除外条款

risk of contamination with other cargo 污染险 △ 海上货物运输险的附加险之一。承保海上货物在运输途中遭受污染的损失

risk of contingency loss 或有损失险 △ 或有利益遭受损失的风险

risk of craft and /or lighter 驳船险 △ 驳船运输货物时可能遭遇的货物坠海等损失的风险

risk of exchange 外汇风险;汇兑风险

risk of fresh-water damage 淡水险 △ 见 risks of rain and /or fresh water damage

risk of heat 发热险 △ 见 risk of sweat

damage

risk of hook damage 钩损险 △ 海上货物运输险的附加险之一。指货物搬运过程中由装卸钩所致的货物损坏

risk of non-delivery 提货不着险；遗失险 △海上货物运输险的附加险之一。货物在运送过程中遗失的风险

risk of oil damage 油渍险 △ 海上货物运输险的附加险之一。指货物在运送过程中遭致船上机油或其他油污污染的风险

risk of rust 生锈险 △ 海上货物运输险的附加险之一。指货物接触海水或因船舶搁浅、沉没、焚毁、碰撞而致海水锈蚀的损失

risk of shortage 短损险 △ 货物在运送途中,包装里的货物短少或散装货物重量短缺的风险

risk of sling damage 吊索损险 △ 海上货物运输险的附加险之一。货物搬运时因吊装货物不慎造成的损失

risk of sweat damage 汗湿险 △ 海上货物运输险的附加险之一。货物在海上因货舱昼夜温度变化形成舱内蒸汽,蒸汽凝成水滴所致的货物损失

risk premium 1.风险溢价;风险升水 △ 存放款期限增加而带来的风险上升。因而,存放款期限越长,利率越高。利率与风险成正比 2.风险酬金 △ 对从事危险工作职工的额外补贴、对债权人多付的利息等

risk rating (RR) 风险评级 △ (1)Exceptional 杰出 (2)Excellent 优秀 (3)Good 良好 (4)Adequate 足够 (5)Acceptable 可接受 (6)Questionable 有问题 (7)Poor 劣等 (8)Very Poor 非常差 (9)Lowest 最差

risk retention 风险自留 △ 企业自行承担可能发生的损失,而不采取保险等风险转移手段

risk securities 风险证券 △ 投机的、违约的高风险证券

risk selection 风险选择 △ 核保人在风险评定后作出对保险申请是否承保的决定

risk sharing 风险分担 △ 交易各方共同承担风险

risks of contact with oil and /or other cargoes 接触油类及其他货物险 △ 海上货物运输险的附加险之一。布匹、食物或纸类在船上受油污或其他货物污染而导致经济损失的风险

risks of foreign trade 对外贸易风险 △ 对外贸易中可能发生的风险。如信用风险、运输风险、政治风险

risks of leakage and breakage 漏损及破损险 △ 海上货物运输险的附加险之一。指液体、流体及粉质货物在渗漏及包装破裂所致损失的风险

risks of rain and/or fresh water damage 雨水/淡水险 △ 海上货物运输险的附加险之一。指货物因雨水或淡水所致的直接损害风险

risks of rejection and condemnation 废弃或没收险 △ 见 rejection clause

risks of strikes, riots and civil commotions 罢工、暴乱及民众骚乱险 △ 海上货物运输险的附加险之一。依国际惯例,该险责任范围是:(1)货物因罢工者、解雇者或参加劳工骚乱、暴乱、民众骚扰之人所致的损失 (2)货物因恶意行为人所致的损失

risks of theft, pilferage and non-delivery 盗窃遗失险 △ 海上货物运输险的附加险之一。货物因盗窃遗失所致损失的风险

risk transfer 风险转移 △ 风险管理的一种方法。保险就是一种风险转移的方式

robbery insurance policy 抢劫保险保单 △ 承保诸如被以暴力、强力、威胁等非法手段夺去财产而造成的损失

rocket 汇率猛升;利率猛升

rollforward 流转

roll into 滚入 △ 贷款利息滚入本金,投资收益加入原投资额扩大投资

rollover bonds 转换债券 △ 发行新债券取代旧债券,以旧换新债券清偿日期

round amount 整数

round lot 整份 △ 证券交易所一般接受的交易单位。例如纽约股票交易所,股票的整份是 100 股,债券的整份是 1000 美元或 5000 美元的面值。不活跃的股票,10 股即为整份。交易多少整份,俗称交易多少手

round numbers (四舍五入)取整数

royaly 特许权

rubber cheque 空头支票 △ 没有头寸,资金无法兑现的支票

Rules for the International Chamber of Commerce Court of Arbitration 国际商务仲裁法院仲裁规则 △ 国际商会 1975 年 4 月 1 日指定的以取代 1955 年制定的《调整及仲裁规则》的仲裁规则

Rules of ICC Court of Arbitration 国际商会仲裁院规则

rules of procedure 议事规则 △ 具体的操作办法。同 code of conduct

run ... as an enterprise 企业化 △ 把一个经济实体作为企业去经营管理

running audit 连续审计

running broker 流动经纪人 △ 无固定办公地点,跑街串巷介绍业务的经纪人

running down clause 碰撞责任条款 △ 保险人应对海上保险单中关于船舶发生碰撞事故引起对他船或第三者应负的经济赔偿责任负责补偿的条款

running inventory 永续盘存

run-off (再保险责任)自然终止 △ 再保险合同中条款规定,再保险人对每一有效保单所负的责任一直到该保单期满为止

run on the bank 挤兑 △ 存户听到或看到账户银行发生不利情况的风声或现象后担心自己存款受损而大批提取现金的事件

S s

safe burglary insurance 保险箱盗窃保险 △ 承保保险箱内物品失窃责任的商业保险

safe driver plan 驾驶者安全行驶计划 △ 一种根据被保险人驾驶记录的优劣而上下浮动标准费率的系统

safety 安全装置 △ 建立安全装置是防止意外伤害事故发生的重要方式

safety and soundness 安全性与稳健性

safety audit 安全审计 △ 企业通过定期的条理化检查，为企业实施安全计划提供管理决策依据

safety fund law 安全基金法 △ 安全基金法允许保险公司从利润中积存一项基金以应付紧急赔款

sag 1. 下跌 △ 物体下降 2. 汇率下跌；利率下跌

sailing warranty 航行保证 △ 海上保险航程保单要求被保险船舶在特定日期前开始航行的保证

salary allotment insurance 代扣资保险（方式）△ 一种为雇员设计的人寿或健康保险。保费由雇主从雇员工资中扣除，每月缴给保险公司

salary continuation plan 续薪计划 △ 通常以人寿保险方式所作的财务安排，当雇员死后一段时间内，向受益人继续支付薪水

sale finance company 销售金融公司

sale of vessel clause 船舶出售条款 △ 船舶出售条款规定，当船舶出售时，船舶保险单即告失效

sale on account 赊售；赊销

sales agency 销售代理

sales discount and allowance 销售折让

sales guide 推销指南 △ 用于训练指导保险代理人的手册，介绍保险推销所特有的知识和技巧

sales kit 辅助用具 △ 保险展业时应用的辅助性宣传介绍工具，如图表、说明书、宣传册等

salesmen's sample floater 推销员样品保险 △ 承保推销员所持的商品样品的保险

sales quota 推销定额 △ 在一定期间内应完成的销售目标

sales rep. 销售代理 △ 同 sales agency

sales value 销售额

sales VAT 销项增值税 △ 会计报表用语

sales volume 销售量

salvage 残值；抢救；施救费用；救助报酬

salvage charges 救助费用 △ 海上保险财产遭遇海难，由第三者自动采取救助行为，有效避免或减少损失，由被救方给付救助方的报酬

salvage corps 火灾救助队 △ 在大城市中由火灾保险公司维持的机构，其任务是防止或减少保险财产的火灾损失

salvage value 剩余价值

salvage value approach 残值法

same period of previous year 上年同期

sample invoice 样品发票

save our ship (S.O.S.) 求救信号

save our soul (S.O.S.) 求助信号

savings bank life insurance (SBLI) 储蓄银行寿险 △ 由美国纽约、康涅狄格、马萨诸塞州的储蓄银行销售的低成本人寿保险，在银行柜台直接出售

savings deposit 储蓄存款

savings element 储蓄成分 △ 人寿保险单所累积的现金价值，它反映出保费超出风险成本的部分

scenario 方案

schedule 明细表；一览表 △明细表指列明保单所承保的各项标的、保险金额、费率等内容的表格

scheduled limit 表定限额;明细限额 △ 对特定损失所规定的保障限额
scheduled personal property endorsement 列举式个人财产险批单 △ 对于家财险等保单,以批单方式对列举的项目提供附加保障
scheduled premium 表定保费 △ 表定保费指变额人寿与万能人寿保单的推荐保费
schedule injury 表定伤害 △ 劳工补偿法中所列明的伤害,如丧失手指或脚趾,对于此类伤害,均规定有一定补偿
Schedule of Charges 费率表
schedule of insurance 保险一览表 △ 一张保单下各承保项的详细情况表;也指某被保险人的保险清单
Schedule of Terms and Conditions 费率表 △ 详细列明各项收费标准的表格
Schedule of Test Key 密押表 △ 机构之间相互留存用来编制密押数字的控制文件
schedule policy 列举型保单 △ 对于通常分别承保的风险,列举型保单以一张保单承保
schedule P reserve "P 计划"准备金 △ 汽车责任险的法定准备金,由美国全国保险总监协会制定公司对于预期赔款进行估计
schedule rating 表定法 △ 表定法为制订财产与责任险费率的方法之一。表定法根据标的的风险特征对分类费率进行调整
schedule type policy 表定型保单 △ 对各项给付均有详细规定的保单,其中给付项大多是可选择的
scheme 方案
scheme of distribution 分红表
scope of business 业务范围
scope of expenditure 支出规模
scope of operation 经营范围
scoring of business performance 企业绩效打分 △ 排名
scrap value 残余价值
scrap value approach 残值法
screen (projects, clients) 筛选(项目、客户)
screen and put out of 清理和撤销
sea mail 海邮
seasonal risk 季节性风险 △ 季节性风险,在一年中某一时期才发生的风险
seaworthiness 适航 △ 船舶在出航时,具有适合航行的能力及航行所需的人员与配备
secondary market 次级市场;二级市场
secondary obligation 第二性责任(担保)
secondary securities 次级证券 △ 通常用 subordinated securities
second death insurance 第二人死亡保险 △ 第二人死亡保险承保两名被保险人。只有两名被保险人均已死亡时,才给付死亡保险金
second of exchange 副本汇票
second preliminary notice 二次残疾期间通知
second surplus reinsurance 第二溢额再保险 △ 分出公司将超过自留额与第一溢额承保限额的部分安排的分保
Section 162 (美国税法)第 162 款 △ 美国税法第 162 款规定,雇主为雇员团体定期寿险所支付的保费,可作为雇员福利费用而免税
Section 79 plan (美国税法)第 79 款 △ 美国税法第 79 款所指的团体定期寿险计划
Section 301 of the U.S. Trade Act 301 条款 △ 美国 1974 年贸易法第 301 条款,后经《Trade Agreement Act of 1979》和《Trade and Tariff Act of 1984》分别补充修正。该条款主旨为授权总统对于他国不公平贸易措施采取适当措施,以维护美国在国际贸易中的利益
Secured Agreement for Letter of Credit 开证担保 △ 进口商与开证银行之间的法律契约
secured bond 保证债券 △ 由债券发行人提供财产作为抵押,以保证偿还的,叫做抵押债券
secured loan 保证贷款;担保放款;抵押放款 △ 同 mortgage loan

securities (SE.) 债券;有价证券;证券
securities and insurance in a mixed way 混业经营
securities trading quotation system 全国证券交易自动报价系统(中)
see copy (S.C.) 请看副本
seed money 创始资本;种子基金 △开创一项事业的初步拨款,或用以吸引更多资金的股金
segregation of exposure units 危险单位的隔离 △一种风险管理技术,用以将危险单位充分分散,使它们不能在同一事故中发生损失,以减少损失程度及提高损失的可预测性
select (projects, clients) 筛选(项目、客户) △同 screen
selected installment option 定额分期给付选择 △在寿险中,依受益人所选定的金额提供定额给付,但给付期间视保险给付金额及超过利息而定
selection of risk 风险选择 △对标的进行风险评估分析,以决定在什么条件下可以承保的过程
select mortality table 选择生命表 △一种以寿险经验为基础的生命表,可以显示发单年龄和保险经过期间有关的死亡率
self-account loan 自营贷款 △同 proprietary loan
self-administered plan 自我管理型退休计划 △一种由雇主管理的雇员退休计划
self-administered trusted plan 信托式自我管理型退休计划 △见 trust-fund plan
self-employed businesses 个体商户
self-inflicted injury 自伤 △在保险中,被保险人故意伤害自己身体
self-insurance 自保 △企业或个人为应付风险而作的定期财务预留
self-insured retention (SIR) 自保自留 △由被保险人自行承担损失的部分,是风险管理方式之一
self-insurer 自我保险者 △实行自保方式的企业或个人。自我保险者一般自己承担能应付的财务风险,而将超自我保障水平的风险以购买保险的方式转移
self-rating 个别经验费率 △一种费率厘定方式,对于大风险保险,其费率完全由特定期间内的损失经验来确定,再加上管理费用
self-reinsurance 自我再保险 △保险公司为应付超过正常自留额部门的异常损失,以自行建立基金方式替代购买再保险
self-selection 自我选择 △为风险大的标的寻求保险保障的努力。核保过程中要在申请人中识别出自我选择者,或者提高费率,或者拒保
seller's credit 卖方信贷 △见 supplier's credit
seller's market 卖方市场
selling hedge 卖期保值 △在股票或证券交易中,在卖出期货的同时套入期货,以防止损失,叫做卖期保值
selling price clause 销售价格条款 △销售价格条款规定,当被保险财产遭受损失时,以产品的销售价而非成本价进行赔偿
sell-off 出售;卖掉;卖出
sell short 卖空 △在商品或证券交易所卖出的期货或证券超过他实有数量时,叫做卖空
send up 汇率上升;利率上升
senior citizen policies 老人医疗保险 △承保 65 岁及 65 岁以上居民的(医疗)保险合同。在绝大多数情况下,这作为政府提供的医疗保健计划的补充
separate accounts funding 独立账户的基金积累 △为退休计划积累基金的一种技术。保险公司设立一个或多个特别账户,完全独立于一般投资账户,专门用于退休基金的投资
separate banking 分业经营 △金融术语
separated funds 分离基金
serial bonds 分批偿还债券;序列债券 △公司发行的债券以发行号码为次序,

规定到期期限,期限越长,利率越高。这种债券叫等系列债券

serial number 序数 △ 密押用语,编密押时所用顺序数字,如 50 或 100,从 1 开始使用,用完后反复从 1 再用,按双方约定办理

Series A First Preferred Shares 系列 A 第一优先股

series of catastrophes 系列巨灾 △ 由巨灾再保险所承保的灾难

serious case 要案;大案

serious injury frequency rate (SIFR) 重伤发生率 △ 每 1 000 000 工作小时所发生的严重伤害事故数目

service (医疗)服务 △ 保险人与医疗机构签订协议,当医疗机构向被保险人提供医疗服务时,根据协议,由保险人向医疗机构支付费用

service benefit 医疗服务给付 △ 保险人向被保险人提供医疗服务形式的给付,而大量货币给付,保险人直接向医疗服务的提供方(即医疗机构)支付费用

service debts 还本付息

service insurance 医疗服务保险 △ 一种保险类型或预付款计划,提供非货币的医疗服务

service loan 还本付息

servicemen's group life insurance (SGLI) 军人团体寿险 △ 一种保障全体现役军人的团体定期寿险,除非选择不投保或投保额较低,所有人员均自动得到特定金额的保障

service plan 医疗服务计划 △ 向被保险人提供健康护理给付,以代替医疗费用补偿的保险类型

session 盘;△ 交易所用语,通常分早盘、早市、中盘、午市和后市 △股票市场的开市

set-off rate 打消率 △ 呆账(坏账)占的比例

settle accounts 结算 △ 结清账款

settle accounts receivable for exports 结汇 △ 出口收入外汇卖给银行兑换成本币

settlement 1.理赔;赔付;给付 △ 对保险赔款或保险给付金的处理 2.结算;结汇

settlement day 交割日;结算日

settlement in cash 现金结算

settlement of accounts 结算;清算账目

settlement of exchange 结汇 △ 以本国货币向国家指定的外汇银行购买外汇或将所得外汇售给外汇银行

settlement price 清算价格;结算价格 △ 商品交易所清算机构每日确定的价格

settler 财产授予人

seven-day clause 七日条款 △ 海上货物保险条款之一。如果货物卸下船后七天内仍未运入仓库,则保险人不再负保险责任

severance pay 离休费;离休金

severity of loss 损失程度 △ 在一定期间内,特定数量的风险单位可能遭受损失的程度,以损失金额/风险单位的总价值表示

severity rate 损毁率 △ (1)在劳工保险中,每 1 000 000 个工作小时中由工伤引起的休息天数

sex discrimination 性别差别;性别歧视 △以投保人的性别作为风险分类的因素。性别一直是进行风险评估的因素之一

sextuplicate 一式六份;第六副本

sham loan 假贷款

share capital 股本;股份资本 △有限公司发行股票所得的资金,叫做股份资本

share distribution 股份分配

shareholder's equity 股东权益;股东资产净值 △公司全部资产中扣除一切债务后所余的资产净值部分,就是股东实际拥有的资产净值

shareholder's general meeting 股东大会 △ 同 general meeting of shareholders

shareholders' meeting 股东大会

share of specific charges 特殊费用份额

share reinsurance 比例再保险 △ 见 quota share reinsurance; proportional reinsurance

shares issued 已发行股票
share splitup 分股;拆股
share system 股份制
sharing system 资本分配制度
Shewhart Cycle 休哈特周期 △ 统计用语
shift allowance 加班津贴
shift claim 索赔转嫁 △"不当索赔"之一。买方因自身过错造成的损失,企图转嫁于卖方而获得赔偿
shift differentials 加班津贴
shilling(s) (s.) 先令 △ 英镑的辅币。其他类似名称货币的前面要加国名,如 Keneya Shilling (KSh.), Uganda Shilling (USh.)等
ship 运输
ship broker 海运经纪人 △ 为船方和租船人联系货单、洽谈租船协议,安排海上保险等业务的经纪人
ship insurance 船舶保险 △ 船舶保险承保被保险船只因意外事故导致的损失,通常以一切险方式承保。船舶保险可分为:(1)船体保险 (2)船舶建造保险
shipment on board 装上船;已装上船
shipment on deck 装上甲板;货装舱面
shipment policy 装运保单 △ 见 contract policy
shipper 寄售人;发货人;委托人
shipper's wharf 货主码头
shipping document 装运单据;装船单据;运输单据;货运单据 △卖方在出运货物后为了向买方收取货款而向买方提供的各种单据,统称装运单据。根据最新 UCP 500 规定一律改用 transport document
shipping expense 装运费用 △ 货物装船出口的有关费用,包括报关费、上货费、驳运费、吊车费、过磅费等
shipping note (S/N) 装船单;装运通知单;装货通知
shipping order 装货单 △ 船运公司发给托运人填写,经船运公司签字后作为船方接受承运、货主凭以办理报关和装船手续以及海关验货放行的一种证明
shock loss 异常损失 △ 影响保险标的平均损失率的巨大损失,如由自然灾害引起的损失
shoot 暴涨;骤升;急剧上升 △ 汇价、利率、股价等
shoot up 汇率猛升;利率猛升
shore clause 岸上条款 △ 海上保险中列明承保岸上风险的条款
shore-to-shore clause 岸上条款 △ 同 shore clause
short account 空头账户 △ 缺少头寸资金的账户
shortage 短少 △ 海上运输货物到达目的港时发生数量不足的情况
short form B/L 简式提单 △ 与全式提单相对。仅正面有必要内容。如船名、货名、运输标志、件数、重量或体积、装运港、目的港、托运人名称等,省去背面内容
short period insurance 短期保险 △ 保险期限短于一年的保险
short position 1.空头;△ 卖空头寸 2.卖出的期货合同 △ 投机商卖空后并未规定具体日期以补进卖空的期货 3.短缺期货 △在商品交易所中,不是为了与买进的现货相对称,而是卖出的期货合同数量超过买进的数量的叫做短缺期货
short purchase 买空
short rate 短期费率 △ 短期保险的费率,有时也指被保险人提前解除保险合同时保险人得到的已满期保费
short rate cancellation 以短期费率退费方式注销 △ 保险合同提前结束时,按短期费率计算保险有效期的保费后,将余额返还给被保险人,保险合同终止
short rate table 短期费率表 △ 显示一年期财产保险单已赚保费的百分比与时间关系的表格,短期费率表用以计算被保险人取消保单时的退费标准
short sale 卖空 △ 卖方以期货方式出售手头没有的、需在交割前补进的股票、商品等
short squeeze 空头轧平 △ 空头户补进以冲销原合同的做法

short-term disability income insurance 短期残疾收入保险 △ 一种对残疾者提供给付金的保险,给付时期不超过两年,最少有30天的等待期

short term policy 短期保单 △ 保险期限少于一年的保险

short ton (S.T.) 短吨

shrink 萎缩;减少;减小

sickness 疾病 △ 在健康保险中,导致被保险人经济损失的病患(怀孕被认为是疾病)

sickness coverage 疾病承保范围

sickness insurance 疾病保险 △ 一种健康保险,补偿被保险人患病期间的部分收入损失及医疗费用

sieve (projects, clients) 筛选(项目、客户) △ 同 screen; select

sight bill 即期汇票;见票即付汇票 △汇票付款人接到汇票时须立即支付的汇票,叫做即期汇票

sight credit 即期信用证

sight draft (S/D) 即期汇票;见票即付汇票

sight letter of credit 即期信用证

sight manual 亲笔签字

signatory A 甲级签字 △ 单人签字有效

signatory B 乙级签字 △ 与A级会签或两个B级会签有效

signature (Sig.) 签字

signature by facsimile 印鉴式签名

signed (sgd.) 签字;签署

sign floater insurance 广告牌流动保险 △ 在商业财产保险单上以加批注的方式承保霓虹灯广告牌一切险的风险,责任包括移动过程与安装到位后的风险

sign-in system 签到制度 △ 出席会议或上班本人须签字的管理制度

simple guarantee 简单履约保函

simple interest 单利 △ 上期的利息并不并入本金之内,仅按本金计算的利息

Singapore interbank offered rate (SIBOR) 新加坡银行同业优惠利率 △ 在亚洲地区金融中心新加坡商业银行之间相互拆借的利率

Singapore International Monetary Exchange (SIMEX) 新加坡国际货币交易所

single dismemberment 单肢丧失 △ 在健康保险中,失去一只手或一只脚,或失去一只眼的视力

single extra 趸缴特别保费 △ 在寿险中,对特殊风险或弱体以趸缴方式收取的额外保费

single interest policy 单一利益保险单 △ 仅对某项财产有保险利益的若干方中的一方提供保障的保单

single limit 单一限额 △ 在责任保险中,指保险人对一次事故所引发的各种人身伤害、财产损害承担责任的总限额,而不考虑受伤害的人数

single payment 趸缴 △ 一次性缴费。同 lump-sum payment

single-payment annuity 趸缴年金 △ 一开始即缴清保费的年金

single-payment life 趸缴寿险 △ 一种终身人寿保险,在购买时即缴清保费,以后不再继续缴费

single premium 趸缴保费 △ 在签订保险合同时,投保人一次缴付了全部的保费

single premium insurance 趸缴保费保险 △ 在开始时一次缴清保费的人寿保险或年金契约,在合同期内不需要继续缴费

single premium policy 趸缴保费保单 △ 在人寿保险与年金中,全部保费在合同期一开始即缴清的保单

single-risk insurance 单一风险保险 △ 承保单一危险的保险,如癌症保险、盗窃保险

single vessel insurance 单船保险

sink 汇率下跌;利率下跌

sinking 沉没 △ 海上保险用语。因搁浅、触礁、火灾碰撞等危险事故造成的船舶失去浮力,整个船体包括甲板全部沉入水中的状态

sinking fund 偿债基金 △ 企业发行公司债后按期从盈利中提存一定金额,作为偿还的基金

sistership exclusion 同类型产品除外责任 △ 在责任保险的除外责任中规定,保险人对被保险人因未能回收有缺陷的产品而引起的后继索赔不负赔偿责任,保险人对于有缺陷产品人市场回收的成本,不负赔偿责任

site audit 就地审核;就地审计 △在受审核单位的所在地进行审计,而不是根据宏观世界审核单位所报送的单据进行审核

sit on the board of directors 加入董事会

6-category classification 六级分类 △ 信贷风险分类

6-tier classification 六级分类

size intermediation 规模中介

skip (日)交割 △ 资金交易用语

slash expenditure 削减开支;压缩开支

slide 汇率下滑;利率下滑

sliding peg 滑动平价

sliding scale commission 增减型手续费 △ 再保险人付给分出公司的手续费在上下限范围内随着赔付率反向变化;也指团体保险的手续费率随着保单容量的增加而减少

slip 分保条 △ 保险经纪人填送保险人的要保申请;或指直接保险人向再保险人填送的分保申请,再保险人可签字认购所愿承保的比例

slip to 汇率跌至;利率跌至

slump 汇率猛跌;利率猛跌

small loss principle 微小损失原则 △ 被保险人应自留损失程度较低,不致对被保险人造成经济或财务冲击的风险

small-scale taxpayer 小规模纳税人

smoke damage insurance 烟熏损害保险 △ 承保由于对烹调设备或加热装置的不当操作引起烟雾造成的损害

soar 暴涨;骤升;急剧上升 △ 汇价、股价等

soar up 汇率猛升;利率猛升

social insurance 社会保险 △ 社会保险是将风险总合转移至某个机构(通常为政府机构)的制度

social security 社会保障 △"社会保障"一词,最早见于美国1935年社会保障法。其内容以社会保险为主,社会救助及社会福利为辅,包括社会保险、公共救助、家庭津贴、补助金、生产(生育)给付等

social security adjustment option 社会保障调整选择权 △ 雇员可选择在有资格领取社会保障退休金前,领取较高的私人退休给付,在有资格后,领取较低的私人退休给付

social security benefit 社会保险给付 △ 在社会保障制度下,向符合条件的居民及他们的家庭提供的给付

social security payment 社会保险支付;社保支付

society (Soc.) 社;会;团体

Society for Worldwide Interbank Financial Telecommunication (SWIFT) 环球同业银行金融电讯协会

soft loan 软贷款 △ 借款国可用本国软货币偿还的一种外国贷款。软贷款被认为是硬贷款和无偿援助之间的折衷,利率很低

soft market 疲软市场 △ 供大于求的市场,其特点是交易清淡,买卖价格的差幅小,少量的成交就会引起价格明显下跌。同 buyer's market

soft retractable preferred shares 疲软可撤回优先股

soft term credit 软条款信用证 △ 无金额信用证,劣质信用证

sold-out market 售空市场 △ 因清理合同或卖方发盘有限,人们很难购得某种债券的期货

solicitor 招揽人 △ 在保险中,经保险人授权从事保险业务招揽的人员

solvency 偿付能力 △ 债务人能按期履行其偿付的能力

sonic boom 声震 △ 飞机以超音速飞行时,在临近地面时因机头冲击波受阻而发出的爆音

sound health clause 健康条款 △ 有的保单规定,除非出单时要保人依然存活并且身体健康,否则保单无效

sound value 完好价值 △ 保险财产在发生损失前瞬间的价值,通常用于火灾保险

source country 来源国 △ 商品、资本、物料的输出国

source document 原始凭证 △ 原始记账凭证,如商业性文件,如发票和收据等

source vouchers (for entry) 原始(记账)凭证

Southeastern Underwriters Association Case 东南承保人协会案 △ 一项有名的法庭判例,导致 1944 年美国最高法院作出重大决定,宣告保险为州际商业行为,受国会管辖,适用联邦反垄断法

special acceptance 1. 特别承保 △ 保险人在保险合同中扩展责任,特别包括某个原本除外的风险 2. 有条件承兑(汇票)

special agent 特约代理人 △ 在寿险中指在特定地区从事推销保险的人员;在财产与意外险中指某公司的市场推销代表

special building form 建筑物特别保险单 △ 普通保单采用危险列举方式,而特别保单以一切险为基础,保险责任十分广泛,为建筑物提供最大保障

special catastrophe reserve 巨灾特别准备金 △ 保险公司为应付巨灾而提留的准备金

special class 特殊危险体 △ 在保险中,如果要保人的身体状况不合标准,可以以特约附加方式承保

special conditions 特别条款 △ 信用证或保单需特别注意的条款

special delivery 特定交割;快递

Special Drawing Right (SDR) 特别提款权 △ 国际货币基金组织设立的一种记账单位,是该组织在一定时期分配给会员国的一种使用资金的权利,作为会员国原有提款权的补充,故称特别提款权

special endorsement 特别背书;正式背书;记名背书 △ 在流通票据上注明只付款给某人的背书

special extended coverage 特别扩展保障 △ 在财产保险单上加批注以提供一切险保障

special features 特殊条款 △ 在健康保险中,给付决定于实际损失,而不取决于保额或损失时间

special hazard 特殊危险 △ 在保险中,指风险大小、持续期间超过普通危险的危险

special indemnities 特别补偿 △ 在健康保险保单中,规定保单的扩展责任或明确限定所承保风险的条款

special loss reserve 特别损失准备金 △ 保险人为应付灾害等异常损失而在每年提留的一种特殊准备金

specially crossed cheque 特别划线支票 △ 受票人在支票正面角划上两道平行线,并在平行线内加注银行名称,表示持票人仅能将票款存入特定银行账户,即转账而不能提取现金

special mention (SM) 关注类;关注户 △ 信贷风险六级分类之一类

special mortality table 特别生命表 △ 保险人用来决定年金领取人生命期望的生命表

special multiperil (SMP) 多重风险特别保单 △ 承保非个人风险的保单,在一张保单下承保商业企业常见的多种财产与责任危险

special peril 特殊危险 △ 特殊危险指一般保单列为除外责任,但经特别约定可予承保的事故,如罢工、暴动、战争险等

special personal property form 特殊个人财产保单格式 △ 在多重风险特别保单上以批单方式承保个人财产的一切险

special policy 特殊保单 △ 保险人依赖预约保单签发的代替保险证明书的特殊格式的保单

special risk insurance 特殊风险保险 △ 不同于通常保险的一般风险原则,特殊风险保险承保个别非常独特的风险

special shareholders' meeting 特别股东

大会

special terms 特别条款

specification policy 详录保单 △ 在预约保险中,详细记载被保险人起运通知书所告知的货物装载情况的正式保单,一些特约条款都在该保单中列明

specific call report 特定报告 △(美国)政府主管部门要求金融机构定期提供的专项报告

specific excess contract 特定超赔合同 △ 保险人在一次事故中支付超过特定金额的财产或责任损失的保单

specific excess reinsurance 特定不定期超赔再保险 △ 对特定的一张原保险保单,以临分方式承保的超赔再保险

specific insurance 特定保险 △ 对特定标的物的保险

specific limit 特定限额 △ 保险公司对一个或一类特定的损失承担的最大责任

specific market 特定市场 △ 一群有共同需求的人或通常从事相同职业的企业形成的保险市场

specific rate 特定费率 △ 适用于特定财产的财产保险费率

specific reinsurance 特定分保 △ 见 facultative reinsurance

specified amount 特定金额 △ 在一张可变成人寿保单下选定的最初死亡给付

specified disease insurance 特定疾病保险 △ 为治疗保单中列明的疾病而提供特不定期医疗给付的保险

specified particular average 特别单独海损 △ 下列三种情况被视作特别单独海损:(1)因搁浅、沉没、火灾等事故造成的单独海损 (2)因火灾、爆炸、碰撞以及在避难港卸货时所致的单独海损 (3)在装卸或转船时,任何一件或数件货物的全损

specified peril insurance 特定危险保险 △ 只承保保单列明的危险导致的损失的保险

specimen copy 样本

specimen of draft 汇票样本 △ 汇票票样,上面印有黑体字 SPECIMEN

specimen signature book 印鉴;签字样本 △规定签字职权范围并标明等级(甲、乙、丙)的签字册子(或活页),这是一种控制文件,由印押保密部门掌管

specimen signature list 印鉴;签字样本

Specimen Signatures 印鉴册

speculative risk 投机性风险 △ 事件的发生具有不确定性,既能导致盈利,也可能产生损失的风险

spendthrift clause 消费条款 △ 人寿保险单条款规定,在法律许可范围内,保险金不受受益人的债权人追偿

spin-off 让产易股;抽资脱离(的做法)△母公司收回子公司全部股本,将子公司所有股份分发给股东,使之脱离的做法

spin off from 脱钩 △ 剥离下属子公司

spiral 盘高 △ 汇价、利率、股价上升

split 析股;拆分;公司分立 △ 为了吸引投资者投资,将在外流通的股份分割成大量小额的股数出售

split deductible 分离式自留额 △ 被保险人的损失自留额随着导致损失的危险而不同

split dollar coverage 分担保费保险 △ 一种由雇主与雇员共同所有的保险单,年保费由双方分担

split funded plan 分离积累计划 △一种退休安排制度。雇主付出的费用,一部分缴纳保费,另一部分放入信托基金

split funding 分离积累基金 △ 在退休金计划中,以团体年金或人寿保险方式积累一部分退休给付,另一部分给付则通过信托基金方式积累

split life insurance 分离式人寿保险 △ 定期保险与分期领取年金的结合

split limits 分离式限额 △ 在责任保险中,对身体伤害与财产损失分别设立赔偿限额。许多责任险保单包括三个不同限额:(1)每一被保险人身体受伤害 (2)同一事故中两个或两个以上人员的身体伤害 (3)每一次事故的财产损害

split-off 1.换股;让产易股 △与 spin-off

大致相同。企业分股改组的一种方式，但原企业股东须将原企业的股份比例调换其分得的新企业股份 2.分散；转移；分立；分设

split-up 分裂；分立；分设；析产分股 △ 企业分股改组的一种方式。原企业将全部业务转给两个或两个以上新企业，并改由原企业股东拥有新企业的股本，原企业结束

spoliation 篡改保单 △ 第三方不经保险人与被保险人同意更改保险单的做法

spot commodity 现货

spot (foreign) exchange 现汇；即期外汇 △买卖成交后当时交割的外汇。西方外汇市场的习惯是：即期外汇成效后应在两个营业日内交割

spot market 现货市场；付现市场 △成交后立即付款和交货的市场，在外汇业务中即为现汇市场，在商品交易所中即为实物市场，与期货市场相对

spousal IRA 配偶的个人退休账户 △ 无资格参加雇员退休计划或有资格参加而未参加的个人及其无工作的配偶所建立的一种账户或分账户，以作为专门的退休给付

spread 1.差距；差额；进出差价 2.（利率）差幅；利差 △在国际金融中，商业银行贷款的利率高于银行同业往来的利率（如：LIBOR）

spread loss reinsurance 分散损失再保险 △ 一种采用限额表划分自负额与合同限额的超额赔款再保险，以最近几年的赔款成本计算再保险费率

spread risk 分散风险

spread trading 利差交易

sprinkler leakage insurance 喷淋设备渗漏保险 △ 承保自动喷淋系统因意外渗漏或排水而造成的财物损害

sprinkler leakage legal liability insurance 喷淋设备渗漏责任保险 △ 承保自动喷淋系统因意外渗漏而造成他人财物损失，被保险人应负的赔偿责任

square (Sq.) 1.轧平 △ 清理头寸/期货 2.结清（账目）

square account with 与…结清账目

squeeze the short 轧抵空头 △ 迫使卖空者用高价补进

stabilized income method 稳定收入法

staff adjuster 理赔人员 △ 在保险公司理赔部门从事损失理算、赔付的工作人员

stain 污点

stake participation 参股

stale cheque 失效支票；过期支票 △在一定期限内未在银行取款的支票

stamina 后劲；耐力 △同 staying energy

stamp and coin collections insurance 邮票与钱币收藏保险 △ 以一切险承保邮票与钱币收藏品，通常保单列明第一项的品名与价值

stamping office 审查局

standard (stand.) 标准

Standard Annuity Table 标准年金生命表 △ 1937 年标准年金表，一种广泛使用的生命表

standard dwelling form 基本住宅保险单 △ 同 dwelling building and contents form

standard exceptions 标准例外体 △ 在劳工保险中，需要特殊定费的特定类别雇员

standard form 标准保单格式 △ 多家保险公司采用并经保险监管部门批准的保险单

standard insurance 标准保险 △ 保险公司使用正常承保假设以普通费率签发的保险

standardization 标准化

standard limit 标准限额 △ 责任保险中基本保障的责任金额

standard policy 标准保险单 △ 在多数情况下通用的保险合同，其格式与内容符合法律规定

standard premium 标准保险费 △ 劳工保险中在期初预收的保险费，即尚未使用追溯法根据损失经历以保费进行调整或折扣

standard provisions 标准条款 △ 由州

法律规定必须包含于保险合同中的条款

standby commitment 备援承诺；余额包销 △发行债券的公司和投资银行(备援承包商/包销商)之间签订的协议。该协议规定在二至四个星期的备援期内,若按优惠认股权发售还有剩余的股票,包销商(银行)有义务全部购进后转售给投资公司

standby L/C 备用信用证 △在未来发生的某种情况下才由受益人使用的信用证,如中标人在中标后要求银行开立以招标人为受益人的信用证来取代应支付的履约保证金。如果中标人违约不履行合同,招标人可凭信用证取得一定数额的现金,以弥补对方给自己造成的损失

standby letter of credit 备用信用证 △代表开证行对受益人承担一项义务的凭证,即开证行承诺偿还开证申请人的借款或开证申请人的放款,或在开证申请人未能履约时保证为其支付

standby underwriter 余额包销商；备援承销商

standby underwriting 余额包销 △ 债券承销方式,同 standby commitment

stand in witness of 见证

start balance 期初余额

start date 开始日

start inching up 盘高 △ 汇价、利率、股价开始上涨

start-up capital 铺底资金 △ 启动资金

state agent 州代理人 △ 州代理人为他的公司在一特定区域(通常为一个州)管理该公司在该地区的代理人与保险业务

state association of insurance agents 州保险代理人协会 △ 美国各州由州内保险代理人组成的组织

stated capital 设定资本；设定股本

state death tax 州遗产税

state disability plan 州立残疾保险计划 △ 由州政府机构在州内建立和管理的强制保险计划,以应付工伤事故或非工作伤害

stated value 申报价值；设定价值

stated value benefit 定额给付

state fund 州保险基金 △ 由州政府设立的一种基金,以资助强制保险计划,如劳工保险或非职业残疾给付

state insurance department 州保险部 △州政府的一个职能部门,其任务是管理保险业务,制订营业资格与在职教育标准,传递保险信息

state license 州(保险)营业执照 △ 州保险部门向保险公司签发的文件,批准其在该州营业；也指批准代理人在该州从事保险推销的文件

statement analysis 财务报表分析；决算表分析 △对企业的资产负债表、损益表或其他报表进行研究分析,并通过和其他资料与其他企业进行比较分析,以改进经营管理

statement blank 决算表格 △ 保险公司每年填报的财务报表

statement of account 账目表；账单；对账单 △ 同 account statement; bank statement

statement of affair 财产状况说明书；清算资产负债表

statement of cash flows 现金流动表

statement of changes in financial position 财务状况报表 △ 为保险业者使用的三种主要财务报表之一,主要是现金流动报告,说明会议期间资产负债中现金账户的变动情况

statement of loss and gain 损益表 △ 同 income statement

statement of values 价值声明

state rate 州订费率 △ 由州费率局制订的标准财产(意外)险保险费率。州政府有责任管理保险人并使保险费率合理

state unemployment insurance 州失业保险 △ 美国的一种社会保险形式,从工资中征税以支付符合规定的失业人员的给付

static impairment 静态损伤 △ 在健康保险中,静态损伤指身体受伤害的情

况,即身体的伤害程度不会进一步恶化

static risk 静态风险 △ 在社会经济状况没有变化的情况下,由于自然力量的不规则变化或人类行为过失导致的损失的可能性

statute of limitations 时效法 △ 按法律规定,损害索赔权利行使的期限

statutory accounting principles (SAP) 法定会计准则 △ 保险公司向州保险部门提交年度财务报告时必须遵守的会计准则

statutory agent 法定代理人

statutory exclusions 法定除外责任 △ 1906年英国海上保险法所规定的除外事项

statutory provision 法律规定;法定提留

statutory reserve 法定准备金 △ 按法律规定保险公司应提存的各项准备金

statutory underwriting profit or loss 法定承保利润或损失 △ 已满期保费与赔款及费用的差额

stave off financial risks 化解金融风险

staying energy 后劲 △ 同 stamina

steam boiler insurance policy 蒸汽锅炉保险单 △ 承保蒸汽锅炉在使用中发生意外造成的损失

steamer (str.) 汽船;轮船

steamship (ss., s.s., s/s) 轮船

stem inflation 控制通货膨胀

stevedorage 装卸费 △ 自码头上、车上、驳船上、吊杆边将货物装上船的费用,或反之,卸货的费用

stipulated premium insurance 保费协定型保险 △ "赋课型保险"的一种形式

stock exchange index 证券交易所指数 △ 对一些主要股票提供的价格,让人们对其交易、价格变化有所了解

Stock Exchange of H. K. Ltd. (SEHK) 香港联合交易所

stock-for-assets 股票换资产交易

stock-for-stock transaction 以股换股交易;换股交易

stockholder's equity 股东权益 △ 股东权益指公司的资本、公积金及盈余。同 shareholder's equity

stockholding system 股份制

stock insurnace company 股份保险公司 △ 以盈利为目的,由股东所有和控制的保险公司

stock listing 上市

stock option 股票买卖特权;股票选择权△是一种契约,其持有者拥有在规定的时期内按照一定的价格购买或卖出指定数量的股票的特殊权利。包括股票出售权、股票购买权、股票签约价格买卖权、股票买卖权和认股证书几种

stocks and shares 股票 △ 股份公司发行、表明股东所有权的有价证券,一般分为优先股与普通股

stock split 股票分割;分股;析增股 △ 在不影响总资本账目、只是降低每股的面值或设定价值的情况下,公司把股本分成更多的股份

stock watering 股分掺水 △ 所发行股票的票面价值或设定价值超过换得资产的价值

stop a cheque 止付支票 △ 因客户撤销其支付令(向银行发出书面通知)或客户死亡或患精神病或破产等其他情况而终止银行付款义务和权力的行为

stop and go provision 暂停条款 △ 在一些团体终身退休计划中,暂停条款规定雇主可暂停支付保险费,以后再重新恢复

stop loss order 止损令

stop loss point 止损点 △ 经纪人交易股票、债券损失的最低点

stoppage 停运权

stop payment 止付

stop payment on a demand draft 即期汇票止付

stop payment order 止付令 △ 客户向银行发出停止支付的指令

storekeeper burglary and robbery insurance 零售商盗抢保险 △ 以综合险方式保障小型商业企业可能遭受的各种犯罪侵害(如抢劫、盗窃等)造成的损失

storekeeper liability policy 零售商责任

保险单 △ 承保零售商因从事经营活动导致第三者人身伤害和财物损失而负赔偿责任的保单,以综合险方式承保

storm insurance 风暴保险 △ 为财产险保单的扩展责任,承保因风暴所致的损失

straight deductible 绝对免赔额 △ 一次事故发生后被保险人先自行负担的损失数额

straight life 终身保险

straight life annuity 纯粹终身年金 △ 一种终身年金,当年金受领人死亡后即停止给付

straight life insurance 普通终身人寿保险 △ 同 ordinary life insurance

straight life policy 直付寿险保单 △ 同 ordinary life policy

straight-line method 直线法 △ 即折旧相等于资产价值的费用

straight term 纯粹定期保险 △ 一种定期人寿保险的基本形式,承保期限为数年保费按年平均缴纳,满期时合同即终止

stranded 搁浅 △ 劳合社保单上使用的文字。表示船舶发生搁浅时已经在船的货物以及该船的搁浅后所发生的损失

stranding 搁浅 △ 海上保险风险之一。指船舶与海底、浅滩或礁石相触而被搁滞相当时间的状态

stratification of losses 损失分层 △ 将损失按其金额大小分类,以分析损失程度的分布情况

strict liability 严格责任 △ 一个人致使他人遭受人身或财产损害,不论有无过失,均要由其负责的一种责任

strike delay insurance 罢工延误险 △ 见 strike expenses insurance

strike expenses insurance 罢工追加费用险 △ 承保因目的港码头工人罢工,延误损失费用的保险

strike insurance 罢工保险 △ 承保雇主因工人罢工造成的损失

strike off an entry 勾销账项 △ 同 write off

strike risks (S.R.) 罢工险

strikes, riots and civil commotions (S.R. & C.C.) 罢工暴动险 △ 海上货物保险附加险之一。其责任范围是:(1)货物因罢工、劳工扰乱、暴动、民众骚扰引致的损失 (2)货物因恶意行为引致的损失

strike-through clause 穿透条款 △ 再保险中规定即使分出公司在赔付损失前已失去偿付能力,再保险人应继续承担合同规定的损失份额,并直接赔付给被保险人

strip off non-performing assets 剥离不良资产

strongly agree 非常同意 △ 企业绩效打分

strongly disagree 很不同意 △ 企业绩效打分

structural adjustment 结构性调整

structural adjustment loan (SAL) 结构性调整贷款

structured settlement 结构赔付 △ 对责任保险单一次性支付赔款所作的变通处理

student insurance 学生保险 △ 以学生为承保对象的保险

sub-account 分账户 △ 客户为方便支付在主账户下开的分账户

subagent 副代理人 △ 通过其他代理人向保险公司报告业务的人

sub-broker 从属经纪人 △ 从属经纪人指其他经纪人可从他这里得到再保险业务的中间人

subcontract 转包合同;分包合同 △将承包工作的全部或一部分转包或分包给第三方而订的合同

subject 主题

subject bank 主体银行

subjective capital 虚拟资本 △ 以有价证券形式存在、能够定期带来收入的资本

subjective risk 主观风险 △ 个人对风险的特性缺乏客观信息而作的风险评估

subject-matter insured 保险标的 △ 保险合同中载明的投保对象,可以是人的生命、身体、财产、利益、责任

subject premium 基准保费 △ 再保险人计算再保险费和使用再保险费率的依据,通常为分出公司的签单保费或满期保费

sublease 转租;分租 △承租人把所租的房屋、机器设备、交通工具等再转给第三者

sublessee 转租承受人;分租承受人

sublessor 转租人;分租人

submitted business 要保业务 △ 保险申请已送交保险人,但尚未开始着手办理

subordinated bonds 次级债券 △ 公司清算时须在优先债券清偿以后才予清偿的债券

subordinated indebtedness 附属债务

subordinated liabilities 附属债务

subordinated securities 次级证券

subordinated voting shares 次级有表决权股票

subpoena 传票 △ 同 summons

subpurchase 转买

subpurchaser 转买人

subrogate 代位

subrogation 代位;代位求偿权 △保险人按财产保险单条款有关规定补偿被保险人的损失后,获得被保险人对第三方的损害赔偿请求权,也可以获得对该项损失的共同海损补偿的权利

subrogation clause 代位求偿条款 △ 财产与责任险保单规定,保险人在赔偿被保险人损失后,有权向造成损失的第三方追偿损失

subrogation rate 代偿率

subrogation release 放弃代位求偿权 △ 保险人在赔偿被保险人损失后放弃应享有的代位求偿权

subrogee 代位求偿人 △ 取得代位求偿权的保险公司

subrogor 代位求偿权转让人 △ 根据保单代位求偿权条款的规定向保险人转让其对第三方的赔偿请求权的被保险人

subscribed capital 认缴股本 △ 参加一家股份制公司认购其股份所缴的股金

subscription policy 共签保单 △ 由两个或两个以上保险人联合签发的保单,在保险单上写明各保险人的责任份额

subsequent endorser 后手背书人 △ 票据背书后再被背书,后来的背书人相对于前面的背书人,叫做"后手背书人"

subsequent events 报表编制后发生事项 △ 年报需要报的事项之一

subsidence 地陷

subsidiary company 子公司 △ 在当地注册、有控制权(母公司控制权很少)、偿债责任以自己的资产承担、亏损不从母公司盈利中扣除的公司

subsidiary ledger (account) 明细分类账

subsidiary letter of credit 从属信用证

substandard (SS) 次级类;次级户 △信贷风险六级分类之一类

substandard health insurance 次标准体健康保险 △ 承保有严重疾病史(如心脏病等)的投保人的健康保险

substandard insurance 次标准体保险 △对不符合一般核保要求的保险申请人,以高于标准费率签发的人寿保险

substandard risk 次标准风险 △ 在人寿和健康保险中,指危险性高于一般承保要求的风险

subtropical risks 亚热带风险 △ 对生活在亚热带国家的人签发人寿保单时要加收保费,因为在这些地区有较高的死亡率

succession duty 继承税

succession tax 继承税

successor in title 权利继承人

sue and labour charge 施救费用 △ 海上保险标的发生保险责任范围内的灾害事故时,被保险人、代理人或受雇人为避免或减少损失,采取各种防护措施而产生的合理费用

sue and labour clause 施救条款 △ 为海上保险单的一项条款,规定当保险财产遭受危险时,被保险人应采取一切合理

措施避免或减少损失,因此而发生的费用由保险人负责赔偿

suicide clause 自杀条款 △ 人寿保险单规定,如果被保险人在一特定期间(通常为签单后一或二年)内自杀,保险人的责任权限于退还已缴保费

sum insured 保险金额 △ 保险金额为保险人在保险期间内所负的最高赔偿责任限额

summary statement 汇总表;总表

summons 传票 △ 法院用来通知案件当事人(被告、原告)到庭审判的法律文书

sundries (sdy.) 杂项(费用);杂货

superannuated 年老退休的人;领养老金的人

superannuation 年老退休 △ 在雇员退休计划中,已达到或超过退休年龄

superimposed plans 追加保险 △ 在保险中,对现有计划添加补充计划,以扩大保障给付范围

superintendent of insurance 保险总监 △ 美国州政府中负责管理保险业的官员

superior 优良 △ 管理人员评级之一级

Super Negotiable Order of Withdrawal (Super NOW a/c) 超级可转让支付命令账户 △ 美国银行为客户开立的一种账户

superseded suretyship rider 替代保证附加条款 △ 在新保证保险单上以附加条款方式持续保险保障,负责被保险人因超过前一保单的发现期而无法获得赔偿的损失

supervisor 1.主管 △ 在人寿保险分公司或代理机构中,负责监督代理人的二线管理人员,并直接向代理机构负责人负责 2.监事 △设有董事会的机构所设监事会的成员

supplemental agreement 补充协议 △ 附加在保单上的文件或特约,通常与特殊交易方式有关,视为保单的一部分

supplemental benefit formula 补充给付公式 △ 计算领取社会保障给付的退休或残疾者受赡养人的社会保障给付水平的公式

supplemental credit 1.追加信贷;附加信贷 2.补充信用证

supplemental retirement incomce 补充退休收入 △ 除社会保障给付之外的全部收入,如来源于退休计划、人寿保险、年金、投资等项的收入

Supplemental Security Income (SSI) 补充社会保障收入 △ 美国联邦社会保障总署的社会保险计划,对受保障的个人能证明其需要和资格者提供现金给付

supplemental term insurance 附加定期保险 △ 在某些人寿保险单上可附加协议,当被保险人在特定期间内死亡时提供所约定的额外给付

supplemental unemployment benefit plan (SUB) 补充失业给付计划 △ 作为州失业保险给付的补充的雇主资助计划。这个计划主要集中于汽车、钢铁及相关产业

supplementary contract 补充合同 △ 在人寿保险中,保险人与受益人订立的协议

supplementary documents 辅助单据

supplementary medical insurance 补充医疗保险 △ 为提供补充保障而在自愿基础上建立的《美国联邦医疗护理计划》的一项内容

supplementary payments 额外支付 △ 责任保险单中规定,发生意外事故时,保险人除保单列明的责任限额外,还应支付法律诉讼费用及其他必要开支

supplier's credit 供应方信贷;卖方信贷 △出口商开户银行向出口商提供的信贷。同 seller's credit

supply-chain management 供应链管理

supply guarantee 供货担保

supply L/G 供货保证书 △ 保函的一种

supply of funds 资金供应

support for children or elders 抚养费

support point 支持点;干预点 △在外汇市场,中央银行必须加以干预的某一汇率

supraprotest 参加承兑;参助承兑 △付

款人拒绝付款时第三者为维持出票人信誉而出面承兑

surety 保证人;担保 △在保证契约中,提供保证的一方,可以是个人或公司

Surety Association of America (SAA) 美国保证保险协会

surety bond 保证保险 △由保证人为被保证人向权利人提供担保的保险

suretyship 保证 △保证为由保证人、被保证人及权利人三方所签订,由保证人向权利人担保被保证人的作为或不作为的契约

surgical expense insurance 手术费保险 △一种提供手术费用补偿的健康保险

surgical indemnities 外科手术补偿 △在健康险中,对保单或保单附加中列明的各类手术提供固定数额的补偿

surplus 剩余;盈余;剩余额;盈余额;溢额;顺差;公积金

surplus account 公积金账户

surplus from appreciation 增值盈余

surplus from consolidation 合并盈余

surplus lines 1.溢额线 △溢额线指溢额再保险合同中,分入人接受的业务以分出人自留额的倍数表示,每一"线"的金额等于分出人的自留额,因此分入人的责任也以若干"线"表示 2.剩余业务 △一般美国领有州营业执照的保险公司业务范围有限,因此有些特殊的财产责任险业务,如环境污染责任,需要通过非认可保险人承保

surplus ratio 剩余率 △保险公司留出其总资产的一定百分比以备应付突然损失。准备金应不低于剩余率为5%的标准

surplus reinsurance 溢额再保险 △为一种固定再保险方式。保险人将每一风险单位超过自留额的部分按规定线数分给再保险人,并按分出保险金额的比例计算分保费及赔款

surplus reserves 盈余准备 △由保险公司设立盈余账户以应付将来可能发生的不利情况;银行或其他企业将盈余划出一部分,作为特定用途的准备金

surplus share reinsurance 溢额比例再保险 △同 surplus reinsurance

surplus to policy holders 保单持有人盈余 △资本与未分配盈余,包括非负债项的准备金。相互保险公司的保单持有人盈余指资产负债表中的净值部分,股份保险公司的盈余则指净值减去股东盈余部分

surplus treaty 溢额合约再保险 △同 excess treaty

surrender dividend 退休红利 △在人寿保险中,保单解约时有些公司会付给保单持有人一笔特别或额外的红利

surrendered policy 已解约保单 △付出解约金后,由保险人收回的保单

surrender value 退休价值 △见 cash value

surrogate measure of benefits 利益代位法

survey 检查;全面调查 △对保险申请人的保险请求所做的检查,或保险工程师以防损为目的对风险进行的调查

surveying agent 初审代理人 △代理人把招揽到的投保人的投保申请书呈交给保险公司,本人无权填写保单

survey report 检验报告 △由检验人对受损保险物品就数量、重量、质地、受损程度与金额等所作的检验报告

(customer) survival rate (客户)续存率 △每年客户移走(户)的数目与总数的比例

survivorship annuity 生存者年金 △年金领取人从被保险人身故时开始领取预定的终身月领给付

survivorship benefit 遗属给付 △被保险人死亡后对其遗属的给付

suspense account 暂记账(账户) △一种临时性账户,用以记录尚未进行最后归类的业务往来。同 transit account

suspension 暂停 △在某些付出型雇员退休计划中,不允许雇员在受雇期间退出计划

suspension provision 暂停条款 △保险单规定,在某些特殊情况发生时,如危

险程度急剧上升，保险效力暂时停止

sustainability indicator 持续性指标

swap 交换；交易；互惠信贷；掉期 △买进现货外汇的同时卖出同种货币的期货外汇，或卖出现货外汇的同时买进同种货币的期货外汇，以套取国内利率与国外利率的差额利益，这种交易叫做"掉期"

swap arbitrage 换汇套利 △ 预期未来利率水准会发生变动，而通过换汇以获利的操作

swap debt for equity 债转股 △ 财务发生困难的企业把债务卖给另一股份制企业作为入股，以解决财务困难

swap maternity 交易型生产给付 △ 在某些团体健康保险计划中，规定女性可获得计划下的即时生产给付，但若计划终止，即使已在怀孕过程中也得不到保障

SWIFT credit SWIFT 信用证 △ 通过 SWIFT 开立的信用证。SWIFT 电文完全标准格式化，用数字和字母代表各项内容，如 1 代表"私人汇款"，20 代表"信用证号"，44C 代表"最迟装期"，MT 代表"标准电文"等

swing limit 摆动额 △ 信用证金额允许上下浮动的百分比，如 5%。买卖煤炭、原油、矿砂等的信用证金额就允许摆动额，因供货散装，不可能正好为整数

Swiss Interbank Clearing (SIC) 瑞士银行同业清算系统

switching 换约 △ 以获取佣金为目的而不顾客户利益诱使保户改换保险险种或保险公司的行为

switch maternity 转换型生产给付 △ 在团体健康保险中，规定只有当女性雇员的丈夫作为受赡养者包括在计划中，才能得到生产给付保障

syndicate 辛迪加；承保组合 △由一群保险人或再保险人组成的承保体。各成员按预先规定分摊保费、损失、费用及利润份额

syndicated loan 辛迪加贷款；联合贷款；银团贷款 △ 若干个银行共同给予借款人的贷款，通常是国际间的数额很大的贷款

systematic risk 系统风险 △ 在相对稳定的环境中可预测的损失机会

system of payment by the hour 按小时付酬制

system of piecework wages 计件付酬制

T t

table of limits 限额表 △ 保险公司根据自身承保能力,就各类业务确定最高自留额所制订的表格

tabular cost 表定成本 △ 保险中根据评估假设,以列表形式制定的死亡成本、疾病成本或其他赔款成本等

tabular mortality or morbidity 表定死亡率或发病率 △ 死亡率表或发病率表上表示的预定死亡率或发病率

T-account T形账户 △ 账户的一种格式,垂直线的左方反映借方,右方反映贷方

tacit renewal clause 默契续保条款 △ 长期保险契约中规定除保险人通知被保险人终止契约外,保险契约每年自动续转的条款

tail coverage 长尾保险 △ 长尾保险是将责任保险的保险责任扩展至超过保单年度

tailor made policy 特制保险单 △ 标准保险单的对称。为满足客户的特别需求而设计的保险单

take effect from 自…开始生效

take-home pay 实得工资 △ 劳动者收入减去包括税金在内的各种扣除后的剩余部分

take position 持仓 △ 外汇、股票交易术语。保持有头寸资金、股票,即仓位

take up bill 赎单

taking inventory 盘存 △ 清点库存

talking history 问诊 △ 寿险体检医师对被保险人有关身体状况的询问

tangible asset 有形资产 △ 也叫实物资产。有形资产包括固定资产(如土地、建筑物、机器设备等)和流动资产(如现金、有价证券、存货等)

tangible financial assets 有形金融资产

tangible personal property 有形个人资产 △ 可移动的个人财产,包括珠宝、汽车、家具等

tangible physical assets 有形实物资产

tanker owners' voluntary agreement concerning liability for oil pollution (TOVALOP) 油轮所有人油污责任协议

tare 皮重 △ 货物包装材料如包皮、箱袋等的重量

target 定位

target benefit 目标给付 △ 某些退休金计划中设定的退休给付

target benefit plan 目标给付计划 △ 一种退休金计划,根据个人的目标给付计算出参加者的个人年缴费

target customer 目标客户 △ 服务产品针对的客户对象

target head count 目标人数 △ 机构编制拟达到的规模(人数)

target market 目标市场 △ 服务产品针对的市场

target premium 目标保险费 △ 万能人寿保单里根据一系列假设确定的定期保费

target profit 目标利润 △ 获取利润要达到的目标

target risk 目标业务 △ (1)大额风险,因危险程度不易承保或分保 (2)可支付巨额保费的保险客户,为保险人及代理人、经纪人竞相争取的对象

tariff 规章费率;费率表 △有关保险机构制订的费率手册

tariff premium 营业保费

tariff rate 规章费率 △ 由费率计算组织制订、按风险分类的财产、责任保险的标准费率

Tariff Schedule 收费表;费率表 △同 Schedule of Terms and Conditions

taxable amount 应税金额;应税所得额 △应计算缴纳税款的金额

taxable business 应税业务

taxable estate 应收税遗产 △ 从总遗产中扣除免税额,如丧葬费、管理费、死者债务、慈善捐赠后的剩余部分

taxable income 应征税收入;须纳税的收入 △扣除免税额以后的个人收入。所得税法规定,总收入减去免税额为所得税计征部分

taxable profit 应纳税利润;课税利润

taxable year 征税年度 △ 某人或某企业将一定期间内的收入与可扣除额作出一份纳税报告,这段时间称为征税年度

tax and board 保费与税 △ 按保费一定比例征收的州与地方税以及征收用以支持费率计算的组织费用

tax and surcharge 税款及附加

tax assignment system 分税制;分享制

taxation allowance for life insurance premium 人寿保险费所得扣除 △ 有关人寿保险费扣除的税法规定

tax basis 税基;应税起点

tax certificate 完税凭证

tax collection and administration 税收征管

tax credit 税额减免;税额扣除 △允许纳税人从其应纳税额中扣除某些金额的法律规定。"税额减免"与"课税扣减"不同,见 tax deduction

tax crediting certificate 扣税凭证

tax deduction 税额扣减;课税扣减 △政府允许纳税人从其应纳税的收入中扣除一定金额的法律规定。它与税额减免不同。前者是从应纳税收入中减免一定金额,后者是从应纳税款总额中扣除一定金额。因此在数额相同的情况下,税额减免要比课税扣减多交纳税款

tax deferred annuity (TDA) 延迟征税年金

Tax Equity and Fiscal Responsibility Act of 1982 (TEFRA) 1982年税务平等和财政责任法案 △ 美国联邦立法通过的以多种途径增加税收的法律,一是限制某些投资的减税条件,包括某些寿险和养老金计划,二是取消税法中合资和独资的区别

tax exemption 免税;免抵退扣

tax favoured retirement plan 税收优惠的退休计划 △ 退休计划在三方面有税收优惠:(1)存入金免税 (2)退休给付时才予征税 (3)投资型退休基金的利润积累延迟征税

tax-free rollover 免税转移 △ (1)资金从某个合法的退休金计划转移到个人退休账户 (2)资金从某人退休账户转移到另一个人退休账户

tax heaven 避税港;低税区

tax holiday 免税期 △ 有关赋税或投资法令中的一种规定,凡符合一定条件的企业收入可以享受一个时期的免税待遇,即免税期

tax inspection 税检

tax inurance 纳税保险 △ 被保险人死亡时,以保险金支付被保险人遗产税的保险

tax multiplier 税赋乘数因子 △ 使用追溯法计算税率时,将基本保费适当增加以交纳保费税的乘数因子

tax paid clause 交税条款 △ 保险单规定,被保险人因购买保险而支付的税项需从保费中扣除

tax payment administration 税收征管

tax payment receipt 纳税收据

tax rebate 退税;退税款 △同 drawback

tax reductions and exemptions 减免税

tax sheltered annuity (TSA) 节税年金

T bill 国库券 △ 同 treasury bill

Teachers' Insurance and Annuity Association (TIAA) 教师保险与年金联盟

teaser campaign 优惠活动

technical support cost 技术支持成本
technical total loss 推定全损
telegram 电报
telegraphic address (T.A.) 电报挂号 △ 一个机构在电讯局登记的收发电报时机构的代号,如 CHONGKUO 代表中国银行。同 cable address,现已罕用
telegraphic cipher 电报密押
telegraphic code 电报密押
telegraphic message 电报
telegraphic money order (T.M.O.) 电汇汇款
Telegraphic Test Key 密押表 △ 金融机构的控制文件之一。一张秘密表格列有序数、定数等,并附有使用说明
telegraphic transfer (TT, T.T., T/T) 电汇汇款
telephone number (Tel. No.) 电话号码
telex (TLX, Tlx.) 电传 △ 有线电讯传送工具,双方的电传机(打字机)与电讯局链接,一方向另一方发电报时,先拨通对方电传机号码后用打字方式直接传送,不必通过电讯局。现大多使用传真
teller counter (柜台)点钞机
temperature extremes exclusion 极端温度除外条款 △ 货物运输一切险保单规定,承保范围不包括湿度与温度剧烈变化风险
temporary annuity 限期给付年金 △ 即定期生存年金。在一定期限内,在被保险人生存的条件下给付年金
temporary disability 暂时性残疾 △ 暂时失去工作能力
temporary disability benefit (TDB) 临时残疾给付 △ 对劳动者因受与工作无关的伤害或疾病困扰暂时失去劳动能力而提供的给付。通常专指美国几个州的临时残疾计划提供的保障
temporary financial instruments 短期金融工具
temporary level extra premium 暂时额外保费 △ 在寿险中,因暂时性风险可能会对身体造成伤害而酌收的额外费率
temporary license 临时执照 △ 美国某些州对保险代理人所发的临时执照,允许个人在完全符合发照要求前从事代理业务,期限不超过六个月
temporary life annuity 限期生存年金 △ 以某一特定期间为限,且以被保险人仍生存作为给付年金的条件
temporary partial disability 暂时部分残疾 △ 被保险人因身体遭受伤害或患疾病,导致工作能力减弱,但预计可完全恢复的状态
temporary receipt 临时收据 △ 在寿险中,当保单持有人缴费时,代理人无正式保费收据或因宽限期已到而保费无法正式交予保险公司时,代理人给保户的一种单据
temporary removal clause 临时移动条款 △ 临时移动条款规定,保险单上载明放置地点的标的物若因特殊目的临时移到其他场所期间所致损失,保险人也负赔偿责任
temporary total disability 暂时全残 △ 劳动能力完全丧失,但预计可恢复的状态
tenancy by the entirety 共同所有权 △ 夫妇双方共同享有财产所有权
tenancy in common 合有财产所有权 △ 两个或两个以上的人对财产拥有所有权
tenants insurance 承租人保险 △ 承保范围为承租人居住的房屋或公寓的室内设施,不包括建筑物
ten-day free look provision 十日免费审查条款 △ (美国)人寿与健康保单给保户十天的时间考虑新保单,如果保户不满意,可将保单退回保险公司,并得到100%的保费退还
tender 标书
tender bidding 投标

tender bond 投标保证保险;投标保证书 △保险人作为保证人,保证被保证人参加投标中标后将履行签约义务的保证保险

tender clause 投标条款 △ 船只发生意外事故后,被保险人应尽速通知保险人并将修船或公开招标修船的决定权交给保险人的条款

tenderer 投标人

tender guarantee 投标保证书;投标保函 △保函的一种

tender of unearned premium 偿还未满期保费 △ 当保险合同提前中止时,未满期保费部分必须退还被保险人

tenor 汇票期限;期票

tenor date 到期日

ten-year funding 10年基金提存(制) △ 退休计划中的一种基金提存方式。将要退休的雇员被允许在10年间交纳保险费

term 保险期 △ 保险合同有效的期限

term bill 远期汇票 △ 同 usance draft

term contract or policy 定期合同或保险单 △ 保险期间为指定年数的人寿保险,无现金价值与满期价值。定期健康保险不可续转,保险期满合同即告终止

term deposit 定期存款

term draft 远期汇票 △ 同 usance draft

terminable interest 定期利益 △ 因为时间流逝、事件或偶然事件发生、事件或偶然事件不发生而可能终止或失效的利益,如寿险资产、年金、版权、专利等

terminal amount of life annuity 生存年金终值 △ 也叫"生存年金终价"。在保险给付期间根据利息因素和各年生命概率计算的各期给付年金价值总额

terminal dividend 终了红利 △ 在寿险中,契约因被保险人死亡、合同满期或解约而终止时所付的红利

terminal funding 期末基金提存 △ 以前使用的退休计划基金提存方式

terminal reserve 期末责任准备金 △ 保险年度末的责任准备金,即本年度给付已经付出、下年度保费收取前的责任准备金

terminal value 终值 △ 经过一段时间的本金与利息的总值

terminated policy 效力终止保单 △ 不再有效的保单

termination clause 终止条款 △ 船舶保险中规定,若被保险船舶变更船东、船级社等,保险合同效力即告终止

termination of contract 终止合同

term insurance rider 定期寿险附加 △ 附加于长期寿险保单上的定期保险,旨在增加定期的保障

term life insurance 定期人寿保险 △ 公司主管人员保险的一种

term of discount 贴现期间 △ 从贴现日起至预先约定的支付日止的这一段时间

term of insurance 保险期间

term of office 任期

term of payment 支付方式 △ 支付条件、方式,同 means of payment

term of policy 保险期间 △ 保险单有效期限

term of validity 有效期限

term policy 定期保险 △ 死亡保险当中,保险期间以一定期间为限的称为定期保险

term rule 期间准则 △ 计算保险期间在一年以上的保险费率时,由于成本降低,费率标准应比一年期的费率标准低

Terms and Conditions 收费表;费率表 △同 Schedule of Terms and Conditions

term to age 至某岁定期保险 △ 保险期间至指定年龄的长期寿险

territorial limitation 区域限制 △ 保险责任以标的在特定区域内发生的损失为限

territorial limit clause 区域限制条款 △ 区域限制条款规定,货物运输保险的承保范围并不以某一地点为限,而可适用

于约定区域内任何地点

testamentary disposition 根据遗嘱的处分 △ 某人去世时财产的处分或转与

testamentary letter 遗嘱执行人授权书 △ 由法院发给遗嘱执行人的管理遗产的授权证书

test audit 抽查

test key 密押;密押表 △加在电文开头供收电方核实真伪的一组数字,通常包括定数、次数、星期几、月份、金额

theatre public liability insurance 剧场公众责任保险

theatrical floater 舞台演出用具运输保险 △ 承保演出用具、服装、场景等物品的运输保险

theft 盗窃 △ 盗窃为许多财产保险的承保风险。盗窃包括抢劫、夜盗与偷窃

theft (exclusion) 盗窃除外责任

theft, pilferage & non-delivery (TPND) 盗窃及提货不着险 △ 海上运输货物保险的附加险之一

theme 主题

theory of probability 概率论 △ 数学学科的一个领域,为保险数据计算的基础

thieves 强行盗窃 △ 海上基本风险之一。船舶在航行中遇暴力盗窃所致损失的风险

thin market 清淡市场 △ 同 narrow market

third market 第三市场 △ 由非交易所会员的经纪商/交易商和机构投资者在场外从事挂牌的交易活动

third party insurance 第三者保险 △ 由被保险人(第一方)向保险人(第二方)购买的责任保险,承保被保险人因侵权行为导致第三方死伤或财产损失应负的赔偿责任

third party liability 第三者责任 △ 被保险人对自身以外的第三者依法应负的赔偿责任

third party liability insurance 第三者责任保险 △ 承保因被保险人的行为造成第三者死伤或财产损失应负的赔偿责任

third party only policy 机动车第三者责任保单 △ 承保被保险人驾驶机动车造成第三者死伤或财产损失应负赔偿责任的保险单

Thomas Simpson 托马斯·辛普逊 △ 英国人寿及遗族公平保险社创始人之一

three-factor contribution plan 三因子制分红方法 △ 每张保单的利源均来自利差益+死差益及费差益,依此种方法计算保单分红的方法称为三因子制分红方法

three-fourths loss clause 四分之三损失条款 △ 保险人的赔偿责任,以每次损失的 3/4 为限的条款

three-fourths running down clause 四分之三碰撞条款 △ 伦敦保险协会船舶保险条款规定,被保险船舶如与其他船相撞,致使它船遭受损失应负赔偿责任时,保险人仅负被保险人的 3/4 赔偿责任,且以保险金额的 3/4 为限

three-fourths value clause 四分之三价值条款

threshold 临界伤害程度 △ 无过失责任保险中,受害方得以指控加害方的最低受伤害程度

thrift plan 节俭型退休计划 △ 有雇员储蓄特征的退休计划或退休年金

through (Thro.) 直达的;过境的;全程的

through B/L 联运提单 △ 水(海)陆运输连用提单

tick 收费记号 △ 在收费簿上所作的记号,用以表示各保单缴费的情况

ticker 备忘录;记事本 △在保险中,有保单到期、保费到期备忘录

ticket stub insurance 旅客意外伤害保险 △ 一种随交通车票发售的意外伤害保险

tied-up 资金占用;套住

tied-up capital 占用资金;套住资金 △

买进股票后无法卖出,投入的资金被占用

tied-up funds 占用资金;套住资金

tight market 旺盛市场 △ 买卖活跃、买卖价差小的市场或特定的股票市场

tight money 高息资金;银根紧 △有意实行的一种高利率政策

tight policy 紧缩政策 △ 减少货币、信贷供应的政策,同 austerity policy

tight rein over credit supply 紧缩信贷供应

time bill 远期汇票

time credit 远期信用证 △ 同 usance credit

time draft 远期汇票 △ 同 usance draft

time element coverage 时间因素保险 △ 承保由直接保险损失引起的间接损失

time excess 超过期间 △ 保险事故发生后,被保险人自行承担损失的期间

time letter of credit 远期信用证

time limit 时限 △ 提出索赔与损失证明的时间限制

time limit on certain defenses 特定抗辩时效 △ 根据美国某些州法律规定必须在每张个人健康保险单中列出的一项条款

timely 适时;及时

time number 次数 △ 密押用语。电报密押数字的组成部分,如每月第几次使用

time of endowment 满期时间 △ 在寿险中,保单的现金价值等于保单面额的时间。终身保单的满期时间为 100 岁,养老保单的满期时间为保单满期日

time of no risk 无风险时间 △ 在寿险中,保单的现金价值等于或超过面额的时间,从此时刻以后,保单不含任何风险

time of payment of claims provision 给付时间条款 △ 在健康保险中有强制性条款,规定保险公司在一定的期限内必须向索赔者给付保险金

time policy 定期保单 △ 以时间期间作为保险责任期的保单。大多数财产保单为定期保单

time value 时间价值 △ 资金的时间价值。在实践中,收取现款优于日后收款,将来付款优于支付现款。这是由于物价上涨、风险和盈利能力等因素所形成的

time value of money 货币的时间价值 △ 见 time value

title 所有权 △ 拥有某项财物的权利

title to property 财产所有权

to be declared policy (T.B.D. policy) 预保单;暂保单 △在一些保险事项不能确定的情况下,要保人先以有关事项的大概内容预定的保险单

ton (T.) 吨

tonnage (tonn.) 吨位;吨数 △船舶容积单位

tontine 唐提式 △ 一种早期人寿保险形式,它仅向期末生存者提供给付

tontine annuity 唐提式年金

tontine dividend 延期分红 △ 在一定期间契约继续有效时,要保人才可分配红利的一种方法

TOPIX 东证指数 △一种日本证券,即日本 S&P 500

tornado insurance 龙卷风保险

tort 侵权行为 △ 侵权行为指侵害他人权利或利益的违法行为

tortfeasor 侵权行为人

total and permanent disability 完全永久残疾 △ 因疾病或伤害而无法从事某种职业达六个月以上的残疾

total anticipated earnings method 全部预期所得方法 △ 一种估计潜在经济损失的方法

total assets 资产总计;总资产 △资产负债表上资产科目的总额

total capital turnover 总资本周转率

total earnings 总业务收益;总盈利

total fixed cost (TFC) 固定成本总额

total freight insurance 总运费保险 △ 运费保险的一种

total liabilities & equity 负债与股权总计

total liabilities & owner's equity 负债与业主权益总计;负债与所有人权益总计

total liabilities & shareholders's equity 负债与股东权益总计

total loss (TL, T.L.) 全损 △ 保险财产完全损毁或灭失。全损依实际情况可分为实际全损、推定全损、协议全损与假定全损

total loss of an apportionable part 可划分部分全损 △ 保险标的的任何一部分发生损失,即使该部分完全损失,也视为标的部分损失

total loss of part 部分全损 △ 保险标的的一部分发生全损

total loss only (TLO) 1.全损险 △ 海运保险用语。保险船舶或货物因海难或其他意外事故遭到全部损失 2.只赔全损险 △为海上保险的一种方式,只有当船舶或货物发生全损时才对被保险人进行赔偿

total obligational authority (TOA) 预算授权总额

total return swap (TRS) 总收益掉期

total service 服务期总计 △ 退休计划中,某雇员从受雇之日起至退休日结束的年限

total transfer 全额转让 △ 货源来自一家厂商又不能分批装运的信用证可全额转让给第二受益人

total variable cost (TVC) 可变成本总额;总可变成本

touch and go 触礁 △ 海上保险用语

tourist baggage insurance 旅游者行李保险 △ 以危险列举方式承保旅游者个人财物的保险

towing charge 拖车费 △ 将出事故的车辆从事故发生地拖至车库所必需的费用

towing coverage 拖曳保险 △ 在机动车保单上以批单方式承保拖车费用及相关的人力费

trace 催收(债务)

tracer 催收函;催收单

trade bill 商业汇票

trade by cash payment 现汇贸易

trade by spot exchange 现汇贸易

trade clause 行业条款 △ 专门为某些行业货物制定的货物保险条款

tradc contract pcrformancc bond 贸易合同履约担保 △ 保函的一种

trade draft 商业汇票 △ 通常用 commercial draft

trade finance guarantee 贸易融资担保

trade on account 记账贸易

trade on credit 赊账贸易;记账贸易 △ 两国之间的进出口通过双方指定银行按年度结算,差额部分用现汇支付或结转下一年度

trade on open account 赊账贸易;记账贸易

trade out one's position 平仓 △ 买卖轧平,没有敞口风险

trader's acceptance bill 商业承兑汇票

trade settlement 贸易结算

trade terms 交易条件

trailer fees 追踪费用

training within industry (TWI) 产业内训练;行业内培训

tranche 部分;份额 △巨额贷款中每笔提款;分期发行证券时的每期份额

transaction unit 交易单位 △ 如每单位为100股。股票交易术语

trans-departmental 跨部门(的)

transferable certificate of large-amount deposit 大额可转让定期存单

transferable credit 可转让信用证

transfer agent 转账代理;过户代理 △ 银行为两个客户之间办理票据转账,收取一定的服务费

transfer check 转账支票 △ 不可兑换现

金,只能通过转账支付,不能取现金

transferee 受让人 △ 接受转移风险的个人或组织

transfer of risk 风险转移 △ 风险管理用语。将自身可能遭受的损失或需承担的责任,以保险或非保险的方式转移出去

transfer one's position 转仓 △ 外汇、股票交易中转换外币、股票品种,以避免风险

transferor 转让人 △ 将风险转给他人的个人或组织

transfer out of input tax 进项税额转出

transfer tax 财产转让税 △ 将财产权益转与其他个人或法人时的征税

transhipment 转运 △ 贸易中货物不是从启运地直接运到目的地,而是需要更换运转工具。一般进口商都不用转运方式,因为转运可能发生调包等风险

transhipment B/L 转运提单

transit account 过渡账户;暂记账目 △ 尚未归类临时记入的过渡科目

transit clause 运送条款 △(英国)协会货物条款中有关保险期限的一个条款

transit insurance 货物运输保险 △ 承保货物运输过程中的意外损失

transition register 变动记录 △ 将所有按周缴纳或按月缴纳保费的有效保单登记在一个账户上,并随时记录新业务、复效业务与转进业务以及转出业务、失效业务

transit risk 运输风险

translation of foreign currency 外币折算 △ 同 conversion of foreign currency

transmitting bank 转递行 △ 信用证结算方式的当事人之一。代开证银行把信用证转给受益人所往来的银行。也叫转证行

transport 运输

transportation 运输

transportation insurance 运输保险 △ 承保被保险人财产在运输过程中因自然灾害和意外事故造成的损失,可分为三大类:(1)海上保险,包括海上船舶保险与海上货运保险 (2)内陆运输保险,如货物运输保险等 (3)航空运输保险,包括承保航空器、乘客、货物、第三者责任等的各种保险

Transportation Insurance Rating Bureau (TIRB) 运输保险费率局

transportation risk 运输风险 △ 贸易中心的货物在运输途中可能遭遇的风险

transportation ticket insurance 运输票面保险 △ 承保旅客乘坐一次飞机或其他交通工具时因意外事故遭受伤害的保险

transport document 运输单据 △ 运输公司出具的单据,主要是各种提单以及专递或邮政收据

traumatic injury 外伤 △ 由意外事故造成的身体损伤,非疾病所引起

travel accident insurance 旅行意外伤害保险 △ 承保被保险人在旅行时因发生意外事故身体遭受损伤的健康保险,限于乘坐普通交通工具

traveller's cheque (TC) 旅行支票

traveller's letter of credit 旅行信用证 △ 由国内开证银行开立的以旅行者为受益人的一种光票信用证。信用证持有人可凭以开立汇票向开证行的国外代理行或其外地分支行兑取现金

treasury bill 国库券

treasury bond 国库券

Treasury checks 财政部支票

treatment facility 治疗中心 △ 有营业许可的拥有治疗及康复设施的机构

treatment form 医疗证明书 △ 社会保险的被保险人接受医疗服务时所提供的医疗凭证

treaty 合同 △ 再保险人与保险人之间的再保险合约

treaty reinsurance 合约再保险;固定再保险 △一种保险方式

trespasser 非法侵犯者

trial application 预申请 △ 在人寿保险中,投保人先向保险公司递交预申请,核保部据此作出提示:如果递交正式申请,是否会同意承保及有何附加条件

trial balance 试算表 △ 在编制财务报表以前编列的试算表。它是用来验证总分类账账户的记录是否正确。制表前首先要做到总分类账所统驭的辅助账户记录确实无误,试算表的平衡才能验证总账和全部明细账是正确的

triple A-rated (AAA) 3A等级的 △ 按照标准普耳氏债券等级的标准,被评为债券中的最佳等级,其符号为AAA

triple protection 三倍保障 △ 由终身寿险与定期保险组成的保险方式,其中定期保险的保额为终身寿险的两倍

triple protection policy 三倍保险保单

triplicate bill of lading 第三份提单 △ 轮船公司正式签发的第三份提单,与第一、二份提单具有同等效力

trip transit insurance 单程运输保险 △ 单程运输保险承保两地间个人财产在运输途中的意外损失

truckers insurance 卡车司机保险 △ 为从事营运的卡车车主兼驾驶者提供责任与身体意外伤害保障

truckman's liability insurance 卡车司机责任保险 △ 承保卡车运送货物时因意外事故导致货物损失时司机或车主应负的赔偿责任

true cost 真实成本

true-up 估实差异 △ 估计数字与实际数字之间的差别

truncated table 截断表 △ 制作经验生命表时,将订立保险契约后最初数年间的经验予以截除,此后的期间则不加区分,只依年龄段排列的死亡表

trust 信托;委托

trust deposit 1.信托保证金;信托金 2.信托存证

trusted pension plan 信托型退休金计划 △ 一种以信托基金方式建立的退休金计划,托管人在特定范围内从事基金的投资与管理

trustee 受托人;托管人

trustee group insurance 受托人团体人寿保险 △ 由工会与资方共同选定的受托人作代表,与保险人签订的团体人寿保险

trustee of moneys collected 收款受托人 △ 保险代理人与保险公司、州政府、保户的关系

truster 信托人

trust fund 信托基金 △ 个人或组织为他人或组织管理的货币或财产

trust-fund plan 信托式年金制度 △ 由企业实行的信托方式的自保退休年金制度

trusting party 指示方;委托人 △ 同 principal

trust loan 委托贷款

trustor 委托人

trust or commission clause 信托条款 △ 保险单的承保范围扩展至被保险人以信托、储存、修理或其他方式托管的他人财物

trust receipt (T/R) 信托收据 △ 信托人与受托人之间的协议文件,即信托人供给受托人信用,并保有信托收据上载明的标的物和所有权凭证。作为短期融资工具广泛用于银行与进口商之间

trust receipt-backed loan 信托收据贷款

trust receipt loan 信托收据贷款

T tables T表 △ 在雇员退休计划中,为各行业雇员适当积累退休给付而收集利率、死亡率、脱退率等因素的资料表

T/T reimbursement clause 电汇偿付条款 △ 大额信用证的支付条款规定,议付行议付后,要求付款行用电汇方式偿付议付行

tuition fees insurance 学费保险 △ 学费保险对学校因危险而被迫关闭造成的学费及食宿费损失进行补偿

tumble 汇率下跌;利率下跌

tunnel insurance 管道保险 △ 承保管道因意外事故造成的损坏

turn banks into businesses 银行企业化

turn . . . into business institution 企业化

turnkey insurance 建筑商保险 △ 也叫"建筑商、承包商、发展商与建筑师错误与疏忽保险",是一种普通职业责任保险

turnover rate 脱退率;离职率 △雇员因非死亡、退休原因离职的比率

turnover rate of liquid assets 流动资产周转率

turnover ratio 资产周转率;资产周期

turnover tax 流转税;营业税

twenty-four-hour clause 24 小时条款 △ 海上货物运输保险规定,冷冻货物因制冷设备发生故障,经 24 小时以上造成的损失,保险人才负赔偿责任

twenty-four-hour coverage 24 小时保障 △ 健康保险计划规定,对于工作时间内外发生的损失均提供给付

twilight zone 过渡区 △ 经济不断下滑的地区。这类地区易产生道德风险与逆选择

two factor contribution plan 二因子制分红方法 △ 仅以利差益及费差益为利源进行分红的方法

two-income family 双收入家庭 △ 夫妇双方均外出工作并承担养家责任的家庭

Type A reorganization A类重组业务 △ 法定合并

type of account 账户类型 △ 按复式记账原理,账户可分五大类:资产、负债、资本(所有人权益)、收益和费用五类账户

typical credit derivatives 典型的信用衍生产品

U u

uberrima fides 最大诚信

ullage 损耗(量) △ 桶装液体因蒸发、渗漏等引起的损失

ultimate mortality table 最终死亡率表 △ 根据不包括保单生效初期(通常为五年)的真实寿险记录而得到的死亡率表

ultimate net loss (UNL) 最终净损失 △ 保险人对一次保险事故的赔款,包括各种相关费用,扣除标的残值、再保险摊回额及向第三方的代位求偿权后的净值

ultimate table 终极死亡表 △ 在人寿保险中,被保险人的选择效果会逐年消失,逐渐接近于一定的死亡率,该死亡率称为终极死亡率

ultimo (Ult.) 上月的 △ = last month,现已罕用

ultra-egoism 极端个人主义

umbrella liability insurance 伞式责任保险 △ 伞式责任保险为责任保险保单限额以上部分提供保障

umbrella reinsurance 伞式再保险 △ 分出人将各类保险业务,如汽车、火灾、盗窃、责任等保险归入一个再保险合同

umpire 公断人;裁决人;首席仲裁员 △ 仲裁者之间意见不一致时参加公断的第三者

unaccrued income 预收收入 △ 未到期而已收到的收入

unallocated benefits 不分项给付 △ 健康保险中所作的给付提留,并不特别规定对治疗、检验等单项费用的给付额,只规定对各项医疗费用的给付总额

unallocated claim expense 无法摊列的理赔费用 △ 无法列入任何一次赔案理算的费用,如理赔部门的职员薪水和办公开支等

unallocated funding (基金)总提存方式 △ 退休金计划中的一种基金提存方式

unallocated loss expense 无法摊列的损失费用 △ 无法摊列的理赔业务费用

unauthorized insurance 未经许可的保险公司 △ 若保险公司在一个州或一个国家未领营业执照而出售保单,则其承保的保险称为未经许可的保险

unauthorized insurer 未获认可的保险人 △ 未获得营业许可而从事保险业务的保险人

unauthorized outlays out of receipts 坐支 △ 会计俗称。收款不进总账或根本不记账就予以支出的违纪行为。坐支不能反映企业资金运转的真实情况

uncertainty 不确定因素 △ 汇价、利率波动、政策、政局变化等

UNCITRAL Arbitration Rules 联合国国际贸易法律委员会仲裁规则

unclean bill of lading 不洁提单 △ 提单上有船长关于所运货物的批注,如:超短装、包装破损、货码不一致等。与"清洁提单"相对

unclean B/L 不洁提单

uncollected premium 未收保险费

unconditional vesting 无条件赋予受领权 △ 在付出型退休金计划中,退休金的受领权不因个人付出的停止而丧失

unconfirmed credit 非保兑信用证 △ 没有另一家银行保证开证行付款的信用证

undercut price 杀价;砍价

under deck and/or on deck 甲板下及(或)甲板上 △ 海上货物保险附加条款之一

under-insurance 不足额保险 △ 保险金额低于保险价值的情况

underlying insurance 基础保险 △ 对风

险进行更高一层保险或再保险之前的保险或再保险

underlying policy 基础保险单 △ 以一张主保单承保数个保险标的,同时对每一个标的再行签发保单

underlying premium 基础保费 △ 再保险人计算再保险费时所依据的保费

underlying retention 自留额 △ 超赔损失再保险中,分出人用以确定自负赔偿金额的标准

undertaking clause 开证行责任条款

underwrite 1.认购;包销(证券公债等) 2.签名同意支付;同意负担…费用 3.核保 △ 保险人于承保前,对投保标的进行风险评估,以决定承保与否、承保条件及相应保险费率的过程

underwriter agency 承保代理公司 △ 与保险人签订代理合同的公司

Underwriters Laboratories, Inc. (UL) 保险人实验室(美)

underwriters salvage corporation 保险人残损物资处理组织 △ 由保险人资助的贸易机构,对保险事故发生后的残余物品加以妥善处理及转售,以减轻保险损失

underwriter syndicate 承保人辛迪加

underwriting agent 保险代理人 △ 特指经营海上保险业务的个人

underwriting agreement 承销协议 △ 公开发行债券的公司和作为承销集团代理人的承销商之间签订的协议,也叫"购买协议或购买合同"

underwriting authority 核保权限 △ 一个核保人员可不经过更高一级核保人批准即可作出核保决定的范围

underwriting cost 承保成本 △ 保险公司因承保业务所发生的各种开支,包括利息、再保险费、佣金、赔款及给付等

underwriting cycle 承保周期 △ 财产保险与责任保险的保费、保险利润、承保能力随着时间的推移,遵循某种规律发生升高、降低的变化

underwriting department 核保部

underwriting deposit 承保保证金 △ 承保保证金是伦敦劳合社规定其每一承保会员必须向劳合社委员会缴存的储金,以保障被保险人的权益

underwriting expense ratio 承保费用率 △ 承保费用包括佣金、营业税、雇员工资、福利及其他营业开支。费用率计算公式为费用除以净保费

underwriting group 承销集团 △ 由牵头(主理、主办)投资银行发起为承销新发债券的临时团体。承销集团以约定价格从发行公司购买证券,并按公开价格向公众出售这些证券

underwriting guide 核保指南 △ 有关承保过程的详细说明

underwriting loss 承保损失;保险损失 △保险业务本身(即不考虑投资损益)的亏损部分。当赔付率加上费用率超过100%时,即发生承保损失

underwriting member 承保会员 △ 承保会员为伦敦劳合社经营保险业务的主体,承保会员既可以是个人也可为公司组织

underwriting profit 承保利润;保险利润 △来自承保保险业务的利润。承保利润计算公式为满期保费减去赔款与费用

underwriting reserve 承保准备金 △ 劳合社的承保会员将其所获利润的一部分保存在承保代理人那里以备将来支付赔款的准备金

underwriting syndicate 保险辛迪加;证券包销辛迪加;承销辛迪加;证券包销银团 △由牵头银行组织若干分销银行包销发行公司发行的债券,主理行(牵头行)主要负责资金汇集管理支付等。见 underwriting group

undiscovered loss clause 未发现损失条款 △ 海上货物运输保险单中规定,被保险人在货物开箱使用前未发现的损失,若在一定期限内发现,仍可向保险人请求赔偿

undistributed profit 未分配利润 △ 企业所获利润中尚未分配给股东或合伙

人的部分

unearned premium 未满期保费 △ 保险合同年度与会计年度通常不一致,在年终决算时,保险公司须按剩余的时期提存保险责任未了部分的保费,称为未满期保费

unearned premium reserve 未满期保费准备金 △ 保险公司在年终结算时,对保险责任未了部分所提取的准备金

unearned reinsurance premium 未满期再保险费 △ 再保险公司在年终决算时已收到但未到期的再保险费,其保险责任未了部分的保费为未满期再保险费

unearned revenue 递延收入 △ 业已收入到而后由后期实现为收益的款项,以及由后期交付货物或提供劳务,予以抵偿的预收款项,在资产负债表上列为流动负债的一个项目

unemployment compensation 失业补偿 △ 失业者符合法律规定的要求时可领取失业补偿给付

unemployment insurance 失业保险 △ 失业保险为社会保险的一种类型,对被保险人在失业时给付保险金

unfair claims practice 不正当理赔 △ 保险人试图逃避保户提出的索赔,或者试图减少赔款数额的行为

unfair competition and practice 不正当竞争行为 △ 法律规定从事保险的公司及代理人的下列行为为不正当竞争行为:诱使保户转投保险、保费折扣、诋毁其他保险公司以及从事有垄断倾向的活动

unfair discrimination 不正当差别待遇 △ 保险人或保险代理人收取保费时,利用费率分级差异,故意用较低费率争取业务的行为

unfair trade practice 不正当交易行为 △ 不正当交易行为包括:不如实陈述、虚假广告、诱使保户放弃现有保单改投另一类保险、挪用保户款项

unfunded debts 未备抵债务 △ 一年内债务,未提留准备金

unfunded pension 未备抵养老金

unfunded pension plan 非累积式退休金计划 △ 此种退休金计划对于将来的给付不作财务预留,与普通退休金计划的区别在于,后者将即期收入全部累积

unidentifiable cargo 无法辨认的货物 △ 在运输过程中由于各种原因导致标签脱落或损毁,以致无法从外观上辨别其属于哪一种类的货物

Unified Bank Performance Report (UBPR) 统一银行业绩报告 △ 美国联邦储备银行要求商业银行提供的报告

Uniform Customs of Practice for Documentary Credits (UCP) 跟单信用证统一惯例 △ 国际商会制订的关于信用证的条例,目前最新版本已到 UCP NO. 500 号

uniform form 统一格式 △ 各种费率局和许多保险公司所接受的标准保单格式

Uniform Law of Cheques 统一发票法 △ 国际联盟于 1931 年在日内瓦议定的国际规则,并制订了统一支票法公约

Uniform Law on Bills of Exchange and Promissory Notes 统一汇票与本票法 △ 国际联盟于 1930 年在日内瓦协议完成的国际规则

uniform policy provision 统一保单条款(美) △ 某类保险的合同中,必须满足州法令规定的条款,统一条款通常采用由美国全国保险总监协会提出的示范条款

uniform provision law 统一条款法(美) △ 个人健康保单中,必须包含一系列标准条款

uniform provisions 统一条款

uniform reciprocal licensing act 统一的互惠许可证法 △ 美国许多州用统一的互惠发放许可证法来约束保险人

Uniform Rules for Collection 托收统一规则 △ 国际商会理事会于 1978 年 6 月通过自 1979 年 1 月 1 日起正式实施的托收规则

Uniform Rules for Contract Guarantees 契约保函统一规则 △ 国际商会理事会于1978年5月20日通过并向各国推荐

Uniform Rules for Demand Guarantees (URDG) 见索即付保函统一规则

uninsurable risk 不可保风险 △ 明显不满足可保风险要素的风险

uninsured motorist coverage 未保险驾驶人保障 △ 在个人机动车保单上加批单,对被保险人因与他人车辆相撞,而对方又没买责任保险的情况提供保险保障

uninsured plan 非保险型计划 △ 雇主对保险合同之外的雇员提供健康给付所做的安排

unique impairment 罕有缺陷 △ 人寿保险的申请人的身体、精神或财务状况与常人有异(如曾经有过破产经历或患有严重疾病)

unisex rating 不区分性别费率 △ 对男性与女性使用同一保险费率

unit annuity 基数年金 △ 团体年金合同中,每年为每一位成员购买一份特定金额或基金的年金,退休时领取逐年积累金额的总和

unitary and controlled floating exchange rate system 单一的受控制的汇价制度

unit banking system 单一银行制度 △ 西方银行制度的一种。即一个银行只有一个营业处所,而无分行。如美国的银行不能跨州设立分支行

unit benefit plan 基数给付年金计划 △ 退休金计划的一种。退休金给付基数表示为雇员年收入的一个固定百分比。雇员退休时每年可收到这些基金总和的给付

United Nations Commission on International Trade Law (UNCITRAL) 联合国国际贸易法律委员会

unitholders (投资)单位持有人

unit price 单价

universal bank 全功能银行 △ 能办理商业银行、投资银行、保险等多种业务的银行

universal life insurance 万能寿险 △ 一种灵活的、有弹性的人寿保险方式。万能寿险的保费、死亡给付、交费时间与保障期都是可变的

universal mercantile system 通用商业制 △ 通用商业制作为制作标准火险费率表的一项技术

universal notation 国际通用符号 △ 各国统一的专业性术语

universal variable life insurance 万能可变寿险 △ 万能可变寿险兼具有万能寿险与变额人寿保险的特征。投资收益的超出部分划归保单持有人的现金账户

unless otherwise agreed 除非另有协议 △ 合同、协议、章程等文件中的常用语

unless otherwise indicated 除非另有说明

unless otherwise mentioned 除非另有说明

unless otherwise prescribed 除非另有规定

unless otherwise specified 除非另有规定

unlevel commission system 不等佣金制 △ 对新业务较后续年度的业务支付较高佣金的一种佣金支付制度

unlicensed insurer 无营业执照的保险人

unlimited liability 1. 无限的责任 2. ~ company 无限公司

unlisted bonds 临时债 △ 无法上市的短期债券

unnamed policy (船舶)未确定保险单

unoccupied 无人居住 △ 标准火险保单禁止建筑物无人居住(指建筑物内连续60天以上无人居住)

unpaid bill 未付票据

unpaid capital 未缴资本

unpaid draft 未付汇票

unqualified pension plan 未经批准的退休金计划 △ 雇主与选定的雇员间达成协议,由雇主提供有弹性的退休金给付(有时包括死亡给付)

unregistered bonds 临时债 △ 无记名债

券

unregistered shares 临时债

unrelated director 独立董事；外部董事 △ 同 independent director; outside director

unreported claims 未报告的赔款 △ 损失已发生，但保险公司还未被通知的保险赔款。有时也指用于应付未报告赔款的准备金

unsafe 不安全 △ 表定费率法中的术语，增加费率的起因

unsatisfied judg(e)ment funds 机动车事故特别基金 △ 美国某些州根据州法律规定而建立的一种基金

unseaworthiness and unfitness exclusion clause 不适航及不适运除外条款 △ 此条款规定，对于被保险人或承运人在运输货物中由于运输船只不适航或货柜不适运所引起的货物损失，保险人不负赔偿责任

unsecured advance 无担保垫付款

unsecured indebtedness 无担保债务

unsecured liabilities 无担保债务

unsecured loan 信用贷款；信用放款；无担保贷款

unsolicited application 主动申请 △ 未经代理人或经纪人劝说，由个人提出的人寿保险申请

unsystematic risk 不规则风险 △ 发生的机会无法进行统计观察的风险，风险发生难于预测

unvalued policy 不定值保单 △ 保险标的的价值未事先确定，而在损失发生时估计其实际价值

unveil 出台 △ 正式公布。同 publish

unveil the nameplate of 揭牌

upon presentation 即期；提示后就…

upstairs market 楼上市场；所外市场 △ 没有利用股票交易所，而在经纪商（交易商）公司内完成的交易

upward 汇率上升；利率上升

up x percent on a year-on-year basis 年度同比增长（率） △ 最新比较用语

up x percent quarter-on-quarter in the 1st (2nd, 3rd, 4th) quarter 季度同比增长（率）

usance bill 远期汇票；有限期汇票 △无须见票立即付款，而是规定于以后一定日期付款的汇票。同 time bill

usance credit 远期信用证 △ 开证行或付款行在收到符合信用证条款单据后并不立即付款，而是根据汇票的期限，在到期日付款

usance credit payable at sight 假远期信用证 △ 受益人（出口商）开立远期汇票，但根据信用证条款，可以即期收汇。即付款银行同意即期支付远期汇票款，贴现费由出口商承担

usance draft 远期汇票

use and occupancy insurance (U & O) 使用损失保险 △ 为营业中断保险的一种，通过在机器设备保险单上加批单的方式承保间接损失

usher in foreign investment 引进外资

usurious rate of interest 高利贷利率 △ 利率超过法律规定的最高贷款利率上限的利率

usury 高利贷

utmost good faith 最大诚信 △ 最大诚信要求保险合同双方当事人具有最高标准的诚实与正直

V v

valid at 有效地点
validity 有效期
validity of credit 信用证有效期 △ 受益人根据信用证向付款银行提交汇票，要求付款或承兑或向议付银行议付的最后限期，超过这个限期，信用证即失效
valid place 有效地点
valuation allowance 估价备抵
valuation assumption 估算假设
valuation method of depreciation 估价折旧法
value date 起息日 △ 利率计算的起始日，如未载明则习惯以记账当天起息
value-guaranteed deposits 保值存款
value-keeping deposits 保值存款
value-keeping public bonds 保值公债
value-secured deposits 保值存款
variable cost 可变成本 △ 即直接成本。与生产一件或一类商品直接有关的成本，因而可以随产量的增加而变动
VAT rate 增值税率
vault cash 库存现金
verification of account 核对账目 △ 银行与客户之间定期核对账目
verification of signatures 印鉴核对 △ 根据预留印鉴核对签字的真伪
verification of test key 密押核对 △ 重要电讯的开头都加有密押(码)，经专职保密人员核对无误后转交有关经办人处理
verified copy 经核实的副本
verify a statement 核对清单
vertical analysis 垂直分析 △ 也叫“静态分析”。着重分析一个会计期的财务状况，而不和以前的会计期相比较
very important person (VIP, V.I.P.) 重要人物 △ 贵宾。银行设有 VIP 服务柜台
very poor 非常低劣 △ 客户信用风险评级之一级
Veterans Administration (VA) 退伍军人管理局(美)
veto a bill 投票否决
veto a proposal 投票否决
via 通过…方式；通过…方法；经由；凭借
vice-president (V.P.) 副总裁；副行长
vice versa (v.v.) 反之亦然；反过来也这样
vicious debt arrears 恶意拖欠
Videlicet (viz.) 即；就是
VIP service 贵宾服务
visible trade settlement 有形贸易结算
volatile 动荡；变化无常 △市场
volume (Vol.) 业务量；容积；体积；卷；册
volume of business 贸易量；业务量；业务额
Voluntary Employee Beneficiary Association (VEBA) 自愿员工福利协会
voluntary liquidation 自愿清理；自动清理
vostro account 1.来账；你账；来户；你方账户 △经营外汇业务的银行为国外的银行所开的本国货币账户，叫做“你方账户”或“你方存款” 2.同业存放账户；同业账户
vostro account depository agency 来账代理行
vostro account depository correspondent 来账代理行
vote on (a subject, proposal) 投票；表决
voting interest 投票权股份 △ 与“非投票股”相对
voucher treasury bond 凭证式国债 △ 购买者得到一张国债凭证
voyage (voy.) 航程；航行

W w

waive 放弃 △ 放弃各种权利、应得的权益

warehouse one's position 压仓 △ 屯积某种货币资金、股票、债券,以期行情上涨后抛卖获利

warehouse to warehouse（w/w, w-w） 仓对仓 △ 运输条件的一种

warehouse warrant（w/w., w-w） 仓单;仓库收据

war risk（WR） 战争险

wash sale 虚售;掺水买卖 △同时买进和卖出同一证券或在很短的时间内完成这种交易,其目的在于制造一个虚假的市场

watered stock 掺水股 △ 其资产定值过高的公司股票

weaken 汇率走低;利率走低;汇率走软;利率走软

weak market 疲软市场 △ 卖方在数量上超过买方,价格总体上呈下跌趋势的市场

weight（wgt., wt.） 重量;权数;加权

weighted-average exercise price 加权平均行权价

weighted-average remaining life 加权平均残余使用年限

weighted cost of capital approach 资本加权成本法

wharf（whf.） 码头;停泊处

whole life 终身保险

wholesale business 批发业务;对公业务 △ 与"零售业务"相对

wide area network（WAN） 广域网

width（wdth.） 宽度

window operation 窗口指导 △ 央行调控手段。依据市场动向,通过窗口作用于金融机构的方式来影响市场。狭义指央行再贷款利率、存款准备金、公开市场业务及再贴现政策等货币政策工具体系

wind up 结业;关张;停业

with average（WA., w.a.） 单独海损险

withdrawal of investment 撤资 △ 撤走在银行或企业、建设项目的投资

withdraw an accusation 撤诉

withdraw investment 撤资

withdraw investment from 撤资

withdraw one's investment 撤股

withheld 免抵退扣

without recourse 无追索权 △ 支票、汇票或期票的付款人拒绝付款时,持票人无权向出票人及各前手背书人依次追索

with reference to（Re.） 关于;事由 △用在信函正文前,后接简要文句,收件人一目了然,便知涉及事项

witness 见证;见证人

working capital 流动资金 △ 也称周转资金或营运资金

works in progress 在建工程;在建项目

works under way 在建工程;在建项目 △同 projects under construction

World Wide Web（WWW） 万维网

write-down 1.减记 △ 将一项资产账户的部分余额转入费用或损失账户 2.划减

writedowns on various assets 资产减记 △ 在财务报表中反映的资产价值低于原值

write off 销账;注销 △注销无法收回的坏账

X x

xenocurrency 在发行国以外流通的货币

xenophobia 排外主义

Y y

Yamaichi 山一证券 △ 日本证券商之一
yankee bond 扬基债券 △ 在美国证券管理委员会(SEC)登记,在美国市场发行的面值万元的外国债券
yard (yd.) 1.码;2.场地
year (yr.) 年
year-ago period 上年同期
year-end adjustment 年终调整 △ 会计年度终了时对账目所作的调整
year-end audit 年终审计
year-end balance 年终余额
year of account 结算年
year of grace 宽缓年限 △ 劳氏船级社对船体和机器规定的全面检验时间可以准予推迟,但最多不能超过 12 个月
year-on-year 上年同比
year-on-year increase of x percentage 年度同比增长(率)
year-start balance 年初余额;期初余额
yenbond 日元债券
yield from new output value 新产值收益率
yield from output 产值率
yield present value (YPV) 效益现值
yield to call (YTC) 早赎期前收益(率) △ 投资者提前兑付债券的收益
yield-to-maturity (YTM) 到期收益率;整期收益率 △远期资金交易用语。投资者持有带息长期投资债券至到期日所得到的收益
your account 你行账户
yo-yo stock 悠悠股 △ 价格急剧波动的股票,其涨跌之快就如同悠悠球运动,忽上忽下

Z z

zero balance account (ZBA) 零余额账户 △美国银行为客户进行隔夜投资设立的账户,每天营业终了把余额全部拨到伦敦代理银行获得隔夜利息,次日开门又全部拨回营运

zero-base budgeting (ZBB) 零底预算;零基预算;零为基础预算法

zero-coupon Eurobond 不附息票欧洲债券

zero defect (ZD) 无缺陷

zero economic growth (ZEG) 零经济增长;经济无增长

zero population growth (ZPG) 人口零增长

zero proof 零数验证 △检查账户记录是否正确的一种方法,证明前面的记录已经过账

zone freight rate 地区统一运费率

zone price 区域价格 △一定区域内出售的统一价格。虽然全区内交货到各地的运费不同,但售价相同

zoom 暴涨;骤升;急剧上升

Zurich Gold Pool 苏黎世黄金联营 △1968年3月由瑞士 Swiss Bank、Union Bank of Switzerland 和 Credit Swiss Bank 三大银行组成黄金联营,共同订定黄金价格,进行黄金交易

汉英部分

A

AA 项条例　Regulation AA
A 级灭火器　class A extinguisher
"A"类普通股　"A" ordinary shares
A 类重组业务　Type A reorganization
A 项条件　Regulation A
阿尔法证券　Alpha securities
阿姆斯特朗调查　Armstrong investigation
阿姆斯特朗委员会　Armstrong Committee
阿普莱顿规则　Appleton Rule
爱德华·劳埃德　Edward Lloyd
爱岗敬业,遵纪守法　be dedicated to one's post and disciplined in all acts
安宁享用条款　quiet enjoyment clause
安排　management; arrangement (arrt.)
安全基金法　safety fund law
安全精算　actuarially sound
安全审计　safety audit
安全系数　coefficient of safety
安全性与稳健性　safety and soundness
安全债券　default free securities
安全装置　safety
安装保险　installation insurance
安装风险　installation risk
安装风险保险　installation risk insurance
岸上条款　shore clause; shore-to-shore clause
按比例　pro rata
按比例注销　pro rata cancellation
按部门分配　distribution by sector
按产业划分　classified by industrial sector
按成本　at cost
按成本价入账　carried at cost; recorded at cost; entered at cost
按成本进账制　cost basis of accounting
按地区　by region
按地区划分　classified by region
按公平价格　at fair price
按…公司抬头交运　consign to the order of Messrs.
按公允价格　at fair price
按公允价值法　by the fair value-based method
按购进法　by the purchase method
按股份公司组织的　incorporated (Inc.)
按挂牌价格计值　be valued at quoted market prices
按官方清算基础计算的国际收支差额　balance on official settlement basis
按国家　by country
按国家划分　classified by country
按合同　by contract; by compact
按合同条款办理　comply with the terms of contract
按价值　according to value (A/V)
按金　haircut finance
按经济活动划分　classified by economic activity
按可比价格划分　classified by comparable price
按可比价格计算　calculated in constant prices
按毛利分配　distribution on gross profit
按每股基准衡量　on a per share basis
按面值 x%发行　issued at x% of par
按内插法　by the intrapolation method
按内在价值法　by the intrinsic value method
按年初数　amount at year start; at the beginning of year; by year-start amount
按年底数　amount at year end; at the end of year; by year-end amount
按年计　per annum (p.a.)
按年龄调整的死亡率　age-adjusted mortality rate
按票面价值(计算)　at par
按平均计算　on an average
按契约行使的留置权　contract lien
按清偿基础计算的国际收支差额　balance on liquidity basis

按清偿能力计算的国际收支余额 balance on liquidity basis
按权益法处理 accounted for the equity method; carried by the equity method; recorded under the equity method; by equity; by the equity method
按权益基准 on the equity basis; at equity
按人均消费支出划分 classified by per capita consumption expenditure
按人口平均 per capita
按日计算 per diem; on a day to day basis
按日借款 day-to-day money
按时 on time
按时价兑换的债券 debenture convertible at current price
按时履行义务 honouring
按市场价格 at market
按市价(计算) at market
按市价换算 conversion at the market price
按市价折旧 depreciation on market price
按特定年龄计算的死亡率 mortality rate (age specific)
按外推法 by the extrapolation method
按外延法 by the extrapolation method
按现价兑换 conversion at the current price
按现时成本(计算) at current cost
按现时汇率(计算) at current cost
按现时价格(计算) at current price
按现行汇率法 by the current rate method
按现状 as is
按小时付酬制 system of payment by the hour
按行业 by industry
按性质分类 object classification
按需要 on an as-needed basis
按业务量划分 classified by business turnover
按永续备抵法 by perpetual provision method
按约定 as agreed upon
按约定时段 at fixed period
按照 as per
按照价值 ad valorem (ad val.)
按照死因计算的死亡率 mortality rate (cause specific)
按折算率换算 coefficient conversion; conversion with the coefficient
按这些条件成交 close on these terms
按指数偿付的贷款 indexed loan; loan tied to an index
按重置成本法 by the replacement cost method
按资本规模划分 classified by capital size
按资产负债法 by the asset-liability method
按总体结构百分比编制的比较资产负债表 comparative budget and actual income sheet
按最好(汇率、利率、价格) at best
按最佳 at best
暗示 implication
暗示担保 implied warranty
暗示合同 implied contract; implied covenant
暗示权力 implied authority
暗示同意 implied consent
暗示信托 implied trust
盎司 ounce (oz.)
凹陷 denting

B

B级灭火器 class B extinguisher
B项条例 Regulation B
把好审批关口 tighten the examination and approval procedures for
把…日期填早 predate
把一笔账目记入账内 enter an account in a book
把一栏数字加起来 cast column of figures
把账款记入某人的借方 debit to one's account
罢工、暴动、民众骚乱除外条款 free from strikes, riots and civil commotion clause; free of strikes, riots and civil commotion clause
罢工、暴乱及民众骚乱险 risks of strikes, riots and civil commotions
罢工保险 strike insurance
罢工暴动险 strikes, riots and civil commotions (S.R. & C.C.)
罢工损失保险 damage from strikers insurance policy
罢工险 strike risks (S.R.)
罢工延误险 strike delay insurance
罢工追加费用险 strike expenses insurance
白板原则 clean slate principle
百分比分析法 analytic(al) per cent
百分点 percentage point
百分率比较图 chart of percentage comparison
百分率财务报表 common size statement
百分率的点 percentage point
5%规则 five percent rule
百分之一 per cent (%); per centum (p.c., p.cent, PCT)
百货商店货运保险 department store insurance floater
百米 hectometre (h.m.)
百岁满期 endow at age 100
百万 million
百万个 million
百万元 million
摆动额 swing limit; allowance for shortfall and excessive amount
摆动幅度 range of fluctuations
摆列商品 open stock
拜金主义 money worship
搬移 removal
搬移条款 off premises clause
(为搬运公司设计的)搬运保险 moving insurance (for a moving company)
搬运保证 removal bond
搬运费 cartage (ctg., ctge.)
办公财产特别保险 office contents special form
办公室保险单 office policy
办公室盗窃抢劫保险 office burglary and robbery policy
办公室个人财产保险 office personal property form
办理托收申请 apply for collection
办实事 event-oriented service (EOS)
办实事型 event-oriented leadership
办实事型领导 event-oriented leadership
办事员 clerk (cl.)
半残给付 partial disability benefit
半黑市 grey market
半年缴保费 half-yearly premium
伴书 covering letter
绑架、勒索、强夺保险 kidnap, ransom extortion insurance
绑架保险 kidnap(p)ing coverage
包 package (pkg.)
包(租)船提单 charter party bill of lading
包裹 parcel (pcl.); package (pkg.)
包含 containing (contg.)
包括薪资 includable compensation
包买商 forfaiter
包销(证券公债等) underwrite

包装　package (pkg.)
包装货　packed cargo
包装货物　cargo in package
包装上市　reshuffle for going public; restructure before listing; restructure to go public
包租　charter
雹灾保险　hail insurance; hailstorm insurance
保本点　break-even point (BEP)
保本分析　break-even analysis
保本分析图　chart for break-even analysis
保本利率　break-even interest rate
保本率　break-even interest rate
保持无损失合同　hold-harmless agreement
保单　policy; insurance policy (I/P)
保单保险权益　policy proof of interest (P.P.I.)
保单变更　policy change
保单持续红利　persistency bonus
保单持有人　policy holder
保单持有人的保险经纪人　broker of record
保单持有人盈余　policyholder surplus; surplus to policy holders
保单贷款规定　policy loan provision
保单的整体性　entirety of the policy
保单登记簿　policy register
保单第一年度　first policy year
保单分红方法　method of policy dividend allocation
保单封面套纸　jacket
保单简介　policy summary
保单交付　delivery of policy
保单结构　policy structure
保单净收益　net policy proceeds
保单面值　face value of the policy
保单年度　policy year
保单年度经验　policy year experience
保单票面　face of policy
保单起讫日期　date of subscription to the policy
保单签发代理人　agent-policywriting
保单区域　policy territory
保单生效日　policy date
保单生效日期　date of inception of the policy; date of policy
保单收据　delivery receipt
保单所有权条款　ownership provision
保单所有人免缴保费优惠　owner waiver of premium benefits
保单特有部分　coverage part
保单条件　policy conditions
保单现金价值　policy value
保单限额　policy limit
保单续保　policy renewal
保单遗失声明书　lost policy affidavit
保单转让　policy assignment
保兑　confirm; confirmation
保兑不可撤销信用证　confirmed irrevocable letter of credit
保兑手续费　confirmation commission
保兑信用证　confirmed (letter of) credit; confirmed L/C
保兑银行　certifying bank; confirming bank
保兑责任　confirmed engagement
保额与现金值的法定差额　corridor
保费贷款　premium loan
保费到期日　premium due date
保费调整条款　premium adjustment endorsement
保费调整型保单　premium adjustemnt form
保费基础　premium base
保费基准制　money purchase plan
保费缴期展延协定　premium extension agreement
保费卡　premium card
保费免缴条款　nominator's clause; payer clause
保费模式　premium mode
保费融资保险　financed insurance
保费审计人　premium auditor
保费收入　premium income
保费税　premium tax
保费协定型保险　stipulated premium insurance
保费延滞　arrears
保费与税　tax and board

保费折扣计划 premium disconut plan
保费追缴期 assessment period
保费追缴条款 assessment clause
保费准备金 premium reserve
保付商行 confirming house
保付书 confirming order
保付银行 certifying bank
保付支票 certified cheque
保管费 custodian fee
保管人 custodian; depositary; depository
保管人协定 custodian agreement
保管人账户 custodian account
保管委员会 board of trustees
保管箱 custody box
保管押金 deposit for safe custody
保管业务 custodian service
保管银行 depositary bank
保管账户 escrow account
保健资金管理部 Health Care Finance Administration (HCFA)
保健组织 Health Maintenance Organization (HMO)
保理 factoring
保理公司 factoring company
保理商 factor
保理贴现 factoring of invoices; discounting of invoice
保理佣金 factoring commission
保留更改差错权 errors and omissions excepted (E.& OE., e.& o.e.)
保留所有权条款 clause of reservation
保留意见 qualification
保赔人 indemnifier
保全(财产) conservation
保全险 all-loss insurance
保释保证书 bail bond
保释担保人 bailsman
保释金 bail
保释金保函 bail guarantee
保守型人才 conservative talent
保税单 bond note
保税区 bonded area
保税区仓库 bonded area warehouse
保险 assurance; insurance (insur.); cover; cover insurance
保险安排人 placer
保险保障 insurance coverage
保险标的 subject-matter insured
保险表格 insurance form
保险产品系统 insurance production system
保险成本 insurance cost
保险从业人员资格法 qualification law
保险代理人 underwriting agent; insurance agent
保险代理人及经纪人错误及疏漏保险 insurance agents and brokers error and omission insurance
保险代理人及经纪人责任保险 insurance agents and brokers liability insurance
保险贷款 insured loan
保险单 insurance policy (I/P)
保险单据 insurance documents
保险担保 guarantee of insurance
保险登记 insurance register
保险额度 line
保险法规 insurance regulation
保险犯罪防止协会 Insurance Crime Prevention Institute (ICPI)
保险费 charge of insurance; insurance premium
保险费率 insurance rate
保险费率管理 insurance rate regulation
保险费率委员会 Insurance Rating Board (IRB)
保险费审计准会员 Associate in Premium Auditing (APA)
保险费条款 premium clause
保险费用 insurance charge
保险费最迟支付日期 date of last payment
保险风险 insurance risk
保险服务事务所(美) Insurance Services Office (ISO)
保险概要 insurance abstract
保险给付计划 benefit planning
保险公司 insurance company; insurance carrier
保险股份公司 capital stock insurer
保险会计和财务准会员 Associate in In-

surance Accounting and Finance (AIAF)
保险会计和统计协会 Insurance Accounting and Statistical Association (IASA)
保险会计和统计学会 Insurance Accounting and Statistical Society (IASS)
保险会计师协会 Insurance Accountants Association (IAA)
保险计划 insurance programme
保险计划承保内容 insurance plans covered
保险检查官 insurance examiner
保险交易所 insurance exchanges
保险界 insurance field
保险金慈善捐赠 charitable giving through life insurance
保险金额 amount insured; amount of coverage; insured amount; sum insured
保险金额与保险价值之比 amount of insurance to value
保险金给付方式 distribution plan
(弱体)保险金削减给付法 lien plan
保险金债务豁免条款 exemption of proceeds provision
保险金支付禁止规定 exception of proceeds provision
保险金转让 assignment of benefits
保险经纪人 insurance broker; broker
保险经纪人协会 Institute of Insurance Brokers (IIB)
保险经营规则 insurance operation rules
保险局 insurance department
保险卡 Identification Card
保险利润 underwriting profit
保险联合会(美) Insurance Federation
保险领域 insurance field
保险律师 insurance solicitor
保险密度 insurance density
保险年龄 insurance age
保险赔偿费 benefit
保险赔偿金 benefit
保险批单的自动增加 automatic increase in insurance endorsement
保险评价额 policy valuation
保险凭证 insurance certificate; insurance note; certificate of insurance (C.I.)
保险期 term
保险期间 duration of insurance; policy period; policy term; term of insurance; term of policy
保险期间条款 duration of risk clause
保险起期 commencement of coverage
保险人 assurer; insurer; insuror
保险人残损物资处理组织 underwriters salvage corporation
保险人公共关系委员会 Insurers Public Relations Council (IPRC)
保险人实验室(美) Underwriters Laboratories, Inc. (UL)
保险人限额责任 limitations on insurers liability
保险荣誉厅 The Insurance Hall of Fame
保险审计员 Insurance Auditor (I/A)
保险市场 insurance market
保险事故 event insured against; insured event
保险手册 manual
保险手续完毕 closing
保险受托人 fiduciary aspect of insurance
保险损失 underwriting loss
保险条款 insurance clause; insuring agreement; insuring clause; policy provisions
保险推销员 insurance salesperson
保险箱 coffer
保险箱盗窃保险 safe burglary insurance
保险辛迪加 underwriting syndicate
保险信息学会 Insurance Information Institute (III)
保险型买卖契约 insurance buy-sell agreement
保险宣传册 illustration
保险学 insurance science
保险一览表 schedule of insurance
保险营销交流协会 Insurance Marketing Communications Association (IMCA)
保险账册 insurance account
保险证 insurance card
保险证明书 certificate of insurance (C.I.)
保险证书 insurance certificate

保险制度的互惠性 mutuality of insurance institution
保险主体 interest
保险转嫁 insurance transfer
保险准备金 insurance reserve
保险咨询机构 advisory insurance organization
保险总监 insurance superintendent; superintendent of insurance; commissioner
保险总监标准死亡表(美) commissioner's standard ordinary mortality table
保险总监协会 Association of Superintendents of Insurance (ASI)
保养费 cost of maintenance
保障 cover
保障成本 cost of protection
保障单种类 kind of policy
保障计划 policy plans
保障与赔偿 protection and indemnity (P. & I.)
保证 guarantee; suretyship; bond
保证保费 guaranteed cost
保证保险 bond insurance; surety bond
保证偿还 bail out
保证/超额利率 guaranteed/excess interest rates
保证贷款 guaranteed loan; secured loan;
保证放款 cash credit (cr.)
保证费用保险 guaranteed cost insurance
保证负债 guarantee liabilities
保证给付 promise to pay
保证更新 guaranteed continuable
保证公司 bonding company
保证购买选择权 guaranteed purchase option
保证股 guarantee stock
保证和担保物 guarantee and security
保证红利保单 guaranteed dividend policy
保证基金 guaranty fund
保证解约退还金 guaranteed cash value
保证借款 borrow on security
保证金 guaranty fund; bargain money; cash deposit; cash deposit as collateral; caution money; deposit (dep.); bond; deposit for security; deposit in security; caution security margin
保证金额 penalty bond; penalty
保证金计划 deposit security scheme
保证金收据 deposit receipt
保证金准备 guaranty fund
保证可保性 guaranteed insurability
保证利率 guaranteed interest rate
保证期 guarantee period
保证人 guarantor; surety; bailsman; bondsman
保证书 affirmative warranty; letter of guarantee (LG, L/G)
保证投资保单 guaranteed investment policy
保证投资合同 guaranteed investment contract (GIC)
保证限付年金 guaranteed immediate annuity
保证续保 guaranteed renewable
保证续保契约 guaranteed renewable contract
保证续保医疗手术保险 guaranteed renewable hospital-surgical insurance
保证延付年金 guaranteed deferred annuity
保证有限公司 company limited by guarantee
保证增额选择权 guaranteed insurability option; guaranteed issue
保证债券 guarantee bond; guaranteed bond; secured bond
保证装船时状态 condition guaranteed at shipment
保值存款 value-keeping deposits; value-guaranteed deposits; value-secured deposits; index-linked deposit
保值贷款 index-linked loan; loan tied to an index
保值公债 index-linked public bonds; value-keeping public bonds; index government bonds
保值基金 index fund
保值债券 index-linked bond
保护 conservation

报表 convention
报表编制后发生事项 subsequent events
报酬 consideration
报酬金 consideration money
报酬时间 compensatory time
(固定资产的)报废法 retirement method
报废损失 loss on retirement
报废资产 dead asset
报复性法律 retaliatory laws
报告式资产负债表 balance sheet in the report form
报关 declare at the customs; declare to the customs; enter
报关单 customs declaration
报价 asked price; quotation (quotn.)
报价单 quotation (quotn.); asked quotation
报警阀 alarm valve
报销 claim reimbursement from
报账单 check sheet
保户医疗账单 billed claims
保户总账册 book of business
(价格等)暴跌 collapse
暴动除外条款 riot exclusion
暴动与内乱保险 riot and civil commotion insurance
暴涨 zoom; shoot; soar
爆炸、倒塌及地下危险 explosion, collapse and underground (ECU)
爆炸保险 explosion insurance
保函 letter of guarantee (LG, L/G)
北美自由贸易协定 (The) North American Free Trade Agreement (NAFTA)
贝塔系数 Beta factor
备案 for record; for file
备抵 allowance
备抵坏账 provision for bad debt
备忘录 ticker; memorandum (MEMO., memo.)
备忘账单 memorandum bill
备选估价日 alternate valuation date
备选受益人 alternate beneficiary
备用信用证 standby L/C; standby letter of credit
备用准备金 deficiency reserve
备援承诺 standby commitment
备援承销商 standby underwriter
备注 remarks
背对背信用证 contra credit; countervailing credit; back-to-back credit
背靠背账户 back-to-back account (B.B.)
背面条款 clause on the back
背书 endorse; endorsement; indorsement
背书人 endorser; backer
背书条款 endorsement clause
倍增保额弥补法 doubling up
悖德 moral turpitude
被保风险 insured peril
被保险场所 insured premises
被保险人 assured; insured; insured named; life insured; insurant
被保险人的代理人 public adjuster
被保险人的年龄 age
被保险人诉讼条款 defense of suit against insured
被保险人义务条款 duty of assured clause
被保险资格 insured status
被保邮件 insured mail
被保证人 principal; the person guaranteed
被背书人 endorsee; assignee
被剥夺法律保护的人 outlaw
被捕或被劫除外不保责任条款 free of capture and seizure clause
被担保人 the person guaranteed
被动信托 dry trust; raked trust
被记账人 account party; accountee
被扣押人 detainee
被拍卖 come under the hammer
被赔偿人 indemnitee
被迫变现价值 forced liquidation value
被授信人 accredited party
被授予者 grantee
被索赔人 claimee
被统驭账户 controlled account
被执行人 person subject to enforcement
本币票据 bill in domestic currency
本地代理人 local agent
本国货币汇票 home currency bill; home

currency draft; home money bill; home money draft
本国货币票据 bill in domestic currency
本金 principal; capital (cap.)
本金和利息 principal and interest
本金支付 principal payments on a loan; principal payments on a debt
本利 principal and interest
本利的 cost-benefit
本利分析的 cost-benefit
本量利分析 cost-volume-profit analysis
本量利关系 cost-volume-profit relationship
本年度 current year
本票 bank check; bank cheque; cashier's check; promissory note (PN, P.N., P/N)
本期 current period
本期拨款 current appropriation
本期纯收益 current net income
本期费用 current expense
本期经营业绩 current operating performance
本期收入 current revenue
本期收益 current income; current yield
本期损益 current profit and loss
本期投资 current investment
本期盈余 current surplus
本期营业 current operation
本期营业损益表 current operating income statement
本期支出 current expenditure
本期支出成本 current outlay cost
本钱 capital (cap.)
本人 principal
本营业年度 current business year
(商业信件中)本月的 instant (inst.)
本月内有效 good this month (G.T.M.)
本周内有效 good this week (G.T.W.)
比价 comparison of price
比较 confer (cf.,cfr.)
比较报表 comparative statement
(统计等的)比较表 comparison table
比较成本 comparative cost
比较成本表 comparative cost sheet
比较成本的差异 comparative cost difference
比较成本利益 comparative cost advantage
比较成本研究 comparative cost study
比较的 comparative
比较分析 comparative analysis
比较级 comparative
比较静态(均衡)分析 comparative static (equilibrium) analysis
比较静态学 comparative statics
比较利得标准 comparative earning standard
比较利益标准 comparative earning standard
比较利益法则 law of comparative advantage
比较年 comparison year
比较试算表 comparative trial balance
比较收入表 comparative financial statement
比较损益表 comparative financial statement
比较用表 comparison sheet
比较资产负债表 comparative balance sheet
比例保费率 pro rata rate
比例费用法 ratable charge method
比例分担条件 condition of average
比例分配 apportionment
比例分配条款 apportionment clause
比例分摊条款 pro rata clause
比例共保 percentage particiption
比例共保免赔额 percentage participating deductible
比例年金 apportionable annuity
比例式给付削减 prorating
比例式未到期保费准备金 pro rata unearned premium reserve
比例式终止 pro rata cancellation
比例受领权 percentage vesting
比例再保险 proportional reinsurance; share reinsurance
比例责任条款 pro rata liability clause
比例自留 quota share retention
比率 rate
比率分析 ratio analysis
比拟物 comparative

比照执行 by applying mutatis mutandis
彼此的 mutual
币制 currency system
必须拜访的客户 must calls
必要的变更 mutatis mutandis
必要条款 required provisions
闭市 close
壁龛 niche
避难港卸货 discharge of cargo at port of refuge
避税港 tax heaven
避险 hedge
臂挽臂交易 "arm-in-arm" transaction
边际成本 marginal cost
边际的 marginal
边际风险 marginal risk
边际购买 buying on margin
边际购买者 marginal buyer
边际借款人 marginal borrower
边际利润 marginal profit (M.P.)
边际收益 gross margin
边际效用递减 diminishing marginal utility
边境交货 delivery at frontier (DAF)
边线危险 borderline risk
编集成典 codify
编码 coding
编外人员 people's not in the personnel quota
编制人数 complement
编制统计 compilation of statistics
编制预算 planning budget; budget drafting
贬值 obsolescence; depreciation
贬值保险 depreciation insurance
贬值率 rate of depreciation
贬值原因 cause of depreciation
扁平化管理 disintermediary management; flat management; management without intermediary
便笺 memorandum (MEMO., memo.)
便捷、优惠、优质 facile, favourable and quality
便利条件 facility
便条 chit(chitty); memorandum (MEMO., memo.)
变差系数 coefficient of variation
变产清理 realization and liquidation
变产收益 gain on realization of asset
变产损益 realization gain and loss
变动保费的可变寿险 flexible premium variable life
变动基金 flexible funding; change fund
变动记录 transition register
变动权数 changing weights
变更 alteration
变更保险 alteration bond
变更初年定期制责任准备金 modified preliminary term reserve
变更船期 change of sailing
变更登记 change of registration
变更航程条款 change of voyage clause; held covered clause
变更计划条款 change of plan provision
变更名称 change of title; change of name
变更目的港 change of destination
变更票面额 change in par value
变更受益人 beneficiary change
变更受益人条款 change of beneficiary provision
变更所有权 change of ownership; change of title
变更现金退还年金 modified cash refund annuity
变更注册 change of registration
变化年金年龄 annuity age change
变化无常 unrest; upheaval; volatile
变换 commutation
(资产的)变现 liquidation
变现能力 cashability
变相涨价 price rise in disguised forms
变造汇票 alteration of bill
辩护调查协会 Defense Research Institute (DRI)
标本兼治 a comprehensive approach to seek both a temporary solution and a permanent cure
标的金额 amount subject
标购 buying tender
标价 bid price; bid and asked price

标盘 bidding quotation
标盘规则 bidding rules
标签条款 label clause
标识 mark (mk.)
标书 tender
标题 header
标志性统计数字 bench statistics
标准 standard (stand.)
标准保单格式 standard form
标准保险 standard insurance
标准保险单 standard policy
标准保险费 standard premium
标准差系数 coefficient of standard deviation
标准给付 level benefit
标准化 standardization
标准化合同 adhesion contract
标准例外体 standard exceptions
标准年金生命表 Standard Annuity Table
标准伤害保险 level accident insurance
标准条款 standard provisions
标准限额 standard limit
标准行业分类 Standard Industrial Classification (SIC)
表定保费 scheduled premium
表定成本 tabular cost
表定法 schedule rating
表定伤害 schedule injury
表定死亡率或发病率 tabular mortality or morbidity
表定限额 scheduled limit
表定型保单 schedule type policy
表格 5500 form 5500
表决 vote on (a subject, proposal)
表面代理 apparent agency
表面代理权 apparent authority
表面的 prima facie
表皮烫伤 first degree burns
表述 disclosure
表外业务 off-balance-sheet activities (OBSA)
表外账款 off balance sheet
别处未包括 not included elsewhere (NIE, n.i.e.)
别有选择原则 principle of alternatives
蹩脚步危险(俚语) dog
宾主法规 guest/host statute
殡葬职业责任保险 morticians professional liability insurance
冰雹保险 hail insurance
冰险除外条款 ice exclusion clause
冰险偏航条款 ice deviation clause
兵役除外条款 military service exclusion
并购 merge; merger
并行措施 collateral measure
病房费用给付 hospital room benefit
病历资料服务所 Medical Information Bureau (MIB)
病人监理条款 patient supervision clause
拨备 reserve; provision
拨出(款项) appropriate
拨出一笔款用以支付 appropriate a sum for payment of
拨付所属(联行)资金 funds to branches; funds to branches and subsidiaries
"拨改贷" government appropriations being replaced by loans
拨款 allocation; disburse; appropriation
拨款程序 appropriation process
拨款分配数 appropriation allotment
拨款权 allocation
拨款退回 appropriation refund
拨款有效期 appropriation period
拨款预算基金 appropriation fund
拨款账户 appropriation account
拨款支付 appropriate a sum for payment of
拨入该账户 channelled into the account (CF)
拨(付)头寸 reimbursement of remittance cover
剥离不良资产 strip off non-performing assets
驳船险 risk of craft and /or lighter
补拨款 deficiency appropriation
补仓 cover; buyback previously-sold contracts; top up the margin of advance
补偿 reimbursement; compensate; compensation

补偿安排 compensation arrangement
补偿办法 compensatory approach
补偿保费计划 compensating balances plan
补偿筹资办法 compensatory financing scheme
(出口波动)补偿贷款 compensatory financing (of export fluctuations)
(国际货币基金组织的)补偿贷款办法 compensatory financing facility (C.F.F.)
补偿的 compensatory
补偿费 compensation
补偿合同 contract of indemnity
补偿和回购安排 compensation and buy-back arrangement
(职工)补偿计划 compensation plan
补偿计划储备金 compensation plan reserve fund
补偿金 compensation payment; compensatory payment; consideration money
补偿开始前等待期间 incubation period
补偿贸易 compensation trade; compensatory trade
补偿平衡 compensatory balance
补偿损失 compensatory damage
补偿物 compensator
补偿协定 compensation agreement
补偿性存款 compensatory deposit
补偿性调整(办法) compensatory adjustment
补偿性官方资金融通 compensatory official financing
补偿性合同 contract of indemnity
补偿性减让 compensatory concession
补偿性赔偿 compensation damage
补偿性认股选择方案 compensatory stock option plan
补偿性融通资金 compensatory fund facility
补偿性信用(贷款) compensatory credit
补偿性资金调拨 compensatory financial transfer
补偿性资金流通 compensatory financial flow
补偿性资金流转 compensatory financial flow
补偿余额 compensating balance
补偿预算政策 compensatory budget policy
补充给付公式 supplemental benefit formula
补充合同 supplementary contract
补充科目 complementary account
补充社会保障收入 Supplemental Security Income (SSI)
补充失业给付计划 supplemental unemployment benefit plan (SUB)
补充授信 additional facility
补充头寸 bear covering
补充退休收入 supplemental retirement incomce
补充协议 supplemental agreement; complementation agreement
补充信用证 supplemental credit
补充需求 complementary demand
补充医疗保险 supplementary medical insurance
补充责任的冻结 freezing of supplemental liability
补充账户 complementary account
补进 cover; cover the position; liquidation
补进(股票) buy in
补进汇款 covering remittance
补进卖空的股数 cover short
补空 bear covering; cover
补缺条款 bridging the gap
补助金 compensation
补助金资助 grant financing
补助津贴 compensatory allowance
补助救济金 complementary benefit
补足保费 restoration premium
补足保险 difference in conditions
补足的 complementary
补足物 complement
不安全 unsafe
不包括下期红利 ex dividend (ex d., ex div., XD)
不保兑信用证 noncompliance letter of credit
不变百分比 constant percentage method
不变成本 constant cost

不变的 constant
不变购买力 constant purchasing power
不变价格 constant price
不变价值 constant value
不变(价值)美元 constant dollar
不变美元价值 constant dollar value
不变资本 constant capital
不参加分红的优先股 non-participating preferred stock
不偿还债务 default on payment
不诚实除外条款 infidelity exclusion
不当的改善 improper improvement
不到法定年龄 non-age
不得抗辩 estoppel
不得受益条款 not to insure clause
不等佣金制 unlevel commission system
不定额公司债 open-end issue bond
不定期终生寿险 indeterminate whole life
不定值保险单 unvalued policy; non-valued policy
不动产 real estate; real property
不动产保证 real securities
不动产的转让 demise
不动产信用 credit based on real property
不法行为 barratry
不分摊抵押条款 non-contribution mortagage clause
不分项给付 unallocated benefits
不符点 discrepancies
不符合 discrepancy
不附保留条件的承诺 clean acceptance
不附带担保的合同 bar contract
不附息票 ex coupon (XC, x.c., x.cp.)
不附息票欧洲债券 zero-coupon Eurobond
不干扰协议 non-disturbance agreement
不跟单汇兑 clean remittance (of commercial paper)
不公开的代理 confidential broker
不公开拍卖 auction by tender
不公平的 discriminatory
不规则风险 unsystematic risk
不合格 disqualification
不合格票据 ineligible bill
不合规 noncompliance
不活动账户 non-active account; non-operative account; dormant account
不计股息 ex dividend (ex d., ex div., XD, x.d.)
不计利息 bearing no interest
不计免赔率 irrespective of percentage (IOP)
不记名背书 endorsement in blank
不记名承兑 blank acceptance
不记名支票 cheque to bearer
不记名转让 assign in blank
不记入账册的非会计对象资产 assets out of account
不讲信用 break faith
不洁提单 unclean B/L; foul bill of lading; unclean bill of lading
不可保风险 uninsurable risk; non-insurable risk; non-insurance risk
不可避免的事故 inevitable accident
不可变更的保险契约 closed contract of insurance
不可撤销的 irrevocable
不可撤销跟单信用证 irrevocable documentary letter of credit
不可撤销跟单信用证格式 Irrevocable Documentary Credit Application Forms
不可撤销信用证 irrevocable credit
不可分割性 inseparability
不可分离性 inseparability
不可改变的 irrevocable
不可悔改 estoppel
不可悔改证件 estoppel certificate
不可解除(保险) non-cancellable
不可解除保单 non-cancellable policy
不可解除保证续保保险 non-cancellable guaranteed renewable policy
不可解除残疾保险 non-cancelable disability insurance
不可解除合同 non-cancellable contract
不可解除健康保险单 non-cancellable health insurance policy
不可抗力 force majeure; irresistible force; act of god
不可抗力免责 force majeure exception

不可抗力条款 force majeure clause
不可扣除 non-deductible
不可摊销资产 nonamortizable assets
不可续保保险 non-renewable contract
不可争辩期间 incontestable period
不可争辩条款 incontestability provision
不可转换定期保险 non-convertible term insurance
不可转换股票 inconvertible stocks
不可转让 non-transferable
不可转让保险单 non-assignable policy
不可转让信用证 non-transferable credit
不亏不盈 at the money
不良贷款 non-performing loans (NPLs); problem loan; problematic loan
不良贷款处置 NPL disposal
不良贷款抵押债券 NPL-backed bonds
不良贷款交易 NPL transaction
不良贷款交易市场 NPL market
不良贷款率 non-performing loan ratio (NPL ratio)
不良的 non-performing (NP)
不良资产 non-performing assets (NPAs); problematic asset
不良资产率 non-performing asset ratio (NPA ratio)
不列入资产负债表的账款 off balance sheet
不另详述 not elsewhere specified (NES)
不履行 noncompliance
不履行承兑义务 default of acceptance
不履行付款义务 default of payment
不履行合同的补偿费 compensation for non-fulfillment of contract
不履行契约 breach of contract
不履行义务 nonfeasance; default of obligation
不履行债务 default of obligation
不履行做某事的义务 breach of the obligation to do sth.
不论是否损失条款 lost or not lost clause
不能抵用存款 float
不能兑换的公债 non-convertible bond
不能纠正的 incorrigible
不能燃烧的 incombustible
不能要求任何人做不可能做的事 nemo tenetur ad impossibie
不赔不赚 break-even
不平衡 disequilibrium
不平衡模式 disequilibrium model
不签单代理人 non-policy underwriter
不清洁的 foul
不清洁提单 dirty bill of lading
不区分性别费率 unisex rating
不确定保费 indeterminate premium
不确定保费人寿保险 indeterminate premium life insurance
不确定保费寿险单 indeterminate premium life insurance policy
不确定的债务 contingent liability
不确定利息 contingent interest
不确定因素 uncertainty
不认领 disclaim
不入账款项 accounts not recorded
不丧失给付(选择) non-forfeiture benefit (option)
不丧失解约退还金保险 non-forfeiture cash surrender benefit
不丧失权 non-forfeit ability
不丧失条款 non-forfeiture provision
不丧失展期定期保险 non-forfeiture extended term benefit
不生产的资本 dead capital
不适航及不适运除外条款 unseaworthiness and unfitness exclusion clause
不适用 not applicable (NA, n.a.)
不受时间限制的 open-end
(借款)不受限制的 open-end
不同时分摊规则 non-concurrent apportionment rules
不同意 disagree
不完全信托 imperfect trust
不惜代价 at all cost
不惜工本 at all cost
不相关的 irrelevant
不相配 mismatch
不写明受让人的转让 assign in blank
不续保 non-renewal

不续保条款 non-renewal clause
不一致 discrepancy
不一致保险 non-concurrency; non-concurrent insurance
不予承保 keep off (K.O.)
不再亏空 get out of red
不正当差别待遇 unfair discrimination
不正当的损失赔偿要求 contemptuous damage
不正当交易行为 unfair trade practice
不正当竞争行为 unfair competition and practice
不正当理赔 unfair claims practice
不正当招揽 misleading sales talk
不正式通知 no advice (NA)
不置可否 neither agree nor disagree
不忠诚、失踪或损坏保单 dishonesty, disappearance and destruction policy (3D policy)
不重复支付 non-duplication of payments
不追溯 grandfarther
不追溯条款 grandfather clause
不追索 grandfarther
不追征保费保险 non-assessable insurance
不追征保费保险单 non-assessable policy
不追征保费公司 non-assessable mutual
不足 deficiency
不足额保险 under-insurance
不遵守 noncompliance
不作废价值 non-forfeiture value
不作废减额缴清保险 non-forfeiture reduced paid-up benefit
不作为条款 omissions clause
部分 tranche
部分保险 partial insurance
部分残疾 disability (partial)
部分承兑 partial acceptance
部分的 fractional
部分金额转让 partial transfer
部分履约保函 partial performance bond; partial performance guarantee
部分全损 total loss of part
部分伤残 partial disability
部分受领权 fractional vesting; partial vesting
部分损失 partial loss
部分责任限制条款 partial limitation clause
部分装运 partial shipment
部门 field
部门成本 departmental cost
部门的 departmental
部门费用 departmental charge; departmental expense
部门费用差异账 departmental expense variance account
部门费用分配表 departmental expense allocation sheet
部门费用分析表 departmental expense analysis sheet
部门概算 departmental estimate
部门利润 departmental profit
部门毛利 departmental margin
部门收益表 departmental income statement
部门损益表 departmental income statement
部门预算 departmental budget
部门责任制 departmentalization
部门资本 departmental capital
簿记 bookkeeping
簿记单位 bookkeeping unit
簿记方程式 bookkeeping equation
簿记交易 bookkeeping transactions
簿记事项 bookkeeping transactions
簿记员 bookkeeper
簿记制度 bookkeeping system

C

C 级灭火器　class C extinguisher
C 项条例　Regulation C
材料　material
财产　property; means; assets
财产保管　preservation of property
财产保全　preservation of property; property preservation
财产保全计划　estate protection
财产保险　property insurance
财产保险合约　contract of property insurance
财产的处理　disposal of property
财产分摊保险　contributing properties coverage
财产管理人　conservator
财产和意外保险分析　analysis of property and casualty policy
财产和灾害保险的除外责任　exclusions (property and casualty insurance)
财产及意外保险合同　insurance contract (property and casualty)
财产及意外保险条款　insuring agreement (property and casualty policy)
财产价值评定　assessment of property value
财产目录　inventory (invt.)
财产清理人　liquidator
财产权　property
财产收缴　escheat
财产受托人　fiduciary
财产授予人　settler
财产损毁　property damage
财产损毁保险　property damage insurance
财产损毁责任保险　property damage liability insurance
财产所有权　title to property
财产维持费　carrying charge; carrying cost
财产债权证明　property encumbrance certificate
财产折旧　depreciation on property
财产转让税　transfer tax
财产转移　estate transfer
财产状况说明书　condition of affair; statement of affair
财阀　chaebol
财富　money
财富 500 强　the Fortune 500
财力　means
财神万事达　FortuneMaster
财务　account (a/c)
财务报表　financial statement (fin. stat.); financial report
财务报表分析　analysis of financial statements; statement analysis
财务报表附注　notes to financial statements
财务报表审计　audit of financial statement
财务报表要求　bank call
财务报告　financial reproting; financial statement (fin. stat.); financial report
财务长　Chief Financial Officer (CFO)
财务贷款　financial loan
财务调整　financial adjustment
财务风险　financial risk
财务杠杆(作用)　financial leverage
财务核证人　certifying officer
财务净现值　financial net present value (FNPV, NPV)
财务决算表分析　analysis of financial statements
财务会计　financial accounting
财务会计标准委员会第 87 号　Financial Accounting Standards Board 87 (FASB)
财务轮廓　financial profile
财务内部收益表　financial internal revenue rate (FIRR)
财务收益　financial income
财务效益费用比　financial benefit cost rate (FBCR)
财务效益费用率　financial benefit cost rate

（FBCR）
财务因素 financial considerations
财务责任法 Financial Responsibiliby Law
财务责任条款 financial responsibility clause
财务政策 financial policy
财务状况 financial standing（fin. stndg.）; financial position; financial situation; position; finance position
财务状况报表 statement of changes in financial position
财务状况表 position statement
财务租赁 capital lease
财物 effects
财物管理 housekeeping
财源 coffer
财政包干 full financial responsibility; full responsibility for one's revenues and expenditures
财政部支票 Treasury checks
财政大臣(英) Chancellor of the Exchequer
财政的 financial
财政年 financial year（fin. yr.）; fiscal year（fin. yr.）
财政税收制度 fiscal and taxation system
裁定 award
裁定补偿 compensation award
裁定汇率 arbitrated rate
裁定借款 arbitrated loan
裁定利率 arbitrated interest rate
裁定书 award
裁定外汇 arbitrated exchange
裁决 award
裁决人 umpire
裁决书 award
采购授权 procurement authorization（P/A）
参股 participation; equity participation; stake participation; capital participation
参股协议 participation agreement
参股证书 certificate of participation
参加承兑 supraprotest; acceptance for honour; acceptance by intervention; acceptance supra pretest
参加承兑人 acceptor for honour; the person for whose honour acceptance has been given
参加付款 payment for honour; pay for honour
参加付款人 the person for whose honour payment has been made
参加团体保险的期限 enrollment period
参考 reference（Ref.）
参考银行 reference bank
参与分红股利 participating dividend
参与分配股票 participating shares
参与分配普通股 participating common shares
参与公司 affiliate
参与股息 participating dividend
参与人交款 contribution by participant
参与条款 participation clause
参与投资 capital participation
参与银行 affiliate
参阅 confer（cf., cfr.）
参助承兑 supraprotest
残疾 disability
残疾保费免缴保险 disability premium waiver insurance
残疾保险 disability insurance
残疾保险金 disability benefit
残疾保险训练协会 Disability Insurance Training Council（DITC）
残疾冻结 disability frozo
残疾抚恤金 disability pension
残疾给付保险 disability benefit insurance
残疾给付法 disability benefit law
残疾界限 disability threshold
残疾时所得检查 disability income check-up
残疾所得 disability income
残疾所得保险 disability income insurance
残疾所得附加条款 disability income rider
残疾条款 disability clause; disability provision
残疾退休给付金 disability retirement benefit
残缺体保险 classified insurance
残缺体危险 classified risk

残损证明书 certificate of damage
(承运人签发的)残损证明书 certificate of loss or damage (issued by carriers)
残余价值 residual value; scrap value
残余使用年限 remaining life
残余物清理条款 removal of debris clause
残障 disability
残值 residual value; salvage
残值法 residual value approach; scrap value approach; salvage value approach
仓单 warehouse warrant (w/w., w-w)
仓对仓 warehouse to warehouse (w/w, w-w)
仓库交货 Ex Warehouse
仓库收据 warehouse warrant (w/w., w-w)
仓位 position
舱面货 cargo on deck
舱内货物 cargo in hold
草签 initial
草签协议 initialed agreement; initial an agreement; initialed text
册 volume (Vol.)
侧重于管理的 control-oriented
侧重于控制的 control-oriented
策划 plan
层式保险 layering
层式自负额 corridor deductible
差别比率法 differential rate method
差别待遇 discrimination
差别的 discriminatory
差别费率 deviated rate
差别费率保险人 deviating insurer
差别汇率 discriminatory cross-rate; discriminatory exchange rate; different rate
差错和遗漏净值 net errors and omissions
差额 balance (bal.); spread
差额利润比率 differential profit ratio
差额评定 deficiency judgement
差额税 balancing charge
差额税保险 balancing charge insurance
(利率)差幅 spread
差价 difference in price
差价补贴 deficiency payment
差价风险 marginal risk
差距 spread
差量收益 differential earning
差异收入 differential revenue
差异(量)收益 differential income
插值法 interpolation
查对 check-up
查对后作记号法 checkoff method
查对市场行情 check the market
查封 seal up
查封财产 attachment
查讫 check off
查图人员 map clerk
查账 audit; audit accoount
查账报告 clean opinion
查账备忘录 audit memorandum
查账标准 audit standard
查账附注 except for
查账工作底稿 audit working papers
查账计划 audit programme
查账计算表 audit working papers
查账记录簿 audit memorandum
查账年度 audit year
查账期间 audit period
查账日记 audit diary
查账手续 audit procedure
查账线索 audit trail
查账意见书 accountant's opinion
查账员 auditor; audit officer
查账员证书 auditor's certificate
查账证明书 audit certificate; accountant certificate
查账指南 audit guide; audit instruction
拆除保险 demolition insurance
拆除条款 demolition clause
拆分 split
拆股 dissolution partnership; share splitup
拆入资金 borrowed money
掺水股 watered stock
掺水买卖 wash sale
产地损失 country damage
产品导向 product-led
产品等级率 fate of classification
产品风险 product risk
产品合格率 rate of qualified products

产品及完工责任保险 product-completed operations liability coverage
产品经济 product economy
产品配置 configuration of products
产品销售率 rate of product sales
产品责任 product liability
产品责任累计限额 aggregate products liability
产品综合责任险 aggregate products liability
产权 estate
产权计划 estate planning
产权检验 examination of title
产权平均值的减低 equity dilution
产权清晰 clearly established ownership; clearly established property right ownership
产权稀释 equity dilution
产生(利息等) accrue
产生留置权的债权 claim giving rise to the lien
产险和意外险赔付选择 property and casualty insurance settlement option
产业内训练 training within industry (TWI)
产值率 yield from output
长吨 long ton (L.t.)
长期保险 long term; long term insurance; permanent insurance
长期残疾收入保险 long term disability income policy
长期负债 long-term liability
长期合同完工会计法 completed job method of accounting for long term contract
长期寿险 permanent life insurance
长途电话 long-distance telephone (L. D. Tel.)
长尾巴责任 long-tail liability
长尾保险 tail coverage
偿付 reimburse; reimbursement; meet
偿付保证书 Reimbursement Undertaking
偿付方法 method of reimbursement; mode of payment;
偿付能力 responsibility; solvency
偿付期 payout phase
偿付银行 reimbursing bank
偿还 liquidation
偿还保费 refund premium
偿还本金 repayment of principal
偿还贷款 credit repayment
(资金)偿还期 pay-back period
偿还日 maturity
偿还日期 date of repayment
偿还未满期保费 tender of unearned premium
偿还债务 compensate debt; debt redemption; debt relief; meet one's liability
偿还债务的支出 debt service payment
偿还资本收益 capital redemption yield
偿还资本准备基金 capital redemption reserve fund
偿债基金 sinking fund; bond sinking fund
偿债基金银行存款 cash deposit in sinking fund
偿债基金折旧 depreciation-sinking fund
偿债能力 debt paying ability
偿债责任 burden of debt servicing
偿债债券 refundable bond
常差 constant error
常规 convention
常规的 conventional
常规租船契约 clean charter
常衡 avoirdupois (avoir)
常客 frequent caller; frequent visitor
常数(加)权 constant weight
常数总额矩阵 constant-sum matrix
厂方 management
厂方证明书 certificate of manufacturer
厂商 manufacturer (mfr.)
厂商发票 manufacturer's invoice
厂商价款 commercial account
厂外雇员 outside employee
场地 yard (yd.)
场所 premises
场外交易 over-the-counter (OTC, O.T.C.)
场外市场 over-the-counter (OTC, O.T.C.)
敞口头寸 open position
抄件 copy

(复写)抄送件 carbon copy (c.c.)
(流通的)钞票 bank paper
超常损失 above normal loss
超单位风险再保险 excess per risk reinsurance
超等 extra (ext.)
超额保险 over-insurance
超额保险经纪人 excess line broker
超额保障 excess insurance
超额保障保单 excess policy
超额保证保险 excess fidelity bond
超额补偿 excess compensation
超额贷款 exhaust loan
超额点 excess point
超额费用 cost overrun
超额分保 excess of line reinsurance
超额醵出金 excess contribution
超额利息终身寿险 excess interest whole life insurance
超额赔款合同 aggregate excess contract
超额赔款(非比例)再保险 excess (non-proportional) reinsurance
超额收益法 excess earnings method; excess earnings approach
超额投保 overinsured; overloading
超额责任条款 excess liabilities clauses
超额准备金 excess credit
超额资本账户 capital in excess account
超过利息 excess interest
超过期间 time excess
超过限定额 excess limit
超级可转让支付命令账户 Super Negotiable Order of Withdrawal (Super NOW a/c)
超量保险 over line
超赔分保 excess of loss reinsurance; excess reinsurance
超赔付率再保险 excess of loss ratio reinsurance
超前 leads
超前消费 inflated consumption
超时 extra time
超支 deficit spending
车间责任制 departmentalization
车库管理人法定责任保险 garage keepers legal liability insurance
车库责任保险 garage liability insurance
车辆出租行保险 livery insurance
扯平 averaging
撤并机构 streamline bank outlets
撤股 withdraw one's investment; dismantle one's investment; capital withdrawal
撤回(命令、订单等) countermand
撤回支票 countermand of a cheque
撤离费 backload
撤诉 nolle prosequi; withdraw an accusation; drop a lawsuit
撤销 annul; cancel; cancellation; quash; dissolve; dissolution
撤销合同 cancel a contract
撤销日期 cancelling date
撤销授权书 cancel power of attorney
撤销未到期的合同 cancellation of future performance
撤销支付命令 countermand of payment
撤资 withdraw investment from; dismantle one's investment; withdraw investment; divert investment; withdrawal of investment; divertment of investment
沉没 sinking
成本 cost
成本、保险费、运费加汇差价格 cost, insurance, freight & exchange (C.I.F & E., c.i.f.& e.)
成本、保险费、运费加佣金价格 cost, insurance, freight & commission (C.I.F.& C., c.i.f.& c.)
成本、保险费加运费价格 cost, insurance and freight (C.I.& F., c.i.& f., CIF, C.I.F., c.i.f.)
成本、运费、保险费、佣金、利息价格 cost, insurance, freight, commission and interest (C.I.F.C.& I.)
成本、运费加保险费价格 cost, freight and insurance (c.f.& i.)
成本、运费加佣金价格 cost, freight and commission (c.f.& c.)
成本按收益分配 allocation of cost to reve-

nue
成本按收益分摊 allocation of cost to revenue
成本比较差 comparative difference in cost
成本比率 cost ratio
成本变动 cost fluctuation
成本变动保险 cost escalation insurance
成本变动形态 cost behaviour
成本补偿法 cost recovery method
成本差额 cost differential
成本差异 cost variance; cost variation
成本差异分析 analysis of cost variances
成本单价 cost unit price
成本单位 cost unit
成本的构成 component of cost
成本调整 cost adjustment
成本(计算)法 cost approach
成本分类 classification of cost; cost classification
成本分类账 cost ledger
成本分配 cost allocation; cost distribution
成本分配原则 allocation of cost principle
成本分摊 cost apportionment
成本分摊原则 allocation of cost principle
成本分析 cost analysis
成本公式 cost formula
成本估价法 cost method
成本估算 cost estimate
成本管理 control of cost
成本合约 cost contract
成本核算 cost accounting; cost keeping; costing
成本会计 cost accounting; costing
成本会计循环 cost accounting cycle
成本会计员 cost accountant
成本活动分析 cost behaviour analysis
成本或较低原则 cost-or-less principle
成本或历史成本原则 cost or historical cost principle
成本或市价 cost or market
成本基础定价法 cost based pricing; cost formula pricing
成本基准制 cost basis of accounting
成本计算 cost calculation; cost finding
成本计算表 cost statement
成本计算表分析 cost statement analysis
成本计算点 costing point
成本计算基础 costing basis
成本计算期 cost period
成本加保险费价格 cost and insurance (C.&I.,c.&i.,C.I.,c.i.)
成本加费用 cost-plus
成本加费用计价法 cost-plus pricing
成本加费用价格 cost plus price
成本加利润 cost-plus
成本加项 cost addition
成本加运费价格 C.F. price; cost and freight (CAF., c.a.f., C.&.F., c.&f., C.F., c.f.)
成本价格 cost of price; cost price
成本价值 cost value
成本降至最低限度 cost minimization
成本节约法 cost-saving approach
成本结构 cost structure
成本精算法 actuarial cost method
成本精算现值 actuarial cost
成本卡片 cost card
成本控制 cost control; control of cost
成本累积法 cost accumulation method
成本利得比率 cost benefit ratio
成本利得分摊 cost-and-benefit sharing
成本利得分析 cost benefit analysis (CBA)
成本利得评价 cost benefit evaluation
成本利润率 cost-profit ratio; profit rate on cost; ratio of profit to cost
成本—利润图 cost-profit diagram
成本流径图 cost flow diagram
成本流转 cost flow
成本流转假设 cost flow assumption
成本率 cost rate
成本审计 cost audit
成本收入分析 cost-revenue analysis
成本数据 cost data
成本—数量—利润的关系 cost-volume-profit relationship
成本—数量—利润分析 cost-volume-profit analysis
成本摊分 cost distribution

成本摊配 cost finding
成本图表 cost chart
成本系数 cost coefficient
成本项目 cost centre
成本项目率法 cost centre rate method
成本削减型买方 money cutter buyer
成本效果比 cost effectiveness ratio
成本效率 cost efficiency; cost effectiveness
成本要素 cost element
成本意识 cost consciousness
成本因素 cost factor
成本与价格差额 cost price differential
成本与利得 cost and benefit
成本与市价孰低 cost or market whichever is lower
成本与收入相对应 matching cost with revenue
成本与营业收入配合 matching cost with revenue
成本与账面价值的差额 difference between cost and book value
成本预算图表 cost budget in diagram
成本原则 cost principle
成本增加保险批单 increased cost endorsement
成本账 cost-book
成本账户 cost account
成本账户系统 cost system
成本支出项目 cost outlay item
成本指数 cost index number
成本制度 cost system
成本转移 cost transfer
成本转账 cost transfer
成本总账 cost ledger
成本组成部分 cost component
成分 component
成绩 performance
成交 close a bargain
(地产)成交价 closing cost
成交价格的计算 computation of settlement price
成交量 position
成交确认书 confirmation
成年人全天监护 adult day care
成数和溢额再保险 quota share and surplus reinsurance
成数再保险 quota share reinsurance
成数再保险合同 quota share treaty
成套汇票 bill in (a) set
成为…的股东 buy into
成衣加工业者加工品保险 garment contractors floater
成员的承保能力 capacity of parties
承包经营 contract operation
承包人 contracting party; contractor
承包商 contractor
承保 insure; approval; line
承保保证金 underwriting deposit
承保成本 underwriting cost
承保代理公司 underwriter agency
承保代理人留存的准备金 reserve held by underwriting agent
承保费用率 underwriting expense ratio
承保利润 underwriting profit
承保能力 capacity
承保确定金额 commitments
承保人辛迪加 underwriter syndicate
承保收据 binding receipt
承保损失 underwriting loss
承保条 covering note
承保通知书 cover note; risk note
承保危险 perils insured against
承保限额 issue limit; line limit
承保项目 item (it.)
承保协议 binder
承保周期 underwriting cycle
承保准备金 underwriting reserve
承保组合 syndicate
承保会员 underwriting member
承保后选择 post-selection of insured
承担 assumption; bear
承担(责任,任务) charge
承担背书 assumption endorsement
承担抵押 assumption of mortgage
承担费 assumption fee
承担能力 bearing capacity
承担损失 bear (a) loss
承担协议 assumption agreement

承担义务 commitment
承担再保险 assumption reinsurance
承担责任(负债) assumed liability
承担责任保险 assumed liability policy
承担债券 assumed bond
承担证明书 assumption certificate
承兑 accept; honour; honour a bill; honour a draft
承兑(汇票) acceptance (acc.)
承兑保证 guarantee of acceptance
承兑费 acceptance commission; acceptance fee
承兑公司 accepting house
承兑后…天(付款) days after acceptance (D/A)
承兑汇票 acceptance bill; acceptance draft; bill for acceptance
承兑汇票公司 acceptance corporation
承兑交单 documents against acceptance (D/A)
承兑率 acceptance rate
(已)承兑票据 bill accepted
承兑票据登记簿 acceptance register
承兑票据贴现 discount of accepted bill
承兑票据贴现担保 accepted bill discount guarantee
承兑人 acceptor
承兑日期 date of acceptance
承兑商行 accepting house; acceptance house
承兑(票据的)提示 presentment for acceptance; presentation for acceptance
承兑通知书 acceptance advice; advice of bill acceptted; acceptance notice; accepted bill advice
承兑信用证 acceptance credit
承兑银行 accepting bank
承兑佣金 commission for acceptance
承兑远期汇票 accept usance draft
承付款项 commitment
承付通知 advice of bill acceptted
承购权 call
承购(包销)人之间签订的协议 agreement among underwriters
承继再保险 assumed reinsurance
承诺 acceptance (acc.)
承诺保证 promissory warranty
承诺调解 consent settlement
承诺付款数 commitment
承诺权 commitment authority
承诺人 acceptor
承诺书 letter of understanding (L/U)
承前页 bring forward; brought forward (b/f)
承上期 bring forward
承上页 bring forward
承受能力 bearing capacity
承受债务 commitment
承销 consignment-in; consignment inward
承销公司协会 Issuing Houses Association (IHA)
承销集团 underwriting group
承销品 consignment-in; consignment inward
承销品分类账 consignment inward ledger
承销人 consignee
承销人预付款 advance from consignee
承销协议 underwriting agreement
承销辛迪加 underwriting syndicate
承约费 commitment fee; commitment charge
承运货物收据 cargo receipt
承运人 carrier
承运人舱单 carrier manifest
承运人代理 carrier's agent
承运人的留置权 carrier's lien
承运人权责 carrier's immunity and responsibility
承运人责任 carrier's liability
承运人责任保险 carrier's liability insurance
承运人责任条款 carrier's liability clause
承载能力 bearing capacity
承租人 lessee; charterer
承租人保险 tenants insurance
承租人的代理人 charterer's agent
诚实保证 fidelity bond
诚实条款 honesty clause
诚实与保证巨灾保险 fidelity and surety

catastrophe insurance
诚信 good faith
诚信与公平 good faith and fair
诚信原则 principle of good faith
城市及乡镇分级 grading of cities and towns
城市与乡镇分级表 grading schedule of cities and towns
乘客人身伤害责任保险 passenger bodily injury liability insurance
乘客水手保险 officers protective marine insurance
惩罚赔偿金 exemplary damage
惩罚性赔偿 punitive damage
程序 process
吃进 buy in
迟付 delay in payment
迟付即期信用证 deferred sight credit
迟纳利息 arrears of interest
迟延利息 delay interest
迟延装船 delay shipment
持仓 take position; hold position; carry position
持票人 bearer; check holder; holder
持票人背书 endorsement to bearer
持票人抬头 payable to bearer
持续 continuation
持续残疾 continuous disability
持续率 persistency rate
持续条款 continuity clause
持续性指标 sustainability indicator
持续有效 always open
持续支付保费保单 continuous-premium policy
持异议的股东 dissenting shareholders
持有抵押品的债权人 bond creditor
持有人(者) bearer; holder
持有人保险单 bearer policy
赤字 deficit
赤字开支 deficit spending
赤字累积 accumulated deficit
赤字预算 deficit budget
充分对价 adequate consideration
充公 confiscation
(资本)充足 adequate
冲淡股息 dilute; dilution of dividends
冲突 conflict
(解决国际法上法律冲突的)冲突法规 conflict rules
冲销 charge off; cover; reverse an entry
冲账 reverse an entry
冲账分录 reversal entry
冲账准备 offset reserve
重订还债期限 debt rescheduling
重复保险 concurrency; concurrent insurance; double insurance; overlapping insurance
重复保险规定 insurance with other insurers provision
重复保险索赔 inter-insurance company claims
重复建设 redundant construction; repetetion construction
重复建设项目 duplication construction project; redundant construction projects
重复套汇 compound arbitrage
重估增值 appraisal increment
重关税 heavy duty (HD)
重计 count over
重新安排(偿还期) rescheduling
重新安排偿债日期 debt rescheduling
重新安排贷款 rescheduling loan
重新安排债务 debt re-organization
重新筹款偿债 debt refinancing
重新就业条款 rehabilitation clause
重置成本 cost of replacement
重置价保险 replacement cost insurance
重置价值 replacement value; replacement
重置价值法 replacement value approach
重置价值折旧 depreciation on replacement value
重置条款 replace clause
重置原则 principle of replacement
重置折旧 depreciation on replacement
重组 restructure; reorganization
重组债券 adjusted bonds
抽查 check by sampling; test audit; audit by test

抽查查账 auditing by test and scrutiny
抽查账目 auditing by test and scrutiny
抽逃(资金) flight
抽资脱离(的做法) spin-off
筹集款 kitty
筹集资本 raise capital
筹码 counter
筹资 fund-raising; money-raising; raise funds; pool funds
筹资窗口 a window for fund-raising; a window for borrowing
筹资启事 prospectus
(通过发行债券等方式)筹资设立公司 float
筹资限额 borrowing allocation
出厂证明书 certificate of merchandise
出货单 delivery order (DO, D/O)
出价 bid; bid price; buying offer; asked price
出价市场 bid market
出口 export (EXP)
出口报单 declaration for exportation
出口贷款保险 export loan insurance
出口检验证书 certificate for export
出口融资 export finance
出口申报 declaration for export
出口收入 export proceeds
出口退税 export drawback; rebate
出口托收 outward collection (O/C, o/c)
出口托收押汇 collection bill purchased
出口信贷保险 export credit insurance
出口信贷担保 guarantee of export credit
出口信用保证局(英) Export Credit Guarantee Department (ECGD)
出口信用国家担保 guarantee of export credit
出口信用证打包贷款担保 export letter of credit packing loan guarantee
出口信用证押汇 negotiation under documentary credit
出口押汇 advance against export bill; export finance; export documentary bill; bill purchased (BP, B/P, B.P.)
出口押汇汇票 outward documentary bill
出面公司 fronting (company)
出纳簿 bill book
出纳处 cashier's office
出纳处备用金 cashier's fund
出纳科 cashier's department
出纳员 cashier (cash.)
出纳主任 chief cashier
出票 issue (iss.); draw a bill
出票地点 place of issue
出票后 after date (A/D, a/d)
出票后…日(付款) days after date (D/D)
出票后…月(付款) months after date (M/D)
出票人 drawer
出票日期 date of issue; date of draft
出票条款 issuing clause; drawing clause
出勤奖 attendance bonus
出勤率 attendance rate
出清 liquidation
出生率 birth rate
出售 sell-off; clear
出售固定资产 disposal of fixed asset
出售固定资产收益 gain on disposal of fixed assets
出售选择权 put option
出台 issue (iss.); publish; unveil
出我账 my account (m/a.)
出现于市场 come into the market
出账通知 debit advice (D.A.)
出资数额 capital contribution
出租人 lessor
初(步)编资产负债表 preliminary balance sheet
初步拨款 initial allocation
初步的 prima facie
初步损失 primary loss
初次通知 preliminary notice
初级市场 primary market
初具规模 take initial shape
初年定期式准备金提存制 preliminary term reserve system
初年度超额费用 excess initial expense
初期补助计划 finance plan
初期津贴 financing

初期已付服务责任 initial past service liability
初签 initial signature
初审代理人 surveying agent
初效保费 initial premium
除非 nisi
除非另有规定 unless otherwise prescribed; unless otherwise specified
除非另有说明 unless otherwise indicated; unless otherwise mentioned
除非另有协议 unless otherwise agreed
除去股息 ex dividend (ex d., ex div., XD, x.d.)
除外城市 excepted city
除外和免赔条款 exception and reduction provision
除外津贴 exclusion allowance
除外期间 excepted period; excluded period
除外危险 excepted perils
除外物品 excluded articles
除外责任 exclusion; exception; limitation
除外责任附加条款 exclusion rider
除外责任条款 exclusion clause; exception clause
除息票 ex coupon (XC, x.c., x.cp.)
储备金 reserve
储备率 reserve rate
(存货的)储囤价值 carrying value
储户 depositor
储蓄保险 deposit insurance
储蓄成分 savings element
储蓄存款 savings deposit
储蓄大战 deposit war; vie for deposits
储蓄型定期寿险 deposit term life insurance
储蓄银行寿险 savings bank life insurance (SBLI)
处理 disposal; conduct
处于盈利状况 in a gain position
触礁 touch and go
触碰损毁 contact damage
揣测技术 personal observation prospecting
穿透条款 strike-through clause
传播 currency (C.Y., c.y.)
传唤 process
传票 summons; subpoena
传票代理人 process agent
传染病隔离补偿 quarantine indemnity
传统成本会计 conventional cost accounting
传统成本计算 conventional costing
传统的 conventional
传统的人寿保险 old line; old line life
传统的人寿保险法定责任准备金 old line legal reserve
传统的人寿保险公司 old line company
传统会计 conventional accounting
传真 fax; facsimile; facsimile telegraph
传真费 fax charge
船边交货价格 free alongside ship (FAS, F.A.S., f.a.s.)
船边交货条件 free alongside ship (FAS, F.A.S., f.a.s.)
船舶保险 hull coverage; hull insurance; marine hull insurance; ship insurance
船舶保障辛迪加 hull syndicate
船舶出售条款 sale of vessel clause
船舶抵押贷款 bottomry
船舶抵押合同 bottomry contract
船舶费用 disbursements
船舶费用特约条款 disbursement warranty
船舶建造保单 construction policy
船舶建造船身保险 builder's risk hull insurance
船舶建造险 builder's risk insurance
船舶建筑保险 builder's risk coverage form
船舶确定保单 definite policy
船舶押款契约 bottomry bond
船舶逾龄保险费 overage insurance premium
船底处理 bottom treatment
船底处理条款 bottom treatment clause
船队保险单 fleet policy
船级 class (cl.)
船级条款 classification clause
船级协会 Classification Society
船级证书 classification certificate
船籍国 country of registration
船壳 hull

船上交货 Ex Ship
船上交货价(格) free on board (FOB, F.O.B., f.o.b.)
船身 hull
船体保障单 hull policy
船坞 dock (D.K., d.k.)
船坞费用 dry-docking expense
船只残骸或其货物 flotsam
船只注册证明 certificate of registration
船主自负风险条款 owner's risk clause
窗口指导 window operation
创办资本 initial capital
创利额 contribution margin
创品牌 brand construction; brand (br.)
创始资本 seed money
创收型资产 income-producing assets
创新风险 innovation risk
创新能力 innovative capacity
创业板 business launching board
创业型 business-launching
创造力 creativity
垂直分析 vertical analysis
纯保费费率计算法 pure premium rating method
纯保险费 pure premium
纯保险风险 pure insurance risk
纯成本 net cost
纯粹定期保险 straight term
纯粹终身年金 straight life annuity
纯的 flat
纯趸缴保费 net single premium
纯风险 pure risk
纯利 net profit
纯毛 all wool (a.w.)
纯赔款成本率 pure loss cost ratio
纯生存保险 pure endowment
纯收入 net spendable
纯损 dead loss; net loss (N.L.)
纯益 net profit
纯资产 equity
纯自保 pure captive
慈善遗赠 charitable bequest
次标准风险 substandard risk
次标准体保险 substandard insurance
次标准体健康保险 substandard health insurance
次级户 substandard (SS)
次级类 substandard (SS)
次级市场 secondary market
次级有表决权股份 indirect voting intreest
次级有表决权股票 subordinated voting shares
次级债券 subordinated bonds
次级证券 secondary securities; subordinated securities
次数 time number
次顺位保险金受益人 contingent payee
次顺位抵押 junior mortgage
从…撤资 divestment from
从价 ad valorem (ad val.)
从价课税 ad valorem duty
从轻处罚 lenient punishment
从业培训课程 career path
从预算项下支付 charged against the budget
从属经纪人 sub-broker
从属信贷(业务) ancillary credit
从属信用证 subsidiary letter of credit; ancillary credit
从属账户 controlled account
粗放型增长 extensive growth; a crude manner of growth
粗死亡率 mortality rate (rude)
促成签约 closed out; close
篡改保单 spoliation
篡改账目 cook an account; doctor an account
催付 call; call on
催付款 ask for payment
催化剂 accelerant
催还款 ask for repayment
催交股金 call capital
催交股款 call; call for share capital
催交股款通知书 notice of a call
催交预收股款 call in advance
催交资本 call capital
催缴 press for the payment of; pursue for the payment of

催缴股款 call up capital
催缴款项通知单 cum call
催款收条 call receipt
催款通知 notice of a call; advice of charge
催收(债务) dun for; press for; trace; remind
催收单 tracer; letter of tracer; collection tracer; reminder; reminder slip
催收函 call letter; tracer; letter of tracer; collection tracer; reminder; reminder slip
催收拖欠账款 call in arrears
催收信 call letter
催收支票账户(科目) check for collection account
存储成本 carrying cost
存储处 depositary; depository
存储现金 cash reserve
存贷比率 loan-to-deposit ratio (L/DR); ratio of loan to deposit; loan-deposit ratio
存单 depositary receipt
存放 deposit (dep.)
存放同业 due from; due from other banks; due from banks; amount due from (sb.); balance due from
存放资金 placement
存货 inventory (invt.)
存货变现损失准备 provision for loss on realization of inventory
存货的构成 composition of inventory
存货的合并 consolidation of stock
存货管理 control of inventory
存货控制 control of inventory
存货利润 inventory profit; benefit of inventory
存货盘点人 inventory checker
存货清单 inventory (invt.)
存货情况 condition of stock
存货损失 inventory loss
存款 bank deposit; deposit (dep.); funds
存款簿 deposit book
存款簿储蓄 passbook savings
存款储备金 deposit reserve
存款单 deposit ticket; pay-in slip
存款放款比率 deposit-loan ratio
存款货币 deposit money
存款利率 deposit rate; bid rate
存款利息 interest on deposit
存款票据伪造保险 depositor forgery insurance
存款票据伪造保证保险 depositor forgery bond
存款凭单 certificate of balance
存款人 depositor
存款市场 deposit-oriented market
存款收据 deposit receipt
存款税后收益率 after-tax earning rate on deposit
存款吸收公司(香港) deposit-taking company (DTC)
存款项下负债 deposit liabilities
存款银行 deposit bank
存款余额 balance on hand
存款证书 certificate of deposit (CD)
存款周转(率) deposit turnover
存款准备金率 reserve ratio on deposits; reserve-deposit ratio
存入关栈的货物 cargo in bond
存息 credit interest
存银行现金 cash in bank
存在同业的款项 due from banks
存账室 counting-house; counting-room
存折 passbook; deposit book; bill book
存折存款 passbook savings
磋商 negotiate
措施 mechanism
错误与疏忽责任保险 errors and omissions liability insurance

D

D级灭火器 class D extinguisher
D项条例 Regulation D
搭车涨价 deceptive price hike
搭桥贷款 bridging loan
搭桥融资 bridge financing
搭桥债券 bridge bond
达标升级 target-hitting; hit the required target and upgrade oneself; upgrade
达成交易 close a deal
达成协议 come to terms
达到标准 come up to the standard
达到目标 achieve goal; reach goal; attain goal; accomplish goal
达到年龄 attained age
达到年龄转换 attained age conversion
打白条 issue IOU to sb.
打包放款 packing credit; packing loan
打包信用证 packing credit
打消率 set-off rate
打造品牌 brand (br.)
打折 at a discount
大案 serious case
大额存单 certificate of deposit (CD)
大额存款证 large-amount certificate of deposit
大额可转让定期存单 transferable certificate of large-amount deposit; bank CD
"大而全" "large and all inclusive"
大幅度折价债券 deed discount bond
大量吃进股票 bull stocks
(簿记制度)大陆制 continental system
大盘 big cap; deep bid
大使 Ambassador (Amb.)
大数 bid figure
大数法则 law of large numbers; the law of large numbers
大桶 hogshead (hhd.)
大写金额 amount in words
大型钞票(美) blanket bills
大约 approximately (approx.)
大政方针 major policies
大宗(巨额)股票 block
大宗股票买主 block positioner
大宗货 cargo in large amount
大宗贴现 block discount
大宗医疗费用保险 major medical expense insurance
大宗(巨额)证券 block
大宗住院保单 major hospitalization policy
大宗住院保险 major hospitalization insurance
大宗资产 mass assets
大宗资产法则 mass asset rule
呆账 bad account; dead account
呆账贷款 bad loan
呆账风险 bad loan risk
呆账直接销账法 direct write-off method for uncollectible
呆账准备 bad debt reserve
呆账准备金 bad debt provision; provision for bad debt
呆滞贷款 bad loan; dead loan; doubtful loan
呆滞的 dead
呆滞户 doubtful (DF)
呆滞类 doubtful (DF)
呆滞资产 bad asset
代办 commission (com., comm., commn.)
代办商 commission agent
代办收款的邮局 collection post
代办行 commission-house
代保管人 bailee
代表处 Representative Office (Rep.)
代偿 commutate; commutation
代偿金 commutation
代偿率 subrogation rate
代出单公司 fronting (company)
代垫款项 commissioned payment; commis-

sioned advance
代管 held in trust
代管费 escrow fee
代管基金 agency fund
代管支付 escrow payment
代号 code number
代扣代交税款 withheld and remit taxes
代扣资保险(方式) salary allotment insurance
代理 agency; commission (com., comm., commn.) attorneyship
代理部 agency department
代理处 agency office
代理处监督官 agency superintendent
代理处经理 agency director
代理店 agency
代理费 agent fee
代理公司通告 agency billing
代理关系 agency relationship
代理行 agent bank; agency bank; correspondent bank
代理行票据 agency bill
代理行协议 agency arrangement; correspondent arrangement
代理合同 escrow contract
代理监察 agency inspector
代理律师 attorney in fact
代理贸易 commission agency
代理契约 agency contract
代理权 proxy
代理权限 agent authority; agent's authority of power
代理权证书 certificate of agent's authority
代理人 agent (agt.); attorney (atty.); deputy (dep.); representative; proxy
代理人报表书 agent's certificate
代理人合同 agency contract
代理人记录文件 agent's letter of record
代理人留置权 agent's lien
代理人票据 agent's note
代理人平衡表 agent's balance
代理人权限 agent's authority; agent's power
代理人协议 agency agreement
代理人与经纪人许可 licensing of agents and brokers
代理人执照 agent's license
代理人资格法 agent qualification law
代理融通 factoring
代理收款收据 agency receipt
代理委托书 proxy statement
代理系统 agency plant
代理业绩记录 agency experiecne
代理业务 agency business; agent services; agency service
代理银行 correspondent; correspondent's bank
代理银行查询书 correspondent tracer
代理银行之间的业务关系 correspondent relation
代理佣金 agent commission; agent's commission; agency commission; overriding commission
代理佣金条款 agency commission clause
代理证书 power of attorney (P.A.)
代理制 agency system; proxy system
代理追偿权益 claim right
代收国内汇票 collection of domestic draft and bill
代收货款 collection of trade charge
代收款项 collection trusted; commissioned receipt
代收票据 bill for collection (B.C.)
代收票据费 charge for collection
代收期间 in course of collection
代收期间的保费 premiums in course of collection
代收人 collector (collr.); collecting agent
代收银行 collecting bank
代售人 consignee
代位 subrogate; subrogation
代位求偿权 subrogation
代位求偿权收据 indemnity subrogation receipt
代位求偿权转让人 subrogor
代位求偿人 subrogee
代位求偿条款 subrogation clause

代位债权 beneficium cedendarum actionum
代销商品预付款 advance on consignment
带司机服务 chauffeur service
带息 bear interest
待清算项目 clearing house item
待收待付制 accrual basis; accrued basis
待收款项 account receivable (A.R., A/R); account payable (A.P.)
待收票据 bill receivable (B/R, B.R.)
待收托收款 collection receivable for customer
待收运费 collect freight
待收资本 capital on call
待完成的担保证书 escrow
贷差 credit balance
贷出 on-lending
贷方 charge side; credit (Cr., cred.); credit side; black ink
贷方传票 credit slip
贷方对销 contra credit
贷方分录 credit entry
贷方栏 credit column
贷方凭单 credit voucher
贷方项目 credit item
贷方余额 credit balance
贷方账户 credit entry
贷记 credit (Cr., cred.)
(会计)贷记报单 credit advice (C.A., c.a.); credit note (C.N., C/N)
贷记传票 credit voucher
贷记某人账 credit a sum to someone's account
贷记(项)凭单 credit memo (C/M)
贷记通知 credit note (C.N., C/N)
贷款 loan; facility; credit (Cr., cred.)
贷款本金 principal amount of loan
贷款比例 loan-to-value ratio
贷款拨付 disbursement on loan
贷款偿还计划 balloon
贷款调换 conversion of a loan
贷款定向市场 loan-oriented market
贷款分类架构 framework
贷款还本付息合同 loan servicing contract
贷款回收 loan recovery
贷款评级 classification of loan; loan classification
贷款评级制度 loan classification system
贷款期间 credit period
贷款期限 period of loan; length of loan
贷款人拒还贷款期间的保险 lenders holer-in-due course insurance
贷款申请书 application for loan; loan application
贷款收据 loan receipt
贷款收入 proceeds of a loan
贷款手续费 commitment charge; commitment fee; arrangement fee
贷款损失备抵 provision for loan loss; loan loss reserve
贷款损失风险 loan loss exposure
贷款损失准备金 loan loss exposure; loan loss reserve; loan loss provision; provision for loan loss
贷款团 consortium [pl. consortia]
贷款限额 ceiling on loan
贷款型市场 loan-oriented market
贷款有效期 available period; commitment period
贷款折算 conversion of a loan
贷款支付 draw; drawing; disbursement under loan
贷项 credit (Cr., cred.)
贷项通知单 credit memorandum
袋装货 cargo in bag
戴帽贷款 earmarked loan; purpose-limited loan
单程运输保险 trip transit insurance
单船保险 single vessel insurance
单纯承兑 clear acceptance; absolute nonconditional acceptance; clean acceptance
单独海损 particular average (P.A., P/AV.)
单独海损按超过 **10%** 或 **20%** 赔偿 excess 10% or 20% P.A.
单独海损不赔 free from particular average (FPA., F.P.A., f.p.a.)
单独海损险 with average (WA., w.a.)
单独实体 corpus separatum

单方委托代理 one side agency arrangement
单货不符 discrepancy between cargo and document
单价 unit price
单据 certificate (cert., certif.); document (Doc.)
(小债务的)单据 chit(chitty)
单据的正式副本 certified copy document
单据解付制 chit system
单据一致 conformity of document
单利 simple interest
单式簿记 book by single entry; bookkeeping by single entry
单位产品每月成本比较表 comparative statement of monthly operative cost per unit
单位成本 cost per unit
单位成本率 cost rate per unit
(投资)单位持有人 unitholders
单位贡献毛益 contribution per unit
单一的受控制的汇价制度 unitary and controlled floating exchange rate system
单一风险保险 single-risk insurance
单一经济 unilateral economy
单一利益保险单 single interest policy
单一限额 single limit
单一银行制度 unit banking system
单证 documents (Doc.)
单肢丧失 single dismemberment
担保金 bail bond
担保 guarantee; surety; bail; bond
担保抵押 guaranteed mortgage
担保放款 secured loan
担保票据 guaranteed bill
担保品 gage; collateral
担保品抵押债务 collateral mortgage obligations (CMOs)
担保品估价值评定 assessment rate of collateral
担保契约 guarantee contract; hypothecation
担保人 guarantor; bondsman
担保抬头保险 guaranteed title policy
担保物 bail bond
担保物的转让 collateral assignment
担保协定 guarantee agreement
担保信托债券 collateral trust bond
担保信用证 guarantee L/C
担保债券 assumed bond
担保函 letter of guarantee (LG, L/G); guarantee
担保基金 guarantee fund
担保证书 guarantee
但书 proviso
淡水险 risk of fresh-water damage
淡水险条款 fresh-water clause
当场交易 bar on spot
当年度保费 normal cost
当年收益率 current return
当期保额 current risk
当期成本 current cost
当期进项税 input tax payable for the period
当期进项增值税 purchases VAT for the current period
当期劳务成本 current service cost
当期销项税 output tax payable for the period
当前投资 current investment
当日汇率 current rate
当事方 principal
(律师的)当事人 client
当事者关系 privity
倒闭银行存款 cash in closed bank
倒塌 collapse
倒档 back up
倒起息 back value
倒数 count-down
倒填(契约等)的日期 foredate
倒填…的日期 predate
倒填日期 back-date; dating back; dating backward; antedate
倒填提单 antedated bill of lading
到达 arrival (arr.); arrived (arr.)
到货汇票 arrival draft (bill)
到履行期 fall due
到期 expiration; fall due
到期(应付) become due
(票据等)到期的 due

到期付款 payment at maturity
到期还本 bullet maturing; bullet maturity
到期利息及分红 interest and dividends due
到期年金 annuity due
到期前偿还 prematurity repayment
到期日 date of expiration; date of expiry; date of maturity; due date; tenor date; maturity date; expiry date; date due; day of maturity; maturity
到期收益率 yield-to-maturity (YTM)
到期通知书 expiration notice
到期养老保险 matured endowment
到期应偿付的信贷 credit due for repayment
到期应偿付债券 bonds due for payment
到期应付金额 amount due
到期债务的偿还 debt maturity
到期支票 matured check
到手 come to hand
盗窃 theft
盗窃保险 burglary insurance; burglary/theft insurance
盗窃保险单 larceny insurance policy
盗窃除外责任 theft (exclusion)
盗窃分开保险 divided burglary coverage
盗窃及提货不着险 theft, pilferage & non-delivery (TPND)
盗窃遗失险 risks of theft, pilferage and non-delivery
盗用 misappropriate
盗用公款保险单 embezzlement insurance policy
盗贼 hold-up
道德风险 moral risks; moral hazard
道德规约 code of ethics
道德守则 code of ethics
道·琼斯股票指数 Dow-Jones index
道·琼斯指数 Index Dow Jones
得不到 not available (NA, n.a.)
得利 benefit
得利成本比率 benefit-cost ratio
得利成本分析 benefit-cost analysis
得失相当 break-even
登记 registered (reg., rgd.)
登记的 listed
登记吨位 registered tonnage
登记合格公司 listed company
登记卡 enrollment card
登记内容 contents of registration
登记证明书 certificate of registration
登入 enter
等差变化 constant arithmetic change
等等 et cetera
等额偿付抵押权 level payment mortgage
等级 class (cl.); grade
等级保费终身寿险 graded premium whole life insurance
等级保险 graded policy
等级分类 grade separation
等级缴费保险 graduated premium life insurance
等级品率 rate of classification of...
等级受领权 graded vesting
等级佣金 graded commissions
等价交易契约 commutative contract
等量年均股息 equivalent level annual dividend
等现价 at the money
等于 equal (eq.); equivalent (eq.)
等值 equal (eq.); equivalent (eq.)
"低保"资金 fund unemployment insurance for laid-offs
低端产品 low-end product
低端客户 low-end customer
低价 base; equivalent (eq.)
低价收盘 closing low
低利贷款 cheap credit
低利率 cheap money
低利率政策 cheap money policy
低劣 Poor
低税区 tax heaven
低息货币 cheap money
低息货币政策 cheap money policy
低于面值 below par
低于票面价值 below par
底价 bottleneck price
底盘 bottleneck price

底片保险集团 negative film syndicate
底线 bottleneck line
底薪 base salary
抵补贸易 offset
抵仓 offset one's position
抵偿 commutate; compensate
抵偿贸易 offset transaction
抵触 conflict
抵达 arrival (arr.); arrived (arr.)
抵达日期 date of arrival
抵港日期 date of arrival
抵港通知 advice of arrival
抵借 plus against a loan
抵消 counter; balance out
抵消权 right of offset
抵消账户 contra account
抵押 hypothecation; mortgage (mtg.)
抵押保证金 mortgage-backed security
抵押贷款 mortgage loan; loan on mortgage
抵押贷款保障清偿定期保险 mortgage protection term insurance
抵押贷款清偿保险 mortgage insurance; mortality cancellation insurance; mortgage redemption insurance
抵押贷款清偿基金 mortgage bond
抵押担保品 collateral security
抵押担保债务 debt secured by mortgage
抵押登记凭证 certificate of registration of mortgage
抵押额满债券 closed mortgage bond
抵押放款 secured loan
抵押借款 plus against a loan
抵押经纪人 mortgage brokers
抵押举债 borrow on security
抵押品 collateral; gage
(放款银行对)抵押品的作价 carrying value
抵押凭据 mortgage note
抵押契据 mortgage (mtg.)
抵押清偿残疾保险 mortgage disability insurance
抵押权 mortgage (mtg.)
抵押权保险 private mortgage insurance
抵押权人 pledgee
抵押人 pledger; pledgor
抵押人年度报表 annual mortgagor statement
抵押赎回债券 mortgage-backed bond (MBB)
抵押物保险 floor plan insurance
抵押信用证 counter credit; counter letter of credit
抵押业务量 mortgage portfolio
抵押债券 mortgage bond
抵押者 pledger; pledgor
抵押资产 pledged asset; assets held as collateral; distrained assets; assets in lieu of debts; distressed assets
地点套汇 arbitrage in space
地点条款 location clause
地点限额 location limit
地段限额 block limit
地方财产税(英) rate
地方性承兑 local acceptance
地基除外条款 foundation exclusion clause
地壳运动除外 earth movement exclusion
地区统一运费率 zone freight rate
地面保险 ground coverage
地平线的 horizontal
地区代理人 regional agent; resident agent
地区公司 regional office
地区间保险会议 Inter-regional Insurance Conference (IRIC)
地区内紧急救护 in-area emergency services
地下火 duff fire
地陷 subsidence
地域限制 geographical limitation
地震保险 earthquake insurance
地震火灾损害 earthquake fire damage
地震振动损害 earthquake shock damage
地震直接损失保险 direct damage earthquake insurance
递加信用证 cumulative credit
递加佣金 commission on a sliding scale
递价 bid price; make a bid
递价的比较 comparison of bid
递减成本 diminishing cost

递减计数 count-down
递减净值 decreasing net value
递减收益 decreasing return
递减余额折旧法 diminishing balance method of depreciation
递减折旧法 diminishing method of depreciation; diminishing-provision method of depreciation
递减折旧费 diminishing-provision expense
递解 escort
递盘 bid; buying offer
递延贷项 deferred credit
递延到息收入账户 deferred interest income account
递延费用 deferred charge; deferred expense; expense deferral; deferred cost
递延负债 deferred liabilities
递延股利 deferred dividend
递延管理费 deferred overhead charge
递延间接费用 deferred overhead charge
递延借项 deferred charge; deferred debit
递延开发费用 deferred development expense
递延毛利 deferred gross profit
递延人寿年金 deferred life annuity
递延收入 deferred revenue; unearned revenue
递延收入的欠账 deferred revenue obligation
递延收益 deferred income
递延税金贷项 deferred tax credit
递延税项借项 deferred tax debit
递延所得 deferred income
递延所得税 deferred income tax
递延所得税贷项/借项 deferred income tax credit/debit
递延投资损失 deferred loss on investment
递延退休金 deferred retirement benefit
递延维持费 deferred maintenance
递延未分配费用 deferred unapplied expense
递延项目 deferred item
递延养恤金 deferred benefit
递延责任条款 drop down
递延账户 deferred account
递延折旧 deferred depreciation
递延资产 deferred asset
递延租金收入 deferred rental income
递增保单贷款额 increasing loan value
递增定期保险 increasing term insurance
递增定期人寿保险单 increasing term life insurance policy
递增人寿保险 increasing life insurance
第二人死亡保险 second death insurance
第二性责任(担保) secondary obligation
第二溢额再保险 second surplus reinsurance
第六副本 sextuplicate
(美国税法)第 **79** 款 Section 79 plan
第三份提单 triplicate bill of lading
第三国出口保险 external trade cover
第三国航运公司 carrier's with third country flag
第三人的权利要求 claim of third person
第三市场 third market
第三者保险 third party insurance
第三者代管费用 escrow cost
第三者代管账户分析 escrow analysis
第三者责任 third party liability
第三者责任保险 third party liability insurance
第四(份)的 quadruplicate
第五(份)的 quintuplicate
第五红利选择权 fifth dividend option
第一抵押权 first mortgage
第一方保险 first party insurance
第一方责任免除 first party release
第一副本 duplicate (dup., dupl., dupte.)
(美国税法)第 **162** 款 Section 162
第一年保费 first-year premium
第一年保费问题 first-year-premium problem
第一损失保险 first loss insurance
第一性责任(担保) a primary obligation
缔结 enter
缔结清算协定的国家 clearing country
缔约方 contracting party

缔约国 contracting party
典型的信用衍生产品 typical credit derivatives
(柜台)点钞机 teller counter
点收 check and receive
点数 check the number
电报 telegram; telegraphic message
电报费 cable charges
电报费率 cable rate
电报挂号 telegraphic address (T. A.); code address; cable address
电报汇款 cable transfer
电报开证 open credit by cable
电报密押 telegraphic code; telegraphic cipher
电报确认书 confirmation of telegram; confirmation of cable; confirmation of telex
电报通知 cable advice
电报议付 cable negotiation
电传 telex (TLX, Tlx.)
电传开证 L/C opened by telex
电传确认书 confirmation of telex
电动机及电力设备保险单 electric motors and equipment insurance policy
电动力 electric motive force (E.M.F.)
电话号码 telephone number (Tel. No.)
电话理财 Phone Banking; CitiPhone Banking
电汇 cable transfer
电汇偿付条款 T/T reimbursement clause
电汇汇款 telegraphic money order (T.M.O.); telegraphic transfer (TT, T.T., T/T)
电开信用证 cable credit
电力 electric motive force (E.M.F.)
电力中断保险单 power interruption insurance policy
电码 code; cable code
电码本 code book
电气设备损坏免责条款 electrial exemption clause
电器条款 electrical clause
电梯碰撞保险 elevator collision insurance
电梯责任保险 elevator liability insurance; liability insurance (elevator)
电文证实书 cable confirmation
电子报价 e-offer
电子计算机代码 computer code
电子计算机辅助系统 computer-aided system
电子计算机会计系统 computer-based accounting system
电子商务 e-commerce; e-trade
电子数据处理(保险) electronic data processing (coverage)(EDP)
电子数据处理会计 Accounting by Electronical Data Processing (AEDP)
电子数据处理系统 electronic data processing system (EDPS)
电子银行 e-banking
电子邮件 e-mail
电子资金汇兑 electronic funds transfer (EFT)
店头交易股票 counter share
店员(美) clerk (cl.)
垫款 make advance; advance
吊索损险 risk of sling damage
调拨(基金) channel
调查和规划准会员 Associate in Research and Planning (ARP)
(咨询)调查委员会 commission of inquiry
调查委员会 commission investigation
调换债券 refundable bond
掉期 swap
跌价 collapse of price
钉住(市价、货币价值) peg
顶级国际化 top-notch international
订本账 bound ledger
订单发票 indent invoice
订货付款 current account (curr. acct.)
订货付现 cash with order (CWO, C.W.O., c.w.o.)
订合同权 contract authority
订约人 contractor
定案单 closing slip
定额保单 benefit policy
定额定期保险 level term insurance
定额分期福利金 fixed-amount installments
定额分期给付选择 selected installment

option
定额给付 stated value benefit
定额给付金 defined benefit
定额交费计划 defined contribution plan
定额流动旅行券 circular note
定额年金 level annuity
定额年金给付计划 defined benefit plan
定额条款 agreed amount clause
定额系数 coefficient of mean equal contingency
定额营业中断险 per diem business interruption
定额装备 complement
定活两便储蓄存款账户 account for both time and current savings deposits
定级 rate
定价 rate
定金 down payment; bargain money; deposit (dep.)
定期 at regular interval
定期保单 time policy
定期保险 term policy
定期存款 term deposit; fixed deposit; deposit account; deposit for a fixed term
定期的 fixed
定期分额福利金 fixed-period installments
定期付息债券 fixed-coupon bonds; bonds based on a fixed coupon
定期合同或保险单 term contract or policy
定期汇票 date(d) draft
定期或定额保险金分期给付选择权 limited income option
定期货轮 cargo liner
定期检查 periodic review
定期交割 regular delivery; deliver regularly
定期均衡保费年金 periodic level premium annuity
定期利益 terminable interest
定期人寿保险 term life insurance
定期寿险附加 term insurance rider
定期一本通服务 automatic renewal time-deposit service
定期一本通账户 automatic renewal time-deposit account
定期增购期权 call of more option
定期增购选择权 call of more option
定期整存整取账户 time account for one deposit and withdrawal; one deposit and withdrawal time a/c
定期证券 dated securities
定期支付 periodic payment
定数 fixed number
定位 positioning; orientation; target
定位卡 location card
定值美元 constant dollar
丢失保单收据 lost policy receipt
东道国 host country
东南承保人协会案 Southeastern Underwriters Association Case
东南亚地区人寿保险研读者研讨会 Oriental Life Insurance Seminar (OLIS)
东南亚人寿保险振兴中心 Oriental Life Insurance Cultural Development Centre
东亚保险会议 East Asia Insurance Congress (EAIC)
东证指数 TOPIX
董事长 chief executive
董事酬劳 director's remuneration
董事和管理人员责任保险 directors and officers liablility insurance
董事会 director board; board of administration; board of directors
董事会报告 director's report
动产 effect
动产抵押 chattel mortgage
动产抵押融通 chattel mortgage financing
动产抵押信用 credit against pledge of chattel
动产抵押债券 chattel mortgage bond
动产费率 contents rate
动产信用 credit based on personal property
动荡 unrest; upheaval; volatile
动乱 civil commotion
动物健康保险 animal health insurance
动物生命保险 animal life insurance
冻结 freeze
冻结保险单 freezing insurance policy
冻结存款 blocked deposit

冻结过去服务年资债务 freezing past service liability
冻结货币 blocked currency; blocked money
冻结基金 blocked fund
冻结收入 blocked income
冻结外汇 blocked exchange
冻结账户 blocked account
斗争 conflict
渎职 malpractice
独立保险代理人协会 Independent Insurance Agents Association (IIAA)
独立保险公司 independent insurer
独立保险会议 Independent Insurance Conference (IIC)
独立代理人 independent agent
独立代理人制度 independent agency system
独立董事 independent director; external director; unrelated director; outside director
独立分店会计制 independent branch accounting system
独立估价计划 independent appraisal plan
独立核算制 business accountability
独立会计师查账报告 certificate of independent public accountant
独立经济 economy of independence
独立经营承包商 independent contractor
独立经营承包商保险 independent contractors insurance
独立理算人 independent adjuster
独立账户的基金积累 separate accounts funding
独占型控股 closely-held stock
独资企业 proprietorship
赌博性投资 go-go fund
镀金 gilt
短吨 short ton (S.T.)
短借长贷 borrow short and lend long
短期保单 short term policy
短期保险 short period insurance
短期残疾收入保险 short-term disability income insurance
短期拆借 call loan
短期抵押拆借 call loan secured
短期费率 short rate
短期费率表 short rate table
短期负债 current liability
短期金融工具 temporary financial instruments
短期票据市场 bill market
短期同业拆借市场 call market
短期债务 quick liability
短期债务逾额 excess current liabilities (XCL)
短期资本经营者 money manager
短期资金市场 money market
短缺 go short
短缺经济 shortage economy
短缺期货 short position
短少 shortage
短损险 risk of shortage
短尾巴责任保险 bobtail liability insurance
短信 chit(chitty)
断言 allegation
(诉讼、比赛中)对 versus (v., vs.)
对比科目 contrast account
对比账户 contrast account
对策 countermeasure
对冲 hedge
对冲基金 hedge(d) fund
对抵押财产的索赔权 hypothecation
对法院的管辖权提出异议 contest jurisdiction
对方 counterpart
对非贸易交易的管制 control on non-trade transaction
对公业务 corporate business; wholesale business
对换平价 conversion parity
对货物不符(合同)的索赔 claim based on non-confirmity
对价 quid pro quo; consideration
对价持票人 holder for value
对交报酬 compensation
对金钱损失的索赔 claim based on pecuniary loss
对开信用证 counter credit; counter letter of credit; reciprocal credit

对…可赔偿损失 loss payable to
对老年人、盲人和残疾人的救济 Aid to the Aged, Blind and Disabled (AABD)
对私业务 consumer business; consumer banking
对投资的摊款 contribution to investment
对外的 external
对外共保 external coinsurance
对外借贷 foreign borrowing
对外贸易风险 risks of foreign trade
对外贸易管制 control on foreign trade
对外信贷保险协会(美) Foreign Credit Insurance Association (FCIA)
对外直接投资 direct foreign investment
对销记录 cross entry
对销分录 contra-entry
对销估价账户 contra-valuation account
对销贸易 counter trade
对销账户 contra account
对行使选择权的制约因素 constraint on the exercise of option
对应部分 counterpart
对应基金 counterpart fund
对应账户(科目) corresponding account; counterpart entries
对应支出 counterpart expenditure
对预算的共同决议 concurrent resolution on the budget
对账 check up account
对账表 reconciliation statement; reconciliation sheet
对账单 statement of account; account statement; check sheet; accounts stated
对账回单 reconcilement blank
对政府的债权 claim on government
对仲裁裁决的有效性提出异议 contest the validity of an award
对资本的优先受偿权 charge against capital
兑付 honour a bill; honour a draft
兑付条款 exchange clause; exchange terms
兑换 conversion; change; exchange
兑换价格 conversion price
兑换结汇单 exchange memorandum
兑换率 conversion factor
兑换券 coin certificate
兑换申请书 application for conversion
兑换水单 exchange memorandum
兑换危机 convertibility crisis
兑换选择权 conversion option
兑换银行 presenting bank
兑换制度 convertibility system
兑现 honouring; encash; encashment; cash in
兑现(支票) clear
兑现(票据等) negotiate
吨 ton (T.)
吨数 tonnage (tonn.)
吨位 tonnage (tonn.)
趸缴 single payment
趸缴保费 single premium
趸缴保费保单 single premium policy
趸缴保费保险 single premium insurance
趸缴年金 single-payment annuity
趸缴寿险 single-payment life
趸缴特别保费 single extra
多倍保障养老保险 endowment with term insurance
多边借贷 multilateral lending
多重保险金 duplication of benefits
多重保障 duplicate coverage
多重风险特别保单 special multiperil (SMP)
多方面的 multidimensional
多付金额 amount overpaid
多雇主团体 multiple-employer groups
多极化 multi-polarized
多栏计算表 columnar work sheet
多栏式 columnar system
多栏式簿册 columnar record
多栏式分类账 columnar ledger
多栏式分析表 columnar analysis (sheet)
多栏式工作底稿 columnar work sheet
多栏式记录 columnar record
多栏式记账法 columnar account method
多栏式日记账 divided column journal; analytic(al) journal
多栏式现金日记账 columnar cash book; columnar cash journal

多栏式现金收入日记账 columnar cash receipt journal
多栏式现金支出日记账 columnar cash payment journal
多栏式预算表 columnar budget; columnar form budget
多栏式账簿 columnar book
多米诺事故发生理论 Domino theory (of accident causation)
多渠道 multi-channeled and in multiforms
多收金额 amount overcharged
多数股东 key shareholders
多头 bull; bull position; in a long position
多头报告关系 multiple reporting relationship
多头贷款 borrow loans from several branches of one bank
多头购入 buying long
多头活动 bull movements
多头集团 bull clique
多头交易 bull transaction
多头开户 open a few accounts at the branches of one bank
多头联营 bull pool
多头市场 bull; bull market
多头账 bull account
多退少补 with excess payment being refunded and deficiencies made good
多维的 multidimensional
多险种承保 multiple-line underwriting
多险种承保法 multiple-line underwriting law
多险种经营人 multiple-line carrier
多形式 multi-channeled and in multiforms
(经营)多样化 diversification; proliferation
多样化退休金计划 multiple plan pension trust
多元经济 plural economy
多元判定系数 coefficient of multiple determination
多种保障账目计划 multi-coverage account plan (MAP)
多种经营 diversification
多种退休年龄 multiple retirement ages
多种行业联合大企业 conglomerate
多种选择计划 multiple peril insurance
夺取市场 capture market

E

E 项条例 Regulation E
俄亥俄制 Ohio method
额定股本 capital stock authorized
额外保障给付 extra protection benefit
额外的 extra（ext.）
额外费用 extra charge；extra expense
额外股利 dividend extra
额外股息 extra dividend
额外门诊住院混合服务 partial hospitalization services
额外契约责任 extra contractual obligations（ECO）
额外所得基金 bonus funding
额外退休计划 excess plan
额外支付 supplementary payments
恶性循环 vicious cycle
恶意 mala fide；bad faith
恶意损害条款 malicious damage clause
恶意拖欠 vicious debt arrears；malicious debt arrears
恶意之火 hostile fire
恩格尔系数 Engel co-efficient
二次残疾期间通知 second preliminary notice
二级市场 secondary market
1/24 法 the 1/24th system
二十四分之一法 the 1/24th system
24 小时保障 twenty-four-hour coverage
24 小时服务 24-hour service；clock-wise service；full-time service
24 小时条款 twenty-four-hour clause
二线 back office；back room
二项分布 binomial distribution
二因子制分红方法 two factor contribution plan

F

F项条例　Regulation F
发标　award contract; award of contract
发单费用　policy fee
发电报记账本　passbook (pass book)
发电厂保险　power plant insurance
发放贷款　place a loan
发放的工资额　payroll
发股　float shares; issue shares; offer shares; float stocks; issue stocks; offer stocks; float bonds; issue bonds; offer bonds
发货　consign; consignment(consgt.)
发货国　country of dispatch
发货人　consigner; consignor; shipper
发价　offer; make an offer
发盘　offer; make an offer
发票　invoice (inv.)
发票记账法　bill and charge system
发票贴现　discounting of invoice; factoring of invoices
发热险　risk of heat
发生　incur
发生的损失　loss run
发生应计给付退休金成本法　accrued benefit cost method
发现期　discovery period
发薪员遭抢保险　paymaster robbery insurance
发行(公债等)　float
发行　issue (iss.)
发行成本　distribution cost
发行成本的分摊　distribution cost allocation
(股票)发行地点　place of issue
发行额　circulation
发行公司协会　Issuing Houses Association (IHA)
发行股票　capital issue
发行股票筹资　equity financing
发行后市场　after-market
发行价格　issue price
发行金额　amount issued
发行日　date of issue
发行收益　proceeds from the issue
发行新债券偿还旧债券　refundable issue
发行新债券以代替旧债券　refinancing
发行银行　bank of issue
发行在外的(股票、公债等)　outstanding
发行在外股票　outstanding shares
发行在外债券　bond outstanding
发行债券　float bonds
发行证券的招股说明书　prospectus on an issue of security
发运日期　date of dispatch
发债　float shares; issue shares; offer shares; float stocks; issue stocks; offer stocks; float bonds; issue bonds; offer bonds
发债担保　bond issue guarantee
发展放贷　development lending
发展计划资助　project finance
发展目标　development goal
罚款　fine; penalty
罚息　default interest
罚息利率　default interest rate
法典　code
法定承保利润或损失　statutory underwriting profit or loss
法定除外责任　statutory exclusions
法定代表人　legal representative
法定代表人身份证书　Identity Paper of Legal Representative
法定代理人　statutory agent
法定的　legal; compulsory
法定福利　mandated benefits
法定福利费　legal welfare expense
法定公积金　legal surplus
法定股本　capital stock authorized; autho-

rized capital stock
法定汇率 official exchange rate; official rate of exchange
法定会计准则 statutory accounting principles (SAP)
法定权利 legal
法定人数 quorum
法定提留 statutory provision
法定投资 legal investment
法定退休年龄 compulsory retirement age
法定盈余准备金 legal earned surplus reserve
法定责任准备金 legal reserve
法定责任准备金型寿险 legal reserve life insurance
法定责任准备金型寿险公司 legal reserve life insurance company
法定准备金 statutory reserve
法定资本 authorized capital; declared capital
法定资产 legal assets
法官意见书 opinion
法克勒公式 Fackler's formula
法律冲突 conflict of laws
法律冲突的法规 conflict of law rules
法律(上)的 legal
法律规定 statutory provision
法律化 legalized
法律上的同样有效状态 concurrent
法律诉讼的起诉传票 originating summons
法律责任保险 legal liability insurance
法人 corporate juridical person; corporation (corp., corpn., Cpr.)
法人的 corporate
法人企业 corporate business
法人实体 corporate entity
法人税 corporation tax
法人团体 corporate body; body corporate
法人许可证 body corporate permit for
法院裁决书 court decision
法院查封账户 attached account
"法制、监管、自律、规范"的方针 principles of "law, regulation, self-discipline and standards"
法制意识 awareness about the rule of law
翻牌公司 government-body-turned company
翻一番 double (dble.)
反保费回扣法 anti-rebate law
反补贴税 anti-subsidy duty
反差别法 anti-discriminatory law
反措施 countermeasure
反担保 counter bond; counter guarantee; counter letter of undertaking
反对 counter
反过来也这样 vice versa (v.v.)
反还盘 counter-counter offer
反经济抵制法 antiboycott law
反强制法 anti-coercion law
反倾销税 anti-dumping duty
反弹 resile; resilience; rebound
反通货膨胀 counter inflation
反通货膨胀计划 anti-inflation programme
反通胀计划 anti-inflation programme
反托拉斯法 anti-trust law
反洗钱 anti-money laundering
反协定法 anti-compact law
反信用 contra credit
反证人 adverse witness
反之亦然 vice versa (v.v.)
反注销法 anti-cancellation law
返还保费 premium return
返还拨款 appropriation refund
返还现金价值 return of cash value
犯错误 in delicto
犯罪保险 crime insurance
犯罪责任 criminal liability
饭店保险方案 motor-hotel programme
方案 formula; plan; programme; scheme; scenario
方法 approach; formula; mechanism
方式 means; mode
方向 orientation
防爆的 explosion-proof
防避 avoidance
防火 fire protection
防火部门服务费用条款 fire department service clause
防火部门主管人 fire marshal

防火建筑 fire resistive construction; fireproof
防火门 fire door
防损 prevention of loss
防伪造保险 forgery insurance
防灾防损服务 loss prevention service
妨害行为 nuisance
房地产 real estate
房屋、建筑和屋内财产保险 dwelling, building and contents insurance (DB & C)
房屋修缮与改良保险 improvement and betterments insurance
房主保险除外责任 exclusions (homeowners insurance)
房主保险单 homeowners insurance policy
放款 loan; advance
放款比率 advance ratio
放弃 disclaimer; release; renounce; waive; disclaim
放弃代位求偿权 subrogation release
放弃运费条款 freight abandonment clause; freight waiver clause
放射性污染保险 radioactive contamination insurance
放行 release
飞机产品责任保险 aircraft product liability insurance
飞机乘客责任保险 aircraft passenger liability insurance
飞机机身保险 aircraft hull insurance
飞机上交货价 free on airplane (FOA)
飞机责任保险 aircraft liability insurance
飞机坠毁保险 crash coverage
飞轮保险 flywheel insurance
飞行保险 aero insurance
非按期付保费 irregular premium
非保兑信用证 unconfirmed credit
非保险型计划 uninsured plan
非保险型退休计划 non-insured plan
非保险转嫁 non-insurance transfer
非比例分保 non-proportional reinsurance
非比例临时分保 non-proportional facultative reinsurance
非比例自动分保 non-proportional automatic reinsurance
非参与分配普通股 non-participating common shares
非残疾性伤害 non-disabling injury
非查验遗产 non-probate property
非偿还性年金 non-refund annuity
非常低劣 very poor
非常同意 strongly agree
非车主汽车责任保险 non-owner automobile liability insurance
非承保会员 non-underwriting member
非持续费用 non-continuing expense
非传统再保险 non-traditional reinsurance
非创收型资产 nonincome-producing asset
非当地代理人 nonresident agent
非当地居民 nonresident
非法保费留用 illegal holding of premiums
非法剥夺 ouster
非法集资 illicit fund-raising
非法侵犯者 trespasser
非法职业条款 illegal occupation provisions
非分摊制 non-contributory plan
非附属债务 non-subordinated indebtedness
非公有制经济 non-public sector of the economy
非股份制公司 non-stock corporation
非挂牌证券 over-the-counter (OTC, O.T.C.)
非合格递延补偿计划 non-qualified deferred compensation plan
非合格年金计划 non-qualified pension plan
非核心存款 non-core deposit
非核心客户 non-core customer
非货币化 demonetization
非货币交易国际收支差额 balance on non-monetary transaction
非货币性项目 non-monetary items
非积累循环信用证 non-cumulative revolving credit
非经常项目 non-recurring items; non-current accounts
非经常性费用 non-recurring expense
非醵出型保险 non-contributory insurance

非醵出型退休计划 non-contributory retirement plan
非控股权益 non-controlling interest
非劳动所得 non-earned income
非累积式退休金计划 unfunded pension plan
非累计第一优先股 non-cumulative first preferred shares
非利息收入 non-interest income
非流动资产 non-liquid asset
非流通单据 nonnegotiable instrument
非流通证券 nonnegotiable instrument
非贸易结算 non-trade settlement
非认可再保险 nonadmitted reinsurance
非认可资产 nonadmitted assets
非上市股票 counter share
非收入预测法 nonincome forecast method
非收益资产 non-earning assets
非寿险保险合同 insurance contract (general)
非诉讼方式 in extrajudicial form; non-contentious form
非所有人飞机责任保险 non-ownership aircraft liability insurance
非所有人责任保险 non-ownership liability insurance
非投票股 non-voting shares
非卧床疾病 non-confining sickness
非物质性 immateriality
非吸烟者 nonsmoker
非现金结算 clearing of account
非业务性支出 non-business expenditure
非应计项目 non-accrual loan
非应计贷款 non-accrual loan
非应税收入 non-taxable income
非应税投资收益 non-taxable investment income
非应税业务 non-taxable business
非营利保险 non-proprietary insurance
非营利公司 not-for-profit corporation
非营利性保险公司 non-profit insurance company; non-profit insurer
非营利性公司 non-profit corporation
非营利保险 non-commercial insurance
非营业日 non-business day
非营业时间 non-business hour; non-business time
非营业收入 non-operating income; non-operating earnings
非营业性(收入) non-business
非营业性(支出) non-business; non-operating expense
非佣金收入 non-commission income
非正常(类、户) non-performing (NP)
非正式的 casual
非正式员工退休计划 plan (informal)
非直接的 indirect
非职业残疾 non-occupational disability
非洲货币研究中心 Africa Centre for Monetary Study (ACMS)
非洲开发银行 African Development Bank
非洲农业信贷协会 African Association of Agricultural Credit
非资本税亏损转结 non-capital tax loss carry forwards
非自愿破产 involuntary bankruptcy
肥胖体 obesity
废弃或没收条款 rejection clause
废弃或没收险 risks of rejection and condemnation
费 rate
费差益 loading surplus
费改税 replace administrative charges with taxes
费率 rate
费率表 Schedule of Charges; Schedule of Terms and Conditions Tariff Schedule; Terms and Conditions; tariff; dean analytic schedule
费率差别歧视 rate discrimination
费率基础 rate basis
费率局 rating bureau; bureau
费率卡 rate card
费率厘定 rating
费率厘定人 rater
费率手册 rate manual
费率委员会 rate bureau
费率文件 rate filings

费率增减法 merit rating
费率增减计划 merit rating plan
费用 cost; charges (chges.); expense (EXP)
费用报销 fee-for-service reimbursement; form of retrospective payment
费用比率 expense ratio
费用补偿津贴 expense reimbursement allowance
费用差额 difference in charge
费用到付 charge collect; charge forward
费用的分配 distribution of expense
费用分类 classification of cost
费用分摊 cost sharing
费用概算 cost estimate
费用高收效低 cost-ineffective
费用管理 control of expense
费用后付 charge forward
费用控制 control of expense
费用控制制度 expense control system
费用倾向 expense trends
费用收据 outstanding receipts
费用收入 fee income
费用条款 charge clause
费用限额 expense limitation
费用要素 expense factor
费用因素 cost element; cost factor
费用预付 charge prepaid
费用准备金 expense reserve
分包合同 subcontract
分保 cede; cession
分保额 amount of cession
分保公司 ceding company
分保明细报表 cession bordereau
分保条 reinsurance ticket; slip
分保险 reinsurance (R.I.)
分部的 departmental
分部会计 departmental accounting
分部门核算 departmentalization
分部账户 departmental account
分层负责 hierarchic responsibility; decentralization of responsibility
分成细目 break down
分出保险的公司 ceding company
分出公司 cedant
分出人 cedant
分出再保险 reinsurance premium (outward)
分担保费保险 split dollar coverage
分担价值条款 contributory value clause
分担退休基金办法 contributory pension plan
分等 classification
分店 branch
分段统制账法 block method
分发股利 distribute a dividend
分发红利 distribute a bonus
分割 assignment (assimt.)
分工负责制 system of division of labour with individual responsibility for
分公司 branch; branch office (b.o.)
分公司经理 branch manager
分公司制 branch office system
分股 stock split; share splitup
分行 branch
分行财务报表 branch financial statement
分行长 branch manager; branch general manager
分行经理 branch manager
分行控制账户 branch control account
分行清算 branch clearing
分行往来账户 branch control account
分行现金账 branch cash account
分行总经理 branch general manager
分号 branch office (b.o.)
分红保险 participating insurance; participating policy dividend; par
分红保险单 participating policy
分红保险净利 participating profit
分红保险选择 participating policy dividend option
分红表 scheme of distribution
分红费率差距 participating spread
分红盈余 participating surplus
分红准备金 divisible surplus
分级 classification
分级管理 decentralization of administration
分级管理,存贷挂钩,盈亏包干 branch

management, loans linked to deposits, be responsible for one's own gains and losses
分级租赁 graduated lease
分开承保 divided coverage
分类 break down; assortment (ass'mt); classification
分类财务报表 classified financial statement
分类法 class rating
分类费率 class premium rate
分类试算表 classified trial balance
(账户)分类说明 classification manual
分类账 ledger; ledger account; branch ledger
分类账目(录) card of account
分类折旧 classified depreciation; depreciation by kind; group depreciation
分类证券 classified security
分类指导 guidance tailored to individual local conditions
分类资产负债表 classified balance sheet
分离积累基金 split funding
分离积累计划 split funded plan
分离基金 separated funds
分离式人寿保险 split life insurance
分离式限额 split limits
分离式自留额 split deductible
分立 split-off; split-up
分裂 split-up
分流下岗人员 redirect laid-off workers
分录 entries; general journal entry
分门别类的分析 disaggregated analysis
分派费用 apportioned cost
分派风险 assigned risk
分派风险计划 assigned risk plan
分派转移风险准备 allocated transfer risk reserve
分配 allocation; contribution; distribution; allot; allotment; appropriation
分配的成本 allocated cost
分配的配额 allocated quota
分配方式 allocation formula
分配管制 control of distribution
分配基础 basis of distribution; distribution basis
分配矩阵 distribution matrix
分配渠道 channel of distribution
分配体系 distribution system
分配通知 allotment advice
分批偿还债券 serial bonds
分批成本比较表 comparative statement of order cost
分批计算成本法 batch costing
分批摊派成本法 batch costing
分批预算 batch budgeting
分批折旧 depreciation by job
分批装运 partial shipment
分期偿付表 amortization schedule
分期偿还 amortization; installment refund
分期偿还贷款 amortization loan
分期偿还法 amortization method
分期偿还借款 installment loan
分期偿还年金 installment refund annuity
分期偿还债务 amortization of debt
分期定额折旧 depreciation by fixed installment
分期付款 installment
分期付款保证书 guarantee for partial payment; partial payment L/G
分期付款购买 buy in instalments; buy by instalments; hire purchase (H.P.)
分期付款管理 consumer credit control
分期付款票据 bill payable in installment; bill payable by installment
分期给付迟延年金 installment amount option
分期给付选择 installment option
分期缴保费 installment premiums; fractional premium
分期买回 installment pay-outs
分期收款 installment
分期摊销系数 amortization factor
分权 decentralization of authority
分权管理 decentralized management; decentralized control
分入公司 accepting office; assuming company
分入公司(再保险人)及分出公司往来收

入款　due from reinsurers and ceding companies
分入再保险费　reinsurance premium (inward)
分散　split-off
分散分店会计制　decentralized branch accounting
分散风险　spread risk
分散经营　decentralization; decentralized operation
分散损失再保险　spread loss reinsurance
分散危险　distribution of risk
分设　split-off; split-up
分数审查法　numerical rating method
分税制　tax sharing system; tax assignment system
分摊　contribution
分摊成本　apportioned cost
分摊的　contributory
分摊额　amortization quota
分摊条款　average clause; contribution clause
分摊值　contribution value
分摊资金　amortization fund
分析　analysis
分析表　analytic schedule; analysis sheet; analytic(al) statement
分析单　analysis list
分析会计　analytic(al) accounting
分析记录(簿)　analytic(al) record
分析技术　analytic(al) technique
分析模式　analytic(al) model
分析师　analyst
分析数据　analyzing data
分析文件　analytic(al) document
分析系统　analytic system
分析用细算表　analytic(al) work sheet
分析员　analyst
分析资料　analyzing data
分享制　tax assignment system
分业管理　regulation along separate lines; by lines of specialities
分业经营　compartmentalize banking; separate banking; by lines of specialities; operation along separate lines
分账户　sub-account
分支机构　branch office (b.o.)
分支机构会计　branch accounting
分支机构往来账户　branch account
分租　sublease
分租承受人　sublessee
分租人　sublessor
分组合并报表　group financial statement
分组因子　block factor
分组折旧　group depreciation
焚烧率　burning ratio
份额　tranche
风暴保险　storm insurance
风险　peril; risk; hazard; exposure
风险报告机制　a sound risk-reporting mechanism
风险成本　cost of risk
风险承担　assumption of risk
风险酬金　risk premium
风险单位　exposure unit
风险调整资本回报率　risk adjusted return on capital (RAROC)
风险度量　risk measurement
风险分担　allocation of risk; risk sharing; jointly share benefits and undertake risks
风险分散　diversification of risk
风险管理　risk management
风险管理人　risk manager
风险管理助理　associate degree in risk management
风险管理准会员　Associate in Risk Management (ARM)
风险规避　migration of risk; ward-off risks; prevent risk; fence-off risks
风险积累　accumulation of risk
风险基础资本　risk-based capital
风险控制　risk control
风险控制检测　loss control survey
风险评定　exposure rating
风险评估　risk appraisal; risk assessment
风险评级　risk rating (RR)
风险升水　risk premium
风险识别　risk identification

风险选择 risk selection; selection of risk
风险溢价 risk premium
风险与保险管理学会 Risk and Insurance Management Society (RIMS)
风险预测 risk forecast
风险证券 risk securities
风险中介 risk intermediation
风险转移 risk transfer; transfer of risk
风险资产 risk assets
风险自留 risk retention
封闭 close; close down
封闭(性)的 closed
封闭经济 block economy
封闭型公司 closed corporation
封锁存款 blocked deposit
封锁货币 blocked currency; blocked money
封锁基金 blocked fund
封锁收入 blocked income
封锁外汇 blocked exchange
封锁账户 blocked account
否认 disclaim
否认责任 disclaim liability
夫妇共同占有财产 estate by entirety
夫妻共有财产法 community property law
夫妻共有财产制 community property state
(医疗)服务 service
服务经济 service economy
服务开始日期 date of service
(世贸组织)服务贸易总协定 General Agreement on Trade in Services (GATS)
服务期总计 total service
服务条件 condition of service
服务小时数 hour of service
服务性 of a service nature
服务终止 break in service
服务状况 condition of service
浮息票据 Floating Rate Note (FRN)
符合 conform; conformity; meet
符合合同条件 comply with the terms of contract
符合手续 comply with a formality
幅度 margin
福布斯 500 种股票 FORBES 500
福费廷 forfaiting
福来曲测验 Flesch Test
福利 benefit
福利范围 benefit package
福利负债 benefit obligations
福利基金提留 benefit fund reserve
(职工)福利基金准备 benefit fund reserve
福利金 benefit
福利水平 benefit level
福利制度 benefit system
辐射面广 diffusing to a larger area
抚恤金 benefit; pension for the disabled or the family of a deceased; pension for the disabled or the family of a decedent; pension for the family of the decedent; pension for the family of the deceased; pension for the disabled or for the survivors
抚恤年金 death annuity
抚养费 support for children or elders
抚养期间所得保险 dependency period income
抚养人 head of household
抚育费 bringing-up fee
辅币 change; auxiliary coin
辅助保险金 ancillary benefits
辅助单据 ancillary document; supplementary documents
辅助的 complementary; ancillary
辅助分类账 auxiliary ledger
辅助基金 auxiliary fund
辅助生活设施 assisted living facilities
辅助投资 ancillary investment
辅助用具 sales kit
辅助账户 auxiliary account
浮动贷款利率 floating lending rate
浮动的 floating
浮动利差 floating spread
浮动利率债券 floating rate bonds
父母受领的死亡赔偿 death benefit for parents
父母责任 parent liability
付持票人 pay to bearer
付出传票 debit slip
付款 effect payment
付款保证保险 payment bond

付款迟延 delay in payment
付款担保 payment guarantee
付款地点 place of payment
付款国 country of payment
付款后交货 cash before delivery (C.B.D., c.b.d.); cash before shipment
付款交单 document against payment (D/P, D.P., d.p.)
付款交货 cash delivery
付款人 payer; drawee
付款日 pay day; cash day; date of payment
付款提示 presentation for payment
付款通知 bill of credit
付款通知书 demand notice
付款委托书 payment order (P/O)
付款行 paying bank; drawee bank
(费用、款项)付讫 paid (PD., p'd)
付讫支票 cancelled check; closed check
付签票人 pay to self
付清所欠余款 clean off the balance outstanding
付现 cash payment
付现费用 out of pocket expense
付现款 pay as you as go
付现市场 cash market; spot market
付现提货 cash on delivery (COD, C.O.D., c.o.d.); cash before delivery (C.B.D., c.b.d.)
付现条件 cash terms
付现折扣 cash discount
付现指令 cash order (c/o)
付账后离去 checkout
负担 bear
负担分配 burden distribution
负担利息 bear interest
负担损失 bear (a) loss
(企业倒闭时)负连带偿还责任的人 contributory
负面隐含审查 review with negative implications
负面隐含信用观察 credit watch with negative implications
负面影响 adverse effect on
负现金流动 negative cash flow
负债 get into debt; liability
负债抵消账户 contra-liability account
负债对净值比率 debt-to-net-worth ratio
负债清偿比率 debt coverage ratio
负债与股东权益总计 total liabilities & shareholders's equity
负债与股权总计 total liabilities & equity
负债与所有人权益总计 total liabilities & owner's equity
负债与业主权益总计 total liabilities & owner's equity
负债与资产比率 debt to asset ratio
负债责任 liabilities
负债证明书 certificate of indebtedness (CIs)
负值责任准备金 negative reserve
负重债 carry heavy debt
附保 attachment
附带保证 collateral warranty
附带被保险人 insured additional
附带措施 collateral measure
附带津贴 ancillary allowance
附带期票 collateral note
附带请求 motion
附带声明 qualification
附带寿险保障 incidental life insurance protection
附带条件的承兑汇票 conditional acceptance
附带条件的责任 conditional liability
附带意见 obiter dictum
附合契约 contract in set form; contract of adhesion
附合式合同 adhesion contract
附加保费 additional premium (AP); premium loading
附加保险 additional insuracne; allied lines
附加被保险人 additional insured
附加贷款 additional facility; additional lending
附加的 extra (ext.); ancillary
附加的可选择保单 additional optional policy
附加定期保险 supplemental term insurance

附加定期保险红利选择权 additional term insurance dividend option
附加法 add-on method
附加费用 expense loading
附加风险 extraneous risks
附加福利 fringe benefits
附加加速费用 AEE
(分期付款购货的)附加价格 carrying charge
附加扩展保险责任 additional extended coverage (AEC)
附加利率 add-on rate
附加利率贷款 add-on loan
附加利率法 add-on-rate method
附加死亡给付 additional death benefit
附加信贷 supplemental credit
附加责任个人均衡成本法 individual level cost method with supplemental liability
附件 attachment; enclosure (Enc., encl., enclo.)
附缴资本 additional paid-in capital
附录 appendix (app.)
附条件报价 conditional offer
附条件的 conditional
附条件的贷款 conditional loan
附条件的可续保合同 conditional renewable contract
附条件的授给权 conditional vesting
附条件发价 conditional offer
附条件交付契据 escrow
附条件交付证书 escrow
附条件寿险信托 contingent life insurance trust
附条件销售流动保险 conditional sales floater
附条件证券 conditional security
附条款票据 claused bill
附条款提单 claused bill of lading
附条款信用证 claused letter of credit
附文 proviso
附文减免 impairment rider
附息股票 cum coupon
附息票债券 coupon bond
附言 post script (P.S.)
附有电报索汇条款的信用证 credit with T/T reimbursement clause
附有股利 cum dividend
附有红利 cum bonus
附有认购股权的债券 bond with warrants
附有条件的背书 conditional endorsement
附有条件的发行 conditional subscription
附有条件的让与 conditional assignment
附有条件的认购 conditional subscription
附有条件的售货单 conditional bill of sale
附有条件的债券 conditional bond
附有息票 cum coupon
附有佣金 cum commission
附有优先认购权的债券 bond plus warrants
附约 addendum
附则 appendix (app.)
附属不法行为 incidental malpractice
附属担保品 collateral security
附属的 ancillary; collateral
附属公司 pup company; associated company
附属公司债券 bond of affiliated company
附属合同 incidental contract
附属机构 affiliate
附属建筑物 appurtenant structures
附属物 attachment
附属协定 collateral agreement
附属债务 subordinated indebtedness; subordinated liabilities
附注条款 memorandum clause
复本 counterpart
复本位货币 bimetallic money
复本位制 bimetallic standard system
复发残疾免赔条款 recurring disability clause
复发条款 recurring clause
复合的 composite
复合分录 combined entry; compound entry
复合概率 composite probability
复合货币 composite currency
复合年增长 compound annual increase
复合年增率 compound annual rate of growth
复合试算表 compound trial balance

复合信托 complex trust
复合增长率 compound growth rate
复利 compound interest
复利本利和 compound sum
复利本利之和 compound amount
复利公式 compound interest formula
复利计算期 conversion period
复利计算中的换算因素 conversion factor in compound interest calculation
复利率 compound rate; comprehensive rate
复利年金 compound interest annuity
复利(计算)期 compounding period
复利摊销法 compound interest method of amortization
复利折旧法 compound interest depreciation; compound interest method of depreciation
复利终值 compound amount; compound sum
复式簿记 book by double entry; bookkeeping by double entry
复式记账法 double entry method
复式预算 a dual budget for
复贴现 compound discount
复效 revival
复写两份 copy in duplicate
复原保费 restoration premium
复杂的 complex
复杂分录 compound journal entry
复杂认股选择权方案 complex stock option plan
复杂资本结构 complex capital structure
复制品 duplication
复制器 copy
复制签字 facsimile signature
副本 copy; counterpart; duplicate (dup., dupl., dupte.)
副本汇票 second of exchange
副代理人 subagent
副行长 vice-president (V.P.)
副签 countersign
副收条 duplicate receipt
副署 countersignature
副署提单 countersign bill of lading
副业收入 ancillary revenue
副总裁 vice-president (V.P.)
富余人员 redundant staff; redundant people
赋课型保险 assessment insurance
赋课型保险人 assessment insurer
赋课型公司 assessment company
赋课型友爱社 assessment society
赋予渐进的受领权 progressive vesting
赋予能力 enabling

G

G项条例　Regulation G
改变付款方式　commutation
改变用途　de-earmark
改进工程　improvement and betterments (I & B)
改良保险　betterment insurance
改造　reconstruction
改组　reorganization
改组债券　adjusted bonds
概括的　general
概括说明　abstract statement (abs. sta.)
概率　probability; composite probability
概率论　theory of probability
概算　estimate (est.); proposed budget; approximate calculation; budget estimate; budgetary estimate
概算成本　approximate cost
概算书　book of estimates
干净价值　clean value
干预点　support point
刚好保本　break-even
岗前培训　pre-induction training
岗位责任制　post responsibility system; job responsibility system
港口　port
港内停泊风险保险　port risk insurance
港至港　port to port
杠杆收购　leveraged buyout (LBO)
杠杆租赁　leveraged lease
高度　height (ht.)
高度受保险的风险　highly protected risk (HPR)
高度预防风险　highly protected risk (HPR)
高端产品　high-end product
高端客户　high-end customer
高额保险单　large policy
高额保险折扣优惠　quantity discount
高额贷款　high finance
高额授信　high credit
高尔夫球员保险　golfer's insurance
高尔夫球责任保险　golf liability insurance
高风险　high risk; poor risk
高峰季节保险　peak season insurance
高负债收购　highly leveraged transaction (HLT)
高级寿险承保　advanced life underwriting
高级寿险承保人　advanced life underwriter
高级职员和董事责任保险　officers and directors liability insurance
高价收盘　closing high
高价位魅力股　high flying glamour stocks
高精技术　hi-tech; high-tech; high technology
高利贷　usury
高利贷利率　usurious rate of interest
高利率　high interest rate
高利率政策　dear money policy
高收益股票　high-income share
高速公路安全保险学会　Insurance Institute for Highway Safety (IIHS)
高危性行业　hypervolatility sector; hypervolatile sector; hypervolatility trade; hypervolatile trade; hypervolatility industry; hypervolatile industry
高息揽储　lure savings deposits by offering high interest rates; attract savings deposits by offering high interest rates
高息资金　dear money; tight money
高新技术产业　hihg and new technology industries
告发　information
告知　disclosure
割清制　clean cut system
搁浅　stranding; stranded
格拉斯-斯蒂格法案(1933年银行法)　Glass-Steagall Act (Banking Act of 1933)
格式　form

隔离墙 division wall
隔夜 overnight (O/N)
隔夜拆借 overnight placement; overnight lending
隔夜再购回协议 overnight repo
个别保单年金信托 individual policy pension trust
个别经验费率 self-rating
个别契约退休金信托计划 individual policy pension trust plan
个人、合伙和公司的存款 IPC deposits
个人保险 individual insurance; personal floater; personal insurance
个人保险范围 individual coverage
个人财产保险 covered person property insurance; personal property floater
个人财产盗窃保险 personal theft insurance
个人贷款公司 personal finance company
个人担保 personal surety
个人动产 personal property
个人费率 individual rating
个人风险费率调整计划 individual risk premium modification rating plan (IRPM)
个人风险费率厘定 individual risk rating
个人给付额表 individual benefit statement
个人合同年金计划 individual contract pension plan
个人合同退休金信托 individual contract pension trust
个人积存方式 allocated funding instrument
个人及家庭人寿与健康保险 life and health insurance (personal and family exposures)
个人巨灾保险 personal catastrophe insurance
个人均衡成本法 individual level cost method
个人年金 individual annuity
个人契约健康保险 individual contract health insurance
个人寿险 individual life insurance
个人寿险信托 personal life insurance trust
个人损失 personal loss
个人特定财产保险 personal articles floater
个人特殊关系交易 "arm-in-arm" transaction
个人退休金账户 individual retirement account (IRA)
个人退休金账户增加 individual retirement account plus (IRA PLUS)
个人退休账户 IRA account
个人退休账户定期存款 IRA time deposit
个人退休账户计划 individual account plan
个人退休账户年金 IRA annuity
个人退休账户投资工具 IRA investment vehicle
个人退休账户债券 IRA bond
个人退休账户证 IRA certificate
个人退休账户转账 IRA rollover account
个人危险责任 personal exposures liability
个人险种 personal line
个人限额 per person limit
个人行李保险 personal effects insurance
个人业务协会 Individual Practice Association (IPA)
个人业务总代理 personal producing general agent (PPGA)
个人一揽子保险 personal umbrella insurance
个人溢额责任保险 personal excess liaility
个人预定给付成本法 individual projected benefit cost method
个人账户 personal account (P.A.)
个人珠宝保险 personal jewelry insurance
个人住房按揭 residential mortgage loan
个人住房公积金存款 personal deposits on the public housing reserve fund
个体工商户 self-employed industrial and commercial households (SICHs)
个体经济 self-employed; private economy; self-employed economies; self-employed & privately-run economies (SPEs)
个体商户 self-employed businesses
个体私营企业 self-employed businesses (SEBs)

个性化(服务) customerized; personalized (service); personalization
个性化定价 personalizing price
各费付讫 charge paid
给付 settlement; benefit
给付保险金的没收 forfeiture of vested benefits
给付部 benefits department
给付方式 benefit formula
给付期限 benefit period
给付时间条款 time of payment of claims provision
给付修订 proration
给付准备金 loss reserve
给受益人的通知 advice for beneficiary
给通知行的通知 advice for the advising bank
给佣交易 commission transaction
给予 give; grant
给予信贷 ganting of credit; allow credit
给债券、机构定级的机构 rating organization
根据成本定价 cost-oriented pricing
根据共同意见 communi consensu
根据合同的债权(赔偿要求) claim in contract
根据需要 on an as-needed basis
根据遗嘱的处分 testamentary disposition
跟单的 documentary (Doc.)
跟单汇票 documentary bill; documentary draft
跟单汇票托收 collection of documentary bill
跟单票据 bill accompanied by documents
跟单托收 documentary collection; collection on document
跟单信用证统一惯例 Uniform Customs of Practice for Documentary Credits (UCP)
更改受益人条款 change of beneficiary clause
更换 change
更名证书 certificate of change of name
更名注册证书 certificate of registration on change of name
更新 renew
更新成本 cost of replacement
更新费率保单 new money policy
更正记账凭证 correction voucher
更正凭单 correction voucher
更正通知 advice of correction
工厂互惠 factory mutuals
工厂交货 Ex Factory; Ex Mill
工厂证明书 certificate of manufacturer
工程部门 engineering department
工程方法 engineering approach
工程服务 engineering service
工程核准证明书 certificate of approval of works (CAW)
工程监理制 project supervision system
工会会员退休金制度 labour union pension plan
工具 facility; medium
工具型领导 instrumental leadership
工伤事故 industrial accident
工商管理硕士 Master of Business Administration (MBA)
工商统一税 consolidated industrial and commercial tax
工商统一所得税 consolidated industrial and commercial income tax
工薪 payroll
工业财产 industrial property
工业财产保单 industrial property
工业尘埃 industrial dust
工业化 industrialization
工业会计 industrial accounting
工业企业附加值 the value-added of industrial enterprises
工业园 industrial park
工业灾害保险 industrial accident insurance; industrial injuries insurance
工资单 payroll
工资基金管理 control of wage fund
工作部署 work arrangements
工作成果 performance
工作科学化、民主化、制度化 work in a scientific, democratic and systematic manner

工作期间平均工资法　career average
工作期间平均工资方式　career average formula
公报　communique
公断经纪人　arbitrage broker
公断人　referee; umpire
公吨　metric ton (m.t.)
公告　declaration
公共财产　public property
公共会计师　public accountant
公共资金　community chest
(保险)公估人　assessor
公关计划　public relationship plan (PR Plan)
公会　conference
公积金　surplus; accumulated fund
公积金账户　surplus account
公开标售市场　auction market
公开登记期　open enrollment period
公开竞价　open outcry
公开竞争法　open competition law
公开募集　public offering
公开审计　public audit
公开投标　public bidding; public tender; competitive tender
公开销售　public offering
公开选拔　open promotion
公开选拔、竞争上岗、择优录用　recruitment and promotion through open and fair competition on the basis of merits
公开招标　open tender; public tender; competitive bidding
公款　chest (cht.)
公平保险需求计划　Fair Access to Insurance Requirements Plan (FAIR)
公平独立核算基准　arm's basis
公平计划　fair plan
公平价格　arm's price
公平交易　arm's dealing (transaction)
公平考虑　consideration of equity
公平市价　fair market value
公平信赖报告法案　Fair Credit Reporting Act
公认会计准则　Generally Accepted Accounting Principles (GAAP)
公认责任　admitted liability
公设律师　public defender
公司　company (Co., coy.); corporation (corp., corpn., Cpr.)
(大)公司　corporate
公司财产　company property
公司登记执照　certificate of incorporation
公司发起人　company promotor
公司法　company law; company act
公司法律顾问　corporation attorney; corporation attorney lawyer
公司分立　split
公司改组　corporate reorganization
公司工会　company union
公司股东决策　corporate action
公司股票　corporate stock
公司合同　company contract
公司间数据　intercompany data
公司利润　corporate profit; corporation profit
公司面临的生命与健康危险　life and health (business exposures)
公司票据　corporation paper
公司期票　corporation note
公司契约　company contract
公司条例　articles of association; articles of incorporation
公司信贷　company credit
公司业绩　company performance
公司印章　corporate seal
公司盈余　corporate surplus
公司优先债务　company's preferential debt
公司摘牌　delist a company
公司债券　corporation bond; corporate bond; corporate debenture; corporation paper; debenture (deb.); debenture stock
公司章程　charter of a company; company articles of association; corporate bylaws; corporation charter; articles of association; corporation bylaws; articles of incorporation
公司政策　company policy
公司知情者　corporation "insider"
公司主管人员保险计划　key employees

insurance plan
公司资本 corporate capital
公司资产 corporate asset
公司组织细则 corporate bylaws; corporation bylaws
公诉人 prosecutor
公务员保证保险 official bonds; public official bond
公益 commune bonum
公益信托 public trust
公有权利 public juris
公寓保险单 apartment policy
公寓一揽子保险单 apartment package policy
公约 convention
公允市价 fair market value
公债 fund
公章 common seal
公证记录 notarial record
公证会计师 certified public accountant (CPA); chartered accountant (C.A.)
公证人 notary; notary public; public notary
公证书 notarial deed
公证执业管理会计师 certified management accountant (CMA)
公众 community
公众投资 going public
功能性陈旧 functional obsolescence
攻击性盗贼 assailing thieves
供货保证书 supply L/G; guarantee for supply of goods
供货担保 supply guarantee
供款协议的结合部分 incorporation into funding agreement
供两家居住的房屋 duplex
供流传的 circular
供应方信贷 supplier's credit
供应链管理 supply-chain management
供应人信贷 credit granted by supplier
共保 coassurance; coinsurance
共保比例 coinsurance percentage; insured percentage
共保惩罚 coinsurance penalty
共保公式 coinsurance formula
共保集团 insurance pool
共保人 coassurer
共保条款 coinsurance clause
共保限额 coinsurance limit
共保要求 coinsurance requirement
共筹资金 cofinancing fund
共负盈亏 pooling of interests
共管企业 business under common control
共计 count
共命运条款 following the fortunes
共难条款 common disaster clause
共签保单 subscription policy
共同保险 coinsurance
共同保险人 coinsurer
共同保证人 co-surety
共同比报表 common size statement
共同变化 co-variation
共同表格保单 joint schedule policies
共同承兑人 co-acceptor
共同筹资 cofinance
共同出票人 co-drawer
共同担保 common collateral
共同担保人 co-guarantor
共同的 joint (jt.); collective; corporate; mutual
共同发生概率 joint probability
共同管理(权) co-management
共同管理人 co-administrator; co-manager
共同过失 negligence concurrent
共同过失责任人 joint tortfeasor
共同海损 general average (G.A.)
共同海损保证金 general average deposit
共同海损不赔 free from general average (FGA, f.g.a.)
共同海损担保函 general average guarantee
共同海损费用 general average expenditure
共同海损分摊 general average contribution
共同海损基金 general average fund
共同海损及纽哲逊条款 General Average and New Jason clause
共同海损理算局 General Adjustment Bureau Inc.
共同海损理算人 general average adjust (G.A.adj.)

共同海损理算人协会 Association of Average Adjusters (AAA)
共同海损损失 general average loss
共同海损条款 general average clause
共同海损牺牲 general average sacrifice
共同海损协议 general average agreement
共同海损行为 general average act
共同海损要件 general average essentials
共同基金 common fund
共同基金公司 mutual fund
共同交货条件 general conditions for delivery of goods
共同借款人 co-borrower
(银团贷款的)共同经理行 co-manager
共同经营 pooling of interests
共同经营法人保险 entity plan
共同利害关系 common stake
共同利益 community of interest
共同利益集团 community of interest
共同冒险 common adventure
共同募集的基金 community chest
共同努力 concerted effort
共同签字人 cosignatory
共同侵权行为者 joint tortfeasor
共同市场 common market
共同受益人 joint beneficiary
共同所有财产 jointly owned property
共同所有权 joint ownership; tenancy by the entirety; co-ownership
共同所有人 co-owner
共同体 community
共同信托基金 common trust fund
共同行动 concerted action
共同意见 communis opinio; consensus; consensus ad idem
共同赞成 communi consensu
共同责任 joint and several liability
共同债务人 co-debtor; co-obliger
共同展业 joint field work
共同账户 common account; joint account (J.A., j/a)
共同支配保单权利 joint control
共同支配保证 joint control bond
共同支票制度 common check system
共同准则 common guideline
共同资金 kitty
共同资助 cofinance
(夫妻)共有财产 community property
共有负债 joint liability
共有过失 contributory negligence
共有利益 joint interest
共有权 joint ownership
贡献比率 contribution ratio
贡献率 contribution rate
贡献毛益 contribution margin
贡献毛益收入表 contribution margin income statement
贡献者 contributory
勾销账项 strike off an entry
钩损险 risk of hook damage
构成 component; composition
构成比率 component ratio
构成比率法 component ratio method
构成部分 component element
构造 configuration
购出股份 buying out an interest
购回式自负额 buyback deductible
购买财产抵押 purchase money mortgage
购买代理人 buying agent
购买国货 buy national
购买合并 consolidation by purchase
购买价格 purchase price
购买力 purchasing power
购买力平价 purchasing power parity (PPP)
购买票据 bill purchased (BP, B/P, B.P.)
购买期权 call option
购买契约 purchase agreement
购买权 purchase option
(期权)购买人选择权 buyer's option (b.o.)
购买日期 date of acquisition
购买团体 purchasing group
购买选择权 call option
购买证 authority purchase (AP, a/p)
购入成本 buying cost
购销代理人 commission agent
购置成本 acquisition cost

购置价格 acquisition price
购置资产 acquisition of asset
够本分析 break-even analysis
够本分析图 chart for break-even analysis
够本分析中的贡献毛益 contribution margin in break-even analysis
估定价值 assessed value; appraised value
估计 estimate (est.); computation; appraise; appraisal
估计保险费 estimated premium
估计到期日 approximate due date
估计的 pro forma (P.F.)
估计价格 appraise; appraisal
估计价值 approximate value
估计金额 approximate sum
估计数量 approximate quantity
估计最大损失 estimated maximum loss (EML)
估价 appraise; appraisal; appraisements; assessment
估价保费相互保险公司 assessable premium mutual insurance company
估价报告书 appraisal report
估价备抵 valuation allowance
估价财产清单 appraisal inventory
估价单 bill of estimate
估价基日 base date for estimate
估价人 appraiser
估价条款 appraisal clause
估价盈余 appraisal surplus; appraised surplus
估价折旧法 appraisal method of depreciation; valuation method of depreciation
估价证书 certificate of appraisal
估价资本 appraise capital
估实差异 true-up
估税员 assessor
估算成本 approximate cost
估算的 computed
估算假设 valuation assumption
估损 assessment of loss
孤儿合同 orphan
古梯法 Guertin Laws
古玩保险 curious insurance policy
股本 equity; capital stock; share capital
股本筹措 equity financing
股本的估价 capital stock assessment
股本基金 equity fund
股本权益 equity interest
股本溢价 capital stock premium
股本资产比率 capital-asset ratio
股本资产定价模式 capital asset pricing model
股东大会 shareholders' meeting; shareholder's general meeting; general meeting of shareholders
股东的权益 equity
股东个人账户 capital personal account
股东会议记录 minutes of shareholders' meeting
股东会议纪要 minutes of shareholders' meeting
股东情况调查 census of shareowners
股东权益 stockholder's equity; shareholder's equity
股东人数有限的公司 closely held company
股东资产净值 shareholder's equity
股东资产净值的盈利 return on equity
股分掺水 stock watering
股份保险公司 stock insurnace company
股份不公开公司 closed company
股份的认购和分配 application for and allotment of share
股份分配 share distribution; allotment of share
股份公司 company with share capital
股份固定的投资公司 closed-end investment company
股份固定的托拉斯 closed-end trust
股份合作 joint stock partnership
股份认购及分配簿 application and allotment book
股份有限公司 company limited by share
股份制 share system; stockholding system; equity share system; corporatization
股份制改革 joint-stock restructuring
股份资本 share capital

股改　joint-stock restructuring
股价居高不下　buoyant
股金的征收　collection of contribution
股利保证金　dividend coverage
股利兑现　cashing dividend
股利基金　dividend fund
股利券　dividend coupon
股利收益　dividend income
股利支票　dividend cheque
股利资本化模式　dividend capitalization model
股票　stocks and shares; capital stock certificate; certificate of share; certificate of stock
股票簿　certificate book
股票畅销的公司　widely traded company
股票出售权　put
股票囤积　corner
股票发行控制法　blue sky-law
股票分割　stock split
股票分配　allotment
股票换资产交易　stock-for-assets
股票交易所　bourse
股票买卖特权　stock option
股票上市的公司　listed company
股票投资限制　limitation in stock investment
股票选择权　stock option
股票折扣　discount on stock
股权　interest
股权法　equity approach
股权合同　equity contract
股权收益稀释　dilution
股权与资产比率　equity-asset ratio; equity-to-asset ratio (E/AR); ratio of equity to assets
股市活跃　buoyant
股市看涨的　bullish
股息　dividend (div., dv.)
股息信贷　credit for dividend
骨干　key player; backbone
固定　peg
固定保费　fixed premium
固定产妇给付　flat maternity benefit
固定成本　constant cost
固定成本总额　total fixed cost (TFC)
固定的　constant; fixed
固定的按规模成比例收益　constant return to scale
固定抵押品　dead security
固定费用　constant expense
固定费用保付率　fixed charge coverage ratio
固定分保合同　obligatory treaty
固定分配计划　constant sharing plan
固定福利养老金　defined benefit pension
固定给付额选择权　fixed amount settlement option
固定回报投资　fixed-value holdings
固定价格　constant price
固定利率抵押　fixed-rate mortgages (FRMs)
固定率法　constant percentage method
固定年金　fixed annuity
固定赔偿比例　level percentage of compensation
固定期间保险金分期给付法　installment time option
固定期间给付选择权　fixed period settlement option
固定期间选择权　fixed period option
固定收入　fixed dollar annuity
固定死亡赔偿选择　level death benefit option
固定投资总额　gross fixed investment
固定退休给付金计划　fixed benefit retirement plan
固定再保险　treaty reinsurance
固定职业　constant employment
固定资本　fixed capital
固定资本积累总额　gross fixed capital formation (G.F.C.F.)
固定资产　fixed assets
固定资产/产出比率　the ratio of output value to fixed assets
固定资产的组成　composition of fixed asset
固定资产结构　gross fixed asset formation
固定资产投资　fixed asset investment

固定资产增值 appreciation of fixed asset
固定资产增值公积金 fixed assests appraisal surplus
固定资产折旧 depreciation of fixed asset; depreciation on filed asset
故意损害行为 barratry
故障保险 breakdown insurance
顾客 customer
顾客赊欠账簿 passbook (pass book)
顾客至上 Customer is king; Consumer is king
顾问 consultant
顾问委员会 consultation committee
雇佣给付计划 employment benefit plan
雇佣前选择 pre-contract selection
雇用 employment; hire
雇用后的选择 post-contract-selection
雇员不忠诚保险 employee dishonesty coverage
雇员持有股票信托 employee stock ownership trust
雇员的报酬 compensation of employee
雇员醵出金 employee contribution
雇员退休金计划 employee pension benefit plan
雇员退休所得保障法 Employee Retirement Income Security Act (ERISA)
雇员信托 employees' trust
雇员在职残存经验表 experience and service table
雇员组织 employee organization
雇主非所有权责任保险 employee non-ownership liability insurance
雇主福利缴款的税收免除 deductibility of employer contributions
雇主净价值索赔 claim against employers net worth
雇主投资的法律责任 employee legal obligation to fund
雇主责任保险 employee liability insurance; employer's liability insurance
寡妇利益 dower interest
挂号邮寄 by registered matter
挂号邮件保险 registered mail insurance
挂牌 quotation (quotn.)
挂牌股票 listed stock
挂牌(有价)证券 listed security
挂失 loss report
挂职 take a position elsewhere while maintaining one's membership with the original work unit
(工厂、企业等)关闭 close; close down
关闭的 closed
关闭账户 close an account
关键货币 key currency
关键通货 key currency
关口前移 earlier checkout
关联方 affiliated party
关联分析 relevance analysis
关联公司 related company; affiliated company
关联人 affiliated party
关联性 relevance
关税 customs duty
关税保险 duty insurance
关税条款 duty clause
关系贷款 relative loans
关心援助受抚养者计划 dependent care assistance plan (DCAP)
关押 commitment
关于 with reference to (Re.)
关于汇票、本票印花税法的公约(日内瓦,**1930**年) Convention on the Stamp Laws in Connection with Bills of Exchange and Promissory Notes (Geneva, 1930)
关于解决有关汇票、本票若干法律冲突的公约(日内瓦,**1931**年) Convention for the Settlement of Certain Conflicts of Laws in Connection with Bills of Exchange and Promissory Note (Geneva, 1931)
关于支票印花税法的公约(日内瓦,**1931**年) Convention on the Stamp Laws in Connection with Cheques (Geneva, 1931)
关于制定统一汇票、本票的公约(日内瓦,**1930**年) Convention Providing a Uniform Law for Bills of Exchange and Promissory Notes (Geneva, 1930)
关张 close up; wind up

关注户 special mention (SM)
关注类 special mention (SM)
官方单据 official documents
官方汇率 official rate of exchange
官方文件 official documents
鳏寡人子女给付 mothers-fathers benefit
管道保险 pipeline insurance; tunnel insurance
管理 control; management, administration
(工商企业)管理部门 management
管理费 cost of management
管理科学 scientific management
管理会计考试合格证书 certificate in management accounting (CMA)
管理理念 management concept; management mission; management notion
管理权或拥有权 Management/Ownership
管理人员评级 grading of managerial personnel
管理深度 management depth
管理条款 control of provision
管理信息系统 management information system (MIS)
管理性分类 governing classification
管理者 administrator (admr.)
管理状态 control state
管理资产 assets under management; assets under administration
管辖 jurisdiction
管辖范围 jurisdiction
管辖外承保 overhead writing
管制资本 regulatory capital
贯彻…精神 implement the spirit of
惯例 convention
惯例的 conventional
惯例会计 conventional accounting
惯例式 conventional form
光船租赁 demise
光票 clean bill (C/B); clean draft
光票付款信用证 clean payment credit
光票托收 clean bill for collection; clean collection; collection on clean bill
光票托收委托书 advice of clean bill for collection
光票信用证 clean L/C; clean (letter of) credit
光荣的 honourable (hon.)
广泛补偿保险 broad form insurance
广泛补偿保险单 broad form; broad form policy
广泛补偿财产损失背书 broad form property damage endorsement
广泛补偿店主保险 broad form storekeepers insurance
广泛补偿个人偷窃保险 broad form personal theft insurance
广告 advertisement (Ad., advt.)
广告牌流动保险 sign floater insurance
广告商责任保险 advertisers liability insurance
广义货币 broad money
广义货币供应量 M2
广域网 wide area network (WAN)
归负信托 resulting trust
归还产权保证 plaintiff's replevin bond
归属利益现金 cash out of vested benefits
规避风险 head-off risk
规格证明书 certificate of specifications
规模经济 economy of scale
(500万元资本)规模以上企业 enterprises with over 5 million yuan worth of capital; enterprises above the designed size (of 5 million yuan worth of capital)
规模中介 size intermediation
规则 regulation
规章费率 tariff; tariff rate
柜 chest (cht.)
柜台 counter
柜台经理派驻制 counter manager designation system
柜台销售 over-the-counter selling
贵宾服务 VIP service
滚存量 carry over stock
滚存资金 deferred asset
滚利作本 capital of interest
滚入 roll into
锅炉保险 boiler insurance
锅炉及机器保险 boiler and machinery in-

surance
国别报告 country paper
国别风险 country risk
国别配额 allocated quota
国产化 localization
国际保险人 international carrier
国际保险研习会 International Insurance Seminars, Inc.(IIS)
《国际备用信用证惯例》 International Standby Practice - ISP 98
国际标准组织 International Standard Organization (ISO)
国际财团 consortium [pl. consortia]
国际财团债权国 consortium creditor
国际财务公司 international finance co. (IFC)
国际财务计划协会 International Association for Financial Planning (IAFP)
国际财政划账所 clearing house for the world
国际电讯信号本 code book
国际风险与保险管理协会联盟 International Federation of Risk and Insurance Management Association (IFRIMA)
国际复兴开发发展银行 International Bank for Reconstruction and Development (IBRD)
国际雇员福利保付专家会社 International Society of Certified Employee Benefit (ISCEB)
国际雇员福利计划基金 International Foundation of Employee Benefit Plan (IF-EBP)
国际挂号邮件 international registered mail
国际惯例 international practices
国际化 internationalization; globalization
国际汇票 overseas money order (O. M. O.)
国际货币基金组织 International Monetary Fund (IMF)
国际货币市场 International Money Market (IMM)
国际健康保险承保人协会 International Association of Health Underwriters (IAHU)
国际结算 international settlement
国际结算形式 forms of international settlement
国际借贷差额 balance of international indebtedness
国际金融统计 international financial statistics (IFS)
国际理赔协会 International Claim Association (ICA)
国际律师协会 International Bar Association (IBA)
国际码头装卸工人与仓库工人联合会—太平洋海上协会 International Longshoremen's and Warehousemen's Union-Pacific Maritime Association (ILWU-PMA)
国际贸易 international trade
国际贸易惯例 international trade practice
国际贸易平衡 balance of trade
国际贸易融资 international trade finance
国际贸易商品结构 composition of world trade
国际贸易习惯 international trade practice
国际贸易组织 International Trade Organization (I. T. O.)
国际清偿能力 ability to international liquidation
国际清算银行 Bank for International Settlement (BIS)
国际融资 international financing
国际商会 International Union of Commerce; International Chamber of Commerce (ICC)
国际商会仲裁院 International Court of Arbitration
国际商会仲裁院规则 Rules of ICC Court of Arbitration
国际商务仲裁法院仲裁规则 Rules for the International Chamber of Commerce Court of Arbitration
国际社会经济地位指数 International Socio-Economic Index (ISEI)
国际审计指南 International Auditing Guidelines (IAG)
国际收支 balance of international pay-

ments; balance of payments
国际收支不平衡 disequilibrium of balance of payment; balance of payments disequilibrium
国际收支差额 balance of international payments; balance of payments
国际收支赤字 basic deficit
国际收支的逆差 deficit in the balance of payment
国际收支调整 balance of payments adjustment
国际收支基本差额 basic balance
国际收支基本差额表 basic deficit
国际收支结构 balance of payments structure
国际收支经常项目 balance of payments current account
国际收支经常账户 balance of payments current account
国际收支经常账户余额 balance on current account
国际收支逆差 balance of payments deficit
《国际收支年鉴》 Balance of Payments Yearbook
国际收支平衡 balance of payments equilibrium
国际收支平衡表 balance of payments
国际收支申报制 balance of payments regarding system
国际收支顺差 balance of payments surplus
国际收支统计 balance of payments statistics
国际收支危机 balance of payments crisis
国际收支状况 balance of payments position
国际收支资本项目 balance of payments capital account
国际收支资本账户 balance of payments capital account; capital account of balance of payments
国际收支资本账户余额 balance on capital account
国际通用符号 universal notation
国际信用及投资保险联盟 International Union of Credit and Investment Insurance
国际行为准则 code of international conduct
国际性银行 international bank
国际续保率奖 International Quality Award (IQA)
国际银行财团 consortium bank
国际银行业 international banking
国际运输 international transportation
国际支付 international payment
国际租赁 international lease
国家补偿贷款 G.I.loan
国家创新体系 national innovation system
国家风险 country risk
国家税务总局 State Administration of Taxation (SAT)
国家投资债券 state investment bonds
国库 coffers; coffers of the state
国库集中收付制 a system of centralized collection and payment by the state treasury
国库券 T bills; treasury bill; treasury bond
(公债)国库证券 certificate (cert., certif.)
国民经济和社会信息化 IT application to the national economy and society
国民生产总值 gross national product (GNP)
国民总收入 gross national income (GNI)
国民总投资 gross national investment (GNI)
国民总需求 gross national demand (GND)
国民总支出 gross national expenditure (GNE); charge against gross national balance
国内保险人 domestic insurer
国内承运人 domestic carrier
国内的 internal
国内公司 domestic company; domicile company
国内公司特惠权 domestic preference
国内挂号/保价邮件 domestic registered/certified mail
国内汇票 inland bill; inland draft
国内快递 domestic express mail

国内生产总值　general domestic production (GDP)
国内收入署核准书(美)　determination letter
国书　credential
国税　central tax
国税法(美)　Internal Revenue Code (IRC)
国税分局　branch office of SAT
国外汇兑　foreign exchange (Forex, forex, F.X.); exchange
国外汇票　foreign bill; foreign draft
国外套汇账　arbitrage account
国外转汇账　arbitrage account
国有企业　state-owned enterprises (SOEs)
国有资产保值增值　maintain and increase the value of state property
国有资产管理体制　state property management system
国债货币化　government bonds monetization
国债投资　investments from treasury bonds
过次页　carried forward (C.F., c/f); carried over; carryforward
过渡(性)贷款　bridging loan
过渡区　twilight zone
过渡账户　transit account
过户　assign; allocated transfer
过户代理　transfer agent
过境的　through (Thro.)
过量交易　overtraded
过期的　overdue
过期票据　past-due note
过期通知　notice of expiration
过期未付的　overdue
过期未付欠额　amount in arrears
过期债款　debt overdue
过期账收入　delayed income credit
过期账支出　delayed income debit
过期支票　stale cheque
过去成本　historical cost
过去服务年资　past service
过去服务年资负债　past service liability
过去服务年资给付成本　past service cost
过去服务年资基金提存法　past service funding
过失　negligence
过失程度　degree of blame
过失的　negligent
过失责任险保单　negligence liability insurance policy
过失制造　negligent manufacture
过时　obsolescence
过账　carry to; enter
过账依据　basis of posting; posting reference (post. ref.)
过账证明　posting reference (post. ref.)

H

HR-10 退休计划　HR-10 plan
H 项条例　Regulation H
哈雷生命表　Halley's Table
哈特法案　Harter Act
海盗　piracy
海关保证保险　customhouse bond
海关发票　customs invoice
海关扣留　customs detention
海关退税　customs drawback
海难　perils of the sea
海难惧怕　fear of peril
海难证明书　captain's protest
海商法　maritime law
海上保险　marine insurance
海上保险单　marine insurance policy（MIP）
海上保险公司　marine insurance company
海上保险经纪人　marine insurance broker
海上保险人　marine insurer
海上货物保险　marine cargo insurance
海上危险　perils of the sea
海上运输保赔保险　ocean marine protection and indemnity insurance
海事　admiralty
海事法庭　admiralty court
海事求偿权　maritime claim
海事责任　admiralty liability
海损　average（av.）
海损保险　marine insurance（MI）
海损代理人　average agent
海损理算人　average adjuster
海损理算书　average statement; certificate of average
海损赔偿责任限制公约　Convention on Limitation of Liability for Maritime Claims
海外商情的收集　collection of foreign business information
海牙规则　Hague Rules
海洋货运保险　cargo marine insurance
海洋运输保险　marine insurance（MI）
海邮　sea mail
海运经纪人　ship broker
海运证书　certificate of sea transport
含酒精饮料控制法　alcoholic beverage control law
含起止日期　both dates inclusive（B.D.I., b.d.i.）
含佣金保单　frontloaded policy
函电　communication
罕有缺陷　unique impairment
汗湿险　risk of sweat damage
行情　rate; conjuncture; quotation（quotn.）
行情表　list of quotations
行情风险　market risk
行情坚挺　buoyance
行情看跌的市场　bearish market
行情看跌市场　bear
行情看涨　bullish tendency
行情看涨市场　bull; bull market; bullish market
行情室　board room
行权价　exercise price
行市　rate; exchange quotation
行业　line of business; class of business; interest
行业就业情况　employment by industry
行业领先　industry-leading; leading in a trade; leading in an industry
行业内培训　training within industry（TWI）
行业条款　trade clause
行长　president（Pres.）
航程　voyage（voy.）
航程证明书　certificate of itinerary
航海　navigation（Nav., navig.）
航海保证金　admiralty bond
航海日记　deck log
航海条款　navigation clause
航空保险　aero insurance
航空乘客意外事故保险　aviation passen-

ger accident insurance
航空风险　aviation hazard
航空航程人身保险　aviation trip life insurance
航空货物保险单独海损不赔条款　air carriage FPA
航空货物保险单独海损赔付条款　air carriage WA
航空机体保险　aviation hull insurance
航空收货单　air trip bill
航空提单　air bill of loading
航空条款　aviation clause
航空物坠落和机动车撞击保险　falling aircraft and vehicle impact form
航空险除外责任　aviation exclusion
航空意外事故保险　aviation accident insurance
航行　navigation (Nav., navig.); voyage (voy.)
航行保证　sailing warranty
航行风险保险　navigation risk insurance
号码　number (No.)
号召力　appealing capacity
号子支票　house check
耗竭日　exact date of exhaust
耗用成本　consumed cost; cost of utilization
耗用折旧　cost of utilization
耗余成本　depleted cost
耗余价值　depleted value
耗资　capital outlay
合办的　joint (jt.)
合并　amalgamation; merge; merger with; combination; consolidation
合并报表　consolidated statement
合并报告表　combined statement
合并财务报表　combined financial statement; consolidated financial statement
合并存货　consolidated stock
合并的　combined; consolidated
合并抵押　consolidated mortgage
合并分类账　consolidation ledger
合并工作底表　consolidated work sheet
合并股份有限公司　consolidated corporation
合并零星土地　consolidation of fragmented holding
合并留存收益　consolidated retained earning
合并留存收益表　consolidated statement of retained earning
合并商誉　consolidated goodwill
合并试算表　combined trial balance
合并收入　consolidated income
合并收益　consolidated income; consolidated return
合并收益表　combined income statement
合并收益和留存收益　consolidated income and retained earning
合并收益及盈余表　combined income and surplus statement
合并损益表　combined profit and loss statement; consolidated income statement; consolidated statement of income
合并所得　joint return
合并现金收益　consolidated cash earnings
合并盈余　consolidation surplus; surplus from consolidation
合并盈余表　consolidated surplus statement
合并营建基金　consolidated working fund
合并债务　consolidated debt
合并账户　combined account
合并账目　consolidated account
合并政策　consolidation policy
(报表)合并状况　combined status
合并资产负债表　combined balance sheet; consolidated balance sheet; aggregate balance sheet; amalgamated balance sheet
合并资产负债表工作底稿　consolidated balance sheet work sheet
合并资金来源与运用表　consolidated statement of source and use of fund
合成的　composite
合成一体　amalgamation
合法持票人　legal holder
合法化　legalized
合法年龄　age of majority
合法上市股票　legal list
合法性　legality; legitimacy

合格 pass
合格的 approved
合格的必要条件 requirements for eligibility
合格的退休金信托 qualified trust
合格公证人 qualified notary
合格利润分享计划 qualified profit-sharing plan
合格率 rate of quality products
合格年金 qualified annuity
合格票据 appropriation bill
合格期间 eligibility period
合格受保者 participant
合格退休计划 plan (qualified)
合格屋顶 approved roof
合格证明 qualification
合格证明书 certificate of compliance
合格准保户 qualified prospect
合规检查官 compliance officer
合规经营 compliant operation; operate in compliance with laws and regulations
合伙 co-partnership
合伙人 co-partner
合伙人公司章程 articles of partnership
合伙人买卖保险 partnership entity plan
合伙事业收购协议 entity agreement
合伙团体 partnership
合伙业主 co-owner
合伙租赁者 joint tenancy
合理费率 equity rate
合理交运条款 reasonable dispatch clause
合理且惯常的费用 reasonable and customary charge
合签 joint signature
合同 treaty; contract (cont., contr.); compact; contractus
合同变更 novation
合同单位 contract unit
合同当事人 contracting party
合同的 contractual
合同的签署盖章生效 execution of a contract
合同法 contract law
合同格式 contract form
合同工程保险 contract works insurance
合同工资 contract wage
合同规定的 contractual
合同规定的担保 contractual guarantee
合同规定的付款 contractual payment
合同规定的利率 contracted interest rate
合同规定的义务 contractual liability; contractual obligation
合同合营企业 contractual joint venture
合同金额 amount contracted
合同经营责任制 contracted managerial responsibility system
合同权利 contractual right
合同失效 defeasance
合同市场 contract market
合同授权 contract authorization
合同条款 contract clause; contract term; contractual terms and conditions
合同条款卡特尔 conditional cartel
合同外资 contracted foreign capital
合同性投资 contractual investment
合同有效期限 contract life
合同责任 contractual liability
合同执行完毕 complete a contract
合同转让 contractual transfer
合一限额 combined single limit
合意保险合同 adhesion insurance contract
合营者 joint venture
合有财产所有权 tenancy in common
合约保单 contract policy
合约保证保险 contract bond
合约持有人 contract holder
合约规定的债务偿付 contractual debt service
合约价格条款 contract price clause
合约交割 delivery on the contracted day
合约再保险 treaty reinsurance
合作保险 cooperative insurance; cooperative insurance society
合作保险人 cooperative insurer
合作的 cooperative
合作社 cooperative
合作协定 cooperative agreement
合作银行 cooperative bank
合作者 cooperator

和/或　and/or (a/or)
和解　compromise; compound
和解契约　compromise
和解清理　liquidation by compromise
和解协定　deed of arrangement
和气生财　harmony begets wealth
核保　underwrite
核保部　underwriting department
核保权限　underwriting authority
核保指南　underwriting guide
核定　determine
核定的签名　authorized signature
核定股本　authorized capital stock
核定股份　authorized share
核定年度支出数额　annual appropriation
核定认股书　letter of allotment
核定限额　authorized limit
核定资本　authorized capital
核对　check; check over; authenticate
核对存货　check the stock
核对符号　check mark
核对过账　checking posting
核对件号　check the number
核对密码　authenticate test number
核对密押　authenticate test number
核对清单　verify a statement
核对印鉴　authenticate seal
核对账目　verification of account
核反应堆除外条款　nuclear reaction exclusion
核管理委员会(美)　Nuclear Regulatory Commission
核能责任保险　nuclear energy liability insurance
核实　authenticate; fact-finding interview
核数师　auditor
核算单位　accounting entity
核算方法　accounting method
核销额度　cancel a quota after verification
核销资产　assets written off
核心存款　core deposit
核心存款户　core deposit account
核心存款基础　core deposit base
核心客户　core customer
核证人　certifying officer
核准　examine and approve; approve; authorization
核准数额　authorized amount
核准账目　appropriation of account
核准账项　appropriation of account
核准证书　certificate of authorization
盒　chest (cht.)
黑名单　black list
黑钱　black money
"黑色星期四"　Black Thursday
"黑色星期一"　Black Monday
黑市　black market
黑市汇率　black market rate
很不同意　strongly disagree
亨特残疾表　Hunter Disability Table
恒性误差　constant error
横式查账　horizontal audit
横向审计　horizontal audit
衡平法　equity
衡平法代位求偿权　equitable subrogation
衡平法留置权　equipment lien
衡平法上的权利　equity
哄抬股价　bull the market
哄抬价格活动　bull operations
红利　bonus; dividend (div., dv.)
红利储金　dividend deposit
红利工资　bonus wage
红利股　bonus share
红利股票　bonus issue; bonus stock
红利累积选择权　accumulation at interest dividend option
红利券　bonus bond certificate
红利再投资　dividend reinvestment
红利债券　bonus bond
红利种类　dividend class
红色条款　red clause
红色条款信用证　red clause credit
红线标示　redlining
宏观调控,微观搞活　macro-control and micro-flexibility
宏观经济变现率　macro-economic liquidity ratio (MELR)
宏观经济清偿率　macro-economic liquidity

ratio (MELR)
宏观控制 micro-flexibility with macro-control
宏观危险 objective risk
洪水保险 flood insurance
后得财产条款 after acquired property clause
后得抵押资产 after-acquired property
后得条款 after acquired clause
后劲 staying energy; stamina
后进先出法 last-in first-out (LIFO, lifo)
后派股 deferred share; deferred stock
后取普通股 deferred ordinary share (D.O.)
后市 afternoon session
后手背书人 subsequent endorser
后台综合 backroom consolidation
后填日期 date forward
后续损害 consequential damage
后续损失 consequential loss
后续损失保险 consequential loss insurance
后续性时限 a subsequent time limit; a subsequent time deadline
后转条款 carry-back provision
互补经济 mutually complementary economies; interdependent economy; economy of interdependence; economy of interdependent activities
互补性 complementarity
互持股权 mutual holding
互购贸易 counter purchase
互换性 compatibility
互惠法 reciprocal law
互惠合作社 reciprocal exchange
互惠信贷 swap
互惠信用 reciprocal credit
互让解决(债务或争端) compound
互让解决债务 compound a debt between
互相履行义务 consideration
互相履行债务 counter execution
互信契约 honourable undertaking
互有疏忽 contributory negligence
互助保险公司 mutuals
互助会 collegia
互助基金 mutual fund
互助人寿保险 fraternal life insurance
互撞免赔协议 knock-for-knock agreement
(空头或多头)户 position
户籍 domicile
户外抢劫保险 outside holdup insurance
护理费 nurse fees
护理医生报告 attending physician's report
花红 bonus wage
花旗一点通 CitiTouch
花色品种 assortment (ass'mt)
滑动平价 gliding parity; sliding peg
化解金融风险 reduce financial risks; ward off financial risks; head off financial risks; stave off financial risks; fend off financial risks
化名存款 deposit in a fictitious name
化学侵蚀保险 acid and chemical damage policy
划拨支付 payment by transfer
划掉 crossed off; crossed out
划定给付 allocated benefit
划分承保范围 divided coverage
划分资金 allocation of funds
(银行之间的)划汇结算 clearing
划汇业务 giro service
划减 write-down
(支票上)划线 crossing
划线支票 crossed check; crossed cheque
怀孕分娩给付 maternity benefit
坏票 bad book
坏账 dead account; bad account
坏账保险单 bad debts policy
坏账备抵 allowance for bad debts
坏账比率 bad debt ratio
坏账损失 bad debt loss
坏账损失准备 bad debt loss provision
坏账直接冲销 direct write-off of bad debts
坏账准备 bad debt reserve
坏资产 bad asset
还本付息 service debts; service loan; contractual debt service
还本付息能力 debt servicing capacity
还本时付息债券 discount bond

还价 bid price; counter-offer
还款保证书 repayment L/G; guarantee for repayment
还款保函 repayment guarantee
还款担保 repayment guarantee
还款能力 capacity
还盘 counter-offer
还清债务 get out of debt
环境风险指数 Business Environment Risk Index (BERI)
环境污染少 little environmental pollution
环境影响声明 Environmental Impact Statement (EIS)
环球会计 global accounting
环球通 Global Access; Global-go
环球同业银行金融电讯协会 Society for Worldwide Interbank Financial Telecommunication (SWIFT)
环形的 circular
缓冲存货融资 buffer stock financing
缓冲存货融资授信 buffer stock financing facility
缓冲的人(或物) buffer
缓冲基金 buffer fund
缓冲库存基金 buffer stock fund
缓冲库存计划 buffer stock plan
缓解资金短缺 alleviate the shortage of funds; relieve the shortage of funds
换成零钱 change a bill
换股 split-off
换股交易 stock-for-stock transaction
换函 exchange of letters
换汇能力 forex-earning capability
换汇套利 swap arbitrage
换算 conversion
换算率 conversion rate
换算系数 coefficient of equating
换算因素 conversion factor
换位思考 empathy
换文 exchange of notes
换约 switching
患病频率 illness frequency rate
黄金联营 gold pool
谎报 false representation
灰市 grey market
恢复性增长 resilient growth
恢复营业条款 resumption of operations clause
恢复原(保险)额 reinstatement
回复你电报 replying to your telegram (RUT, RYT, R.Y.T.)
回购贸易 buyback
回购条款 call provision
回购溢价 call premium
回归分析 regression analysis
回归系数 coefficient of regression
回航付现 cash by ruturn steamer
回收期 pay-back period; payoff period
回溯 back-date
回邮付现 cash by return mail
汇出行 remitting bank
汇出汇款 outward remittance (O/R)
汇出汇款申请书 application for outward remittance
汇兑 currency exchange
汇兑风险 exchange risk; risk of exchange; exchange exposure
汇兑利得 exchange gain; gains from conversion
汇兑市场 bill market
汇兑收益 exchange gain; gains from exchange; gains from conversion
汇兑损失 exchange loss; loss for exchange; loss during exchange
汇兑损益 exchange profit and loss; profit or loss on exchange
汇兑支出 exchange loss; loss for exchange
汇划结算的款项总额 clearings
汇划局(银行) giro
汇价 conversion rate
汇价表 quotation (quotn.)
汇款 remittance (Rm.); remit money; cash remittance
汇款单 money order (M.O.); remittance order (R.O.); cash remittance note
汇款到达通知 arrival of remittance
汇款额 remittance (Rm.)
汇款行 remitter's bank; remitting bank

汇款领取人 remittee
汇款人 remitter; remitting party
汇款申请书 apply for remittance
汇款头寸 remittance cover
汇款委托书 remittance order (R.O.)
汇率保险 foreign exchange risk insurance
汇率差 difference in rate of exchange
汇率跌至 ease to; slip to
汇率反弹 rebound; bound
汇率风险 rate risk
汇率回落 bounce back; revive downward
汇率回升 revive upward
汇率节节攀升 escalate
汇率猛跌 slump
汇率猛升 shoot up; soar up; rocket
汇率上升 increase; go up; climb; pick up; leap; move up; jump; push upward; push up; kite; grow; upward; rise; send up; bring up
汇率上限 ceiling (exchange) rate
汇率下跌 sag; decrease; fall; drop; decline; lower; tumble; dip; dive; sink; drag down; recess
汇率下滑 slide
汇率直接标价 direct quotation of exchange rate
汇率走低 weaken
汇率走软 weaken
汇票 draft (drt.); bill of exchange (B/E, B.Ex)
汇票担保 bill of exchange guarantee
汇票付款 payment by bill
汇票副本 copy of draft
汇票及期票统一法公约 Convention on a Uniform Law for Bills of Exchange and Promissory Notes
汇票期限 tenor
汇票通知簿 advice book
汇票样本 specimen of draft
汇票支付 pay by draft; payment by draft
汇入电汇 incoming wire transfer
汇入汇款 inward remittance (I/R)
汇入汇款通知 advice for inward remittance
汇总表 summary statement
汇总纯益 net gain on exchange
会 society (Soc.)
会签 countersign; countersignature; joint signature
会议 conference
会议记录 minutes
毁损状况 loss and damage
混合保险 combination policy
混合保险单 hybrid policy
混合贷款 mixed loan
混合的 composite
混合分录 compound journal entry
混合率 composite rate
混合退休金计划 combination funding plan; combination plan
混合险 mixed insurance
混合型大公司 conglomerate
混合型代理机构 mixed agency
混合选择 compound option
混合预算 combination budget
混业经营 securities and insurance in a mixed way
混装货物 cargo in hold; consolidated cargo
活动比率 activities ratio
活动物保险 live animal insurance
活动债券 active bonds
活动账户 active account
活期存单 demand certificate
活期存款 currency deposit; current deposit; cash at bank; demand deposit
活期存款账户 current account (curr. acct.); demand deposit account (DDA)
活期贷款 cash credit (cr.)
活期的 current (cur., curr., curt.)
活期抵押拆借 call loan secured
活期放款 call loan; demand loan
活期信用放款 cash credit (cr.)
活期一本通(存折) passbook of time and current deposits
活页账 loose leaf ledger
活跃股票 active stock
活跃市场 active market
活跃证券 active securities
火车上交货价(格) free on trail (F.O.

T., f.o.t.)
火势蔓延路径 fire travel
火险保单 fire policy (F/P)
火险标记 fire mark
火险标记社团 fire mark society
火险地图 fire map
火险条款 fire clause
火险限额 fire limit
火印 brand (br.)
火源 point of origin
火灾、风和盗窃 fire, wind & theft
火灾保险 fire insurance
火灾保险－标准火险保单 Fire Insurance-Standard Fire Policy
火灾保险单 fire insurance policy
火灾保险条款 insuring agreement (fire)
火灾保险总代理人 general agent fire
火灾法律责任保险 fire legal liability insurance
火灾分界 fire division
火灾负荷 fire load
火灾救助队 salvage corps
火灾控制系统 fire suppression system
火灾蔓延路径 fire spread travel
火灾蔓延途径 avenues of firespread
火灾三角形 fire triangle
火灾损失 fire damage
火灾严重性 fire severity
火灾抑制剂 fire retardant
火灾再保险 fire catastrophe reinsurance
或有保险条款 contingency insurance clause
或有偿付款 contingent payment
或有成本 contingent cost
或有的 contingent
或有费用 contingent charge; contingent fee; contingent expense
或有负债 contingent liability
或有交易 contingent transaction
或有经济业务 contingent transaction
或有捐赠资本 contingent donated capital
或有利润 contingent profit
或有利息 contingent interest
或有利益 contingency interest
或有票据负债 contingent liability incurred by note
或有受领权 contingent vesting
或有受益人 contingent annuitant
或有损失 contingent damage; loss contingency
或有损失险 risk of contingency loss
或有折旧 contingent depreciation
或有证券 contingent security
或有资产 contingent asset
货币 currency (C.Y., c.y.); circulation; money
货币贬值 currency depreciation; currency devaluation
货币单位 currency unit; currency denomination
货币的 monetary
货币的时间价值 time value of money
货币掉期 currency swap
货币兑换 currency exchange
货币兑换损益(账户) currency exchange loss or gain
货币 2 M2
货币发行国 country of currency issue
货币供应量 2 M2
货币供应量 3 M3
货币供应量 1 M1
货币回笼 demonetization
货币监理官(美) controller of the currency
货币 0 M0
货币流通(额) circulation of money
货币赔偿 monetary indemnity
货币疲软 currency weakness
货币 3 M3
货币升值 currency appreciation; appreciation of a currency
货币市场 money market
货币套期保值 currency hedge
货币信用 confidence in the currency
货币信用危机 credit and money crisis
货币性项目 monetary items
货币 1 M1
货币证券保险 money and securities broad form policy

货币政策 monetary policy
货币主管当局 monetary authorities
货币铸造费 coinage charge
货币资本 money capital
货到付款 payment on arrival of goods; cash on delivery (COD, C. O. D., c. o. d.); cash against delivery
货到付款销售 cash on delivery sales (COD sales)
货到付现(款) cash on arrival
货到收款 collateral on delivery
货到通知 advice of arrival; arrival notice
货方利益 cargo interest
货价及运费发票 C.F. invoice
货价证明书 certificate of value
货交承运人价 free carrier (FCA)
货名 description
货物 freight (fgt., frit.); goods (gds.)
货物保险单 cargo policy
货物保险费 cargo premium
货物保险人 cargo insurer
货物标志 cargo mark(ing)
货物舱单 cargo manifest
货物承保人 cargo insurer
货物单证 cargo paper
货物抵押贷款 goods credit
货物符合(合同)规定 conformity of the goods
货物港务费 cargo dues
货物交付 delivery of goods
货物利益 cargo interest
货物留置 cargo lien
货物目录 catalogue (cat.)
货物清单 cargo list
货物缺陷 deficiency
货物异常报告书 cargo irregularity report
货物预约保险 open cargo form
货物运输保险 cargo insurance; transit insurance
货物运输保险单 cargo insurance policy
货物运输保险费率 cargo insurance rate
货物运输责任保险 cargo liability insurance
货物账款通知单 cargo accounting advice
货物装卸情况 cargo in out
货物资料 cargo information
货运班机 cargo liner
货运班轮 cargo liner
货运单据 cargo documents; shipping document
货运港 cargo port
货主 cargo-owner
货主码头 shipper's wharf
货主自负风险 owner's risk (OR)
货装舱面 shipment on deck
获利 at a profit
获利性分析 profitability analysis
获利业务 going business
获取 acquire
获准使用者 permissive user
豁免 exemption

I

IBNR 赔款准备金 reserve for incurred but not reported

I 项条例 Regulation I

J

J项条例　Regulation J
几率　odds
机场交货价　free on airport (FOA)
机动车报告　motor vehicle report
机动车场外责任保险　liability other than automobile
机动车第三者责任保单　third party only policy
机动车理赔服务处　drive in claims service
机动车辆保险条款　insuring agreement (automobile policies)
机动车辆法定责任保险　compulsory automobile liability insurance
机动车事故特别基金　unsatisfied judg(e) ment funds
机动车意外事故赔偿协会　Motor Vehicle Accident Indemnification Corporation (New York)
机动车综合责任保险　comprehensive automobile liability insurance
机动船　motor-vessel (m.v., m/v)
机帆船保险　outboard motor boat insurance
机帆船和户外汽车保险　outboard motor boat and outdoor motor policy
机构　mechanism
机构贷款人　institutional lender
机构债务　agency debt
机会成本理论　the opportunity cost theory
(飞)机库管理员法律责任保险　hangar-keeper's legal liability insurance
机器保险条款　machinery clause
机器损坏保险　machinery breakdown insurance
机体保险单　hull policy
机制　mechanism
积存年度假的折算　commutation of accrued annual leave
积极财政政策　proactive fiscal policy; proactive fiscal and monetary policies
积累循环信用证　cumulative revolving credit
积欠股利　dividend in arrear
基本保费　basic premium
基本保费分摊计划　basic split-dollar plan
基本保险　primary insurance
基本保险人　primary insurer
基本保障　primary cover
基本保障寿险　life insurance (primary purpose)
基本标准成本　base standard cost
基本差异　basic variance
基本存量　base stock
基本单据　basic documents
基本单位　basic unit
基本单位预算　basic unit budget
基本费率　basis rate
基本工资　base pay; base salary; base wage
基本价格　base price
基本建设投资　capital investment; capital outlay
基本建设项目　capital project
基本建设债券　capital construction bond
基本健康险给付免赔额　corridor deductible
基本会计常规　basic accounting convention
基本会计单位　basic accounting unit
基本利率　base rate
基本盘点法　base inventory method
基本平衡　basic balance
基本平衡表　basic balance
基本汽车保险单　basic auto policy
基本收益率　basic rate of income
基本统计(数据)　bench statistics
基本限额　basic limit
基本项目表　basic specification
基本责任限额　basic limit of liability
(固定资产)基本折旧额　basic depreciation

基本指数 base index
基本住院福利计划 basic benefits; basic hospital plan
基本住宅保险单 standard dwelling form
基差 basic variance
基差交易 basis trading
基础 base
基础汇率 basic rate of exchange
基础货币 base currency
基础建设贷款担保 guarantee for infrastructure loan
基础年账户 base year account
基础信息系统 data base system
基础保费 underlying premium
基础保险 underlying insurance
基础保险单 underlying policy
基础费率 basic rate
基点 basic point; basis point
基点值 basis point value (BPV)
基价 base price
基金 fund; initial capital
基金担保 fund guarantee
基金的本金 corpus
基金费用 cost of fund
基金会 fund
基金亏损 fund deficit
基金累积退休计划 plan (funded)
基金托管 fund custody
基金盈余 fund surplus
基金账户 fund account
基年 base year
基期 base; base period; basic time frame
基期年份 base year
基期月份 base month
基数 cardinal number
基数给付年金计划 unit benefit plan
基数年金 unit annuity
基线保险费 base premium
基线数据 baseline date
基于资产的筹资 assets-based finance
基准 bench mark
基准保费 subject premium
基准定义 benchmark definition (BMD)
基准利率 benchmark interest rate
基准年 bench mark year
基准年度 bench mark year
基准数据 bench mark data
绩效 performance
绩效挂钩 be tied to one's performance; be performance-related; performance-linked (pay); performance-related (pay); pay is tied to one's performance; one's remuneration is geared to his/her performance
绩效挂钩工资 tie wages to one's job performance; pay wages based on one's business performance
绩效考核 performance appraisal
绩效评估 performance appraisal; performance assessment
绩优业务员会议 convention
绩优者圆桌会员奖 Leading Producers Round Table Award
稽查控制 audit control
稽核长 chief controller
激发活力 energizing
及时 in time; timely; in good time
及时制造 just in time manufacturing
即 id est (i.e.); Videlicet (viz.)
即付 cash down
即付买卖 bar on spot
即付年金 immediate annuity
即付票据 note on demand
即付生存年金 immediate life annuity
即期 at sight; on demand; upon presentation; demand
即期存款 demand deposit; deposit at call; deposit at notice; deposit at sight
即期付款 cash down; payment on demand
即期付款交单 D/P at sight
即期付现 prompt cash payment
即期汇票 demand bill; sight bill; demand draft (D. D.); sight draft (S/D); bill payable at sight; bill payable on demand; bill drawn payable at sight; bill on demand
即期汇票止付 stop payment on a demand draft
即期票据 demand note

即期外汇 spot (foreign) exchange
即期信用证 sight credit; sight letter of credit
即期债务 debt at call; demand obligation
即期支票 check payable at sight
即索即付 payable on demand (P.O.D.)
极端个人主义 ultra-egoism
极端温度除外条款 temperature extremes exclusion
极易燃烧物品 extremely flammable
急降 plunge
急剧上升 shoot; soar; zoom
疾病 sickness
疾病承保范围 sickness coverage
疾病强度率 illness severity rate
疾病保险 sickness insurance
集合保险 collective insurance
集体存款 collective deposit
集体的 collective
集体消费账户 collective consumption account
集体银行业 group banking
集团残疾收入保险 franchise disability income
集团计算法 group valuation
集团交易 block transaction
集团经济 block economy
集团企业 fleet of companies; conglomerate
集团企业合并 conglomerate merger
集团企业接管 conglomerate takeover
集团银行业 group banking
集团账户 group account
集约化 intensive; convergent; integrated
集约化管理 intensive management; convergent management; integrated management
集中 concentration
集中管理 centralized management
集中管理的缓冲储存 centrally managed buffer stock
集中规划 centralized planning
集中护理单位 Intensive Care Unit (ICU)
集中资本 pooling of capital
集装箱提单 container B/L
几起几落 off and on; ups and downs
挤兑 run on the bank
挤提 bank run
计划 plan
计划经济 planned economy
计划外资金 extrabudgetary funds
计划中断 discontinuance of plan
计划资产的分配 allocation of plan assets
计划资产的投资回报率 return on planned assets
计划资产投资回报 return on plan assets
计件付酬制 system of piecework wages
计入 be charged to; be included in; count in
计入后期亏损 loss carry-forward
计数 count
计算 computation; count
计算标准 basis of calculation
计算的 computed
计算法 computation
计算机编制的薪资单 computer payroll
计算机表计小时 computer-meter hour
计算机处理的预算表 computerized budget sheet
计算机服务 computer service
计算机能力 computer capacity
计算机印出 computer print-out
计算基础 formula
计算基数 commutation function
计算结果 computation
计算年 given year
计算期 given period
计算器 counter
计算式 formula
计算(某一时期收益等的)现值 capitalize
计算者 counter
计息贷款 interest-bearing loan
记假账 false entry
记件工资制度 piecework wage system
记录簿 book of records
记录日期 date of record
记名背书 special endorsement
记名公债 registered (treasury) bonds
记名股 name share

记名股票 registered share; registered stock
记名式债券 registered (treasury) bonds
记名抬头 demonstrative order
记名债权 claim to order
记名支票 registered check; order check; check to order; cheque to order
记名职位忠诚保险 name position bond
记某人的账 account of (acc/o, a/o)
记讫 entered (Entd.)
记入 enter
记入收款人账户 account payee
记时工资制度 time wage system
记事本 ticker
记我账 my account (m/a.)
记账 on account (On a/c)
记账程序 procedure for recording; bookkeeping procedures
记账单位 accounting unit
记账货币 accounting currency
记账贸易 open account trade; trade on credit; trade on open account; trade on account; clearing agreement trade; account barter
记账凭条 entry slip
记账凭证 entry vouchers; accounting voucher; entry documents; accounting document
记账日 book date
记账式国债 book entry (treasury) bond
记账式债券 book-entry securities; book-entry (treasury) bond
记账销售 account sales (acc/s, A/S)
记账英镑 clearing sterling
记账员 bookkeeper
技术外溢 technological spill-overs
技术支持成本 technical support cost
季度 quarter (qr.)
季度同比增长(率) up x percent quarter-on-quarter in the 1st (2nd, 3rd, 4th) quarter
季节性风险 seasonal risk
既得利益现金 cash out of vested benefits
既定的 given
既往病历 anamnesis; past history
继承 descent
继承财产 hereditament
继承分配法 law of descent and distribution
继承年金 reversionary annuity
继承人 heir
继承税 succession duty; succession tax
继承信托 bypass trust
继续 continuation
继续承保 held cover
继续经营价值 going concern value
继续经营企业价值 going concern value
继续经营原则 continuity principle
继续有效 continuance in force
寄存 consign
寄存物的凭证 check
寄单方法 method of despatching documents; document forwarding method
寄售 commission sale; consign; consignment(consgt.); consignment business
寄售保险 consignment insurance
寄售簿 consignment book
寄售出口信贷 credit for export on a consignment basis
寄售代理人 consignment agent
寄售发票 consignment invoice
寄售费用 consignment expense
寄售品 consignment(consgt.)
寄售人 consigner; consignor; shipper
寄售人通知书 consignor's note
寄售通知书 consigner's note
寄售物品 consigned goods
寄托人 bailer; bailor
寄托人财产保险 bailor's property insurance
寄托信用证 escrow credit
加班津贴 shift allowance; shift differentials
加倍保障终身保险 double protection policy
加倍的 double (dble.)
加费保单 rated policy
加工 manufactured (mfd.)
加工成本 processing cost; conversion cost
加龄定费法 rating in age

加拿大保险局 Insurance Bureau of Canada (IBC)
加拿大保险协会 Insurance Institute of Canada (IIC)
加拿大精算师学会 Canadian Institute of Actuaries (CIA)
加拿大人寿保险研究所 The Life Insurance Institute of Canada
加拿大省保险总监协会 Association of Superintendents of Insurance of the Province of Canada (ASIPC)
加拿大寿险业务员协会 Life Underwriters Association of Canada (LUAC)
加拿大制 Canadian method
加权 weight (wgt., wt.)
加权平均残余使用年限 weighted-average remaining life
加权平均复收益 compound yield based on weighted average
加权平均行权价 weighted-average exercise price
加入董事会 sit on the board of directors
加速费用恢复系统 accelerated cost recovery system (ACRS)
加速满期选择权 accelerated option
加速寿险 acceleration life insurance
加速摊还 accelerated amortization
加速摊销 accelerated amortization
加速条款 acceleration clause
加速型两全寿险 accelerative endowment
家具 household furniture (HHF)
家牛保险 livestock cattle insurance
家庭保费分摊寿险计划 family split-dollar life insurance plan
家庭保险 family plan
家庭保险保单 family insurance policy
家庭保障保险 family maintenance policy; family protection policy
家庭定期保险 family term insurance
家庭抚养年金保险 income provider plan
家庭抚养期间 family dependency period
家庭健康服务 home health services
家庭健康护理 home health care
家庭考虑因素 family considerations
家庭汽车保险单 family automobile policy
家庭情况 family situation
家庭史 family history
家庭收入 family income
家庭收入保单 family income policy
家庭收入附加条款 family income rider
家庭寿险 family life insurance
家庭特约保险 family rider
家庭意外费用保险单 family expense policy
家庭用品 household goods (HHG)
家畜保险 herd insurance
家主 A 种保险 Homeowner's A Policy (HOA)
家主 B 种保险 Homeowner's B Policy (HOB)
家主 C 种保险 Homeowner's C Policy (HOC)
甲板货 cargo on deck
甲板上载运 carriage on deck
甲板下及(或)甲板上 under deck and/or on deck
甲板下载运 carriage under deck
甲级签字 signatory A
假出口 false export
假贷款 sham loan
假的 false
假定成本 assumed cost
假票据 fictitious bill
假设 assumptions
"假设"统计 "as if" statistics
假远期信用证 usance credit payable at sight
价格 price (pr.); rate
价格变动幅度 price range
价格差别待遇 price discrimination
价格底线 price lining
价格范围 range of prices
价格风险 price risk
价格公道 at fair price
价格管制 control of price
价格接近 close price
价格开放 price decontrol; price liberalization; decontrol the prices of; liberalize the

prices of
价格泡沫 price skimming
价格区间 range of prices; price range; margin for price adjustment
价格伸缩性系数 coefficient of flexibility of price
价格市场化 price decontrol; price liberalization; decontrol the prices of; liberalize the prices of
价格-收益比率 price/earning ratio (P/E, p/e ratio); price-to-earnings ratio (P/ER)
价格条款 price terms
价格与面值比率 price-to-book ratio (PBR)
价目表 rates
价钱 charge
价值比例免赔额 percentage-of-value deductible
价值声明 statement of values
价值证明书 certificate of value
驾驶其他车辆保险 drive-other-cars coverage
驾驶其他车辆广泛补偿保险 drive other cars (broad form)
驾驶其他车辆批单 drive other cars endorsement (D.O.C endorsement)
驾驶其他车辆特定事故保险 drive other cars (limited form); drive-other-cars clause (D.O.C. clause)
驾驶者安全行驶计划 safe driver plan
假日经济 holiday economy
假日礼品卡 holiday gift-card
嫁资演绎 marital deduction
兼并 merge; merger; merger with
兼容性 compatibility
兼售代理店 combination agency
兼售公司 combination company
兼售推销员 combination agent
兼职代理人 part-time agent
兼职雇员 part-time employee
监查 examination
监查 convention
监督机制 supervisory mechanism
监管风险 regulatory risk
监护人或诉讼监护人 guardian or guardian ad litem
监事 supervisor
监事会 board of supervisors
监守自盗 embezzlement
减(去) minus
减持国有股 reduce state-owned shares; unload state-owned shares
减低资产账面价值 assets written off
减额 reduction
减额给付 reduction of benefit
减额缴清保险 reduced paid-up insurancc
减记 write-down
减价 depreciation; allowance
减扣额 deductible amount
减免 abatement; deduction and exemption
减免税 tax reductions and exemptions
减免债务 debt relief
减少 shrink; decrease
减少额(量) decrease
减税优惠租赁 leveraged lease
减税租赁 balance(d) lease
减损贷款 impaired loan
减损的资本 impaired capital
减损支出 impairment charge; impairment expense
减损资产 impaired assets
减缩 decrement
减小 decrease; shrink
减员增效 increase efficiency by reducing staff
减支成本 decremental cost
减值 decrement; decrease in value
检查 survey; check; check-up; control
检查低效率 inefficient inspection
检查人 examinant
检查人员 examiner
检查员 inspector
检举 accusation; report; inform against
检验 check; examination; inspection (insp.)
检验报告 survey report
检验费 laboratory expense
检验条 inspection slip

检验员 inspector
检验证明书 checking certificate
检验证书 certificate of test; certificate of inspection
检疫证书 quarantine certificate
简单履约保函 simple guarantee
简电 brief cable (by ~)
简电开证 L/C opened by brief cable
简短年金 curtailed annuity
简明报表 condensed statement
简明补充财务报表 condensed supplementary financial statements
简明损益表 condensed income statement; condensed profit and loss statement
简明资产负债表 condensed balance sheet
简式提单 short form B/L
简要电文 by brief cable
简易保险 industrial insurance
简易保险费增加额 industrial increase
简易财产保险 industrial property policy programme (IPPP)
简易风险保险人协会 Industrial Risk Insurers
简易健康保险 industrial health insurance
简易人寿保险 industrial life insurance
简易生命表 abridged life table
(汇票)见票后 after sight (a/s)
见票后定期付款票据 bill payable at a fixed (determinable) future time
见票后付款的期票 note after sight
见票后付款票据 bill payable after sight
见票后…天(付款) days after sight (D/S, d.s., dys.st.)
见票后一定日期内支付的汇票 bill after sight
见票即付 payment at sight; payable on demand (P.O.D.)
见票即付的本票 note on demand
见票即付汇票 demand draft (D. D.); sight draft (S/D); sight bill; bill drawn payable at sight
见票即付票据 bill at sight; bill on demand; bill payable at sight; bill payable on demand
见票即付支票 check payable at sight
见索即付保函统一规则 Uniform Rules for Demand Guarantees (URDG)
见证 witness; give witness in a law court; stand in witness of
见证人 witness
件 piece (pc.)
件货 cargo in package
间断期 broken period
间隔时间 lag
间接报价 indirect quotation
间接的 indirect; collateral
间接法 indirect approach
间接费用分摊额 burden share
间接汇率 indirect rate
间接汇票 indirect bill; indirect draft
间接开价法 indirect quotation
间接损害 indirect damage
间接损失 indirect damage; indirect loss
间接证据 indirect evidence
间歇 interim
建设股利 constructive dividend
建设债券 construction bond
(铁路)建设债券 (railway) construction bond
(楼寓)建造-拥有-经营 build-own-operate (BOO)
(楼寓)建造-拥有-经营-转交 build-own-operate-transfer (BOOT)
(楼寓)建造-转让-经营 build-transfer-operate (BTO)
(楼寓)建造-租赁-转让 build-lease-transfer (BLT)
建筑、经营和转交 building, operating and transferring (BOT)
建筑保险 construction insurance
建筑工程一切险 contractors all risk insurance (CAR)
建筑合同保证保险 construction contract bond
建筑和个人财产保险 building and personal property coverage form
建筑计划书 architectural specifications
建筑期间保险 builder's period form

建筑商保险　turnkey insurance
建筑师、工程师职业责任保险　architects and engineers professional liability insurance
建筑师检验证书　architects inspection certificate
建筑条例　building code
建筑物特别保险单　special building form
建筑增加成本保险　increased cost of construction clause
贱买贵卖　buy cheap and sell dear
健康、教育和福利部(美)　Health, Education and Welfare (HEW)
健康保险给付　health insurance benefit
健康保险合同　health insurance contract
健康保险委员会　Health Insurance Council (HIC)
健康保险续保　health insurance renewability
健康保险续保优良奖　Health Insurance Quality Award (HIQA)
健康保险研究所　Health Insurance Institute
健康保险种类　health insurance classification
健康估价与长寿计划　Health Evaluation and Longevity Planning (HELP)
健康和意外保险承保协会(美)　Health and Accident Underwriting Conference
健康声明书　health certificate
健康条款　sound health clause
健康系统代理人　Health System Agency (HSA)
健康系统计划　Health System Plan (HSP)
健康险保单　health policy
健康医疗保险统一条款　health uniform provisions
健康仪器咨询会　health system agencies
健康与人道服务部　Health and Human Services (HHS)
健康与人寿组织　health and life organization (HALO)
渐进付款抵押　graduated payment mortgages (GPMs)
鉴定　authenticate
鉴定签字真伪　authenticate signature
鉴定誊本　attested copy
鉴定证据　identifying evidence; opinion evidence
箭状理论　arrow theory
将(账目)结转次页　carry over
将来的　future
将来有效的信托　executory trust
将(账目)转下页(下栏)　carry
讲价　beat a bargain
奖金　bonus; accrued bonuses
奖金供应　capital supply
奖金制度　bonus system
奖励股　incentive shares
降低成本　cost down
降低损失　loss reduction
降低支出　cut back on; cut expenditure
降级　downgrade; be downgraded to . . .
降雨保险　rain insurance
交叉分类　cross classification
交叉负债保险　cross liability insurance
交叉汇兑　cross exchange
交叉汇率　cross rate of exchange
交叉经营　overlapping banking; overlapped operation; operation in an overlapped way
交叉责任　cross liability
交单付款　cash against document (C. A. D., c.a.d.)
交单付现　cash against document (C. A. D., c.a.d.)
交费中断　discontinuance of contributions
交付　delivery (dely., D/Y)
(新船)交付航程　delivery trip
交付日期　date of delivery
交割　deliver; delivery (dely., D/Y); make delivery
(次日)交割　regular
(日)交割　skip
交割单　delivery order (DO, D/O)
交割期　delivery time
交割日　pay day; settlement day; prompt day; date for delivery
交割限期日　continuation day
交互开立(抵用票据)　cross drawing

交换(票据) clear
交换 commutation; swap
交换(票据)登记簿 clearing book
交换(票据)费用 clearing expense
交换价值 value-in-exchange
交换票据 clearing of bill
交换清单 clearing sheet
交换物件 clearing item
交换银行 clearing bank
(票据)交换员 clearer
交换制 reciprocity
交货 delivery (dely., D/Y)
交货单 delivery order (DO, D/O)
交货付款 cash against delivery
交货付现 cash on delivery (COD, C.O.D., c.o.d.)
交货即付 payable on delivery (P.O.D.)
交货前付款 cash before delivery (C.B.D., c.b.d.)
交货收据 cargo receipt
交货收款 collection on delivery
交货收款销售 cash on delivery sales (COD sales)
交货条件 delivery terms
交货与付款同时履行 concurrence between delivery and payment
交货证明书 certificate of delivery
交款单 pay-in slip
交流 communication
交税条款 tax paid clause
交通费 communication expense
交往 dealings
交押金购买 buying on margin
交易 bargain; deal; dealing; swap; business; commercial operation; commercial transaction; exchange
交易簿 dealer's blotter
交易单位 transaction unit; lot
交易地位 position
交易价值 commercial value
交易所 exchange
交易所登记股票 listed stock
交易条件 trade terms
交易委托行 commercial house
交易型生产给付 swap maternity
交易延期费 contango
交易中心 central exchange
交运货物 consignment(consgt.)
侥幸合同 aleatory contract
侥幸性 aleatory
(一)绞 hank (hk.)
缴费保障条款 premium protection rider
缴费期间 premium payment period
缴费收据 premium receipt
缴费收据簿 premium receipt book
"缴费通" Payments Express Terminal (PET)
缴费投保书 prepaid application
缴回 escheat
缴款 contribute; contribution
缴款书 covering warrant
缴纳保险费借款 loan for paying premium
缴清保险 paid up
缴清保险单 paid-up policy
缴清价值 paid-up value
缴入国库 be turned over to the state treasury
缴入盈余 contributed surplus
缴入资本 contributed capital
校正 correction
教师保险与年金联盟 Teachers' Insurance and Annuity Association (TIAA)
教育保险 education insurance
教育基金 educational fund
教育一体计划 integrated learning programme
教育资金保险 educational endowment
教育资金信托 educational trust
阶段性成果 initial success in ...
接触油类及其他货物险 risks of contact with oil and /or other cargoes
接近 approximately (approx.)
接近方法 approach
接受 accept; acceptance (acc.)
接受报盘 close with an offer
接受抵押的人 pledgee
接受投保 accepted value; acceptance (acc.)

接受再保险 accepted reinsurance
揭牌 unveil the nameplate of
节俭型退休计划 thrift plan
节省成本的 cost effective
节税年金 tax sheltered annuity (TSA)
节制 austerity
杰出 exceptional; distinguished
洁净(无不符点)提单 clean bill (C/B)
结案率 claim settlement rate
结案书 closing agreement
结构 mechanism; configuration
结构改革支出 restructuring charge
结构赔付 structured settlement
结构性调整 structural adjustment
结构性调整贷款 structural adjustment loan (SAL)
结构性矛盾 structural inconsistences
结果通知 advice of fate
结合 integrated
结汇 settlement; settlement of export bills; settle accounts receivable for exports; exchange settlement; exchange surrender; settlement of exchange
结汇证 certificate of allocated exchange
结局 ending
结清 cut-off; square (Sq.); clear; close
结清收益 closing the revenue
结清账户 closed account
結清账目 get one's account squared
结清账目而停业 cash in
结束 completion; closing
结束日 end date
结算 settlement; settle accounts; settlement of accounts; clearing; closing
结算差额 clearing balance
结算迟延 delay in settlement
结算管制 control on settlement
结算货币 currency of settlement
结算价格 clearing price; settlement price
结算金额 amount of settlement
结算年 year of account
结算日 pay day; settlement day; prompt day; date for delivery; date closing
结算通知书 clear instruction
结算外汇单 clearing exchange slip
结算逾期 delay in settlement
结算与支付手续议定书 Protocol of Settlement and Payment Procedures
结算总账 closing the ledger
结业 close up; wind up
结余 balance (bal.)
(购货时的)结账 checkout
结账 close off; close the book; closing; closing of an account; closing the book; close an account
结账程序 closing proccdure
结账分录 closing entry
(旅馆等)结账离开 checkout
结账日 balance sheet date
结账日期 closing date
结账试算表 closing trial balance
结账手续 closing procedure
结账账簿 book of final entry
结账整理 closing adjustment
结转 brought over (B/O, b/o); carried down (c/d); carried forward (C.F., c/f); carried over; carry; carryforward
结转库存 carry over stock
结转损失 brought forward loss
结转下册的金额 amount carried forward
结转下期的金额 amount carried forward
结转下期抵扣 be carried forward for offset in later periods
结转下期损失 loss carried over
结转下页 brought down (b.d.)
结转下页的金额 amount carried forward
截断表 truncated table
截断式 clean cut system
截留 withhold funds from
截限时间 deadline
截止 expiration
截止报表 cut-off statement
截止点 cut-off point
截止过户日期 date of record
截止期限 cut-off period
截止日期 cut-off date
截止时间 close time; closing time
截止收货日期 closing date

解除　dissolution
解付行　paying bank
解决　arrangement (arrt.)
解决争端　componere lites
解散　dissolve; dissolution
解散法人　dissolution of a legal entity
解释权　authority for the interpretation
解释与投拆联合委员会　Joint Committee of Interpretation and Complaint
解约　cancellation
解约金　cash value; cancellation money
解约条款　cancellation clause
解约通知　cancellation notice
解约通知书　letter of cancellation
解约退还金保单　cash value policy
解约证明　cancellation evidence
解职金　compensation for removal
介绍信　letter of introduction
界墙　party wall
借贷　debit and credit
借贷对照表　balance sheet (B.S., b.s., B/S)
借贷合同　loan contract; loan agreement; borrow and loan contract
借贷结清　both sides clear
借贷利率　borrowing rate
借贷实现制　debit-credit accrual basis accounting
借贷信用　credit standing; credit worthiness
借方　debit side
借方差额　debit balance
借方对销　contra-debit
借方分录　debit entry
借方银行　debt bank
借方余额　debit balance
借方与贷方账目说明　debit and credit advices
借记　debit (dbt.)
借记报单　debit advice (D.A.)
借记通知　debit note (D/N)
借据　certificate of indebtedness (CIs)
借壳公司　shell-revitalized company
借壳上市　go public; list by shell-revitalization
借款　borrowing
借款安排　borrowing arrangement
借款成本　borrowing cost
借款费用　cost of borrowing
借款股份　debenture stock
借款计划　borrowing plan
借款能力　borrowing power
借款人　borrower
借款人风险　borrower's risk
借款人套利　borrower arbitrage
借款人五级分类　5-tier classificaiton of borrowers; 5-category classificaiton of borrowers
借款条件　borrowing requirements
借款团　consortium [pl. consortia]
借款拖欠费　delinquency rate
借款限额　borrowing limit
借款协议　borrowing arrangement
借款要求　borrowing demand
借款证　certificate of indebtedness (CIs)
借入资本　borrowed capital; debt capital; debenture capital
借项　charge; debit (dbt.); debit item
借项通知单　debit note (D/N)
借新还旧贷款　new loan in repayment of an overdue one
借债　ask for a loan
金边　gilt
金边股票　gilt-edged share
金边债券　gilt-edged bond
金边证券　gilt-edged security
金额　amount (amt.); moneys
金额差异　amount differ
金额给付保险　first-dollar coverage
金额栏总计　column total; column sum
金库　chest (cht.); coffer
金块套利　bullion arbitrage
金钱　money
金融单据　financial document
金融当局　monetary authorities
金融的　financial; monetary
金融风险　financial risk
金融改革　banking reform
金融汇率　financial rate

金融机构 banking institution; monetary facility
金融居间人 financial intermediary
金融轮廓 financial profile
金融市场 money market
金融诈骗 financial fraud; financial swindling
金融债券 financial bond
金融政策 financial policy
金融中介 financial intermediary
金融资产 financial assets
金条 bar gold
金银价值 bullion value
金银经纪人 bullion broker
金银(条块)市场 bullion market
金银条 bullion
金属货币 coin specie
金属货币法规 coinage act
(钱币)金属制的 hard
津贴 benefit
仅付受款人 account payee only
仅供参考 for your information (FYI)
紧急处理给付 emergency accident benefit
紧急风险限额 emergency exposure limit
紧急情况 emergency
紧急支出 expediting charge
紧缩 austerity
紧缩措施 austerity measure
紧缩的信贷政策 tight credit policy
紧缩计划 austerity programme
紧缩信贷供应 austere credit supply; tight rein over credit supply
紧缩银根 curtailment of bank facility
紧缩预算 austerity budget
紧缩政策 austerity policy; deflation policy; tight policy; austere policy
紧中有活 vitality in stringency; maintain vitality in the state of stringency
尽职 due diligence
尽职审查 due diligence review
近期预测 conjunctural forecast
近似值 approximation
近系亲属 next of kin
近月份 near months
进出差价 spread
进出口商品结构 composition of export and import
进出口押汇 inward/outward bills
进出口银行 export-import bank
进口 import (IMP. imp.)
进口保证金 import deposit; advance deposit
进口报单 declaration for importation
进口存款 import deposit
进口的 inward
进口汇票 inward bill
进口开证担保 import letter of credit guarantee
进口商品 inwards
进口申报 declaration for import
进口税 inwards
进口托收 inward collection (I/C)
进口外汇 import exchange
进口信贷 import credit
进口信用证 import credit; import letter of credit
进口许可证 certificate of import license
进口押汇 inward bill receivables
进入价格 entry price
进项 input item
进项税额转出 transfer out of input tax
进项增值税 purchase VAT
禁令保证 injunction bond
禁止翻供 estoppel
禁止商业欺诈行为的通知 cease and desist order
禁止条款 prohibited provisions
经常的 constant
经常费用 constant expense; current cost; current expenditure; current expense
经常开支 current expenditure
经常收入 current income
经常损益 current profit and loss
经常项目 recurring itmes; current account (curr. acct.)
经常项目收支 balance on current account
经常性支付 current payment
经常业务 current operation

经常营业损益表 current operating income statement
经常预算的紧缩 constraint on the regular budget
经常预算拮据 constraint on the regular budget
经常账户 current account (curr. acct.)
经费 appropriation
(信托财产的)经管及支出情况表 charge and discharge statement
经过年数 elapsed years
经海上 by sea
经核实的副本 verified copy; certified copy
经核证无误的副本 certified true copy
经纪费用 brokerage expense; brokerage charge(s); brokerage fee
经纪公司 brokering firm; brokering concern
经纪行 brokering firm; brokering concern
经纪行号 brokerage firm
经纪行业 brokerage (brkge.)
经纪人 broker commission broker
经纪人办公室 board room
经纪人承保条 broker's slip
经纪人传票 brokerage slip
经纪人存款 brokered deposits
经纪人代理机构 brokerage agency
经纪人贷款 brokerage loan
经纪人费用 brokerage charge(s); brokerage fee
经纪人兼代理人 brokerage board
经纪人留置权 broker's lien
经纪人事务所 brokering house
经纪人手续费 brokerage (brkge.)
经纪人条文 broker's wording
经纪人佣金 brokerage charge(s); brokerage fee; brokerage commission(s)
经纪商 brokerage's agency
经纪商行 brokerage firm
经纪事务所 brokerage firm
经纪手续费 brokerage commission(s)
经纪业 commission business
经纪业务 brokerage (brkge.)
经纪账户 brokerage account
经济 economy (ecom.)
经济风险 economic risk
经济附加价值 economic value added (EVA)
经济合作与发展组织 Organization for Economic Cooperation and Development (OECD)
经济核算单位 business accounting unit
经济活动分析 analysis of economic activities
经济或使用价值 economic or use value
经济技术开发区 economic and technological development area (ETDA)
经济净现值 economic net present value (ENPV)
经济年限 economic life
经济时 daylight-saving time (DST)
经济使用年限 economic life
经济收益率 economic rate of return (ERR)
经济寿命 economic life
经济损失 economic loss
经济无增长 zero economic growth (ZEG)
经济效率 commercial efficiency
经济效益 economic benefits
经济效益好 good economic returns
经济性陈旧 economic obsolescence
经济增长的质量和效益 quality and efficiency of economic growth
经济制高点 commanding heights of economy
经理 manager (MGR); chief manager
经理责任制 manager responsibility system; responsibility system with the manager taking full charge
经历 experience
经批准的代理机构 agency by ratification
经认证的拒付证书 authenticated protest
经审定的财务报表 certified financial statement
经销费用 distribution cost
经销商 dealer
经验 experience
经验费率 experience rating

经验费率计算 empirical rate calculation
经验费用 empirical consideration
经验概率 empirical probability
经验死亡率 experienced mortality
经验损失 experience loss
经验退款 experience refund
经验修正 experience modification
经验证的签名 certified signature
经营 operation; conduct; conduct of the operation; deal; management
经营差异率 operating ratio
经营成本 cost of operation
经营成本比较表 comparative statement of operation cost
经营成本占营业额的比例 operating costs as x% of turnover
经营成果 operating results; operational achievements
经营范围 scope of operation
经营费用 expense of management
经营风险 business risk; operational risk
经营风险除外 business risk exclusion
经营管理 management and operation; operation and management
经营管理会计 administrative accounting
经营核算 business accounting
经营利润 business profit
经营效益 business efficiency
经营责任险 business liability insurance
经营支票贴现 check trading
经营总代理 managing general agent
经由 via; by way of
经证明 certified (cert., certif.)
经证明的财务报表 certified financial statement
经作成拒绝证书的汇票 bill duly protested
精简人员 lean staff; reshuffle staff
精良货物 fine cargo; clean cargo
精密的 minute
精算报告 actuarial report
精算费率 actuarial rate
精算负债 acturial liabilities
精算顾问 actuarial consultant
精算假设 actuarial assumption
精算评估 actuarial valuation
精算师 actuary
精算收入平均合同 Income Averaging Annuity Contract (IAAC)
精算损益 actuarial experience gain or loss
精算现值 actuarial present value
精算学 actuarial science
精算债务 actuarial liability
精算重估损益 actuarial revaluation gain or loss
精算资产 acturial assets
精益生产 lean production
净保费费率 net premium rate
净保险费收入 gross net written premium income (GNWPI)
净暴露 net exposure
净敞口 net exposure
净成本 net cost
净承保利润 net underwriting profit
净得 clean yield; clear
净吨 dead weight (DWT)
净额交易 netting; netting transaction
净额交易协议 netting agreement
净发股本 capital stock outstanding
净费率 net rate
净付成本指数 net payment cost index
净货 clean cargo
净可出租部分 net rentable area
净利 net income; clear profit
净利润 net profit; net earnings; retained profit
净日数 clear days
净收保费 net premium written
(扣除费用后)净收货款 net proceeds (net.p.)
净收入 net proceeds (net.p.)
净收益 net gain (N.G.); net yield
净收益累积 accumulated net income
净收益率 net income ratio
净损 net loss (N.L.)
净损失 net loss (N.L.)
净摊薄收益 a net dilution gain from
净头寸 net position
净头寸风险 net position risk

净投资利息所得　net interest earned
净现值　net present value (NPV)
净盈利　net profit
净盈余　net earnings; net surplus
净盈余观念　clean surplus concept
净盈余原理　clean surplus theory
净营业收入　net operating income
净营运资金　net working capital
净增加　net increase
净值　net worth
净重　net weight (n.wt.)
净周转及扩充用现金　net cash flow
净赚保费　net premium earned
净资本　net capital (N.C.)
净资产倍增率　net assets multiplication rate (NAMR)
净自留额　net line
净自留额度　net line limit
竞标　competitive bidding
竞价　price bidding; bid; bid against each other
竞价出售　auction (auct.)
竞卖　auction (auct.)
竞争　competition; contest
竞争产品　competing product
竞争的　competitive
竞争的不利条件　competitive disadvantage
竞争的州保险基金　competitive state fund
竞争价格　competitive price
竞争能力　competitive power
竞争上岗　take office through competition
竞争性贬值　competitive depreciation; competitive devaluation
竞争性费率　competitive rate
竞争性分析　competitive analysis
竞争性货币贬值　competitive currency depreciation
竞争性技术　competing technology
竞争性需要标准　competitive need criteria
竞争性征聘考试　competitive recruitment examination and text
竞争意识　awareness about competition
竞争优势　competitive edge
竞争者　competition; competitor
竞争主体　competitor
静态风险　static risk
静态损伤　static impairment
酒店法　Dram Shop Law
酒店法案　Dram Shop Act
酒店责任保险　dram shop liability insurance
酒后开车　driving while intoxicated (DWI)
酒精饮料责任保险　alcoholic beverage liability insurance
酒类保证保险　liquor bond; intoxicating liquor bond
酒类责任法律　liquor liability law
救济金　benefit
救助报酬　salvage
救助费用　salvage charges
就地审核　site audit
就地审计　site audit
就根据这一事实　ipso facto
就是　Videlicet (viz.)
就行业而言　in terms of different sectors
就业　employment
居间人　mediator
居民消费价格指数　(Citizen) Consumption Price Index (CPI)
居住单元　dwelling unit
居住国　domiciliary state
居住权利　homestead right
拘留　arrest; commitment
拘票　warrant
局长　commissioner
局间保险咨询集团　Interbureau Insurance Advisory Group (IIAG)
局域网　local area network (LAN)
举报人　informer
举动　conduct
举绩额　production
举绩者　producer
举债　contract a loan; raise a loan; borrowing
举债并购　leveraged buyout (LBO)
举债筹资　debt financing
举债的抵押　collateral in raising loan
举债费用　borrowing cost

举债国 borrower country
举债能力 borrowing power
举债人 borrower
举证责任 onus of proof; burden of proof
矩阵 matrix
矩阵管理 matrix management
巨大危险 jumbo risk
巨额自营商 block trader
巨灾 catastrophe
巨灾数目 catastrophe number
巨灾损失 catastrophe loss
巨灾特别准备金 special catastrophe reserve
巨灾危险 catastrophe hazard
巨灾再保险 catastrophe reinsurance
拒保 rejection
(自某日起)拒保 drop at (date)
拒保风险 prohibited risk
拒保卡 decline card
拒保危险表 prohibited list
拒付 bounce; no payment (N/P); dishonour; non-payment; protest
拒付到期款与收回货物 default and repossession
拒付的票据 dishonoured bill
拒付汇票 bill of dishonour
拒付汇票证书 protest for dishonour
拒付票据 dishonour note; bill dishonoured
拒付票据(支票) bill of dishonour
拒付通知 notice of dishonour
拒付证书 certificate of dishonour; protest
拒付证书费 protest fee
拒付支票 dishonoured cheque
拒绝 objection
拒绝承担责任 disclaim responsibility
拒绝承兑 dishonour; no acceptance (NA); non-acceptance
拒绝承兑的汇票 dishonoured bill
拒绝承兑汇票 dishonour a bill of exchange
拒绝承兑汇票证明书 certificate of dishonour
拒绝承兑通知 notice of dishonour
拒绝承兑证书 protest for non-acceptance
拒绝承付 dishonour by non-acceptance
拒绝付款证书 protest for non-payment
拒绝来访 objection to the interview
拒绝投保 objection in the interview
拒绝续保 do not renew (DNR)
拒赔 claim rejected; rejection
拒收(票据) dishonour
具结人 recognizor
具实价 in the money
具有成本效率 cost effective
具有竞争能力 competitiveness
剧场公众责任保险 theatre public liability insurance
飓风保险 hurricane insurance
醵出额 deposit (dep.)
醵出公式 contribution formula
醵出计划 contributory plan
醵出金 contributions
醵出金超出结转法 contribution carryover
醵出金管理式团体年金 deposit administration group annuity
捐出额 deposit (dep.)
捐出金 contributions
捐款 contribution
捐税 duty; dues
捐赠 contribute
捐赠失效的遗产 lapsed legacy
捐赠者 donor
捐助的 contributory
捐助人 contributory
卷 volume (Vol.)
卷装货 cargo in coil; cargo in roll
决标 award
决不姑息 without tolerance
决不手软 without lenience
决策参数 decision parameter
决策程序 decision-making process
决策点 decision point
决策法则 decision rule
决策权 decision-making power
决策问题 decision problem
决策准则 decision rule
决定性的 final
决算 final settlement of account
决算表 final statement; conventional form

决算表分析 statement analysis
决算表格 statement blank
决算日期 closing date
绝对 absolute
绝对成本 absolute cost
绝对价格 absolute price
绝对利益 absolute advantage
绝对免赔额 deductible franchise; straight deductible
绝对赔偿责任 absolute liability
绝对全损 absolute total loss
绝对受益人 absolute beneficiary
绝对所有权限 absolute ownership
绝对特权 absolute privilege
绝对优势 absolute advantage
绝对优势学说 doctrine of absolute advantage
绝对转让 absolute assignment; absolute transfer
军人保险 G.I. insurance; national service life insurance
军人团体寿险 servicemen's group life insurance (SGLI)
均等费率制 flat rate system
均等给付 flat sum benefit
均衡百分比给付法 level percentage benefit method (LPBM)
均衡保费保险 level premium plan
均衡保费基金累积法 level annual premium funding method
均衡保费可续保定期健康保险 level premium renewable term health insurance
均衡保费团体长期保险 level premium group permanent plan
均衡保费准备金 level premium reserve
均衡保险费 level premium
均衡成本法 level cost
均衡佣金 level commission
均摊费用 capitation fee

K

K项条例 Regulation K
卡车货物保险 motor truck contents insurance
卡车货物放射性污染保险 motor truck cargo radioactive contamination insurance
卡车货运险 motor truck cargo insurance
卡车上交货价(格) free on truck (F.O.T., f.o.t.)
卡车司机保险 truckers insurance
卡车司机责任保险 truckman's liability insurance
卡车运险(承运人保单) motor truck cargo (carrier form)
卡朋特计划 Carpenter plan
卡片式簿记制 bookkeeping by card system
卡片式分类账 card of ledger
卡片式会计 card system of accounting
卡片式账簿 card system
卡片账 bookkeeping by card system
开办费 front-end money
开标 opening of tender
开车运送服务 chauffeur service
开发贷款 development loan
开发融资 development financing
开发信贷 development credit
开发信贷协议 development credit agreement (DCA)
开发银行 development bank
开发资金 development capital
开放的 open-end
开放基金 open-end fund
开放式健康保险 open panel
开放型人才 open-minded talent
开放选择 open access
开航日期 date of departure
开航证明书 certificate of date of sailing
开户申请表(空白) application form for a bank a/c
开户行 depository bank; banker; account with; bank with; depositary bank
开口保险单 open policy (O.P.)
开立(票据等) draw
开立单据(账单、发票)的全过程 complete procedure in billing
开立信用证 open letter of credit; issue letter of credit; establish a letter of credit; open credit; issue credit; establish credit
开盘 opening session
开票人 drawer
开票通知 advice of drawing
开始 inception
开始从事 enter
开始的 initial
开始工作 come into operation
开始回升 bottleneck out
开始日 start date
开始日期 date commenced
开始运转 come into operation
开脱罪责条款 exculpatory provision
开拓进取 make pioneering efforts
开业会计师 public accountant
开账单人 biller
开证 open letter of credit; issue letter of credit; establish a letter of credit; open credit; issue credit; establish credit
开证担保 Secured Agreement for Letter of Credit
开证人 applicant
开证日 date of issue
开证日期 date of opening
开证申请人 accountee; accredited buyer; accredited party
开证申请书 Application for Letter of Credit
开证协议 Letter of Credit Agreement
开证行 issuing bank; opening bank
开证行责任条款 engagement clause; undertaking clause
开支 expenses (exs.)

凯夫特瑞福利计划 Cafeteria benefit plan
砍价 cut price; undercut price; price cutting; price undercutting; beat down
看跌市场 bearish market
看跌行情 bear position
看涨货币 bull currency
抗风险能力 ability to withstand risks
抗税 tax resistance; refusal to pay taxes
抗议(书) protest
考核证书 certificate of approval of works (CAW)
考虑 consideration
考虑可能涉及人的条款 for account of whom it may concern
考评 appraise; appraisal
靠岸日数 lay days
科层制管理 hierarch management
科技长 chief technological officer (CTO)
科技创新 scientific and technological innovation
科技含量高 high scientific and technological content
科教兴行 develop a bank through science and technology; revitalize a bank through science and technology
科目代号 code of account
科目分类细则 classification manual
科威特银行同业折放利率 Kuwait Interbank Offered Rate (KIBOR)
科学文化水平 cultural and scientific levels
科学文化素质 cultural and scientific qualities
可保风险 insurable risk
可保风险的必要条件 requirements of insurable risk
可保价值 insurable value
可保利益 insurable interest
可保利益原则 principle of insurable interest
可保性 insurability
可保证明 evidence of insurability
可比价格 comparable price
可比较的 comparable
可比金额 comparable amount
可比数字 comparable figure
可比性 comparability
可比性概念 comparability concept
可变保费 flexible premium
可变成本 variable cost
可变成本总额 total variable cost (TVC)
可变更的 ambulatory
可变万能寿险保单 flexible premium adjustable life insurance policy
可变现价值 cash realizable value
可采纳性 admissibility
可偿债券 redeemable bond
可撤销信用证 revocable credit
可抵偿的 commutable
可动用结余 availability balance
可兑换成金子的 hard
可兑换贷款 convertible loan
可兑换的 convertible
可兑换的债券 convertible loan stock
可兑换公司债券 convertible debenture
可兑换性 convertibility
可兑换优先股 convertible preferred stock
可兑换账户 convertible account
可兑换证券 convertible security
可兑换纸币 convertible bank note; convertible note; convertible paper currency
可兑现的 convertible
可兑现的债券 convertible bond
可分割合同条款 divisible contract clause
可分派利润 distributive profit
可分配收益 distributable income
可分配损益 distributive share
可分期偿还的 amortizable
可分性 divisibility
可更替概率 alternative probability
可供承付资金的组成 composite of resources available for commitment
可估价保险 assessable insurance
可估价相互公司 assessable mutual
可忽略不计 not meaningful (NM, nm)
可划分部分全损 total loss of an apportionable part
可换约保险 convertible insurance
可换约定期保险 convertible term insur-

ance
可换债务 convertible debt
可回收性 recallability; recoverability; collectibility
可获量 availability
可积累使用 cumulative
可记入账的 chargeable
可减损失 deductible loss
可交换的 commutable
可接受的 acceptable
可解除健康保险单 cancellable health insurance policy
可靠性 reliability; credibility; responsibility; authenticity
可靠支票 good paper
可控投资 controllable investment
可控支出 controllable expense; discretionary expenses
可控制成本 controllable cost
可流通的 negotiable
可免税的折旧 depreciation allowance
可能发生的损害 contingent damage
可能生命曲线 probable life curve
可能寿命 probable lifetime
可能最大损失 probable maximum loss
可让与的 assignable
可实现净额 net realizable amount
可使用的现金流 available cash flow
可使用时间的分布情况 age distribution
可收账款 collectible
可随时收回的 callable
可随时收回的债券 callable bond
可谈判的 negotiable
可调利率抵押 adjustable-rate mortgages (ARMs)
可调整钉住汇率 adjustable peg
可贴现票据 bankable bill
可通知赎回的股票 callable stock
可望继承的遗产 estate in reversion
可享用的利益 beneficial interest
可协商的 negotiable
可信度 credibility
可行使优先认股权 option exercisable
可续保的定期保险 renewable
可选择给付方法的条款 optional settlement clause
可移转性 portability
可以确定的将来时间 at a determinable future time
可用利润 availability profit
可用现金 availability cash
可用性 availability
可用盈余 availability surplus
可用余额 availability balance
可用资产 availability asset
可由电子计算机认读的格式 computer-readable format
可允许赔付率 permissible loss ratio
可折换的 commutable
可争议期间 contestable period
可争议条款 contest table clause
可注销的 cancellable
可转换定期寿险 convertible term life insurance
可转换碰撞 convertible collision
可转换自负额保险 collision convertible
可转让存款证 negotiable certificate of deposit (NCD)
(票据、证券等)可转让的 negotiable
可转让定期账户 Certificate of Deposit Service (CDS)
可转让票据 negotiable bill; negotiable instrument; assignable instrument
可转让信用证 transferable credit; negotiable letter of credit; assignable credit
可转让性 assignability; negotiability
可转让支付命令账户 Negotiable Order of Withdrawal (NOW a/c)
可转移信托 Clifford trust
可自动展期的贷款(授信额度) automatically renewable credit
可自由兑换货币 convertible currency
克己 compos sui
克罗米法则 Cromie Rule
客户 client; customer
客户保证金 customer's credit balance; customer's deposit
客户存款 customer's deposit; credit

balance on client's account
客户的保险记录 line card
客户服务3a原则(任何地点、任何时间、任何方式) customer's service demand anywhere, anytime and anyway
客户关系 customer relationship
客户关系管理 customer relationship management (CRM)
客户(关系)经理 (customer) relationship manager
客户信用风险评级 credit risk rating of customers
客户盈利性分析 customer profitability analysis
客户账 customer's account
客账贷余 customer's credit balance
课税扣减 tax deduction
课税利润 taxable profit
肯尼比例 Kenney Ratio
空仓费 dead freight (D.F.)
空仓运费 dead freight (D.F.)
空地条款 clear-space clause
空港责任保险 airport liability coverage
空头 bear; short position
空头的 fictitious
空头行情 bear position
空头挤压 bear squeeze
空头交易 bear transaction
空头商行 bogus company
空头市场 bear; bear market; bearish market
空头轧平 short squeeze
空头账户 bear account; short account
空头支票 dud cheque; rubber cheque; kite; check dishonoured; fictitious bill; bad cheque; bounced check
空心化 hollowing
空邮 airmail
空运货物保险 air cargo insurance
空运货物责任保险 air cargo liability insurance
空运提单 airway bill; air freight bill (A.F.B.)
空白背书 blank endorsement; indorsement in blank; endorsement in blank
空白背书汇票 bill endorsed in blank
空白承兑 blank acceptance
空白的 blank
空白格式 blank form
空白收据 blank receipt
空白收条 blank receipt
空白提单 blank b'lading; blank B/lading; blank bill of lading
空白账册 blank account book
空白支票 blank note; blank check; blank bill; cheque to bearer
空白转让书 assigned in blank; blank transfer
控告 incriminate
控告与索赔 complaint and claim
控股公司 controlling company
控股股东 controlling shareholders; controlling stockholders
控股权益 controlling interest; hold a x percent interest in; a 100 percent interest in
控制 control
控制程序 control procedure
控制措施 control measure
控制的浮动 controlled float
控制的通货 controlled currency
控制股权 controlling interest
控制汇率制度 controlled exchange system
控制价因素 control premium factor
控制能力 controllability
控制通货膨胀 stem inflation; arrest inflation; control inflation; curb inflation
控制通胀 arrest; keep inflation in check; rein in
控制文件 control documents
控制型的 control-oriented
控制账户 control account
控制总额 control total
口头陈述 oral statement
口头证据 oral evidence
口头证据规则 parol evidence rule
扣除 deduction
扣除额 deduction
扣除价格变动因素 after adjusting for

price change
扣除免赔额 excess franchise; excess
扣除(额)条款 deduction clause
扣除限额 credit limit
扣除与豁免 deduction and exemption
扣减免赔额 deductible franchise
扣缴所得税报表 Withholding Income Tax Return
扣缴义务人 withholding agent
扣留(人或物) detain person or article by force
扣税凭证 tax crediting certificate
扣押 distrain; detain of (person); detention of (person); attachment
扣押令 attachment order
扣押权 lien
扣押人 detainer
扣押物 attachment
扣押债务人的财产 attachment of debtor's property
库场运用率 coefficient of storage utilization
库存表 cash statement
库存代理人现金 cash in hand of agent
库存估价成本分析 analytic(al) costing in inventory valuation
库存目录 inventory (invt.)
库存现金 cash banlance on hand; cash holding; cash in hand; cash in treasury; cash in vault; cash on hand; vault cash
库存余额 balance on hand; balance in hand
夸大索赔 exaggerated claim
夸脱 quart (qt.)
跨部门(的) trans-departmental
跨地区(的) trans-regional
跨国公司 multinational corporations (MNCs)
跨国经营 transnational operation
跨行业(的) trans-industrial; across industrial lines
跨行业经营 cross-industry operation
会计 accounting; accountant; biller
会计报表 accounting statement
会计比率 accounting ratio
会计编号 accounting code number
会计差错 accounting error
会计程序 accounting procedure
会计处理 accounting treatment
会计传票 accounting voucher
会计代码 accounting code number
会计单位 accounting unit
会计档案 accounting archives
会计的应计方法 accrual method of accounting
会计的应计基础 accrual basis of accounting
会计等式 accounting identity
会计法 accounting law
会计方法 basis of accounting
会计方式 account method
会计分录 accounting entry
会计分析 accounting analysis
会计风险 accounting risk
会计概念 accounting concept
会计个体 accounting entity
会计估计 accounting estimate
会计观念 accounting concept
会计惯例 accounting convention
会计规程 accounting manual
会计规则 accounting rule
会计核对 accounting check
会计活动 accounting activity
会计基本规程 The Basic Accounting Norm
会计基础 basis of accounting; accounting basis
会计记录 accounting record
会计假设 accounting assumption
会计界 accounting field
会计决算报表 Final Accounting Statement
会计科目 caption of account; name of account; account title
会计科目表 card of account; chart of account; classification of account
会计科目分类 accounting classification
会计控制 accounting control
会计理论 accounting theory
会计利率 accounting rate of interest
会计领域 accounting field

会计名词 accounting terminology
会计内部控制 internal accounting control
会计年 financial year (fin.yr.); fiscal year (fin.yr.)
会计年度 fiscal year (fin.yr.); accounting period; accounting year
会计凭证 accounting document
会计期间 accounting period
会计人员 accounting personnel
会计人员手册 accountant's handbook
会计日报 daily accounting report
会计师职业责任保险 accountant professional liability insurance
会计实务 accounting practice
会计事务所 accounting firm
会计事项 accounting transaction
会计室 counting-house; counting-room
会计收益率 accounting rate of return
会计手册 accountant's handbook; accounting manual
会计术语 accounting terminology
会计数据 accounting data
会计习惯做法 accounting practice
会计项目 accounting item
会计信息系统 accounting information system
会计意见(书) accountant's opinion
会计员 accountant
会计原则 accounting principle
会计原则建议书 recommendation on accounting principles
会计月报告 account current
会计长 chief accountant; accountant general
会计账簿 account books; accounting books
会计账册 accounting books; accounting record
会计账项 accounting item
会计证据 accounting evidence
会计政策 accounting policy; accounting principle
会计职务 accountantship
会计制度 accounting system
会计制度汇编 accounting manual
会计主管 accountable officer
会计主任 chief accountant
会计主体 accounting subject
会计助理 accounting assistant
会计专长 accounting expertise
会计准则 accounting standards
会计资料 accounting information
块 piece (pc.)
快递 express mail; express delivery; special delivery
快捷 express (EXP)
快速成本回收制度 accelerated cost recovery system (ACRS)
快速跟单信用证 Quick Documentary Credit
宽度 width (wdth.)
宽缓年限 year of grace
宽限期 days of grace; grace period
宽限日期 grace
款到通知 arrival notice; advice of receipt
款项 money
矿山交货 Ex Mine
亏本 at a loss
亏仓 loss on one's position
亏绌 deficiency
亏绌账户 deficiency account (statement)
亏空 deficit
亏损 loss (LS); deficit
亏损表 deficit statement
亏损调节表 deficit reconciliation statement
亏损户 loss (LS)
亏损结转下期 deficit carried forward
亏损账户 deficit account
亏损转清为止 deficit carried forward till extinction
昆虫除外条款 insect exclusion
捆装货 cargo in bundle
扩充(业务)范围 branch out
扩展的 extend

L

L项条例　Regulation L
垃圾债券　junk bond
拉跌市场　bear the market (by selling ...)
拉动经济增长　boost economic growth; stimulate economic growth
来户　vostro account
来人背书　endorsement to bearer
来人汇票　bearer's draft
来人票据　bearer paper
来人支票　cheque to bearer; bearer cheque; bearer check bill; bearer's check; check payable to bearer
来往明细账目　detail statement of account
来文　communication
来源国　source country
来源同上　Ibidem (Ib., ibid.)
来账　loro account; vostro account
来账代理行　vostro account depository agency; vostro account depository correspondent
赖账　welsh on one's debt
栏外的　marginal
蓝表　blue list
蓝筹股票　blue chip
蓝盾　Blue Shield
蓝盾计划加入者　Blue Shield subscriber
蓝纽扣　blue button
蓝十字　Blue Cross
蓝十字保险计划　Blue Plan
蓝十字计划加入者　Blue Cross subscriber
滥用　misappropriate
滥用程序　abuse of process
滥支　misappropriate
劳动力与原料保证　labour and material bond
劳动者残疾所得给付　disability income benefit for worker
劳动者眷属残疾所得给付　disability income benefit for worker's dependents
劳动者协会集团　labour union group
劳工保险　labour insurance
劳工和雇主责任保险条款　insuring agreement (workers compensation and employers liability)
劳工配偶老年给付　old age benefit for spouse of worker
劳工统计局　Bureau of Labour Statistics (BLS)
《劳合日报》 Lloyd's List
劳合社　Lloyd's
劳合社保险经纪人协会　Lloyd's (Insurance) Broker's Association
劳合社保险签单处　Lloyd's Policy Signing Office (LPSO)
劳合社保险人协会　Lloyd's Underwriters' Association
劳合社标准求助协议书　Lloyd's Form
劳合社承保代理人　Lloyd's Underwriting Agent
劳合社承保人　Lloyd's Underwriter
劳合社船舶年鉴　Lloyd's Register of British and Foreign Shipping
劳合社船级协会　Lloyd's Register of Shipping
劳合社代理人　Lloyd's agent
劳合社代理制度　Lloyd's agency system
劳合社登录处　Lloyd's Registry
劳合社法　Lloyd's Acts
劳合社惯例　Lloyd's custom
劳合社海上船舶货物保险单　Lloyd's S. G. Policy
劳合社海损保证书　Lloyd's average bond
劳合社航运索引　Lloyd's Shipping Index
劳合社经纪人　Lloyd's broker
劳合社协会　Lloyd's Association
劳合社辛迪加　Lloyd's syndicate
劳合社准会员　Lloyd's associate
劳务费　cost of service

老顾客 frequent caller; frequent visitor
老年、遗属及残疾保险 old age, survivors, and disability insurance
老年保障制度 old age security
老年及遗属保险 old age and survivors insurance
老年医疗保险 older age policy; senior citizen policies
勒索保险 extortion insurance
镭保险 radium insurance
累积 accumulation
累积保险费 premium deposit
累积保险金(养老金计划) accrual of benefits (pension plans)
累积偿债基金 cumulative sinking fund
累积创伤 cumulative trauma
累积的 accumulative; accumulated; cumulative
累积法 cumulative method
累积给付 accumulation benefit
累积给付保单 accumulation policy
累积给付条款 accumulation clause
累积股本 cumulative stock
累积股利 accumulated dividend
累积红利 accumulated dividend; cumulative bonus
累积货币换算调整 cumulative translation adjustment
累积亏损 accumulated deficit
累积利润 accrued profit
累积期间 accumulation period
累积趋势法 cumulative trend method
累积收入 accumulated income
累积收益 accumulated earnings
累积损失 accumulated loss
累积摊销 accumulated amortization
累积投票权 cumulative voting
累积拖欠 accumulation arrears
累积现金(存款) accumulated cash (deposit)
累积(循环)信用证 cumulative credit
累积优先股 cumulative preference share; cumulative preference stock
累积责任 cumulative liability
累积增额给付 accumulation
累积债务 cumulative debt
累积账户 accumulation account
累积折旧 accumulated depreciation
累积资本 accumulated capital
累计保险金额 aggregate amount
累计超额赔款再保险 aggregate excess of loss cover; aggregate excess of loss reinsurance; aggregate stop loss reinsurance
累计的 cumulative
累计法 cumulative method
累计净利息 accumulated net interest
累计净损失 accumulated net loss
累计可赎回优先股 cumulative redeemable first preferred share
累计利息 accrual of interest; accumulated interest
累计毛额 gross aggregate
累计赔偿限额 aggregate limit of indemnity
累计清偿力 cumulating liquidity
累计限额 aggregate limit
累计限额条款 aggregate limit clause
累计总额 gross aggregate
累进收入税 progressive income tax
类别 class (cl.)
类别成本会计 cost accounting by element
类似的 comparable
冷门股票 low-price issues
离岸价(格) free on board (FOB, F.O.B., f.o.b.)
离岸银行业务 offshore banking
离差 deviation
离港证明书 certificate of departure from port
离休费 severance pay
离休金 severance pay
离职费 subsidy for leave or absence from work
离职率 turnover rate
理财 banking (bkg.)
理财会计 financial accounting
理赔 claim adjustment; settlement
理赔部 benefits department; claim department

理赔代理　claims representative
理赔代理人　claim agent; claim setting agent
理赔费用　claim expense
理赔费用准备金　claim expense reserve
理赔合作条款　claim cooperation clause
理赔金额　amount for which loss settled; loss settlement amount
理赔局　claim bureau
理赔理算人　claim adjuster
理赔人员　staff adjuster
理赔数额法　loss settlement method
理赔条款　claim provision
理赔准备金　claims reserve
理赔准会员　Associate in Claims (AIC)
理事会　board of management; board of directors; board of administration
理算　adjustment
理算费用　adjustment expense
历史保留法　historical retention approach
历史成本　historical cost
历史成本法　historical development cost approach
历史留存率　historical retention rate
立案查处　place one's case on record for further investigation and prosecution
立即付款　prompt payment
(带有两、三天宽限的)立即付款　prompt cash payment
立即清算债务的收款　collection with immediate settlement
立即受领权　immediate vesting
立即遗产　immediate estate
立约凭证　contract certificate
利差　spread
利差交易　spread trading
利害关系　interest
利害关系人　interested party
利量比率　contribution ratio
利率　interest rate; rate of interest
利率差额　interest rate spread
利率掉期　interest rate swap (IRS)
利率跌至　ease to; slip to
利率反弹　rebound; bounce
利率风险　interest risk; interest rate risk; rate risk
利率合同　interest rate contract
利率回落　bounce back; revive downward
利率回升　revive upward
利率节节攀升　escalate
利率猛跌　slump
利率猛升　shoot up; soar up; rocket
利率上升　increase; go up; climb; pick up; leap; move up; jump; push upward; push up; kite; grow; upward; rise; send up; bring up
利率下跌　sag; decrease; fall; drop; decline; lower; tumble; dip; dive; sink; drag down; recess
利率下滑　slide
利率压力　interest rate pressure
利率走低　weaken
利率走软　weaken
利润　profit
利润保险　profit insurance
利润表　profit statement
利润的组成　composition of profit
利润分享计划　profit-sharing plan
利润还原资本　capitalized profit
利润及佣金保险　profit and commission insurance
利润结余　balance of profit
利润率　rate of return
利润损失保险　loss of profits insurance
利润转入资本　capitalization of profit
利息　interest (int.); cost of money
利息的资本化　capital of interest
利息递增的公债券或公司债券　deferred bond
利息调整保险成本比较法　interest-adjusted cost method; interest-adjusted method
利息兑现　cashier interest
利息给付选择权　interest only option
利息敏感型保单　interest sensitive policy
利息收入　interest income
利息收益　interest income
利息条款　interest clause; interest terms
利息选择权　interest option

利息因素 interest factor
利益 benefit
(合同上的)利益 avail (of contract)
利益差 interest surplus
利益冲突 conflict of interest
利益冲突条例 conflict-of-interest regulation
利益代位法 surrogate measure of benefits
利益分享 jointly share benefits and undertake risks
利益流量 benefit flow
利益毛额 gross benefit
利益所有人 beneficial owner
利益转让 assignment of interests
利用预算的人 budgeteer; budgeter
例如 for example (f. e.); for instance (f.i.)
连本带利 both principal and interest
连带的 joint (jt.)
连带营业中断保险 contingent business interruption insurance
连带责任 joint liability; contingent liability; joint and several liability
连带责任保险 contingent liability insurance
连带责任原则 principle of joint and several responsibility
连贯的 consecutive
连号 consecutive numbers
连环债 debt chains; multiple debts among
连累受控 inculpate
连署 countersignature; joint signature
连署代理人 co-authenticating agent
连署法 countersignature law
连锁经营 commercial chains
连锁展业 endless chain prospecting
连同佣金 cum commission
连续 continuation
连续保障 abutting coverage
连续编制预算 continuous budgeting
连续变量 continuous variable
连续偿债基金 continual redemption sinking fund
连续成本制 continuous cost system
连续的 consecutive
连续法 continuous method
连续复利 continuous compounding
连续检验 continuous survey
连续缴保费 continuous premium
连续年金 continuous annuity
连续盘存 continuous inventory
连续日 consecutive days
连续审计 continuous audit; running audit
连续实地盘存 continuous physical inventory
连续实地盘存制度 continuous system of physical inventory
连续数 consecutive numbers
连续贴现 continuous discount
连续小时 consecutive hours
连续性 consistency; continuity
联邦保险管理局 Federal Insurance Administration (FIA)
联邦储备系统(美) Federal Reserve System (FRS)
联邦储蓄保险公司(美) Federal Deposit Insurance Corporation (FDIC)
联邦储蓄贷款保险公司 Federal Savings and Loan Insurance Corporation (FSLIC)
联邦犯罪保险 federal crime insurance
联邦雇员团体寿险 Federal Employees Group Life Insurance (FEGLI)
联邦雇主责任法 Federal Employers Liability Act (FELA)
联邦官员保证 federal officials bond
联邦国民抵押协会(美) Federal National Mortgage Association (FNMA)
联邦洪水保险 federal flood insurance
联邦健康保险制度 medicare
联邦失业保险税 federal unemployment insurance tax
联邦医疗保险的补充保险 medicare supplement insurance
联邦医疗补助制度 medicaid
联邦医疗补助制度法案 Kerr-Mills Act
联邦遗产税 federal estate tax
联邦赠与税 federal gift tax
联邦证券局 Federal Security Agency

(FSA)
联邦住宅贷款抵押公司(美) Federal Home Loan Mortgage Corp (FHLMC)
联邦住宅管理局(美) Federal Housing Administration (FHA)
联邦准备制度 Federal Reserve System (FRS)
联邦资金 federal funds; Fed funds
联邦资金利率 federal funds rate
联单汇票 bill in (a) set
联股 community of stock
联号 associated company; affiliate
联合 joint lives; association (ass., assn.); combination; amalgamation
联合半额给付生存者年金 joint and onehalf survivor annuity
联合保险 joint insurance
联合保险单 combined company policy
联合保险人协会 Joint Underwriter Association (JUA)
联合保障 joint protection
联合被保险人 joint insured
联合财务报表 conglomerate financial statement
联合贷款 syndicated loan
联合单证 combined form
联合的 joint (jt.); combined
联合抵押补偿保险 joint mortgage redemption policy
联合定价制度 Combined Pricing System (CPS)
联合法 combination method
联合共有财产 joint tenancy
联合国国际贸易法律委员会 United Nations Commission on International Trade Law (UNCITRAL)
联合国国际贸易法律委员会仲裁规则 UNCITRAL Arbitration Rules
联合航空保险人 Associated Aviation Underwriters (AAU)
联合会 conference
联合及健在者年金选择 joint survivor option
联合经营 associated operation
联合决算表 combined statement
联合年金 joint annuity
联合企业 complex
联合人寿和生存者保险 joint life and survivor insurance
联合日记账 combination journal
联合生存年金 joint and last-survivor annuity; joint and survivorship annuity; joint life and survivorship annuity
联合生存年金选择权 joint and survivorship option
联合生存三分之二给付生存者年金 joint and two-thirds survivor annuity
联合生存者年金 joint and life annuity
联合投资 pooled investment; mutual fund
联合退休金计划 pension pool
联合完全生存年金 joint and full survivor annuity
联合信托基金 Combined Trust Fund
联合医疗服务计划 Associated Medical Care Plan
联合运输单据 combination transport documents
联合运输提单(联运提单) combined transport bill of lading (C. T. B/L, COMBI-BILL)
联合债款 consolidation of debt
联合账户 joint account (J. A., j/a); combined account
联合终身人寿保险单 joint whole life insurance policy
联合专属保险人 association captive
联券票 coupon
联营公司 associated company; affiliated company; affiliate; related company
联营企业 consortium [pl. consortia]
联营作业 associated operation
联(合)运(输) combined transport
联运费率 combination rate
联运提单 through B/L; combined bill of lading
廉价股票 bar stock
"廉洁、勤政、务实、高效" "be clean, diligent, pragmatic and efficient"

廉政建设 build a clean and honest government
良好 good
良好平均品质 fair average quality (FAQ, f.a.q.)
良性循环 virtuous cycle; benign cycle
"两个确保" "two guarantees"
两全保险 endowment insurance
两全保险单 endowment policy
两全养老金保险 endowment annuity insurance
谅解书 letter of understanding (L/U)
量入为出 pay as you as go
疗养院保险 nursing expense provision; nurse home provision
疗养院职业责任保险 nursing home professional liability policy
(债务的)了结 liquidation
了结付清(预约款等) compound
列举式个人财产险批单 scheduled personal property endorsement
列举型保单 schedule policy
列名的 listed
列名公司 listed company
列支 go with; carried as expenses with; be listed as expenses with
劣币 base coin
邻期保险单 abutting coverage
临界伤害程度 threshold
临界危险 borderline risk
临时 interim
临时被保险资格 currently insured status
临时残疾给付 temporary disability benefit (TDB)
临时存欠 inter-office transfer
临时贷款 bridging loan
临时的 casual
临时费率 interim rates
临时费用 casual expense
临时股东大会 interim shareholders' meeting
临时固定分保合同 facultative obligatory treaty
临时年金 contingent annuity
临时审计 casual audit
临时收据 temporary receipt
临时收入 casual income; casual revenue
临时移动条款 temporary removal clause
临时再保险 facultative reinsurance
临时再保险证明书 facultative certificate of reinsurance
临时债 unregistered shares; unlisted bonds; unregistered bonds
临时证件 certificate of convenience
临时证券 bearer scrip
临时执照 temporary license
临终医院 hospice
灵活支出账户 flexible spending accounts
零 nil
零底预算 zero-base budgeting (ZBB)
零份 odd lot
零股证书 fractional warrant
零基预算 zero-base budgeting (ZBB)
零经济增长 zero economic growth (ZEG)
零钱 change; broken money
零售商盗抢保险 storekeeper burglary and robbery insurance
零售商店保险单 retail store policy
零售商责任保险单 storekeeper liability policy
零售业务 retail banking; consumer banking; consumer business
零数验证 zero proof
零为基础预算法 zero-base budgeting (ZBB)
零星股份 fractional share
(100股以下的)零星股份 broken lot
零星批量 broken lot
零星支出 petty cash expenditures
零用金 change fund
零余额账户 zero balance account (ZBA)
领导有余,管理不足 over-led and under-managed
领取养恤金的年龄 benefit age
领事发票 consular invoice (con. inv.)
领事签证发票 consular invoice (con. inv.)
领养老金的人 superannuated

令 ream (rem.)
另外邮寄 by separate mail; by separate cover
另邮 by separate mail; by separate cover
流动保单 floater policy floating insurance
流动保险 floater; floating insurance
流动比率 current ratio
流动成本 current cost
流动的 floating
流动负债 cash liability; circulating liability; current liability; floating liability; liquid liability
流动负债比率 current debt ratio
流动货物 floating stock
流动基金 current fund
流动经纪人 running broker
流动性 liquidity
流动性风险 liquidity risk
流动性挤压效应 liquidity screeze effect
流动准备金 float
流动资本 capital of circulation; circulating capital; floating capital; quick capital
流动资产 circulating asset; current asset; liquid asset
流动资产周转率 turnover rate of liquid assets
流动资金 circulating capital; circulating fund; working capital
流动资金占用率 occupied rate of current capital
流动资金总额 gross working capital
流量系数 coefficient of flow
(资本)流入 inflow
流入市场 come into the market
(票据的)流通 float
(货币等)流通 circulation
流通 currency (C.Y., c.y.); negotiate
流通存单 negotiable certificate of deposit (NCD)
流通额 circulation; active circulation
流通能力 negotiability
流通票据 negotiable bill
流通通货 active money
流通信用证 circular letter of credit
流通性 negotiability
流通硬币 coin circulation
流通证券 negotiable instrument
流通秩序 order of circulation
流通资金 circulating fund
流行的 going
流行股 fashion shares
流转 rollforward
流转税 turnover tax
流转完毕成本 flow-through cost
留存客户 retain customer
留存利润 retained profit
留存收益 retained income
留存现金 cash on hand
留存盈余 retained earnings; accrued profit
留用职工 in-place staff
留有余地 leave some leeway; leave some room
留置权 lien; right of lien
留置证书 lien letter
留置资产 assets subject to lien
六级分类 6-tier classification; 6-category classification
65 岁满期 endowment at age 65
龙卷风保险 tornado insurance
楼花按揭 mortgage loan; equitable loan; incomplete housing (mortgage) loan
楼上市场 upstairs market
漏损及破损险 risks of leakage and breakage
陆上运输保险 dry marine insurance
路货 afloat cargo
旅店主人法律责任 innkeepers legal liability
旅店主人责任 innkeepers liability
旅店主人责任保险 innkeepers liability insurance
旅馆主人法律责任保险 innkeepers legal liability policy
旅客航空险 air passenger policy
旅客意外伤害保险 ticket stub insurcance
旅行信用证 traveller's letter of credit
旅行信用证保证书 letter of indication
旅行意外伤害保险 travel accident insur-

ance
旅行支票 traveller's cheque (TC); circular note
旅游者行李保险 tourist baggage insurance
履行 performance
履行合同 discharge of contract
履行合同责任 burden of contract
履行日期 date for performance
履行义务 discharge one's obligation; meet the obligation
履行债务 meet the obligation
履约保证 performance bond; guarantee of performance
履约保证保险 performance bond
履约保证书 guarantee for performance
履约保函 performance guarantee; Performance Bond (Guarantee)
履约信用证 performance L/C
律师(美) attorney at law
律师费 attorney fee
律师责任保险 lawyers liability insurance; attorneys professional liability insurance
率 rate
绿背美钞 greenback
绿背纸币 greenback
绿色 green
绿色条款 green clause
绿色条款信用证 green clause credit; green clause letter of credit
绿鞋条款 green shoe
乱集资 illegal fund-raising; illicit fund-raising
乱摊派 arbitrary requisition of donations and exaction of fees
乱涨价 arbitrary price rise; arbitrary price hike
伦敦保险和再保险市场协会 London Insurance and Reinsurance Market Association
伦敦承保人协会 Institute of London Underwriters (ILU)
伦敦国际石油交易所 International Petroleum Exchange (IPE)
伦敦劳合社 Lloyd's of London
伦敦银行同业拆放利率 London Interbank Offered Rate (LIBOR)
轮船 steamship (ss., s.s., s/s); steamer (str.)
裸装货 nude cargo
骆驼模式 CAMEL model
落后 lag
落实科学战略发展观 implementation of the scientific concept of development strategy

M

M项条例　Regulation M
马克　mark (mk.)
马克斯方案　Marx Plan
码　yard (yd.)
码头　dock (D.K., d.k.); wharf (whf.)
码头、船坞及船道保险　piers, wharves, docks and slips insurance
码头检验条款　jetty clause
码头交货　Ex Quay
码头至码头　quay to quay
唛头　mark (mk.)
买本国货　buy national
买单　bill of purchase
买单结汇　settlement on purchase of documentary bills
买断　buy up; outright purchase; buy outright
买断交易　outright purchase
买方报价　buyer's offer
买方出价　buyer's offer
买方代理(人)　buyer's agent
买方发价　buyer's offer
买方利益　buyer's interest
买方垄断　buyer's monopoly
买方权益　buyer's interest
买方市场　buyer's market
买方信贷　buyer credit; buyer's credit
买方信贷担保　buyer's guarantee
买方信用保证　buyer's guarantee
买方信用证　buyer's letter of credit
买进　buy in
买进保值期货　buyer's hedging
买进…的股份　buy into
买空　bull; short purchase; buy long; buying long
买空卖空　bear and bull
买空卖空者　bucketeer
买零　buy on scale; buy retail
买卖　business; dealing; commercial act; commercial transaction
买卖差价　bid and asked spread
买卖股票通知　contract note
买卖价的平均值　middle rate of exchange
买卖协定残疾保险　disability buy-out insurance
买卖协议　buy-and-sell agreement
买卖选择权　option
买卖账单　contract note
买期保值　buying hedge
买权风险　call risk
买入对冲　buying hedge
买入光票　bill bought; bill purchased
买入汇率　buying rate
买入汇票　bill bought; bill purchased
买入价　buying rate
买入票据　bill bought (B/B); bill purchased (BP, B/P, B.P.)
买入期权权酬　call premium
买下　buy up
买主账　bull account
麦卡伦法案(公法15号)　McCarran-Ferguson Act
麦克翰死亡法则　Makeham's Law
卖出　sell-off
卖出的期货合同　short position
卖出期权　put option
卖掉　sell-off
卖方联合　bear pool
卖方联营　bear pool
卖方市场　seller's market
卖方信贷　supplier's credit; seller's credit; credit granted by supplier
卖价　asked price; offer price
卖空　short sale; sell short; go short; bear
卖空头寸　short position
卖空者　bear
卖期保值　selling hedge
瞒汇漏汇　launder

满期 endow; expiration
满期保额 endowment amount
满期保户归属权 ownership of expiration
满期档案 expiration file
满期分红 maturity dividend
满期日 date of expiration; date of expiry
满期时间 time of endowment
满期通知 notice of expiration
满期通知书 expiration notice
满足 meet
猫腻交易 "arm-in-arm" transaction
毛保费 gross premium
毛保费评价法 gross premium valuation
毛费率 gross rate
毛计 gross amount
毛利 gross profit; gross margin
毛利型营业中断保险 gross earning form business interruption insurance
毛利总收入 gross interest
毛收入 gross income; gross earning; gross revenue
毛损 gross loss
毛益 gross benefit
毛运费 gross freight
毛重 gross weight (grs.wt.)
锚标志保单 anchor policy
冒充他人 personation
贸易 commerce; commercial act; commercium [pl.commercia]
贸易差额 balance of trade
贸易(收支)差额账户 on trade account
贸易合同履约担保 trade contract performance bond
贸易结算 trade settlement
贸易量 volume of business
贸易清算账户 commercial clearing account
贸易融资担保 trade finance guarantee
贸易收支 balance of trade
贸易收支差额 balance on trade amount
没有 minus
没有投票权的缴款 contribution not carrying voting right
没有完全符合合同规定履行义务 defective performance
眉头词 header
梅克林托克表 Meclintock Tables
媒介 medium
每百中 per cent (%)
每次残疾高额医疗保险 per disability major medical plan
每股股票的账面价值 book value per share
每股收益 earnings per share (EPS)
每股所获现金额 cash generated share
每股账面价值 book value per share
每年 per annum (p.a.)
每年的 annual
每年可续保条款 annual(ly) renewable term (ART)
每年平均 communibus annis
每期1元的复利本利和 compound amount of 1 per period
每人 per capita
每人产量 output per man (OPM)
每日 per diem
每日定额给付 fixed daily benefit
每日对账单 daily statement of account
每日费用 daily expense
每日简报 daily form
每日利息 daily interest
每日平均存款余额 average daily balance
每日平均余额(计算)法 average daily balance method
每日情况报表 daily statement of condition
每日食宿 daily board and room (DBR)
每日营运成本 daily operating cost
每日余额计算法 daily balance method
每天 per diem
每一百 per centum (p.c., p.cent, PCT)
每一事故限额 per accident limit
每一险位超赔再保险 per risk excess reinsurance
每月扣除额 monthly deductions
每月银行转账缴纳保费 monthly bank check
美国安全工程师协会 American Society of Safety Engineers (ASSE)
美国安全委员会 National Safety Council

(NSC)
美国保险代理人协会　National Association of Insurance Agents (NAIA)
美国保险服务协会　American Association of Insurance Services (AAIS)
美国保险妇女协会　National Association of Insurance Women (NAIW)
美国保险管理学会　American Society of Insurance Management Inc.
美国保险经济学会　Insurance Economic Society of America
美国保险开发公司　National Insurance Development Corporation (NIDC)
美国保险人协会　Alliance of American Insurers (AAI)
美国保险协会　American Insurance Association (AIA)
美国保险学会　Insurance Institute of America, Inc. (IIA)
美国保险业务员资料交流会　Insurance Service Association of America
美国保险总监协会　National Association of Insurance Commissioners (NAIC)
美国保证保险协会　Surety Association of America (SAA)
美国财产和责任保险承保人学会　American Institute for Property and Liability Underwriters
美国船舶保险辛迪加　American Hull Insurance Sydicate (AHIS)
美国存托凭证　American Deposit & Trust Receipt (ADR)
美国代理人制度　American Agency System
美国独立保险代理人组织　Independent Insurance Agents of America (IIAA)
美国独立保险理算人协会　National Association of Independent Insurance Adjusters (NAIIA)
美国独立保险人协会　National Association of Independent Insurers (NAII)
美国防火协会　National Fire Protection Association (NFPA)
美国风险和保险学会　American Risk and Insurance Association (ARIA)
美国高级人寿承保协会　Association for Advanced Life Underwriting (AALU)
美国工业安全协会　American Society of Industrial Security (ASIS)
美国股票交易所　American Exchange (AMEX)
美国国际商用机器公司　International Business Machines Corp. (IBM)
美国国内收入署　Internal Revenue Service (IRS)
美国海上保险承保人协会　American Institute of Marine Underwriters (AIMU)
美国海运局　American Bureau of Shipping (ABS)
美国核保险人　American Nuclear Insurer (ANI)
美国洪水保险人协会　National Flood Insurers Association (NFIA)
美国环境保护局　Environmental Protection Agency (EPA)
美国会计学会　American Accounting Association (AAA)
美国火灾承保人委员会　National Board of Fire Underwriters (NBFU)
美国货物战争险再保险协会　American Cargo War Risk Reinsurance Exchange (ACWRRE)
美国健康保险协会　Health Insurance Association of America (HIAA)
美国进出口商协会　American Exporters and Importers Association (AEIA)
美国经验生命表　American Experience Table of Mortality
美国精算学会　American Academy of Actuaries (AAA)
美国精算研究所　American Institute of Actuaries (AIA)
美国劳工保险委员会　National Council on Compensation Insurance
美国联邦储备系统理事会　board of governors
美国联邦农作物保险　federal crop insurance
美国律师协会　American Bar Association

(ABA)
美国男性生命表 American Men's Mortality Table
美国赔偿协会会员 Associate of Conference of Actuaries in Public Practice
美国期权交易方式 American style
美国全国保险经营商会议 National Insurance Producers Conference (NIPC)
美国人 American (Amer., Amern.)
美国人寿保险协会 Life Insurance Association of America (LIAA)
美国审判律师学会 American Trial Lawyers Association (ATLA)
美国生命保险协会 American Life Convention (ALC)
美国式平安险 free of particular average American conditions (FPAAC)
美国寿险法律顾问协会 Association of Life Insurance Counsel (ALIC)
美国寿险理事会 American Council of Life Insurance (ACLI)
美国寿险体检医师协会 Association of Life Insurance Medical Directors (ALIMD)
美国寿险外勤经理人员会议 Life Agent Management Programme (LAMP)
美国特许财产和意外保险承保人协会 Chartered Property and Casualty Underwriters (CPCU)
美国特许寿险承保人协会 American Society of Chartered Life Underwriters (ASCLU)
美国退休人员协会 American Association of Retired Persons (AARP)
美国相互保险公司协会 National Association of Mutual Insurance Companies (NAMIC)
美国相互保险协会 American Mutual Insurance Alliance (AMIA)
美国型股票证 American-style share certificate
美国药品管理局 National Institute on Drug Abuse (NIDA)
美国医疗基金协会 American Association of Foundations for Medical Care (AAFMC)
美国意外险及保证险代理人协会 National Association of Casualty and Surety Agents (NACSA)
美国银行家协会 American Bankers Association (ABA)
美国银行同业支付清算系统 Clearing House Interbank Payment System (CHIPS)
美国银行学会 American Institute of Banking (AIB)
美国银行制度 American banking system
美国游艇劳合社年鉴 Lloyd's Register of American Yachts
美国友爱会 National Fraternal Congress
美国友爱会保险死亡表 NFC Mortality Table
美国运通卡 American Express Card
美国在线公司 American Online (AOL)
美国证券交易所 American Stock Exchange
美国证券交易者协会 National Association of Securities Dealers (NASD)
美国职业安全和健康委员会 National Institute for Occupational Safety and Health
美国制造商出口信用保险交易所 American Manufacturers Foreign Credit Insurance Exchange (AMFCIE)
美国仲裁委员会 American Arbitration Association (AAA)
美国州际商务委员会汽车运输货物保险批单 I.C.C. endorsement
美国州劳工赔偿法律委员会 National Commission of State Worker Compensation Laws
美国注册会计师协会 American Institute of Certified Public Accountants (AICPA)
美国总代理人管理协会 American Association of Managing General Agents (AAMGA)
美加续保率奖 National Quality Award (NQA)
美容院公共责任保险 beauty parlor public liability insurance
美式选择权 American option
美术玻璃保险单 art glass policy

美术品与古玩保险 fine arts and antiques insurance
美元化 dollarization
美元界限 dollar threshold
魅力型领导 charismatic leadership
门对门 door to door
门门通 a Jack of all trades
门诊 office visit
(汇率、利率)猛跌 plummet
蒙特卡洛模拟法 Monte Carlo simulations
弥补(损失) cover
弥补赤字 cover the deficit
弥补短绌的缴款 deficiency payment
弥补亏空 cover the deficit
弥补资金缺口 close the gap
弥合差距 close the gap
秘密出价投标 closed bid
秘书 secretary (Sec., sect., secy.)
密封标单 competitive sealed bid
密集型的 intensive
密码 code
密押 cipher; cypher; authenticator; test key
密押表 test key; Schedule of Test Key; Telegraphic Test Key
密押核对 verification of test key; authentication of test key
棉花保险 cotton insurance
棉花流动保险 cotton floater
免、抵、退、扣(税款) exception, credit, drawback, withheld
免除 exemption
免除的 free
免除拒绝证书 protest waived
免除债务 cancellation of indebtedness
免抵退扣 tax exemption; refund; withheld; credit (Cr., cred.)
免费 cost free
免费的 free
免费取消契约 flat cancellation
免费审查期 free examination period; free look period
免费运输 carriage free
免减率 exclusion ratio
免缴额外保险费 extra premium removal
免赔额保险条款 deductible coverage clause
免赔额保证书 franchise bond
免赔额条款 deductible clause; franchise clause
免赔款 deduction
免赔期间 deductible period
免收费用 free of charge (F.O.C., f.o.c.); no charges (N.C.)
免收利息 free of interest (F.O.I., f.o.i.)
免税 remitted tax; exempt tax; tax exemption
免税的 free
免税期 tax holiday
免税退休金信托 exempt pension trust
免税转移 tax-free rollover
免息贷款 interest-free loan
免责 impunity
免征所得税 free of income tax (f.i.t.)
勉强合格 marginal
勉强同意 agree somewhat
面额 face amount (FA); face value (FV)
面额证券 face amount certificate
面粉全险条款 flour all risks clause
面函 covering letter
面值 face value (FV)
灭火 extinguishment
民变 civil commotion
民营企业 non-state enterprises (NSEs)
民主意识 awareness about democracy
名义上的 nominal
名义贴现率 nominal rate of discount
名义账户 nominal account
名誉保单 honour policy
名字错误 error in name
明码电报 letter telegram (LT)
明示保证 express warranty
明示契约 express convenants
明示权力 expressed authority
明示信托 express trust
明细表 exhibit; schedule
明细表 Q Q Schedule (New York code)

明细分类账 subsidiary ledger (account); detail ledger; detailed ledger
明细科目 classification item
明细限额 scheduled limit
命名权 nomenclature right
谬误的 false
没收 forfeiture; confiscation
没收金 forfeitures
默契续保条款 tacit renewal clause
默示保证 implied warranty
母公司 parent company
母子集团 parent-subsidiary group
摹本 copy
目标保险费 target premium
目标给付 target benefit
目标给付计划 target benefit plan
目标管理机制 management-by-objective mechanism
目标管理责任制 objective-management responsibility system
目标客户 target customer
目标利润 target profit
目标人数 target head count
目标市场 target market
目标业务 target risk
目标责任制 objective-attaining responsible system; system of director responsible for attaining given objectives during his/her term
目的地国 country of destination
目的地毁损价值 arrived damaged value
目的地完好价值 arrived sound value
目的港 port of destination; destination port
目的港船边交货价 free alongside ship (FAS, F.A.S., f.a.s.)
目的港船上交货价 delivery ex ship
目的港码头交货价 delivered ex quay (DEQ)
目的站 destination station
募得的款项 collecting
募股说明书 prospectus
募集(资金) placement
募捐人 collector (collr.)

N

N项条例　Regulation N
内部的　internal
内部风险定级办法　an internal-ratings-based approach
内部汇票　house bills
内部人员　insider
内部审计　internal auditing
内部收益率　efficiency internal returns rate (EIRR); internal rate of return (IRR)
内部限额　inside limits
内部与外部抢劫保险　inside and outside hold-up insurance
内部支票　house check
内涵式　connotative
内行人士　insider
内科治疗费保险单　physician expense policy
内控不得力　poor internal control
内陆运输　inland marine (IM)
内陆运输保险　inland marine insurance; inland transit insurance policy
内陆运输保险承保人协会　Inland Marine Underwriters Association (IMUA)
内陆运输保险局　Inland Marine Insurance Bureau (IMIB)
内陆运输风险　inland marine exposure
内外比率　in-and-out rate
内线　insider
内线交易　insider trading
内向托收　inward collection (I/C)
内因爆炸条款　inherent explosion clause
内在的　built-in; internal
内在化　internalization
内在化优势　internalization advantage
内在缺陷　inherent vice
内在特性评估　internal characteristics assessment
内在灾害　inherent hazards
内在灾害保险　inherent hazard insurance policy
内置的　built-in
那就是　id est (i.e.)
纳税保险　tax inurance
纳税后利润　profit after tax
纳税申报表　tax return
纳税收据　tax payment receipt; receipt of tax payment
纳斯达克　National Association of Securities Dealers Automated Quotations(NASDAQ)
耐力　stamina
能力　capability; competence
能量释放理论　energy-release theory (of accident causation)
能源交通重点建设基金　construction fund for key energy and communication projects
尼古拉斯·巴蓬　Nicholas Barbon
霓虹灯和电动招牌保险　neon and electric signs floater
你方(受益)余额　balance in your favour
你方账户　vostro account
你行账户　your account; due to bank account
你账　vostro account
逆差　deficit
逆汇　honour of draft; reverse remittance
逆命令　countermand
逆向索赔人　adverse claimant
逆选择　anti-selection; counter selection
年　year (yr.)
年保有成本　income holding cost
年报　annual report; income report
年报告　annual return
年初余额　year-start balance; balance-start of year; balance-beginning of year
年底　close of the year
年度保险费　annual premium (AP)
年度报表　annual statement
年度报告　annual report; income return

年度报告书 income report
年度报告摘要 annual report summary
年度财务报表 annual financial statement
年度财务决算报告 financial report
年度的 annual
年度股东大会 general meeting
年度化 annualization; annualized
年度货物运输保险 annual transit insurance
年度结算 annual closing
年度津贴 annual allowance
年度决算 annual accounting; annual closing
年度决算报告 financial report
年度决算报告书格式 convention blank
年度决算表 income statement; income report
年度企业家 Enterpreneur of the Year
年度人物 Man of the Year
年度审查 income review
年度审计 annual audit; convention examination
年度收入 income revenue; income
年度数据(资料) annual data
年度同比增长(率) by x percent year-on-year; up x percent on a year-on-year basis; rise of x percent year-on-year; year-on-year increase of x percentage
年度意外事故统计资料 accident year statistics
年度预算拨款 appropriation for annual expenditure
年度支出 annual expenditure
年度支出拨款 appropriation for annual expenditure
年度总报告 general annual report
年度总决算 general annual report
年度总限额 annual aggregate limit
年缴保险费年金 annual premium annuity
年金 annuity; income pension
年金保费 premium annuity
年金保险 annuity insurance; income insurance
年金表 annuity table
年金储蓄账户 annuity savings deposit
年金对价 annuity consideration
年金法 annuity method
年金分类 classification of annuities
年金分析 annuity analysis
年金风险 annuity risk
年金给付年龄 pensionable age
年金购买率 annuity purchase rate
年金合同 annuity
年金基数 annuity units
年金计划中断保险 plan termination insurance
年金计划终止日期 date of plan termination
年金计算法 annuity method; annuity method of depreciation
年金领取人 annuitant
年金期间 annuity period
年金期款 annuity rate
年金生命表 annuity mortality table; annuity table
年金式保险金给付选择权 income settlement option
年金信托账户 annuity trust account
年金形式 annuity form
年金债券 annuity bond
年金折偿 commutation of annuity
年金支付机构的借款授权 borrowing authority of pension benefit guaranty corporation
年金制度 annuity system
年精算费用 annual actuarial cost
年净利润 income net profit
年老退休 superannuation
年老退休的人 superannuated
年累积增长率 cumulative annual rate of growth
年利率 income interest rate
年利润 income return
年龄更正条款 correction of age clause
年龄结构 age strucutre
年龄限制 limit; age limits
年率 rate per annum
年免赔总额 aggregate annual deductible

年末余额 balance-end of year; outstanding balance at the close of year
年险外责任 annual exclussion
年销售量 income sale volume
年薪 income pay
年续保协议 annual renewable agreement
年养老金费用 annual pension cost
年营业额 income sale volume
年预期损失额 annual expected dollar loss
年增长率 income growth rate
年支付年金 annual payment annuity
年终调整 year-end adjustment
年终决算(表) annual balance (sheet)
年终审计 year-end audit
年终余额 year-end balance; outstanding balance at year end; outstanding balance at the end of year
年追加费用 annual supplemental cost
凝聚力 rallying power
牛市 bull; bull market
扭亏 turnaournd
扭亏为盈 turn loss into profit
扭转亏损 carry back of loss
纽杰逊条款 New Jason Clause
纽约保险法 New York Insurance Code
纽约保险交易所 New York Insurance Exchange
纽约标准火险保单 New York Standard Fire Policy
纽约股票交易所 New York Stock Exchange (NYSE)
纽约火险承保人委员会 New York Board of Fire Underwriters
纽约式利息计算法 New York interest
纽约银行同业拆放利率 New York Inter-bank Offered Rate (NIBOR)
农场交货 Ex Plantation
农场相互保险公司 farm mutual
农场主保险单 farmowners policy
农场主保险计划 farmowners policy programme
农场主和牧场主保险 farmers and ranchowner insurance
农民综合个人责任保险 farmers comprehensive personal liability insurance
农牧场主保险单 farmowners-ranchowners policy
农业机械保险单 agricultural machinery insurance policy
农业设备保险 agricultural equipment insurance
农业设备保险单 agricultural equipment floater
农作物保险 crop insurance
农作物冰雹保险 crop hail insurance
农作物冰雹保险精算协会 Crop Hail Insurance Actuarial Association (CHIAA)
女执行者 executrix
挪用 de-earmark; misappropriate; divert funds to unapproved purposes
挪用资金 appropriate; misappropriate funds to unapproved purposes

O

O项条例　Regulation O
欧罗卡　Euro-card
欧佩克　Organization of Petroleum Exporting Countries（OPEC）
欧洲交易所　continental house
欧洲经济合作委员会　Committee for European Economic Co-operation
偶发事故条款　contingency clause
偶然得到的利润　casual profit
偶然的　casual；contingent
偶然利益　casual profit
偶然性　contingency

P

"P计划"准备金　schedule P reserve
P项条例　Regulation P
拍卖　auction (auct.); auction sale
拍卖费　auction charge; auction fee; auctioneer's fee
拍卖费用　auction charge; auctioneer's fee
拍卖行　auction house
拍卖行老板　auctioneer master
拍卖价　auction price
拍卖买主　auctioneer vendee
拍卖(品)目录　auction catalogue
拍卖人　auctioneer; auction broker
拍卖人保证　auctioneer's bond
拍卖人佣金　auctioneer's commission
拍卖商　auctioneer; auction broker
拍卖师小槌　auctioneer's gavel
拍卖市场　auction market
拍卖条件　condition of auction sale
拍卖通知　auction sale notice
拍卖佣金　auctioneer's commission
排成栏的　columnar
排除法　exclusive method
排外的　closed
排外主义　xenophobia
派股通知　allotment letter
派股证书　allotment certificate
派生金融产品　financial derivatives
派生金融工具　financial derivatives
派生性活期存款　derived demand deposit
盘　session
盘存　taking inventory
盘存折旧法　inventory method of depreciation
盘高　spiral; go up; start inching up; inch up
盘亏　inventory loss
盘盈　inventory profit
判定　judg(e)ment
判定债权人　judg(e)ment creditor
判定债务人　judg(e)ment debtor
判断定费法　judg(e)ment rating
判断费率　judg(e)ment rates
判决　judg(e)ment
判决摘要书　docket
叛乱保险　insurrection insurance policy
旁系的　collateral
抛补　cover
抛弃　jettison
抛弃或波浪中落　jettison/washing overboard (J.W.O.B.)
抛售　close out
泡沫经济　bubble economy
培育新的增长点　create new areas for economic growth; cultivate new areas for economic growth
赔案记录　claim record
赔偿　compensate; indemnity; reimbursement; compensation
赔偿保证书　indemnity bond; letter of indemnity
赔偿代理人　claim setting agent
赔偿担保书　letter of indemnity
赔偿的　compensatory
赔偿公司　indemnity company
赔偿金　reimbursement benefits; compensation payment; compensatory payment
赔偿金额　claim amount
赔偿期间　indemnity period
赔偿人　compensator
赔偿损失的义务　obligation of compensation for loss
赔偿限额　limit of indemnity; limit of recovery
赔偿协议　indemnity agreement
赔偿再保险　indemnity reinsurance
赔偿者　indemnitor
赔偿总额　aggregate indemnity
赔付　settlement

赔款成本 burning cost
赔款成本率 burning cost ratio
赔款分担协议 claim sharing agreement
赔款收款单 collecting note
赔款在国外支付 claim payable abroad
赔款准备金 claim reserve; claim equalisation reserve
佩基法则 Page rule
配对卖出 reverse repos
配额 quota
配给票 coupon
配股证书 allotment certificate
配具保险 kit
配偶的个人退休账户 spousal IRA
配售(股票) distribution
配套措施 supporting measures; matching measures
配套资金 counterpart funding
配置 configuration
喷淋设备渗漏保险 sprinkler leakage insurance
喷淋设备渗漏责任保险 sprinkler leakage legal liability insurance
膨胀式定价 inflationary pricing
碰撞 collision
碰撞保险 collision insurance
碰撞和全险免赔额 deductible collision and deductible comprehensive coverages
碰撞损失弃权 collision damage waiver
碰撞条款 collision clause
碰撞责任条款 running down clause
批 batch
批单分摊保费 employee split dollar
批发购买 buy up wholesale
批发业务 wholesale business
批发业务占销售额的比例 wholesale as x% of sales
批复 official reply
批注 remarks
批准 confirm; confirmation; approve
批准单 confirmation sheet
批准通知书 confirmation note
皮包公司 brief-case business
皮福氏风级表 Beaufor's Scale
皮重 tare
皮重证明书 certificate of tare weight
疲软可撤回优先股 soft retractable preferred shares
疲软市场 soft market; weak market
偏差 deviation
偏航 deviation
偏航条款 deviation clause
骗赔 fraudulent claim
骗税 tax fraud; evade tax by deception or concealment
漂浮式偿还 balloon repayment
漂浮式贷款 balloon loan
漂浮式抵押 balloon mortgage
漂浮式付款 balloon payment; balloon repayment
票汇 remittance by banker's demand draft
票据 bill; note; bank paper; document (Doc.)
票据背书后的接受人 assignee
票据承兑担保 bill acceptance guarantee
票据代理权 draft authority
票据的保证 guarantee of a bill
票据发行便利 note issuance facility (NIF)
票据附笺 allonge
票据公司 bills company
票据交换 clearing
票据交换(所)报表 clearing statement
票据交换部门 clearing house department
票据交换所 clearing house (C.H.)
票据交换所差额 clearing house balance
票据交换所贷款证 clearing house loan certificate
票据交换所贷款证账 clearing house outbook
票据交换所监察员 clearing house inspector
票据交换所借据 clearing house due bill
票据交换所控制账 clearing house in-book
票据交换所清算表 clearing house settlement sheet
票据经纪人 bill broker
票据清算 bill clearing
票据融通人 accommodation party

票据商 bill merchant
票据贴现 discount on note; bill discount
票据贴现保证金 bill discount deposit
票据贴现经纪人 discount broker
票据贴现押金 bill discount deposit
票据托收 collection of an instrument
票据信贷 bill credit; bill finance
票据行为 act of bill
票据再贴现 bill rediscounted
票据粘单 allonge
票据账簿 bill book
票面价值 par value; denomination value; paper value
票面金额 denomination
票券保单 coupon policy
票券保险 coupon insurance
票上回话 answer on cheque
拼箱站 consolidation depot
频率 frequency rate
频数 frequency
品牌 brand (br.)
品牌建设 brand construction; brand (br.)
品位 grade
品质 character
(货物)品质证书 certificate of quality
聘用条件 condition for employment
平安险 free from particular average (FPA., F.P.A., f.p.a.); free of particular average (FPA, F.P.A., f.p.a.)
平板玻璃保险单 plate glass insurance policy
平仓 flatten one's position; trade out one's position
平衡 balance (bal.)
平衡保险 balanced sevurity
(退休金)平衡表准备金 balance sheet reserves
(退休金)平衡表准备金计划 balance sheet reserves plan
平衡基金 balance(d) funds
平衡交易基金 hedge fund
平衡交易买现卖期 hedge
平衡收支 balance receipts and payments
平衡未满期保费准备金 equity in unearned premium reserve
平衡租赁 balance(d) lease
平价 at par; at the money
平价差幅 deviation from par
平价兑换 conversion at par
平均 average (av.)
平均成本 average cost
平均纯费用 average net cost
平均单价 average unit price
平均单位成本 average cost per unit; average unit cost
平均到期日 average due date
平均费率 average rate
平均风险 average risk
平均工资基准型退休金计划 average pay plan
平均股息率 average rate of dividend
平均固定收益 average fixed-cost
平均汇率 middle rate of exchange
平均价格(计算)法 average price method
平均库存(量) average inventory
平均历史汇率 average historical rate
平均利率 flat interest
平均利息率 average interest rate
平均毛额 gross average
平均年限 composite life
平均年增长率 average annual growth rate
平均偏差 deviation from average
平均偏差系数 coefficient of average deviation; coefficient of mean deviation
平均上涨 averaging up
平均使用期限 mean life
平均收款期 average collection period
平均收入条款 average earnings clause
平均收益 average earnings
平均收益率 average income rate; average yield
平均寿命 life expectancy
平均寿命险 expectancy policy
平均数 average (av.)
平均数(值) mean
平均损失 expected loss
平均损失条款 average loss clause
平均通货膨胀率 average rate of inflation

平均误差 mean error; average deviation
平均下跌 averaging down
平均余额 average balance
平均月收入 average monthly earnings (AME)
平均周给付 average weekly benefit
平均周工资 average weekly wage
平均周转天数 average number of days to turnover
平均资本 average capital
平均资本比率法 average capital ratio method
平盘 flatten one's position; averaging
平值 at the money
平准的 flat
平准基金 buffer fund
评定 assessment
评定标准 criteria for evaluation
评定价值 convention values
评估 assessment
评估报告 appraisal report
评估风险 appraise risk
评估师 appraiser
评价 appraise; appraisal
评价借款人须考虑的重要因素 Five C's of credit
评审员 assessor
凭 as per
凭抽样 by sample
凭单付款 payment against documents
凭单据 against documents
凭单据付现 cash against document (C.A.D., c.a.d.)
凭借 via; by way of
凭据 credential
凭票 against documents
凭票即付 bearer depositary form
凭提单付现 cash against bill of lading
凭照 charter
凭证 credential
凭证式国债 voucher treasury bond
凭指定背书 endorsement to order
凭指示付款 pay to order
苹果与苹果比较 apples-to-apples comparison
瓶颈分析 bottleneck analysis
瓶颈式通货膨胀 bottleneck inflation
瓶颈作用 bottleneck effect
破产 bankrupt; bankruptcy; come to smash; go bankrupt; go into liquidation; become insolvent
破产程序 procedure in bankruptcy
破产程序中的债权 claim in bankruptcy
破产管理人 receiver
破产基金 insolvency fund
破产请求书 petition for bankruptcy; application for bankruptcy
破产原因 cause of bankruptcy
破产债权人 creditor of bankruptcy
破产债务人 insolvent debtor
破坏协议 break an agreement
破烂债券 junk bond
(保险)破损 brokerage (brkge.)
铺底资金 start-up capital; initial deposit; peg balance of funds
普遍优惠关税制 generalized system of preferences (GSP)
普通保险条款 general insurance provisions
普通承兑 general acceptance
普通承诺 general acceptance
普通存款 general deposit
普通贷款 conventional loan
普通的 general
普通法留置权 common law lien
普通法免责事项 common law exceptions
普通附加条款 general provisions
普通股 common share; ordinary share; common stock; ordinary stock
普通股东大会 ordinary shareholders' meeting
普通股利 common dividend
普通股每股账面价值 book value per common share
普通股投资回报率 return on common equity
普通固定资产账户 general fixed asset
普通划线 general crossing
普通划线支票 general crossed check;

check crossed generally
普通建筑 ordinary construction
普通流动性代理人 gripsack general agent
普通年金 ordinary annuity
普通人寿保险 ordinary insurance
普通任命权 general power of appointment
普通日记账(簿) general journal
普通市场 general market
普通寿险保单 ordinary life policy
普通寿险保险公司 ordinary insurance company
普通寿险代理人 ordinary agent
普通寿险代理行 ordinary agent; ordinary agency
普通寿险合同登记簿 ordinary register
普通寿险合同账 ordinary insurance account
普通寿险退休金信托 ordinary life pension trust
普通薪金保险条款 ordinary payroll coverage endorsement
普通薪金除外条款 ordinary payroll exclusion endorsement
普通医疗保险 regular medical insurance
普通医疗费用保险 regular medical expense insurance
普通医疗给付 regular medical benefit
普通遗赠 general legacy
普通债券债务基金 general bonded-debt fund
普通账户 general account
普通终身保险 ordinary life insurance
普通终身人寿保险 straight life insurance

Q

Q项条例　Regulation Q
七日条款　seven-day clause
期　batch
期初　beginning of period
期初结余　opening balance
期初留存收益　opening retained earnings
期初余额　beginning balance; start balance; initial balance; balance-start of year; year-start balance; balance at the beginning of the period
期初责任准备金　initial reserve
期货　futures; forward (fwd.)
期货标准合同　basis contract
期货出售仓位　future sale position
期货的　forward (fwd.)
期货行业　futures industry
期货合同　future
期货合同的买进或卖出　position
期货交易　dealing in futures
期货交易所　futures business
期货升水　contango
期货市场　futures market; contract market
期货业务　futures business
期货溢价　contango
期间准则　term rule
期末　end of period
期末差额　closing balance
期末存货　closing inventory; closing stock; ending inventory
期末基金提存　terminal funding
期末库存量　closing inventory
期末弥补准备　interpolated terminal reserve
期末年金　immediate annuity
期末余额　end balance; ending balance
期末责任准备金　terminal reserve
期末整付　bullet payment
期末整还　bullet payment
期票　promissory note (PN, P.N., P/N); tenor
期票买价　buying rate for time bill; buying rate for usance bill
期前费用　front loading
期首年金　annuity due
期望　anticipate
(心理上)期望的权利　entitlement (psychology of)
期中　interim
期中红利　interim dividend
期中审计　interim audit
期中余额　interim balance
期中责任准备金　mean reserve
期终余额　closing balance
欺骗行为　deceptive practice
欺骗性误述　fraudulent misrepresentation
欺诈保险　fraud bond
欺诈纵火者　fraud fire setter
其他　miscellaneous (misc.)
其他保险　other insurance
其他被保险人　other insurers
其他单据　other documents
其他驾驶人条款　omnibus clause
其他收入　miscellaneous revenue
其他州保险　other states coverage
其他资产　miscellaneous asset
歧视的　discriminatory
歧视性汇率　discriminatory exchange rate
企业　business
企业办社会　enterprises provide schools and health care for their employees
企业并购　business acquisition
企业财产和责任一揽子保险　business property and liability insurance package
企业财务绩效　corporate financial performance

企业承包责任制　enterprise contract responsibility system
企业存款　corporate deposit
企业登记注册　business registration
企业对企业　business-to-business (B2B)
企业犯罪保险　business crime insurance
企业风险　business risk
企业高级主管人员险　key executive insurance
企业估价　appraisal of business
企业管理　business management
企业化　turn ... into business institution; make ... function as an enterprise; run ... as an enterprise; function in an enterpreneurial manner
企业环境　condition of business
企业环境绩效　corporate environment performance
企业活期账户　business account
企业绩效打分　scoring of business performance
企业健康保险　business health insurance
企业健康保险计划　corporate health plan
企业竞争对手　business rival
企业会计　business accounting
企业会计原则　corporate accounting principle; business accounting principles
企业流程再造　business process reengineering
企业所有人保险　business owners policy (BOP)
企业团体　industrial group
企业往来账　business account
企业销售额与可用资产总额之比　assets turnover
企业信托　common-law trust
企业盈利分析　analysis of business profit
企业营业登记书　business certificate
企业营业登记证　business certificate
企业责任　business accountability
企业债券　enterprise bonds; corporate bond
企业主管人员保险　key person insurance; keyman insurance
企业主管人员健康保险　keyman health insurance
企业主管人员人寿及健康保险　key person life and health insurance
启动拨款　initial allocation
启用费　front-end fee
启运地交货价　Ex Work XX (EXW)
启运港　port of loading; port of shipment
启运国　country of departure; country of shipment
启运日期　date of departure
启运通知　declaration
起保　attach
起保日　inception date
起草　draw
起程延迟　delay in commencement of a voyage
起诉　complaint; information
起诉人　complainant
起诉书　indictment
起息期　attachment of interest
起息日　value date
起息日期　date of value
起源地　area of origin
起源国　country of origin
(船)起运毛重　gross shipping weight (g.s.w.)
起作用的　contributory
起作用的因素　contributory
弃权　release; abstain from voting
汽车、船舶和飞机保险　automobile, boat and aircraft insurance
汽车保险　automobile insurance
汽车(综合)保险　automobile insurance (comprehensive)
(驾驶其他汽车的)汽车保险　automobile insurance (drive other cars)
汽车保险计划　automobile insurance plan
汽车车身保险　automobile physical damage insurance
汽车盗窃　automobile theft

汽车队　automobile fleet
汽车分派风险保险计划　automoblie assigned risk insurance plan
汽车共有市场　automobile shared market
汽车旅馆　motor-hotel programme
汽车碰撞　automobile collision
汽车死亡补偿保险　automobile death indemnity coverage
汽车死亡和残疾保险　automobile death and disability coverage
汽车医疗给付保险　automobile medical payment insurance
汽车再保险计划　automobile reinsurance facility
汽车责任　automobile liability
汽车责任保险　automobile liability insurance
汽车责任超额保险　automobile liability excess policy
汽车综合保单　combination automobile policy
汽车综合险　automobile comprehensive
汽船　steamer (str.)
汽油　gasoline (gas.)
契约　contract (cont., contr.); compact; contractus; deed; obligation
契约保全　life conservation
契约保函统一规则　Uniform Rules for Contract Guarantees
契约贷款　contractual loan
契约规定的法律　contract law
契约规定股利　contractual dividend
契约履行期限　contract date
契约上的价值　contractual value
契约式投资信托　contractual type investment trust
契约依循的法律　contract law
恰当　relevance
恰其适的　the just-in-time
洽询出票人　refer to drawer (RD, R.D., R/D)
洽租　chartering
牵连　incriminate
牵头银行　lead bank; lead manager
签单部门　issue department
签单代理人　policy writing agent; recording agent
签单日　issue date
签单日期　date of issue
签单周年日　anniversary date
签到制度　sign-in system
签订的优先认股权　option written
签订　enter
签发保单　issue policy
签发地点　place of issue
签发日期　date issued
签名　countersignature
签名同意支付　underwrite
签署　signed (sgd.)
签约保额　definite closing
签约日期　date of contract
签证发票　certified invoice
签证费　certificate fee
签字　signature (Sig.); signed (sgd.)
签字盖章　affix signature and seal
签字形式　forms of signature
签字样本　specimen signature book; specimen signature list; list of specimen signatures
签字作废　cancel a signature
前次生日年龄法　age last birthday
前进　forward (fwd.)
前期　prior period
前期费　front-end fee; front-end expenses
前期结转损失　loss carry-forward
前期余额结转　balance brought over (from)
前手　antecessor
前手背书人　prior endorser
前页结转　brought forward (b/f)
前瞻性　proactive; forward-looking; far-sighted; future-applicable
前转条款　carry-forward provision
钱的　monetary

钱库 chest (cht.)
掮客 broker; commission broker
掮客存款 brokered deposits
掮客费 brokerage expense
掮客佣金 brokerage expense
潜在缺陷 latent defect
潜在缺陷条款 Inchmaree Clause
遣散费 compensation for removal
欠缴捐款 arrears in contribution
欠缴款项 arrears in contribution
欠款 arrears; amount due from (sb.)
欠款缓付的有效期 debt moratorium [PL. moratoria]
欠款客户 debit customer
欠款证书 arrears certificate
欠人 balance due to
欠条 IOU (I.O.U.)
欠息 debit interest; debt interest; arrears of interest
枪械保险 guns insurance
强迫的 compulsory
强行盗窃 thieves
强行展业 high-pressure selling
强制保险 compulsory insurance
强制储蓄 compulsory saving
强制贷款 forced loan
强制的 compulsory
强制费率 mandatory rates
(中央银行对商业银行)强制规定的最低存款储备 compulsory minimum reserve requirement
强制健康保险 compulsory health insurance
强制接受的业务 assigned risk
强制解散(清理) compulsory winding-up
强制借款 compulsory loan
强制进入并扣押 forcible entry and detainer
强制留置 involuntary lien
强制拍卖价格 forced sale value
强制清算 compulsory liquidation
强制审计 compulsory audit
强制退休计划 compulsory retirement plan
强制销售 forced sale
强制性规定 mandatory rules
强制性退休 compulsory retirement
强制责任 admitted liability
强制证券储备金 mandatory valuation reserve
强制仲裁解决 compulsory arbitration settlement
强制准备 compulsory reserve
抢购 buying spree
抢劫保险 pillage and looting insurance
抢劫保险保单 robbery insurance policy
抢劫犯 hold-up
抢救 salvage
抢先成交 beat the gun
侨汇 remittance by overseas Chinese
桥梁保险 bridge insurance
桥梁债券 bridge bond
切实可行 workable; practical; down-to-earth
亲笔签字 sight manual
亲属关系条款 relationship clause
侵犯(权利、利益) infringe on/upon (rights, interest)
侵犯利益 encroach on interest; encroach upon interest
侵犯权利 encroach on rights; encroach upon rights
侵害(权利、利益) infringe on/upon (rights, interest)
侵害利益 encroach on interest; encroach upon interest
侵害权利 encroach on rights; encroach upon rights
侵权行为 tort
侵权行为人 tortfeasor
青黄不接贷款 bridging loan
青少年积累人 junior accumulator
轻度伤害保险 qualified impairment insurance
轻偷窃罪 petit larceny
倾向 current (cur., curr., curt.)
倾向于不同意 disagree somewhat

倾斜政策 tilt favourably towards
清查 check over
清偿 clear off; discharge; liquidation
清偿条款 cut-through clause
清偿信用证 clean reimbursement credit
清偿债务 clear the debt; discharge of a debt
清除 clear; clear off
清除残损物条款 debris removal clause
清楚性 clearness
(核对用)清单 check list
清淡市场 narrow market; thin market
清点盘存 inventory-check
清洁单据 clean document
清洁浮动 clean float
"清洁"浮动汇率 "clean" floating exchange rate
清洁可转让的 clean negotiable
清洁可转让提单 clean negotiable bill of lading
清洁收货单 clean mate's receipt
清洁提单 clean B/L; clean bill of lading
清洁装船单证 clean shipping document
清洁租船契约 clean charter
清结账户 clearing account
清理(债务) clear up; go into liquidation; liquidation
清理成本 disposal cost
清理(价值)法 liquidation value approach
清理费用 clear-up cost; clean-up cost; clearing expense
清理股份分配 liquidating dividend
清理和撤销 screen and put out of
(停业)清理价值 liquidation value
清理亏绌表 deficiency account (statement)
清理连环债 break up the debt chains among; break up the chain of debts among
清理期间 liquidation period
清理三角债 break up the debt chains among; break up the chain of debts among
清理损益 liquidation gain or loss
清理逾期票据 clean up past-due bill
清理与整顿 liquidation and rehabilitation
清算 liquidation; clearing
清算便利 clearing facility
清算成员 clearing member
清算程序 liquidation procedure
清算代理 clearing agent
清算代理人 clearing house agent
清算贷款 bilateral loan
清算费用 liquidation charge
清算风险 liquidity risk
(票据)清算公司 clearing corporation
清算汇率 clearing rate
清算基金 clearing fund
清算价格 clearing price; settlement price
清算金额 amount of settlement
清算美元 clearing dollar
清算票据 clearing of bill
清算人 liquidator
清算日期 account days
清算商行 clearing firm
清算收益资产的机会成本 the opportunity cost of an earning asset liquidated
清算同盟 clearing union
清算项目 clearing item
清算协定 clearing agreement; clearing arrangement
清算业务 clearing operation
清算银行 clearing bank
清算账目 settlement of accounts
清算制度 clearing system
清算资产负债表 condition of affair; statement of affair
清账 clear an account
情节严重 where the circumstances are serious
情况 condition
情商 emotional intelligence (EI)
请 please (PLS.)
请翻到背面 please turn over (P.T.O.)
请翻到下页 please turn over (P.T.O.)
请看副本 see copy (S.C.)
请求发盘 invite to offer; invitation for offer

请求付账　ask an account
请求给付申请书　affidavit of claim
请求赔偿基础保险　claim made insurance
请求权　right of claim
请与出票人接洽　refer to drawer (RD, R. D., R/D)
请证　confirmation request
琼斯法令(海运法案)　Jones Act (Merchant Marine Act)
求救信号　save our ship (S.O.S.); save our soul (S.O.S.)
区位化优势　localization advantage
区域化　localization
区域价格　zone price
区域限制　territorial limitation
区域限制条款　territorial limit clause
趋利避害　seek advantages and avoid disadvantages
趋势　current (cur., curr., curt.)
渠道　channel
取得　acquire; accession
取得成本　acquisition cost
(权利的)取得时效　acquisition prescription
取得(他人的)债权　acquisition of a claim
取货证　carrier's note
取决点　cut-off point
取款凭单　bill of credit
取款通知　advice of receipt
取消　cancel; countermand
取消合同　rescission
取消前有效　good-till-cancelled (GTC)
取消特别提款权　cancellation of special drawing right
取消债务　debt cancellation
取消资格　disqualification
(四舍五入)取整数　round numbers
全　global
全部　full
全部成本　complete cost
全部成本计算法　full costing
全部的　complete
全部付款　full payment
全部价格　covering price
全部结清　all squared
全部亏损　dead loss
全部审查　complete checking
全部审计　complete audit; full audit
全部预期所得方法　total anticipated earnings method
全部责任　full liability
全程的　through (Thro.)
全电开证　L/C opened by full cable
全额　full amount; in full
全额转让　total transfer
全方位的　multi-faceted; multi-dimension; omni-oriented; omni-directional; multilevel; mutidimensional
全功能银行　full-service bank; universal bank; full-range service bank
全国保险督察协会示范法典　National Association of Insurance Connissioners Model Code
全国洪水保险计划　National Flood Insurance Programme
全国性海上运输保险定义　nationwide marine definition
全国有价证券行情自动报价协会(美)　National Association of Securities Dealers Automated Quotations(NASDAQ)
全国证券交易商自动报价协会　National Association of Securities Dealers Automated Quotations(NASDAQ)
全国证券交易自动报价系统(中)　securities trading quotation system
全括性信托契据　all-inclusive trust deed
全美海上保险条约(组织)　All-American Marine Slip (AAMS)
全美总代理人与外勤经理协会　General Agents and Managers Conference (GAMC)
全面的　comprehensive
全面调查　survey
全面价　all price; all round price
全面均衡分析　general equilibrium analysis

全面审查 comprehensive review
全面协定 comprehensive agreement
全面预算 comprehensive budget
全面预算控制 complete budgetary control
全面质量管理 total quality management (TQM)
全面质量控制 total quality control (TQC)
全年加权平均汇率(折算率) annual weighted average conversion rate
全球的 global
全球化 globalization
全球通 Global Access; Global-go
全球销售 global marketing
全权代理人 authorized agent
全权代理委任 general power of attorney
全权委任合约 blind treaty
全权委托 carte blanche
全权委托书 general power of attorney
全权信用券 carte blanche
全权证书 credentials
全损 total loss (TL, T.L.)
全损险 free from all average (FAA, f.a.a.); total loss only (TLO)
全套提单 full set of bills of lading
全套装货单据 full set of shipping documents
全体的 corporate; general
全天候服务 24-hour service; clock-wise service; full-time service
全险 against all risks (AAR, aar., a.a.r.); all risk (AR, A.R., A/R)
全员劳动生产率 all-personnel labour productivity
权变法 contingency approach
权变管理 contingency management
权衡利弊 weigh the pros and cons of
权力分散 decentralization
权力下放 decentralization
权利继承人 successor in title
权利人 obligee
权利人名义改变 change of title
权利要求 claim
权利主张 claim
权利主张人 claimant; claimer
权利转让证书 letter of transfer
权数 weight (wgt., wt.)
权限 competence
权限证书 certificate of authority
权宜费用 expediting expense
权益 interest
权益变动性投资 equity value holding
权益股本 equity capital
权益年金 equity annuity
权益摊薄 dilution
权益转让 assignment of interests
权益资本 equity capital
权责发生额 accruals
权责发生会计制 accrual basis of accounting
权责发生制 accrual accounting; accrual basis; accrual system; accrued basis
权责发生制会计 accounting on accrual basis; accrual basis accounting
权责分明 well defined rights and responsibilities
权责明确 well defined power and responsibility
权责已发生的 accrued
缺度优惠赔款 ex parte
缺口 gap
(在诉讼中)缺席 default
缺席的诉讼当事人 defaulting party
缺席者 defaulter
确定持续终身年金 life annuity (certain and continuous)
确定的基金 established fund
确定负债来源 identify the sources of liabilities
确定年金 annuity certain; certain annuity; regular annuity
确定期间 certain period
确定期限终生年金保险 life income with period certain
确定期限终生年金选择权 life income with period certain option
确定日期给付保险 fixed term policy

确定收入来源 identify the sources of earnings
确定书 definite order
确定文本 definitive text
确定信托 fixed trust
确定养老保险金计划 defined benefit pension plan
确定一项的使用年限 life an asset
确定终生年金 certain life annuity
确定准备金 place a reserve
确定资产来源 identify the sources of assets
确切利息 exact interest
确认 confirm; acknowledgement (ackgt., ackmt.); confirmation; acknowledge
确认单 acknowledgement (ackgt., ackmt.)
确认回单 acknowledgement slip
确认你方的报盘 confirm your offer
确认权利的判决 declaratory judgement
确认收悉(信函、单据、账单等) acknowledge
确认书 acknowledgement (ackgt., ackmt.); confirming order
确认所达成的协议 confirm the agreement reached
确认通知书 confirmation note; confirmation sheet
确实性 authenticity
裙带资本主义 crony capitalism
群体效应 herd effect herding behaviour

R

R项条例　Regulation R
让产易股　split-off; spin-off
让渡(财产)签署盖章生效　execute
让据书　deed of transfer
让与　grant
让与人　grantor
让与人保留收入信托　Grantor-Retained Income Trust (GRIT)
热马铃薯　hot potato
热门股票　fancy paper; glamour stock; blue chip stock
热钱　hot money
人才汇集机制　mechanism of human capital pooling
人才损失　personnel loss
人格诋毁　defamation of character
人工成本　cost of labour
人均　per capita
人口零增长　zero population growth (ZPG)
人口普查　census
人口数学　population increments
人口死亡表　population mortality table
人口统计学　demography
人力不可抗拒　force majeure
人力折旧论　human depreciation concept
人力资源开发　human resources development (HRD)
人欠　balance due from
人身保险合约　contract of insurance of persons
人身保险营销机构　Life Insurance Marketing Institute (LIMI)
人身担保　personal security
人身伤害　personal injury
人身伤害保险　personal injury coverage
人身伤害责任保险　liability insurance (bodily injury)
人身意外伤害保险　personal accident insurance
人生价值逼近法　human life value approach
人寿保险　life insurance
人寿保险成本　life insurance cost
人寿保险成本指数　life insurance cost indexes
人寿保险程序设计　life insurance programming
人寿保险费所得扣除　taxation allowance for life insurance premium
人寿保险福利　life insurance benefits
人寿保险公司　life insurance company
人寿保险公司营业所管理协会　Life Insurance Company Office Management Association (LICOMA)
人寿保险公司债务　liabilities (life insurance companies)
人寿保险广告者协会　Life Insurance Advertisers Association (LIAA)
人寿保险合同　contract of life insurance; life insurance contract
人寿保险理赔选择权　life insurance settlement option
人寿保险生存给付　living benefit of life insurance
人寿保险限额　life insurance limit
人寿保险信托　life insurance trust
人寿保险业务　life insurance business
人寿保险业务发展委员会　Life Insurance Operation Development Committee
人寿保险业者协会(美)　Life Insurers Conference (LIC)
人寿保险准备金　life insurance policy reserve
人寿风险因素　life risk factors
人寿管理协会　Life Management Institute (LMI)
人寿及健康保险适用协会　Life and Health Compliance Association (LHCA)

人寿及健康财产及意外保险人财务 insurer finances: life and health, property and casualty
人寿联系人协会 Life Communicators Association (LCA)
人寿与健康保险合伙公司 Life and Health Insurance Partnership
人寿再保险 life reinsurance
人寿总公司承保人协会 Home Office Life Underwriters Association (HOLUA)
人为的危险 personal hazard
人为控制 human approach
人性化银行 humanistic bank
人员减少 population decrement
仁人志士 people with lofty ideals
认保单 covering note
认付(汇票) acceptance (acc.); bill for acceptance
认付交单 documents against acceptance (D/A)
认购 underwrite
认购股本 capital stock subscription; application for share
认购即付 cash with order (CWO, C. W. O., c.w.o.)
认购(股)权 application right for (shares)
认股书 application for share
认缴股本 capital stock subscription; subscribed capital
认可 accredit; authorization
认可的 certified (cert., certif.)
认可资产 admitted asset; allowed asset
认证 attestation
认证的 certified (cert., certif.)
认证副本 attested copy
(审计)认证人 attestor
任命 appoint; appointment
任期 term of office
任意分类规则 discretionary rule
任意盈余准备金 arbitrary earned reserve
任意准备金 arbitrary provision
任职证明 certificate of office
任职证书 certificate of office
日报表 daily sheet
日报告 daily report
日本保险学会 The Japanese Society of Insurance Science
日本保险医学会 Association of Life Insurance Medicine of Japan (ALIMJ)
日拆 overnight lending; daily money; day-to-day loan; day call
日常分录 current entry
日常资金融通 day-to-day accommodation
日常活动能力 activities of daily living (ADL)
日戳 date mark
日贷 day loan; morning credit
日道 NIKKEI index of the stock
日工资 day rate
日计表 daily balance
日记簿 journal
日记分类联合账 combined journal and ledger
日记账 day book (DB); book of original entry
日记制度 diary system
日记总账 combined journal and ledger
日经指数 NIKKEI index of the stock
日历年度 calendar year
日历年度高额医疗保险 calendar year major medical plan
日历年度经验 calendar year experience
日历年度统计 calendar year statistics
日历年度意外事故统计法 calendar-accident-year statistics
日率 rate per diem
日期戳 date stamp
日期顺序 chronological order
日期提前 antedate
日期条件 date terms
日兴证券 Nikko
日用资金 day-to-day money
日元债券 yenbond
荣誉的 honourable (hon.)
容积 volume (Vol.)
容积重量证明书 certificate and list of measurement and/or weight
容许的迟延 delay allowance

融合　integration
融合比例　integration percentage
融通　accommodation
融通额度　line of credit
融通给付　facility of payment
融通汇票　accommodation bill; accommodation paper; accommodation note
融通票据　accommodated bill; accommodation note; accommodation paper; accommodation bill
融通人　accommodator
融资　leverage
融资保费　financed premium
融资再保险　financial reinsurance
融资债务　funded debt
融资租赁　capital lease
"如果"条款　"if" clause
如属必要　case of need
蠕动钉住　crawling peg
蠕动钉住汇率　crawling peg exchange rate
入港呈报单　bill of entry
入股申请人　applicant for share
入院许可证　pre-admission certification
入账　carry to
入账通知　credit advice (C.A., c.a.)
软贷款　soft loan
软条款信用证　soft term credit
瑞士银行同业清算系统　Swiss Interbank Clearing (SIC)
弱体危险　physically impairment risk

S

SWIFT 信用证 SWIFT credit
S 项条例 Regulation S
洒水器 drencher
3A 等级的 triple A-rated (AAA)
3D 保单 DDD policy
3D 保单 dishonesty, disappearance and destruction policy (3D policy)
3D 综合保单 comprehensive 3D policy
三倍保险保单 triple protection policy
三倍保障 triple protection
三角债 debt chains; multiple debts among
三来一补 processing with supplied materials, manufacturing with supplied drawings and samples, assembling with supplied parts and compensation trade (PMACT)
三联 bill in three parts
301 条款 Section 301 of the U.S. Trade Act
"三农"问题 problems facing "agriculture, rural areas and farmers"
三因子制分红方法 three-factor contribution plan
伞式再保险 umbrella reinsurance
伞式责任保险 umbrella liability insurance
散伙 dissolve partnership
散装货 bulk cargo; cargo in bulk
丧失驾照保险 loss of license insurance
丧失就业能力概念 loss of occupation concept
丧失权利 decheance
丧失视力或四肢的给付 loss of sight or limbs benefit
丧失赎回权的不动产 foreclosed real estate
丧葬保险 burial insurance
杀价 cut price; undercut price; price cutting; price undercutting; beat a bargain; beat down
筛选(项目、客户) select (projects, clients); screen (projects, clients); sieve (projects, clients)
山一证券 Yamaichi
闪电条款 lightning clause
善后基金 clean-up fund
善意持票人 bona fide holder; holder in due course
善终费用 final expenses
善终费用基金 final expenses
赡家汇款 alimony remittance
(离婚)赡养费 alimony
赡养家属的扣除额 deduction for dependent
伤残 disabling injury
伤残保险销售课程 disability insurance sales course
伤害 injury
伤害给付 injury benefit
伤害与疾病保障 injuries and diseases covered
商标 brand (br.)
商船 merchant marine (M.M.)
商定(交易) close
商法 commercial law
商法典 commercial code
商法中的债权 commercial claim
商行 commercial house
商会 Chamber of Commerce (C.C.)
商品 product; goods (gds.)
商品保险箱盗窃保险 mercantile safe burglary insurance
商品筹资 commodity financing
商品存储费及货款利息 carrying charge
商品盗窃保险 mercantile robbery insurance; mercantile open-stock burglary insurance
商品分期付款保险 merchandise installment floater
商品风险 merchandise risk

商品服务差额 balance on goods and services
商品化 commercialization
商品化的 commercial
商品货币 commodity money
商品经济 commodity economy
商品期货贸易委员会判决摘要书 CFTC Docket
(国际收支中)商品与服务的平衡 balance on goods and services
商情 commercial message; conjuncture
商人保险 dealers insurance
商人流动保险 dealer's floater
商务的 commercial
商务公断 commercial arbitration
商务活动 commercial activity
商务记录 carrier's statement
商务条约 commercial treaty
商务文件 commercial document
商务仲裁 commercial arbitration
商业 commerce; commercium [pl. commercia]; business
商业包装 commercial packing
商业保单 commercial forms
商业保险 commercial insurance; business insurance
商业保险公司 commercial insurance company
商业保险网络 commercial lines
商业备咨 business reference
商业本票 commercial note
商业簿记 commercial book-keeping
商业财产保单 commercial property policy
商业承兑汇票 commercial acceptance; trader's acceptance bill
商业筹资 commercial financing
商业传票 commercial voucher
商业贷款 commercial borrowing; commercial finance
商业贷款(利率) commercial loan (rate)
商业单证 business voucher
商业道德 commercial morality
商业的 commercial
商业电报 commercial telegramme
商业动产保险 business floater
商业发票 commercial invoice
商业法 business law
商业方式 commercial system
商业风险 commercial risk
商业封锁 commercial blockade
商业跟单信用证 commercial documentary letter of credit
商业公司 commercial company
商业关系 business relationship
商业惯例 commercial usage
商业合同 commercial contract
商业和个人财产保险 business and personal property coverage form (BPPCF)
商业化 commercialization
商业汇兑 commercial exchange
商业汇票 commercial draft; trade bill; trade draft; commercial bill (of exchange)
商业汇票市场 commercial bill market
商业会计 business accounting; business accountancy
商业机关 commercial organization
商业价值 commercial value
商业交往 commercial intercourse
商业金融 commercial finance
商业金融公司 commercial finance company
商业金融机构 commercial financial institution
商业经费保险 business overhead expense insurance
商业竞争 commercial competition
商业可转让票据 commercial negotiable instrument
商业利润 commercial profit
商业利益 commercial interest
商业秘密 business secret
商业票据 commercial paper; business paper
商业票据交易所 commercial paper exchange
商业票据市场 commercial paper market
商业票据托收 collection of commercial paper

商业票据信用证 commercial paper L/C
商业凭证 business voucher
商业企业 commercial enterprise
商业汽车保单 business automobile policy (BAP)
商业人寿保险 business life insurance
商业上的抵押 commercial pledge
商业上规定的不索赔 commercial disclaimer
商业社会 commercial community
商业生命健康保险 business life and health insurance
商业索赔 commercial claim
商业体系 commercial system
商业投资信托公司 commercial investment trust company
商业往来 commercial exchange
商业往来账户 commercial account
商业伪造保险单 commercial forgery policy
商业文件 commercial message
商业危机 commercial crisis; business crisis
商业习惯 commercial custom; commercial usage
商业萧条 commercial depression
商业信贷 credit in business; business credit
商业信贷公司 commercial credit company
商业信函 business letter
商业信件 business letter
商业信托 common-law trust
商业信用 commercial credit
商业信用保险 commercial credit insurance
商业信用调查 credit inquiry
商业信用调查机构 credit agency
商业信用证 commercial credit; commercial letter of credit
商业信誉 credit in business; credit standing and respectability
商业行为 commercial act; commercial operation; business act
商业性 commercriality
商业性借贷 commercial borrowing
商业性目标 commercial goal; commercial target
商业性质 nature of business
商业一揽子保单 commercial package policy
商业银行 commercial bank; commerzbank
商业银行机构 commercial banking institution
商业银行业务 commercial banking
商业用途 commercial use
商业用语 commercial terms
商业折扣 commercial discount
商业征信 business reference
商业征信所 commercial credit agency; commercial credit bureau; commercial inquiry office
商业证券经纪行 commercial paper house
商业中心 commercial centre
商业周期 business cycle
商业注册 commercial registration
商业资本 commercial capital; business capital
商业资金 commercial finance
商业综合保险 commercial blanket bond
商用电子计算机 commercial computer
商用房地产 commercial real estate (CRE)
商誉 goodwill
商誉法 goodwill method
商誉价值 goodwill value
商誉摊销 goodwill amortization; amortization of goodwill
商约 commercial treaty
商战 commercial war
上册结转金额 amount brought forward
上场的 listed
上等票据 gilt-edged bill
上缴利税 turn over profit and taxes to the state; profit and tax payment to the state
上门服务 door-to-door service
上年同比 year-on-year; on the year-on-year basis
上年同期 year-ago period; same period of previous year
上期 prior period
上期结转金额 amount brought forward
上期转来 carried forward (C.F., c/f)

上升 go north
上市 stock listing; list on a stock market; go public; get listed; go to the stock market; list one's shares; listing; association (ass., assn.); going public
上市公司 listed company
上市股票 listed stock
上市开放基金 listed open-ended funds (LOFs)
上市(有价)证券 listed security
上述的 above-mentioned (A.M.)
上诉保证书 appeal bond
上诉法院 appellate court
上诉人 appellant
上午 ante meridiem (a.m., am., A.M.)
上下 plus-minus
上下限 "ceiling" and "floor"
上下 10% plus-minus 10%
上页结转金额 amount brought forward
上月的 ultimo (Ult.)
上涨条款 rise clause
上涨因素 bullish factor
尚好 fair
尚未解决的(合同、订单、账目等) outstanding
尚无能用的 green
少报应税额 understated taxable amount
少付金额 amount shortpaid
少缴税款 underpaid tax
少收金额 amount shortcharged
少数 minority
少数股东 minority stockholders; minority shareholders; key shareholders
少数股东的权利 right of minority shareholders
少数股东权益 minority stockholders' interests; minority shareholders' interests
少数民族 minority
少数派 minority
少数票 minority
赊购 credit buying; credit purchasing; buy jawbone; buy on credit; buy on tally; buy on tick; buy on trust
赊购或赊销制度 credit system
赊购账 charge account; credit account
赊记账户 charge account
赊售 charge sale; credit business; sale on account
赊销 charge sale; credit sale; sale on account
赊销发票 credit sale invoice
赊账 on account (On a/c)
赊账购买 buy on credit
赊账价格 credit price
赊账金额 credit amount
赊账卡 charge card
赊账买卖 deal on credit
赊账贸易 open account trade; trade on credit; trade on open account
赊账条件 credit term
舍弃点 cut-off point
设备 facilities
设备安装费 cost of equipment installation
设备商保险 equipment dealers insurance
设备与家具 fixed and fittings
设备运输保险 equipment floater insurance
设定股本 stated capital
设定价值 declared value; stated value
设定资本 stated capital
设计保障计划 programming
设施 facility
社 society (Soc.)
社保支付 social security payment
社会 community
社会保险 social insurance
社会保险给付 social security benefit
社会保险基金 social insurance fund
社会保险支付 social security payment
社会保障 social security
社会保障调整选择权 social security adjustment option
社会保障基金 social security fund
社会保障体系 social security system
社会化 socilaization
社会统筹基金 mutual assistance funds
社会投资 investments from all sectors of society
社会效益 social benefits

社区 community
社区发展基金会 Community Development Foundation
社团 association (ass., assn.)
社团的 corporate
赦免 pardon
申报 declaration
(纳税品等的)申报 declare
申报保险 declaration insurance
申报表 declaration form
申报单 declaration form
申报合同 reporting contract
申报价值 declared value; stated value
申报纳税 report to pay tax; report incomes for tax payment
申报日期 date of declaration
申报式保单 declaration policy; reporting form
申请 apply; application (app.); apply for
申请办理汇款 apply for remittance
申请表(空白) application form
申请贷款 application for loan
申请抵押贷款 apply for loan secured
申请费 application fee
申请工作 apply for employment
申请购买票据 application for purchase of bill; application for purchase of draft; application for purchase of documents
申请汇出(境外)汇款 application for outward remittance
申请就业 apply for employment
申请开证人 applicant for a credit
申请人 applicant
申请使用 apply for employment
申请书 application (app.); letter of application
申请赎单 application for retirement of bill; application for retiring bill
申请退款 application for drawback
申请(购买)外汇 application for (foreign) exchange
申请信贷 demand for credit
申请(开立)信用证 application for (letter of) credit
申请议付票据 application for negotiation of bill
申请运用 apply for employment
申诉 complaint
申诉人 complainant
身份证明 credential; identity paper
身体合格雇员 actively employed
身体缺陷 physical impairment
身体伤害 bodily injury
身体伤害责任保险 bodily injury liability insurance
身心不健全 non compos mentis
深层次 deep-seated; deep-rooted
神秘失踪 mysterious disappearance
神秘失踪除外 mysterious disappearance exclusion
审查 examination
审查报告 certificate of the auditor
审查局 stamping office
审查权保留条款 non-waiver agreement
审查人 examinant
审查账目 examination of account
审单 check documents; examine documents
审定保险费 audited premium
审定财务报表 audited financial statement
审核单据 check documents; examine documents
审计 audit
审计报告 certificate of the auditor; clean opinion; audit report
审计标准 audit standard
审计长 chief auditor; chief comptroller
审计程序 audit procedure
审计法 audit law
审计费 audit fee
审计费用 audit expense
审计官 auditor; comptroller; commissioner of audit
审计合同 audit contract
审计结果 audit conclusion
审计结论 audit conclusion
审计局 audit bureau
审计日记 audit diary
审计师 auditor; audit officer

审计提纲 audit programme
审计通知 advice of audit
审计委员会 audit committee; board of auditors
审计须知 audit instruction
审计要求 audit postulate
审计意见 audit opinion
审计意见书 auditor's comment
审计员 auditor; comptroller; controller; audit officer
审计员证书 auditor's certificate
审计原理 audit postulate
审计原则 audit principle
审计证明书 certificate of auditing; audit certificate
审计周期 audit cycle
审计主任 chief comptroller
审议 consideration
渗漏保险 leackage insurance
升级 upgrade; be upgraded to . . .
升水 at a premium
升值 appreciate; appreciation
生(利息) carry
生产的资本密集程度 capital intensity of production
生产能力利用率 break-even productivity (BEP)
生产性 of a production nature
生产要素禀赋 production factor endowments
生存保障检定 living test
生存年金终值 terminal amount of life annuity
生存期转让 lifetime transfer
生存数 number of living; number surviving
生存信托 living trust
生存者年金 survivorship annuity
生存者责任准备金 active life reserve
生存嘱托 living will
生活必需品 necessaries
生活费自动增加 automatic cost-of-living increase
生活规划图 Life-O-Graph
生活周期保险 life cycle policy
生活周期表 life cycle
生命 longevity
生命表 life table
生命表的寿命界限 age 100
生命的经济价值 economic life value
生命函数 biometric functions
生前所需给付 living need benefit
生前预付条款 living benefits rider
生前赠予 gift inter vivos
生死的偶然性 life contingencies
生效 come into effect; come into operation; become effective; become operative; come into force
生效保单 in force policy
生效日期 effective date; date of entry into force
生锈险 risk of rust
生意 business
声明 declaration; declare
声明部分 declarations section
声震 sonic boom
牲畜保险 livestock floater; livestock insurance policy
牲畜运输保险 livestock transit insurance
胜任 competent; competence
剩余 surplus
剩余额 surplus
剩余价值 salvage value
剩余率 surplus ratio
剩余寿命 mumber of years lived
剩余业务 surplus lines
尸检 postmortem
失去 minus
失实记录 blind entry
失实数字 blind figure
失效 cease to be in effect; cease to be in force; decheance; become invalid
失效保单 lapsed policy
失效解约收益 lapsation profit
失效日 expiry date
失效支票 stale cheque
失信 break faith
失业保险 unemployment insurance
失业补偿 unemployment compensation

失值 out of the money
失职的 delinquent
施工过程中的桥梁保险 bridge insurance for bridges under construction
施救费用 salvage; sue and labour charge
施救条款 sue and labour clause
十年基金提存(制) ten-year funding
十年期保证人寿年金 life annuity with ten year certain
10P 评估因素 10P evaluation factors
十日免费审查条款 ten-day free look provision
石油输出国组织 Organization of Petroleum Exporting Countries (OPEC)
时代精神 spirit of the times
时价 current rate
时间价值 time value
时间因素保险 time element coverage
时态中介 temporal intermediation
时限 time limit; limitation
(债权或诉权的)时效 limitation
时效法 statute of limitations
时效期 period of limitation; period of prescription
时效性 prescription
时效中止 cease to run (of limitation period)
识别可比物 identifying comparables
实报实销费用与开支 fees and expenses on a full indemnity basis
实存实贷 make loans on the basis of deposits and funds mutually available
实得工资 take-home pay
实付费用 cost incurred
实际的 effective
实际的所有权 beneficial ownership
实际及预计损益比较表 comparative statement of actual and estimate profit and loss
实际交易价 activity price
实际可兑换性 de facto convertibility
实际全损 actual total loss
实际上 de facto
实际收益率 effective yield
实际损失率 actual loss rate (ALR)
实际投资金额 actual investment amount
实际现金价值 actual cash value
实际现金价值保险 actual cash value policy
实际现金支出 out of pocket expense
实际现值 actual present value
实际支出 out of pocket expense
实际重量 actual weight (A/W)
实际准备金 actual reserve
实际资本 capital stock
实价货币 actual price money
实缴股本盈余 contributed surplus
实名存款 deposit in a real name
实盘 firm offer
实时 real time
实收股本 capital stock paid-up
实收资本 contributed capital; paid up capital
实物补偿 in kind
实物参股 contribution in kind
实物股利 dividend in kind; property dividend
实物捐献 contribution in kind
实物销售 physical trading; physical sale
实物信贷 credit in kind
实习业务员 new agent
实现利润 profit realized
实现目标 achieve goal; reach goal; attain goal; accomplish goal
实行 effect
实行红利 actual dividend
实业化 industrialization
实在价值 realistic value
实支费用账 cost applied account
实质给付 economic benefit
实质贴现率 effective rate of discount
实质危险 physical hazard
实质性变更 material alteration
实质性的 material
使变为资本 capitalize
使(计数器)归零 clear
使商品化 commercialize
使商业化 commercialize

使收支相抵 meet one's expense
使…完成 complete
使无效 quash
使一致 conform
使用费 charge for use
使用价值 value-in-use
使用年限 age
使用损失保险 loss of use insurance; use and occupancy insurance (U & O)
世界级品牌 world-class brand name
世界银行协定条款 Bank's Articles of Agreement
市 session
市场 market (mkt.)
市场调节职能 market mechanism
市场规律 market mechanism
市场化 marketization; market-oriented
市场活跃 buoyant market
市场机制 market mechanism
市场价格 marketing cost
市场价值条款 market value clause
市场结构 market mechanism
市场经济 market economy; market-oriented economy
市场撇脂 market skimming
市场清算利率 market-clearing rate
市场突然下跌 break in the market
市场推动型 market-driven
市场因素 market factor
市场定价 pricing to market (PTM)
市场定位 market position
市场法则 market mechanism
市场比较法 market comparison approach
市府保险 municipal insurance
市府债券保险 municipal bond insurance
市政火灾保障分级表 grading schedule for municipal fire protection
事故发生率 incidence rate
事故发生伤害理论 occurrence/injury theory
事故发生式保单 occurrence form
事故发生通知 notice to company
事故免赔额 percause deductible
事故年记录 accident year experience
事故赔偿限额 occurrence limit
事故与赔偿 accident and indemnity (A & I)
事故预防 accident prevention
事后从犯 accessory after the fact
事后检查 ex-post review
事后审计 post audit
事件 occurrence
事前从犯 accessory before the fact
事前审计 preaudit
事实构成的信托 resulting trust
事实上 de facto
事实预期 factual expectation
事务部门 back office; back room
事务的处理 conduct of business
事先拜访 pre-approach
事先批准 preapproval
事先预估 preappraisal
事业型人才 career-oriented talent
事由 with reference to (Re.)
视可保利益出现而定 as interest may appear
视同现金的支票 check as cash
试水价 indicative price
试算表 trial balance
试验 experimentation
试用期 probation period
适当折旧 depreciation adequacy
适航 seaworthiness
(船舶)适航证书 certificate of seaworthiness
适合性 compatibility
适时 in good time; in time; timely
适意 amenity
适用 application (app.)
嗜好与业余爱好 hobbies or avocations
收到 receipt (recpt., rect.)
收到(文件等) come to hand
收到…的货款 cash in
收到日期 date of receipt; date received
收费 charge; charge collect
收费表 Terms and Conditions; Tariff Schedule
收费记号 tick

收费名册 debit book
收费账簿 collection book
收付记账制 receipt-payment bookkeeping system
收付实现(会计)制 cash basis (of accounting)
收购 acquisition of; acquisition; acquire
收购价格 buying price
收购能力 buying power
收购全部股权 buying out an interest
收购限额 buying quota
收购已发行股票 acquire the outstanding shares
收购与兼并 acquisition and merger
收购政策 buying policy
收回 escheat
收回不动产诉讼 ejectment
收回贷款 recall loan; recover loan; recoup loan
收回坏账 bad debt recovery
收回资本 capital recovery
收货人 cargo receiver; consignee
收货人指交提单 consignee order B/L
收货托运人 consignee-shipper
收货证明 certificate of receipt
收集数据 collection of data
收集资料 collection of data
收件人 addressee
收据 receipt (recpt., rcct.)
收款 collecting; collection of payment
收款本票 collecting note
收款比率 collection ratio
收款代理商 collecting agent
收款费用 collection fee
收款汇票 collecting bill
收款率 collection rate
收款明细单 collection schedule
收款人 payee
收款日记账 daily collection record book
收款手续费 commission for collection
收款受托人 trustee of moneys collected
收款书 covering warrant
收款通知 advice of charge
收款员 collector (collr.)
收款账户 collecting account
收盘 close; closing; closing session
收盘出价和要价 closing bid and asked price
收盘行市 closing quotation
收盘后交易 after-hours dealing
收盘汇率 closing rate
收盘汇率法 closing rate method
收盘价格 closing price
收盘降价 closing low
收盘上涨 closing high
收取附加费 collection of additional charge
收取摊付款项 collection of contribution
收取债款 collection of debt
收入 earnings; means
收入保险 earnings insurance
收入保障保险 income protection
收入保障保险单 income protection insurance policy
收入变更策略 income-shifting strategies
收入补偿保险 income reimbursement insurance
收入持续保险 income continuation insurance
收入持续性 duration of income
收入传票 collection voucher
收入的确定 revenue recognition; recognition of revenue
收入抵消账户 contra-revenue account
收入滚存 accumulated income
收入基金 income fund
收入近似价值 income approach to value
收入均衡性 regularity of income
收入款项 collecting
收入能力 income-earning ability
收入确定性 certainty of income
收入损失保险 loss of income coverage; loss-of-income insurance
收入现金 cash received
收入与保险相关条款 relation of earnings to insurance
收入重置 income replacement
收入总额 gross receipt
收市后交易 after-hours dealing

收税员 collector (collr.)
收条 receipt (recpt., rect.)
收妥发票 receipt invoice
收妥即付 payable on receipt (P.O.R.)
收妥结汇 settlement on receipt of reimbursement
收益 profit; gain
收益法 income approach
收益仅敷支出的 marginal
收益流 income stream
收益率 rate of return
收益性财产 income property
收益债券 income debenture
收益支出 charge against revenue
收益资产 earning assets
收银员 cashier (cash.)
收债人 debt collector
收账 collect account; collecting
收账部门 collection department
收账信 collection letter
收账员 collection clerk; bill collector
收招合一保险 home service insurance; industrial insurance; debit insurance
收招合一制 debris system
收招合一制代理人 debit agent
收招业务员 debit man
收支 revenue and expenditure
收支赤字 deficit balance
收支结算制度 clearing payment system
"收支两条线"管理 separate management of revenues and expenditures
收支逆差 deficit balance; adverse balance
收支平衡 balance receipts and payments
收支平衡点 break-even point (BEP)
收支相抵 break-even
收支账目说明 debit and credit advices
手 block; lot
手册费率 manual rates
手段 means; mechanism; medium
手术费保险 surgical expense insurance
手续费 handling charges; bank's commission; commission (com., comm., commn.); commission-charge; agency commission
手续费收入 handling fee earned
手续费账户 commission account
手续费支出 handling fee paid
首次拨款 initial allocation
首次发行(债券等) initial issue
首次公开发行 initial public offering (IPO)
首次公开上市股票 initial public offering (IPO)
首次公募 initial public offering (IPO)
首次索偿即付履约保函 first demand guarantee
首次消费者 first-timer
首领 chief
首尾两日包括在内 both days inclusive (B.D.I., b.d.i.); both dates inclusive (B.D.I., b.d.i.)
首席保险人 lead insurer
首席公司 leading company
首席执行官 Chief Executive Officer (CEO)
首席仲裁员 umpire
首字母 initial
寿命 longevity
寿险保单附加条款 clauses added to a life insurance policy
寿险单替换 life insurance replacement
寿险精算 life contingencies
寿险内勤经营协会(美) Life Office Management Association (LOMA)
寿险提前给付 acceleration life insurance
寿险信息服务 life information service (LIS)
寿险行销调研协会(美) Life Insurance Marketing and Research Association (LIMRA)
寿险型退休金计划 insured pension plan; insured plan
寿险业务员教育培训委员会(美) Life Underwriter Training Council (LUTC)
寿险业务员教育培训委员会会员(美) Life Underwriter Training Council Fellow (LUTCF)
寿险业务员协会 Life Underwriters Association (LUA)

寿险业务员政治活动委员会(美) Life Underwriters Political Action Committee (LUPAC)
寿险业协会(美) Institute of Life Insurance (ILI)
寿险医疗研究基金(金) Life Insurance Medical Research Fund (LIMRF)
寿险转让条款 assignment clause of life insurance
寿险资产的投资 investment of life insurance assets
寿限折旧法 depreciation-age life method
受保风险 insured peril
受保人 insurant
受保生命 life insured
受偿权 right to indemnity; right to indemnification
受抚养者 dependent
受抚养者保险 dependent coverage
受抚养者寿险 dependent life insurance
受惠国 beneficiary country; benefit country
受具结人 recognizee
受控公司 controlled company
受控制账户 controlled account
受款人 payee
受理索赔 honour a claim
受留置权保障的债权 claim protected by lien
受票人 drawee
受权人 authorized person
受让人 transferee; grantee; assign; assignee
受让人待填写的转让书 assigned in blank
受托保证 fiduciary bond
受托代办发票 indent invoice
受托监管 delegated monitoring; delegated regulation
受托人 bailee; trustee; consignee
受托人保险 bailee insurance
受托人顾客保险 bailees customer insurance
受托人留置权 bailee's lien
受托人条款 bailee clause
受托人团体人寿保险 trustee group insurance
受托人责任保险 bailee liability insurance
受托责任保险 fiduciary liability insurance
受委托人 bailee
受信的 fiduciary
受信人 accredited party
受信托人 fiduciary
受信责任 fiduciary duty
受押人条款 mortgagee clause
受益权 beneficial interest; beneficial power; beneficial right
受益权人 beneficial owner
受益人 donee beneficiary; beneficiary; in favour of (F/O, f/o)
受益人权益 beneficial interest
受益人声明 beneficiary statement
受益人抬头信用证 hand-on credit
受益人条款 beneficiary clause
受益人证书 beneficiary certificate
受益所有权 beneficial title
受益原则 benefit principle
受益证明书 beneficiary certificate
受益值 benefit value
受援国 benefit country
受约者 offeree
受责卸责报告表 charge and discharge statement
受助者 assisted (asstd.)
售出期货 forward sales
售价高 come high
售空市场 sold-out market
授理权 power of attorney (P.A.)
授权 authorization; delegation of authority
授权保险人 authorized insurer
授权代理人 authorized agent
授权公司 authorized company
授权签署 authorized signature
授权认股债券 bonds with equity warrants
授权书 commission of authority; letter of authority (L/A); power of attorney (P.A.); proxy; proxy statement
授权银行 authorized bank
授权证书 certificate of authorization
授信 bank credit facility; credit facility;

accredit; allow credit
授信买方 accredited buyer
授予权责 delegation of authority and responsibility
授予人 grantor
授予物 grant
书记 secretary (Sec., sect., secy.)
书记员 clerk (cl.)
书信电报 letter telegram (LT)
书信开证 open credit by airmail
疏忽 negligence; crassa negligentia
疏忽条款 Inchmaree Clause
输出 export (EXP)
输出品 export (EXP)
输入 import (IMP. imp.)
赎单 retire bill; take up bill; bill retired
赎回抵押品 redemption of mortgage
赎票 retire bill
(一)束 hank (hk.)
数据 data [datum 的复数]
数据审查 data interview
数量 amount (amt.); quantity (q.)
(货物)数量证明书 certificate of quantity
数值附加保费制度 numerical rating system
数字 figure (fig.); number (No.)
数字信号处理器 digital signal processors (DSPs)
双倍保障保单 double protection policy
双倍的 double (dble.)
双边的 bilateral
双边合同 bilateral contract
双边契约 bilateral contract
双边清算 bilateral clearing
双边协定 bilateral agreement
双边协议 bilateral agreement
双边支付 bilateral payment
双边支付协定 bilateral payment agreement
双重恢复 double recovery
双重利益保单 dual interest policy
双重评估 dual valuation
双重评估条款 dual valuation clause
双重权利说 dual capacity doctrine
双重寿险股份公司 dual life stock company
双重肢离或失明 double dismemberment
双方过失碰撞条款 both to blame collision clause
双方互有责任条款 both-to-blame clause
双方委托代理 reciprocal agency arrangement
双轨价格制 two-tier price system; double-track pricing system
双签 double signatures
双亲给付 parent benefit
双人签字 double signatures
双收入家庭 two-income family
双账式资产负债表 account form (of) balance sheet
双职工家庭 dual-income family
水单 memorandum (MEMO., memo.) memorandum bill
水管破裂保险 burst pipe insurance
水平的 horizontal
水险 marine insurance (MI)
水险承保组合 marine syndicate
水险单 marine insurance policy (MIP)
水准基点 bench mark
税单 tax return
税盾 tax shield
税额减免 tax credit
税额扣除 tax credit
税额扣减 tax deduction
税赋乘数因子 tax multiplier
税基 tax basis
税检 tax inspection
税款及附加 tax and surcharge
税前所得 before-tax earnings
税前投资利润率 pretax return on investment
税收代扣代交制 system of deduction and payment of taxes through agents; system of withholding and payment of taxes through agents
税收优惠的退休计划 tax favoured retirement plan
税收征管 tax collection and administration; tax payment administration
税务登记内容 contents of tax registration

税务登记证　tax registration certificate; certificate of tax registration
税务司　commissioner
顺差　favourable balance; surplus; black ink
顺汇　remittance (Rm.)
说明书　prospectus
司法保证　court bond; judicial bond
司机培训优待　driver training credit
司库(美)　cashier (cash.)
私募　private placement
私人配售　private placement
私吞　misappropriate
私下交易　private placement
私下交易股票　counter share
私下融资　back-door financing
私营保险　private insurance
私营保险人　private insurer
私营承运人　private carrier
私营非商业性健康保险　private non-commercial health insurance
私营企业　privately-owned enterprises (POEs)
私有经济　self-employed; private economy; private businesses
思想道德素质　ideological and ethical standards
死差损　mortality loss
死差益　mortality gain; mortality savings
死贷　bad loan
死后偿还借据　post-obit bond
死钱　dead money
死亡保险　dies insurance; insurance payable at death
死亡保险及时给付　insurance payable at the moment of death
死亡保险金年底给付　insurance payable at the end of the year
死亡表　mortality table
死亡补助　compensation for death
死亡测试　death test
死亡法则　law of mortality
死亡分红　mortuary dividend
死亡风险　mortality risk
死亡抚恤金　death benefit; death gratuity
死亡给付递减的定期保险　decreasing term insurance
死亡基金　death fund
死亡计划　death planning
死亡金　death benefit; death gratuity
死亡率　death rate; mortality; mortality rate; rate of death
死亡率调整　mortality adjustment
死亡率曲线　mortality rate curve
死亡率贴现　discounting for mortality
死亡率因素　mortality factor
死亡率预测　anticipated mortality; estimated mortality; expected mortality
死亡赔偿　compensation for death
死亡声明　dying statement
死亡势　force of mortality
死亡数曲线　curve of number dying
死亡索赔　death claim
死亡赠予　gift causa mortis
死亡折扣　discount for death
死账　dead account; bad account
死者代理人　personal representative
死资产　dead asset
四C消费群、成本、便捷、通讯　consumer, cost, convenience, communication (4C)
四倍型意外伤害保险　quadruple indemnity
四分之三价值条款　three-fourths value clause
四分之三碰撞条款　three-fourths running down clause
四分之三损失条款　three-fourths loss clause
四分之一　quarter (qr.)
四季结账日　quarter day
45年规则　Forty-five Year Rule
四月　April (Apr.)
俟日后承兑的收款　collection with subsequent acceptance
送件回单簿　chit book
送款机　cash carrier
送信簿　chit book
搜查证　warrant
苏黎世黄金联营　Zurich Gold Pool
诉权　claim

诉权时效 limitation of claim
诉讼保证保险 litigation bond
诉讼代理律师 attorney ad litem
诉讼代理人 agent ad litem
诉讼方式 by lawsuit
诉讼费 costs
诉讼费保险 legal expense insurance
诉讼合并 consolidation of action
诉讼时效 prescription; limitation of legal proceedings
速动比率 quick asset ratio; quick ratio
速动测试 acid test
速动负债 quick liability
速动资产 quick asset
酸性测试 acid test
酸性测试比率 accumulation test ratio
酸性测试法 accumulation test method
酸值 acid value
随便的 casual
随到随付 payable on demand (P.O.D.)
随机应变法 contingency approach
随时 at call
随意选择的折旧 depreciation at choice; free depreciation
岁出 annual expenditure
岁出核查 audit of expenditure
岁出经费 annual appropriation
岁出明细分析 appropriation analysis
岁出预算 appropriation budget; budget for annual expenditure
岁入 income revenue
岁入预计数 anticipated revenue
岁入预算 budget for annual revenue
损害 damage
损害赔偿 indemnify; indemnity
损害赔偿金 damages
损害赔偿要求 claim for damage
损害损险 non-life insurance
损耗(量) ullage
损耗 losses
损后价值 damage value
损坏(物品) damage
损坏赔偿 compensation for damage
损毁率 severity rate
损毁索赔 damage claim
损价 out of the money
损失 damage
损失报告 loss report
损失比例免赔额 percentage-of-loss deductible
损失补偿原则 principle of indemnity
损失补偿约定书 letter of indemnity
损失成本 cost of loss; loss cost
损失程度 severity of loss; loss severity
损失初步证明 preliminary proofs of loss
损失处理费用 loss conversion factor
损失调整额 loss lag
损失发生基础 "losses occurring" basis
损失发展因素 loss development factor
损失分层 stratification of losses
损失分摊 division of loss
损失负荷 loss loading
损失给付条款 loss payable clause
损失控制报告 loss control report
损失控制部 loss control department
损失控制代表人 loss control representative
损失控制管理准会员 Associate in Loss Control Management (ALCM)
损失理算费用 loss adjustment expenses
损失理算人 loss adjuster
损失率 loss rate
损失率准备金法 loss ratio reserve method
损失频率法 loss frequency method
损失频率与分布 frequency and distribution of losses
损失趋势 loss trend
损失提款 loss draft
损失条款 loss clause
损失通知 notice of loss
损失文件保证 lost instrument bond
损失预期 loss expectancy
损失证明 proof of loss
损失转移 loss transfer
损益 gain and loss; profit and loss (P.& L.)
损益表 gain and loss exhibit; income statement; profit and loss statement; statement of loss and gain
损益计算书 profit and loss statement

损益收费法 charging profit and loss method
损余利益 benefit of salvage
缩短 curtail
缩短缴费期 accelerated endowment
缩短缴费期限或加速满期 accelerated paid-up or endowment
缩减开支 curtail expenditure
缩写 abbreviation（Abbr.）
缩写签署 initial
所得丧失补偿给付 loss of benefit
所得丧失概念 loss of income concept
所得收益率 income yield
所得税 income tax
所得税保证保险 income tax bond
所得税减免(额) deduction from income tax
所得税申报表 Income Tax Return
所使用技术的资本产出系数 capital/output coefficient of technology employed
所外市场 upstairs market
所有权 title；claim；proprietorship
所有权保险 ownership insurance
所有权负担 burden of ownership
(保单)所有权附带权 incidents of ownership
所有权声明 declaration of ownership
所有权受益人 beneficial owner
所有权优势 ownership advantage
所有人 owner
所有人、业主及房客责任保险 liability insurance（landlords and tenants）
所有者权益 owner equity；owner's equity
索偿 claim reimbursement；reimbursement claim
索偿方式 method of reimbursement
索偿书 reimbursement claim
索偿条款 reimbursement clause
索偿行 claiming bank
索汇 claim reimbursement；reimbursement claim
索价 charge
索赔 claim；make a claim；lodge a claim；compensation claim
索赔报告 claim report
索赔单证 claim document
索赔发生方式 claims occurrence form
索赔函 claim letter
索赔金额 ad damnum
索赔权 right of claim
索赔人 claimer；claimant
索赔手续 claim provision
索赔书 a claim；letter of claim；claim letter
索赔提出基础责任保险 claims made form；claim made basis liability coverage
索赔条件 claim condition
索赔通知 claim notice
索赔通知条款 notice of claim provision
索赔委员会 claim board；claim commission
索赔与损失控制 claim and loss control
索赔转嫁 shift claim
索取折让 discount claimed
索引 index
索引卡 history card

T

T表　T tables
T项条例　Regulation T
T形账户　T-account
他保条款　other insurance clause
他货所致损毁　damage by other cargo
台账　bench sheet
抬头人　order
抬头人支票　order check
抬头支票　check to order
太平洋保险会议　Pacific Insurance Conference (PIC)
坍塌建筑条款　fallen building clause
摊薄股息　dilute; dilution of dividends
摊薄收益　diluted gain
摊分　cut
摊付　contribute
摊付分保现金赔款　cash call
摊还率　amortization factor
摊还期　amortization period
摊派(会费等)　contribution
摊派保险　assessment insurance; assessment plan
摊派税捐估价　assessment valuation
摊派税款清册　assessment rolls
摊配成本计算法　cost finding
摊提价值　amortized value
摊提债券贴水、升水及债券发行费　amortization of bond discount, premium and expense
摊销　amortization
摊销备抵　allowance for amortization
摊销表　amortization schedule
摊销法　amortization method
摊销费　amortization fee; amortization charge
谈判　negotiate
弹性条款　escalator clause
唐提式　tontine
唐提式年金　tontine annuity
逃废债务　evasion of debts
逃税　tax evasion; evade tax payment
逃债　evade debts; debt evasion
讨价还价　beat a bargain
讨价还价后成交的商品　bargain
套购保值　hedge
套购股票　arbitrage in stock
套购或套售交易　hedge
套购金银块　arbitrage in bullion
套购金银条　arbitrage in bullion
套购证券　arbitrage in securities
套汇　cross exchange; currency arbitrage; arbitrage; arbitrage of exchange
套汇汇率　arbitrage rate
套汇交易　arbitrage transaction
套汇掮客　arbitrage broker
套汇商　arbitrage dealer
套汇业务　arbitrage business
套利　interest arbitrage; money arbitrage; arbitrage; bilateral arbitrage
套利点　arbitrage point
套利公司　arbitrage house
套利基金　hedge fund
套利外汇合同　arbitrage exchange contract
套期保值　hedge; hedging
套期头寸　hedged position
套期状况　hedged position
套算汇率　cross rate of exchange
套头基金　hedge fund
套头交易　hedge
套住　tied-up; held-up funds; diversion of funds
套住资金　tied-up capital; tied-up funds; locked up capital
特别背书　special endorsement
特别补偿　special indemnities
特别承保　special acceptance
特别单独海损　specified particular average
特别风险　extra risk

特别公积金 appropriated surplus
特别股东大会 special shareholders' meeting; extra-ordinary shareholders' meeting
特别划线支票 specially crossed cheque; check crossed specially
特别基金 fund
特别扩展保障 special extended coverage
特别生命表 special mortality table
特别税捐估价 assessment valuation
特别损失准备金 special loss reserve
特别提款的逐日汇率 daily SDR rate
特别提款权 Special Drawing Right (SDR)
特别条款 special conditions; special terms
特别佣金 overriding commission; overwriting commission
特不定期超赔再保险 specific excess reinsurance
特长尾巴 maxi tail
特大风险 jumbo line
特定保险 specific insurance
特定报告 specific call report
特定超赔合同 specific excess contract
特定贷款 earmarked loan; purpose-limited loan
特定费率 specific rate
特定分保 specific reinsurance
特定疾病综合给付保险 dread disease insurance
特定疾病保险 specified disease insurance
特定交割 special delivery; deliver on a longer term
特定金额 specified amount
特定抗辩时效 time limit on certain defenses
特定留置权 particular lien
特定年龄计算的死亡率 age-specific mortality rate
特定年龄死亡率 age-specific death rate
特定年限 given year
特定时期 given period
特定市场 specific market
特定事故保险 limited policy
特定事故健康保险 limited health insurance policy
特定事故人寿保险 limited life policy
特定危险保险 specified peril insurance
特定限额 specific limit
特权 franchise
特权与豁免 privilege and immunity
特色经济 economy of specification
特殊保单 special policy
特殊费用份额 share of specific charges
特殊风险 extraneous risks
特殊风险保险 special risk insurance
特殊个人财产保单格式 special personal property form
特殊目的实体 special purpose entity (SPE)
特殊条款 special features
特殊危险 special hazard; special peril
特殊危险体 special class
特许会计师(美) certified public accountant (CPA)
特许权 royaly
特许银行 chartered bank
(立法机构对成立公司等的)特许状 charter
特约代理人 special agent
(信用卡)特约单位 appointed store
特约商号 appointed store
特约医院 hospital affiliation
特制保险单 tailor made policy
特种委托户 adventure account
剔除 charge off; disallowance
提出赔偿要求 raise a claim
提出权利主张 raise a claim
提出索赔 claim made
提出远景 envisioning
提存准备金 place a reserve
提单 bill of lading (B/L, B/Ldg.); b'lading
提单担保 bill of lading guarantee
提单副本 copy of bill of lading
提单日期 date of bill of lading
提高费率 rated up
提供 contribution
提供家庭保险的人寿保险单 life insurance policy providing family protection

提供商业资金 commercial financing
提货不着险 risk of non-delivery
提货单 carrier's note
提货折 passbook (pass book)
提款 drawdown; disbursement
提款期 available period
提款通知 advice of drawing
提名者 nominator
提前偿还 prepayment; prematurity repayment
提前筹资 advanced funding
提前筹资的退休年金保险 advance funded pension policy
提前兑换(债券) anticipated redemption (of bonds)
提前付款特权 prepayment privilege
提前给付 accelerated benefit
提前或延后付款 leads and lags
提前积累基金 head start fund
(退休金)提前离职扣除 advance discounting for severance
提前满期 accelerated endowment
提前取款 break a deposit
提前日期 antedate
提前赎回 advanced redemption
提前赎回(债券) anticipated redemption (of bonds)
提前退休 early retirement
提前退休年龄 early retirement age
提前支付 anticipated payment
提前装运 anticipate shipment
提取(钱款) draw
提取现金 cash drawing
提示 intimation; presentation
提示后就… upon presentation
提示银行 presenting bank
体积 volume (Vol.)
体检 examination; physical examination; paramedic examination
体检和验尸条款 physical examination and autopsy provision
体验 medical examination
体验报告 medical report
体制创新 institutional innovation
体制性障碍 institutional obstacles
替代保证附加条款 superseded suretyship rider
替换率 replacement ratio
替换物 change
替换选择性保险单 alternative optional policy
替换原则 principle of substitution
…天后付款 pay ... after date
天数 days (Ds., d's)
天数计算基准 day count basis
添加给付扣除额 integrated deductible
填补资金缺口 fill up fund gap
填早日期 predate
条件 condition
(附带)条件 proviso
条件概率 conditional probability
条件条款 addendum clause
条块分割 division between different departments and localities
条款 clause (cl.)
条例 ordinance; regulation
调节表 reconciliation statement; reconciliation sheet
调节基金 buffer fund
调解 mediation
调解人 mediator
调停 mediation
(股票、商品市场大涨小回的)调整 consolidation
调整保费法 adjusted premium method
调整分录 adjusting entries
调整后的保费 modified premium
调整后的经营净收益 adjusted net gain from operations
调整后的净资产 adjusted net asset value
调整后净值 adjusted net worth; equity; estimated total equity
调整后收益 adjusted earnings
调整后应纳税的捐赠 adjusted taxable gifts
调整后总遗产 adjusted gross estate
调整期间 adjustment period
调整性收入 adjustment income

调整账面价值法 adjusted book value approach
跳水 plunge
贴水 agio; discount (disc., disct., diss.)
贴息 discount (disc., disct., diss.)
贴息贷款 premium loan; interest discount loan; discount loan
贴现 discount (disc., disct., diss.)
贴现保费 discount premium
贴现费用 discount charge
贴现公司 discount company
贴现计算 discounting
贴现利息 discount interest
贴现率 discount rate
贴现票据 discounted bill; bill discounted (B.D.)
贴现期间 term of discount
贴现(申请)人 applicant for discount
贴现市场 discount market
贴现损失 discount loss
贴现行 discount bank; discount house
贴现银行债券 discount bank debenture
铁路保险单 railroad policy
铁路保险费率局(美) Railroad Insurance Rating Bureau
铁路代位求偿权放弃条款 railroad subrogation waiver clause
铁路核保人 railway underwriter
铁路上交货 free on rail (FOR)
铁路退休制度 railroad retirement system
庭外解决 out-of-court settlement
停闭 close out
停泊处 wharf (whf.)
停泊退费 lay-up refund
停顿的 dead
停息贷款 non-accrual loan
停歇 close down
停业 close up; wind up
停用保险 outage insurance
停运权 stoppage
停止 cease
停止令 cease and desist order
停止生效 cease to have effect
停止业务 close out
停止营业 close of business
停止营业时间 closing time
停止支付 non-payment
通才 a Jack of all trades
通常费用 overhead
通常利率 conventional rate
通告 circular
通告照会 circular note
通过 **SWIFT** 开证 L/C opened by SWIFT
通过…方法 via; by way of
通过…方式 via; by way of
通函 circular; circular letter
通货 circulation; credit money; currency (C.Y., c.y.)
通货贬值 currency devaluation
通货紧缩 deflation; currency deflation
通货膨胀保护背书 inflation guard endorsement
通货膨账因素附加费 inflation factor
通货学派 currency school
通盘价 all price; all-in price; all round price
通勤 commutation
通融方 accommodation party
通融赔款 exgratia payment
通商 commercial intercourse
通商条约 commercial treaty
通讯 communication
通讯费 communication expense
通用 currency (C.Y., c.y.)
通用财务报表 all-purpose financial statement
通用的 current (cur., curr., curt.)
通用商业制 universal mercantile system
通用资产负债表 all-purpose balance sheet
通知 intimation; circular; circular letter; communication; memorandum (MEMO., memo.); advice; advise
通知(即还贷款) at call
通知存款 call deposit
通知存款利率 call rate
通知贷款 call loan; callable loan
通知贷款利率 banker's call rate; call rate
通知单 memorandum (MEMO., memo.)

通知费　advising charge
通知即付的股份资本　callable capital
通知银行　advising bank; notifying bank
通知佣金　advising commission
通知(存款)账户　call account
同步指标　coincidence indicator
同城票据交换　local clearings
同级危险集合　class (cl.)
同类　homogeneity
同类比较　apples-to-apples comparison
同类风险　homogeneous exposures
同类型产品除外责任　sistership exclusion
同时发生　concurrence
同时发生的事件　concurrent
同时履行　concurrence
同业拆借　interbank lending; interbank placement
同业拆借限额　interbank lending line
同业存放　due to; due to other banks; payables to other banks; due to banks; balance due to
同业存放(资产负债表中)　amount due to (sb.)
同业存放的款项　due to banks
同业存放账户　vostro account
同业集团　peer group
同业竞争　horizontal competition; competition among peers
同业客户　peer customers
同业银行　correspondent's bank
同业账户　due to bank account; vostro account
同一损失单位　loss unit
同意　agree; consent; approve
同意负担…费用　underwrite
同意股利　consent dividend
同意股票　assented stock
同意债券　assented bond
同原保险　as original
同质　homogeneity
同质化竞争　homogeneous competition
同著者(的)　Idem (Id.)
统保　blanket coverage
统保单　blanket policy; block policy
统保费率　blanket rate
统扯保险金　flat benefit
统扯费率　flat rate
统筹安排　make overall arrangements for
统筹资金　pooling of capital
统收统支　unified receipt and allocation of funds
统一　consolidation
统一保单条款(美)　uniform policy provision
统一偿债基金　consolidated sinking fund
统一单位　common unit
统一的　flat; consolidated
统一的互惠许可证法　uniform reciprocal licensing act
统一度量式报表　common size statement
统一度量式收益表　common size income statement
统一度量式资产负债表　common-size balance sheet
统一额外保费　flat extra premium
统一发票法　Uniform Law of Cheques
统一费率　flat rate
统一费率表　flat schedule
统一格式　uniform form
统一公债　consols; consolidated annuities; consolidated stock
统一股票　consolidated stock
统一汇票与本票法　Uniform Law on Bills of Exchange and Promissory Notes
统一基金　consolidated fund
统一计划　unified planning
统一利润　flat yield
统一免赔额　flat deductible
统一年金给付　flat dollar benefit
统一手续费　flat commission
统一条款　uniform provisions
统一条款法(美)　uniform provision law
统一银行业绩报告　Unified Bank Performance Report (UBPR)
统一制度　common system
统驭分类账　controlling ledger
统驭账户　control account
桶装货　cargo in drum

偷税 tax evasion; evade tax payment
头寸 cover; position
头寸报单 position statement
头寸核销 position check
头寸核销员 position checker
头等 first class (A1)
头等债券 gilt-edged security
投保 insure; application (app.); cover insurance
投保代理人 application agent
投保单 application (app.)
投保工资 insured wage
投保记录 insurance history
投保年龄 issue age; age at issue
投保人 proposer; cestui que vie; applicant for insurance; applicant
投保人间的公平 equity among policyowner
投保人数百分比 participation
投保书 proposal
投保限额 limit
投保资格 eligibility
投保总额 insurance coverage
投标 make a bid; tender bidding
投标保证保险 tender bond
投标保证金 bid bond
投标保证书 tender bond; tender guarantee
投标保函 tender guarantee; bid bond
投标出价的比较 comparison of bid
投标人 tenderer
投标人名单 bid sheet
投标手续 bidding procedure
投标条款 tender clause
投标信用证 bid bond L/C
投标押金 bid bond
投机家 bucketeer
投机交易所 bucket shop
投机买卖账户 adventure account
投机性风险 speculative risk
投票 vote on (a subject, proposal)
投票否决 veto a bill; veto a proposal; put one's veto on a proposal
投票权股份 voting interest
投诉 complaint
投赞成票 give one's vote for; give one's vote to
投资 investment
投资安全标准 gauge of investment safety
投资拨款 investment allocations
投资成本 capitalized cost
投资的减税额 investment tax credit (ITC)
投资的控制 control of investment
投资对象国 country of destination
投资额 investment
投资费用 cost of investment
投资股本利润率 investment capital fund profit rate
投资规模 dimension of investment
投资回收 capital pay-off
投资回收期 investment recovery period
投资基金会 mutual fund
投资价值 investment value
投资价值法 investment value approach
投资经理 investment manager
投资净收益 net investment income; net investment returns
投资利得 investment returns
投资能力 banking power
投资年别分红计算法 investment year method of dividend calculation
投资年别收益率 investment year interest rate
投资年度方法 investment year method (IYM)
投资票券目录 investment portfolio
投资审查委员会 board of investment
投资收入 investment income
投资收益 investment returns
投资税收减免 investment tax credit (ITC)
投资条件 condition of investment
投资于 capitalize
投资者信用风险 investor credit risk
投资资本利润率 investment capital fund profit rate
投资总额 gross investment
透露 disclosure
透支 overdraft (OD, o/d)
透支便利 overdraft facility
透支贷款 overdraft facility
透支垫款 advance by overdraft

透支借款 borrow on overdraft
透支利息 overdraft interest
突发原因 accidental means
突击查账 preemptive audit
突然事件 emergency
图表 diagram
停航保证 lay-up warranty
停航退费 lay-up refund
途径 channel
土地信托证书 land trust certificate
土地债权证明 land encumbrance certificate
团体 society (Soc.); community
团体保险证书 group certificate
团体承保 group underwriting
团体定期寿险 group term life insurance
团体合同 group contract
团体即期期望保证年金 group immediate participation guaranteed annuity
团体缴清寿险 group paid-up life insurance
团体可续保定期保险 group renewable term insurance
团体年金 group annuity
团体年金合同 group annuity contract
团体年金计划 group annuity plan
团体普通终身保险 ordinary life insurance (group)
团体普通终身寿险 group ordinary life insurance
团体商品销售 group merchandising
团体手术费用保险 group surgical expense insurance; group surgical operation insurance
团体寿险 group life insurance
团体寿险赔款准备金 group life insurance (claim reserves)
团体寿险责任准备金 group life insurance (policy reserves)
团体寿险准备金 group life insurance (contingency reserves)
团体退休收入保险 group retirement income insurance
团体销售 mass merchandising
团体信用保险 gross credit insurance
团体信用寿险 group credit life insurance
团体养老保险 group endowment insurance
团体要保书 group application
团体医疗费用保险 group medical expense insurance
团体意外伤害及健康保险 group accident and health insurance
团体永久人寿保险 group permanent life insurance
团体住院费用保险 group hospital expense insurance
团体准备金管理型年金 group deposit administration annuity
推迟 deferred (DE, def.)
推迟考虑 postponement
推迟领取养恤金 deferred pension
推迟装船 defer shipment
推定 presumption
推定的 constructive
推定过失 presumed negligence; constructive fault
推定价值 constructed value
推定交货 constructive delivery
推定结账 constructive closing
推定拒付 constructive dishonour
推定全损 constructive total loss; technical total loss
推定全损条款 constructive total loss clause
推定伤残 presumptive disability
推定收入 constructive receipt
推定信托 constructive trust
推定证明 res ipsa loquitur
推荐者 nominator
推算价 computed price
推销成本 marketing cost
推销定额 sales quota
推销员样品保险 salesmen's sample floater
推销指南 sales guide
退保价值 cash value
退出机制 exit mechanism
退房通知 notice to quit
退还保费 return premium
退还金 net cash value
退还佣金 return commission

退回未付支票 check returned unpaid
退回支票 check returned; bounced check
退款 drawback
退款保证书 refund L/G; guarantee for refund of payment
退款申请书 application for drawback
退票 bounce; dishonour; dishonoured bill; dishonour by non-acceptance; bill dishonoured
退票上注明 answer on cheque
退税 tax refund; drawback; tax rebate
退税款 tax rebate
退税凭单 debenture (deb.)
退伍军人管理局(美) Veterans Administration (VA)
退休费 retirement pay
退休给付 flat percentage benefit
退休工人子女给付 benefit for child of retired worker
退休红利 surrender dividend
退休计划 retirement plan; Keogh Act Plan; HR 10 Act Plan
退休计划管理人 plan administrator
退休计划说明书 plan description
退休计划文件 plan document
退休计划赞助人 plan sponsor
退休价值 surrender value
退休金 retirement pay
退休金计划 pension plan
退休金计划管理人 administrator of pension plan
退休金计划受托人 pension plan trustee
退休金信托 pension trust
退休金信托基金 pension trust fund
退休津贴 retirement allowance
退休年金 pension; income bond; annuity retirement
退休前死亡给付 prior death benefit
退休收入保险 retirement income insurance
托管基金 provide custody for funds
托管人 trustee
托马斯·辛普逊 Thomas Simpson
托事会 board of trustees
托收 collection; collecting
托收安排 collection arrangement
托收垫款 advance against collection
托收行 remitting bank
托收汇票 collect a bill; bill for collection (B.C.)
托收票据 collection bill; bill for collection (B.C.)
托收人 collector (collr.)
托收申请书 apply for collection
托收手续费 collecting commission; collection commission; collection charge
托收通知书 advice for collection
托收统一规则 Uniform Rules for Collection
托收委托书 collection advice; collection instructions collection letter; collection order; advice for collection
托收项目 collection item
托收佣金 commission for collection
托运 consign
托运单 consignment bill
托运人 cargo-owner
拖车费 towing charge
拖欠 default; in arrears; arrear
拖欠贷款 delinquent loan; overdue loan; loan in arrears
拖欠(税款,债务)的 delinquent
拖欠的分期款项 delinquent installment
拖欠的应收款项 delinquent receivable
拖欠付款 payments in arrears; payment after maturity; default in the payment
拖欠股金 arrears in contribution
拖欠款 back money
拖欠利息 default interest
拖欠率 delinquency
拖欠年金 annuity in arrears
拖欠账款 account in arrears
拖欠者 defaulter
拖延赔案 long-tail claims
拖曳保险 towing coverage
脱钩 delink from; spin off from
脱退率 turnover rate
脱退率贴现 discount for turnover
妥协 compound; compromise
妥协条款 compromise clause
拓展(新)业务 build up business; open up new business areas

U

U 项条例　Regulation U

V

V角 angle of the V

V项条例 Regulation V

W

W项条例　Regulation W
挖走客户　lure customers from; lure customers away from
外包　outsource
外币存款　deposit in foreign currency
外币兑换　convertibility of foreign currency
外币买入价　buying rate of foreign currency
外币票据　bill in foreign currency
外币债券　bonds in foreign currency
外币折算　foreign currency translation; foreign currency conversion; translation of foreign currency; conversion of foreign currency
外部采购　outsource
外部的　external
外部董事　independent director; external director; unrelated director; outside director
外部环境评估　external environment assessment
外部情况　externals
外部审计　external audit
外钞买入价　buying rate of foreign currency
外地代理商行　correspondent
外地客户　correspondent
外地友爱社　foreign society
外国保险人　foreign insurer
外国的　foreign
外国公司　alien company
外国共同海损　foreign general average
外国货币汇票　foreign currency bill; foreign currency draft; foreign money bill; foreign money draft
外国货币票据　bill in foreign currency
外国借款费用　cost of foreign borrowing
外国债券　foreign bond
外汇　foreign exchange (Forex, forex, F. X.)
外汇储备　exchange reserve
外汇风险　foreign exchange risk; exchange risk; risk of exchange
外汇交易　forex dealing; forex transaction; dealing in foreign currency
外汇牌价　exchange quotation; quotation of exchange rate
外汇清算　exchange settlement
外汇市场　foreign exchange market
外汇收益　gain on exchange
外汇损益　foreign exchange gain or loss; profit or loss on exchange
外汇信贷　credit in foreign exchange
外汇债权　claimable asset in foreign currency
外界的　external
外科手术补偿　surgical indemnities
外来的　foreign
外来公司　alien company
外来光票托收　incoming collection of clean checks/drafts
外来资金　external sources
外来资金供应　external financing
外贸代理制　proxy system in foreign trade
外聘董事　outside director
外勤机构　field organization
外勤人员　field force
外勤人员保险　outservant insurance
外勤员　fieldman
外去光票托收　outgoing collection of clean check; outgoing collection of clean bill
外去汇票　outgoing bill
外伤　traumatic injury
外商直接投资　foreign direct investment (FDI)
外逃　flight
外资偿还能力　capability of foreign capital repayment
完备的行列方法　completed determinants method
完备方程组　complete system of equation

完成 complete; completion; performance
完成单位法 completed units method
完成日期 date completed
完工保险 completed operations insurance
完工保证保险 completion bond
完好价值 sound value
完全 full
完全成本 complete cost
完全的 complete
完全付清方式 on a fully service basis; in the form of full payment
完全和排他的主权 complete and exclusive sovereignty
完全年金 complete annuity
完全生命表 complete life table
完全条件 full conditions
完全永久残疾 total and permanent disability
完税后交货价 delivery duty paid (DDP)
完税凭证 tax certificate
玩忽职守 be derelict in one's duty
万精油 omnipotent
万能 a Jack of all trades
万能可变寿险 universal variable life insurance
万能寿险 universal life insurance
万能药 omnipotent
万维网 World Wide Web (WWW)
网民 netizen
网上支付 e-payment
往户 nostro account
往来科目 book account
往来银行 correspondent's bank
往来账 current account (curr. acct.)
往来账户 personal account (P.A.)
往来账户余额 balance on current account
往账代理行 nostro account depository agency; nostro account depository correspondent
旺盛市场 tight market
危险 exposure; hazard; risk; peril
危险保障期间 duration of risk
危险程度 degree of risk
危险单位的隔离 segregation of exposure units
危险废弃物 hazardous waste
危险分布 distribution of risk
危险分级 classification of risk
危险分类 classification; classification of risk
危险类别 class of risk
危险偶然性 fortuitousness of risk
危险品 hazardous substance
危险条款 perils clause
危险药品条款 dangerous drugs clause
危险增加 increase in hazard
危险增加所致保险的失效或暂时失效 hazard increase resulting in suspension or exclusion of coverage
(金额)微不足道的 nominal
微小损失原则 small loss principle
微型汽车车主保险 kart owners policy
为(做好的工作)付钱 hire
违背公众利益的行为(美) conflict of interest
违法 break the law
违法的 delinquent
违法犯罪 mala prohibita
违法经营 non-compliant operation; operate in violation of laws and regulations
违法人员 law-breakers
违法行为 offence; malpractice
违反保证 breach of warranty
违反保证批单 breach of warranty endorsement
违反保证条款 breach of warranty clause
违反规定 breach of regulation
违反合同规定的行为 breach of contract
违反协议 break an agreement
违规 breach of regulation
违规经营 non-compliant operation; operate in violation of laws and regulations
违规人员 offender; non-compliant
违禁品 prohibited article
违约 default; breach of contract
违约当事人 delinquent party
违约的 delinquent
违约方 defaulting party

违约交割 bad delivery
违约金 default fine; contractual fine; penalty for breach of contract; penalty for nonperformance of
违约利率 default rate
违约率 delinquency
违约条款 default clause
违约行为 noncompliance
违约责任 responsibility of breach; liability for breach of contract
违约债务人 defaulting debtor
违约者 defaulter
违章拆借 illegal inter-bank lending; illicit inter-bank lending; unofficial inter-bank lending; illicit inter-bank placement; illegal inter-bank placement; unofficial inter-bank placement; illicit inter-bank loan; illegal inter-bank loan; unofficial inter-bank loan
(账户)维持成本 maintenance cost
维持费用 renewal expense
维护费 cost of maintenance
维修费 cost of maintenance
伪币 base coin; bogus money
伪钞 forged bank note; bogus banknote
伪造的 bogus
伪造的证件 bogus certificate
伪造分红 bogus dividend
伪造货币者(英) coiner
委付 abandonment
委付书 letter of abandonment
委派 assign
委任 authorization
委任代理人 attorney in fact
委任证书 certificate of appointment
委托 trust; commission (com., comm., commn.); accredit; appointment; bail; bailment
委托保证金 consignment guarantee money
委托代理人 accredited agent
委托代理之事与本人所为者无异 qui facit per alium, facit per se
委托贷款 trust loan
委托购买证 authority purchase (AP, a/p)
委托交易行 commission-house
委托贸易 commission business
委托人 principal; trustor; instructing party; trusting party; client; consigner; consignor; bailor; shipper
委托人分户账 client ledger
委托收入 consigned receipt
委托书 power of attorney (P. A.); proxy; proxy statement
委托投资资金 advisory funds
委托文件 appointment paper
委托销售 commission sale
委托证书 certificate of appointment
委员 commissioner
委员会保险人 board insurer; bureau insurer
萎缩 shrink
未保险驾驶人保障 uninsured motorist coverage
未保险司机 non-insured driver
未报告的赔款 unreported claims
未备抵养老金 unfunded pension
未备抵债务 unfunded debts
未偿还的 outstanding
未偿还债券 bonds outstanding
未偿债务 debt outstanding
未成立合同 outstanding business
未成年儿童家庭救济 Aid Families with Dependent Children (AFDC)
未成年人 infant; minor
未成年人保险单 juvenlie insurance policy
未达账款 account in transit
未到期偿还 prematurity repayment
未到期责任准备金 reserve for future claims
未登记营业公司 nonadmitted company
未登记营业人 nonadmitted carrier
未抵扣数 amount not yet credited
未定债权 contingent claim
未定债务 contingent obligation
未发现损失条款 undiscovered loss clause
未分配利润 retained profit; undistributed profit
未付的 outstanding
未付汇票 unpaid draft

未付款的 outstanding
未付票据 unpaid bill
未付清金额 amount outstanding
未获认可的保险人 unauthorized insurer
未记录动产抵押保险 non-recording chattel mortgage policy
未缴股本 capital stock unpaid; capital uncalled
未缴资本 unpaid capital
未结金额 amount outstanding
未结清的余额 balance outstanding
未结清期货合同 open position
未结余额 outstanding balance
未经处理的 green
未经履行的契约 executory contract
未经批准的退休金计划 unqualified pension plan
未经许可的保险公司 unauthorized insurance
未决定保费 indeterminate premiun
未决赔款 outstanding loss
未决赔款账项 outstanding claims accounts
未决赔款准备金 outstanding loss reserve; reserve for incurred but not reported
未来收益法 future income approach
未来收益贴现法 discounted future income method
未来收益原则 principle of future benefits
未来所得税资产 future income tax asset
未来赠予 gift of future interest
未履约免责条款 failure to perform exclusion
未满期保费 unearned premium
未满期保费准备金 unearned premium reserve; reserve for unexpired premium
未满期业务保险费 portfolio premium
未满期再保险费 unearned reinsurance premium
未满期责任收回 portfolio return
未满期责任再保险 portfolio reinsurance
未满期责任转移 portfolio transfer
未判定系数 coefficient of nondetermination
未清的储备货币结存的整理 consolidation of outstanding reserve currency balance
未清余额 outstanding balance
未清债务 outstanding debt
未确定保险单 indefinite policy; unnamed policy
未认可资产 inadmitted asset
未入账资产 non-ledger asset
未收保费 outstanding premium
未收保险费 uncollected premium
未收资本 capital uncalled
未完成的 inchoate
未完税交货 delivery duty unpaid (DDU)
未轧平 mismatch
未用余额 outstanding balance
未注明(支付)日期 no date (N. D., n. d.)
位置 position
温度变化条款 change in temperature clause
文化素质 cultural fit
文件 document (Doc.)
文件印花 documentary stamp
文件证明 documentary evidence
文字诽谤保险 libel insurance
(市价)稳定的 hard
稳定收入法 stabilized income method
稳定系数 coefficient of stability
稳健财政政策 prudent fiscal policy
稳健的财经政策 prudent fiscal and monetary policies
问候 regards (RGDS.)
问责制 accountability (system) for; accountable by sb. for sth.
问诊 talking history
我的账户 my account (m/a.)
我方存款 nostro deposit
我方(受益)余额 balance in our favour
我方账户 nostro account
我付账 my account (m/a.)
我们的账户 our account
我行账户 our account
污点 stain
污染除外责任 pollution exclusion
污染险 risk of contamination with other cargo

无 nil
无保额保险单 no amount policy
无保留意见 clean opinion
无保证 lack of guarantee
无报酬 no payment (N/P)
无不良记录的原则 clean slate principle
无偿付能力 insolvency
无偿让与 gratuitous assignment
无偿债能力 insolvency
无担保贷款 unsecured loan
无担保垫付款 unsecured advance
无担保债务 unsecured indebtedness; unsecured liabilities
无法辨认的货物 unidentifiable cargo
无法获得 not available (NA, n.a.)
无法律效力 nullity
无法律意义 nullity
无法摊列的理赔费用 unallocated claim expense
无法摊列的损失费用 unallocated loss expense
无分红保险股份公司 non-participating stock company
无分红保险基金 non-participating fund
无分红保险基金比率 non-participating fund ratio
无分红人寿保险 non-participating life insurance
无分红寿险保单 non-participating policy
无风险时间 time of no risk
无风险投资收益率 risk-free rate of return; rate of return on risk free investment
无附加责任个人均衡成本法 individual level cost method without supplemental liability
无工作的配偶 non-working spouse
无供应 not available (NA, n.a.)
无股息 ex dividend (ex d., ex div., XD, x.d.)
无股息单 ex warrants (XW)
无关联 at arm's length
无过错 non culpability
无过错责任 no-fault liability
无过失 non culpability
无过失保险责任 non-fault insurance
无过失汽车保险 no-fault automobile insurance
无红利 ex dividend (ex d., ex div., XD, x.d.)
无红利股配给权的股票 excapitalization (x.c.)
无记名背书 general endorsement; general indorsement
无记名存券收据 bearer depositary receipt
无记名方式 bearer depositary form
无记名公司债券 bearer debenture
无记名股票 bearer share; bearer stock
无记名划线 general crossing
无记名汇票 bill drawn payable to bearer
无记名票据 bearer paper
无记名抬头 payable to bearer
无记名债券 bearer bond; bearer securities
无记名支票 check payable to bearer
无价值 no value
无检验给付条款 examination under oath
无经验的 green
无力清偿条款 insolvency clause
无力支付 non-payment
无利息 ex interest (x.i., x.in.)
无利息票 ex coupon (XC, x.c., x.cp.)
无免赔额 non-deductible
无赔款退费 return for no claim
无期的 forward (fwd.)
无权认购新股 ex right (x.r.)
无缺陷 zero defect (ZD)
无人居住 unoccupied
无人认领财产 abandoned property
无日期 no date (N.D., n.d.)
无数 millions
无提取权 no right of withdrawal
无体检 non-medical
无体检保险 non-medical insurance
无体检报告书 non-medical report
无体检人寿保险 non-medical life insurance
无体检限制 non-medical limit
无条件背书 absolute endorsement; non-conditional endorsement

无条件承兑 absolute non-conditional acceptance; clean acceptance
无条件赋予受领权 unconditional vesting
无条件契约 bar contract
无条件债券 absolute bond
无条件转让 absolute assignment; absolute transfer
无头寸账户 bear account
(政府间)无息贷款 interest-free loan
无息的 flat
无现货 not available (NA, n.a.)
无限的责任 unlimited liability
无限公司 unlimited liability company
无限责任合伙人 general partner
无削减给付保险 non-proating policy
无效 null and void
无新股权 ex new (x.n.)
无行为能力人 incompetent
无形财产 intangible property
无形的 intangible
无形的东西 intangible
无形固定资产 intangible fixed asset
无形利益 incorporeal interests
无形贸易结算 invisible trade settlement
无形税收 intangible tax
无形资产成本节约法 cost saving from intangible assets
无形资产的成本 cost of intangible
无需处方的药物 over-the-counter drug
无序流动 disorderly flow of; disorganized flow of
无意义 not meaningful (NM, nm)
无营业执照的保险人 unlicensed insurer
(价格等)无涨落的 flat
无追查权票据 non-recourse note
无追索权 without recourse
无追索权贷款 non-recourse loan
无资格 disqualification
五年或十年确定年金 five or ten years certain annuity
50-62 岁残疾鳏寡年金给付 benefit for disabled widow or widower-age 50-62
五项责任保单 five point policy
午盘 afternoon session
午前贷款 morning loan
午市 afternoon session
武装车辆及专送保险 armored car and messenger insurance
舞台演出用具运输保险 theatrical floater
务实型人才 pragmatic talent
物价管制 price control
物价因素 price factors
物价指数 price index [pl. indices]
物价指数公债 index government bonds
物流配送 physical logistics; physical distribution
物权 real right
物质的 material
物质经济 matter economy
物质损失 physical damage
物质损失保险 material damage insurance; physical damage insurance
物质损失估价人 physical damage appraiser
物质证据 physical evidence
物质资本 corporeal capital
物资 material
物资单位码头 cargo-owner's wharf
误报的诱导 inducement by misrepresentation
误期账款 past due accounts

X

"××理财" ×× Banking; ×× Wealth Management; ×× Money Manager
X项条例 Regulation X
西部大开发 development of China's western regions
西部大开发战略 go-west trategy
吸收合并 consolidation by merger
吸收资金 bring in funds
析产分股 split-up
析股 split
析增股 stock split
息票 certificate of interest; coupon; dividend coupon
息票单 coupon sheet
息票登记簿 coupon register
息票利率 coupon rate
稀释股息 dilute; dilution of dividends
锡生产国家协会 Association of Tin Producing Countries (ATPC)
熄灭 extinguishment
习惯扣除 customary deduction
习惯折旧 conventional depreciation
洗钱 launder; money filtering; money laundering; filter money
洗染店保险 laundry and dry cleaner floater
洗衣店保险单 cleaners insurance policy; laundry insurance policy
系列A第一优先股 Series A First Preferred Shares
系列巨灾 series of catastrophes
系数 coefficient
系统 channel
系统风险 systematic risk
系统挂账 automatic suspense accounts
细节 detail
细目 detail
细微的 minute
狭义货币供应量 M1
下班时间 closing time
下挫 plunge
下单 place order
(物价)下跌 sag; come down; go down; go south
下落通知 advice of fate
夏令时 daylight-saving time (DST)
先核保的保险 prior insurance
先进还存法 first-in, still-here (FISH)
先进先出 First-In, First-Out (FIFO)
先决条件 condition precedent
先例 precedent
先令 shilling(s) (s.)
先期承兑 anticipated acceptance
先前持票人 antecessor
先时的 antecedent
险种 branch; line
险种指南 line guide; line sheet
现场工作 field work
现钞 bank note (B/N, b.n.)
现存的 going
现存价值 carrying value
现代金融企业制度 modern financial corporate system
现代企业制度 modern enterprise system; modern corporate system
现发股本 capital stock outstanding
现付成本 current outlay cost
现付票 cash order (c/o)
现购发票 cash invoice
现汇 convertible foreign exchange; spot (foreign) exchange
现汇结算 cash settlement
现汇贸易 trade by cash payment; trade by spot exchange
现货 cash commodity; spot commodity
现货价格 cash price
现货市场 cash market; spot market
现金 cash
现金保管员 cash keeper

现金保险 cash insuance
现金保证金收据 cash deposit receipt
现金报表 cash statement
现金比率 cash ratio
现金标准 cash standard
现金簿 cash journal
现金簿记 cash record
现金超过和不足账户 cash over and short account
现金筹措方案 cash financing programme
现金筹措计划 cash financing programme
现金出纳 cashier (cash.)
现金出纳备查簿 cash blotter
现金出纳簿 cash book (C.B.)
现金出纳机 cash register
现金出纳科长 chief cashier
现金出纳日记账 day book cash journal
现金储备 cash reserve
现金传票 cash slip
现金存款 cash deposit
现金存款比率 cash ratio
现金代理人 cash agent
现金贷方 cash credit (cr.)
现金贷记传票 cash credit slip
现金贷款传票 cash credit slip
现金登记簿 cash register
现金等值 cash equivalent value
现金点查 cash count
现金调拨 cash transfer
现金兑换店 cash store
现金发放股利 cashing dividend
现金发奖 cashier prize
现金分录法 cash journal method
现金分配计划 cash distribution plan
现金给付 cash payment
现金购买 cash purchase; buy for cash
现金股利 cash dividend
现金股息 cash dividend
现金管理 cash administration; cash management; control of cash payment
现金函件 cash letter
现金和银行出纳账 cash and bank book
现金核查 cash verification
现金核查证书 cash verification certificate
现金红利 cash bonus
现金换股票交易 cash-for-stock transaction
现金回收预算 cash collection schedule
现金汇总簿 cash summary book
现金货币供应量 M0
现金基金 cash fund
现金及银行结存 cash and bank balance
现金及应收款项对流动负债比率 cash and receivable to current liability ratio
现金记录 cash record
现金价格 cash price
现金价值寿险 cash value life insurance
现金奖金 cash bonus
现金交割 cash delivery
现金交易关系 cash nexus
现金结算 settlement in cash; cash on delivery (COD, C.O.D., c.o.d.); cash settlement
现金借方 cash debit
现金借记传票 cash debit slip
现金进出总额 gross cash flow
现金经济 cash economy
现金净流量 net cash flow
现金捐助 cash contribution
现金决策模型 cash decision model
现金科目 cash item
现金控制(程序) cash control (procedure)
现金枯竭 cash drain
现金亏绌 cash deficit
现金流动 cash flow
现金流动表 statement of cash flows; cash flow statement
现金流动情况 cash liquidity
现金流动性 cash liquidity
现金流动预算 cash flow budget
现金流量 cash flow
现金流量报告 cash-flow report
现金流量表 cash flow statement
现金流量承保 cash flow underwriting
现金流量法 cash flow method
现金流量计划 cash flow plan
现金流入(量) cash inflow
现金流入总额 aggregate cash flow
现金流转 cash flow

现金流转表 cash flow statement
现金流转全过程 complete flow of cash
现金流转预算 cash flow budget
现金赔偿 cash compensation; cash claim
现金赔款通知 cash call
现金票据 cash order (c/o)
现金期货合同 cash forward contract
现金日报 daily cash report
现金日记簿 cash journal book
现金日记账 cash journal
现金日记账制 cash journal system
现金入股额 cash generated share
现金审计 cash audit
现金使用控制 control of cash payment
现金市场 cash market
现金收入 cash debit; cash income; cash receipts
现金收入簿 cash receipt book
现金收入登记簿 cash receipt register
现金收入凭单 cash-receipt voucher
现金收入凭证 cash-receipt voucher
现金收入日记账 cash receipt journal
(每股)现金收益 cash earning (per share)
现金收支报告 cash report
现金收支表 cash receipt and disbursement statement
现金收支平衡点 cash break even point
现金收支执行情况表 cash operating statement
现金索赔 cash claim
现金提取 cash withdrawal
现金通货 cash currency
现金头寸 cash position
现金外流 cash drain
现金尾差 cash over and short
现金消费 cash consumption
现金信袋(美) cash letter
现金信托账户 cash in trust account
现金信用证 cash credit (cr.)
现金需要量 cash requirement
现金循环 cash cycle; operating cycle
现金遗产 pecuniary legacy
现金溢短账户 cash over and short account
现金溢缺 cash over and short
现金盈余 cash surplus
现金余绌 cash over and short
现金余额 cash balance
现金余额方程式 cash-balance equation
现金余额日记账 daily cash balance book
现金预测 cash forecast
现金预算 cash budget
现金运送 cash in transit
现金运送保单 cash-in-transit policy
现金账(户) cash account
现金账簿 cash book (C.B.)
现金账项 cash item
现金支出 cash disbursement; cash credit (cr.)
现金支出簿 cash paid book; cash payment book
现金支出登记簿 cash disbursement register
现金支出凭单 cash disbursement voucher
现金支出预算 cash disbursement schedule
现金支付 pay in cash; payment in cash
现金支付利息 cashier interest
现金支付日记账 cash disbursement journal; cash payment journal
现金支票付款 cash on bank
现金值 cash value
现金周转全过程 complete circular flow of cash
现金状况 cash position; cash status
现金状况预测 cash projection
现金准备(金) cash reserve
现金资产 cash asset
现金资源 cash resources
现金总流量 gross cash flow
现款 cash; fund
现款订货 cash with order (CWO, C.W.O., c.w.o.)
现款结存 cash balance
现楼按揭 completed housing (mortgage) loan
现实价值 realistic value
现收现付(会计)制 cash basis (of accounting)
现收现付制 pay-as-you-go plan

现行的 current (cur., curr., curt.)
现行汇率 current rate
现行价值 current value
现行利息 current interest
现行售价 current selling price
现行重置成本 current replacement cost
现有债务 active debt
现值 current value; present value (PV); present worth
现值分析法 present value analysis
现值会计法 current value accounting
限当日 good the day
限当月 good this month (G.T.M.)
限当周 good this week (G.T.W.)
限定财产利益给予 grant of limited property interest
限定继承人的地产 entail
限定投资组合红利分配法 limited portfolio method of dividend calculation
限定性背书 restrictive endorsement
限定性抬头 restrictive order
限定用途贷款 earmarked loan; purpose-limited loan
限度 limitation
限度的 marginal
限额 limitation
限额表 line sheet; table of limits
限额抵押 closed mortgage
限额抵押债券 closed mortgage bond
限额污染责任保险 limited pollution liability coverage form
限额型抵押(投资) closed-end mortgage
限额制度 closed system
限界的 marginal
限期给付年金 temporary annuity
限期人寿保险 extended term insurance option
限期生存年金 temporary life annuity
限期终身年金 life with period certain
限制 restrictions; constraint; limitation; peg
限制承兑 qualified acceptance
限制价格 check price
限制权限 binding authority
限制受领权 locked-investing
限制条件 qualification
限制物权 encumbrance
限制责任制 limit of liability rule
相当于 equal (eq.); equivalent (eq.)
相抵方式 offset approach
相抵年金公式 offset pension formula
相抵误差 compensation error
相对成本 comparative cost
相对过失 comparative negligence
相对免赔额 franchise; franchise deductible
相对免赔率 franchise
相对优势 comparative advantage
相反 counter
相反分录 reversal entry
相关火灾风险衡量分析系统 analytic system for the measurement of relative fire hazard
相关团体调查 diagnosis related group
相关系数 coefficient of correlation
相关性 relevance
相互保险 inter-insurance; inter-insurance exchange; mutual insurance; reciprocal insurance
相互保险索赔服务组织 Inter-insurance Claim Service Organization
相互补充 complementary
相互的 mutual
相互抵消的债务 cross debt; claim set-off against each other
相互抵押保险基金 mutual mortgage insurance fund
相互共济协会 mutual benefit association
相互核对 cross check
相互控股 mutual holding
相互融通 make loans on the basis of deposits and funds mutually available
相互投资信托 mutual investment trust
相互银行 mutual bank
相互债务 cross liability
相机和乐器商保险 camera and musical instruments dealers insurance
相机运输保险 camera floater
相配 matching
相切 cut

相容性 compatibility
相同表格 following form
相应的百分比 corresponding percentage
香港联合交易所 Stock Exchange of H. K. Ltd.(SEHK)
香港期货交易有限公司 Hongkong Futures Exchange Ltd.(HKFE)
香港银行工会 Hongkong Association of Bank(HKAB)
香港银行同业拆息率 Hongkong Interbank Offered Rate(HIBOR)
箱 chest(cht.)
箱板凹进 case plank dented
箱板潮湿 case board stained by moisture
箱板裂 case plank split; case plank cracked
箱板破 case plank broken
箱板受潮 case board stained by moisture
箱板凸出 case plank bulged
箱板修补 case plank patched
箱号 case number
箱子变形 case misshaped; case deformed; case transfigured
箱子倒置 case upside down
箱子破裂,内货不详 case broken, content unknown
箱子压坏 case crushed
详函 covering letter
详录保单 specification policy
详情 detail
详情随后邮寄 details to follow
详细背书 indorsement in full
详细的 minute
详细发票 detailed invoice
详细核对 complete checking
详细记录 meticulous records
详细审计 complete audit; full audit
享乐主义 hedonism
享用 beneficial use
向发票人本人支付 pay to self
向某某申请 apply for
向内的 inward
向收报人收费的电报 collect telegramme
向谁收款 drawn on
向外筹措资金 external financing
项 item(it.)
项目经理 project manager; programme manager
项目竣工担保 project completion guarantee
项目融资 project finance
象征性损害赔偿金 nominal damages
削边货币 clipped money
削减 curtail; cut
削减开支 cut expenditure; slash expenditure; reduce expenditure; decrease expenditure
消除 clear up
消防损失条款 civil authority clause
消费(量) consumption
消费贷款 consumer loan
消费贷款公司 consumer finance company
消费品总账 consumable ledger
消费融资(贷款) consumer finance
消费商品 consumables
消费税 consumption tax
消费条款 spendthrift clause
消费物价指数 consumer price index(CPI)
消费信贷 consumer credit; consumption credit
消费性 of a consumption nature
消费者 consumer
消费者偏好 consumer's preference
消费者信用人寿保险 consumer credit life insurance
消费支出 consumption expenditure
消费资本 consumption capital
消耗 consumption
消耗品 consumables; consumable supply
消极信托 passive trust
消极自留 passive retention
消账 write off
销货毛利法 gross profit method
销售成本 cost of sales
销售代理 sales agency; sales rep.
销售代理人佣金保单 commission of selling agent's form
销售地区 field
销售额 sales value

销售价格条款 selling price clause
销售金融公司 sale finance company
销售量 sales volume
销售时机 point-of-sale
销售学 marketing
销售折让 sales discount and allowance
销项 output item
销项增值税 sales VAT
销账 charge off
小而全 small and comprehensive
小额损失加成 loss constant
小幅度调整的钉住汇率 crawling peg
小包 parcel (pcl.)
小规模纳税人 small-scale taxpayer
小金库 off-book accounts
小数的 fractional
小偷小摸 pilferage
小写金额 in figures; amount in figures
小债券 baby bond
效果 effect
效力终止保单 terminated policy
效率意识 awareness about efficiency
效益 benefit
效益成本比率 benefit-cost ratio
效益成本分析 benefit-cost analysis
效益费用率 efficiency benefit cost rate (EBCR)
效益工资 efficiency-linked wages
效益现值 yield present value (YPV)
歇市 close market
歇业 close door; close a business
协定 compact
协定保险价格 agreed value
协定的 conventional
协定汇率 agreement rate of exchange
协方差 covariance
协方差分析 covariance analysis
协会 association (ass., assn.)
协会货物条款 Institute Cargo Clause
协会集团 association group
协会理算人员 chartered loss adjuster
协会摊赔通知 club call
协会条款 Institute Clauses
协会团体保险 association insurance
协会自保 associate captive
协力机会 synergy opportunity
协商 negotiate; consultation
协商对话制度 system of consultation and dialogue
协商解决 compromise settlement
协商解决办法 compromise solution
协商委员会 consultation committee
协商一致 consensus
协商一致意见 consensus
协商组 consultative group
协同效应 effect of synergy
协同做法 concerted practice
协议 agreement; arrangement (arrt.)
(商业的)协议 deal
协议存款 negotiated deposit
协议价值条款 agreed amount clause
协议金额 amount negotiated
协议金额批单 agreed amount endorsement
协议全损 arranged total loss; compromised total loss
协议投资金额 contractural investment amount; contracted investment amount
协议退费 agreed return
协议外资 contracted foreign capital
协作安排 collaborative arrangement
协作经济 economy of synergy; synergistic economy
协作者 collaborator
斜体印刷条款 italic printing clause
携款畏罪潜逃 abscond with the money
泄密 divulge secret to
卸岸日期 date of landing
卸货港 port of discharge
卸讫日期 date of completion of discharge
卸载日期 date of discharge
心理危险 moral hazard
辛迪加 syndicate
辛迪加贷款 syndicated loan
新保费账户 canvassing account
新产值收益率 yield from new output value
新低 new lows
新高 new highs
新购保单选择权 new policy option

新合同成本 acquisition cost
新合同换算额 paid for credit
新合同率 new insurance ratio
新合同佣金 new business commission
新合同佣金手册 new business commission register
新换旧 new for old
新加坡国际货币交易所 Singapore International Monetary Exchange (SIMEX)
新加坡银行同业清算系统 Clearing House Interbank Transfer System (CHITS)
新加坡银行同业优惠利率 Singapore interbank offered rate (SIBOR)
新降价格股票 new lows
新升价股票 new highs
新投资资金收益率 new money interest rate
新闻保单 newspaper policy
新兴工业化国家 newly industrialized country (NIC)
新泽西制 New Jersey method
新增长点 new stimuli (area) for economic growth
薪给与津贴的统一制度 common system of salary and allowance
薪金扣缴保险 payroll deduction insurance
薪金税 payroll tax
薪资查账 payroll audit
信贷 credit (Cr., cred.); credit and loan
信贷保证 credit guarantee
信贷便利 credit facility
信贷承诺 credit commitment
信贷额 credit volume
信贷额度 line of credit
信贷费用 cost of credit
信贷风险 credit risk
信贷风险的保险 credit risk relief
信贷风险的解除 credit risk relief
信贷工具 credit instrument
信贷公司 credit corporation
信贷关系 credit relation
信贷管理 credit management
信贷机构 credit institution
信贷价值 credit standing; credit worthiness
信贷交易 credit transaction
信贷接受人 credit receiver
信贷紧缩 credit austerity; credit squeeze
信贷控制 credit control
信贷扩张 credit expansion
信贷利率 credit rate
信贷流量 credit flow
信贷配给 credit rationing
信贷膨胀 credit expansion; overexpansion of credit funds
信贷评级 loan classification
信贷倾斜政策 credit benevolent policy; policy favourable to
信贷审批 credit approval
信贷市场 credit market
信贷条件 credit term
信贷投向 direction of credit; orientation of credit
信贷限额 credit limit; credit line
信贷限制 credit restriction
信贷协定 credit agreement
信贷业务 credit business; credit operation
信贷业务部门 credit department
信贷银行 credit bank
信贷员 credit man
信贷转手 credit migration
信贷资本 credit capital
信贷最高限额 credit ceiling
信汇 letter transfer; mail transfer (M/T)
信汇委托书 M/T Advice
信任 confidence
信任危机 crisis of confidence
信使盗劫保险 messenger robbery insurance
信使和内部盗劫保险 messenger and interior robbery insurance
信托 trust
信托保证金 trust deposit
信托存款 deposit in trust
信托存证 trust deposit
信托的 fiduciary
信托基金 trust fund
信托金 trust deposit
信托契据 deed of trust (indenture)
信托人 truster

信托式年金制度 trust-fund plan
信托式自我管理型退休计划 self-administered trusted plan
信托收据 trust receipt (T/R)
信托收据贷款 trust receipt loan; trust receipt-backed loan
信托受益人 beneficiary; beneficiary of trust
信托条款 trust or commission clause
信托型退休金计划 trusted pension plan
信托业务 fiduciary
信息不对称 information asymmetry
信息处理保险 data processing coverage
信息处理设备保险 data processing equipment insurance
信息技术 information technology (IT); info-tech
信息经济 information economy
信息生产 information production
信心 confidence
信用 credibility; confidence; credit (Cr., cred.)
信用保险 credit insurance
信用保险单 credit policy
信用保证金额 credit amount
信用备询人 credit reference
信用崩溃 credit crunch; credit risk
信用差价期权 credit spread option (CSO)
信用储备 credit reserve
信用创造 credit creation
信用代理人 credit agent
信用贷款 credit loan; fiduciary loan; unsecured loan
信用贷款申请单 credit-application form
信用单 credit document
信用第一 credit first
信用调查报告书 credit report
信用调查员 credit man
信用额度 credit limit; credit line
(纸币)信用发行的 fiduciary
信用放款 fiduciary loan; unsecured loan
信用分析 credit analysis
信用风险 credit risk
信用关联票据 credit-linked note (CLN)
信用管制 credit control
信用汇票 credit bill
信用货币 credit money
信用货币化 monetization of credit
信用健康保险 credit health insurance
信用交易 credit transaction; deal on credit
信用借款 credit loan; confidence debt; debt of honour; borrow money on credit
信用紧缩 credit contraction
信用经济 credit economy
信用卡 credit card
信用卡保险 credit card insurance
信用卡伪造保险 credit card forgery insurance
信用恐慌 credit crunch
信用来往 credit in business
信用良好的头等证券 gilt-edged or blue chip security
信用买卖 credit business
信用膨胀 credit inflation
信用票据 credit paper; credit instrument; credit note (C.N., C/N)
信用评级 credit rating on ...
信用人寿保险 creditor life insurance
信用融通 credit facility
信用损失 credit loss
信用损失备抵 allowance for credit losses
信用套利 credit arbitrage
信用通货 credit currency
信用违约掉期 credit default swap (CDS)
信用5C Five C's of credit
信用危机 credit crisis
信用债券 debenture bond
信用证 credit (Cr., cred.); credit document; letter of credit (L/C, LC)
信用证办理银行 credit available with XX Bank
信用证存款 deposit for letter of credit
信用证的条件 condition in the letter of credit
信用证格式 form of credit; credit form
信用证号码 L/C number; credit number
信用证汇兑率 credit rate
信用证金额 L/C amount; credit amount;

amount of the credit
信用证期限延长 credit expansion
信用证券 credit document; credit paper
信用证申请人 applicant for a credit
信用证申请书 credit application
信用证受益人 credit beneficiary
信用证条件 credit term
信用证项下付款汇票 bill on letter of credit
信用证修改申请书 application for amendment of credit
信用证有效期 validity of credit
信用证展期 credit expansion
信用证支付 pay by L/C; payment by L/C
信用证转让书 letter of transfer
信用政策 credit policy
信用制度 credit system
信用转让 credit transfer
信用转账 credit transfer
信用状 letter of credit (L/C, LC)
信用状申请人 grantee
信誉 credit standing; goodwill; credit worthiness
信誉保险单 honour policy
信誉保险合同 Honour Contract (HC)
刑事的民事诉讼 penal action
行贿受贿 take and offer bribes
行李保险 baggage insurance
行李票 check
行使扣押权的债权人 creditor's equity
行使优先认股权 exercise an option to purchase of shares
行为 conduct
行为能力 competency
行为守则 code of conduct
行为准则 behaviour norm; norm of conduct
行政长官 Chief Executive Officer (CEO)
行政担保 administration bond
行政首长 chief executive
行政预算 administrative budget
形式的 formal
形式发票 performa invoice; formal invoice; formula invoice; pro forma invoice
形式上的 pro forma (P.F.)
形状 configuration
姓名(或组织名称的)开头字母 initials
幸福 500 家大公司 FORTUNE 500
幸福 500 强 FORTUNE 500
性别差别 sex discrimination
性别歧视 sex discrimination
熊市 bear; bear market
休哈特周期 Shewhart Cycle
休眠账户 non-active account; non-operative account; dormant account
修改 correction
修改汇票 alteration of bill
修改注册登记 amendment of register
修理保险 repair risk insurance
修正书 criticism
须纳税的收入 taxable income
虚报 false representation
虚假陈述 fraudulent statement
虚假的 fictitious
虚拟资本 fictitious capital; subjective capital
虚设公司 bogus company
虚设团体 fictitious group
虚市交易 bogus transaction
虚售 wash sale
虚伪资产 fictitious
虚账户 nominal account
需求 demand
需求分析 demand analysis
(最终)需求构成 composition of (final) demand
需求旺盛 buoyant demand
许可保险顾问 accredited adviser in insurance (AAI)
许可证 charter
许可证保证保险 permit bond
许诺 commitment
序列债券 serial bonds
序时记录 chronological record
序时账簿 chronological book; book of chronological entry
序数 serial number
畜牧保单 breeder's policy
续保 renew

续保保单的附加准备金　additional reserve for guaranteed renewable policy
续保保费　renewal premium; renewals
续保通知　renewal notice
续保协议、契约　renewal agreement
续保选择　optionally renewable
续保选择保险　optional renewable contract
续保佣金　renewals
续保证明书　renewal certificate
(客户)续存率　(customer) survival rate
续薪计划　salary continuation plan
蓄意伤害　intentional injury
蓄意损害　malicious mischief
宣布发放红利　declare a dividend
宣布利率　declare interest rate
宣布日期　date of declaration
宣告　declaration; declare
宣告合同无效　declare the contract null and void
宣告破产　bankruptcy; declare bankruptcy
宣告无效　annul
(法庭)宣誓书　affidavit (afft.)
选派　appoint; appointment
选择　option
选择补偿　optional indemnity
选择风险条款　optional peril endorsement
选择缴清保险　optional paid-up insurance
选择权　option
选择生命表　select mortality table
选择受益人条款　preference beneficiary clause
选择性补偿　elective benefits; elective indemnities
选择性最低法人税　corporate alternative minimum tax
选择性最低公司税　corporate alternative minimum tax
选择性最低税　alternative minimum tax (AMT)
选择最低成本法　alternative minimum cost method
学费保险　tuition fees insurance
学生保险　student insurance
询价　inquiry; ask the price of
询问表　inquiry blank
询证　confirmation request
循环的　circular
循环购买　circular buying
循环流动(过程)　circular flow
循环盘点　cycle inventory
循环信用证　revolving credit
循环支票　circular cheque
徇私舞弊　malpractice; do wrong to serve one's friends or relatives; play favouritism and commit irregularities

Y

Y项条例 Regulation Y
压仓 warehouse one's position
(抛售…)压低市场 bear the market (by selling ...)
压缩成本 cut back on; cut expenditure
压缩开支 cut expenditure; slash expenditure; reduce expenditure; decrease expenditure
押船契约 hypothecation
押汇部 bill department
押汇质权书 letter of hypothecation (L/H)
押汇中心 bill centre
押解 escort
押金 deposit (dep.); cash deposit as collateral; deposit for security; deposit money; margin; deposit in security
押金存款 margin deposit
押码 cypher; cipher
牙医责任保险 dentists liability insurance
轧抵空头 squeeze the short
轧空头 bear squeeze
轧平 match; square (Sq.)
轧平头寸 cover the position; closing a position
轧账方式 contra account
亚欧会议 Asia-Europe Meeting (ASEM)
亚热带风险 subtropical risks
亚洲货币单位 Asian Monetary Unit (AMU); Asian Currency Unit (ACU)
亚洲开发基金 Asian Development Fund (ADF)
亚洲开发银行 Asian Development Bank (ADB)
亚洲美元 Asian dollars (Asian dollars)
亚洲美元市场 Asian dollar market
亚洲美元债券 Asian dollar bond
亚洲美元债券市场 Asian dollar bond market
亚洲内部清算中心 Clearing Centre for Intra-Asian
亚洲清偿联盟 Asian Clearing Union (ACU)
亚洲清算同盟 Asian Payment Union (APU)
亚洲太平洋经济合作组织 Asia-Pacific Economic Cooperation (APEC)
烟熏损害保险 smoke damage insurance
延迟 lag
延迟费 demurrage (dem.)
延迟付款证书 arrears certificate
延迟给付条款 delayed payment clause
延迟过账 delayed posting
延迟条款 delay clause; deferment clause; continuation clause
延迟征聘扣减数 deduction for delayed recruitment
延迟征税年金 tax deferred annuity (TDA)
延付出口票据 deferred export bill
延付红利计划 deferred-dividend plan
延后退休 late retirement
延期 deferred (DE, def.)
延期保费 deferred premium
延期保费档案 deferred premium file
延期保养 deferred maintenance
延期补偿计划 deferred compensation plan
延期偿付期间 moratorium
延期的 extended
延期罚款 late charge
延期分红 tontine dividend
延期福利计划 deferred contribution plan
延期付款 deferred payment
延期付款汇票 deferred payment bill
延期付款信用证 deferred payment credit
延期付息的债券 deferred bond
延期付息股票 deferred share; deferred stock
延期给付 deferred vesting
延期工资概念 deferred wage concept

延期股息保单 deferred dividened policy
延期交船 delay the delivery
延期交货 delay the delivery
延期利润分配 deferred profit-sharing
延期利润分享方案 deferred profit-sharing plan
延期利息抵押 deferred-interest mortgage
延期年缴保险费年金 annual premium deferred annuity
延期年金 deferred annuity
延期收款 deferred receipts
延期团体年金 deferred group annuity
延期退休 deferred retirement
延期退休信用 deferred retirement credit
延期养恤金负债账户 deferred pension liability account
延期支付保费计划 deferred premium payment plan
延期支付信用证 deferred payment letter of credit
延期装船 defer shipment
延伸健康保险 extended health care insurance
延误的 overdue
延误费用 cost of delay
延续 containing (contg.)
严格检验 close inspection
严格责任 strict liability
沿海水域 coastal water
沿途停泊港 port of call (P.O.C.)
沿用贷款抵押品 conventional collateral for loan
沿用的 conventional
验残证书 certificate on damaged cargo
验钞机 proof machine
扬基债券 yankee bond
羊群效应 herd effect; herding behaviour
养老保险 endowment; pension plan
样本 specimen copy
样品发票 sample invoice
药剂师责任保险 druggists liability insurance
药剂师职业责任保险 pharmacist professional liability insurance
要求偿还 claim for reimbursement; claim for restitution
要求偿还预付款项 claim for restitution of advance payment
要求贷款 ask for a loan
要求付款 claim for payment; demand for payment
要求交付股款 call on shareholder
要求履约 demand for performance
要求赔偿 claim compensation; claim for indemnity
要求权 claim
要求退款 claim for refund
要求银行即付的汇票 a draft drawn on a bank payable on demand
要案 serious case
要保书 application form
要保业务 submitted business
要计利息 bear interest
要价 offer; make an offer; asked price; ask rate
要素成本会计 cost accounting by element
要约 offer
要约人 offerer
要约与承诺 offer and acceptance
钥匙条款 key clause
野鸡股份公司 bogus stock company
业绩比率 performance ratio
业务报表 bordercau
业务额 volume of business
业务范围 line of business; scope of business; business scope
业务费 cost of operation
业务关系 business relation; business relationship
业务会计 activity accounting
业务活动 business activity
业务接受章 line stamp
业务联系银行 corresponding bank
业务量 volume (Vol.); volume of business; business
业务情况 condition of business
业务守则 code of practice
业务素质 professional quality

业务拓展性买方 expansion buyer
业务兴隆发达的公司 going and growing concern
业务员 field representative
业务种类 class of business
业主、地主及租户责任保险 owners landlords and tenants libility coverage (OL & T)
业主保护责任保险 landlord's protective liability
业主产权 owner equity; owner's equity
业主及营造商保障责任保险 owners and contractors protective liability insurance
业主捐出金后转期间 carry-back period for employer contributions
业主责任保险 landlord's liability insurance policy
页 page (p.); [~s](pp.)
页边的 marginal
液量单位 hogshead (hhd.)
一班人的产量 output per manshift (OMS)
一般保障合同 general cover contract
一般背书 general endorsement; general indorsement
一般本票 commercial note; general promissory note
一般不保事项条款 general exclusions clause
一般财产表 general property form
一般承兑 general acceptance
一般的 general
一般纳税人 general taxpayer
一般人事费用 common staff cost
一般事务费 cost of common service
一般信用证 general credit
一般性补充资金 general replenishment
一般性特征 general characteristics; general considerations
一般性责任保险 general liability insurance
一般押汇保函 general letter of hypothecation
一般银行业务 general banking
一般资本 capital in general
一般资产负债表 general balance sheet
一本 copy
一本通 all-in-one passbook
一查到底 find out the root through investigation
一次的分量 batch
一次付讫方式 on one-payment basis; in the form of lump payment
一次给付金 capital sum
一次还本贷款 bullet loan
一次净给付额 net lump-sum distribution
一次性支付 lump-sum payment
一等品率 rate of first class
一定的 given
一对 pair (pr.)
一份 copy
一个窗口办公 one-window service
一贯方针 consistent policy
一贯性 consistency
一贯性概念 consistency concept
一贯性原则 consistency principle
一级 first class (A1)
一件(物品) package (pkg.)
1982年税务平等和财政责任法案 Tax Equity and Fiscal Responsibility Act of 1982 (TEFRA)
1989年金融机构改革、恢复和实施法案 Financial Institutions Reform, Recovery and Enforcement Act of 1989 (FIRREA)
1981年经济复原税法 Economic Recovery Tax Act of 1981 (ERTA)
1906年海上保险法 Marine Insurance Act 1906 (MIA)
1970年劳动安全卫生法 Occupational Safety and Health Act 1970 (OSHA)
1933年银行法 Banking Act of 1933
1949年年金表 Annuity Table for 1949
1958年CSO表 Commissioner's 1958 Standard Ordinary Mortality Table
1958年保险总监标准死亡表 Commissioner's 1958 Standard Ordinary Mortality Table
1957年价格-安德森法 Pri-Anderson Act 1957
1914年保险总监标准死亡表(美) Commissioner's 1914 Standard Ordinary

Mortality Table
一卡通 all-in-one card
"一篮子"货币 "basket" of currencies
一览表 schedule; check list
一揽子保险 blanket form; package insurance
一揽子保险单 package policy
一揽子贷款 credit package
一揽子担保 blanket bond
一揽子抵押 blanket mortgage
一揽子服务 package service ranging from ... to ...; integrated service ranging from ... to ...
一揽子合同 blanket contract
一揽子价格 blanket price
一揽子平均费率 average blanket rate
一揽子再保险合约 bouquet of treaties
一揽子职业保险 blanket position bond
"一揽子"资产 a catch-all intangible asset
一年期保险单 annual policy; annual insurance policy
一年期分红选择权 one-year dividend option
一票否决制 one vote-overrule system
一切海损均不赔偿 free of all average (FAA, f.a.a.)
一切无误 all correct (OK, o.k.)
一切险 all risk (AR, A.R., A/R); against all risks (AAR, aar., a.a.r.)
一切险保险 all risk insurance
一切险保险单 all risk policy
一切正常 all correct (OK, o.k.)
一式两份 copy in duplicate; duplicate (dup., dupl., dupte.)
一式六份 sextuplicate
一式四份中的一份 quadruplicate
一式五份中的第五份 quintuplicate
一条龙服务 package service ranging from ... to ...; integrated service ranging from ... to ...
一线保险人 line underwriters
一线雇员 frontline employees
1元的(复利)本利和 compound amount of 1
一站式服务 one-stop service
一致 conformity
一致方针 concerted approach
一致努力 concerted effort
一致行动 concerted action
一致性 consistency; compatibility
一致性系数 coefficient of concordance
一致意见 consensus ad idem
一致指标 coincidence indicator
一宗档案材料 dossier
一宗货物 parcel (pcl.)
伊利诺伊标准 Illinois standard
伊利诺伊制 Illinois method
伊士克罗信用证 escrow credit
医疗保险 health care plan
医疗保险除外责任 exclusion from medical benefits exemption
医疗费保险 medical payment insurance
医疗费用保险 medical expense insurance
医疗服务保险 service insurance
医疗服务给付 service benefit
医疗服务计划 service plan
医疗给付除外责任 exclusions (medical benefits)
医疗计划 medical care plan
医疗学会 Institute of Medicine (IOM)
医疗证明书 treatment form
医师工具保险 physicians and surgeons equipment insurance
医师职业责任保险 physicians and surgeons professional liability insurance
医务部 medical department
医务审查 medical underwriting
医务选择 medical selection
医务主管 medical director
医牙费用保险 dental expense insurance
医院费用报告情报 Hospital Cost Report Information System (HCRIS)
医院给付 hospital benefit
医院限制保单 hospital confinement policy
医院责任保险 hospital liability insurance
医院职业责任保险 hospital professional liability insurance
依公意 communi consensu

依据 as per
依托 pillar
移动 removal
移后扣减 carry over；carryforward
移交凭证 deed of assignment
移交业务 delivered business
移前扣减 carryback
移情思考 empathy
遗产 inheritance；legacy
遗产管理 administration
遗产管理费用 administration expense
遗产管理委托书 letter of administration
遗产减损 estate shrinkage
遗产清算 estate settlement
遗产税 death duty；estate tax；inheritance tax
遗产中的不动产 inheritance estate of
遗产转移权 privilege of estate transfer
遗腹子 posthumous child
遗弃财产 abandoned property
遗失险 risk of non-delivery
遗失支票 lost check
遗赠 bequest；demise；devise；legacy
遗赠指定权 power of appointment
遗属给付 survivorship benefit
遗嘱给付 death benefit only
遗嘱管理人 administrator（admr.）
遗嘱检验证书 probate
遗嘱执行人授权书 testamentary letter
乙级签字 signatory B
已办妥的合同 placed business
已报告事故免责 free of claim for accident reported
已背书票据 backed note
已背书债券 backed bond
已贬值的美元 cheap dollar
已查对 examined（exd.）
已查证账目 certified account
已查证资产负债表 certified balance sheet
已承兑汇票 accepted bill
已承兑支票 accepted check；certified check
已发生但尚未报告的损失 incurred（but）unreported claim（IUC）；incurred but not reported losses（IBNR）
已发生的费用 incurred expense
已发生的赔款 incurred claim
已发生的损失 incurred losses
已发生的损失率 incurred loss ratio
已发生费用 expense incurred
已发生损毁 damage done
已发生损失 loss incurred；losses incurred
已发生损失率 loss ratio written-paid
已发行股本 capital stock issued
已发行股票 shares issued
已发行优先认股权 option outstanding
已发行债券 bonds issued
已分派利润 distributed profit
已付费用 expense paid
已付合同保证金 contract deposit paid
已付赔款 losses paid；paid loss
已付赔款追溯计划 paid-loss retro-plan
已付通知 advice of payment
已付养恤金 benefit paid
已公告股利 declared dividend
已故、残疾或退休工人的残疾子女年金给付 benefit for disabled child of deceased, disabled or retired worker
已交资本 paid up capital
已缴费保单 paid for
已缴费人寿保险 paid-for life insurance
已缴股本 capital stock paid-up
已缴资本 capital paid-in
已结清票据 bill retired
已结账户 closed account
已解约保单 surrendered policy
已控制业务 controlled business
已履行契约 executed contract
已入账 entered（Entd.）
已设定信托 executed trust
已申报资本额 declared capital
已收保证金 deposit received for guarantee
已收存款 deposit received
已摊还的贷款 amortized loan
已体检业务 examined business
已贴现的票据 bill discounted（B.D.）
已验证 examined（exd.）
已折耗成本 depleted cost

已折旧成本 depreciated cost
已支出费用 paid expense
已转让账户 assigned account
已赚保费 earned premium
已赚收入 earned income; earned premium
已装船清洁提单 clean on board bill of lading
已装船运费预付清洁海运提单 clean on board freight prepaid ocean bill of lading
已装上船 shipment on board
以成本效益为导向 cost-benefit-driven; cost-and-efficiency-driven
以电子计算机输出为基础的系统 computer-based system
以短期费率退费方式注销 short rate cancellation
以发生为基础 occurrence basis
以发展为主题 make development as the central theme; take development as the central theme
以法律为准绳 ipso jure
以费用为基础的预算方法 cost based budgeting
以高价出售 come high
以工代赈 exchange relief for work; relief through work; relief-in-exchange-for work programme
以股换股交易 stock-for-stock transaction
以和为贵 harmony is precious
以及其他等等 et cetera
以及其他地方 et alibi (et.al.)
以记账支付的支票 check payable in account
以客户为中心 customer-centred
以毛作净 gross for net
以某人受益 in favour of (F/O, f/o)
以权谋私 abuse one's power for personal benefits
以人为本 people first; people-oriented; people-centred; human-oriented
以市场为导向 with market demand as the guiding factor
以市场为导向的 market-oriented
以事件为导向的服务 event-oriented service (EOS)
以事实为依据 ipso facto
以寿险方式作慈善损赔 life insurance for charitable giving
以…为主线 take ... as paramount
以现金交易的顾客 cash customer
以议付汇票方式使用的信用证 credit available by negotiation of draft
以昭信守 IN WITNESS whereof
以支票提取的存款 deposit subject to cheque
以支票提取的活期存款 checking deposit
以资证明 IN WITNESS whereof
义务 liability; obligation
义务的 compulsory
义务理赔 obligation to pay claim
义务人 obligor
义务再保险 obligatory reinsurance
艺术品保险 fine art dealers insurance
艺术品流动保险 fine arts floater
议定价值 agreed value
议定价值保单 agreed value policy
议定价值条款 agreed value clause
议付 negotiate; purchase of documentary bills
议付跟单票据 negotiation of documentary bills
议付汇票 bill for negotiation
议付金额 negotiated amount
议付票据 bill purchased (BP, B/P, B.P.)
议付申请书 application for negotiation of bill
议付通知(书) advice for negotiation
议付行 negotiating bank
议事规则 code of conduct; rules of procedure
议事录 minute
异常 defective
异常损失 shock loss
译成电码 coding
"易办事" Easy Pay System (EPS)
易货 barter
易货贸易 barter; barter trade

易货协议 barter agreement
易主 change hand
意见 opinion
意外保险 accident insurance; casualty insurance
意外保险总代理人 general agent casualty
意外残肢 accidental dismemberment
意外的 contingent
意外费用 contingent fee
意外精算学会准会员 Associate of Casualty Actuarial Society (ACAS)
意外开支拨款 contingency allocation
意外开支权 contingency authority
意外开支授权 contingency authorization
意外开支许可 contingency authorization
意外开支指定款项 contingency earmarking
意外开支准备金 contingency fund
意外伤害和疾病保险 accident and sickness insurance (A & S)
意外伤害和健康保险 accident and health insurance
意外身体伤害 accidental bodily injury
意外事故 contingency; accident (AC)
意外事故报告单 accident report form
意外事故发生率 accident frequency; accident frequency rate
意外事故控制或防避 accident control or prevention
意外事故率 accident rate
意外事故强度 accident severity
意外事故强度率 accident severity rate
意外事故伤害 injury independent of all other means
意外事故责任保险 accident liability insurance
意外事件 fortuitous event
意外事项补偿 contingency allowance
意外事项准备金 contingent reserve
意外死亡 accidental death
意外死亡保险 accidental death insurance
意外死亡保险条款 accidental death clause
意外死亡额外受益 accidental death benefit (ADB)
意外死亡给付保险单批示 accidental death benefit rider
意外死亡和残肢保险 accidental death and dismemberment insurance; accidental death and dismemberment (AD & D)
意外死亡和残肢保险单批示 accidental death and dismemberment rider
意外死亡和残肢给付 accidental death and dismemberment benefit
意外损失 casualty loss; fortuitous loss
意外损失精算协会 Casualty Actuarial Society (CAS)
意外条款 contingency clause
意外险保单 accident policy
意外信用危险 contingent credit risk
意外原因 accidental cause; fortuitous cause; fortuitous circumstance
意外原因死亡 accidental means (death by)
意外原因死亡保险金 accidental means death benefit
意外运输保险 contingent transit insurance
意外准备金账户 contingency account
意向 intention
意向书 letter of intent (LOI)
意向协定 intention agreement
意旨 intention
溢短 plus-minus
溢额 surplus
溢额比例再保险 surplus share reinsurance
溢额合约再保险 excess treaty; surplus treaty
溢额线 surplus lines
溢额再保险 surplus reinsurance
溢价 at a premium; in the money
因工受伤 job related injuries
因工死亡 job related death
因公死亡、受伤或患病的补偿 compensation for death, injury or illness attributable to service
银根低廉 cheap money
银根紧 dear money; tight money
银根紧缩 credit squeeze

银行　bank (bk.)
银行保函　bank('s) guarantee
银行本票　banker's order; banker's promissory note; cashier's check; cashier's order
银行拨款单　bank money order
银行部　banking department
银行部门　banking sector
银行簿记　bank bookkeeping
银行财团　bank syndicate; bank consortium; banking consortium
银行财务报表　bank statement
银行查账　bank audit
银行长期贷款　bank term loan
银行钞票　bank note (B/N, b.n.)
银行承兑　bank acceptance; banker's acceptance (B/A)
银行承兑汇票　bank acceptance; bankable bill; banker's acceptance; banker's acceptance draft; banker's acceptance bill
银行承兑汇票贴现率　banker's acceptance rate
银行存款　bank deposit; banker's deposit; cash in bank; deposit at bank
银行存款保证金　banker's margin
银行存款不足　not sufficient fund (NSF, N.S.F.)
银行存款创造　creation of bank deposit
银行存款单　deposit certificate; deposit receipt
银行存款余额　bank balance
银行存折　bank book; bank passbook; passbook (pass book)
银行代理(行)　bank's agency
银行贷款　bank loan
银行贷款保函　bank guarantee for loan
银行贷款保险　bank loan insurance
银行贷款计划　bank loan plan
银行担保(书)　bank('s) guarantee
银行的金库　coffers of a bank
银行电汇　bank cable transfer; bank('s) telegraphic transfer
银行垫款　bank advance
银行定额汇票　bank money order
银行督察(官)(美)　commissioner of banking
银行对账单　bank statement
银行发票　bank invoice
银行法　bank law; banking law
银行放贷能力　banking power
银行放款　bank advance
银行分行制　branch banking (system)
银行分支网点　outlet
银行付款　banker's payment; cash on bank
银行(体制)改革　banking reform
银行公会　association of banks
银行合并　bank merger
银行划拨　bank transfer (B.T.)
银行汇款单　bank money order
银行汇票　bank money order; bank bill; banker's bill; banker's bill of exchange; banker's draft; bank draft (B.D.)
银行即期汇票　bank demand draft; banker's sight bill
银行挤兑　bank run
银行计息存款　interest-bearing bank deposit
银行家命令　banker's order
银行假日　bank holiday
银行兼并　bank merger
银行结存(欠)额的证明　certificate of bank balance
银行结单　bank statement
银行结算程序协议书　Banking Arrangement on Accounting Procedures
银行截结单　cut-off statement
银行借款及透支减少　decrease in bank loan and overdraft
银行经营许可证　bank charter
银行经营政策　banking policy
银行经营执照　bank charter
银行俱乐部　bank's club
银行卡　bank card
银行康采恩　bank concern
银行客户提款　bank debit
银行客户提款总额　bank debit
银行肯贷款的项目　bankable project
银行控股公司　bank holding company

银行会计　bank accounting
银行会计年度　bank year
银行利率政策　bank rate policy
银行联号　affiliated bank
银行留置权　banker's lien
银行率　bank rate
银行买入价　bank's buying rate
银行卖出价　bank's selling rate
银行票据　bank money
银行票据交换　bank clearing
银行票据交易所　bank clearing house
银行破产　bank's failure
银行企业化　turn banks into businesses; make banks function as enterprise
银行取款单　counter check
银行设施　banking facilities
银行审计　bank audit
银行失窃及抢劫保险　bank burglary and robbery insurance
银行实务　banking practice
银行手续费　bank charges; bank commission
银行授信　banking facilities
银行授信额度　bank credit line
银行体制　banking system
银行贴现　bank discount; banker's discount
银行通货　bank currency
银行同业拆借　interbank placement; interbank lending
银行同业存款　interbank deposit
银行同业隔夜拆借　interbank overnight placement; interbank overnight lending
银行透资　bank overdraft
银行托收　collection throught the bank
银行往来登记簿　bank register
银行往来调节表　bank reconciliation statement
银行系统　banking system
银行协会　association of banks
银行协议书　banking arrangement
银行辛迪加　banking syndicate
银行信贷　bank credit
银行信贷额度　bank credit facility
银行信汇　bank mail transfer
银行信托退休计划　bank trusteed retirement plan
银行信用保函　bank credit guarantee
银行信用额度　bank line
银行信用危机　bank crisis
银行信用证　banker's letter of credit
银行休息日　bank holiday
银行学　banking (bkg.)
银行学派　banking school
银行业　banking (bkg.); banking industry
银行业绩统一报告　The Unified Bank Performance Report
银行业特权　banking franchise
银行业务　banking (bkg.); banking business; banking operation
银行议定书　banking arrangement
银行意见(书)　bank opinion
银行营业部　banking department
银行营业日　banking day
银行营业时间　bank hours
银行营业所　banking office
银行营业资金　banking funds
银行营运资本　banking capital
银行营运资金　banking capital
银行优惠利率　bank prime rate
银行有权签字者　bank's signatory
银行远期汇票　banker's term bill; banker's time bill of exchange
银行账户　bank account
银行账务处理细则　Banking Arrangement on Accounting Procedures
银行账务往来协议　Banking Arrangement on Accounting Procedures
银行征信　bank reference
银行征询　banker's reference
银行证明　bank report
银行证明书　bank interest certificate
银行支付保函　bank payment guarantee
银行支票　banker's cheque; bank check; bank cheque; banker's check
银行支票计划　bank check plan
银行支票账户　bank checking account
银行转账　interbank transfer; bank-to-bank transfer; bank transfer (B.T.)

银行准备金 bank reserve
银行资金融通 bank accommodation
银行资金运作 banking operation
银行资信调查 banker's reference
银行资信证明书 bank reference
银行综合保证保险 bankers blanket bond
银行最低利率 bank prime rate
银货两讫 both sides clear
银缩根紧 monetary stringency
银团 bank consortium; banking consortium; banking group
银团贷款 syndicated loan
银团中的成员银行 affiliated bank
"引进来,走出去" "usher in, go global"; "bring in, go global"
引进外资 usher in foreign investment; introduce foreign investment; attract foreign investment; lure foreign investment
引人畅谈的问题 open-end question
隐瞒 concealment
隐匿的财产 concealed asset
隐私权 privacy
隐形眼镜保险 contact lens insurance
印成栏的 columnar
印鉴 specimen signature book; specimen signature list; list of specimen signatures
印鉴簿 booklet of authorized signatures
印鉴册 Specimen Signatures; List of Authorized Signatures; booklet of authorized signatures
印鉴单 List of Authorized Signatures
印鉴核对 verification of signatures; authentication of signatures
印鉴式签名 signature by facsimile
印鉴证明 certificate of seal impression
印鉴证明书 letter of indication
应变关税 contingent duty
应变计划 contingency plan
应变进口关税 contingent import duty
应偿债务 debt repayable
应付保险赔款 claim outstanding
应付本息总额 debt service
应付待付负债 accrued liabilities
应付费的 chargeable
应付费用 accrued charge
应付工资 accrued payroll
应付公司债券 debentures payable
应付红利 bonus payable
应付奖金 bonus payable
应付金额 amount payable
应付年金 annuity payable
应付票据 note payable
应付(某人)欠款 amount due to (sb.)
应付手续费 commission payable
应付同业欠款 balance due to
应付未付工薪 accrued payroll
应付(债券)息票 coupon payable
应付项目 charge
应付养恤金 benefit payable
应付佣金 commission payable
应付债券 bonds payable; debt payable
应付债务账目 debt payable account
应付终生年金 life annuity due
应急管理 contingency management
应急基金 contingent fund
应急经费 contingency appropriation
应急准备 contingency reserve
应急准备金 emergency reserve; contingent reserve
应计不动产税 accrued real estate tax
应计但未付利息 accrued but unpaid interest
应计但未付讫账款 accrued but unpaid accounts
应计方法 accrual method
应计费用 accrual; accrued charge
应计服务费 accrued service charge
应计负债 accrued liabilities
应计概念 accrual concept
应计给付额 accrued benefit
应计工资 accrued wage(s)
应计工资名单 accrued payroll
应计(未付)股息 accrued dividend
应计(未付)红利 accrued bonuses
应计会计制 accrual basis accounting
应计开支 accrued expenses; accrued expenditure
应计累积股利 accrued cumulative dividend

应计累积股息　accrued cumulative dividend
应计利息　interest accrued; accrual of interest
应计日期　accrual date
应计收入　accrued income; accrued revenue
应计收支项目　accruals
应计税捐　accrued tax
应计算的　accrued
应计贴现　accrual discount
应计未收佣金　accrued commission receivable
应计项目　accrued items
应计薪金　accrued salary
应计养老金负债　accrued pension liability
应计养老金资产　accrued pension asset
应计应付费用　accrued expenses payable
应计佣金　accrued commission
应计(未付)债券利息　accrued bond interest
应计(未收)债券利息　accrued bond interest receivable
应计债券、投资、贷款、抵押、证券等利息　accrued interest on bond, investment, loan, mortgage, note, etc.
应计债务　accrued liabilities
应计折旧　accrued depreciation
应计折旧(固定)资产　depreciable (fixed) asset
应计制会计　accounting on accrual basis
应计资产　accrued assets
应计租金　accrued rent
应继承的权益　reversionary interest
应课税的　chargeable
应纳(所得)税额　amount of (income) tax payable
应纳税利润　taxable profit
应收保费　receivable premium
应收待收收益　accrued income
应收的　receivable
应收金额　amount receivable
应收款项　account payable (A. P.); account receivable (A.R., A/R); amount due from (sb.)
应收款项保险　accidents receivable insurance
应收款账户　receivable account
应收利息　interest accrued
应收票据　bill receivable (B/R, B.R.)
应收票据上的延期利息收入　deferred payment of interest on note receivable
应收认缴股本　capital stock subscription receivable
应收手续费　commission receivable
应收税遗产　taxable estate
应收同业欠款　balance due from
应收外汇账款　due from foreign account
应收未收款　collection receivable for customer
应收项目　receivable
应收应付日期　accrual date
应收应付制　accrual basis; accrued basis
应收佣金　commission receivable
应收与实收的差别　cash vs. accrual
应收账款　debt receivable; receivable; accrued debit account
应收账款保险　book debts insurance; accounts receivable insurance
应收账款保险单　accounts receivable policy
应收账款担保书　accounts receivable bond
应收账款平均账龄　average age of receivables
应收账款贴现手续费支出　commission paid on discounted account
应收账款贴现佣金支出　commission paid on discounted account
应收账项率　collection ratio
应税金额　taxable amount
应税起点　tax basis
应税收入　income taxable
应税所得额　taxable amount; amount taxable
应税业务　taxable business
应摊回再保险赔款　claim recoverable from reinsurer; claim recovered from reinsurer
应折旧成本　depreciable cost
应折旧年限　depreciable life
应征税收入　taxable income

应支付的 due
应(拟)注销金额 amount to be written off
英国法律及实务条款 English Law and Practice Clause
英国金边证券 gilts
英国伦敦的商业区 (the) City of London
英国式平安险 free of particular average English conditions (FPAEC)
英国特许保险学会 (the) Chartered Insurance Institute (CII)
英国特许保险学会准会员 Associate of the Chartered Insurance Institute (ACII)
英国自动支付清算系统 Clearing House Automatic Payment System (CHAPS)
英亩 acre (ac.)
英琪玛丽条款 Inchmaree Clause
迎合 meet
盈仓 gain on one's position
盈亏 profit and loss (P. & L.)
盈亏分界分析图 chart for break-even analysis
盈亏临界点 break-even point (BEP)
盈亏相抵 averaging
盈利能力 capability of making profit
盈利手续费 contingent commission
盈余 gain; surplus
盈余额 surplus
盈余分配账 appropriation account
盈余公积 earned surplus
盈余佣金 profit commission
盈余准备 surplus reserves
营利保险 proprietary insurance
营利保险人 proprietary insurer
营销 market (mkt.)
营业 carry on business
营业保费 office premium; tariff premium
营业保险费 business premium
营业报告 business report
营业场所 place of business
营业场所及业务经营责任保险 premises and operations liability insurance
营业场所医疗费保险 premises medical payment insurance
营业持续保险 business continuation insurance
营业持续保险计划 business continuation plan
营业处 agency
营业地点 place of business
营业发达的 going
营业范围 line of business
营业费用 expense (EXP)
营业公积金 earned surplus
营业净利 net gain from operation
营业利得税 business profit tax
营业利得税申报表 business profit tax return
营业利得税申报单 business profit tax return
营业利润 profit on operation
营业连续性概念 continuity concept
营业毛益 gross operating spread
营业日 business day
营业时间 business time; business hours
营业收入 business income
营业收入的履约确定法 completed contract method of revenue recognition
营业收入的收付实现确定法 cash basis of revenue recognition
营业收入折旧 depreciation-revenue
营业税 business tax; turnover tax
营业税及附加 business tax and surcharge
营业外(收入) non-business
营业外(支出) non-business
营业外收入 non-operating income; non-operating earnings
营业外支出 non-operating expense
营业现金流动 cash flow from operation
营业性质 nature of business
营业许可证 banking permit for financial institution
营业预算 operating budget
营业员 counterman
营业支出 business expense; business expenditure
营业执照 business license
营业中的 going
营业中断 business interruption

营业中断保险 business interruption insurance
营业中断保险价值 business interuption value
营业中断与额外费用混合保险 combination business interruption extra
营业资产 committed asset
营业总收入 gross receipt
营造商流动设备保单 contractors equipment floater
营造商设备保险 contractors equipment insurance
营造商责任保险 contractor's liability insurance
影响 effect
硬币 coin
硬币兑换手续费 coin exchange fee
硬通货贷款 hard loan
佣金 bank's commission; brokerage (brkge.); commission (com., comm., commn.); commission-charge
佣金(长期)抵押借款 commission (long-term) mortgage loan
佣金科目 commission account
佣金收入 commission income
佣金行 commission-house
佣金制度 commission system
永残和全残 permanent and total disability
永久半残 permanent partial disability
永久半残给付 permanent partial disability benefit
永久保险 perpetual insurance
永久残疾 permanent disability
永久互保公司 perpetual mutual insurance company
永久年金 perpetuity
永久全残给付 permanent total disability benefit
永久性全部残疾 permanent total disability
永久性正常贸易关系 permanent normal trade relation (PNTR)
永久有效条款 evergreen clause
永续保险单 open-end policy
永续盘存 running inventory
永续盘存明细记录 detailed perpetual inventory record
永续盘存制 balance of stock system
用本国货币标识 denominated in national currency
用抽查方式查账 auditing by test and scrutiny
用户 consumer
用空头支票骗钱 kiting
用速递 by express mail
用外币标价 denominated in foreign currency
优等品率 rate of high-grade
优化 optimize
优惠的 favourable
优惠的条件 favourable terms and conditions
优惠活动 teaser campaign
优惠利率 blue chip rate; prime rate (of interest)
优惠期 grace period
优良 superior
优良风险 preferred risk
优良票据 gilt-edged bill
优先保险 primary insurance
优先股 preference share; preferred stock; preference stock
优先股本 capital stock preferred
优先股的折换特权 conversion privilege on preferred stock
优先股票的购买期权 call option on preferred stock
优先股票的购买选择权 call option on preferred stock
优先股息 preferred dividend
(货币兑换的)优先率 preference rate
优先权 priority
优先认股权 preference to shares; option to purchase shares
优先再保险 prior reinsurance; preferential reinsurance
优秀 excellent
优遇利益 courtesy interest
优质业务 quality business; persistency business

忧患意识 mindfullness of danger
悠悠股 yo-yo stock
由陆路 by land
由某人自定 at one's option
由谁出票 drawn by
犹豫期间 hesitation period
邮包保险 parcel post insurance
邮包收据 parcel post receipt
邮购保险 mail order insurance
邮票与钱币收藏保险 stamp and coin collections insurance
邮政 post office (P.O.)
邮政汇款 mail transfer (M/T)
邮政汇票 postal order (P.O.); mail order (M.O.); postal money order (PMO, P.M.O.)
邮政信箱 post-office box (P.O.B.)
油轮所有人油污责任协议 tanker owners' voluntary agreement concerning liability for oil pollution (TOVALOP)
油渍险 risk of oil damage
游船保险 pleasure boat coverage
游资 hot money
友爱保险顾问 fraternal insurance counsellor
友爱的 fraternal
友爱会保险 fraternal insurance
有把握收回的债款 good debt
有偿服务 paid service; onerous service
有担保的 bonded
有担保的借款人 collateral borrower
有担保的受让人或受托人 collateral creditor; collateral assignee
有担保的债券 collateral bond; guaranteed bond
有抵押的 bonded
有抵押权担保的债权 claim secured by mortgage
有过错 in delicto
有过失的承运人 carriers at fault
有后效的残疾 residual disability
有机增长 organic growth
有价证券 securities (SE.); portfolio
有价证券投资组合 portfolio
有奖储蓄 premium savings deposit
有进有退 advance in some aspects while withdrawing from others'
有控制力的权益 controlling interest
有利的 favourable
有零数的 fractional
有名无实的 nominal
(国际收支)有逆差的国家 deficit country
有批注的提单 foul bill of lading; claused bill of lading
有票面责任的股票 assessment share
有权使用 beneficial use
有缺点的包装 defectivc packing; defective packaging
有缺陷的 defective
有缺陷的安装 faulty installation
有所为,有所不为 focus on certain tasks while putting others aside
有特权的通信 privileged communication
有特权买卖 option
有条件承兑 conditional acceptance; special acceptance
有条件的 conditional
有条件的合同 conditional contract
有条件的可续保健康保险 conditional renewable health insurance
有条件的资金供应 conditional financing
有条件的最惠国待遇 conditional most-favoured-nation treatment
有条件转让契约 escrow
有条件转让契约代理人 escrow agent
有问题 Questionable
有问题的贷款 problematic loan; problem loan
有问题的客户 problem customer
有问题的账户 problem account
有问题的资产 problematic asset
有限的 Limited (Ld., Ltd.)
有限公司 company limited
有限年金 limited annuity
有限赔偿责任 limited liability
有限期汇票 usance bill
有限责任 limited liability
有限责任公司 company of limited liability; company with limited liability

有效 in force
有效保费 premium in force
有效的 effective
有效地点 valid place; valid at
有效合同 business in force
有效期 validity; effective period
有效期限 expiry date; date availability; term of validity; availability period
有效契约 in force business
有效日期 date of validity; effective date
有效寿险 life insurance in force
有效途径 effective way of
有形财产 corporation property
有形陈旧 physical obsolescence
有形的 material
有形动产 corporeal movable
有形个人资产 tangible personal property
有形金融资产 tangible financial assets
有形贸易结算 visible trade settlement
有形实物资产 tangible physical assets
有形资本 corporeal capital
有形资产 tangible asset
有序流动 reasonable and orderly flow of
有选择的交易 dealing in option
有约束力的临时收据 interim binder
有债券作保证的 bonded
有秩序变现价值 orderly liquidation value
有转换股票权的债券 bonds with conversion privilege
诱发投保 motivating stories
余产遗产 residuary
余额 balance (bal.)
余额包销 standby commitment; standby underwriting
余额包销商 standby underwriter
余额表 balance list; balance sheet (B.S., b.s., B/S)
余额递减折旧法 declining-balance method of depreciation
余额结转次页 balance carried down; balance carried forward
余额结转下期 balance carried down; balance carried forward
余额清单 balance list
余额证书 balance certificate
愉快 amenity
逾期贷款 delinquent loan; overdue loan; loan in arrears; past due loan
逾期罚款 late charge
逾期款项 arrears; amount in arrears
逾期票据 overdue bill
逾期天数 days past due; number of days overdue
逾期未收分期货款 delinquent installment
逾期未收账款 delinquent account
逾期账户 delinquent account
逾期滞缴 excess arrears
与…保持交易 keep account with
与合同相符 conform with the contract
与货样相符 conform with the sample
与…结清账目 square account with
与…开有账户 keep account with
与某机构达成的结算协议 arrangement for settlement with...
与某机构的协议 arrangement with...
与社会保障结合 integration with social security
与…有业务往来 in account with
与…有账务往来 in account with
与债权人(签署的免于诉讼)协议 arrangement with creditors
与指数挂钩的公债 index-linked bond
雨水/淡水损害 rain and/or fresh water damage (RFWD)
雨水/淡水险 risks of rain and/or fresh water damage
雨灾延迟保险 pluvious insurance
预保单 to be declared policy (T.B.D. policy)
预备金 budgetary reserves
预存现款 cash deposit in advance
预定保险单 open policy (O.P.)
预定交付证券日期 D-Day
预定利率 assumed interest rate
预定损失率 assumed loss ratio
预付(货款) cash in advance; make advance
预付保费 deposit premium; prepaid

premium
预付保证书 advance payment L/G; guarantee for advance payment
预付费用 prepaid expense
预付货款 payment in advance
预付货款担保 advance payment guarantee
预付款保函 advance payment guarantee
预付款项 advance payment
预付年金 annuity in advance
预付票款 anticipated payment
预付现金 cash advance
预付现款 cash deposit in advance
预付运费 prepaid freight
预付账户 imprest account
预估费率计算法 expecting rating plan
预估未来服务年资给付 prospective future service benefit
预估运费 anticipated freight
预估值 projection
预计给付成本总和法 aggregate projected benefit cost method
预计收入 anticipated revenue
预缴出口外汇证明书 certificate for advance surrender of export exchange
预缴押金 advance deposit
预警 forewarning
预警机制 early alert mechanism; forewarning mechanism
预警系统 forewarning system
预扣费用 accrued expenses
预扣所得税 pay as you as go
预料风险 anticipating risk
预留金保函 retention money guarantee
预平均损失率 expected loss ratio
预期 anticipate
预期(岁入)分配数 anticipated allotment
预期利润 anticipated profit
预期利息 anticipated interest
预期收益 prospective earnings
预期死亡 contemplation of death
预期死亡赠予 gift in contemplation of death
预期违约 anticipatory breach of contract
预期运费 contingency freight
预期支出 anticipated expenditure
预申请 trial application
预审 preliminary hearing and examination
预收保费 premium collected in advance
预收保险费 provisional premium
预收客户款 advance from customer
预收收入 unaccrued income
预收手续费 commission received in advance
预算 budget
预算保证 budgetary support
顶算编排 budget layouts
预算编制 budgetary planning; budgeting
预算编制程序 budgetary procedure
预算编制方式 budgetary technique
预算编制者 budgeteer; budgeter
预算表 budget sheet
预算拨款 budget allocation; budget allotment; budget appropriate; budgetary allocation; budgetary appropriation
预算财务报表 budgeted financial statement
预算差异 budget variance
预算差异分析 analysis of budget variances; budget variance analysis
预算成本 budget cost; budgeted cost
预算程序 budget procedure; budgetary procedure
预算赤字 budget deficit; budgetary deficit
预算赤字贷款 budget deposit loan
预算单位 budget unit
预算的控制阶段 control phase of budget
预算递减 decrease of budget
预算调节基金 budgetary regulatory fund
预算分配 budgetary allotment
预算概念 budget concept
预算构成部分 budget component
预算管理 budget management
预算汇编 budget compilation
预算会计 budget accounting; budgetary accounting
预算基础 budget base
预算价格 budgetary price
预算简表 budget summary
预算节余 budgetary saving; budgetary

surplus
预算结余 budgetary saving; budgetary surplus
预算经费 budgetary requirement
预算经费(来源) budgetary resources
预算科目 budget account; budgetary account
预算控制 budgetary control
预算控制制度 budget control system
预算毛额 gross budgeting
预算明细表 budget schedule
预算能力 budgeted capacity
预算年度 budget year
预算期间 budget period
预算日程表 budget calendar
预算审查 budgetary scrutiny
预算审计 budget audit
预算实况 budgetary position
预算收入 budget revenue; budgetary income; budgetary receipts
预算授权总额 total obligational authority (TOA)
预算书 budget document; budget statement
预算水平 budget level
预算损益表 budgeted income statement
预算损益计算书 budgeted income statement
预算外 extra-budgetary (XB)
预算外资金 capital out of budget
预算文件 budget document
预算限额 budget line
预算限制 budgetary restraint
预算削减 budgetary reduction
预算性的 budgetary
预算修正案 budget amendment; budget revision
预算需要 budgetary requirement
预算与实际资产负债比较表 comparative budget and actual balance sheet
预算预报(数) budgetary forecast
预算账户 budget account; budgetary account
预算政策 budgetary policy
预算支持 budgetary support
预算支出 budget expenditure; budget outlays
预算执行 budget enforcement; budget execution
预算执行情况 budgetary performance
预算指南 budget manual
预算制度 budget system
预算制约 budgetary restraint
预算中心 budgetary centre
预算周期 budget cycle; budgetary cycle
预算转拨 budgetary transfer
预算准备 budgetary allowance
预算咨文 budget message
预算资产负债表 budgeted balance sheet
预提准备 accrued provision
预填日期 dating ahead; dating forward
预托证券 depositary receipt
预先承兑 anticipated acceptance
预先批准法 prior approval law
预约保单 open cover
预约保险 open insurance; open cover
预约保险呈报书 certificate of declaration
预约保险单 open policy (O.P.)
预约保险合同 open contract
预约保险凭证 open certificate
预约保险通报书 declaration under open policy
预支 advance
预支信用证 anticipatory (letter of) creddit
寓所 dwelling
遇到 meet
原保险 orginal insurance
原保险人 original insurer
原产地声明 declaration of origin
原产地证(明)书 certificate of origin (C.O., c.o.)
(货物)原产国 country of origin
原产国标志 country of origin mark
原产国证明条例 country of origin identification regulation
原告 plaintiff; complainant
原合同年龄 original age
原合同年龄转换 original age conversion
原籍国 country of origin

原签单公司 original writer
原始成本 old cost
原始的 original
原始法定股本 initial authorized share; initial authorized equity capital
原始法定资本 original authorized capital
原始费用 original cost
原始费用减去折旧 original cost less depreciation
原始分录簿 book of original entry
原始凭单 original voucher
原始(记账)凭证 source vouchers (for entry); original documents; original voucher (for entry); source document; original voucher or entry; original voucher (or entry); original voucher
原始市场 primary market
原始账簿 book of first record
原样续保 as expiry
原则批准 approval in principle
原则同意 approval in principle
原子能保险 atomic energy reinsurance
原子能佣金 atomic energy commission
援助 bilateral aid; bilateral assistance
远期的 future
远期定期 at a fixed time
远期付款交单 D/P at . . . days after sight
远期汇票 usance bill; usance draft; time draft; time bill; term draft; term bill; bill at usance; bill payable at long sight
远期汇票买入价 buying rate for time bill; buying rate for usance bill
远期交货合同 cash forward contract; contract for future delivery; contract of future delivery
远期外汇 foreign exchange futures; forward exchange; futures exchange
远期信用证 time letter of credit; time credit; usance credit
远洋运输保险 ocean marine insurance
远洋运输保险附加战争风险 ocean marine cargo insurance (war risks)
远洋运输危险 ocean marine exposure
远月份 far months
约定 appoint; appointment; commitment
约定的 conventional; given
约定汇价 given quotation
约定价值 commitment value
约定利率 contract rate of interest; contractual interest rate
约定利息 contract interest
约定期限的年金 annuity certain
约定支付的 promissory
约束成本 committed cost
约束机制 restrictive mechanism
约算法 approximation
约因 consideration
月度对账单 monthly statement of account
月度结算报告 monthly settlement report
月度试算表 monthly trial balance
月缴保费 monthly premium
月缴收招合一寿险合同状况卡 monthly debit ordinary state card
月率 rate per mensem
月末余额 outstanding balance at the close of month
月平均工资 average monthly wage (AMW)
乐器保险 musical instrument insurance
乐器运输保险 musical instrument floater
匀修生命表 graduated life table
允许缓期付款 grant a respite of payment; grant a respite for payment
允许装货期间 lay days
运保费已付价格 cost, insurance paid (CIP)
运费 carriage expense; freight (fgt., frit.)
运费保险 freight insurance
运费保险单 freight policy
运费待收 free to be collected
运费单 freight bill (F.B.)
运费到付 carriage forward; collect freight
运费付至…价 carriage paid to... (CPT)
运费及保险费付至目的地 carriage and insurance paid to... (CIP)
运费加滞仓费 freight and demurrage (F. & D.)
运费交货时照付 carriage forward
运费免付 carriage free

运费已付 carriage paid (carr. pd.); freight prepaid (frt. ppd.); advance freight
运费由收货人支付 carriage forward
运费预付 carriage paid (carr. pd.); freight prepaid (frt. ppd.); advance freight
运货单 freight bill (F.B.)
运价 rate
运价率 rate
运输 ship; transport; transportation; freight (fgt., frit.)
运输保险 transportation insurance
运输保险费率局 Transportation Insurance Rating Bureau (TIRB)
运输单据 transport document; shipping document
运输方式 means of transport; means of shipment
运输风险 transportation risk; transit risk
运输票面保险 transportation ticket insurance
运输人 carrier
运送 cartage (ctg., ctge.); forward (fwd.)
运送单 freight bill (F.B.)
运送条款 transit clause
运送硬币费用 cost of remitting specie
运通卡 American Express
运营长 Chief Operation Officer (COO)
运用 employment
运用资本净额 fund
运载工具 carrier

Z

Z项条例　Regulation Z
杂货　sundries (sdy.)
杂项(费用)　sundries (sdy.)
杂项　miscellaneous (misc.)
杂项收入　miscellaneous revenue
杂项资产　miscellaneous asset
灾害保险　coverage of hazard
灾难再保险　disaster reinsurance
载货舱单　cargo manifest
载货航程　cargo passage
载货清单　carrier manifest
载明周期　Deming Cycle
载重吨位　dead weight (DWT)
再保解约　recapture
再保　cede
再保额　remainder
再保险　re-insurance (R.I.)
再保险分出人　reassured; reinsured
再保险合同　reinsurance treaty
再保险集团　reinsurance pool
再保险金额　amount ceded
再保险期间　period of reinsurance
再保险人　reassurer; reinsurer
再保险未决赔款　outstanding reinsurance claim
再保险证书　certificate of reinsurance
再保险准备金　reinsurance reserve
再筹划资金贷款　refinance credit
再筹集资金　refinancing
再购回协议　repurchase agreement (REPO, repo)
再婚条款　remarriage clause
再贴现　rediscount
在册雇员忠诚保险　name schedule bond
在发行国以外流通的货币　xenocurrency
在公开法庭　in Curia
在家疗养条款　house confinement clause
在建工程　construction in progress; works under way; works in progress; project under construction
在建项目　works under way; works in progress
在票据上背书担保支付　back a bill
在商言商　speak what fits merchants
在死亡时刻　in articulo mortis
在特定的时点上　at a specific point in time
在途保单　issued business
在途存款　deposit in transit
在途货物　afloat cargo
在途款项　account in transit
在途天数　day(s) in transit
在途现金　cash in transit
在外流通股本　capital stock outstanding
在险金额　amount at risk
在银行存款　consign money in a bank
在银行的存款　deposit money in bank
在预估基础上　on a proforma basis; on an estimate basis
在职训练赠款　grant for on-the-job training
暂保单　binder; binding slip; to be declared policy (T. B. D. policy); cover note; covering note
暂定定期保险　initial term insurance
暂定国际贸易标准用语和规定　Combiterms
暂记账(账户)　suspense account
暂记账目　transit account
暂缺　not available (NA, n.a.)
暂时保险　provisional policy
暂时部分残疾　temporary partial disability
暂时贷款　cash credit (cr.)
暂时定期保险　preliminary term insurance
暂时额外保费　temporary level extra premium
暂时契约　binder
暂时全残　temporary total disability
暂时性残疾　temporary disability
暂收保险费　provisional premium

暂停　suspension
暂停港　port of call (P.O.C.)
暂停条款　stop and go provision; suspension provision
暂予承保　held cover
赞成的　favourable
赞成与反对票数相同　in the event of a tie
赞同　consent
遭遇　meet
早列成本　anticipated cost
早列利润　anticipated profit
早盘　morning session
早市　morning session
早赎保护期　call protection
早赎价格　call price
早赎期前收益(率)　yield to call (YTC)
早赎条款　call provision
早赎溢价　call premium
造币者　coiner
造成亏损　come to deficit
造假账　cook an account; doctor an account
择优录用　recruitment on the basis of merits
责难　inculpate
责任　liability; obligation; responsibility
责任保险　liability insurance
责任保险除外责任　exclusions (business liability insurance)
责任保险免赔额　deductible liability insurance
责任保险条款　insuring agreement (liability)
责任范围　limitation
责任分担　burden sharing
责任风险　liability risk
责任解除　discharged from liability
责任开始日　attachment date
责任限额　liability limit; limit of liability; limit of risk
责任追究制　accountability; accountability system; system of accountability
增长率　growth rate
增长能力分析　analysis of growth (growing) ability
增额　increment
增加的风险　increased hazard
增加额　increase; accrual
增价　increment
增减　plus-minus
增减型手续费　sliding scale commission
增进健康活动　health promotion
增添活力　instill new vitality into
增值　accrue; increment; appreciate; appreciation
增值保险　increased value insurance
增值税　value added tax (VAT, V.A.T.)
增值税率　VAT rate; value-added tax rate
增值税专用发票　Special VAT Invoice
增值条款　increased value clause; peak over clause
增值推动型　value-creation-driven
增值盈余　surplus from appreciation; appreciation surplus
增资　capital increase
增资扩股　increase capital by stock issue; issue stocks for capital increase; equity financing
赠予　gift
赠予成分　grant component
赠予税　gift tax
赠予税免缴额　gift tax credit
赠予税配偶免缴额　gift tax marital deduction
摘要　particulars; remarks
摘要卡　abstract
摘要声明　abstract statement (abs. sta.)
摘要账　book of abstract
债　loan
债权　claim; claimable asset
债权代替股权　debt-in-lieu-of-equity
债权集合　pooling of interests
债权人　obligee; claimant; creditor; debtee; claimer
债权人产权　creditor's equity
债权人分户账　claimant ledger
债权人寿险　creditor rights in life insurance
债权受益人　creditor beneficiary
债权银行　creditor bank
债权转让　assignment of a claim
债券　bond; bond certificate; securities

(SE.); debenture (deb.); debenture certificate; debenture share
债券包销人 bond underwriter
债券本金 debenture capital
债券偿还 bond redemption
债券持有人 debenture holder; bond holder
债券担保人 bond underwriter
债券的调换 conversion of bond
债券登记簿 bond register
债券等值收益 bond equivalent yield
债券抵押贷款 bond collateral loan
债券点数报价制 bond point
债券调换 bond conversion
债券掉期 bond swap
债券兑回 bond redemption
债券发行 bond floatation
债券发行费 bond expense; bond issue cost; bond issuing expense
债券发行市场 bond market
债券发行折价费用 bond discount and expense
债券发行折价账户 bond discount and expense account
债券估价 bond valuation
债券股息 bond dividend
债券过户授权书 bond power
债券红利 bond dividend
债券换新 bond refunding
债券价值 bond value
债券经纪人 bond broker
债券利息 dividend (div., dv.)
债券利息票 debenture coupon
债券利息收入 bond interest income
债券利息支出 bond interest expense
债券票面利率 bond rate
债券评级 bond rating
债券认购(书) bond subscription
债券商行 bond house
债券式票据 bond note
债券收益(率) bond yield
债券授权书 bond power
债券投资 bond investment
债券投资信托 bond investment trust
债券投资信托公司 bond investment trust
债券息票 coupon of bond; bond coupons
债券系列 bond series
债券溢价 bond premium
债券溢价摊销 bond amortization; bond premium amortization
债券债务总额 gross bonded debt
债券账户 bond account
债券折价 bond discount
债券折价累积 bond discount accumulation
债券折价摊销 bond discount amortization
债券折扣 discount on bonds
债券证明书 bond certificate
债券指数 bond index
债务 debitum; commitment; liabilities; obligation
债务比率 debt ratio
债务标志 IOU (I.O.U.)
债务偿付能力 debt servicing capacity
债务偿付义务 debt service obligation
债务偿还比率 debt service ratio
债务偿还基金 debt service fund
债务偿还期的延展 for bearance
债务调换 conversion of debt
债务对自有资本比率 debt-equity ratio
债务分摊率 burden rate
债务负担 debt burden; burden of indebtedness
债务管理 debt management
债务和解 composition
债务和解协议 composition deed
债务还本付息 debt service
债务宽缓处理协议书 letter of license
债务欠款 debt obligations
债务清偿率 debt service ratio
债务人 obligor; debtor (debt.)
债务人团体人寿保险 creditors group life insurance
债务融资 debt financing
债务危机 debt crisis
债务限额 debt ceiling
债务延期偿付权 debt moratorium [PL. moratoria]
债务折算 conversion of debt
债务者 debit customer

债务整理 consolidation of debt
债务证券 debt security
债务证书 bill of debt
债务重整 rescheduling of debts
债务转换 debt conversion
债务转让 assignment of debts
债务资本 debt capital
债务资产化 capitalization of debt
债主权益 creditor's equity
债转股 debt-equity swap; debt-to-equity swap; swap debt for equity
斩仓 exhaust one's a/c position; close out one's a/c position; liquidate one's position
展览保险 exhibition insurance
展期 extend; extension
展期保险 extended insurance
展期表 continuation sheet
展期等待 extended wait
展期利率 continuation rate
展示 presentation
展限日期 continuation day
展延满期日 extended expiry date
展业拜访 call
展业费 acquisition cost
展业手续费 acquisition commission
展业预算 project budget
占领市场 capture market
占少数股权的股东 minority shareholders
占用 appropriate; appropriation
占用成本 cost of possession
占用费用 occupancy expense
占用或使用性质变更 change in occupancy or use
占用性质 occupancy
占用性质和火险费率 occupancy and fire rate
占用资金 divert funds; appropriate funds; hold up funds; held-up capital; tied-up capital; tied-up funds; occupation of funds
战斗力 combat capacity
战胜指数 beat the index
战争危险除外条款 risk of capture clause
战争险 war risk (WR)
(集装箱运输)站到场 CFS to CY
(集装箱运输)站到门 CFS to door
(集装箱运输)站到站 CFS to CFS
涨价 appreciate; appreciation
涨价幅度 margin of price rise
涨价毛额 gross appreciation
涨价盈余 appreciation surplus
涨价总额 gross appreciation
账本 book (bk.)
账簿 book (bk.)
账簿制 book system
账册 book (bk.)
账册制 book system
账单 statement of account; check; chit (chitty)
账单到期即付 pay as you as go
账房 cashier's department
账号 AC No.; account number; code number to identify account
账户 account (a/c)
账户编号 code number to identify account
账户代理行 depository agency bank
账户的对应关系 correspondence of account
账户分类 account classification; classification of account
账户分析 analysis of account
账户行 banker; depository bank; account with; bank with
账户结构 account structure
账户结余 balance of account
账户类型 type of account
账户名称 account heading; name of account
账户式损益表 account form profit and loss statement
账户式资产负债表 account form (of) balance sheet; balance sheet in the account form
账户手续费 activity charge
账户余额 account balance; balance of account
账户证明书 account certification
(估计)账款收回的可能性 collectibility of account

账款收回率 collection rate
账龄 age
账龄分布 age distribution
账龄分析(表) ageing schedule
账龄结构 age structure
账面 book account
账面成本 book cost
账面分录 book entry
账面估价 book valuation
账面记录 book entry
账面价格 book price
账面价值 book value
账面结存价值 carrying value
账面库存 book inventory
账面亏损保险 margin account insurance
账面利率 book rate
账面利润 book profit
账面毛额 gross book value
账面盘存法 book inventory method
账面盘存制 book inventory method
账面审查 book audit
账面审计 book audit
账面收益率 book rate of return
账面损失 book loss
账面信贷 book credit
账面信用 book credit
账面盈余 book surplus
账面余额 book balance
账面折合率 book rate
账面资产 ledger assets
账目表 statement of account
账目分段核查 block check
账目分析人 account analyst
账目混乱 confused account
账目结余 balance of account
账目诉讼 action of account
账目销售 account selling
账上日平均可使用余额 average daily available balance (in a deposit account)
账实相符 accounts and sources comply; accounts comply with the sources
账外财产 concealed asset
账外经营 conduct off-the-record; conduct off-balance-sheet business
账外项目 off-the-book items
账外资产 assets out of account
账务和风险 account and risk
账账相符 general and ledger accounts comply
招标 call for bid; invitation for tender; invitation to tender
招标控制 bidding control
招标文件 bid documents
招股 call for share capital
招股说明书 prospectus
招揽人 solicitor
招揽生意 bring in business
招揽业务 bring in business
招募 recruiting
招募率 recruitment ratio
招聘职工 employment
招商 seek investors; call for investors; invite investors; usher in investors; seek business partners; call for business partners; invite business partners; usher in business partners
找头 change
找头备用金 change fund
照管程度 degree of care
照看、保管与支配除外 care, custody, and control exclusion
照相机全损险保单 camera (all risk) policy
肇事后逃逸 hit and run
折股减损 dilution
折合 conversion
折换特权 conversion privilege
折换条款 commutation clause
折价 at a discount
折旧 depreciation
折旧备抵 allowance for depreciation; depreciation allowance
折旧单位 depreciation unit
折旧的计算法 computation of depreciation
折旧法 depreciation method
折旧会计 depreciation accounting
折旧基价 depreciation base
折旧基金 depreciation fund

折旧率　depreciation rate；rate of depreciation
折旧提存　depreciation allowance
折旧与保养合并法　combined depreciation and upkeep method
折旧原因　cause of depreciation
折旧准备　depreciation reserve；reserve for depreciation
折旧准备率　depreciation-reserve ratio
折旧资产的变售　disposal of depreciable asset
折扣　rebate
折扣费率　cut rate
折扣率　discount rate
折扣损失　discount loss
折让　allowance
折算表　commutation table
折算率　coefficient
折算现值　commuted value
折现法　method of discount
折余成本　depreciated cost
折余价值　book value；depreciated value
折余原成本　depreciated orginal cost
折衷办法　compromise
折衷的证券　compromise security
真实成本　true cost；bona fide cost
真实性　authenticity
诊断费用保险　diagnostic coverage
诊治记录方法　outcomes measurement
争夺　contest
争夺客户　vie for customers
争揽贷款业务　cold calling
争抢业务　vie with sb. for business
争议　contest
争议当事人　disputing party
征管范围　spheres of administration of tax collection
征收率　leviable rate
征税年度　taxable year
征信部门　credit department
征信所　credit agency；credit bureau；credit information bureau；credit information service
征询意见　consultation
征用保险　expropriation insurance
征用权　eminent domain
蒸汽锅炉保险单　steam boiler insurance policy
整笔垫款　block allocation
整顿短期债务　consolidation of short-term debt
整顿金融秩序　rectify the financial order
整份　round lot
整份股　board lot
整合　cohere；integrate；integration；adjust；convergent
整合型退休计划　integrated plan
整理　codify
整理(负债、土地、公司等)　consolidation
整理的　consolidated
整批成本法　batch costing
整批条款　batch clause
整期收益率　yield-to-maturity（YTM）
整数　round amount
整体收购　buy up
整体素质　overall quality
整体资产　mass assets
整体资产法则　mass asset rule
整修　coopering
整修费　cooperage
整修工　cooper
整元会计　cents-less accounting
整装　full container load（FCL）
正常交易关系　arm's length
正常交易　"arm's-length" transaction
正本的　original
正本汇票　original；first of exchange
正常加入年龄　entry age normal
正常加入年龄式退休金　entry age normal funding
正常价格　normal value
正常类　performing（PF）
正常年金保险　normal annuity form
正常商业交易　arm's length transaction
正常损失预期值　normal loss expectancy
正常退休　normal date retirement
正常退休给付　normal retirement benefit
正常退休金成本　normal cost pension

正常退休年龄 normal retirement age
正常业务时间 normal business hour
正常户 performing (PF)
正当持票人 holder in due course
正当第三者 bona fide third party
正当购买人 bona fide purchaser
正当债权人 bona fide creditor
正当占有 bona fide possession
正式背书 special endorsement
正式的 formal
正式发票 official invoice
正式副本 certified copy
正式文件 official documents
正式协议 official agreement
正式员工退休计划 plan (formal)
正收条 original receipt
正午条款 noon clause
证据条款 evidence clause
证明 attestation; authenticate; certificate (cert., certif.)
证明副本 attested copy
证明清洁的原则 clean slate principle
证明人 attestor
证明日期 date of certification
证明条款 attestation clause
证明无误 certified correct
证券 securities (SE.); certificate (cert., certif.); document (Doc.)
证券包销辛迪加 underwriting syndicate
证券包销银团 underwriting syndicate
证券存款 certificate deposit
证券担保贷款 credit on security
证券抵押(担保)贷款 collateral loan
证券抵押债券 collateral trust bond
证券化 securitization
证券交易 dealing in securities
证券交易公司协会 association of stock exchange firms
证券交易所 bourse
证券交易所指数 stock exchange index
证券经纪人 bill broker
证券面额(名称、种类)的变更 change of denomination
证券商 dealer
证券上市登记 registration of securities
证券投资 portfolio investment
证券投资组合 investment portfolio; portfolio investment
证人 attestor
证实 confirm; confirmation
证书 certificate (cert., certif.); deed; obligation
政策性亏损 policy-driven loss; policy-led loss; policy-permitted loss
政策性目标 policy-required target; policy-required goal
政策性银行 policy bank; policy-led bank; policy-oriented bank; policy-related bank; policy-lending bank
政府保险 government insurance
政府保险贷款 government-insured loans
政府保险人 governmental insurer
政府采购担保 government procurement guarantee
政府福利计划 government benefit plan
政府特种债券 special government bonds
政府最低生活补贴 government minimum living allowance
政企分开 separation of enterprises from government
政治风险保险 political risk insurance
支持点 support point
支出 budgetary expenditure
支出的控制 control of expenditure
支出费用 expense charge
支出规模 scope of expenditure
支出明细表 appropriation analysis
支出审计 audit of expenditure
支出限额 appropriation limitation
支出预算表 appropriation budget
支出预算基金 appropriation fund
支出证明书 certificate of expenditure
支付 pay; payment; pay money; make payment; disburse; disbursement; meet; execute
支付保证书 payment L/G; guarantee for payment
支付持票人 payable to bearer

支付方式 term of payment; form of payment; method of payment; means of payment; mode of payment
支付费用 cover the expense
支付货币 currency of payment
支付利息 debit interest; debit item
支付命令 payment order (P/O)
支付票据 bill of payment
支付渠道 channel of disbursement
支付日期 date paid
支付申请书 demand note
支付手段 means of payment
支付条款 payment terms
支付选择权 option of payment
支付中介 payment intermediary; payment intermediation
支配权 eminent domain
支配权限 control of line
支票 check; cheque (cheq., chq.)
支票簿 check book; bill book; chequebook
支票出票人 check drawer
支票存根 check stub
支票存款 check deposit
支票登记簿 check register
支票兑取人 check collector
支票兑现 cash a check
支票挂失 check replacement
支票交换制 check clearing system
支票交易 check trading
支票借款 borrow by check
支票利率 check rate
支票统一法公约 Convention on a Uniform Law for Cheques
支票账户 check account; checking account; demand draft account (DDA)
支票支付 pay by cheque; payment by cheque
支票执票人 check holder
支票(打孔)注销机 cancelling machine
支柱 pillar
支柱产业 pillar industries
知名度 celebrity
知识经济 intelligence economy
肢体断离 dismemberment
肢体断离保险 dismemberment insurance
肢体断离给付 dismemberment benefit
执法责任制 system of responsibility for law enforcement
执票人 bearer
执行 execute; execution; performance
执行长 Chief Executive Officer (CEO)
执行董事会 executive board
执行合同 carry out a contract
执行局 executive board
执行令状 execution
执行人 executor
执行者 executor
执业会计师 certified accountant; certified public accountant (CPA)
执业会计师法(美) Certified Public Accountant Law
执照 license; certificate (cert., certif.); charter
执照及许可保证 license and permit bonds
直报制 direct-reporting system
直冲招揽 cold call; cold canvassing; cold leads
直达的 through (Thro.)
直达提单 direct bill of lading
直付寿险保单 straight life policy
直接保费收入 direct premium
直接保险人 direct insurer
直接标价 direct quotation
直接参加保证给付计划 immediate participation guarantee plan (IPG)
直接成本法 direct cost method
直接承保保费 direct premium written; direct written premium
直接承保人 direct writer
直接持股 direct holding
直接冲销法 direct charge-off method; direct write-off method
直接贷款 direct loan
直接递减抵押 direct reduction mortgage
直接法 direct approach
直接费用 direct expense
直接供应资金 direct financing
直接过账 direct posting

直接汇兑 direct exchange
直接汇率 direct rate
直接汇票 direct bill; direct draft
直接记账法 direct posting
直接缴费 open debit
直接进行分保 direct placement
直接收入 direct income
直接收益 direct yield
直接诉讼 direct action
直接损失 direct damage; direct loss
直接套利 direct arbitrage
直接投资 direct investment
直接投资利息 direct investment interest
直接投资流量 direct investment flow
直接投资收入 direct investment income
直接销售 over-the-counter selling; direct placement
直接因素 direct recognition
直接邮递法 direct mail
直接有表决权股份 direct voting interest in
直接原因 direct cause
直接原因所致 directly caused by
直接责任 direct liability
直接债权 direct claim
直接账单 direct billing
直接招揽 direct approach
直接折旧法 direct method of depreciation
直接证据 direct evidence
直接转账 giro
直接资金融通 direct financing
直线法 straight-line method
直线折旧法 depreciation-straight line
直销制度 direct response marketing
职工福利计划 employee benefit programme
职工工资扣款 deduction from employee's earning
职外伤害 foreign to occupation
职位 position; appoint; appointment
职位保证保险 position bond
职位员工诚实保证保险 position schedule bond
职业保险 occupational policy
职业病 occupational disease; occupational sickness
职业道德标准 professional ethical standard
职业道德准则 code of professional ethics
职业分类 occupational classification
职业分类手册 occupational manual
职业过失责任保险 malpractice liability insurance
职业介绍 career presentation
职业伤害 occupational injury
职业伤害保险 employment injury insurance
职业审计师 professional auditor
职业事故 at occupation
职业外疾病伤害保险 non-occupational policy
职业危险 occupational hazard
职业意外事故 industrial accident; occupational accident
职业责任保险 professional liability insurance
职员 clerk (cl.)
职责 obligation; responsibility
止付 stop payment
止付令 stop payment order; injunction order
止付支票 stop a cheque
止损点 stop loss point
止损令 stop loss order
只能转账的支票 check only for account
只赔全损保险 total loss only (TLO)
指标 index
指导保费 guideline premiums
指导账户 guided account
指定(地点、时间) appoint; appointment
指定代理人 authorized agent
指定的固定成本 committed fixed cost
指定人 authorized person
指定日期 appointed day
指定式背书 endorsement to order
指定受托人 official assignees
指定危险 class designation
指定遗赠 demonstrative legacy
指定银行 nominated bank; authorized bank; appointed bank; designated bank;

credit available with XX Bank
指定终止计划受托人 appointment of trustees for terminated plan
指控 indictment
指明用途的拨款 appropriation of payment
指派 assign
指示方 instructing party; trusting party
指示汇票 bill drawn to order
指示性抬头 demonstrative order
指数 index
指数股票型基金 exchange-traded fund (ETF)
指数化 indexing
指数化月平均收入 average indexed monthly earnings (AIME)
指数基准最高平均月薪 maximum average indexed monthly earnings
指数人寿保险 indexed life insurance; indexed life policy
指数条款 index clause
至某岁定期保险 term to age
制订费率 rate making
制度不健全 inadequate rules
制度化 institutionalization
制衡 restriction
制约 restriction; constraint
制造 manufactured (mfd.)
制造商 manufacturer (mfr.)
制造商产品保险 manufacturers output insurance
制造商和营造商责任保险 manufacturers and contractors liability insurance
治疗中心 treatment facility
质量 quality (qlty.)
质量保证 quality assured; quality assurance; guarantee of quality; quality guaranteed
质量管理 control of quality
质量鉴定 appraisal of quality
质量控制 control of quality
质量损失率 rate of quality-led loss
质量条件 conditions for qualification
质询 question
质押 hypothecation
质押贷款 pledge(d) loan
质押票据 bill as security
质押证书 letter of hypothecation (L/H)
致残性伤害 disabling injury
致损原因 cause of damage
致意 regards (RGDS.)
智能卡 Smartcard
智商 intelligence quotient (IQ)
(装运)滞仓费 demurrage (dem.)
滞后 lag
滞纳金 a late payment surcharge
滞纳利息 defaulted interest
滞期费 demurrage (dem.)
置业 acquisition of asset
中标 award
中长期信用 medium and long-term credit
中等 medium
中等平均品质 fair average quality (FAQ, f.a.q.)
中度残疾 intermediate
中端(客户、产品) middle-end (customer, product)
中国保险监督管理委员会 China Insurance Regulatory Commission (CIRC)
中国保险行业协会 (The) Insurance Association of China (IAC)
中国保险学会 Insurance Institute of China (IIC)
中国国际经济贸易仲裁委员会 China International Economic & Trade Arbitration Commission (CIETAC)
中国国际贸易促进会(贸促会) China Council for the Promotion of International Trade (CCPIT)
中国联通网 China Unicom Net
中国全国电子交易系统 National Electronic Trading System (NETS)
中国网通网 China Wangtong Net
中国银行业监督管理委员会 China Banking Regulatory Commission (CBRC)
中国证券监督管理委员会 China Securities Regulatory Commission (CSRC)
中国证券交易系统 China Securities Trading System (CSTS)

中国证券交易协会 China Securities Business Association (CSBA)
中国政府贷款协会 China Government Loans Association (CGLA)
中号 medium
中级残疾护理服务 intermediate care facility (ICF)
中级护理 intermediate care
中间汇率 middle rate of exchange
中间人 intermediary
中间人报酬 finder's fee
中间市场 middle-market
中间通知 intermediate notice
中介人 intermediary
中栏分类账 centre-ruled ledger
中立 neutral
中美洲经济一体化银行(中美洲经济银行) Central American Bank for Economic Intergation (BCIE, CABEI)
中美洲清算所 Central American Clearing House
中美洲支付同盟 Central American Payments Union
中期债券 medium-term note
中途解除贷款 break a loan
中心汇价 central rate; central exchange rate
中心汇率 central rate; central exchange ratc
中心极限定理 central limit theorem
中心市场 central market
中型股 mid-cap stock
中性单据 neutural documents
中央保证金 central guarantee fund
中央筹资机构 central funding agency
中央储备城市 central reserve cities
中央货币金融机构 central monetary institution
中央交易所 central exchange
中央金库 central treasury
中央市场 central market
中央税 central tax
中央死亡率 central death rate
中央损失基金 central loss fund
中央系统警报器 central station alarm
中央银行 central bank
中央银行贴现率 bank rate
中央银行贴现政策 bank rate policy
中央银行政策 central banking policy
忠诚履行(合同) good performance (contract)
终极死亡表 ultimate table
终了红利 terminal dividend
终身保险 ordinary life; whole life; straight life
终身残疾给付 lifetime disability benefit
终身免税标准 lifetime exemption
终身年金保险 life income policy
终身年金收入选择权 life income option
终身年金选择 lifetime option
终身增加 increasing whole life
终身最高给付额 lifetime maximum benefit
终值 terminal value
终值为 1 元的年金 annuity that will amount to 1
终止 cease; close
终止合同 termination of contract
终止计划权 authority to terminate plan
终止生效 cease to have effect
终止时计划资产的分配 allocation of plan assets on termination
终止条款 termination clause
终止退费 cancelling returns only
种类 field; class (cl.)
种子基金 seed money
仲裁裁决书 arbitral award
仲裁程序 arbitral proceedings; procedure of arbitration
仲裁机构 adjustment bureau
仲裁赔偿 award
仲裁人 adjuster; arbitrator; referee
仲裁条款 arbitration clause; compromise clause
重大过失 gross negligence; crassa negligentia; culpable negligence
重大举措 important measure for
重大虚报 material misrepresentation
重点建设项目债券 bonds for key

construction project
重量 weight (wgt., wt.)
重伤发生率 serious injury frequency rate (SIFR)
重要变更 material alteration
重要的 material
重要雇员保险计划 insurance plans for key employees
重要人物 very important person (VIP, V.I.P.)
重要条款 important clause
重中之重 first on the priority list
州保险部 state insurance department
州保险代理人协会 state association of insurance agents
州保险基金 state fund
州保险总监 commissioner of insurance
州代理人 state agent
州订费率 state rate
州际承运人 interstate carrier
州立残疾保险计划 state disability plan
州内友爱会(美) domestic society
州失业保险 state unemployment insurance
州遗产税 state death tax
州(保险)营业执照 state license
周转过程 circular flow
周转率 rate of turnover
(流动资金的)周转天数 day of turnover (of current capital)
周转资金总额 gross working capital
骤升 zoom; shoot; soar
珠宝保险 jewelry floater
珠宝保险单 jeweler's block insurance policy
逐年稳定计划 chronological stabilization plan
逐日放款 day-to-day loan
主打产品 brand product mix
主动申请 unsolicited application
主动套利 active arbitrage
主动性外汇管制 active control
主动业务 active business
主观风险 subjective risk
主管 chief manager; supervisor
主管当局 competent authority
主管机构 competent institution
主管会计 accountant-in-charge
主管会计师 in-charge accountant
主计长 chief controller; controller-general
主计员 controller
主理银行 lead manager; lead managing bank
主人的醉酒责任 host liquor liability
主人翁 mastery
主人责任 host liability
主任 chief
主任分析师 chief analyst
主题 theme; subject
主体 main body; main entity; main part; principal part; main body part; main entity part
主体银行 subject bank
主线 concentrate on
主要保险种类 major lines of insurance
主要部分 chief
主要负债 primary liability
主要股东 key shareholders; principal shareholder
主要受益人死后的受益人 contingent annuitant
主要债务 primary liability
主页 homepage
主账户 main account; master account
主治医生报告 attending physicians statement (APS)
住家综合保险单 homeowner's policy (HO policy)
住所综合保单 dwelling package policy
住院保单 hospitalization policy
住院病人 inpatient
住院补偿 hospital indemnity
住院补偿保险 hospital confinement policy; hospital indemnity insurance
住院及外科手术保险 hospital/surgical expense insurance
住院进度审查 concurrent review
住院日常费用给付 daily hospital benefit
住院医药费保险 hospital medical insur-

ance
住院杂项费用给付 hospital miscellaneous benefit
住宅保险 home insurance; dwelling insurance policy programme
住宅保障附约 home protector rider
住宅抵押借款 residential mortgage
住宅建筑物及室内财产保险单 dwelling building and contents form
住宅建筑物及室内财产广泛险保险单 dwelling building and contents broad form
住宅与城市发展 housing and urban development (HUD)
助理 assistant (asst.)
助理核保人 lay underwriter
助手 assistant (asst.)
助销人员 centre of influence
助业贷款 business aiding loan
注册 registered (reg., rgd.)
注册安全专家 certified safety professional
注册地 country of incorporation
注册公司 company incorporated
注册股本 capital stock registered
注册管理会计师 certified management accountant (CMA)
(船舶)注册国 country of registration
注册金融规划员 certified financial planner (CFP)
注册精算师 actuary enrolled; enrolled actuary
注册会计师 certified accountant; chartered accountant (C.A.)
注册企业员工福利师 Certificated Employee Benefit Specialist (CEBS)
注册寿险承保人 chartered life underwriter (CLU)
注册退休储蓄计划 registered retirement savings plan (RRSP)
注册执照 certificate of registration
注册资本 registered capital
注销 cancel; cancellation; crossed off; write off; crossed out
注销费 cancellation charges
注销规定条款 cancellation provision clause
注销坏账 bad debt written off
注销汇票(支票、债务等) cancellation of a bill(check, contract, debt...)
注销记号 check mark
注销金额 cancellation amount
注销条款 cancellation clause
注销通知 cancellation notice
注销通知条款 notice of cancellation clause
注销债务 cancel debt; cancellation of bond
注销支票 cancelled check
注意 nota bene (N.B., n.b.)
铸币 coin; coin money
铸币回收 coin withdrawal
铸币特权 coinage prerogative
抓大放小 manage well large enterprises while adopting a flexible policy toward small ones
专利保险 patent insurance
专利权 patent (pat.)
专利权摊销 amortization of patent
专利折旧 depreciation on franchise
专业查账员 professional auditor
专业代理机构 career agency
专业代理人 career agent
专业会计师 professional accountant
专业人员机构 professional service employer
专业再保险人 professional reinsurer
专业责任 professional liability
专业自保公司 captive insurance company
专业自保公司协会 Captive Insurance Companies Association (CICA)
专页 page (p.)
专营型州保险基金 monopolistic state fund
专营政策 mono-line policy
专用代理人 exclusive agent
专用代理人制度 exclusive agency system
专用基金拨款 appropriation for special fund
专用基金资产 assets of special fund
专员 commissioner
专约 convention
专属经纪人 exclusive listing
转包合同 subcontract

转仓 transfer one's position
(账目)转次页 brought down (b.d.)
转贷 on-lending; onward lending
转递 forward (fwd.)
转递(银)行 forwarding bank; transmitting bank
转分保接受人 retrocedent; retrocessionaire
转分保 retrocession
转分保分出公司 retroceding company
转股上市 go public; get listed by joint-stock restructuring
转户 allocated transfer
转化为资本的方法 capitalized method
转化为资本的利润 capitalized profit
转换 conversion
转换成本 conversion cost
转换贷款 conversion loan
转换负债 liability at transition
转换负债(资产) obligation (asset) at transition
转换股份 conversion stock
转换体制 transfer the system
转换现金一次给付特权 commutation right
转换型生产给付 switch maternity
转换业务增长模式 transform the mode of business growth
转换债券 rollover bonds
转换账 conversion account
转换资产 asset at transition
转借 on-lending; onward lending
转开信用证 back-to-back credit
转亏为盈 come out of the red
转买 subpurchase
转买人 subpurchaser
转期利率 carry over rate
转让 alienate; alienation; assignment (assimt.); negotiate; assign
转让偿还款 assignment of proceeds
转让费 assignment charge
转让费用 cost of transfer
转让货款 assignment of proceeds
转让赔款 assigned claims
转让赔款计划 assigned claims plan
转让凭让 deed of assignment
转让(的)契约 deed of transfer
转让权利 right of assignment
转让人 assigner; transferor; assignor
转让条款 alienation clause; assignment clause
转让债权 assigned claim
转入损失 loss carry-forward
转入下期 carry over
(买卖)转手 change hand
转贴现 rediscount
转下 carried down (c/d)
转销 charge off
转型 metamorphosis; structure transformation
转移 split-off
转移税基 carry-over basis
转移支付(财政) fiscal transfer payment
转营权 franchise
转运 transhipment
转运提单 transhipment B/L
转账 account transfer
转账代理 transfer agent
转账账簿 book of secondary entry
转账支付 account transfer; in-office transfer
转账支票 transfer check; check for transfer
转租 sublease
转租承受人 sublessee
转租人 sublessor
赚钱 at a profit
赚钱能力 Earnings/Profitability
装病 malingering
装船单 shipping note (S/N)
装船单据 shipping document
装船收款 cash on shipment
装货单 shipping order
装货付款 cash on shipment
装货港 port of loading; port of shipment
装货通知 shipping note (S/N)
装上船 shipment on board
装上甲板 shipment on deck
装卸费 stevedorage; cost of loading and unloading

装运保单 shipment policy
装运单据 shipping document
装运费用 shipping expense
装运后 post-shipment
装运期限 latest date of shipment
装运前 pre-shipment
装运前付款 cash before shipment
装运日期 date of shipment; date of evidencing shipment
装运通知单 shipping note (S/N)
装载日期 date of loading
状况 condition
状态 condition
撞击损害 impact damage
追偿代理人 recovery agent
追偿金 recovery
追偿损失 recover damages
追偿债务 recover debt
追计 carryback
追加保险 superimposed plans; additional extended coverage (AEC)
追加贷款 complementary financial facility
追加的 complementary
追加条款 additional provisions
追加信贷 supplemental credit
追究责任 be called to account for; affix the responsibility for
追溯调整 retroactive adjustment
追溯调整(账务) retrospective adjustment
追溯法责任准备金 retrospective reserve
追溯费率 retrospective rating
追溯期 retroactive period
追溯责任保险 retroactive liability insurance (RLI)
追溯转换 retroactive conversion
追索权 recourse; right of recourse
追索权的丧失 decheance
追讨还款 ask for payment; ask for repayment
追征金 assessment
追踪费用 trailer fees
准保险机构 quasi-insurance institution
准保户档案 prospect file
准保户调查 qualifying prospects
准备金 reserve; provision; allowances
准备金比率 cash ratio
准承保会员 Associate in Underwriting
准公益事业公司 quasi-public corporation
准管理会员 Associate in Management (AIM)
准契约 quasi contract
准入机制 entry mechanism
准时 on time
准司法部门 quasi-judicial bodies
准团体保险 franchise insurance
准许债券发行条例 bonds ordinance or resolution
准允营业的保险人 admitted insurer
准则 code
住房按揭 residential mortgage
住房贷款 residential lending
住房互助基金 housing mutual-aid fund
卓越理财 WiseMoney
咨询 consultation
咨询部门 consultancy service
咨询服务 consultancy; consultancy service
咨询公司 consulting firm
咨询顾问 advisory agent
咨询人 reference (Ref.)
咨询委员会 consultation committee
咨询文件 consultancy paper
咨询协议 consultancy agreement
咨询业务 consultancy
咨询专家 consultancy expert
咨询组 consultative group
资本 principal; capital (cap.)
资本报酬 return on capital (ROC)
资本报告书 capital statement
资本变动表 capital statement
资本拨款 equity allocation
资本财力 capital resources
资本差额 capital gap
资本-产出 capital-output
资本产出比率 capital output ratio
资本充足 capital adequacy
资本充足率 capital adequacy ratio (CAR); ratio of capital sufficiency
资本充足率达标银行 CAR compliant

bank
资本重置费用 cost of replacement capital
资本重组 capital reorganization
资本储备 capital reserve
资本搭配 capital gearing
资本的必要条件 capital requirement
资本的附加费用 carrying cost of capital
资本的杠杆作用 capital leverage
资本调回 capital repatriation
资本调节表 capital reconciliation statement
资本返还率 return of capital
资本费用 cost of capital
资本分档 capital gearing
资本分配制度 sharing system
资本负债 capital liability; funded debt
资本复原 capital recovery
资本改组 capital restructuring
资本杠杆率 capital leverage
资本更新费用 cost of replacement capital
资本公积 capital surplus; additional paid-in capital
资本贡献 capital contribution
资本构成 capital gearing
资本估价公司 appraise company
资本股份 capital stock
资本股利 dividend from capital
资本化 capital capitalization; capitalize; capitalization
资本化成本 capitalized cost
资本化单位 capital unit
资本化费用 capitalized expense
资本化价值 capitalized value
资本化价值标准 capitalized-value standard
资本化率 capital rate; capitalization rate
资本还原 capital capitalization
资本还原比率 capitalized ratio
资本还原价值 capitalized value
资本回报率 capital return; return on capital (ROC)
资本货物 capital goods; capital stock
资本积聚 concentration of capital
资本积累 accumulation of capital
资本集中 centralization of capital
资本加权成本法 weighted cost of capital approach
资本价值 capital value
资本减损 impairment of capital
资本交易 capital transaction
资本交易账户 capital transaction account
资本结构 capital structure
资本结构比率 capital structure ratio
资本借贷 capital loan
资本捐 capital levy
资本课税 capital levy
资本亏绌 impairment of capital
资本来源 capital resources; capital supply
资本利得 capital gains
资本利润率 capital return; return of capital
资本利息 capital interest; interest on capital
资本利息税 capital interest tax
资本利益 capital gains
资本流出 capital outflow
资本流动 capital movement
资本流动性 liquidity
资本密集程度 capital intensity
资本密集的 capital intensive
资本密集(型)工业 capital intensive industry
资本密集型 capital intensity
资本密集型货物 capital intensive goods
资本密集型企业 capital intensive enterprise
资本配额 capital rationing
资本评估公司 appraise company
资本生产率 capital productivity
资本市场 capital market
资本收入 capital receipt
资本收益 capital gains; capital income; capital revenue; return on capital (ROC)
资本收益分红 capital gains distribution
资本收益税 capital gains tax
资本收益税率 capital gains tax rate
资本损耗成本曲线 capital wastage cost curve
资本损失 capital loss

资本所得 capital income
资本添加条款 capital additions clause
资本投入 capital input
资本投资 capital investment; capital spending
资本投资项目 capital project
资本退回 return of capital
资本外流 capital outflow
资本外逃 flight of capital
资本系数 capital coefficient
资本限额 capital rationing
资本项目 capital account (CA)
资本需求量 demand for capital
资本业务 capital operation
资本溢价 capital premium
资本引入 capital infusion
资本盈利率 return of equity (ROE)
资本盈余 capital profit; capital surplus
资本盈余表 capital surplus statement
资本盈余准备 capital surplus reserve
资本与资产比率 capital-to-asset ratio (C/AR); ratio of capital to assets
资本预算报告 capital budget
资本运用 employment of capital
资本增值 appreciation of capital
资本占用低 less capital-intensive
资本账户 capital account (CA)
资本账户科目 capital account item
资本账户平衡表 capital account balance sheet
资本支出 capital expenditure; capital outlay; capital spending; charge against capital
资本周转 capital turnover
资本周转率 capital turnover ratio
资本主权 proprietorship
资本注入 capital injection
资本转让 capital transfer
资本转让税 capital transfer tax (C.T.T.)
资本转移 capital transfer
资本准备金 capital reserve
资本资产比率 capital-asset ratio
资本资产定价模式 capital asset pricing model
资本总额 capital capitalization
资本总库 capital pool
资本租赁 capital lease
资不抵债 insolvency; become insolvent
资产 coffer; investment; assets
资产保全担保 asset preservation guarantee
资产保险 assets insurance
资产保证 assets cover
资产保证率 assets coverage
资产保值 maintain asset value
资产保值增值率 rate of capital preserving and increasing value
资产比率 assets ratio; assets rate
资产变价收益 gain on realization of asset
资产变现损失 loss on realization of asset
资产表内负债 on-balance-shhet liabilities; liabilities on the balance sheet
资产表内资产 on-balance-sheet assets; assets on the balance sheet
资产表外负债 off-balance-sheet liabilities; liabilities off the balance sheet
资产表外资产 off-balance-sheet assets; assets off the balance sheet
资产持有量 asset holdings
资产充分或不充分 asset sufficiency or insufficiency
资产储备 asset(s) reserve
资产处置 assets disposal
资产担保 assets cover
资产抵消账户 contra-asset account
(破产程序中的)资产分配 distribution of asset (bankruptcy)
资产份额 assets share
资产份额法 asset share method
资产份额价值 asset share values
资产负债比率 equity-debt ratio; asset-liability ratio; balance sheet ratio
资产负债表 balance sheet (B.S., b.s., B/S)
资产负债表的列呈形式 balance sheet presentation
资产负债表分析 analysis of balance sheet; balance sheet analysis
资产负债表日期 date of balance sheet;

balance sheet date
资产负债表审计 balance sheet audit
资产负债表外的资金融通 off-balance-sheet financing
资产负债表证明书 certificate of balance sheet
资产负债估算表 estimated balance sheet
资产负债管理 assets and liabilities management
资产/负债管理系统 Asset/liability management system
资产负债与损益比率 balance sheet-income sheet ratio
资产(和)负债账户 assets and liabilities account
资产负债总表 general balance sheet
资产构成 composition of asset; assets composition; assets formation
资产估价 appraisal of asset
资产估价人 assessor
资产股份 assets stock
资产管理 assets management
资产管理公司 asset management corporation (AMC)
资产规模 capital size
资产回报率 return on assets (ROA)
资产价值 assets value
资产价值备抵 asset value allowance
资产减记 writedowns on various assets
资产减损 asset impairment
资产减损科目 assets impairment account
资产减损准备金 asset impairment reserve
资产减项科目 assets reduction account
资产减值 asset deficiency
资产结构 assets structure
资产净额 net asset
资产净值 net asset value
资产决算 assets settlement
资产亏损 asset deficiency
资产利用率 asset utilization ratio
资产率 asset ratio
资产年金 equity annuity
资产平均寿命 average asset life
资产评估 asset valuation
资产入股 assets brought into a business
资产收入 assets income
资产收益 assets income
资产收益率 return on assets (ROA); assets-income ratio
资产损蚀 asset erosion
资产损蚀准备金 asset erosion reserve
资产投资 assets brought into a business
资产盈利率 return of assets (ROA)
资产与评估 assets and valuation
资产增长 capital growth
资产增值 increase asset value
资产账户 assets account
资产账面总额 gross book value
资产账目 assets account
资产折旧范围 assets depreciation range (ADR)
资产折旧幅度 assets depreciation range (ADR)
资产折旧年限 assets depreciation range (ADR)
资产折旧时段 assets depreciation range (ADR)
资产质量 asset quality
资产质量或储备充足率 asset quality/reserve adequacy
资产重估 assets revaluation
资产重估税项 assets revaluation tax
资产周期 turnover ratio
资产周转 assets turnover
资产周转率 assets turnover; turnover ratio; assets turnover ratio
资产转换贷款 assets conversion loan
资产转让过桥担保(大额) guarantee for the transfer and transition of large-amount assets
资产状况 condition of assets; financial standing (fin. stndg.)
资产准备 asset(s) reserve
资产总计 total assets
资负表报 portfolio
资格 qualification
资格保险顾问 accredited adviser in insurance (AAI)

资格证书 qualification certificate
资金 capital (cap.); chest (cht.); fund
资金差额 resource gap
资金承诺 commitment of fund
资金承诺额 commitment of fund
资金筹集活动 fund raising activities
资金呆滞 lock up
资金的分配 distribution of fund
资金的游离 disintermediation
资金的运用 operation of capital
资金的支配 distribution of capital
资金短缺的 capital-hungry; in shortage of funds
资金兑现 cashier prize
资金工资 bonus wage
资金公私不分 commingling
资金供应 fund supply; supply of funds
资金供应时间表 capital supply schedule
资金管理方法 financing method
资金及时足额到位 funds timely made in place in full
资金交易 fund transaction; dealing in funds
资金流动分析 cash flow analysis
资金流动周期 cycle of fund movement
资金流量分析 cash flow analysis; analysis of funds flow
资金流量构成 composition of capital flow
资金流转分析 cash flow analysis
资金平衡表 balance sheet (B.S., b.s., B/S)
资金缺口 fund gap; shortage in ...; shortage in a project; resource gap
资金融通 accommodation; monetary facility; facility
资金融通方式 mode of financing
资金需要量 capital requirement
资金占用 tied-up; held-up funds; diversion of funds
资金转移人 funds transfer
资料 data [datum 的复数]
资料不全 incomplete
资深团体 senior team
资信 creditability; credit standing; credit standing and respectability; credit worthiness
资信报告 credit report; credit standing report; creditability report
资信调查 credit investigation; credit information
资信风险 credit risk
资信记录 credit record
资信评估 credit evaluation
资信评级 credit rating on ...
资信情况 credit position
资信状况 credit status
资源的创造 creation of resources
资源消耗低 low resources consumption
资助 contribute
子公司 subsidiary company
字母公司 alphabet house
字母经纪人 alphabet broker
自保 self-insurance
自保保险人协会 Captive Insurance Companies Association (CICA)
自保自留 self-insured retention (SIR)
自动保障 automatic coverage
自动比例或大量比例再保险合同 direct cover
自动比例再保险 automatic proportional reinsurance
自动承保 automatic cover
自动承保条款 liberation clause
自动承保增值 peak cover
自动船舶建造险保单 automatic builders risk form
自动垫缴保费贷款 automatic premium loan (APL)
自动垫缴保费条款 automatic premium loan provision
自动读账机 automatic ledger reader
自动非比例再保险 automatic non-proportional reinsurance
自动柜员机 automatic teller machine (ATM)
自动合同 automatic treaty
自动化抵押市场信息网 Automated Mortgage Market Information Network

(AMMINET)
自动化管理准会员 Associate in Automation Management (AAM)
自动恢复 automatic restoration
自动恢复条款 automatic reinstatement clause
自动缴清 automatic paid-up
自动喷淋灭火系统 automatic sprinkler
自动喷淋设备条款 automatic sprinkler clause
自动票据交换所 Automated Clearing House (ACH)
自动清理 voluntary liquidation
自动取款机 automatic teller machine (ATM)
自动再保险 automatic reinsurance
自动再保险合同 automatic reinsurance treaty
自动增额青少年保单(子女财产建造者) jumping juvenile policy (juvenile estate builder)
自动增额子女保险 estate builder policy; jumping juvenile insurance
自动终止条款 automatic termination clause
自动转账服务账户 Automatic Transfer Service (ATS)
自动转账制度 automatic transfer system (ATS)
自负额 excess
自负费用 expense participation
自负式保单 retention policy
自警 self-warning
自…开始生效 take effect from
自立意识 awareness about self-reliance
自励 self-encouragement
自留额 underlying retention
自留额保证保险 retention bond
自留额限额 retention limit
自留盈余 retained earnings
自然保费 natural premium
自然减少率 rate of natural decrease
自然满期制 natural expiring system
自然人 natural person
自然死亡 natural death
自然损失 natural loss
自然团体 natural group
自然义务 natural obligation
自然原因 natural cause
自然增长 accrue
自然增加率 rate of natural increase
(再保险责任)自然终止 run-off
自杀条款 suicide clause
自伤 self-inflicted injury
自省 make self-examination
自…时开始生效 go into effect from...
自我保险者 self-insurer
自我管理型退休计划 self-administered plan
自我选择 self-selection
自我再保险 self-reinsurance
自下而上的管理方式 bottom-up management
自选医疗服务机构计划 point of service plan
自营贷款 proprietary loan; self-account loan
自营进出口 import and export on one's own
自营年金 private annuity
自营事业者退休保税法案 HR 10
自营事业者退休课税法案 Keogh Act
自营者退休法案 Keogh Act Plan; HR 10 Act Plan
自用汽车保险单 personal auto policy
自由的 free
自由兑换货币的国家 convertible-currency country
自由外汇 free foreign exchange
自由职业者 freelancer
自由资本 free capital
自有资本 equity capital; equity
自愿清理 voluntary liquidation
自愿员工福利协会 Voluntary Employee Beneficiary Association (VEBA)
自制 compos sui
自致损失法 contribute-to-loss statute
自重 behave with dignity
自主权 discretionary authority
自主知识产权 independent intellectual

property rights
自…转来 carried forward from...
综合百分率报表 composite percentage statement
综合保险 all lines; comprehensive insurance
综合保险代理机构 all lines agency
综合保险单 comprehensive policy
综合报告 comprehensive report; consolidated report
综合比率 composite ratio
综合玻璃保险 comprehensive glass insurance
综合财务报表 group financial statement
综合财政状况变动表 consolidation statement of change in financial position
综合单位 composition unit
综合的 complex; comprehensive; consolidated
综合犯罪附加险 comprehensive crime endorsement
综合非寿险责任保险 liability insurance (comprehensive general)
综合费率 combined ratio
综合费用 general expense
综合风险 aggregate risk
综合个人责任保险 comprehensive personal liability insurance
综合管理 general management
综合基础 composite basis
综合加权平均拍卖价格 composite weighted average auction price
综合价格 composite price
综合价格的上限 ceiling composite price
综合健康保险 comprehensive health insurance
综合进口价格指数 composite import price index
综合开采期限法 composite life method
综合率 composite rate
综合年金死亡表 Combined Annuity Mortality Table
综合年限 composite life
综合平均年限法 composite life method
综合平均数 compound average
综合普遍责任保险 comprehensive general liability insurance (CGLI)
综合融资担保 general credit facility guarantee
综合式再保险 combination plan reinsurance
综合式责任保险单 combined liability policy
综合收入表 composite income sheet
综合说明 consolidated statement
综合死亡表 aggregate mortality table
综合损益表 composite income sheet
综合体 complex
综合图 complex chart
综合险保险 all lines insurance
综合性国别方案 comprehensive country programme
综合性危险 omnibus risk
综合盈余 consolidated surplus
综合营运责任 aggregate operations liability
综合运用专款 consolidated working fund
综合责任保险 comprehensive liablility insurance
综合折旧(法) composition depreciation; composite depreciation (method)
综合整治 a comprehensive approach to seek both a temporary solution and a permanent cure
综合指数 composite index number
综合周转额 composite turnover
综合准备单位 composite reserve unit
综合资产负债表 complete balance sheet; composite balance sheet
综合资产商誉 composite asset goodwill
综括债券 blanket bond
总 global
总保单 master contract
总保险合同 insurance contract (general)
总保障责任 aggregate protective liability
总表 summary statement
总部 head office (H.O.)
总财务长 Chief Financial Officer (CFO)
总裁 President (Pres.)

总裁委员会 board of arbitration
总成本 gross cost
总代理机构 general agency
总代理人 general agent
总代理制度 general agency system
总的最高限额 global ceiling
总吨 gross ton (G.T.)
总额 Gross (gr.); gross amount
总费用 general expenses
总分类账 general ledger
总分类账户 general ledger account
总负债 gross liabilities
总概算 general estimate
总给付额 principal sum
总公司 head office (H.O.)
总公司承保人 home office underwriter
总公司承保人学会 Institute of Home Office Underwriters (IHOU)
总股本 general capital
总管理部门 general management
(费用)总合 combination
总和法 aggregate method
总计 Gross (gr.); gross amount; count up
总计限额 aggregate limit
总价(入账)法 gross price method
总监价值 commissioner's value
总精算师 chief actuary
总净保费 gross net premium
总决算 general account
总可变成本 total variable cost (TVC)
总控制会计师 chief controller
总控制下企业 controlled businesses
总控制账 master control account
总会计 accountant general
总会计师 controller
总括保险 blanket insurance; blanket coverage
总括保险费率 blanket rate
总括保证 blanket bond
总括保证保险 blanket bond
总括补偿条款 dip-down clause
总括诚实保险 blanket honesty bond
总括犯罪保单 blanket crime policy
总括犯罪保险批单 blanket crime endorsement
总括合同 blanket contract
总括平均费率 rate-blanket average
(内外贸)总括市场 global marketing
总括医疗费用保险 blanket medical expense insurance
总括意外医疗费用 blanket accident medical expense
总括忠诚保证保险 blanket fidelity bond
总括转分保 blanket retrocession
总利润 gross profit
总利息 gross interest
总领班 chief foreman
总平均值 general average (G.A.)
总收入 gross revenue; gross income
总收益 gross earning; gross income; gross operating profit
总收益表 gross earning form
总收益掉期 total return swap (TRS)
总损害 general damages
总损益 consolidated profit and loss
总摊销费 gross amortization charge
(基金)总提存方式 unallocated funding
总体结构报表 common size statement
总统 President (Pres.)
总统驭账 master control account
总投资 gross investment
总危险额 gross line
总务及保险费用 general and insurance expense
总限额 blanket limit
总相关系数 coefficient of total correlation
总销售额 gross sale
总行 head office (H.O.)
总业务收益 total earnings
总遗产 gross estate
总遗产规则 gross-up rule
总盈利 total earnings
总营业费用 general operating expenses
总营业收入 gross operating profit
总营运资金 gross working capital
总预算 general budget
总运费保险 total freight insurance
总账 general account; general ledger

总指数 combined index
总质押协议书 general collateral agreement
总质押证书 general letter of hypothecation
总周转及扩充用现金(美) gross cash flow
总准备金 aggregate reserve
总资本周转率 total capital turnover
总资产 total assets
纵火 arson; incendiarism
纵火犯点燃的火 incendiary fire
纵火设备 incendiary devices
纵火者 firebug
纵火者恶意燃起之火 incendiary origin
走出低谷 get out from the bottom; bottle-neck out; bottom out
"走出去"战略 "going global" strategy
租船 chartering
租船船运业者 charterer's operater
租船代理人 chartering agent
租船合同 charter party (C/P)
租船合同标准格式 charter party standard
租船合同提单 charter party bill of lading
租船契约 charter; charter party (C/P)
租船人 charterer
租船人代理 charterer's agent
租船提单 charter party B/L
租船运费 chartered freight
租购 hire purchase (H.P.)
租借期限 lease
租借权 lease
租借物 lease
租金 hire
租金保险 rent insurance
(船只、飞机等的)租赁 charter
租赁 lease
租赁保险 leasehold insurance
租赁筹资 lease financing
租赁担保 financial lease guarantee; finance lease guarantee
租赁额度 lease line
租赁合并 consolidation by lease
租赁会计 accounting for lease
租赁利益 leasehold interest
租赁物 leasehold
租赁物抵押贷款 leasehold mortgage
租赁业务 chartering
租用 hire
租约 lease
租约担保物 collateral on leasehold
租约押金 collateral on leasehold
足额保险 insurance to value
足够折旧 depreciation adequacy
足值货币 actual price money
组成 composition
组成部分 component
组合保险 combination policy
组合概率 combined probability
组织费率 composite rate
最不发达国家 least developed countries (LDC)
最差 Lowest
最长给付金期限 maximum benefit period
最初的 initial; original
最大诚信 uberrima fides; utmost good faith
最大诚信合约 contract of utmost good faith
最大诚信原则 principle of utmost good faith
最大可能损失 possible maximum loss (PML)
最大可能损失额 maximum probable loss (MPL)
最低保费 minimum premium
最低保费规则 minimum premium scale
最低保费计划 minimum premium plan
最低报价 best offer
最低标准 minimum standards
最低补偿 minimum indemnities
最低贷款 floor loan
最低发价 best offer
最低给付金额 minimum benefit
最低价格 check price
最低金额保险单 minimum amount policy
最低赔偿水平 minimum compensation level
最低起价 bottleneck price
最低人数团体保险 minimum group
最低限度 minimum (min.)
最低限额可贷款补救法 minimum deposit rescue

最低限额退休金 minimum pension
最低应保额 amount required
最低应存款 compensating balance
最低应存款额 compensatory balance
最短期限年金 annuity with minimum period
最高承保额 capacity
最高出价 best bid
最高给付额 capital sum
“最高”和“最低”限额 “ceiling” and “floor”
最高汇率 ceiling (exchange) rate
最高价格 new highs
最高赔偿给付保险 maximum disability policy
最高死亡率 guaranteed mortality
最高限额 ceiling; ceiling limitation
最高限价 ceiling
最高追溯保费 maximum retrospective premium
最好 first class (A1)
最后结算 final settlement of account
最后生存者保险 last survivor insurance
最后生存者保险单 last survivor policy
最后生存者年金 last survivor annuity
(付款的)最后时间 deadline
最后受载期 closing date
最惠国 most favoured nation (MFN)
最佳价格 best price
最佳委托 best order
最近生日年龄投保 age nearest birthday
最小值 minimum (min.)
最新国际商会标准跟单信用证格式 The New Icc Standard Documentary Credit Forms
最优惠贷款利率 best lending rate
最终保险 final insurance
最终的 final
最终服务期间平均薪金给付方式 final average formula
最终净损失 ultimate net loss (UNL)
最终年龄 limiting age
最终死亡率表 ultimate mortality table
最终薪金基准给付退休计划 final pay plan
最终薪水给付法 final earnings basis
最终验收率 final-test yield/rate
最终证明书 final proof
尊贵服务 prestige service
尊敬的 honourable (hon.)
作查对无误的记号 check off
作成一式四份 quadruplicate
作成一式五份 quintuplicate
作废卡 cancellation card
作废图章 cancelling seal; cancelling stamp
作为抵消的债权 claim for set-off
作为抵押品的资产 assets held as collateral
作用 effect
坐支 unauthorized outlays out of receipts
做大做强 go big and strong
做多对冲 go long hedge
做多期货 go long futures
做多头 go long
做多头的 bullish
做空对冲 go short hedge
做空期货 go short futures
做空头 go short
做某事的授权 authority to do sth.

附录部分

缩略语表

AAFMC	American Association of Foundations for Medical Care 美国医疗基金协会
AAI	accredited adviser in insurance 许可保险顾问；资格保险顾问
AAI	Alliance of American Insurers 美国保险人协会
AAIS	American Association of Insurance Services 美国保险服务协会
AALU	Association for Advanced Life Underwriting 美国高级人寿承保协会
AAM	Associate in Automation Management 自动化管理准会员
AAMGA	American Association of Managing General Agents 美国总代理人管理协会
AAMS	All American Marine Slip 全美海上保险条约(组织)
A & I	accident and indemnity 事故与赔偿
A & S	accident and sickness insurance 意外伤害和疾病保险
AAR(aar., a.a.r.)	against all risks 一切险；全险
AARP	American Association of Retired Persons 美国退休人员协会
AAU	Associated Aviation Underwriters 联合航空保险人
ABA	American Bar Association 美国律师协会
ABA	American Bankers Association 美国银行家协会
Abbr.	abbreviation 缩写
ABS	American Bureau of Shipping 美国海运局
abs.sta.	abstract statement 概括说明；摘要声明
AC	accident 意外事故
ac.	acre 英亩
a/c	account 1.账户 2.财务
ACAS	Associate of Casualty Actuarial Society 意外精算学会准会员
acc.	acceptance 1.承兑(汇票)；认付(汇票) 2.接受；承诺；接受投保
acc/o	account of 记某人的账
acc/s	account sales 记账销售
ACH	Automated Clearing House 自动票据交换所
ACII	Associate of the Chartered Insurance Institute 英国特许保险学会准会员
ackgt.	acknowledgement 确认；确认单；确认书
ackmt.	acknowledgement 确认；确认单；确认书

ACLI　American Council of Life Insurance　美国寿险理事会
ACMS　Africa Centre for Monetary Study　非洲货币研究中心
ACRS　accelerated cost recovery system　快速成本回收制度；加速费用恢复系统
ACU　Asian Clearing Union　亚洲清偿联盟
ACU　Asian Currency Unit　亚洲货币单位
ACWRRE　American Cargo War Risk Reinsurance Exchange　美国货物战争险再保险协会
Ad.　Advertisement　广告
A/D(a/d)　after date　出票后
AD & D　accidental death and dismemberment　意外死亡和残肢保险
ADB　accidental death benefit　意外死亡额外受益
ADB　Asian Development Bank　亚洲开发银行
ADF　Asian Development Fund　亚洲开发基金
ADL　activities of daily living　日常活动能力
admr.　administrator　管理者；遗嘱管理人
ADR　American Deposit & Trust Receipt　美国存托凭证
ADR　assets depreciation range　资产折旧范围；资产折旧幅度；资产折旧年限；资产折旧时段
ad val.　ad valorem　按照价值
advt.　Advertisement　广告
AEC　additional extended coverage　附加扩展保险责任；追加保险
AEDP　Accounting by Electronical Data Processing　电子数据处理会计
AEIA　American Exporters and Importers Association　美国进出口商协会
A.F.B.　air freight bill　空运提单
AFDC　Aid Families with Dependent Children　未成年儿童家庭救济
afft.　affidavit　(法庭)宣誓书
agt.　agent　代理人
AHIS　American Hull Insurance Sydicate　美国船舶保险辛迪加
AIA　American Institute of Actuaries　美国精算研究所
AIA　American Insurance Association　美国保险协会
AIAF　Associate in Insurance Accounting and Finance　保险会计和财务准会员
AIB　American Institute of Banking　美国银行学会
AIC　Associate in Claims　理赔准会员
AICPA　American Institute of Certified Public Accountants　美国注册会计师协会
AIM　Associate in Management　准管理会员

AIME average indexed monthly earnings 指数化月平均收入
AIMU American Institute of Marine Underwriters 美国海上保险承保人协会
ALC American Life Convention 美国生命保险协会
ALCM Associate in Loss Control Management 损失控制管理准会员
ALIC Association of Life Insurance Counsel 美国寿险法律顾问协会
ALIMD Association of Life Insurance Medical Directors 美国寿险体检医师协会
ALIMJ Association of Life Insurance Medicine of Japan 日本保险医学会
ALR actual loss rate 实际损失率
A.M. above-mentioned 上述的
AMC asset management corporation 资产管理公司
AME average monthly earnings 平均月收入
AMEX American Exchange 美国股票交易所
AMFCIE American Manufacturers Foreign Credit Insurance Exchange 美国制造商出口信用保险交易所
AMIA American Mutual Insurance Alliance 美国相互保险协会
AMMINET Automated Mortgage Market Information Network 自动化抵押市场信息网
amt. amount 金额；数量
AMT alternative minimum tax 选择性最低税
AMU Asian Monetary Unit 亚洲货币单位
AMW average monthly wage 月平均工资
ANI American Nuclear Insurer 美国核保险人
a/o account of 记某人的账
AOL American Online 美国在线公司
A1 first class 头等；一级；最好
a/or and/or 和/或
A.P. account payable 应收款项；待收款项
AP additional Premium 附加保费
AP annual premium 年度保险费
AP(a/p) authority purchase 1.购买权 2.委托购买证
APA Associate in Premium Auditing 保险费审计准会员
APEC Asia-Pacific Economic Cooperation 亚太经合组织
APL automatic premium loan 自动垫缴保费贷款
app. application 1.申请；投保 2.申请书；投保单；3.适用
app. appendix 附录；附则
approx. approximately 大约；接近
APS attending physicians statement 主治医生报告

APU	Asian Payment Union 亚洲清算同盟
A.R.(A/R)	account receivable 应收款项；待收款项
AR(A.R., A/R)	all risk 一切险；全险
ARIA	American Risk and Insurance Association 美国风险和保险学会
ARM	Associate in Risk Management 风险管理准会员
ARMs	adjustable-rate mortgages 可调利率抵押
ARP	Associate in Research and Planning 调查和规划准会员
arrt.	arrangement 1.安排；解决 2.协议
ART	annually renewable term 每年可续保条款
A/S	account sales 记账销售
a/s	after sight （汇票）见票后
ASCLU	American Society of Chartered Life Underwriters 美国特许寿险承保人协会
ASEM	Asia-Europe Meeting 亚欧会议
ASI	Association of Superintendents of Insurance 保险总监协会
ASIPC	Association of Superintendents of Insurance of the Province of Canada 加拿大省保险总监协会
ASIS	American Society of Industrial Security 美国工业安全协会
ass.	association 1.协会；社团 2.上市 3.联合
ASSE	American Society of Safety Engineers 美国安全工程技师协会
assimt.	assignment 分割；转让
ass'mt	assortment （货物）分类；花色品种
assn.	association 1.协会；社团 2.上市 3.联合
asst.	assistant 助理；助手
asstd.	assisted 受助者
ATLA	American Trial Lawyers Association 美国审判律师学会
ATM	automatic teller machine 自动取款机；自动柜员机
ATPC	Association of Tin Producing Countries 锡生产国家协会
ATS	Automatic Transfer Service 自动转账服务账户
ATS	automatic transfer system 自动转账制度
atty.	attorney 代理人
auct.	auction 拍卖；竞卖；竞价出售
av.	average 1.平均；平均数 2.海损
A/V	according to value 按价值
avoir	avoirdupois 常衡
a.w.	all wool 纯毛
A/W	actual weight 实际重量
B/A	banker's acceptance 银行承兑
bal.	balance 1.余额；差额；结余 2.平衡

BAP	business automobile policy 商业汽车保单
B.B.	back-to-back account 背靠背账户
B/B	bill bought 买入票据
B.C.	bill for collection 托收票据；托收汇票；代收票据
BCIE	Central American Bank for Economic Intergation 中美洲经济一体化银行(中美洲经济银行)
B.D.	bill discounted 贴现票据；已贴现的票据
B.D.	bank draft 银行汇票
b.d.	brought down (账目)转次页；结转下页
B.D.I.(b.d.i.)	both dates inclusive 含起止日期；首尾两日包括在内
B.D.I.(b.d.i.)	both days inclusive 含起止日期；首尾两日包括在内
B/E	bill of exchange 汇票
BEP	break-even productivity 生产能力利用率
BEP	break-even point 保本点；收支平衡点；盈亏临界点
BERI	Business Environment Risk Index 环境风险指数
B.Ex.	bill of exchange 汇票
b/f	brought forward (账目)承前页；前页结转
BIS	Bank for International Settlement 国际清算银行
bk.	bank 银行
bk.	book 账本；账册；账簿
bkg.	banking 1.银行业务 2.理财 3.银行学 4.银行业
B/L	bill of lading 提单
B/Ldg.	bill of lading 提单
BLS	Bureau of Labour Statistics 劳工统计局
BLT	build-lease-transfer (楼寓)建造-租赁-转让
BMD	benchmark definition 基准定义
B/N(b.n.)	bank note 银行钞票；现钞
b.o.	buyer's option (期权)购买人选择权
b.o.	branch office 分公司；分号；分支机构
B/O (b/o)	brought over (财务)结转
BOO	build-own-operate (楼寓)建造-拥有-经营
BOOT	build-own-operate-transfer (楼寓)建造-拥有-经营-转交
BOP	business owners policy 企业所有人保险
BOT	building, operating and transferring 建筑、经营和转交
BP(B/P, B.P.)	bill purchased 议付票据；购买票据；买入票据；出口押汇
BPPCF	business and personal property coverage form 商业和个人财产保险
BPV	basis point value 基点值
br.	brand 1.品牌；商标；火印 2.打造品牌；品牌建设；创品牌
B/R(B.R.)	bill receivable 应收票据；待收票据
brkge.	brokerage 1.(保险)破损 2.佣金；经纪人手续费

	3.经纪行业；经纪业务
B.S.(b.s., B/S)	balance sheet 资产负债表；资金平衡表；余额表；借贷对照表
B.T.	bank transfer 银行划拨；银行转账
BTO	build-transfer-operate （楼寓)建造-转让-经营
B2B	business-to-business 企业对企业
CA	capital account 资本项目；资本账户
C.A.	chartered accountant 注册会计师；公证会计师
C.A.(c.a.)	credit advice （会计)贷记报单；入账通知
CABEI	Central American Bank for Economic Intergation 中美洲经济银行
C.A.D.(c.a.d.)	cash against document 交单付款；交单付现；凭单据付现
CAF(c.a.f.)	cost and freight 成本加运费价格
C.&.F.(c.&f.)	cost and freight 成本加运费价格
C.& I.(c.&.i.)	cost and insurance 成本加保险价格
cap.	capital 资本；资金；本金；本钱
CAR	capital adequacy ratio 资本充足率
CAR	contractors all risk insurance 建工险
C/AR	capital-to-asset ratio 资本与资产比率
carr.pd.	carriage paid 运费预付；运费已付
CAS	Casualty Actuarial Society 意外损失精算协会
cash.	cashier 1.现金出纳；收银员；出纳员 2.司库(美)
cat.	catalogue 货物目录
CAW	certificate of approval of works 考核证书；工程核准证明书
C.B.	cash book 现金账簿；现金出纳簿
C/B	clean bill 洁净(无不符点)提单；光票
CBA	cost benefit analysis 成本利得分析
C.B.D.(c.b.d.)	cash before delivery 付现提货；交货前付款；付款后交货
CBRC	China Banking Regulatory Commission 中国银行业监督管理委员会
c.c.	carbon copy （复写)抄送件
C.C.	Chamber of Commerce 商会
CCPIT	China Council for the Promotion of International Trade 贸促会(中国国际贸易促进会)
c/d	carried down 结转；转下
CD	certificate of deposit 存款证书；大额存单
CDS	Certificate of Deposit Service 可转让定期账户
CDS	credit default swap 信用违约掉期
CEBS	Certificated Employee Benefit Specialist 注册企业员工福利师
CEO	Chief Executive Officer 执行长；行政长官；首席执行

官

cert. certificate 1.证明；证书；执照 2.证券；单据 3.(公债)国库证券

cert. certified 经证明；认可的；认证的

certif. certificate 1.证明；证书；执照 2.证券；单据 3.(公债)国库证券

certif. certified 经证明；认可的；认证的

CF channelled into the account 拨入该账户

cf. confer 参阅；比较

C.F.(c/f) carried forward 结转；上期转来；过次页

C.F.(c.f.) cost and freight 成本加运费价格

C.F.& C.(c.f.& c.) cost, freight and commission 成本、运费加佣金价格

C.F.& I.(c.f.& i.) cost, freight and insurance 成本、运费加保险费价格

C.F.F. compensatory financing facility (国际货币基金组织的)补偿贷款办法

CFO Chief Financial Officer 财务长；总财务长

CFP certified financial planner 注册金融规则员

cfr. confer 参阅；比较

CGLA China Government Loans Association 中国政府贷款协会

CGLI comprehensive general liability insurance 综合普遍责任保险

C.H. clearing house 票据交换所

CHAPS Clearing House Automatic Payment System 英国自动支付清算系统

cheq. cheque 支票

chges. charges 费用

CHIAA Crop Hail Insurance Actuarial Association 农作物冰雹保险精算协会

CHIPS Clearing House Interbank Payment System 美国银行同业支付清算系统

CHITS Clearing House Interbank Transfer System 新加坡银行同业清算系统

chq. cheque 支票

cht. chest 1.箱；柜；盒 2.金库；钱库；公款；资金

C.I.(c.i.) cost and insurance 成本加保险价格

C.I. certificate of insurance 保险凭证；保险证明书

CIA Canadian Institute of Actuaries 加拿大精算师学会

C.I.& F.(c.i.& f.) cost, insurance and freight 成本、保险加运费价格

CICA Captive Insurance Companies Association 专业自保公司协会；自保保险人协会

CIETAC China International Economic & Trade Arbitration Commission 中国国际经济贸易仲裁委员会

CIF(C.I.F.,c.i.f.) cost, insurance and freight 成本、保险加运费价格

C.I.F.& C.(c.i.f.& c.)	cost, insurance, freight & commission　成本、保险、运费加佣金价格
C.I.F & E.(c.i.f.& e.)	cost, insurance, freight & exchange　成本、保险、运费加汇差价格
C.I.F.C.& I.	cost, insurance, freight, commission and interest　成本、运费、保险费、佣金、利息价格
CII	(the) Chartered Insurance Institute　英国特许保险学会
CIP	carriage and insurance paid to...　运费及保险费付至目的地
CIP	cost, insurance paid　运保费已付价格
CIRC	China Insurance Regulatory Commission　中国保险监督管理委员会
CIs	certificate of indebtedness　负债证明书；借据；借款证
cl.	class　1.等级；种类；类别；船级　2.同级危险集合
cl.	clause　条款
cl.	clerk　职员；办事员；书记员；店员(美)
CLN	credit-linked note　信用关联票据
CLU	chartered life underwriter　注册寿险承保人
C/M	credit memo　贷记(项)凭单
CMA	certificate in management accounting　管理会计考试合格证书
CMA	certified management accountant　公证执业管理会计师；注册管理会计师
CMOs	collateral mortgage obligations　担保品抵押债务
C.N.(C/N)	credit note　1.贷记报单；贷记通知　2.信用票据
Co.	company　公司
C.O.(c.o.)	certificate of origin　原产地证(明)书
c/o	cash order　现金票据；现付票；付现指令
COD(C.O.D., c.o.d.)	cash on delivery　现金结算；付现提货；交货付现；货到付款
COD sales	cash on delivery sales　货到付款销售；交货收款销售
collr.	collector　托收人；代收人；收款员；收税员；募捐人
com.	commission　1.代办；代理；委托　2.手续费；佣金
comm.	commission　1.代办；代理；委托　2.手续费；佣金
commn.	commission　1.代办；代理；委托　2.手续费；佣金
con.inv.	consular invoice　领事发票；领事签证发票
consgt.	consignment　1.寄售　2.寄售品　3.发货；交运货物
cont.	contract　合同；契约
contg.	containing　包含；延续
contr.	contract　合同；契约
COO	Chief Operation Officer　运营长
corp.	corporation　公司；法人
corpn.	corporation　公司；法人

coy. company 公司
C/P charter party 租船契约；租船合同
CPA certified public accountant 1.公证会计师 2.执业会计师；特许会计师(美)
CPCU Chartered Property and Casualty Underwriters 美国特许财产和意外保险承保人协会
CPI consumer price index 消费物价指数
CPI (Citizen) Consumption Price Index 居民消费价格指数
Cpr. corporation 公司；法人
CPS Combined Pricing System 联合定价制度
CPT carriage paid to... 运费付至…价
Cr. credit 1.贷记；贷项；贷方 2.信贷；贷款 3.信用；信用证 4.免抵退扣
cr. cash credit 现金贷方；现金支出；现金信用证；保证放款；活期贷款；暂时贷款；活期信用放款
CRE commercial real estate 商用房地产
cred. credit 1.贷记；贷项；贷方 2.信贷；贷款 3.信用；信用证 4.免抵退扣
CRM customer relationship management 客户关系管理
CSBA China Securities Business Association 中国证券交易协会
CSO credit spread option 信用差价期权
CSRC China Securities Regulatory Commission 中国证券监督管理委员会
CSTS China Securities Trading System 中国证券交易系统
C.T.B/L., COMBIBILL combined transport bill of lading 联合运输提单(联运提单)
ctg. cartage 1.搬运费 2.运送
ctge. cartage 1.搬运费 2.运送
CTO chief technological officer 科技长
C.T.T. capital transfer tax 资本转让税
cur. current 1.通用的；现行的 2.趋势；倾向 3.活期的
curr. current 1.通用的；现行的 2.趋势；倾向 3.活期的
curr. acct. current account 1.经常项目；经常账户 2.活期存款账户 3.往来账 4.定货付款
curt. current 1.通用的；现行的 2.趋势；倾向 3.活期的
CWO (C.W.O., c.w.o.) cash with ofder 订货付现；现款订货；认购即付
C.Y.(c.y.) currency 1.通货；货币 2.通用；流通；传播
D.A. debit advice 借记报单；出账通知
D/A days after acceptance 承兑后…天(付款)
D/A documents against acceptance 承兑交单；认付交单

DAF	delivery at frontier 边境交货
DB	day book 日记账
DB & C	dwelling, buildings and contents insurance 房屋、建筑和屋内财产保险
dble.	double 加倍的；双倍的；翻一番
DBR	daily board and room 每日食宿
dbt.	debit 借记；借项
DCA	development credit agreement 开发信贷协议
DCAP	dependent care assistance plan 关心援助受抚养者计划
D.D.	demand draft 即期汇票；见票即付汇票
D/D	days after date 出票后…日(付款)
DDA	demand deposit account 活期存款账户
DDA	demand draft account 支票账户
DDP	delivery duty paid 完税后交货价
DDU	delivery duty unpaid 未完税交货
DE	deferred 延期；推迟
deb.	debenture 1.债券；公司债券 2.退税凭单
debt.	debtor 债务人
def.	deferred 延期；推迟
dely.	delivery 交货；交付；交割
dem.	demurrage 延迟费；(装运)滞仓费；滞期费
dep.	deposit 1.存款 2.定金；押金；保证金 3.存放 4.捐出额；醵出额
dep.	deputy 代理人
DEQ	delivered ex quay 目的港码头交货价
DF	doubtful 呆滞类；呆滞户
D.F.	dead freight 空仓费；空仓运费
disc.	discount 1.贴现 2.贴息 3.贴水
disct.	discount 1.贴现 2.贴息 3.贴水
diss.	discount 1.贴现 2.贴息 3.贴水
DITC	Disability Insurance Training Council 残疾保险训练协会
div.	dividend 股息；债券利息；红利
D.K.(d.k.)	dock 船坞；码头
D/N	debit note 借记通知；借项通知单
DNR	do not renew 拒绝续保
DO(D/O)	delivery order 交货单；交割单；出货单
D.O.	deferred ordinary share 后取普通股
Doc.	document 1.文件；证券；单据 2.[~s]单证；票据
Doc.	documentary 跟单的
D.O.C. clause	drive-other-cars clause 驾驶其他车辆特定事故保险
D.O.C endorsement	drive other cars endorsement 驾驶其他车辆批单
D/P(D.P., d.p.)	document against payment 付款交单

DRI	Defense Research Institute 辩护调查协会
drt.	draft 汇票
D/S(d.s.)	days after sight 见票后…天(付款)
Ds.(d's)	days 天数
DSPs	digital signal processors 数字信号处理器
DST	daylight-saving time 经济时；夏令时
DTC	deposit-taking company 存款吸收公司(香港)
dup.	duplicate 副本；第一副本；一式两份
dupl.	duplicate 副本；第一副本；一式两份
dupte.	duplicate 副本；第一副本；一式两份
dv.	dividend 股息；债券利息；红利
DWI	driving while intoxicated 酒后开车
DWT	dead weight 载重吨位；净吨
D/Y	delivery 交货；交付；交割
dys.st.	days after sight 见票后…天(付款)
EAIC	East Asia Insurance Congress 东亚保险会议
E.& OE.(e.& o.e.)	errors and omissions excepted 保留更改差错权
E/AR	equity-to-asset ratio 股权与资产比率
EBCR	efficiency benefit cost rate 效益费用率
ECGD	Export Credit Guarantee Department 出口信用保证局(英)
ECO	extra contractual obligations 额外契约责任
ecom.	economy 经济
ECU	explosion, collapse and underground 爆炸、倒塌及地下危险
EDP	electronic data processing (coverage) 电子数据处理(保险)
EDPS	electronic data processing system 电子数据处理系统
EFT	electronic funds transfer 电子资金汇兑
EI	emotional intelligence 情商
EIRR	efficiency internal returns rate 内部收益率
EIS	Environmental Impact Statement 环境影响声明
E.M.F.	electric motive force 电力；电动力
EML	estimated maximum loss 估计最大损失
Enc.	enclosure 附件
encl.	enclosure 附件
enclo.	enclosure 附件
ENPV	economic net present value 经济净现值
Entd.	entered 记讫；已入账
EOS	event-oriented service 办实事；以事件为导向的服务
EPA	Environmental Protection Agency 美国环境保护局
EPS	Easy Pay System "易办事"
EPS	earnings per share 每股收益
eq.	equal 等于；相当于；等值

eq. equivalent 等于；相当于；等值
ERISA Employee Retirement Income Security Act 雇员退休所得保障法
ERR economic rate of return 经济收益率
ERTA Economic Recovery Tax Act of 1981 1981年经济复原税法
est. estimate 估计；概算
et.al. et alibi 以及其他地方
ETDA economic and technological development area 经济技术开发区
ETF exchange-traded fund 指数股票型基金
EVA economic value added 经济附加价值
exd. examined 已查对；已验证
ex d. ex dividend 无股息；除去股息；不计股息；无红利；不包括下期红利
ex div. ex dividend 无股息；除去股息；不计股息；无红利；不包括下期红利
EXP export 出口；输出；输出品
EXP express 快捷
EXP expense 费用；营业费用
exs. expenses 开支
ext. extra 超等；额外的；附加的
EXW Ex Work XX 启运地交货价
FA face amount 面额
FAA(f.a.a.) free of all average 一切海损均不赔偿
FAA(f.a.a.) free from all average 全损险
FAIR Fair Access to Insurance Requirements Plan 公平保险需求计划
F.& D. freight and demurrage 运费加滞仓费
FAQ(f.a.q.) fair average quality 中等平均品质；良好平均品质
FAS(F.A.S., f.a.s.) free alongside ship 船边交货价格；船边交货条件；目的港船边交货价
FASB Financial Accounting Standards Board 87 财务会计标准委员会第87号
F.B. freight bill 运送单；运费单；运货单
FBCR financial benefit cost rate 财务效益费用比；财务效益费用率
FCA free carrier 货交承运人价
FCIA Foreign Credit Insurance Association 对外信贷保险协会(美)
FCL full container load 整装
FDI foreign direct investment 外商直接投资
FDIC Federal Deposit Insurance Corporation 联邦储蓄保险公司(美)

f.e.	for example 例如
FEGLI	Federal Employees Group Life Insurance 联邦雇员团体寿险
FELA	Federal Employers Liability Act 联邦雇主责任法
FGA(f.g.a.)	free from general average 共同海损不赔
fgt.	freight 运费；运输；货物
FHA	Federal Housing Administration 联邦住宅管理局(美)
FHLMC	Federal Home Loan Mortgage Corp 联邦住宅贷款抵押公司(美)
f.i.	for instance 例如
FIA	Federal Insurance Administration 联邦保险管理局
FIFO	First-In, First-Out 先进先出
fig.	figure 数字；in [~ s]小写金额
fin. stat.	financial statement 财务报表；财务报告
fin. stndg.	financial standing 财务状况；资产状况
fin. yr.	financial year 财政年；会计年
fin. yr.	fiscal year 财政年；会计年；会计年度
FIRR	financial internal revenue rate 财务内部收益表
FIRREA	Financial Institutions Reform, Recovery and Enforcement Act of 1989 1989年金融机构改革、恢复和实施法案
FISH	first-in, still-here 先进还存法
f.i.t.	free of income tax 免征所得税
FNMA	Federal National Mortgage Association 联邦国民抵押协会(美)
FNPV	financial net present value 财务净现值
F/O(f/o)	in favour of 以某人受益；受益人
FOA	free on airplane 飞机上交货价
FOA	free on airport 机场交货价
FOB(F.O.B., f.o.b.)	free on board 船上交货价(格)；离岸价(格)
F.O.C.(f.o.c.)	free of charge 免收费用
F.O.I.(f.o.i.)	free of interest 免收利息
FOR	free on rail 铁路上交货
Forex(forex)	foreign exchange 1.外汇 2.国外汇兑
F.O.T.(f.o.t.)	free on truck 卡车上交货价(格)
F.O.T.(f.o.t.)	free on trail 火车上交货价(格)
4C	consumer, cost, convenience, communication 四C:消费群、成本、便捷、通讯
F/P	fire policy 火险保险单
FPA(F.P.A., f.p.a.)	free from particular average 1.单独海损不赔 2.平安险
FPA(F.P.A., f.p.a.)	free of particular average 平安险
FPAAC	free of particular average American conditions 美国式平安险

FPAEC	free of particular average English conditions 英国式平安险
frt.	freight 运费；运输；货物
FRMs	fixed-rate mortgages 固定利率抵押
FRN	Floating Rate Note 浮息票据
FRS	Federal Reserve System 联邦储备系统(美)；联邦准备制度
frt.ppd.	freight prepaid 运费预付；运费已付
FSA	Federal Security Agency 联邦证券局
FSLIC	Federal Savings and Loan Insurance Corporation 联邦储蓄贷款保险公司
FV	face value 面值；面额
fwd.	forward 1.期货 2.运送；转递；前进 3.期货的；无期的
F.X.	foreign exchange 1.外汇 2.国外汇兑
FYI	for your information 仅供参考
G.A.	general average 共同海损；总平均值
G.A.adj.	general average adjust 共同海损理算人
GAAP	Generally Accepted Accounting Principles 公认会计准则
GAMC	General Agents and Managers Conference 全美总代理人与外勤经理协会
gas.	gasoline 汽油
GATS	General Agreement on Trade in Services (世贸组织)服务贸易总协定
GDP	general domestic production 国内生产总值
gds.	goods 货物；商品
G.F.C.F.	gross fixed capital formation 固定资本积累总额
GIC	guaranteed investment contract 保证投资合同
GND	gross national demand 国民总需求
GNE	gross national expenditure 国民总支出
GNI	gross national income 国民总收入
GNI	gross national investment 国民总投资
GNP	gross national product 国民生产总值
GNWPI	gross net written premium income 净保险费收入
GPMs	graduated payment mortgages 渐进付款抵押
gr.	Gross 总计；总额
GRIT	Grantor-Retained Income Trust 让与人保留收入信托
grs.wt.	gross weight 毛重
GSP	generalized system of preferences 普遍优惠关税制
g.s.w.	gross shipping weight (船)起运毛重
G.T.	gross ton 总吨
GTC	good-till-cancelled 取消前有效
G.T.M.	good this month 本月内有效；限当月

G.T.W.	good this week 本周内有效；限当周
HALO	health and life organization 健康与人寿组织
HC	Honour Contract 信誉保险合同
HCFA	Health Care Finance Administration 保健资金管理部
HCRIS	Hospital Cost Report Information System 医院费用报告情报
HD	heavy duty 重关税
HELP	Health Evaluation and Longevity Planning 健康估价与长寿计划
HEW	Health, Education and Welfare 健康、教育和福利部（美）
hhd.	hogshead 大桶；液量单位
HHF	household furniture 家具
HHG	household goods 家庭用品
HHS	Health and Human Services 健康与人道服务部
HIAA	Health Insurance Association of America 美国健康保险协会
HIBOR	Hongkong Interbank Offered Rate 香港银行同业拆息率
HIC	Health Insurance Council 健康保险委员会
HIQA	Health Insurance Quality Award 健康保险续保优良奖
hk.	hank （一）绞；（一）束
HKAB	Hongkong Association of Bank 香港银行工会
HKFE	Hongkong Futures Exchange Ltd. 香港期货交易有限公司
HLT	highly leveraged transaction 高负债收购
h.m.	hectometre 百米
HMO	Health Maintenance Organization 保健组织
H.O.	head office 总行；总部；总公司
HOA	Homeowner's A Policy 家主 A 种保险
HOB	Homeowner's B Policy 家主 B 种保险
HOC	Homeowner's C Policy 家主 C 种保险
HOLUA	Home Office Life Underwriters Association 人寿总公司承保人协会
hon.	honourable 荣誉的；光荣的；尊敬的
HO policy	homeowner's policy 住家综合保险单
H.P.	hire purchase 租购；分期付款购买
HPR	highly protected risk 高度受保护的风险；高度预防风险
HRD	human resources development 人力资源开发
HSA	Health System Agency 健康系统代理人
HSP	Health System Plan 健康系统计划
ht.	height 高度
HUD	housing and urban development 住宅与城市发展

I/A	Insurance Auditor　保险审计员
IAA	Insurance Accountants Association　保险会计师协会
IAAC	Income Averaging Annuity Contract　精算收入平均合同
IAC	(The) Insurance Association of China　中国保险行业协会
IAFP	International Association for Financial Planning　国际财务计划协会
IAG	International Auditing Guidelines　国际审计指南
IAHU	International Association of Health Underwriters　国际健康保险承保人协会
I & B	improvement and betterments　改进工程
IASA	Insurance Accounting and Statistical Association　保险会计和统计协会
IASS	Insurance Accounting and Statistical Society　保险会计和统计学会
Ib.	Ibidem　来源同上
IBA	International Bar Association　国际律师协会
IBC	Insurance Bureau of Canada　加拿大保险局
ibid.	Ibidem　来源同上
IBM	International Business Machines Corp.　美国国际商用机器公司
IBNR	incurred but not reported losses　已发生但未报告的损失
IBRD	International Bank for Reconstruction and Development　国际复兴开发发展银行
I/C	inward collection　进口托收；内向托收
ICA	International Claim Association　国际理赔协会
ICC	International Chamber of Commerce　国际商会
ICF	intermediate care facility　中级残疾护理服务
ICPI	Insurance Crime Prevention Institute　保险犯罪防止协会
ICU	Intensive Care Unit　集中护理单位
Id.	Idem　同著者(的)；
i.e.	id est　即
IFC	international finance co.　国际财务公司
IFEBP	International Foundation of Employee Benefit Plan　国际雇员福利计划基金
IFRIMA	International Federation of Risk and Insurance Management Association　国际风险与保险管理协会联盟
IFS	international financial statistics　国际金融统计
IHA	Issuing Houses Association　承销公司协会；发行公司协会
IHOU	Institute of Home Office Underwriters　总公司承保人学会

IIA Insurance Institute of America, Inc. 美国保险学会
IIAA Independent Insurance Agents Association 独立保险代理人协会
IIAA Independent Insurance Agents of America 美国独立保险代理人组织
IIAG Interbureau Insurance Advisory Group 局间保险咨询集团
IIB Institute of Insurance Brokers 保险经纪人协会
IIC Independent Insurance Conference 独立保险会议
IIC Insurance Institute of Canada 加拿大保险协会
IIC Insurance Institute of China 中国保险学会
IIHS Insurance Institute for Highway Safety 高速公路安全保险学会
III Insurance Information Institute 保险信息学会
IIS International Insurance Seminars, Inc. 国际保险研习会
ILI Institute of Life Insurance 寿险业协会(美)
ILU Institute of London Underwriters 伦敦承保人协会
ILWU-PMA International Longshoremen's and Warehousemen's Union-Pacific Maritime Association 国际码头装卸工人与仓库工人联合会-太平洋海上协会
IM inland marine 内陆运输
IMCA Insurance Marketing Communications Association 保险营销交流协会
IMF International Monetary Fund 国际货币基金组织
IMIB Inland Marine Insurance Bureau 内陆运输保险局
IMM International Money Market 国际货币市场
IMP(imp.) import 输入；进口
IMUA Inland Marine Underwriters Association 内陆运输保险承保人协会
Inc. incorporated 按股份公司组织的
insp. inspection (商品)检验
inst. instant (商业信件中)本月的
insur. insurance 保险
int. interest 1.利息 2.权益；利害关系；股权 3.行业；保险主体
inv. invoice 发票
invt. inventory 存货；存货清单；库存目录；财产目录
IOM Institute of Medicine 医疗学会
IOP irrespective of percentage 不计免赔率
I/P insurance policy 保险单；保单
IPA Individual Practice Association 个人业务协会
IPE International Petroleum Exchange 伦敦国际石油交易所

IPG immediate participation guarantee plan 直接参加保证给付计划
IPO initial public offering 首次公开发行；首次公开上市股票；首次公募
IPPP industrial property policy programme 简易财产保险
IPRC Insurers Public Relations Council 保险人公共关系委员会
IQ intelligence quotient 智商
IQA International Quality Award 国际续保率奖
I/R inward remittance 汇入汇款
IRA individual retirement account 个人退休金账户
IRA PLUS individual retirement account plus 个人退休金账户增加
IRB Insurance Rating Board 保险费率委员会
IRC Internal Revenue Code 国税法(美)
IRIC Inter-regional Insurance Conference 地区间保险会议
IRPM individual risk premium modification rating plan 个人风险费率调整计划
IRR internal rate of return 内部收益率
IRS Internal Revenue Service 美国国内收入署
IRS interest rate swap 利率掉期
ISCEB International Society of Certified Employee Benefit 国际雇员福利保付专家会社
ISEI International Socio-Economic Index 国际社会经济地位指数
ISO Insurance Services Office 保险服务事务所(美)
ISO International Standard Organization 国际标准组织
iss. issue 发行；出台；出票
IT information technology 信息技术
it. item 项；承保项目
ITC investment tax credit 投资的减税额；投资税收减免
I.T.O. International Trade Organization 国际贸易组织
IUC incurred (but) unreported claim 已发生但尚未报告的损失
IYM investment year method 投资年度方法
J.A.(j/a) joint account 共同账户；联合账户
jt. joint 共同的；联合的；合办的；连带的
JUA Joint Underwriter Association 联合保险人协会
J.W.O.B jettison/washing overboard 抛弃或波浪中落
KIBOR Kuwait Interbank Offered Rate 科威特银行同业折放利率
K.O. keep off 不予承保
L/A letter of authority 授权书
LAMP Life Agent Management Programme 美国寿险外勤经理

人员会议

LAN	local area network 局域网
LBO	leveraged buyout 举债并购；杠杆收购
L/C(LC)	letter of credit 信用证；信用状
LCA	Life Communicators Association 人寿联系人协会
Ld.	Limited 有限的
LDC	least developed countries 最不发达国家
L/DR	loan-to-deposit ratio 存贷比率
L.D.Tel.	long-distance telephone 长途电话
LG(L/G)	letter of guarantee 担保函；保函；保证书
L/H	letter of hypothecation 押汇质权书；质押证书
LHCA	Life and Health Compliance Association 人寿及健康保险适用协会
LIAA	Life Insurance Advertisers Association 人寿保险广告者协会
LIAA	Life Insurance Association of America 美国人寿保险协会
LIBOR	London Interbank Offered Rate 伦敦银行同业拆放利率
LIC	Life Insurers Conference 人寿保险业者协会(美)
LICOMA	Life Insurance Company Office Management Association 人寿保险公司营业所管理协会
LIFO(lifo)	last-in first-out 后进先出法
LIMI	Life Insurance Marketing Institute 人身保险营销机构
LIMRA	Life Insurance Marketing and Research Association 寿险行销调研协会(美)
LIMRF	Life Insurance Medical Research Fund 寿险医疗研究基金(美)
LIS	life information service 寿险信息服务
LMI	Life Management Institute 人寿管理协会
LOFs	listed open-ended funds 上市开放基金
LOI	letter of intent 意向书
LOMA	Life Office Management Association 寿险内勤经营协会(美)
LPBM	level percentage benefit method 均衡百分比给付法
LPSO	Lloyd's Policy Signing Office 劳合社保险签单处
LS	loss 1.亏损；类；亏损户 2.[~es]损耗
LT	letter telegram 书信电报；明码电报
l.t.	long ton 长吨
Ltd.	Limited 有限的
L/U	letter of Understanding 谅解书；承诺书
LUA	Life Underwriters Association 寿险业务员协会
LUAC	Life Underwriters Association of Canada 加拿大寿险业务员协会

LUPAC	Life Underwriters Political Action Committee　寿险业务员政治活动委员会(美)
LUTC	Life Underwriter Training Council　寿险业务员教育培训委员会(美)
LUTCF	Life Underwriter Training Council Fellow　寿险业务员教育培训委员会会员(美)
m/a.	my account　我的账户；出我账；记我账；我付账
MAP	multi-coverage account plan　多种保障账目计划
MBA	Master of Business Administration　工商管理硕士
MBB	mortgage-backed bond　抵押赎回债券
M/D	months after date　出票后…月
MELR	macro-economic liquidity ratio　宏观经济变现率；宏观经济清偿率
MEMO (memo.)	memorandum　1.备忘录　2.通知单；通知　3.便条；便笺　4.水单
mfd.	manufactured　制造；加工
MFN	most favoured nation　最惠国
mfr.	manufacturer　制造商；厂商
MGR	manager　经理
MI	marine insurance　海损保险；海洋运输保险；水险
MIA	Marine Insurance Act 1906　1906年海上保险法
MIB	Medical Information Bureau　病历资料服务所
min.	minimum　最小值；最低限度
MIP	marine insurance policy　海上保险单;水险单
MIS	management information system　管理信息系统
misc.	miscellaneous　杂项；其他
mk.	mark　马克；唛头；标识
mkt.	market　市场；营销
M.M.	merchant marine　商船
MNCs	multinational corporations　跨国公司
M.O.	money order　汇款单
M.O.	mail order　邮政汇票
M.P.	marginal profit　边际利润
MPL	maximum probable loss　最大可能损失额
M/T	mail transfer　信汇；邮政汇款
m.t.	metric ton　公吨
mtg.	mortgage　抵押；抵押契据；抵押权
m.v.(m/v)	motor-vessel　机动船
NA (n.a.)	not available　无法获得；暂缺；无现货；无供应；得不到
NA (n.a.)	not applicable　不适用
NA	no acceptance　拒绝承兑
NA	no advice　不正式通知
NACSA	National Association of Casualty and Surety Agents　美国

意外险及保证险代理人协会

NAFTA	(The) North American Free Trade Agreement 北美自由贸易协定
NAIA	National Association of Insurance Agents 美国保险代理人协会
NAIC	National Association of Insurance Commissioners 美国保险总监协会
NAII	National Association of Independent Insurers 美国独立保险人协会
NAIIA	National Association of Independent Insurance Adjusters 美国独立保险理算人协会
NAIW	National Association of Insurance Women 美国保险妇女协会
NAMIC	National Association of Mutual Insurance Companies 美国相互保险公司协会
NAMR	net assets multiplication rate 净资产倍增率
NASD	National Association of Securities Dealers 美国证券交易者协会
NASDAQ	National Association of Securities Dealers Automated Quotations 全国有价证券行情自动报价协会(美)；纳斯达克；全国证券交易商自动报价协会
Nav.	navigation 航行；航海
navig.	navigation 航行；航海
N.B.(n.b.)	nota bene 注意
NBFU	National Board of Fire Underwriters 美国火灾承保人委员会
N.C.	net capital 净资本
N.C.	no charges 免收费用
NCD	negotiable certificate of deposit 可转让存款证；流通存单
N.D.(n.d.)	no date 无日期；未注明(支付)日期
NES	not elsewhere specified 不另详述
net.p.	net proceeds (扣除费用后)净收货款；净收入
NETS	National Electronic Trading System 中国全国电子交易系统
NFIA	National Flood Insurers Association 美国洪水保险人协会
NFPA	National Fire Protection Association 美国防火协会
N.G.	net gain 净收益
NIBOR	New York Interbank Offered Rate 纽约银行同业拆放利率
NIC	newly industrialized country 新兴工业化国家
NIDA	National Institute on Drug Abuse 美国药品管理局
NIDC	National Insurance Development Corporation 美国保险

	开发公司
NIE (n.i.e.)	not included elsewhere 别处未包括
NIF	note issuance facility 票据发行便利
NIPC	National Insurance Producers Conference 美国全国保险经营商会议
N.L.	net loss 净损失；纯损；净损
NM (nm)	not meaningful 无意义；可忽略不计
No.	number 数字；号码
NOW a/c	Negotiable Order of Withdrawal 可转让支付命令账户
NP	non-performing 非正常(类、户)；不良的
N/P	no payment 拒付；无报酬
NPA ratio	non-performing asset ratio 不良资产率
NPAs	non-performing assets 不良资产
NPL ratio	non-performing loan ratio 不良贷款率
NPLs	non-performing loans 不良贷款
NPV	financial net present value 财务净现值
NPV	net present value 净现值
NQA	National Quality Award 美加续保率奖
NSC	National Safety Council 美国安全委员会
NSEs	non-state enterprises 民营企业
NSF(N.S.F.)	not sufficient fund 存款不足
n.wt.	net weight 净重
NYSE	New York Stock Exchange 纽约股票交易所
OBSA	off-balance-sheet activities 表外业务
O/C(o/c)	outward collection 出口托收
OD(o/d)	overdraft 透支
OECD	Organization for Economic Cooperation and Development 经合组织
OK(o.k.)	all correct 一切正常；一切无误
OL & T	owners, landlords and tenants libility coverage 业主、地主及租户责任保险
OLIS	Oriental Life Insurance Seminar 东南亚地区人寿保险研讨会
O.M.O.	overseas money order 国际汇票
OMS	output per manshift 一班人的产量
O/N	overnight 隔夜
On a/c	on account 赊账；记账
O.P.	open policy 预定保险单；开口保险单；预约保险单
OPEC	Organization of Petroleum Exporting Countries 石油输出国组织；欧佩克
OPM	output per man 每人产量
OR	owner's risk 货主自负风险
O/R	outward remittance 汇出汇款
OSHA	Occupational Safety and Health Act 1970 1970 年劳动

安全卫生法

OTC(O.T.C.) over-the-counter 1.非挂牌证券；场外交易 2.场外市场

oz. ounce 盎司

p. page 页；专页

P.A. particular average 单独海损

P.A. personal account 往来账户；个人账户

P.A. power of attorney 1.授权书；代理证书；委托书 2.授理权

P/A procurement authorization 采购授权

p.a. per annum 每年；按年计

P.& I. protection and indemnity 保障与赔偿

P.& L. profit and loss 损益；盈亏

pat. patent 专利权

P/AV. particular average 单独海损

PBR price-to-book ratio 价格与面值比率

pc. piece 块；件

p.c. per centum 每一百；百分之一

p.cent per centum 每一百；百分之一

pcl. parcel 小包；包裹；一宗货物

PCT per centum 每一百

PD.(p'd) paid (费用、款项)付讫

P/E Price/Earning Ratio 价格-收益比率

P/ER price-to-earnings ratio 价格-收益比率

p/e ratio price/earning ratio 价格-收益比率

PET Payments Express Terminal "缴费通"

PF performing 正常类；正常户

P.F. pro forma 估计的；形式上的

PIC Pacific Insurance Conference 太平洋保险会议

pkg. package 包裹；包；一件(物品)；包装

PLS. please 请

PMACT processing with supplied materials, manufacturing with supplied drawings and samples, assembling with supplied parts and compensation trade 三来一补

PML possible maximum loss 最大可能损失

PMO (P.M.O.) postal money order 邮政汇票

PN (P.N., P/N) promissory note 本票；期票

PNTR permanent normal trade relation 永久性正常贸易关系

P/O payment order 付款委托书；支付命令

P.O. post office 邮政

P.O. postal order 邮政汇票

P.O.B. post-office box 邮政信箱

P.O.C. port of call 沿途停泊港；暂停港

P.O.D. payable on demand 随到随付；见票即付；即索即付

P.O.D.	payable on delivery 交货即付
POEs	privately-owned enterprises 私营企业
P.O.R.	payable on receipt 收妥即付
post. ref.	posting reference 过账依据；过账证明
pp.	pages 页
PPGA	personal producing general agent 个人业务总代理
P.P.I.	policy proof of interest 保单保险权益
PPP	purchasing power parity 购买力平价
pr.	pair 一对
pr.	price 价格
Pres.	President 总统；总裁；行长
PR Plan	public relationship plan 公关计划
P.S.	post script 附言
PTM	pricing to market 市场定价
P.T.O.	Please turn over 请翻到下页；请翻到背面
PV	present value 现值
q.	quantity 数量
qlty.	quality 质量
qr.	quarter 季度；四分之一
qt.	quart 夸脱
quotn.	quotation 1.报价；报价单 2.挂牌 3.行情；汇价表
RAROC	risk adjusted return on capital 风险调整资本回报率
RD(R.D., R/D)	refer to drawer 请与出票人接洽；洽询出票人
Re.	with reference to 关于；事由
recpt.	receipt 1.收条；收据 2.收到
rect.	receipt 1.收条；收据 2.收到
Ref.	reference 参考；咨询人
reg.	registered 注册；登记
rem.	ream 令
Rep.	Representative Office 代表处
REPO (repo)	repurchase agreement 再购回协议
RFWD	rain and / or fresh water damage 雨水/淡水损害
rgd.	registered 注册；登记
RGDS.	regards 问候；致意
R.I.	re-insurance 分保险；再保险
RIMS	Risk and Insurance Management Society 风险与保险管理学会
RLI	retroactive liability insurance 追溯责任保险
Rm.	remittance 1.汇款；汇款额 2.顺汇
R.O.	remittance order 汇款单；汇款委托书
ROA	return of assets 资产盈利率
ROA	return on assets 资产收益率；资产回报率
ROC	return on capital 资本收益；资本报酬；资本回报率

ROE return of equity 资本盈利率
RR risk rating 风险评级
RRSP registered retirement savings plan 注册退休储蓄计划
RUT replying to your telegram 回复你电报
RYT (R.Y.T.) replying to your telegram 回复你电报
s. shilling(s) 先令
SAA Surety Association of America 美国保证保险协会
SAL structural adjustment loan 结构性调整贷款
SAP statutory accounting principles 法定会计准则
SAT State Administration of Taxation 国税局
SBLI savings bank life insurance 储蓄银行寿险
S.C. see copy 请看副本
S/D sight draft 即期汇票；见票即付汇票
SDR Special Drawing Right 特别提款权
sdy. sundries 杂项(费用)；杂货
SE. securities 债券；有价证券；证券
SEBs self-employed businesses 个体私营企业
Sec. secretary 秘书；书记
Sect. secretary 秘书；书记
Secy. secretary 秘书；书记
SEHK Stock Exchange of H. K. Ltd. 香港联合交易所
sgd. signed 签字；签署
SGLI servicemen's group life insurance 军人团体寿险
SIBOR Singapore interbank offered rate 新加坡银行同业优惠利率
SIC Swiss Interbank Clearing 瑞士银行同业清算系统
SIC Standard Industrial Classification 标准行业分类
SICHs self-employed industrial and commercial households 个体工商户
SIFR serious injury frequency rate 重伤发生率
Sig. Signature 签字
SIMEX Singapore International Monetary Exchange 新加坡国际货币交易所
SIR self-insured retention 自保自留
SM special mention 关注类；关注户
SMP special multiperil 多重风险特别保单
S/N shipping note 装船单；装运通知单；装货通知
Soc. society 社；会；团体
SOEs state-owned enterprises 国有企业
S.O.S. save our ship 求救信号
S.O.S. save our soul 求救信号
SPE special purpose entity 特殊目的实体
SPEs self-employed & privately-run economies 个体经济
Sq. square 1.轧平 2.结清(账目)

S.R.　strike risks　罢工险
S.R.& C.C.　strikes, riots and civil commotions　罢工暴动险
SS　substandard　次级类；次级户
ss. (s.s., s/s)　steamship　轮船
SSI　Supplemental Security Income　补充社会保障收入
st.　street　街；大街；大道
S.T.　short ton　短吨
stand.　standard　标准
str.　steamer　汽船；轮船
SUB　supplemental unemployment benefit plan　补充失业给付计划
Super NOW a/c　Super Negotiable Order of Withdrawal　超级可转让支付命令账户
SWIFT　Society for Worldwide Interbank Financial Telecommunication　环球同业银行金融电讯协会
T.　ton　吨
T.A.　telegraphic address　电报挂号
T.B.D.policy　to be declared policy　预保单；暂保单
TC　traveller's cheque　旅行支票
TDA　tax deferred annuity　延迟征税年金
TDB　temporary disability benefit　临时残疾给付
TEFRA　Tax Equity and Fiscal Responsibility Act of 1982　1982年税务平等和财政责任法案
Tel. No.　telephone number　电话号码
TFC　total fixed cost　固定成本总额
Thro.　through　直达的；过境的；全程的
TIAA　Teachers' Insurance and Annuity Association　教师保险与年金联盟
TIRB　Transportation Insurance Rating Bureau　运输保险费率局
TL (T.L.)　total loss　全损
TLO　total loss only　1.全损险　2.只赔全损保险
TLX (Tlx.)　telex　电传
T.M.O.　telegraphic money order　电汇汇款
TOA　total obligational authority　预算授权总额
tonn.　tonnage　吨位；吨数
TOVALOP　tanker owners' voluntary agreement concerning liability for oil pollution　油轮所有人油污责任协议
TPND　theft, pilferage & non-delivery　盗窃及提货不着险
TQC　total quality control　全面质量控制
TQM　total quality management　全面质量管理
T/R　trust receipt　信托收据
TRS　total return swap　总收益掉期
TSA　tax sheltered annuity　节税年金

TT (T.T., T/T)	telegraphic transfer 电汇汇款
TVC	total variable cost 可变成本总额；总可变成本
TWI	training within industry 产业内训练；行业内培训
U & O	use and occupancy insurance 使用损失保险
UBPR	Unified Bank Performance Report 统一银行业绩报告
UCP	Uniform Customs of Practice for Documentary Credits 跟单信用证统一惯例
UL	Underwriters Laboratories, Inc. 保险人实验室(美)
Ult.	ultimo 上月的
UNCITRAL	United Nations Commission on International Trade Law 联合国国际贸易法律委员会
UNL	ultimate net loss 最终净损失
URDG	Uniform Rules for Demand Guarantees 见索即付保函统一规则
v.	versus (诉讼、比赛中)对
VA	Veterans Administration 退伍军人管理局(美)
VAT(V.A.T.)	value-added tax 增值税
VEBA	Voluntary Employee Beneficiary Association 自愿员工福利协会
VIP(V.I.P.)	very important person 重要人物
viz.	Videlicet 即；就是
Vol.	volume 业务量；容积；体积；卷；册
voy.	voyage 航程；航行
V.P.	vice-president 副总裁；副行长
vs.	versus (诉讼、比赛中)对
v.v.	vice versa 反之亦然；反过来也这样
WA.(w.a.)	with average 单独海损险
WAN	wide area network 广域网
wdth.	width 宽度
wgt.	weight 重量；权数；加权
whf.	wharf 码头；停泊处
WR	war risk 战争险
wt.	weight 重量；权数；加权
w/w.(w-w)	warehouse warrant 仓单；仓库收据
w/w(w-w)	warehouse to warehouse 仓对仓
WWW	World Wide Web 万维网
XB	extra-budgetary 预算外
XC(x.c.)	ex coupon 无利息票；除息票
x.c.	excapitalization 无红利股配给权的股票
XCL	excess current liabilities 短期债务逾额
x.cp.	ex coupon 不附息票
XD(x.d.)	ex dividend 无股息；除去股息；不计股息；无红利
x.i.	ex interest 无利息
x.in.	ex interest 无利息

x.n.	ex new 无新股权
x.r.	ex right 无权认购新股
XW	ex warrants 无股息单
yd.	yard 1.码 2.场地
YPV	yield present value 效益现值
yr.	year 年
YTC	yield to call 早赎期前收益(率)
YTM	yield-to-maturity 到期收益率；整期收益率
ZBA	zero balance account 零余额账户
ZBB	zero-base budgeting 零底预算；零基预算；零为基础预算法
ZD	zero defect 无缺陷
ZEG	zero economic growth 零经济增长;经济无增长
ZPG	zero population growth 人口零增长